HISTOIRE

1re ES/L/S

Sous la direction de

Jean-Michel LAMBIN

Agrégé d'histoire, professeur en Première supérieure et Lettres supérieures
au lycée Watteau, Valenciennes

Catherine CASSAGNE

Agrégée d'histoire, professeur au lycée Branly, Nogent-sur-Marne

Marie-Anne Matard-Bonucci

Agrégée d'histoire, professeur à l'université de Grenoble II

Hélène Sadowski

Agrégée d'histoire, professeur au gymnase Jean-Sturm, Strasbourg

Jean-François Sirinelli

Agrégé d'histoire, professeur à l'Institut d'études politiques de Paris

Marcel Spisser

Agrégé d'histoire

Robert Steegmann

Agrégé d'histoire, professeur en Première supérieure et Lettres supérieures
au lycée Fustel-de-Coulanges, Strasbourg

Jean Vassort

Agrégé d'histoire, professeur en Première supérieure et Lettres supérieures au lycée Descartes, Tours

Jean-Luc Villette

Agrégé d'histoire, professeur en Première supérieure et Lettres supérieures au lycée Gambetta, Arras

Nicolas Werth

Agrégé d'histoire, chargé de recherches au CNRS

Ouvrage conforme aux programmes d'histoire des classes de premières ES/L et S. B.O.E.N. hors-série° 7 du 3 octobre 2002.

HACHETTE
Éducation

SOMMAIRE

Le monde, l'Europe, la France du milieu du XIXe siècle à 1945

I. L'âge industriel et sa civilisation du milieu du xixe siècle à 1939 (15 heures)

1. Transformations économiques, sociales et idéologiques de l'âge industriel, en Europe et en Amérique du Nord

Le phénomène majeur est la croissance économique. On présente le processus d'industrialisation et les transformations économiques et sociales qui lui sont liées. Il s'agit de saisir les évolutions et les ruptures majeures sur près d'un siècle et non d'examiner le détail de la conjoncture. En privilégiant le cas français, on étudie les courants qui tentent d'analyser la société industrielle pour l'organiser ou lui résister (libéralisme, socialisme, traditionalisme, syndicalisme).

2. Religion et culture

On présente les modifications des pratiques religieuses et culturelles et les principaux mouvements artistiques et littéraires de la période, en Europe et en Amérique du Nord.

3. L'Europe et le monde dominé : échanges, colonisations, confrontations

On s'interroge sur les causes de l'expansion européenne et la diversité de ses formes (économiques, politiques, culturelles...).
Cette expansion est un phénomène complexe : elle rencontre des résistances, elle nourrit des échanges et influe sur les cultures européennes.

SOMMAIRE

PROGRAMME DE ES/L

II. La France du milieu du XIXe siècle à 1914 (10 heures)

1. Le cadre territorial et démographique

On présente l'évolution du territoire national et sa maîtrise progressive – notamment grâce à l'achèvement du réseau routier et ferroviaire –, puis la spécificité de la transition démographique française.

2. De la Deuxième République à 1879 : la recherche d'un régime politique

On examine comment la France est à la recherche d'institutions capables d'inscrire l'héritage de la Révolution dans la société nouvelle. La présentation des années 1870-1871 – de la défaite à la Commune – permet de souligner cet enjeu.

3. La République : l'enracinement d'une nouvelle culture politique (1879-1914)

La culture républicaine qui s'impose progressivement à partir des années 1880 associe respect de l'individu, prépondérance de la Chambre des députés désignée par la nation souveraine, rôle décisif de l'instruction publique pour la formation du citoyen et le dégagement d'une élite, réponse aux attentes de la classe moyenne indépendante, adhésion à un ensemble de symboles et de rites. Cette culture est dominante au tournant des XIXe-XXe siècles, ce qui ne signifie pas qu'elle n'a pas des adversaires.

III. Guerres, démocraties et totalitarismes (1914-1945) (25 heures)

Introduction – Cartes politiques de l'Europe en 1850 et en 1914 : États, régimes politiques et revendications des nationalismes

C'est à partir de ces cartes et des acquis du I.3 et du II.3 que l'on mentionne la création des États-nations, les aspirations nationales non satisfaites et le nationalisme de puissance, les différences qui séparent les démocraties libérales des pays de tradition autoritaire.

PROGRAMME DE ES/L

1. La Première Guerre mondiale et les bouleversements de l'Europe

On présente brièvement les grandes phases du conflit puis on insiste sur son caractère de guerre totale et sur ses conséquences. Cette étude inclut l'événement majeur constitué par la révolution russe.

2. Les démocraties libérales durant les années 1930 : l'exemple de la France

La crise que connaît la France durant les années 1930 est multiple : économique, politique et sociale. Le Front populaire veut y apporter des réponses. Il constitue un temps fort de la mémoire nationale.

3. Les totalitarismes

On étudie les caractères spécifiques de chacun des totalitarismes (fascisme, nazisme, stalinisme) et on examine comment, à partir de fondements et d'objectifs différents, ils ont utilisé des pratiques qui mettent l'homme et la société au service d'une idéologie d'État. Ce travail débouche sur une réflexion sur le totalitarisme.

SOMMAIRE

SOMMAIRE

PROGRAMME DE ES/L

4 - La Seconde Guerre mondiale

– Les grandes phases
L'analyse des grandes phases, fondées sur des cartes, se limite à l'essentiel. Elle met en évidence l'extension géographique et le caractère global du conflit.

– La France dans la Seconde Guerre mondiale
L'étude de la France, de l'armistice à la Libération, permet d'analyser le rôle du régime de Vichy, les différentes formes de collaboration, les composantes et l'action de la Résistance intérieure et de la France libre.

– La politique nazie d'extermination
On centre l'étude sur l'univers concentrationnaire et l'extermination systématique des Juifs et des Tsiganes.

© HACHETTE LIVRE 2007,
43, quai de Grenelle 75905 Paris Cedex 15
www.hachette-education.com
ISBN 978-2-01-135483-9

PROGRAMME DE S

SOMMAIRE

Les titres de chapitres et de doubles pages sur fond couleur correspondent aux pages traitant le programme de la série S.

Le monde contemporain (I)

I. L'âge industriel en Europe et en Amérique du Nord du milieu du XIXe siècle à 1939 (8 heures)

1. Industrialisation et croissance

Le phénomène majeur est la croissance économique. On présente le processus d'industrialisation et les transformations scientifiques, techniques, économiques, sociales et idéologiques qui lui sont liées. Dans tous les cas, il s'agit de saisir les évolutions et les ruptures majeures.

2. La société de l'âge industriel

SOMMAIRE

PROGRAMME DE S

II. La France de 1900 à 1939 **(12 heures)**

Les titres de chapitres et de doubles pages sur fond couleur correspondent aux pages traitant le programme de la série S.

1. Tableau de la France à la « Belle époque »

On présente des traits majeurs de la France durant la quinzaine d'années qui précèdent la guerre : poids et contrastes du monde rural, croissance économique, vie politique marquée par la constitution de partis et la domination des radicaux, large consensus républicain et patriotique et rayonnement culturel de Paris.

2. Les Français dans la Première Guerre mondiale

Après avoir décrit l'entrée en guerre, on étudie les manières dont les Français vivent le conflit, en insistant sur le fait que la société dans sa quasi-totalité est touchée par le deuil. Une ouverture sur certains prolongements de la Grande Guerre (apaisement des luttes religieuses, organisation du souvenir, évolution des rôles féminin et masculin, ...) achève l'étude.

Les titres de chapitres et de doubles pages sur fond couleur correspondent aux pages traitant le programme de la série S.

3. Les années 1930

La crise que connaît la France durant les années 1930 est multiple : économique, politique et sociale. Le Front populaire veut y apporter des réponses. Il constitue un temps fort de la mémoire nationale.

III. Les totalitarismes et la guerre (12 heures)

1. Les totalitarismes

On étudie les caractères spécifiques de chacun des totalitarismes (fascisme, nazisme, stalinisme) et on examine comment, à partir de fondements et d'objectifs différents, ils ont utilisé des pratiques qui mettent l'homme et la société au service d'une idéologie d'État. Ce travail débouche sur une réflexion sur le totalitarisme.

SOMMAIRE

SOMMAIRE

PROGRAMME DE S

Les titres de chapitres et de doubles pages sur fond couleur correspondent aux pages traitant le programme de la série S.

2. La Seconde Guerre mondiale

L'analyse des grandes phases, fondée sur des cartes, se limite à l'essentiel. Elle met en évidence l'extension géographique et le caractère global du conflit.

On étudie ensuite :

– la France, de l'armistice à la Libération. Cette étude permet d'analyser le rôle du régime de Vichy, les différentes formes de collaboration, les composantes et l'action de la Résistance intérieure et de la France libre.

– la politique nazie d'extermination, qui s'étend à l'Europe occupée et la marque profondément.

Présentation du manuel d'histoire

L'introduction du chapitre

Titre

Introduction du chapitre

Problématique

Axe chronologique donnant les grandes dates et périodes du chapitre

Deux documents complémentaires :
– résumant une idée essentielle du chapitre
– présentant un aspect de la problématique du chapitre

Les pages de « Cours »

Titre

Mots de vocabulaire définis :
– dans la page
– dans le lexique p. 372-375

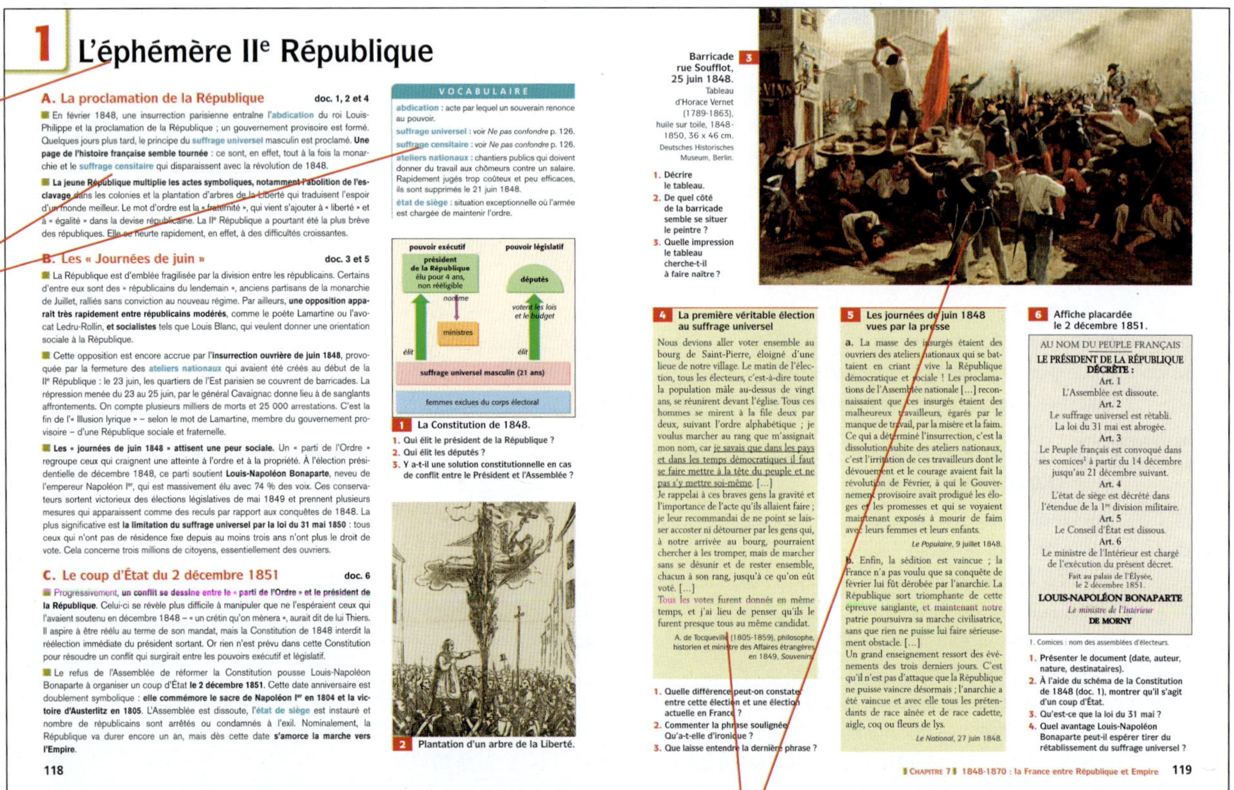

Les documents avec des questions éventuelles

Les pages « DOSSIER » ou « CARTES »

Titre

Introduction

Documents

Questions permettant d'exploiter les documents et de se préparer à l'épreuve du baccalauréat

Les pages « FICHE DE RÉVISION » « EXERCICE »

Fiche de révision
Elle est destinée à rappeler les informations essentielles du chapitre et comprend toujours quatre rubriques :

Dates essentielles à mémoriser

Bilan du chapitre

Biographies (voir les biographies complètes pages 376-383)

Notions ou mots voisins qu'il ne faut surtout pas confondre

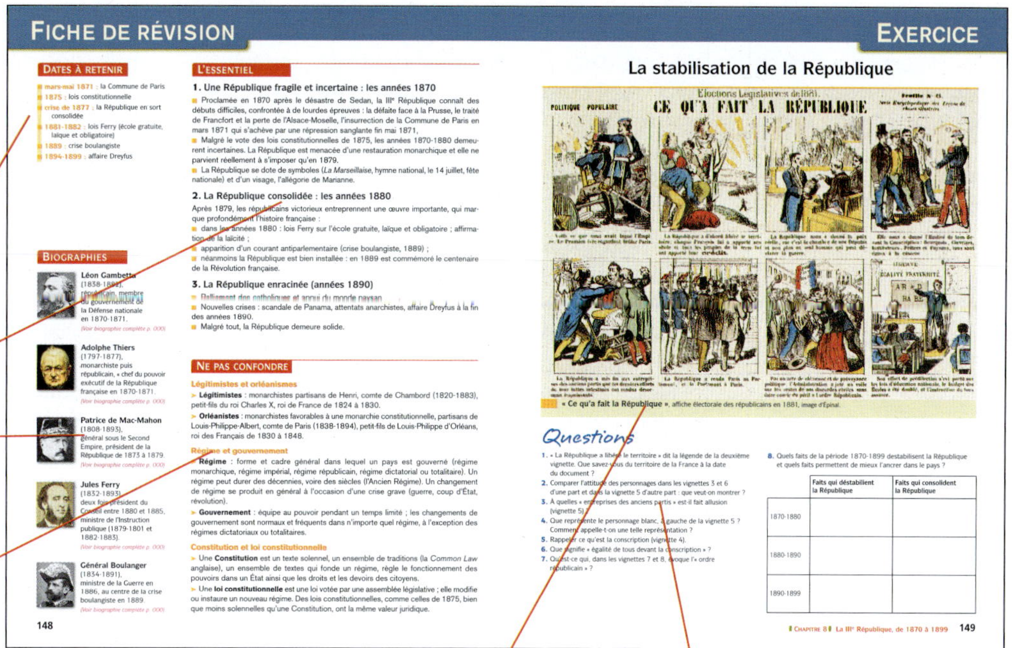

Cette page est à relire en entier à la veille d'un devoir surveillé

Exercice
Document point de départ de l'exercice

Questions :
– Elles font appel à des connaissances acquises (travail de **révision**)
– Elles se rapportent à l'étude du document (travail d'**analyse**)

En fin de manuel

– **un lexique** reprenant l'ensemble des définitions données dans les pages de cours et les pages « Dossier ».
– **un dictionnaire des biographies** des personnages historiques présentés dans les pages « Fiche de révision ».

L'ÉPREUVE D'HISTOIRE AU BACCALAURÉAT

L'épreuve d'histoire géographie au baccalauréat :

– une épreuve courte en histoire (Explication d'un document d'histoire) et une épreuve longue en géographie

ou

– une épreuve longue en histoire (Composition ou Étude d'un ensemble documentaire) et une épreuve courte en géographie

➤ Explication d'un document d'histoire *(BO n° 7 du 12 février 2004)* :

- il s'agit du commentaire d'un seul document (texte, carte, image, statistiques, etc.) ;
- les questions portent sur :
  - la nature du document,
  - les idées et les faits évoqués,
  - la compréhension générale du document.

➤ Étude d'un ensemble documentaire *(BO n° 7 du 12 février 2004)* :

- le sujet « fait apparaître une problématique explicite » :
- l'étude comprend 5 documents au maximum ; une chronologie est parfois ajoutée,
- les questions se répartissent en deux groupes :
  - questions de la première partie (4 ou 5) portant surtout sur l'analyse des documents ;
  - deuxième partie : une seule question. On y répond en s'appuyant sur les réponses aux questions de la première partie, sur les informations extraites des documents et sur les connaissances personnelles.

Identifier un document

QUOI : quelle est la nature du document ? (texte ? de quel type ?)

QUI : quel en est l'auteur ? (si on le connaît)

QUAND : quelle est la date du document ?

À QUI ce document est-il destiné ?

Les différents types de documents historiques

Ils sont d'une grande diversité : texte, journal, affiche, photographie, caricature, statistiques, carte, schéma.

Les cartes ou schémas sont des documents reconstitués.

Les textes sont de natures variées :
– un traité de paix : texte de nature diplomatique ;
– un texte de loi : texte de nature juridique ;
– un discours politique, un programme politique ;
– des Mémoires qui présentent le point de vue d'un acteur sur des événements du passé ;
– des articles de presse ;
– des points de vue d'historiens ; etc.

Les thèmes abordés par les documents

Ils sont eux aussi très divers :
– politique (programme, constitution, discours, etc.) ;
– artistique (tableau, photo de film) ;
– diplomatique (traité international, pacte, etc.) ;
– militaire (tableau, récit ou photo de bataille, carte, schéma, etc.) ;
– économique (article de presse, statistiques, etc.) ;
– social (tract syndical, affiche, article de presse, etc.) ;
– culturel, religieux, etc. (tableau, article, encyclique, etc.).

Un seul document peut aborder plusieurs thèmes.

➤ Composition *(BO n° 7 du 12 février 2004)* :

- « la composition doit permettre au candidat de faire la preuve de ses connaissances tout en les situant dans un questionnement » ;
- le sujet peut comporter des documents d'accompagnement destinés à aider le candidat (chronologies, cartes, images...) ;
- le ou les documents d'accompagnement sont là pour éclairer le sujet. En aucun cas ils ne doivent être commentés.
- Dans une chronologie toutes les dates n'ont pas la même valeur historique. En aucun cas la composition ne doit être un « commentaire de la chronologie »

PRÉPARATION AU BACCALAURÉAT

Explication d'un document d'histoire

Étude d'un ensemble documentaire

La composition d'histoire

CHAPITRE

1 L'âge industriel (1850-1939)

Entre 1850 et 1939, l'Europe, l'Amérique du Nord et, plus tardivement le Japon, connaissent une formidable croissance économique, fondée sur un spectaculaire essor de l'industrie. Non seulement cette dernière se développe, mais elle transforme profondément ses méthodes et ses produits. Cependant, la croissance sans précédent de la période n'est pas régulière : les phases d'expansion alternent avec des phases de dépression et de crise.

Quels sont les rythmes de cette croissance économique ?
Quelles sont les caractéristiques de ce nouvel âge industriel ?

1 De 1850 à 1939, une économie en plein essor...

Le palais de l'électricité à l'Exposition universelle de 1900 à Paris.

« Et c'est bien là la tendance actuelle de l'électricité : asservir la machine à vapeur, en attendant qu'on puisse s'en passer ; lui dérober sa force fatale, limitée à un court rayon d'action, pour la transformer en une force plus subtile, plus maniable, plus semblable de tout point à la force nerveuse de l'homme. » A. M. de Vogüé, *La Revue des Deux Mondes*, 1er août 1889.

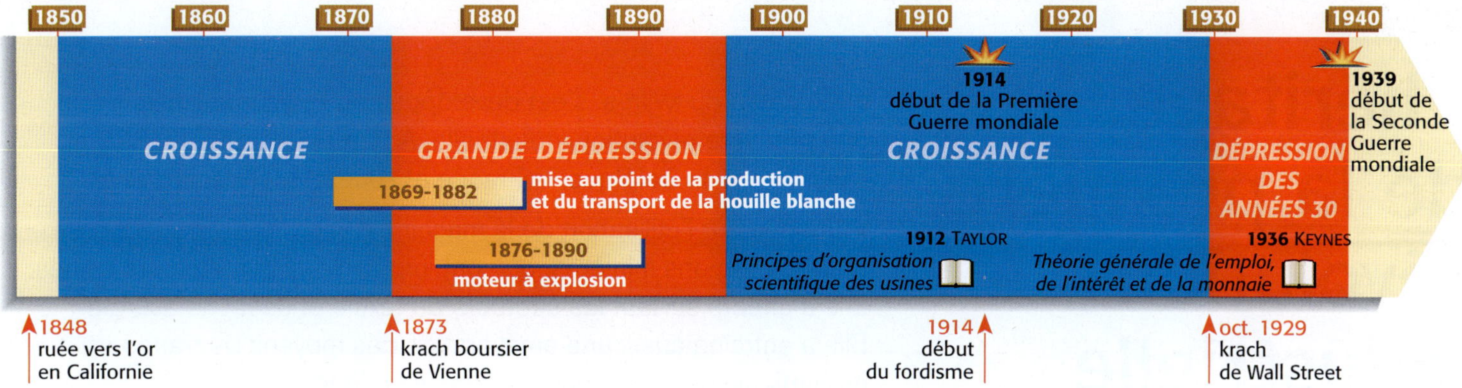

2 | ... mais qui connaît de graves crises.

Marche nationale de la faim (Royaume-Uni, 1932).

Deux mille chômeurs écossais, en route pour Londres, traversent le Northamptonshire le 22 octobre 1922.

« Une des impressions les plus vives qu'on retire d'une visite aux queues [...] des agences pour l'emploi est le silence qui y règne. Hommes et femmes se tiennent debout, enveloppés dans l'amertume de leurs pensées, les yeux plongés dans le vague, penchés sur leur misère intérieure. Ils restent debout et ils attendent, ils attendent interminablement de la soupe, du travail, un lit, tout en sachant qu'ils en attendront de nouveau le jour suivant. » Russell Aven, *The New York Times*, 1931.

L'héritage de la première révolution industrielle

• Au cours du XVIIIe s. s'est développée au Royaume-Uni une première révolution industrielle. À partir des années 1830, elle a gagné la Belgique, la France et l'ouest de l'Allemagne.

• Fondée sur l'utilisation de la machine à vapeur, elle est apparue dans les régions minières, où sont implantées les premières usines. Elle a affecté surtout les secteurs du textile et de la métallurgie. Elle a entraîné aussi une amélioration des moyens de transport, en particulier avec l'essor des chemins de fer.

1 **Une usine métallurgique à Wittkowitz vers 1850 (Moravie, empire d'Autriche).**

2 **« Cokeville »**

Cokeville était une ville de briques rouges, ou plutôt de briques qui eussent été rouges si la fumée et les cendres l'avaient permis ; mais telle qu'elle était, c'était une ville d'un rouge et noir peu naturels qui rappelaient le visage enluminé d'un sauvage. C'était une ville de machines et de hautes cheminées, d'où sortaient sans trêve ni repos d'interminables serpents de fumée qui se traînaient dans l'air sans jamais parvenir à se dérouler. Elle avait un canal bien noir et une rivière qui roulait des eaux empourprées dans une teinture infecte. […] Elle renfermait plusieurs grandes rues qui se ressemblaient toutes et une foule de petites rues qui se ressemblaient encore davantage, habitées par des gens qui sortaient et rentraient aux mêmes heures, faisaient résonner les mêmes pavés sous le même pas, pour aller faire la même besogne ; pour qui chaque jour était l'image de la veille et du lendemain, chaque année le pendant de celle qui l'avait précédée ou de celle qui allait suivre.

Charles Dickens, *Les Temps difficiles*, 1854.

3 **Les effets de la première révolution industrielle au Royaume-Uni.**

a) Sur la production

	1800	1830	1850
Charbon (million de tonnes)	11	22,4	49,4
Coton (million de livres)	15	32,1	45,7

b) Sur les transports

Durée du trajet	1750	1830 (après l'amélioration du réseau routier)	1855 (après la mise en place des premiers chemins de fer)
Londres-Brighton	1 jour	5 heures	3 heures 20
Londres-Manchester	3 jours	20 heures	5 heures 45
Londres-Édimbourg	11 jours	45 heures 30	13 heures 45

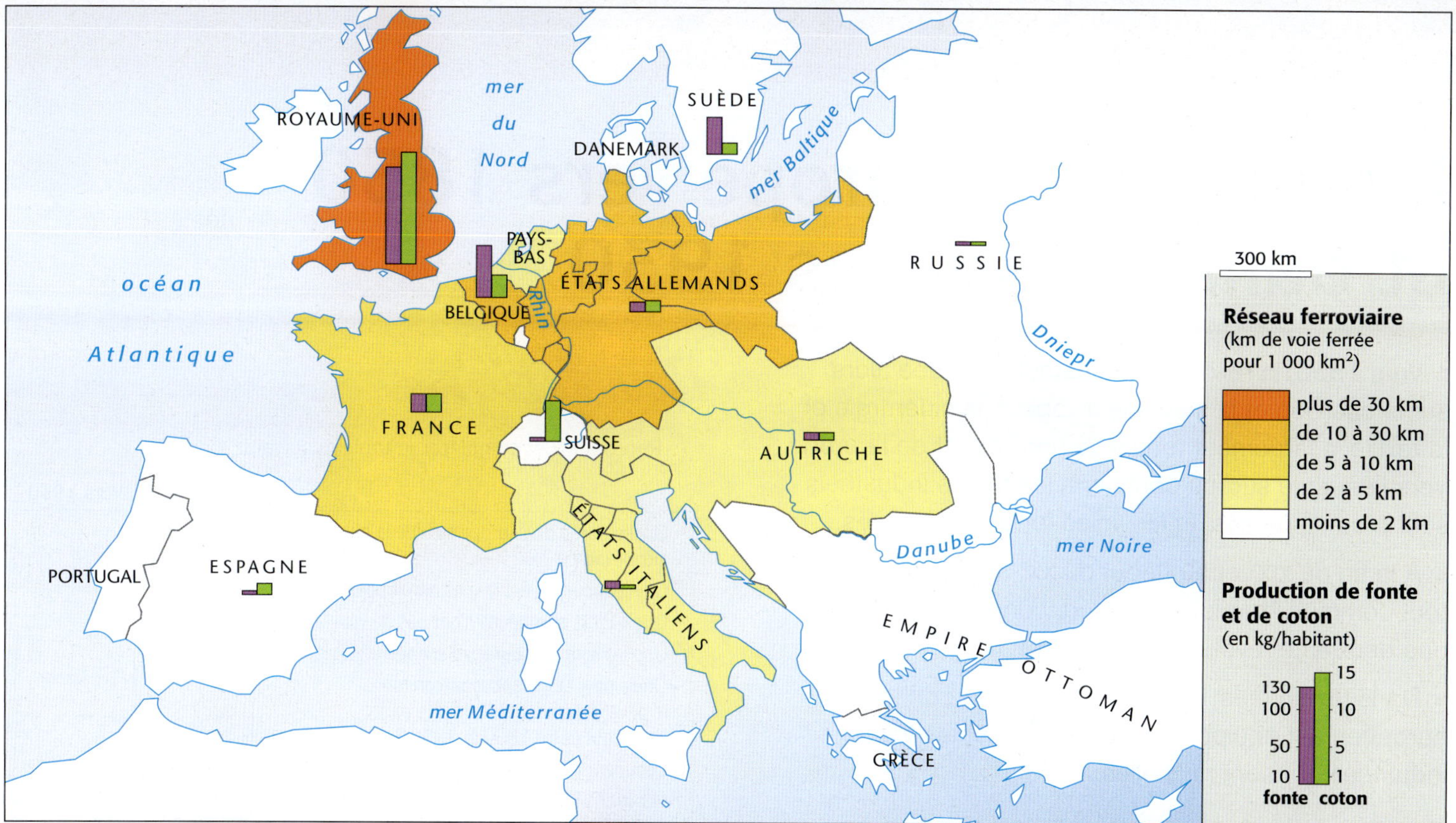

4 L'impact de la première révolution industrielle en Europe en 1850.

5 **La locomotive de Crampton.** Réalisée en 1849 par l'ingénieur anglais Thomas Crampton, cette locomotive améliore les performances de la « Rocket » de Stephenson, notamment en augmentant le diamètre des roues motrices (ce qui permet d'accroître la vitesse sans multiplier le nombre de tours de roues). Utilisée en France de 1848 à 1890 à la traction des rapides, elle établit en 1850 un record de vitesse avec 120 km/heure.

6 **Les principales inventions de la première révolution industrielle.**

Date	Invention	Inventeur	Pays	Branche concernée
1730	Fonte au coke	Darby	R.-U.	Métallurgie
1735	Navette volante (tissage)	Kay	R.-U.	Textile
1765	Mule-jenny (filage du coton)	Hargreaves	R.-U.	Textile
1767	Métier à tisser	Arkwright	R.-U.	Textile
1769	Machine à vapeur	Watt	R.-U.	Énergie – Transports
1780	Production industrielle du chlore à Javel		F.	Chimie
1784	Puddlage de la fonte	H. Cort	R.-U.	Métallurgie
1790	Fabrication de la soude	Leblanc	F.	Chimie
1801-1806	Métier	Jacquart	F.	Textile
1807	Bateau à vapeur	Fulton	É.-U.	Transports
1814	Première locomotive à vapeur	Stephenson	R.-U.	Transports
1822-1826	Premières photographies	Niepce	F.	Chimie
1837-1844	Télégraphe électrique	Morse	É.-U.	Communications
1840	Engrais chimiques	Liebig	Allemagne	Chimie

Questions

A Retirer des informations des documents

1. Quels aspects d'une grande usine le doc. 1 met-il en évidence ?

2. Que révèle le doc. 2 sur l'aspect et la population d'une ville industrielle anglaise au milieu du XIXe s. ?

3. Quelles sont les conséquences de la première révolution industrielle sur l'économie du Royaume-Uni (doc. 3) ?

4. Selon le doc. 4, quelles sont les régions d'Europe les plus industrialisées en 1850 ?

5. Comment la locomotive du doc. 5 est-elle actionnée ?

6. D'après le doc. 6, dans quel secteur et dans quel pays la première révolution industrielle se manifeste-t-elle d'abord ?

B Mettre en relation les informations des documents

7. D'après les doc. 1 et 2, préciser les principaux caractères du paysage d'une région industrielle au milieu du XIXe s.

8. À partir des doc. 3, 4, 5 et 6, présenter les conséquences de la première révolution industrielle en matière de transport.

C Rédiger

9. Au milieu du XIXe s., quel est le bilan de la première révolution industrielle en Europe ?

L'industrie en Europe vers 1850 et dans les années 1930

- Vers 1850, la révolution industrielle, fondée alors sur le charbon et la machine à vapeur, la sidérurgie et le textile, a largement touché le nord-ouest de l'Europe. Vers l'est et le sud du continent, les foyers industriels sont plus dispersés, et les voies ferrées plus rares.
- À la fin du XIXe et au début du XXe s, l'Europe tout comme l'Amérique du Nord, connaît une deuxième révolution industrielle.
- Dans les années 1930, l'ensemble du continent européen est équipé en voies ferrées et les foyers industriels s'y sont multipliés.

Questions

1. Reproduire et compléter le tableau suivant.

	Vers 1850	Vers 1930
– Quelle partie de l'Europe semble la plus industrialisée ? – Quelle industrie est la plus développée ? – Quels États européens n'ont pas de voie ferrée ? – Quelles sont les sources d'énergie utilisées ? – Quels pays semblent avoir connu le développement industriel le plus important entre 1850 et 1930 ? – Comment expliquer la localisation des principaux centres industriels ?		

2. Comparer l'industrialisation de l'Europe vers 1850 et vers 1930 (doc. 1 et 3).

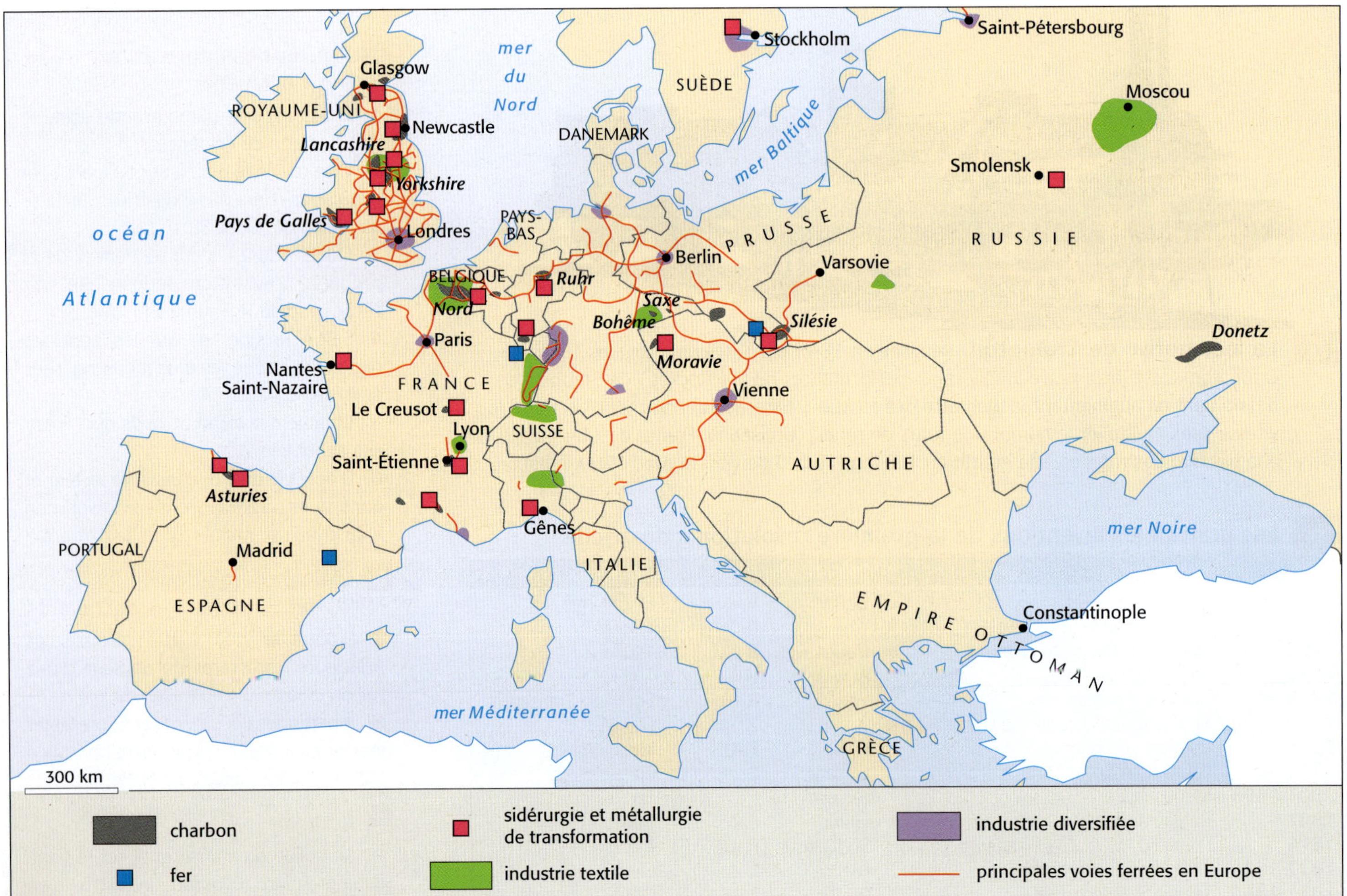

1 L'Europe industrielle vers 1850.

2 Chaîne de montage aux usines Citroën du quai de Javel à Paris dans les années 1920.

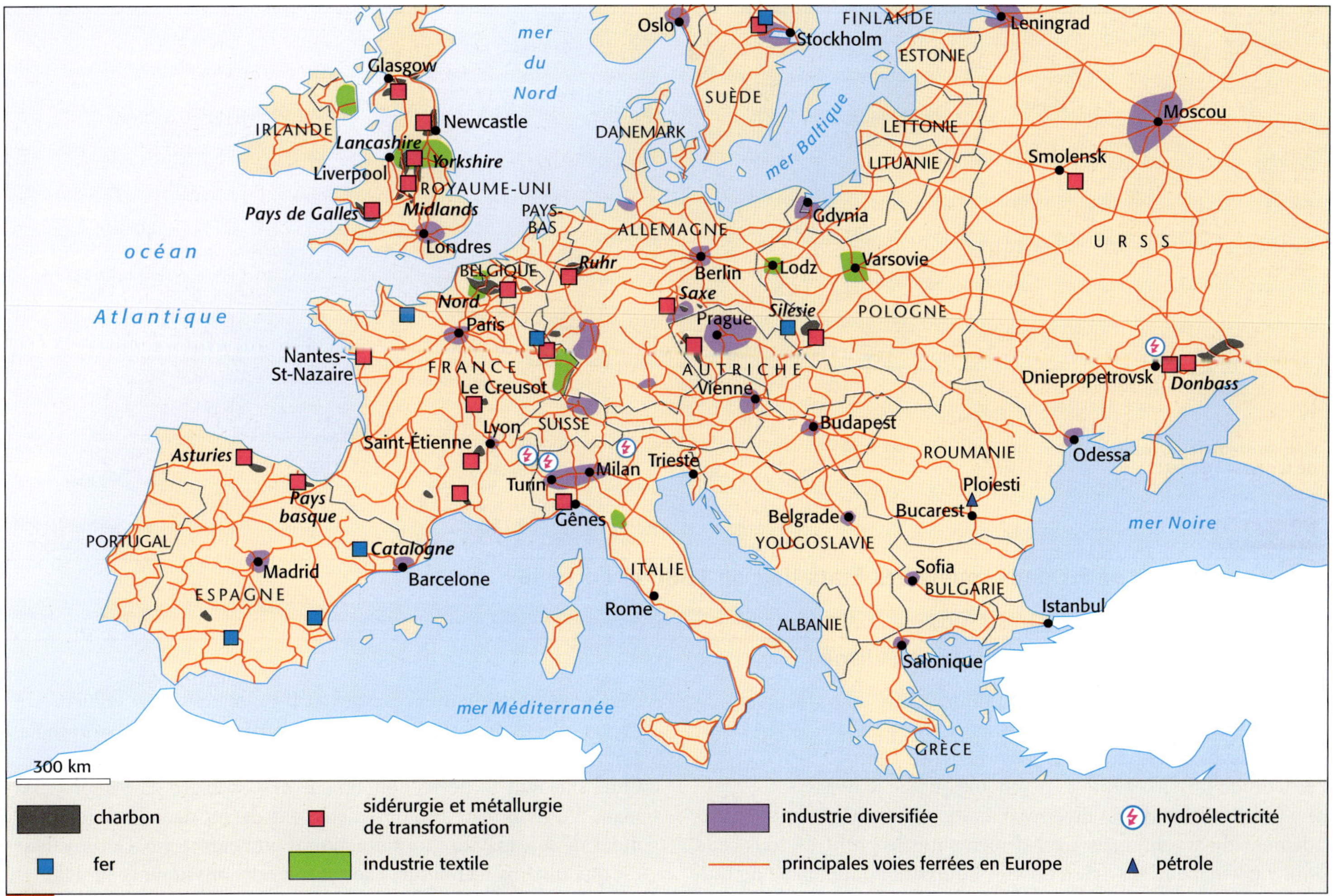

3 L'Europe industrielle dans les années 1930.

L'industrialisation du monde de 1850 à 1939

• Au milieu du XIXe s., l'industrie est principalement développée en Europe du Nord-Ouest. Elle se diffuse dès cette époque dans le nord-est des États-Unis.

• De 1850 à 1938, l'industrie demeure puissante en Europe. Mais sa croissance est alors plus rapide aux États-Unis, premier pays à mobiliser les ressources du pétrole et à pratiquer de nouvelles méthodes de production, avec le **taylorisme** et le **fordisme**.
À partir de 1868, l'industrialisation gagne également le Japon et la Russie.

VOCABULAIRE

taylorisme : organisation scientifique du travail mise au point par Taylor aux États-Unis au début du XXe s. Elle vise à éliminer tous les gestes inutiles à la production d'un bien.

fordisme : politique salariale mise au point par l'industriel américain Henry Ford à partir de 1914 : il s'agit de verser aux ouvriers de hauts salaires afin qu'ils consomment davantage.

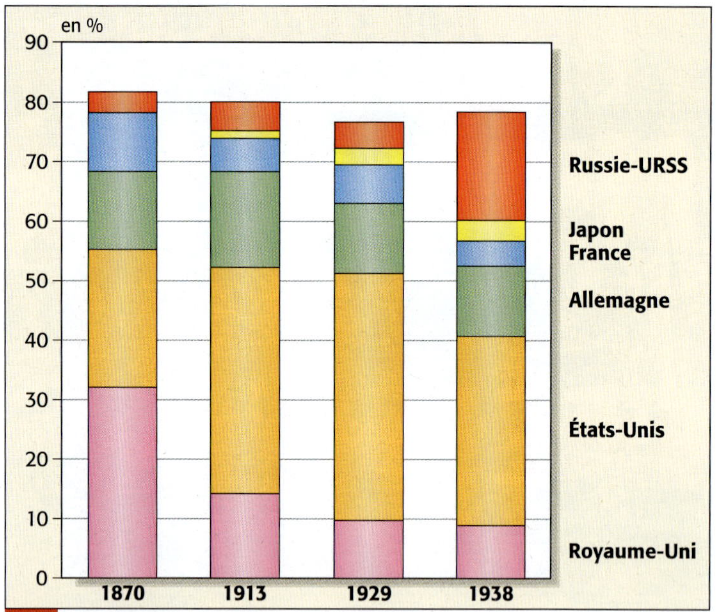

1 Part des principales puissances dans la production industrielle mondiale.

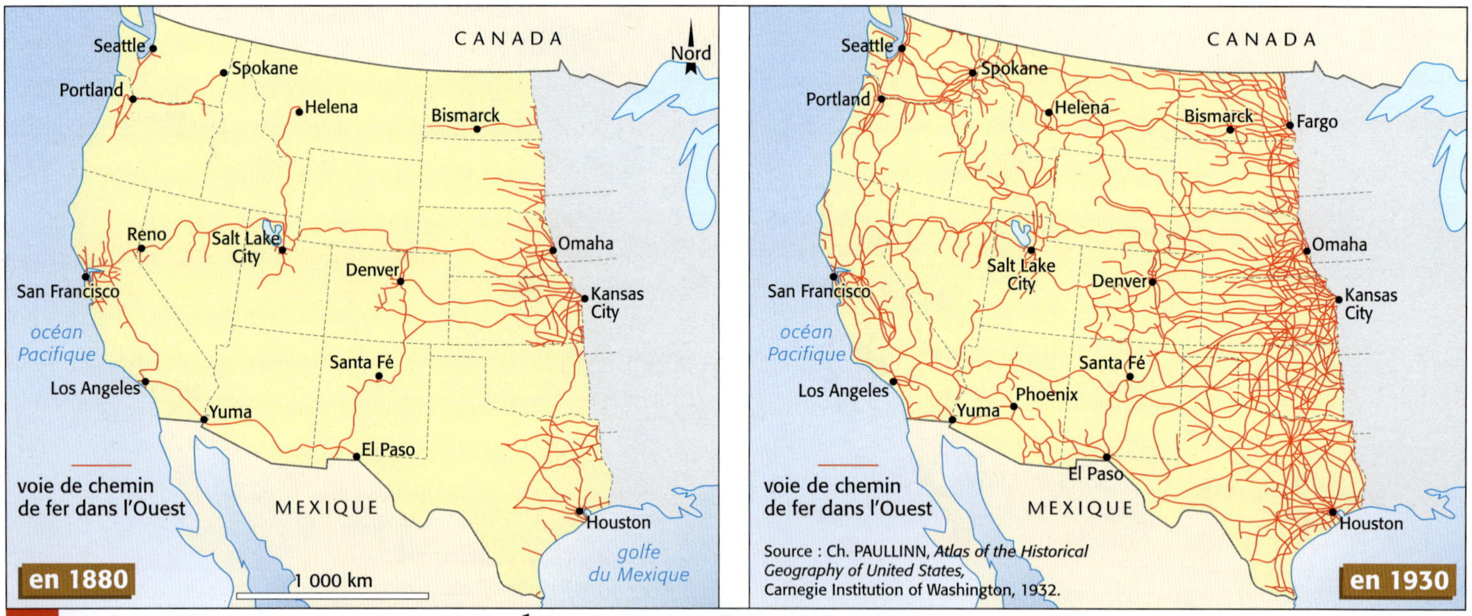

2 Les chemins de fer dans l'ouest des États-Unis en 1880 et en 1930.

3 Le taylorisme appliqué par André Citroën

Organiser scientifiquement le travail nécessite :
1. l'aménagement général de l'usine ;
2. l'étude et la description des travaux à exécuter ;
3. ll'étude physiologique et psychologique de l'ouvrier.
Le but commun de ces diverses opérations est d'augmenter le rendement du travail, mais aussi d'augmenter le profit de tous ceux qui y participent. Il s'agit d'obtenir l'utilisation rationnelle de toutes les forces mises au service de l'industrie, d'en éviter le surmenage aussi bien que le gaspillage, et d'augmenter ainsi le bien-être de la collectivité, soit en accroissant la masse des objets produits, soit en diminuant le temps consacré à produire. [...]
Quel que soit le perfectionnement de l'outillage, la valeur de la main-d'œuvre reste toujours l'élément décisif dans le développement de la capacité de production d'une entreprise. Cette valeur est quelquefois technique, elle est toujours physique et morale.

André Citroën, *L'Information ouvrière et sociale*, 16 janvier 1919.

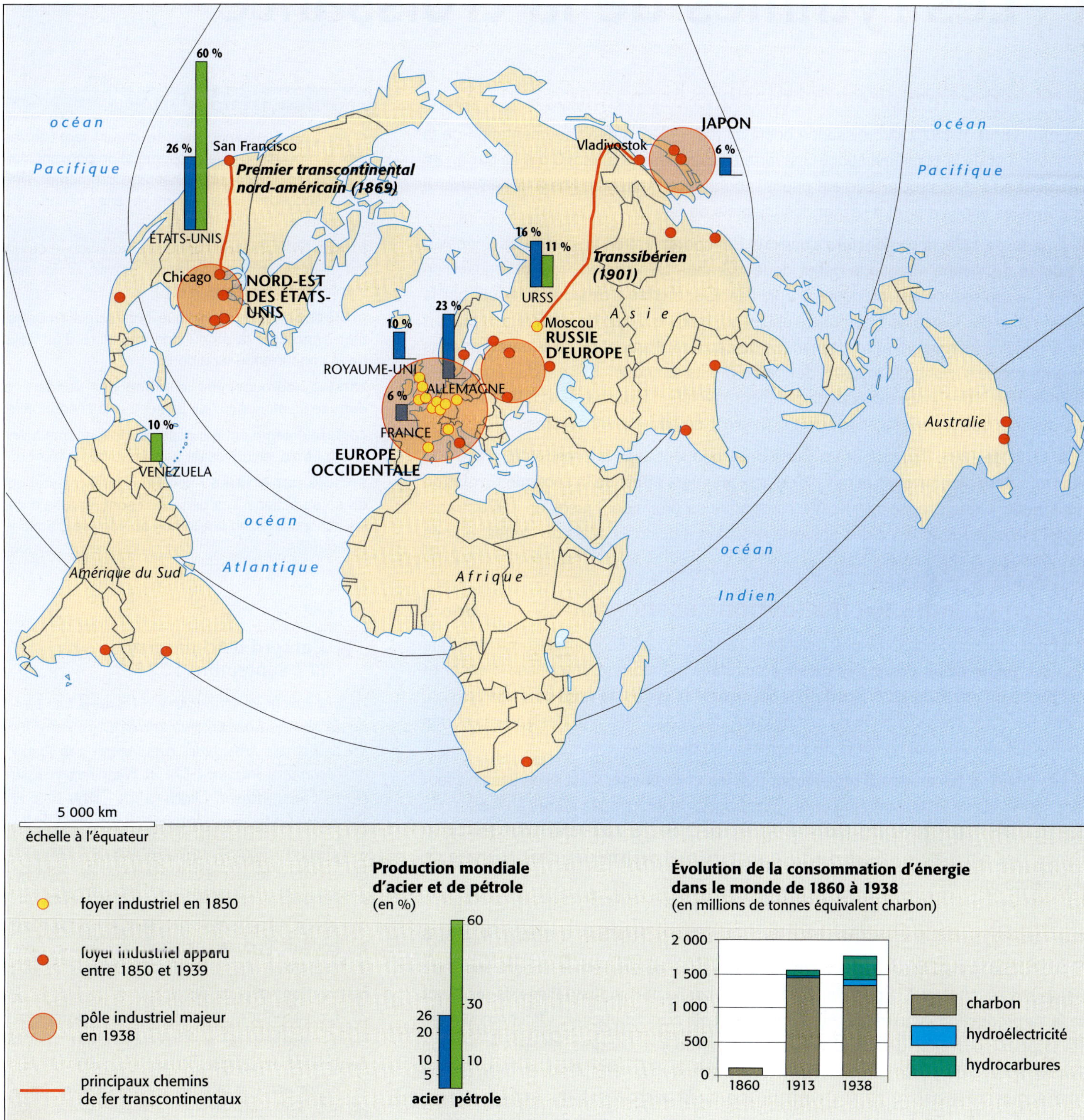

4 **Géographie de l'industrie mondiale, de 1850 à 1938.**

Questions

1. Quels pays connaissent une diminution de leur part dans l'économie mondiale entre 1870 et 1938 (doc. 1) ?
2. Quels pays ont, au contraire, accru leur part entre 1870 et 1938 (doc. 1) ?
3. Comment expliquer le tracé du réseau ferré dans l'Ouest américain en 1880 et 1930 ?
4. Quels sont les principes du taylorisme appliqués par Citroën dans son usine (doc. 3) ?
5. Quels sont les pôles industriels majeurs dans le monde en 1938 (doc. 4) ?
6. Où l'industrie s'est-elle diffusée entre 1850 et 1938 ?

1 Les rythmes de la croissance

A. De spectaculaires fluctuations économiques doc. 2

Entre 1850 et 1870, la croissance économique – c'est-à-dire l'augmentation de la production et de la consommation – est forte en Europe. Elle atteint 3 à 4 % par an en France et au Royaume-Uni. Elle est due à l'abondance monétaire liée à la découverte de nouvelles mines d'or et à l'essor des chemins de fer.

À partir de 1873, la conjoncture s'inverse. L'effondrement de la valeur des actions à la bourse de Vienne marque le début de la « Grande Dépression » qui dure jusqu'en 1896 : la croissance est inférieure à 2 % l'an. Cette **crise** s'explique à la fois par la pénurie d'or (les mines de Californie s'épuisent), métal qui sert de réserve à la plupart des monnaies (étalon-or), et par le manque de capitaux (l'argent placé auparavant dans les entreprises n'ayant pas toujours donné les profits attendus). Elle est due également à l'épuisement des innovations de la première révolution industrielle et à la résistance des ouvriers qui, organisés en syndicats, peuvent défendre leurs salaires.

À partir de 1896, l'Europe et les États-Unis renouent avec la prospérité, **grâce à la mise en valeur de nouvelles mines d'or et aux premiers effets de la seconde révolution industrielle**. Cette prospérité et cette croissance se prolongent jusqu'en 1929, transformant le paysage et la vie des sociétés des pays industriels. Mais de vastes régions du monde ne la connaissent pas.

B. Comprendre les fluctuations économiques doc. 3

Les fluctuations économiques retiennent l'attention des économistes. En 1862, le Français **Juglar décrit des cycles de six à onze ans** comportant une phase d'essor et une phase de crise. **En 1926, Kondratiev découvre des cycles de vingt-cinq ans** environ, superposés aux précédents, et où une phase A de hausse (des prix, des salaires et des profits) est suivie d'une phase B de stagnation ou de baisse.

Les crises et les phases B provoquent faillites et chômage, mais elles assainissent l'économie, éliminant les entreprises les plus fragiles et incitant les autres à un effort de qualité, d'innovation et de **productivité**. Après les crises, la vie économique est transformée : les nouveaux secteurs d'activité sont les plus dynamiques dans la phase de croissance qui suit.

C. Réagir aux fluctuations économiques doc. 1, 4, 5 et 6

Alors que dans l'économie agricole traditionnelle, les problèmes étaient liés à de mauvaises récoltes et à la pénurie, **dans une économie plus industrialisée ils résultent de la surproduction industrielle**. Aussi est-on attentif aux débouchés. On cherche à les développer en créant de grands magasins (Harrod's à Londres en 1849, le Bon Marché à Paris en 1852) et en recourant à la publicité. En 1914, l'industriel américain Ford augmente le salaire de ses ouvriers, afin qu'ils accroissent leur consommation. Chaque État cherche à se réserver son marché national, par exemple en faisant payer de lourds droits de douane aux produits importés : le **protectionnisme** se généralise pendant la Grande Dépression (1873-1896), sauf au Royaume-Uni.

Pour améliorer leurs profits en produisant plus à moindre coût, les entreprises recourent au taylorisme, en rationalisant et chronométrant les gestes de leurs ouvriers. Certaines se concentrent en créant des **trusts**. Elles peuvent aussi se partager le marché, en constituant des **cartels** et en passant des accords qui limitent la concurrence.

L'activité des entreprises exige d'importants capitaux, surtout pour soutenir les innovations de la deuxième révolution industrielle. Pour les obtenir, elles sollicitent des crédits à long terme (plus de 10 ans) auprès des banques d'affaires et des prêts à court terme (moins de 5 ans) auprès des banques de dépôt. D'autre part, elles s'organisent en **sociétés par actions**.

VOCABULAIRE

crise : en économie, période durant laquelle les prix, la production et la consommation peuvent s'effondrer rapidement et le chômage augmenter. Une crise succède généralement à une période de croissance.

productivité : rapport entre la production et ce qui est nécessaire pour l'obtenir (travail, investissements, matière première, etc.).

protectionnisme : politique commerciale consistant à protéger la production intérieure d'un pays de la concurrence étrangère.

trust : regroupement d'entreprises tendant à détruire un monopole sur un secteur de l'économie.

cartel : entente entre industriels de la même branche (pétrole, acier) visant à éviter la concurrence.

société par actions : société dont le capital est divisé en actions. Les bénéfices sont répartis entre les actionnaires, en proportion du nombre d'actions possédées.

1 L'accord d'Achnacarry (17 septembre 1928)

Accord conclu, à Achnacarry, à l'issue d'une partie de chasse dans un château écossais, entre les dirigeants des principales compagnies pétrolières de l'époque : Standard Oil of New Jersey, Esso (États-Unis), Royal Dutch Shell (Pays-Bas et Royaume-Uni), Anglo-Iranian (Royaume-Uni).

1. Engagement, par les membres de l'entente, de stabiliser leurs parts respectives du marché mondial au niveau de 1928, avec relèvement des parts au prorata, en cas d'augmentation générale de la consommation.
2. Utilisation en commun des usines et des installations déjà en place.
3. Construction d'installations supplémentaires, seulement si l'accroissement de la demande l'exige.
6. Suppression à la base, c'est-à-dire au puits ou à la raffinerie et par les producteurs eux-mêmes, de toute production excédentaire.
7. Élimination de toutes mesures ou dépenses de nature compétitive, propres à augmenter sensiblement les prix de revient ou de vente.

Cité par J. Bauchard, *Le Jeu mondial des pétroliers*, 1970.

1. **Quels sont les objectifs visés par les signataires de l'accord ?**
2. **Par quelle méthode ces signataires entendent-ils atteindre ces objectifs ?**
3. **Comment appelle-t-on le système constitué par un tel accord ?**

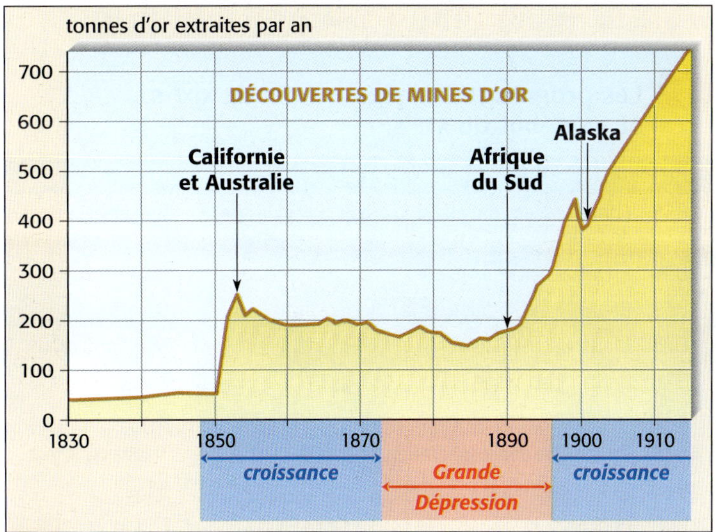

2 La production d'or au XIXe siècle.

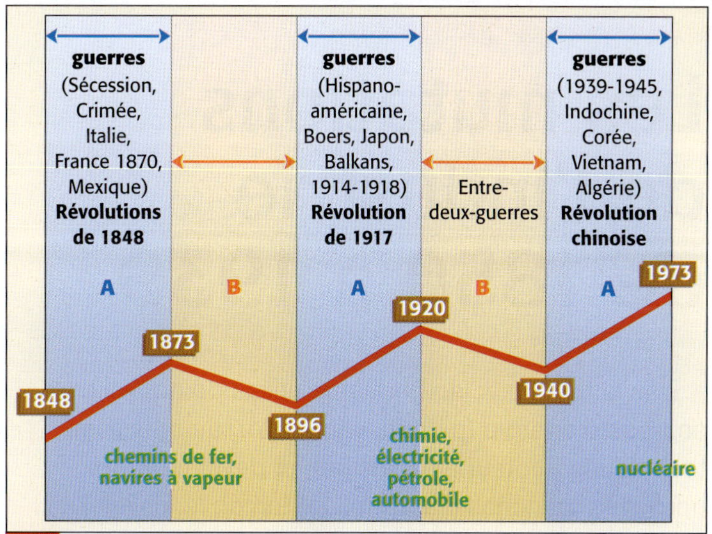

3 Les cycles Kondratiev.

4 La politique salariale de Ford

Il faut que les ouvriers produisent le plus possible et reçoivent les plus forts salaires possibles. […] Si nous répandons beaucoup d'argent, cet argent se dépense. Il enrichit les négociants, les détaillants, les fabricants et les travailleurs de tous ordres, et cette prospérité se traduit par un accroissement de demande pour nos automobiles.
Je commence par réduire les prix pour vendre davantage ; puis on se met à l'œuvre, et on tâche de s'arranger du nouveau prix. Le nouveau prix oblige le coût de fabrication à descendre.
Par bonheur, les gros salaires contribuent à l'abaissement du coût de fabrication, les ouvriers devenant de plus en plus industrieux, une fois exempts de préoccupations étrangères à leur travail. […]
Je pourrais probablement trouver des hommes qui feraient pour trois dollars par jour le travail que je paye six dollars [mais] il me faudrait deux et peut-être trois de ces ouvriers pour remplacer chacun de mes ouvriers bien payés. Cela entraînerait plus de machines, plus de force motrice, et un accroissement considérable de confusion et de frais.

Henry Ford, *Ma vie, mon œuvre*, Payot, 1925.

1. Quelle idée Ford défend-il ici en matière de salaire ?
2. Comment la justifie-t-il ?

5 **Action de la Société française des Nouvelles-Hébrides (1932).**
Une action représente une part du capital d'une entreprise. Il assure à son possesseur une part correspondante du bénéfice annuel, le dividende.

6 **Une présentation critique des effets du taylorisme :**
Scène du film *Les Temps modernes* de Charlie Chaplin (1936).

Les mutations de l'industrie de 1850 à 1939

- Dès la fin du XIXe s., l'industrie utilise de nouvelles sources d'énergie (pétrole, électricité), de nouvelles techniques (moteur à explosion), et développe de nouvelles branches d'activités (automobile, chimie).
- Ces transformations considérables, qui ont surtout débuté en Allemagne et aux États-Unis, modifient profondément l'économie et la vie des pays d'Europe et d'Amérique du Nord : elles constituent ce que les historiens nomment la « deuxième révolution industrielle ».

1 Les progrès techniques à la fin du XIXe s. et au début du XXe s.

Date	Innovation technique	Nom
1855	Convertisseur permettant la production industrielle de l'acier	Bessemer
1859	Premiers puits de pétrole	Drake
1869	Première exploitation de la houille blanche	Bergès
1875	Moissonneuse-lieuse	Mac Cormick
1876	Bateau frigorifique	Tellier
1876	Téléphone	Bell
1878	Procédé de déphosphoration de la fonte	Thomas Gilchrist
1879	Lampe électrique à filament	Edison
1880	Phonographe	Edison
1883	Transport d'électricité à longue distance	Desprez
1884	Soie artificielle	Chardonnet
1884	Électrométallurgie	Héroult
1886	Moteur à explosion	Daimler
1888	Pellicule photo	Eastman
1893	Moteur utilisant les sous-produits lourds du pétrole	Diesel
1895	Cinématographe	Frères Lumière
1897	Télégraphie sans fil (TSF, radio)	Branly et Marconi
1899	Aspirine	Bayer
1909	Traversée aérienne de la Manche	Blériot
1927	Traversée aérienne de l'Atlantique	Lindbergh
1937	Mise au point du Nylon	Carothers

Invention britannique
Invention française
Invention française et italienne
Invention allemande
Invention américaine

2 Un des premiers champs de puits de pétrole, exploité à Tarr Farm, près de Oil Creek, en Pennsylvanie.
Le tout premier puits de pétrole a été foré en Pennsylvanie en 1859, par E. D. Drake. Il est le point de départ de considérables transformations économiques.

3 Affiche de la fin des années 1930.

4 Publicité des années 1930.

5 L'essor de l'automobile aux États-Unis dans les années 1920

Les routes pavées, les ateliers de réparation et les stations d'essence étaient devenus si nombreux que l'automobiliste pouvait partir pour la journée entière sans risquer de se retrouver enlisé dans la boue, immobilisé faute de carburant ou paralysé par une bougie morte. Maintenant que les conduites intérieures étaient produites en grande quantité, l'automobiliste n'avait plus besoin de posséder un sang spartiate dans les veines, même en janvier. [...] Au début de la décennie, la plupart des voitures étaient de couleur sombre. Mais avec l'invention des vernis à la pyroxyline, elles étaient sorties (en 1925 et 1926) dans un arc-en-ciel complet de couleurs.

L'automobile changea le visage de l'Amérique. Des villages qui avaient autrefois prospéré parce qu'ils étaient « sur le passage du chemin de fer » se mirent à péricliter. D'autres, situés sur la « route 66 », virent éclore une foule de garages, stations-service, stands à hot dogs, restaurants spécialisés dans les « dîners à poulets ». [...] Les réseaux ferrés abandonnèrent leurs lignes secondaires, ou virent leurs revenus lentement s'affaisser face à la concurrence des bus interurbains géants et des camions. Lentement mais sûrement, l'âge de la vapeur s'effaça devant celui de l'essence.

Frederick L. Allen, *Yesterday, An Informal History of the 1920's*, 1931.

Questions

A Retirer des informations des documents

1. À quelles industries et à quelles énergies se rapportent les différentes inventions mentionnées dans le doc. 1 ? Que révèle la nationalité des inventeurs ?

2. Décrire l'exploitation pétrolière (doc. 2). Justifier l'expression « champs de puits de pétrole ».

3. Quelle grande mutation des transports ces événements annoncent-ils (doc. 3 et 5) ?

4. Quels appareils électroménagers nouveaux apparaissent ici (doc. 4) ? Quel avantage la publicité vante-t-elle ?

5. Quelles sont les conséquences de la mutation des transports dans le paysage et dans la vie du pays (doc. 5) ?

B Mettre en relation les informations des documents

6. À partir des doc. 1, 2, 3 et 5, préciser le rôle que joue le pétrole dans la vie des pays industriels, du milieu du XIXe s. au début du XXe s.

7. À partir des doc. 1 et 4, préciser dans quels domaines on recourt à l'électricité. Quelle invention rend ce recours possible ?

C Rédiger

8. Présenter, à partir de ces cinq documents, les principaux caractères de la deuxième révolution industrielle.

2 La dépression des années 1930

A. Le choc de la dépression — doc. 1 et 3

■ En apparence, la dépression des années 1930 s'ouvre avec le **krach** de Wall Street, la bourse de New York. **En octobre 1929, les cours** jusqu'alors orientés à la hausse se mettent à baisser, et **le 24, le « jeudi noir », ils s'effondrent**, avant de continuer à baisser durant les mois et les années qui suivent. Certains spéculateurs ruinés par le krach retirent précipitamment les capitaux qu'ils avaient placés dans les banques.

■ **De boursière, la crise devient bancaire**. Des banques, qui avaient investi en bourse, sont acculées à la faillite. Les entreprises clientes de ces banques, privées de trésorerie, sont réduites à fermer leurs portes, en mettant leurs employés au chômage, ce qui réduit la consommation et entraîne encore de nouvelles difficultés pour les entreprises encore en activité : la paralysie économique s'étend.

■ Devant ces difficultés, les banques américaines rapatrient leurs capitaux placés en Europe. Cela provoque l'**effondrement de banques en Autriche et en Allemagne**, et plonge ces pays dans la crise. Le Royaume-Uni, qui avait beaucoup investi dans ces mêmes pays, est à son tour atteint, ainsi que, peu à peu, l'ensemble du continent européen. Comme les États-Unis et l'Europe consomment moins, les pays qui y exportaient leur production (par exemple, le Brésil avec le café) sont contraints d'y renoncer. La crise les atteint aussi ; elle est désormais mondiale. Seule l'URSS, alors à l'écart du monde capitaliste, semble y échapper.

B. Pourquoi la dépression ? — doc. 4

■ Le krach boursier d'octobre 1929 est un révélateur de la crise économique, en germe dès l'été 1929 et qui forme ensuite la dépression des années 1930. Le krach s'explique en partie par la **spéculation** qui l'a précédé à Wall Street mais le choc ressenti alors par les contemporains les a souvent conduits à en exagérer la portée.

■ La crise correspond au passage d'une phase A à une phase B dans un cycle Kondratiev. Depuis 1928, les achats d'automobiles ou de logements baissaient aux États-Unis, la consommation n'absorbant plus la production, le marché était saturé. **Ces déséquilibres sont la véritable cause de la dépression des années 1930**.

C. Les réactions à la dépression — doc. 2, 5 et 6

■ Devant l'**échec des politiques déflationnistes** d'abord adoptées face à la crise (défense de la monnaie, équilibre budgétaire, stabilité des prix), l'économiste britannique **Keynes propose d'autres solutions**. Selon lui, la reprise ne peut venir que de la consommation, qu'il faut donc relancer, en augmentant le pouvoir d'achat de la population. Il souhaite aussi que l'État finance des grands travaux pour développer l'activité. Il prône enfin l'abandon de l'étalon-or, afin de provoquer une inflation modérée, favorable à la consommation. Ces principes sont appliqués dans de nombreux pays. Ainsi aux États-Unis, la politique du New Deal mise en place par le président Roosevelt en 1933, si elle ne règle pas toutes les difficultés, permet au moins d'atténuer la misère provoquée par la crise.

■ Les différents États sont attentifs à la défense de leur marché national. Le protectionnisme se renforce, des **dévaluations** abaissent le prix des produits nationaux, ce qui en facilite l'exportation. En même temps, **chacun cherche à réduire ses importations**, les États fascistes – Allemagne et Italie – allant jusqu'à adopter une politique autarcique. Dans ce climat de guerre commerciale, les puissances coloniales s'appuient sur leur empire, en développant la **préférence impériale**, comme le fait le Royaume-Uni en créant en 1931 le Commonwealth. Mais les États dépourvus de colonies, comme l'Allemagne et le Japon, n'ont pas cette ressource : aussi en viennent-ils à revendiquer un espace vital et à se lancer dans des guerres permettant de le conquérir.

VOCABULAIRE

krach : effondrement soudain et brutal de la valeur des actions des entreprises cotées en bourse.

spéculation : achat et vente de valeurs (action, or, devises, etc.) pour réaliser une plus-value (différence entre les prix d'achat et de vente) et non un dividende (part des bénéfices d'une entreprise).

préférence impériale : politique commerciale d'un État qui privilégie les échanges avec ses colonies.

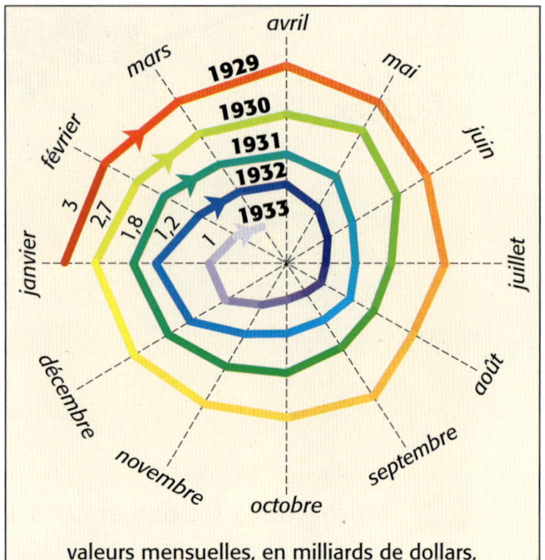

1 L'effondrement du commerce extérieur.

2 Une conséquence, au début des années 1930, de la surproduction : le café déversé à la mer au Brésil.

La diffusion de la crise à travers le monde. **4**

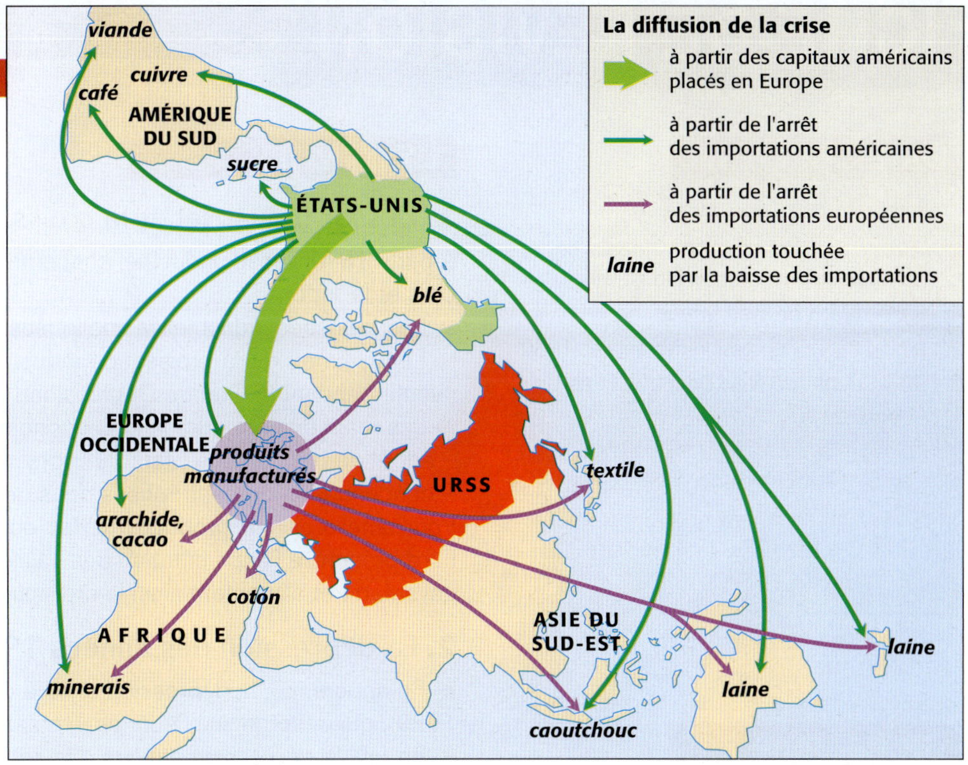

3 Un élément de la crise : la saturation du marché américain

L'idée qu'il faut surproduire pour qu'on surachète, c'est-à-dire l'idée qui domine la vie économique de tout le pays, est-elle si juste ? Quand le marché est saturé et que la production diminue, que devenir ? On a fait une campagne de publicité pour que chaque famille achète deux autos : une seule ne suffit pas. Lui persuadera-t-on d'en acheter trois ? On a fait une campagne de publicité, pareillement, afin que chaque individu achète deux montres, la première pour la journée, la seconde pour le soir […]. Et quand j'aurai mes deux montres, comment les payer ? On achète à crédit son auto, sa maison, son réfrigérateur, son pardessus, ses chaussures : le temps vient pourtant où il faut régler son compte. Les marchés extérieurs se ferment ; l'Amérique du Sud est occupée de ses révolutions. Bref, il faut arrêter la surproduction puisqu'il manque la contrepartie et qu'on ne consent plus à suracheter ; mais un tel arrêt ne va pas sans déchet, sans chômage et sans inquiétude pour l'avenir immédiat.

P. Hazard, *L'Illustration*, 3 janvier 1931.

1. À quelles solutions recourt-on pour faire face à la saturation du marché américain ?
2. Quelles sont les limites de ces solutions ?

5 Une réponse à la dépression : le New Deal de Roosevelt (É.-U.)

a) Le programme de Roosevelt, élu en novembre 1932, (extrait)

Pour remettre nos usines et nos fermes au travail avec l'assurance qu'elles écouleront leurs produits, il faut que nous assurions aux consommateurs les moyens d'acheter ces produits. Il faudrait pour cela que nous n'ayons pas parmi ces consommateurs douze millions de chômeurs hors d'état d'acheter. Nous mettrons ces hommes au travail en assurant à chaque travailleur un salaire minimum suffisant pour vivre.

Adresse inaugurale de Roosevelt, président des États-Unis, 4 mars 1933.

b) Le *National Industrial Recovery Act* (16 juin 1933), extrait

Art. 7. Aucun employé, aucun candidat à un emploi ne sera tenu de s'affilier à un syndicat de la société ni ne sera empêché de s'affilier à une organisation de son choix.
Les employeurs respecteront les maxima d'heures de travail, les tarifs minimaux de salaire et autres conditions d'emploi, approuvés ou prescrits par le Président.

Art. 9. Le Président a autorité pour soumettre à la Commission du commerce international des propositions de réglementation concernant le fonctionnement des oléoducs et l'établissement de tarifs raisonnables pour le transport du pétrole.

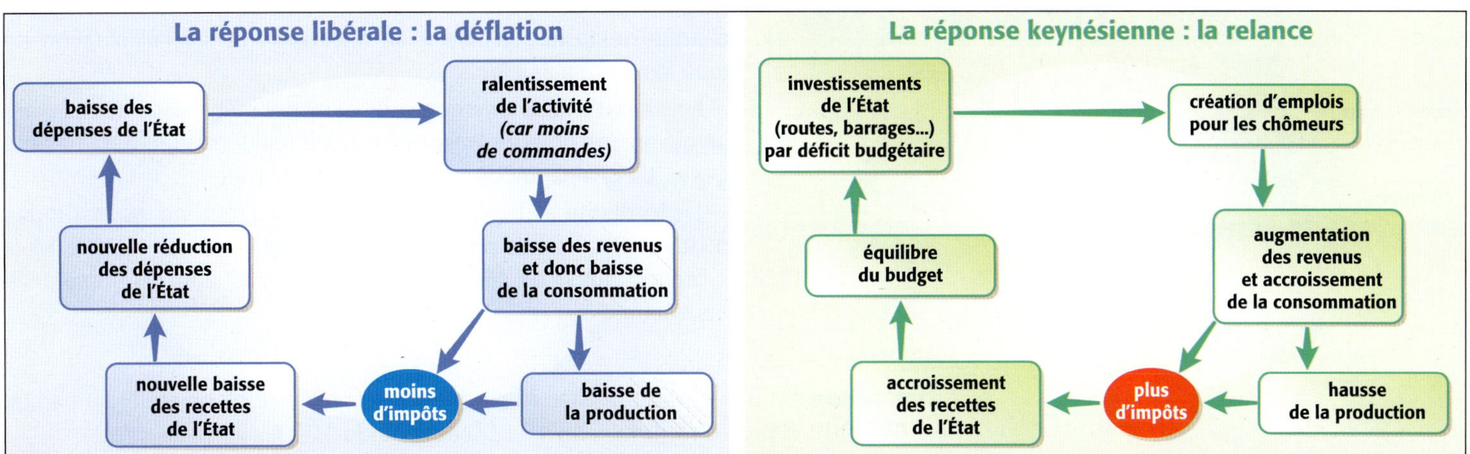

6 Deux réponses théoriques à la dépression : plus d'impôts ou moins d'impôts ?

1. En quoi consistent les politiques libérale et keynésienne ?
2. Analyser ce qui les différencie.

FICHE DE RÉVISION

DATES À RETENIR

- **1873-1896 :** Grande Dépression
- **À partir des années 1880 :** début de la deuxième révolution industrielle
- **1929 :** krach de Wall Street
- **1929-1939 :** dépression des années 1930
- **1933 :** début du New Deal aux États-Unis

BIOGRAPHIE

John Maynard Keynes (1883-1946), économiste anglais, théoricien de la relance par la consommation.
(Voir biographie complète p. 380)

L'ESSENTIEL

1. L'essor industriel et la croissance

À partir 1870, l'essor industriel concerne majoritairement l'Europe de l'Ouest, les États-Unis et le Japon.

- Les branches industrielles impliquées : pétrole, électricité, chimie.
- Les rythmes de la croissance industrielle : rapide de 1850 à 1870, la croissance ralentit pendant la Grande Dépression (1873-1896), puis reprend jusqu'en 1929.
- Les réactions aux fluctuations économiques :

– adoption par certains États du **protectionnisme** à partir de la fin du XIXe s. ;
– concentration des entreprises dans des **trusts** et formation de **cartels**.

Pour améliorer leur **productivité**, les entreprises recourent au **taylorisme**. L'industriel Ford préconise l'augmentation des salaires des ouvriers, afin que ceux-ci consomment davantage et alimentent ainsi la croissance : c'est le **fordisme**.

2. La dépression des années 1930

- En apparence, la dépression résulte du **krach** de la bourse de Wall Street (octobre 1929), qui désorganise l'économie américaine.
- En fait, la dépression est liée à la saturation de marchés mondiaux (surproduction). Elle entraîne une réduction de la demande et de la production ainsi qu'un important chômage dans les pays industrialisés.
- La lutte contre la dépression :

– renforcement du protectionnisme par les États ;
– **préférence impériale** pratiquée par les puissances coloniales ;
– accroissement des dépenses de l'État préconisé par Keynes ;
– en Italie et en Allemagne, autarcie.

NE PAS CONFONDRE

Concentration horizontale et concentration verticale

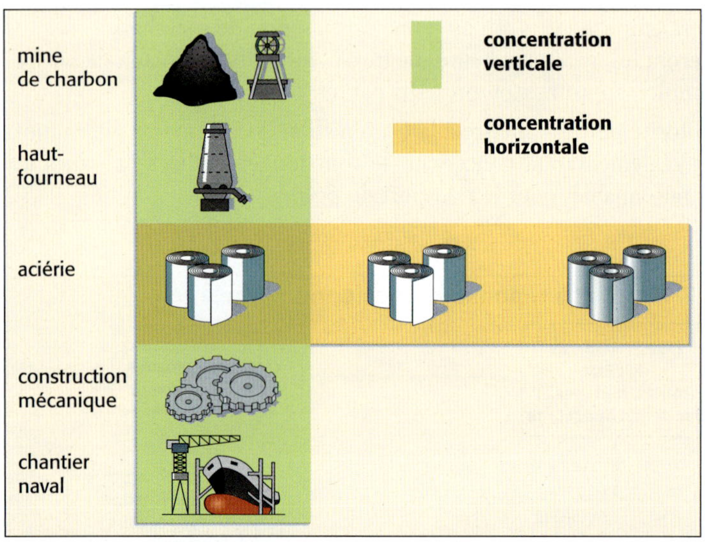

➤ Il y a **concentration verticale** quand une entreprise réunit les différentes étapes de la production d'un bien (par exemple, du minerai de fer aux industries métallurgiques de transformation).

➤ Il y a **concentration horizontale** quand elle rassemble des établissements engagés dans le même niveau de production.

Taylorisme, travail à la chaîne et fordisme

➤ Le **taylorisme**, mis au point aux États-Unis par Taylor, repose sur la décomposition du travail en un repérage et un chronométrage de chaque geste nécessaire à sa réalisation et sur l'élimination de tous les gestes inutiles.

➤ Le **travail à la chaîne** consiste à amener mécaniquement devant un ouvrier les objets sur lesquels il doit toujours effectuer le même geste. La chaîne impose son rythme à l'ouvrier.

➤ Le **fordisme** élaboré par l'industriel Ford reprend les méthodes du taylorisme, afin de produire davantage et à meilleur compte. Mais il prévoit aussi de bien payer les ouvriers, afin de stimuler la consommation.

Action et dividende

➤ Une **action** est une part du capital d'une entreprise : ainsi, une société N au capital de 1 000 000 € peut être divisée en 10 000 actions de 100 €.

➤ Le **dividende** est le résultat de la division du bénéfice annuel de l'entreprise par le nombre de ses actions. Si en 1925 la société N a réalisé 30 000 € de bénéfice, il sera versé pour chaque action un dividende de 30 000/10 000 = 3 €.

Étude d'un graphique

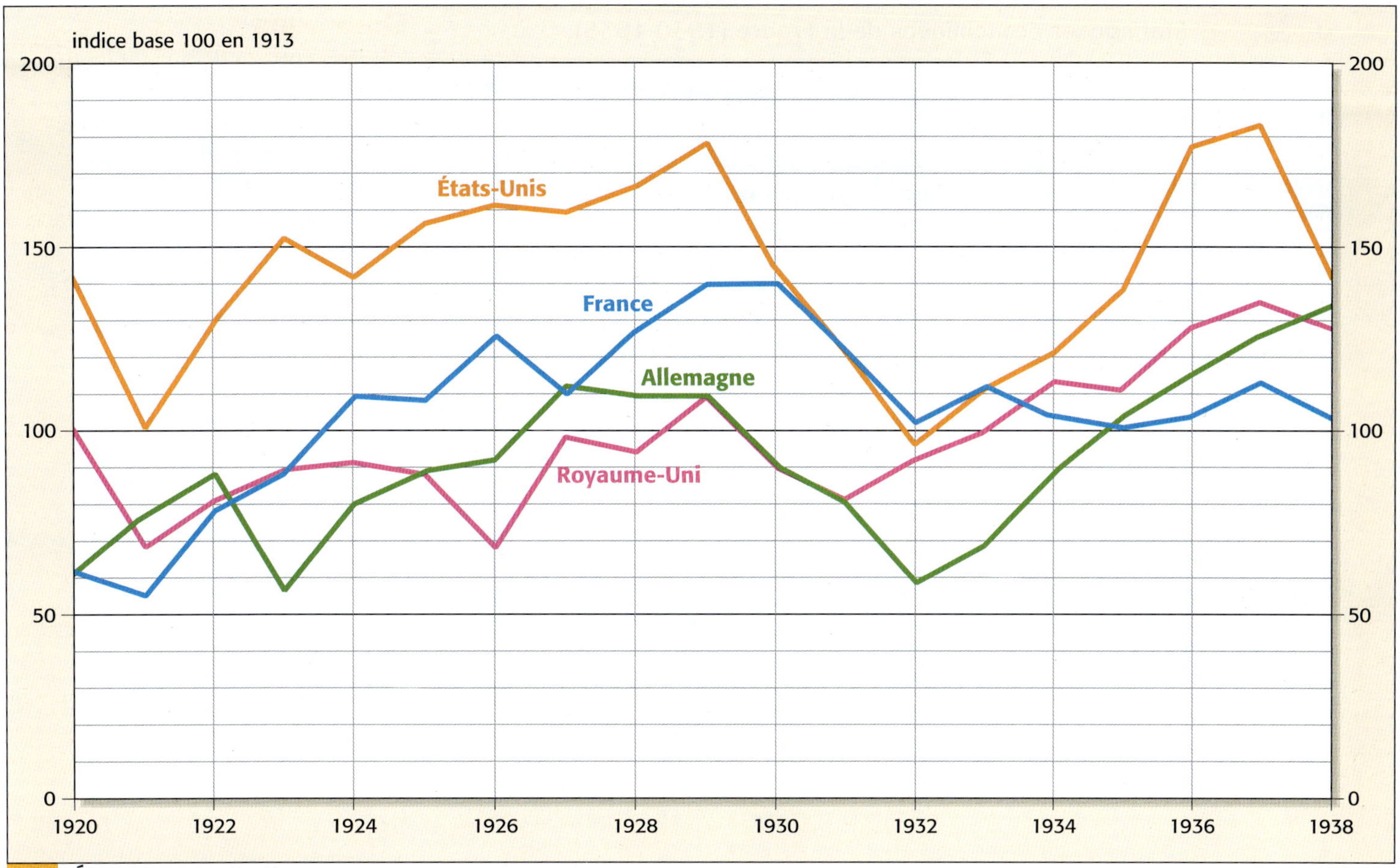

Évolution de l'indice de la production industrielle dans quatre pays de 1920 à 1938.

Questions

A. Présentation générale des courbes

1. Quel type de chiffres a été utilisé pour réaliser les courbes du graphique ?

2. Quel type de renseignements fournissent de tels chiffres ?

3. Les courbes établies à partir de ces chiffres informent-elles sur la puissance industrielle des différents pays ?

B. Étude détaillée des différentes courbes

4. Sur la courbe des États-Unis, repérer les grandes phases de croissance ou de baisse de l'indice de la production industrielle. À quelle situation économique chacune de ces phases correspond-elle ?

5. Réaliser le même travail d'analyse pour les courbes de la France, du Royaume-Uni et de l'Allemagne.

C. Mise en relation des différentes courbes

6. Que révèle le point initial (en 1920) de chacune des courbes sur l'impact économique de la Première Guerre mondiale pour les quatre puissances étudiées.

7. Selon ces courbes, la prospérité des années 1920 est-elle aussi marquée dans les différents pays ? Quels sont les pays où la croissance est la plus dynamique à la veille de la crise de 1929 ?

8. Comparer la rapidité et l'ampleur de l'effet de la crise de 1929 dans les différents pays. Où cet effet est-il le plus limité ? Où est-il le plus lent ?

9. Quand démarre le redressement de la production industrielle après la crise de 1929 ?

10. Ce redressement est-il partout aussi net ? D'après le graphique, est-il définitif ?

Explication d'un document d'histoire (1/6)

Sujet : Économie et société françaises dans les années 1930

Document Statistiques économiques de la France (1930-1935).

	1930	1931	1932	1933	1934	1935
Indice des prix de gros (base 100 en 1929)	88	75	66	63	59	56
Indice du prix du blé (base 100 en 1929)	106	111	97	75	80	51
Indice de la production industrielle (base 100 en 1928)	108	94	79	88	82	80
Durée hebdomadaire moyenne du travail	48 h 30	46 h	43 h	45 h	44 h 30	44 h
Valeur totale des échanges extérieurs en milliards de francs	95,3	72,6	49,5	46,9	40,9	36,4
Valeur des échanges avec l'empire colonial (% du total)	16,2	18,4	25,1	27,1	27,7	28,2
Revenus (base 100 en 1929)						
• Salaires et traitements	106	101	92	88	81	75
• Revenus de l'agriculture	79	69	59	58	46	41
• Revenus du commerce et de l'industrie	92	74	64	61	57	54
• Revenus des professions libérales	102	100	100	93	91	88
• Pensions et retraites	109	125	125	130	129	122

Sources : D'après S. Berstein, « La France entre les deux guerres », *La Documentation photographique*, n° 6083, 1986.
G. Dupeux (dir.), *Guerres et crises 1914-1947*, Armand Colin, 1977.
D. Lefebvre, M. Margairaz, « D'une crise à l'autre, 1929-1973-1993 », *La Documentation photographique*, n° 7026, 1994.
G. Lefranc, *Histoire du Front populaire*, 1965.
J.-F. Sirinelli, *La France de 1914 à nos jours*, PUF, 1993.

Questions

1. Présenter le document (nature, sources, contexte, intérêt).
2. Dégager les caractéristiques économiques de la crise.
3. Étudier ses effets sur la société.
4. De quelles façons y fait-on face jusqu'en 1935 ?
5. Quelle est la particularité de la crise en France ?

Documents d'accompagnement

1 Travaux des champs vers 1935.

2 Chômeurs devant la soupe populaire du IIIe arrondissement de Paris en 1930.

Méthode

A Aide générale

Dans un sujet « Commentaire d'un document », il faut, avant de répondre aux questions :
– examiner minutieusement le document ;
– le replacer dans son contexte historique et géographique ;
– le lire lentement et plusieurs fois.

1. Examiner attentivement le document

- Le titre : il renvoie à une partie du cours et donne des indications sur les connaissances qu'il faut mobiliser.
- La nature du document : ici, le document est composé d'un ensemble de données chiffrées ; il s'agit de **statistiques**.
Attention aux indices : ils mesurent une variation par rapport à un repère, le point de départ indiqué par la formule « indice 100 en… ». Par exemple, dans ce tableau, le prix du blé en 1931 est de 75 par rapport à l'indice de départ 100 en 1929 : il a donc diminué de 25 % (100 – 75) .
- Les sources : elles ne sont pas toujours détaillées ; ici, les chiffres viennent de travaux publiés par des historiens ; il s'agit d'ouvrages universitaires, et relèvent de recherches sérieuses.
En règle générale, on doit s'interroger sur la qualité des sources : c'est le travail de base de l'historien, garantie de la rigueur de son travail : **faire la critique des sources**.

2. Définir le contexte historique et spatial du document

- Le contexte historique est celui des années 1930. Par quel phénomène majeur ces années sont-elles caractérisées ?
- Le document n'envisage que le cas de la France. D'autres États (États-Unis, Royaume-Uni, Allemagne) sont affectés par le même phénomène. Il peut être utile de les comparer.

3. Lire le tableau

- Les données : elles sont variées. Concernent-elles le domaine économique ou le domaine social ?
- La lecture d'un tableau est multiple.
– Elle doit être **verticale** : cette lecture caractérise la situation à un moment donné (par exemple, la situation des Français selon la nature de leurs revenus en 1932).
– Elle doit aussi être **horizontale** : pour dégager une tendance, une évolution (stagnation, hausse, / ou / baisse régulière ou baisse irrégulière) ; pour établir des comparaisons (l'évolution du prix du blé est-elle la même que celle des prix de gros ?) ; pour mettre en relation des informations (quel lien peut-on établir entre l'évolution de l'indice de la production industrielle et celle de la durée hebdomadaire du temps de travail ?).
- L'objectif est de dégager des informations précises et parfois chiffrées.
Attention : il ne s'agit pas de recopier les documents mais de donner des ordres de grandeur ; par exemple la valeur des échanges extérieurs de la France est, en 1933, environ la moitié de ce qu'elle était en 1930 ; le revenu des agriculteurs est en 1935 inférieur de près de 60 % à ce qu'il était en 1929.

B Comment répondre aux questions

Question 1 :
L'examen du document fournit des éléments de réponse. La définition du cadre (contexte historique et spatial) permet d'en dégager l'interet.

Question 2 :
Regrouper les données économiques.
Quelle est la tendance générale ? Affecte-t-elle tous les secteurs de l'activité au même rythme et de la même façon ? Faire appel à ses connaissances pour fournir des explications.

Question 3 :
Dégager les conséquences sociales pour l'ensemble de la société (utiliser le document d'accompagnement n° 2).
Attention : ne pas oublier l'évolution de l'indice des prix de gros. Tous les Français sont-ils affectés de la même façon ?

Question 4 :
Examiner particulièrement l'évolution du commerce extérieur, celle du temps de travail et celle de certains revenus.

Question 5 :
Il s'agit de dégager la portée du document en comparant la France aux autres grands États.
Il est ici nécessaire de faire appel à ses connaissances. L'évolution de l'activité et celle des revenus s'y fait-elle avec la même chronologie ? au même rythme ?
Montrer que l'économie et la société françaises présentent des similitudes et des différences avec celles des autres États industriels. Penser au document d'accompagnement 1 (des activités agricoles traditionnelles).

Exemple de réponse rédigée

Question 1 : Présenter le document (nature, sources, contexte, intérêt).

Le document proposé est un ensemble de statistiques (données économiques et sociales). Élaboré à partir de travaux universitaires, il retrace l'évolution de l'activité et des conditions de vie des Français au cours des années 1930-1935. En 1930, les grands États industriels sont touchés par la dépression révélée en octobre 1929 avec le krach de Wall Street. En 1935, certains États industriels ont amorcé la reprise : la France a-t-elle vécu comme les autres ces années critiques ? Le document apporte des éléments de réponse.

CHAPITRE

2 Sociétés et idéologies

Les deux révolutions industrielles qui se sont succédé au XIXe s. et dans les quarante premières années du XXe s. en Europe, en Amérique du Nord et au Japon, ont bouleversé la société. L'apparition d'une classe d'entrepreneurs utilisant de nouvelles techniques, d'une classe ouvrière de plus en plus nombreuse et d'une classe moyenne importante et de plus en plus diversifiée entraîne de profondes mutations sociales.

Ces bouleversements suscitent les craintes des conservateurs et les espoirs des révolutionnaires ; elles amènent à la fois critiques et propositions d'amélioration de la vie des ouvriers ; elles s'accompagnent de l'apparition de nouvelles idéologies.

Comment l'industrialisation a-t-elle modifié les sociétés occidentales ?
Comment les sociétés réagissent-elles à ces changements ?

1 | Classes laborieuses...

Forgeage d'un arbre d'hélice en 1850.

Dans l'usine d'Indret (Loire-Atlantique), une trentaine d'ouvriers ont retiré du four (au milieu, au fond) un arbre d'hélice. Ils le dirigent, à l'aide d'un palan, vers le marteau-pilon (à droite), afin qu'il soit forgé à chaud.

1840 1850 1860 1870 1880 1890 1900 1910 1920 1930 1940

1841 interdiction du travail des enfants de moins de 8 ans

1864 droit de grève en France

1884 liberté syndicale
lois sociales de Bismarck (assurance maladie, vieillesse, invalidité)

1895 création de la CGT

1919 journée de 8 heures (France)

1936 semaine de 40 heures, congés payés (France)

Ire Internationale 1864-1876

1889-... **IIe Internationale**

1919-1943 **IIIe Internationale**

1848 Karl MARX : *Manifeste du parti communiste*

1867 Karl MARX : *Le Capital*

1886 premier 1er mai aux États-Unis

1906 charte d'Amiens

2 | ... et classes dominantes

Réception à Paris, fin XIXe s., tableau de Jean Béraud, 1878.

« Je commence à craindre que notre jeune personne [leur fille Céline] ne devienne trop mondaine. Elle pleure déjà qu'on la conduise au spectacle à 7 ans ! Que fera-t-elle donc quand elle aura 17 ans ? Jardin des fleurs, casino d'été, jardin zoologique, jardin botanique, concerts, comédies, ballets, vaudevilles, tout connaître à 7 ans, quelle éducation avancée ! » Lettre de A. Motte-Bossut, industriel, à sa femme (24 septembre 1854).

1 Une nouvelle société

A. La lente évolution des campagnes doc. 1, 4 et 6

■ Au XIXe s., la population rurale est encore très nombreuse dans les pays industrialisés, mais elle devient minoritaire dès 1850 en Angleterre et après 1880 en Allemagne. Méfiants face à l'innovation et manquant de capitaux, **les agriculteurs n'appliquent que lentement les techniques nouvelles**. Beaucoup subsistent grâce au travail familial et à la pratique d'une polyculture traditionnelle. D'autres quittent la campagne, victimes de la mécanisation de l'agriculture ou du morcellement des terres, par héritage. **Cet exode rural favorise l'essor des villes** et fournit une main-d'œuvre bon marché à l'industrie ; il alimente aussi l'émigration vers les pays neufs, États-Unis, Canada, Amérique du Sud.

■ Une nouvelle génération d'agriculteurs, plus soucieuse de productivité, apparaît néanmoins dans les grandes plaines du Nord de l'Europe et surtout aux États-Unis. Ces pionniers de l'agriculture font appel au crédit bancaire pour acheter **engrais chimiques et machines**, telles les moissonneuses-lieuses et les batteuses à vapeur.

B. Le triomphe de la haute bourgeoisie doc. 3 et 5

■ L'ancienne aristocratie des grands propriétaires terriens comme les boyards russes ou les junkers allemands garde encore de l'influence dans la société mais connaît des difficultés à cause de la baisse des revenus de la terre. Cette évolution touche aussi les **rentiers**, encore nombreux au XIXe s.

■ **Cependant, l'essor de l'industrie hisse aux premiers rangs chefs d'entreprises et banquiers**. Aux « dynasties » des débuts de la révolution industrielle (les Rothschild, les Schneider, les Krupp) s'ajoutent les « rois » apparus aux États-Unis à la fin du XIXe s. (Rockefeller, Carnegie, Morgan). Ces bourgeois sont parfois partis de rien (Carnegie) ; aux États-Unis, on les appelle des « self-made-men ». Ils s'imposent par leurs connaissances techniques, leur esprit d'innovation et leur capacité à entreprendre.

Très attachés à la liberté économique et conscients de leur importance, ils accumulent propriétés et capitaux qui leur procurent pouvoir et considération. Ils ont reçu une éducation généralement rigoureuse. Ils ne tiennent pas à montrer leur richesse mais se font construire des hôtels particuliers en ville ou des résidences secondaires dans les stations thermales à la mode, lancées par l'aristocratie, par exemple, en France, la Côte d'Azur, lieu de villégiature des aristocrates anglais et russes avant 1914.

■ Ces élites sont toutefois éprouvées par la Première Guerre mondiale et par la crise boursière des années 1930, qui provoquent **l'inflation** et la chute du cours des actions. Peu à peu apparaît à leurs côtés une **nouvelle couche de cadres dirigeants s'imposant par leur seule compétence**, alors qu'ils ne sont pas propriétaires d'entreprises. Ainsi la haute bourgeoisie se renouvelle-t-elle grâce à sa capacité d'incorporer des personnalités nouvelles, souvent recrutées par concours en dehors de ses rangs.

C. L'émergence des classes moyennes doc. 2

■ Entre la riche bourgeoisie et les classes populaires, les classes moyennes se composent de **professions libérales (avocats, médecins, journalistes), d'ingénieurs, de petits entrepreneurs et de commerçants**. Ces deux dernières catégories connaissent des difficultés car elles sont concurrencées par la grande industrie à un moment où leurs économies sont laminées par l'inflation après 1918.

■ Parallèlement se développent des activités de service qui recrutent de plus en plus d'employés et de cadres. Les « cols blancs », incluant aussi un nombre croissant de fonctionnaires, veulent se démarquer à tout prix des classes populaires, les « cols bleus ». Ils s'en distinguent, non seulement par le vêtement, mais aussi par **la culture, le mode de vie**, même si les revenus des employés ne sont guère plus élevés.

VOCABULAIRE

rentier : personne vivant des revenus de ses terres ou de ses capitaux sans avoir besoin de travailler.

inflation : augmentation rapide de la masse monétaire qui provoque une hausse des prix. Ce phénomène trouve en partie son origine dans un déséquilibre entre l'offre et la demande globale de biens et de services disponibles sur le marché.

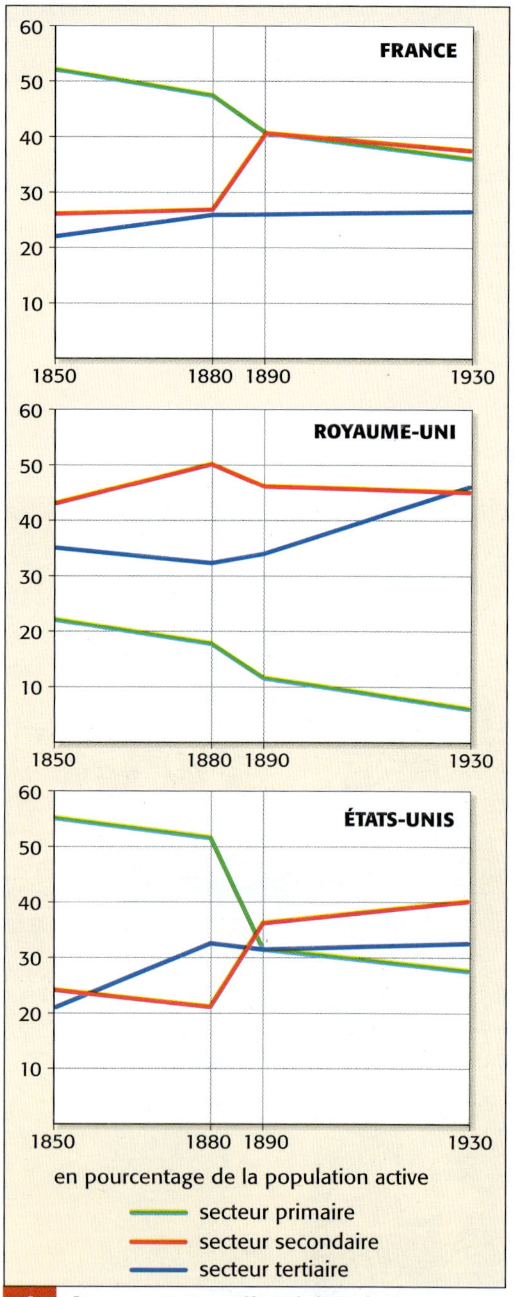

1 **Les secteurs d'activité dans les grands pays industrialisés.**

1. Comment les activités du secteur primaire évoluent-elles pendant cette période ? Pourquoi ?
2. Quelles activités connaissent la croissance la plus forte ? Quelles sont les conséquences sociales de cette évolution ?
3. Quelle est l'originalité de l'évolution des secteurs d'activité en France ? et au Royaume-Uni ?

2 Les classes moyennes au début du XXᵉ s.

Les voisins des Bloyé ne voulaient pas envier le quartier riche : ils faisaient semblant de croire qu'une vie opprimante s'y déroulait, soumise à des lois de fer, à des disciplines coutumières incompatibles avec l'idée qu'un petit-bourgeois de la province française peut se faire des agréments et de la liberté de la vie. Ils se contentaient, faute de mieux, de se sentir également distants des ouvriers qu'ils méprisaient et des grands bourgeois de qui les mœurs insolites leur fournissaient sans cesse des motifs de ne point désirer plus de pouvoir ou de fortune qu'ils n'en avaient… […] Tous les hommes s'exagèrent beaucoup les vices, les soucis, les malheurs de ceux qui sont placés plus hauts qu'eux ; il leur semble que le mal croisse avec la richesse, le pouvoir : rien n'étonne de la part des « grands », car on pense qu'ils sont capables de tout, sont exposés à tout, dans leur monde démesuré de personnages tragiques et de héros oisifs : c'est l'univers d'Andromaque, d'Ajax, des Atrides…

Paul Nizan (1905-1940) fils et petit-fils de cheminots, agrégé de philosophie, membre du parti communiste, *Antoine Bloyé*, 1933.

3 Un intérieur bourgeois en 1902.

4 Le battage en Bretagne à la fin du XIXᵉ s.

Carte postale.

5 Les vertus bourgeoises

Je ne veux pas remettre à demain l'occasion de vous le dire : à toi, mon cher Léon, de soigner ton orthographe qui laisse souvent à désirer ; à ton âge, j'étais bien moins savant que toi grand homme, puisque tu es en troisième et qu'à treize ans je n'étais qu'en quatrième […], et pourtant je ne commettais jamais une faute d'orthographe, j'en fesais [sic] moins qu'aujourd'hui.
Tu t'intéresses aux affaires, tu me demandes si tout marche à mon gré, j'aurais tort de me plaindre du moment actuel, mais il est impossible, sache-le pour l'avenir, que tout marche comme on le rêve. L'industrie est une vie de combat continuel. Votre voisin fait mieux que vous ; ce mieux, c'est le fruit du travail, souvent du travail opiniâtre, c'est une composition de tous les jours, où l'on veut, à force d'imagination, à force d'espoirs dépasser son voisin ; ainsi travaille, travaille, travaille toujours.

Lettre de Louis Motte-Bossut, négociant et fabricant de laine (Roubaix), à son fils Léon, 22 octobre 1855.

Je me fatigue au-delà de toute expression de la monotonie du bulletin de Léon. Cette éternelle redite « conduite légère », « pas de sérieux au travail » me déplaît fort. Je veux, Léon, que tu sois moins enfant, que tu ne joues plus en travaillant. On n'obtient rien, on n'arrive à rien, si on ne met de la persévérance et de la ténacité à étudier et celui qui est léger, volage, peu attentif, d'une assiduité équivoque dans son jeune âge, court grand risque d'être le même dans ses affaires et dans sa conduite d'homme mûr. Or, tu sauras que nous sommes dans un siècle, où les hommes n'ont de valeur que par eux, et que le commis intelligent et courageux prend tous les jours la place de son maître quand ce dernier, par son peu d'énergie et sa légèreté, est obligé de descendre du rang qui lui semblait assuré pour jamais.

Lettre de Mme Motte-Bossut à son fils Léon, 11 février 1856.

1. Quelles sont les vertus bourgeoises d'après ces deux textes ?
2. Comparer cette éducation à celle des aristocrates de l'Ancien Régime.

6 La mécanisation des campagnes.

Affiche publicitaire pour du matériel agricole, 1889.

1. Quelle est l'activité représentée ici ?
2. Comment est actionnée la machine située au premier plan ? Quelle ancienne opération manuelle remplace-t-elle ?

Le libéralisme économique et ses limites

- Le **libéralisme**, tel qu'il a été élaboré par des économistes comme Adam Smith ou Stuart Mill, est l'**idéologie** adoptée par les « bourgeois conquérants » de la première révolution industrielle. Mais, confrontée aux réalités économiques et sociales, cette doctrine est souvent adoucie par le paternalisme.
- Elle évolue parfois, du **libre-échange** vers le protectionnisme, et certains dirigeants politiques apportent des corrections à la loi de l'offre et de la demande. Les patrons sont-ils dès lors tous libéraux ?

VOCABULAIRE

libéralisme : le mot a un sens politique et un sens économique :
– en politique : idéologie fondée sur l'affirmation de la liberté individuelle ;
– en économie : liberté d'entreprendre, libre concurrence et non intervention de l'État.

idéologie : ensemble des idées, des croyances et des doctrines propres à une société, à une catégorie sociale ou à une époque, visant à expliquer le monde.

libre-échange : système dans lequel les marchandises circulent librement, d'un pays à l'autre, sans payer de droits de douane.

1 La profession de foi libérale d'un grand industriel

S'il faut une direction à l'usine, est-il indispensable que ce directeur absorbe à lui seul tous les bénéfices ?
– Pensez-vous qu'il ne faut pas de l'argent pour faire marcher une « boîte » comme celle-ci ? À côté du directeur, de la *tête*, il y a le *capitaliste* !… qui aboule la forte somme… Le capital qui alimente tous les jours les usines des outillages perfectionnés, le capital sans lequel rien n'est possible, qui nourrit l'ouvrier lui-même. Ne représente-t-il donc pas une force qui doit avoir sa part des bénéfices ?… Si vous supprimez au capital son intérêt, vous n'en trouverez plus quand vous en aurez besoin ! Ceux qui l'auront le conserveront. […]

Croyez-vous que les crises de surproduction sont fatales et que, pour empêcher le chômage qui en résulte, une entente soit possible entre les patrons ?
– Pas du tout ; c'est un mal nécessaire, on n'y peut absolument rien ! La production dépend de la mode, ou d'un courant dont on ne peut prévoir ni la durée ni le développement. Un exemple : sous l'Empire, on portait des crinolines. Eh bien : les usines qui s'installèrent pour fabriquer des cercles d'acier se sont vues, le jour où la mode a changé, surchargées de produits avec un outillage devenu tout à fait inutile.

Pensez-vous que l'agglomération des moyens de production dans les usines comme Le Creusot ne faciliterait pas la révolution sociale annoncée par les marxistes ?
– Sans patron, sans quelqu'un d'interessé à faire marcher tout, Le Creusot serait absolument fichu au bout de huit jours !

Croyez-vous que la concentration des capitaux et des moyens de production a atteint son maximum ou doit encore se développer ?
– Il n'y a pas de maximum ! s'écria rudement M. Schneider. *Et ses mains firent un grand geste autour de lui.* Ça marche toujours, ça n'a pas de bornes, ça !…

L'intervention de l'État ?
– Très mauvaise ! très mauvaise ! Je n'admets pas un préfet dans les grèves ; c'est comme la réglementation du travail des femmes et des enfants ; on met des entraves inutiles, trop étroites, nuisibles surtout aux intéressés qu'on veut défendre, on décourage les patrons de les employer et ça porte presque toujours à côté.

La journée de huit heures ?
– Oh ! Je veux bien ! dit M. Schneider, affectant un grand désintéressement, si tout le monde est d'accord ; je serai le premier à en profiter, car je travaille souvent moi-même plus de dix heures par jour… Seulement les salaires diminueront ou le prix des produits augmentera ! […] Pour moi, la vérité, c'est qu'un ouvrier bien portant peut très bien faire ses dix heures par jour et qu'on doit le laisser libre de travailler davantage si cela lui fait plaisir.

Interview d'Henri Schneider par le journaliste Jules Huret, 1896, *Enquête sur la question sociale en Europe*, Perrin, 1897.

2 Libéralisme économique ou protectionnisme ?

a. Les cotonnades anglaises, les fers anglais, les lainages et les aciers américains, nous arrivent à des prix qui rendent toute concurrence impossible à nos manufactures ou qui obligent nos producteurs à donner les fruits de leur travail au-dessous du prix de revient. Dans le domaine de l'agriculture, les efforts de la concurrence sont encore plus funestes, car ils conduisent nos cultivateurs à abandonner leurs campagnes, qui ne peuvent plus assurer leur existence, pour émigrer aux États-Unis.

Bismarck, chancelier d'Allemagne, discours du 23 septembre 1879.

b. La diminution de nos exportations : de 1875 au 1er janvier 1889, notre commerce extérieur a perdu 8 % avec la Belgique, 14 % avec l'Angleterre, 28 % avec l'Allemagne […]. Voulez-vous continuer à laisser votre marché ouvert aux produits qui se trouveront arrêtés ailleurs par des droits élevés, et qui n'ont d'autre ressource que de refluer sur la France, devenue ainsi le déversoir des autres marchés ?

Jules Méline, député français, ancien ministre de l'Agriculture, discours à la Chambre des députés, le 11 mai 1891.

3 Le paternalisme d'Henri Schneider

« La parole est impuissante à traduire les sentiments d'admiration profonde, de respectueuse affection, qui se pressent à la fois dans nos cœurs [...].

« Être le père de vos ouvriers, voilà bien, Monsieur, la constante préoccupation de votre cœur. Toutes les œuvres de bienfaisance, dont vous avez doté votre cité, en donnent un vivant et magnifique témoignage. L'enfant a ses écoles, le vieillard sa Maison de famille pour abriter ses infirmités ; les blessés et les malades trouveront ici l'hôtel du bon Dieu. Cette pensée constante de votre vie, vouée au bien-être moral et matériel de votre grande famille ouvrière, vous l'avez recueillie, Monsieur, de votre illustre père, le grand génie qui a créé cette cité industrielle, dont vous contribuez à maintenir et à étendre la glorieuse renommée. »

Discours inaugural de l'Hôtel-Dieu prononcé par J.-A. Burdy, adjoint au maire du Creusot, le 15 septembre 1894.

◄ Vitrail de l'église Saint-Henri du Creusot (1890), Henri Schneider y est représenté en saint Éloi, patron des forgerons.
Écomusée de la communauté urbaine du Creusot Montceau-les-Mines.

4 Rockefeller, la Maison-Blanche et le Capitole.
Rockefeller, le roi du pétrole, est le fondateur de la Standard Oil et de 38 autres sociétés liées entre elles.
Caricature parue dans *Verdict*, début des années 1930. Library of Congress, Washington.

Questions

A Retirer des informations des documents

1. Montrer que Henri Schneider exprime des idées libérales (doc. 1).

2. Les textes du doc. 2 sont-ils favorables au protectionnisme ou au libre-échange ? Quels sont les arguments utilisés ?

3. D'après le doc. 3, définir le paternalisme.

4. Décrire le dessin (doc. 4). En quoi le Capitole, à l'arrière-plan, est-il transformé ?

5. Qu'a voulu montrer l'auteur de la caricature (doc. 4) ?

B Mettre en relation les informations les documents

6. Dans son interview (doc. 1), Henri Schneider admet qu'il a des devoirs envers les salariés. Comment remplit-il ces devoirs (doc. 3) ?

7. Schneider affirme qu'il n'y a pas de maximum à la concentration des capitaux (doc. 1). En consultant la biographie de Rockefeller (doc. 4 et biographie page 48), expliquer pourquoi ce principe n'est plus vrai aux États-Unis dès la fin du XIXe s.

C Rédiger

8. À l'aide de l'ensemble de ce dossier et des réponses aux questions précédentes, montrer comment le libéralisme des patrons a évolué au XIXe s. et au début du XXe s.

L'évolution de la ville industrielle

• Entre 1850 et 1940, l'exode rural qui accompagne les innovations économiques et techniques amplifie l'urbanisation. Une spectaculaire croissance urbaine transforme profondément la ville et favorise l'apparition de nouveaux genres de vie dans un cadre nouveau qui doit faire face à la crise du logement ainsi qu'au problème des transports. Comment la ville industrielle évolue-t-elle entre le XIXe s. et le XXe s. ?

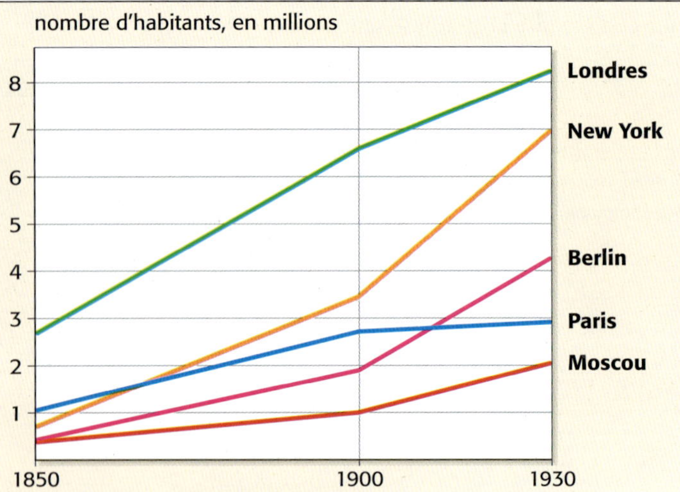

Source : P. BAIROCH, *De Jéricho à Mexico, Villes et économie dans l'histoire*, Gallimard, 1985.

1 La croissance de quelques grandes villes.

2 Les travaux d'Haussmann à Paris sous le Second Empire

Oui, la perturbation est énorme et le dommage aussi pour les expulsés, dans ces arrondissements populeux, où les neuf dixièmes peut-être des habitations étaient, de la cave jusqu'au grenier, en même temps autant d'ateliers et des magasins de vente. L'immense majorité de ces expulsés était installée de père en fils dans ces quartiers ; le fabricant s'y trouvait au milieu des ouvriers qu'il occupe, des fournisseurs qui le pourvoient de matières premières, des marchands qui débitent ses produits. Un beau matin, le marteau des démolisseurs abat et disperse tout cela. Propriétaires et gros locataires doivent s'estimer heureux quand la préfecture daigne parfois leur accorder l'aumône d'un terme de loyer, pour, dit-elle, payer les frais de leur déménagement involontaire ! [...]

Mais il n'est pas vrai que les familles trouvent à la périphérie les logements sains que d'autres se bâtiront au centre. Les terrains et les loyers ayant partout renchéri, l'on voit se rebâtir dans les parties les plus reculées de la capitale les ruelles, les passages, les cours, les masures que vous abattez si impitoyablement au centre. Tandis que nos édiles font pénétrer l'air et la lumière dans le vieux Paris en ouvrant de larges boulevards, en créant de précieux ventilateurs, on voit se former aux extrémités de la ville, des groupes de maisons étroites et malsaines, dans lesquelles une déplorable spéculation entasse nos ouvriers.

Jules-Édouard Horn, *Les Finances de l'Hôtel de Ville*, 1867.

3 Deux projets pour la ville de l'entre-deux-guerres

a. Il est nécessaire de créer à profusion, aux environs des villes, des terrains libres, où tout travailleur puisse avoir sa maison et son jardin... oui, son jardin, pour y trouver le « plein air », cette condition essentielle du véritable repos. Voyez, tous les dimanches, l'exode formidable et significatif des Parisiens vers le bois de Boulogne ou la banlieue. Et pourtant, combien peu cet exode est encouragé ! À quels pénibles entassements se trouve condamné le public par la pénurie relative des moyens de transport ! Ah ! ces moyens, pourquoi ne pas les multiplier ? Là où une ligne de tramways ne suffit pas, pourquoi n'en pas mettre deux, trois, quatre, cinq ?

Interview de l'industriel Louis Renault, 15 mars 1919.

b. Une maison est une machine à habiter. Bains, soleil, eau chaude, eau froide, température à volonté, conservation des mets, hygiène.

Nous voici conduits à formuler quatre postulats répondant aux dangers menaçants :

1. Décongestionner le centre des villes pour faire face aux exigences de la circulation.
2. Accroître la densité du centre des villes pour réaliser le contact exigé pour les affaires.
3. Accroître les moyens de circulation, c'est-à-dire modifier complètement la conception actuelle de la rue.
4. Accroître les surfaces plantées, seul moyen d'assurer l'hygiène suffisante et le calme utile au travail.

Le Corbusier, dans *L'Esprit nouveau*, 1921 et conférence, 1922.

4 « Les villes tentaculaires »

La ville industrielle
Voici les docks, les ports, les ponts, les phares,
Et les gares folles de tintamarre ;
Et plus lointains encore des toits d'autres usines,
Et des cuves et des forges et des cuisines
Formidables de naphte et de résines
Dont les meutes de feu et de lueur grandies
Mordent parfois le ciel, à coups d'abois et d'incendies.
Au long du vieux canal à l'infini,
Par à travers l'immensité de la misère,
Des chemins noirs et des routes de pierre,
Les nuits, les jours, toujours,
Ronflent les continus battements sourds,
Dans les faubourgs,
Des fabriques et des usines symétriques.

Émile Verhaeren (1855-1916), *Les Villes tentaculaires*, 1895.

6 **Un quartier haussmannien de Paris vers 1880.**

5 **Un quartier de l'île de la Cité à Paris vers 1854, avant les travaux d'Haussmann.**

Sous le Second Empire, le baron Haussmann, préfet de la Seine pendant dix-sept ans, entreprit de grands travaux d'embellissement et d'assainissement de Paris : création de grandes avenues rectilignes, de jardins, d'égouts et de réservoirs d'approvisionnement en eau. Ce quartier fut entièrement démoli.

7 **Lotissement construit par Le Corbusier à Pessac (banlieue de Bordeaux) en 1925.**

Questions

A Retirer des informations des documents

1. L'augmentation de la population des cinq villes (doc. 1) s'effectue-t-elle partout au même rythme ? Expliquer cette évolution.

2. La modernisation de Paris par le baron Haussmann fait-elle le bonheur de tous les habitants de la capitale (doc. 2) ?

3. Pourquoi peut-on qualifier d'optimistes les projets de L. Renault et du Corbusier (doc. 3) ? Quelles parties de ces projets ont été réalisées ?

4. Quelle image de la ville le poète Émile Verhaeren donne-t-il (doc. 4) ?

5. Décrire et comparer ces rues de Paris (doc. 5 et 6).

6. Quelle est l'originalité du lotissement du Corbusier à Pessac (doc. 7) ?

B Mettre en relation les documents

7. D'après l'ensemble des documents, quels problèmes connaissent les villes industrielles entre 1850 et 1939 ?

C Rédiger

8. À l'aide de ce dossier, rédiger un paragraphe montrant les principales caractéristiques de la ville vers 1850 et vers 1939.

2 Le monde ouvrier

A. La diversité du monde ouvrier doc. 4

La révolution industrielle a engendré une catégorie sociale nouvelle, les ouvriers, dont les conditions d'existence sont des plus misérables. Au milieu du XIXe s., la majorité des travailleurs est salariée dans de petites entreprises de moins de dix personnes et les ouvriers ne font pas tous partie de ce **prolétariat** :

– **les artisans sont encore nombreux**, mais ils sont de plus en plus concurrencés par les industriels qui proposent leur production à meilleur prix ;

– **les ouvriers à domicile**, tels ceux de l'industrie textile dans la région lyonnaise, sont dispersés dans de petits ateliers, surtout à la campagne. Ils sont propriétaires de leur outil de production, comme le métier à tisser traditionnel, mais entièrement dépendants des marchands-fabricants qui fournissent la matière première et leur achètent les produits finis à un prix bas ;

– **les ouvriers d'usine forment le prolétariat**. Les prolétaires sont des ouvriers démunis et souvent déracinés qui travaillent 13 à 14 heures par jour, soumis à un règlement d'usine strict. Ils gagnent peu et le complément de ressources qu'apportent femmes et enfants est indispensable à la survie de leur famille. Bon nombre de ces ouvriers s'entassent encore au milieu du XIXe s. dans des caves et des mansardes dont les conditions d'hygiène favorisent les maladies telles que le choléra ou la tuberculose. À partir de la fin du XIXe s., de monotones cités sont construites à leur intention.

B. Vers une conscience de classe doc. 1 et 2

L'augmentation rapide du nombre de prolétaires et la précarité de leurs conditions de vie provoquent des révoltes ouvrières. Ainsi naît, dans les couches plus aisées de la population, l'idée que les classes laborieuses seraient des classes dangereuses.

Peu à peu, en dépit de la diversité de leurs conditions, **beaucoup d'ouvriers prennent conscience qu'ils appartiennent à une même classe sociale** et qu'ils ont des intérêts communs. Ils s'organisent en **syndicats** afin de conquérir progressivement des droits sociaux. Dans les années 1880, des fédérations syndicales se mettent en place dans les pays industriels ; les unes se disent réformistes : elles pensent obtenir une amélioration des conditions de travail par la négociation. C'est le cas des trade-unions en Angleterre. D'autres, comme la Confédération générale du travail (CGT) fondée en 1895 en France, ont comme objectif le renversement du système capitaliste.

Mieux organisé, le monde ouvrier apparaît plus menaçant aux yeux des bourgeois. La grève constitue son arme la plus efficace. Celle du 1er mai 1886 à Chicago est à l'origine de la célébration de la fête du Travail. **Le 1er mai devient, pour le monde ouvrier, un jour de manifestation** parfois violente. À Fourmies (Nord) le 1er mai 1891, la manifestation, interdite, est réprimée violemment par l'armée, on dénombre 9 morts.

C. Les premières lois sociales doc. 3

Désormais, la question ouvrière se pose dans tous les pays industriels. Agissant par charité chrétienne ou par crainte d'une révolution sociale, patrons et gouvernements cherchent des solutions aux difficiles conditions d'existence des ouvriers. Certains industriels, notamment dans l'est et le nord de la France, y répondent par le **paternalisme**. **La mise en place de lois sociales améliore la condition ouvrière** : en Allemagne, Bismarck fait voter en 1884 des lois sur les assurances maladie et vieillesse ; en France, en 1910, est adoptée une loi sur les retraites.

Après 1918, les conditions de vie et de travail des ouvriers sont améliorées par d'autres mesures sociales en France (journée de huit heures), en Allemagne et au Royaume-Uni, puis dans les années 1930 aux États-Unis et en France (semaine de 40 heures et congés payés en 1936).

VOCABULAIRE

prolétariat : l'ensemble des ouvriers. Dans la Rome antique, le prolétaire était un citoyen pauvre qui ne possédait pour seule richesse que ses enfants.

syndicat : regroupement d'hommes et de femmes exerçant une même profession. Il a pour objectif l'amélioration des conditions de travail et de vie de ses membres, indépendamment de leurs opinions politiques ou religieuses.

paternalisme : relation entre patrons et ouvriers établissant entre les uns et les autres les mêmes rapports qu'entre un père et ses enfants.

1 La charte de la CGT : la charte d'Amiens

La CGT groupe, en dehors de toute école politique, tous les travailleurs conscients de la lutte à mener pour la disparition du salariat et du patronat.

Le Congrès considère que cette déclaration est une reconnaissance de la lutte des classes qui oppose, sur le terrain économique, les travailleurs en révolte contre toutes les formes d'exploitation et d'oppression, tant matérielles que morales, mises en œuvre par la classe capitaliste contre la classe ouvrière. […]

Dans l'œuvre revendicatrice quotidienne, le syndicalisme poursuit la coordination des efforts ouvriers, l'action du mieux-être des travailleurs par la réalisation d'améliorations immédiates telles que la diminution des heures de travail, l'augmentation des salaires, etc. Mais cette besogne n'est qu'un aspect de l'œuvre du syndicalisme ; il prépare l'émancipation intégrale qui ne peut se réaliser que par l'expropriation capitaliste ; il préconise comme moyen d'action la grève générale et il considère que le syndicat, aujourd'hui groupement de résistance, sera, dans l'avenir, le groupement de production et de répartition, base de réorganisation sociale.

Charte d'Amiens adoptée le 13 octobre 1906 par le IXe congrès de la Confédération générale du travail.

1. **Comment le texte présente-t-il la situation économique et les conditions des travailleurs à cette époque ?**
2. **Quels sont les objectifs immédiats de la CGT ? Quels sont les moyens d'action préconisés ?**
3. **Quel est l'objectif final de la CGT ?**

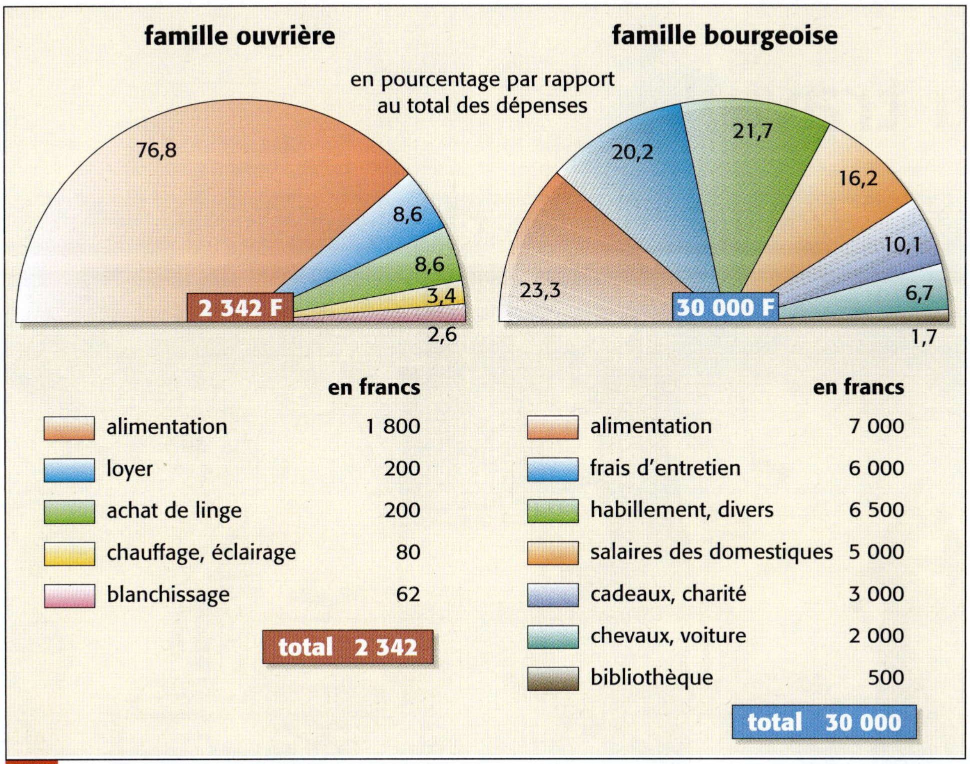

2 **Dépenses annuelles d'une famille ouvrière et d'une famille bourgeoise (années 1880).**

1. **Comparer la place des dépenses alimentaires dans chaque budget.**
2. **Quelles sont les dépenses spécifiques à la famille bourgeoise ?**
3. **Quelles indications ces dépenses donnent-elles sur le mode de vie des ouvriers et des bourgeois ?**

3 **La journée de huit heures.** Affiche de la CGT, 1919.

1. **À quoi renvoie l'affiche déchirée « Histoire de France. Les rois fainéants » ?**
2. **Comment la société est-elle représentée ?**
3. **Dans quelle mesure cette image est-elle conforme à la réalité de la situation sociale de l'époque ?**
4. **Montrer qu'il s'agit d'une caricature.**

4 Règlement des usines du Creusot en 1900 (extraits)

Les infractions énumérées ci-après, à titre non énonciatif et non limitatif, peuvent entraîner le renvoi :
- absences non motivées (répétées ou prolongées) ;
- insubordination, manque de respect, désobéissance aux chefs ;
- inscriptions injurieuses ou obscènes sur les immeubles ou le matériel de l'usine ;
- refus d'exécuter un travail commandé ;
- mauvaise volonté ou négligence dans l'exécution du travail ;
- abandon de son poste ;
- insultes et menaces entre ouvriers ;
- propos injurieux ou inconvenants au personnel, aux visiteurs ou aux agents accrédités ;
- état d'ivresse à l'atelier ;
- introduction de liqueurs spiritueuses à l'atelier ;
- introduction de toute marchandise pour être vendue à l'atelier ;
- vol au préjudice d'un ouvrier ;
- vol au préjudice de l'usine ;
- fabrication d'objets destinés au service personnel de l'ouvrier ;
- dégradations volontaires ;
- toute manœuvre tendant à fausser le rendement du travail ;
- communication d'un secret de fabrication ;
- introduction d'étrangers à l'usine ;
- entrée ou sortie de l'usine par escalade des clôtures ;
- infractions aux lois et règlements concernant la sécurité des travailleurs.

Les infractions sont toujours plus graves :
- quand elles sont réitérées et habituelles ;
- quand elles ont lieu pendant le travail ;
- quand il s'y joint des circonstances pouvant entraîner des accidents ou du désordre.

1. **Quelles interdictions concernent le travail dans l'usine ?**
2. **Quelles infractions se rapportent à la protection des secrets de fabrication ?**
3. **Quelles infractions concernent les relations entre ouvriers ?**

Les femmes au travail

- Dans les milieux populaires, le travail féminin a toujours été nécessaire à l'équilibre du budget des ménages.
- Au XIXe s., en dehors de l'activité domestique, la majorité des femmes actives travaillent à la ferme comme servantes, et de plus en plus en tant qu'ouvrières. Mais au XXe s., et surtout à partir de la guerre de 1914-1918, les femmes accèdent peu à peu à de nouvelles professions. Pour beaucoup, le travail, vécu jadis comme une contrainte, devient un moyen d'affirmation personnelle.
- Comment évolue la condition de la femme au travail entre 1850 et 1939 ?

1 **Une vision traditionaliste du travail des femmes au début du XXe s.**

2 L'inégalité de l'homme et de la femme au travail

En thèse générale, la femme est l'esclave de l'homme. Quelle que soit sa condition sociale, patricienne, bourgeoise ou plébéienne, les lois, les coutumes et les mœurs l'obligent à recevoir de son compagnon appui matériel et protection morale. [...] Les femmes des classes inférieures sont condamnées, mariées ou non, pour gagner leur propre subsistance ou pour ajouter au minime revenu du ménage, à exercer elles-mêmes une profession qui les éloigne du foyer, les étiole, nuit à leur fonction maternelle. [...]

Il n'y a du reste, aucun doute que l'introduction de la femme dans l'industrie et les manufactures ait eu pour motif la faculté de lui payer un salaire inférieur à celui de l'ouvrier mâle [...]. L'économiste Ch.-W. Elliot a publié un intéressant tableau comparatif des salaires payés aux ouvriers et ouvrières d'une même profession. À Kremnitz (Prusse), les tisseurs gagnent par semaine 21,60 F, les tisseuses, 7,50 F. À Gênes, l'ouvrier gagne en moyenne par jour 1,80 F, l'ouvrière, 90 centimes [...].

Malgré l'exemple de l'homme insurgé contre l'exploitation économique, l'ouvrière n'a pas fait ce qu'elle aurait dû pour se soustraire à la tyrannie du capital. [...] C'est à peine, en effet si, en 1893, quelques milliers d'ouvrières ont enfin compris l'utilité des syndicats [...]. En Angleterre, la première loi réglementant le travail féminin date de 1842, et fut votée grâce aux associations de mineurs.

F. Pelloutier, enquêteur à l'office du Travail (ministère du Commerce en France) et M. Pelloutier, *La Vie ouvrière en France*, Paris, 1900, réédition Maspéro, 1975.

3 Une grève de femmes en 1913

La grève doit triompher, par notre élan de solidarité à toutes. Il n'est peut-être pas de cause plus digne que celle de ces quatre centaines de travailleuses, astreintes à l'affreux labeur des sucreries. Le salaire oscillait avant la diminution, cause de la grève, entre 4 F et 0 F 60 centimes par jour. Il y a quelque temps, on a voulu changer la méthode de travail. Cela demandait une femme de plus. Sa besogne devait lui être rétribuée 0,20 F l'heure. Eh bien, ce misérable gain, où le patron décida-t-il de le prendre ? Sur la semaine des autres. Cela diminuait la paye de 9 F [...]. Ces mots horribles furent prononcés par un des directeurs : « Si les femmes ne se contentent pas avec 40 sous[1], qu'elles aillent travailler le soir sur le boulevard. »

Les camarades ont paré au plus pressé... Dans une boutique vide, sont installées deux grandes marmites et une table. Les femmes grévistes viennent chercher la soupe qu'elles emporteront. Chez toutes, il y a une certaine timidité. Elles ont la touchante fierté de vivre de leur travail, elles hésitent à tendre la gamelle. Les jeunes sont parties chanter dans les restaurants ; elles quêtent un peu partout. Non seulement elles bataillent pour retrouver l'ancien salaire, mais aussi pour faire réaugmenter les ouvrières diminuées il y a deux ans.

Et, comme dernière manœuvre, j'apprends que les hommes, touchant d'habitude 0,35 F de l'heure, ont été alléchés par une promesse de 0,50 F, pour les empêcher de se joindre aux femmes.

Fanny Clar, *La Guerre sociale*, 14 mai 1913.

1. 40 sous équivalent à 2 francs de l'époque.

4 Le travail à la chaîne en 1934

Simone Weil (1909-1943), normalienne et agrégée de philosophie, a été ouvrière aux usines Renault de 1934 à 1935. Elle décrit son expérience dans La Condition ouvrière, *paru en 1951, huit ans après sa mort.*

Me voici sur une machine. Compter cinquante pièces… les placer une à une sur la machine, d'un côté, pas de l'autre… manier à chaque fois un levier… ôter la pièce… en mettre une autre… encore une autre… compter encore… Je ne vais pas assez vite. La fatigue se fait déjà sentir. Il faut forcer, empêcher qu'un instant d'arrêt sépare un mouvement du mouvement suivant. Plus vite, encore plus vite… Combien est-ce que j'en ai fait les dix dernières minutes ? Je ne vais pas assez vite. Je force encore… Je regarde autour de moi ! Personne ne lève la tête, jamais. Personne ne sourit. Personne ne dit mot. Comme on est seul ! Je fais 400 pièces à l'heure. Savoir si c'est assez ? Pourvu que je tienne à cette cadence au moins… La sonnerie de midi enfin. Tout le monde se précipite à la pendule de pointage, au vestiaire, hors de l'usine. Il faut aller manger. Il faut aller dans un de ces restaurants sordides qui entourent les usines. Ils sont chers, d'ailleurs […]. Quelle heure est-il ? Il reste quelques moments pour flâner. Mais sans s'écarter trop : pointer une minute en retard, c'est travailler une heure sans salaire. […] Voici ma machine, voici mes pièces. Il faut recommencer. Aller vite… voilà que le contremaître s'approche « Combien faites-vous ? 400 à l'heure ? Il en faut 800. Sans quoi je ne vous garderai pas. » Que répondre ? « Je tâcherai. » Forcer, forcer encore. Vaincre à chaque seconde ce dégoût, cet écœurement qui paralysent. Plus vite. Il s'agit de doubler la cadence… Le seul espoir pour le lendemain, c'est qu'on veuille bien me laisser passer encore une pareille journée…

Simone Weil, *La Condition ouvrière*, Gallimard, 1951.

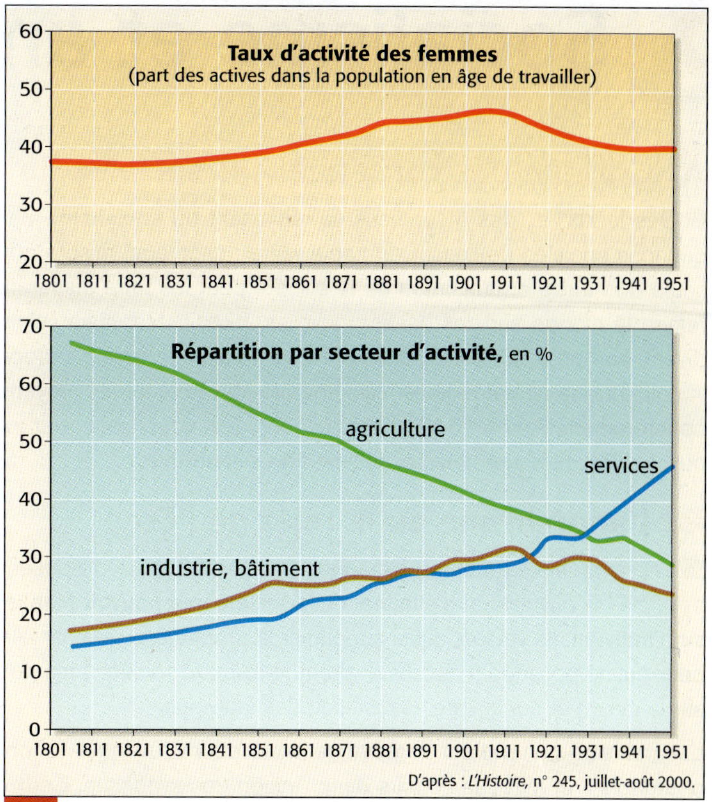

D'après : *L'Histoire*, n° 245, juillet-août 2000.

5 La population active féminine en France de 1801 à 1951.

Questions

A Retirer des informations des documents

1. Quelles sont les activités féminines traditionnelles à la fin du XIXe s. (doc. 1) ?

2. Quels avantages le patronat peut-il trouver dans la main-d'œuvre féminine (doc. 2) ?

3. Quelle est l'attitude des responsables de la sucrerie à l'égard des ouvrières (doc. 3) ?

4. Qu'est-ce qui rend le travail à la chaîne particulièrement pénible pour Simone Weil (doc. 4) ?

5. Pourquoi le taux d'activité féminine dans le secteur primaire baisse-t-il depuis le début du XIXe s. (doc. 5) ?

B Mettre en relation les documents

6. Dans quel secteur d'activité (doc. 5) se situe la profession représentée par le doc. 6 ?

7. Quels éléments quantitatifs le graphique (doc. 5) apporte-t-il aux images du doc. 1 ?

C Rédiger

8. En utilisant l'ensemble de ce dossier, montrer l'évolution du travail féminin et de la condition féminine, du XIXe s. aux années 1930.

6 Une profession nouvelle : esthéticienne. La scène représentée est une séance de démonstration de maquillage dans un salon de Dorothy Gray, 34 avenue George V à Paris, en présence du peintre Van Dongen (à gauche).
Photo publiée dans *L'Illustration* du 22 octobre 1932.

3 Socialisme et anarchisme

A. Critique des conséquences sociales du capitalisme

Dès le XIXe s., des théoriciens se réclamant du **socialisme** dénoncent les conséquences sociales de l'essor du capitalisme : chômage, misère ouvrière. À leurs yeux, seule une **autre organisation de la société peut les faire disparaître**. Ils veulent ainsi refaire le monde sur des bases nouvelles, plus justes, mais selon des schémas très divers. Les premiers socialistes sont, par dérision, appelés « utopiques » parce qu'ils imaginent une société idéale mais envisagent rarement les moyens de la faire aboutir concrètement. Après 1848, d'autres idéologies apparaissent et influencent le monde ouvrier, l'**anarchisme et le socialisme dit « scientifique »**.

B. L'anarchisme ou le rejet de l'État doc. 1 et 2

Les anarchistes comme Proudhon (1809-1865) se proposent d'abolir l'État qui opprime les ouvriers, et **d'éliminer de la société tout pouvoir établissant une contrainte sur l'individu**. Ils veulent aussi supprimer la propriété privée car elle permet d'exploiter ceux qui ne possèdent rien. Ils désirent établir une société sans gouvernement, fondée sur la raison et sur la libre association des individus.

L'anarchisme compte sur la **grève générale** pour provoquer l'effondrement de l'« État bourgeois » et met ses espoirs dans l'action des syndicats. Ceux-ci paraissent efficaces pour mener la lutte révolutionnaire, et pourraient constituer, après le renversement de la bourgeoisie, les cellules de base d'une **société sans État** ; ainsi se développe l'anarcho-syndicalisme. À la suite du Russe Bakounine (1814-1876), certains anarchistes acceptent le recours à la violence – et parfois aux attentats – pour renverser l'État.

C. Du socialisme au communisme doc. 2, 3 et 4

Le philosophe allemand Karl Marx (1818-1883) et son ami **l'industriel Friedrich Engels** (1820-1895) sont les principaux fondateurs du socialisme. En 1848, ils publient le *Manifeste du parti communiste*. Dans cet ouvrage, ils expliquent que la production industrielle du XIXe s. – la production capitaliste – repose, d'une part sur l'exploitation de la classe des prolétaires par la classe des bourgeois, et d'autre part sur la lutte des classes. Pour réaliser le bonheur des hommes, **il faut que les prolétaires détruisent le pouvoir de la bourgeoisie par la révolution.** Ce programme, jusqu'ici semblable à celui des anarchistes, en diffère sur deux points :

– la nécessité d'établir, après la révolution, une « **dictature du prolétariat** », période de transition vers une société sans classes et sans État, le communisme ;

– pour que la victoire des ouvriers soit assurée, il faut créer un parti révolutionnaire.

En 1864, Marx fonde à Londres une **Association internationale des travailleurs, la Ire Internationale**. Composée de socialistes et d'anarchistes, elle échoue par manque d'unité et disparaît en 1876. Une **IIe Internationale**, composée uniquement de socialistes, est créée en 1889 par Engels. Les idées de Marx y sont interprétées de diverses manières, notamment à propos de la révolution. Les réformistes, comme le Labour Party anglais et le parti social-démocrate allemand, avec Bernstein, estiment que la révolution n'est pas indispensable ; ils attendent la **transformation de la société par des réformes**. D'autres socialistes, comme le Russe Lénine, estiment que le renversement de la bourgeoisie ne pourra se faire que **par la révolution**. Les socialistes français, réunis en une Section française de l'Internationale ouvrière (SFIO) dirigée par Jaurès, sont eux aussi divisés.

Avec la révolution russe de 1917, ces divisions aboutissent à des ruptures. Les réformistes continuent de se nommer socialistes alors que les **révolutionnaires sont désormais appelés communistes**. En 1919, Lénine fonde une **IIIe Internationale** qui rassemble les seuls partisans du communisme. En France, au congrès de Tours (1920), les révolutionnaires issus de la SFIO, créent le parti communiste.

VOCABULAIRE

socialisme : idéologie visant à transformer la société. Le mot recouvre plusieurs sens.
1. Pour les marxistes, le socialisme est la première étape de la mise en place, si nécessaire par la révolution, d'une société communiste ; durant cette étape, le pouvoir appartient au seul parti communiste.
2. Pour les non-marxistes, le socialisme associe à la pluralité des partis politiques l'intervention de l'État dans l'économie et la mise en place de réformes sociales par la loi.

anarchisme : idéologie qui a pour but de supprimer l'État et d'éliminer de la société tout pouvoir imposant des contraintes à l'individu.

dictature du prolétariat : période qui suit la révolution et durant laquelle tout le pouvoir doit appartenir au parti communiste afin d'empêcher la bourgeoisie de reconquérir le pouvoir.

1 Bakounine contre Marx

Bakounine (1814-1876), portrait anonyme.

Marx est un communiste autoritaire et centraliste. Il veut ce que nous voulons : le triomphe complet de l'égalité économique et sociale, mais dans l'État et par la puissance de l'État ; par la dictature d'un gouvernement provisoire très fort et pour ainsi dire despotique, c'est-à-dire par la négation de la liberté. Son idéal économique, c'est l'État devenu le seul propriétaire de la terre et de tous les capitaux, cultivant l'une par des associations agricoles, bien rétribuées et dirigées par ses ingénieurs civils, et commanditant au moyen des autres les associations industrielles et commerciales. Nous voulons ce même triomphe de l'égalité sociale et économique, par l'abolition de l'État et de tout ce qui s'appelle le droit juridique et qui, selon nous, est la négation permanente du droit humain. Nous voulons la reconstitution de la société et la constitution de l'unité humaine, non de haut en bas, par la voie d'une autorité quelconque, mais de bas en haut, par la fédération libre des associations ouvrières de toutes sortes, émancipées du joug de l'État.

Lettre de Bakounine à R. Nabruzzi, 23 juillet 1872.

1. Quels sont les points d'accord entre Marx et Bakounine, selon ce dernier ?
2. Quels sont les points de désaccord ?

MOUVEMENTS ANARCHISTES ET SOCIALISTES

→ filiation
× opposition

SOCIALISTES « UTOPIQUES »

Comte de Saint-Simon (France) (1760-1825)
Charles Fourier (France) (1772-1837)
Robert Owen (Royaume-Uni) (1771-1858)

Ire Internationale (1864-1876)

ANARCHISTES

Pierre-Joseph Proudhon (France) (1809-1865)
Michel Bakounine (Russie) (1814-1876)
Élisée Reclus (France) (1830-1905)

×

SOCIALISTES « SCIENTIFIQUES » (marxistes)

Karl Marx (Allemagne) (1818-1883)
Friedrich Engels (Allemagne) (1820-1895)

1. Gustave Courbet, *Proudhon et ses enfants*, détail, 1865, *Paris, musée du Petit Palais.*

IIe Internationale (1889...)

SOCIALISTES RÉVOLUTIONNAIRES × SOCIALISTES RÉFORMISTES

Karl Liebknecht (Allemagne) (1871-1919)
Rosa Luxemburg (Allemagne) (1871-1919)

Eduard Bernstein (Allemagne) (1850-1932)
Jean Jaurès (France) (1859-1914)

En France, les courants révolutionnaires et réformistes coexistent au sein d'un même parti socialiste (SFIO). Après la révolution russe, ils se scindent en deux partis distincts et concurrents.

2. Jaurès au Pré-Saint-Gervais avant 1914.

IIIe Internationale (1919-1943)

COMMUNISTES × SOCIALISTES

Lénine (Russie) (1870-1924)
Staline (Russie) (1879-1953)

Léon Blum (France) (1872-1950)

2 Mouvements anarchistes et socialistes.

3 La lutte des classes vue par Karl Marx...

Des masses ouvrières entassées dans l'usine sont organisées militairement. Ce sont les simples soldats de l'industrie, surveillés par toute une hiérarchie de sous-officiers et d'officiers. Ils ne sont pas seulement les serfs de la classe bourgeoise de l'État bourgeois, ils sont chaque jour, à chaque heure, les serfs de la machine, du contrôleur, et avant tout du fabricant bourgeois particulier. Ce despotisme est d'autant plus mesquin, haineux, exaspérant qu'il proclame plus ouvertement le profit pour son unique fin. [...]
À mesure que diminue le nombre de potentats du capital qui monopolisent tous les avantages de cette période d'évolution sociale, s'accroissent la misère, l'oppression, l'esclavage, l'exploitation, mais aussi la résistance de la classe ouvrière sans cesse grossissante et de plus en plus disciplinée, unie et organisée par le mécanisme même de la production capitaliste.

Extrait du *Capital*, 1867.

1. De quel « despotisme » s'agit-il (7e ligne) ?
2. Pourquoi la lutte des classes est-elle inévitable selon Marx ?

4 ... et par le peintre Kupka.

Dessin de Frantisek Kupka, peintre et dessinateur tchèque (1871-1957), établi à Paris en 1894, paru dans *L'Assiette au beurre*, 1906.

DOSSIER

Socialisme et révolution

• Tous les socialistes s'accordent au moins sur un point : il faut créer une société plus juste où l'homme ne serait plus exploité. Mais, alors que Karl Marx et plus tard Lénine proclament que les ouvriers, totalement dépouillés, ne peuvent atteindre cet objectif que par la révolution violente et la dictature du prolétariat, d'autres socialistes, notamment en Allemagne, privilégient la voie des réformes, plus pacifique. Dès lors se pose pour chaque socialiste la question : réforme ou révolution ?

1 La marche vers la Terre promise. Allégorie marxiste, éditée en Autriche en 1891 dans le *Glühlichter* de Vienne, traduite en français en 1892 dans le *Figaro-Graphic*.

2 *L'Internationale* (extraits), 1871

Paroles d'Eugène Pottier, musique de Pierre Degeyter composée à Lille, l'Internationale *est l'hymne révolutionnaire international des partis socialistes et communistes.*

C'est la lutte finale
Groupons-nous et demain
L'Internationale
Sera le genre humain
(refrain)

Debout les damnés de la terre !
Debout les forçats de la faim !
La raison tonne en son cratère,
C'est l'éruption de la fin.
Du passé faisons table rase,
Foule esclave, debout ! debout !
Le monde va changer de base
Nous ne sommes rien, soyons tout

Il n'est pas de sauveur suprême :
Ni Dieu, ni César, ni tribun,
Producteurs, sauvons-nous
Nous-mêmes !
Décrétons le salut commun !
Pour que le voleur rende gorge,
Pour tirer l'esprit du cachot,
Soufflons nous-mêmes notre forge,
Battons le fer tant qu'il est chaud !
[...]
Les rois nous soûlaient de fumées,
Paix entre nous, guerre aux tyrans
Appliquons la grève aux armées,
Crosse en l'air et rompons les rangs,
S'ils s'obstinent, ces cannibales,
À faire de nous des héros,
Ils sauront bientôt que nos balles
Sont pour nos propres généraux.

3 Révolution et dictature du prolétariat

Le but immédiat des communistes est [...] la constitution du prolétariat en classe, renversement de la domination bourgeoise, conquête du pouvoir politique par le prolétariat [...].
Le prolétariat se servira de la suprématie politique pour arracher peu à peu tout le capital à la bourgeoisie, pour centraliser tous les moyens de production entre les mains de l'État [...].
Les communistes proclament ouvertement que leurs buts ne peuvent être atteints que par le renversement violent de l'ordre social passé. Que les classes dirigeantes tremblent à l'idée d'une révolution communiste. Les prolétaires n'ont rien à perdre que leurs chaînes. Ils ont un monde à gagner.
Prolétaires de tous les pays ,unissez-vous.

K. Marx et F. Engels, *Manifeste du parti communiste*, 1848.

La grève et le drapeau rouge. **4**
***Grève à Saint-Ouen*, 1908,**
tableau de Paul Louis Delance,
musée d'Orsay, Paris.

La loi martiale (21 octobre 1789) autorise les municipalités, après avoir hissé le drapeau rouge et sommé les émeutiers de se disperser, à utiliser les armes pour empêcher tout attroupement qui troublerait l'ordre public. Par bravade, émeutiers, manifestants, révolutionnaires s'emparent de ce symbole de la répression, qu'est le drapeau rouge à l'origine, pour en faire le symbole de la révolte.

5 Propos réformistes

a. Oui, par le suffrage universel, par la souveraineté nationale qui trouve son expression définitive et logique dans la République, vous avez fait de tous les citoyens, y compris les salariés, une assemblée de rois. C'est d'eux, c'est de leur volonté souveraine qu'émanent les lois et le gouvernement.

Jean Jaurès, discours à la Chambre des députés, 1893.

b. La social-démocratie [...] n'est nullement enthousiasmée par l'idée d'une révolution violente dirigée contre la totalité du monde non prolétarien [...]. Il ne s'agit en aucune façon d'une expropriation générale, simultanée et violente, mais d'un remplacement graduel au moyen de l'organisation et par la loi. [...] Actuellement, la social-démocratie est un parti de réformes démocratiques et socialistes.

Eduard Bernstein, *Socialisme théorique et social-démocratie pratique*, Stock, 1900.

c. À mesure que se développent chez les peuples et chez les individus la démocratie et la raison, que le suffrage universel s'affirme et s'éclaire, qu'une vigoureuse éducation laïque ouvre les esprits aux idées nouvelles et développe l'habitude de la réflexion, que le prolétariat s'organise, la grande transformation sociale qui doit libérer les hommes s'accomplira sans les violences qui, il y a cent dix ans, ensanglantèrent la Révolution.

Jean Jaurès, article paru dans *L'Humanité*, 18 avril 1904.

6 Propos révolutionnaires

a. Le socialisme peut-il être contre les réformes ? Assurément non ! [...] Entre les réformes sociales et la révolution, il existe pour le socialisme un lien indissoluble, la lutte pour les réformes étant pour lui le moyen, mais la révolution sociale le but.

Rosa Luxembourg, *Réforme sociale ou Révolution ?*, 1898.

b. À mes yeux, le premier de ces devoirs, c'est de venir se ranger immédiatement aux côtés de la grande puissance du monde qui a engagé la lutte à mort contre l'impérialisme et qui, chez elle, l'a vaincu. Notre devoir, c'est de signifier à la bourgeoisie notre volonté d'aller là-bas nous mettre côte à côte avec la grande révolution russe qui est, présentement, dans l'univers, la forteresse essentielle contre l'impérialisme.

Discours de Marcel Cachin, dirigeant communiste au congrès de Tours, décembre 1920.

c. La doctrine de la lutte des classes, appliquée par Marx à l'État et à la révolution socialiste, mène nécessairement à la reconnaissance de la *domination politique* du prolétariat, de sa dictature, c'est-à-dire d'un pouvoir qu'il ne partage avec personne et qui s'appuie directement sur la force armée des masses. La bourgeoisie ne peut être renversée que si le prolétariat est transformé en *classe dominante* capable de réprimer la résistance inévitable, désespérée de la bourgeoisie.

Lénine, *L'État et la Révolution*, août 1917.

Questions

A Retirer des informations des documents

1. Qu'évoque la Terre promise (doc. 1) ? Qu'évoque le personnage debout à gauche ?
2. Montrer que l'Internationale est un chant révolutionnaire (doc. 2).
3. Expliquer les expressions : « grève aux armées » (doc. 2), « révolution communiste », « renversement violent de l'ordre social passé » (doc. 3), « monde non prolétarien », « éducation laïque » (doc. 5), « *domination politique* du prolétariat », « classe dominante » (doc. 6).

B Mettre en relation les documents

4. Chercher qui est Rosa Luxembourg. Quel est le point de discorde entre elle et Bernstein (doc. 5b et doc. 6a) ?
5. Par quel moyen, par quel principe le socialisme pourra-t-il triompher selon Jaurès ? Selon Lénine ?
6. Résumer sous forme d'un tableau les arguments pour ou contre la révolution de chacun des auteurs des textes des doc. 5 et 6.

C Rédiger

7. En utilisant les arguments du tableau précédent, rédiger un texte argumenté comparant les doctrines des révolutionnaires et des réformistes.

FICHE DE RÉVISION

DATES À RETENIR

- **1848** : *Manifeste du parti communiste*
- **1864** : création de la Ire Internationale
- **1864** : droit de grève en France
- **1874** : loi sur le travail des enfants en France
- **1906** : charte d'Amiens
- **1919** : création de la IIIe Internationale
- **1936** : semaine de 40 h et congés payés en France

BIOGRAPHIES

Karl Marx
(1818-1883),
philosophe allemand,
fondateur du socialisme scientifique.
(Voir biographie complète p. 381)

John Davison Rockefeller
(1839- 1937),
« roi » du pétrole aux États-Unis, fondateur de la Standard Oil Company.
(Voir biographie complète p. 382)

Schneider : dynastie industrielle du Creusot
(Voir biographie complète p. 382)

Eugène
(1805-1875),
fondateur de « l'empire » Schneider.

Henri
(1840-1898),
gérant de la société, en fit la plus importante entreprise française.

L'ESSENTIEL

1. Société bourgeoise et monde rural

- La majorité de la population des pays industriels reste rurale. L'évolution des campagnes est lente. En Europe centrale et orientale, l'aristocratie domine encore les paysans.
- La bourgeoisie triomphe : elle a déjà profité des bouleversements politiques et devient la classe dominante ; son poids est croissant dans la vie économique. Elle est favorable au **libéralisme** économique.
- La grande nouveauté : l'émergence des classes moyennes.

2. Le monde ouvrier

- Un monde diversifié, des artisans au **prolétariat**.
- La classe ouvrière s'organise en **syndicats** et voit ses conditions d'existence misérables s'améliorer progressivement sous l'effet des luttes des ouvriers (grèves, manifestations), par le vote de lois sociales (assurances maladie, journée de huit heures en France en 1919, semaine de quarante heures en France en 1936).

3. Nouvelles idéologies : socialisme et anarchisme

Le capitalisme est remis en cause à la fois par l'**anarchisme** et le **socialisme** :

- l'anarchisme se détermine principalement par son opposition à l'État qui opprime ;
- le socialisme est élaboré par Marx et Engels : création de la Ire puis de la IIe Internationale en 1889 ; il se définit par sa volonté de détruire la société bourgeoise et de la remplacer par le communisme après une période de dictature du prolétariat.
- Après la révolution russe de 1917, création par Lénine, en 1919, de la IIIe Internationale ; division en socialistes et communistes.

NE PAS CONFONDRE

Capitalisme et libéralisme

➤ Le **capitalisme** est un système économique fondé sur la propriété privée des capitaux et des moyens de production et sur la recherche du profit.

➤ Le **libéralisme** est, en économie, une idéologie reposant sur la liberté de posséder, d'entreprendre, d'acheter et de vendre. En politique, il est favorable à une extension des libertés individuelles.

Socialisme, communisme et marxisme

Socialisme et communisme, synonymes jusqu'en 1917, sont deux idéologies opposées au capitalisme et mettant davantage l'accent sur l'égalité que sur la liberté.

➤ Après 1919-1920, le **socialisme** demeure favorable à une transformation du capitalisme par la voie des réformes (intervention de l'État dans l'économie). Il demeure partisan du pluralisme politique.

➤ Le **communisme** est un régime où règne la propriété collective des moyens de production, où le pouvoir est détenu par un parti unique, le parti communiste, où la liberté d'entreprendre n'existe pas et où les libertés sont limitées. Le but proclamé du communisme est de réaliser une société sans classe et sans État.

➤ Le **marxisme** est la doctrine philosophique, économique et sociale élaborée par Marx et Engels, dont se réclament à la fois les socialistes et les communistes.

Le projet révolutionnaire des communistes

société capitaliste : les bourgeois exploitent les prolétaires ⇨ partis révolutionnaires ⇨ **RÉVOLUTION** ⇨ dictature du prolétariat ⇨ **société communiste :** société sans classe ; « à chacun selon ses besoins ».

Le projet des socialistes réformistes

société capitaliste : les bourgeois exploitent les prolétaires ⇨ partis socialistes réformistes ⇨ **ÉLECTION DE DÉPUTÉS SOCIALISTES** ⇨ vote de lois sociales ⇨ société transformée par la loi ; société où règne l'égalité sociale

Le travail des enfants dans les usines

Rapport de l'Inspection du travail du Pas-de-Calais, 1884

L'an 1884, le 10 novembre, à 2 heures de l'après-midi, nous, Pellerin, Jules, inspecteur départemental du travail des enfants et des filles mineures dans l'industrie de la 6e circonscription, résidant à Boulogne-sur-Mer, dûment commissionné et assermenté, nous étant transporté muni de notre Commission à Verquin, canton de Béthune, dans la fabrique de sucre de M. Calonne, avons reconnu ce qui suit :

1. 10 garçons de 12 à 15 ans, non pourvus de certificat d'instruction travaillant 10 h par jour au lieu de 6 et ne fréquentant pas l'école (contravention à l'art. 9 de la loi).

2. 5 filles de 16 à 21 ans employées à un travail de nuit (contravention à l'art. 4).

3. 10 garçons de 10 à 15 ans et 10 filles de 16 à 21 ans ne possédant pas de livrets ; les registres réglementaires pour l'inscription des enfants n'existaient pas dans l'établissement (contravention à l'art. 10).

4. La loi du 19 mai 1874 et le décret du 22 mai 1875 ne sont pas affichés (contravention à l'art.11).

Comme par ce qui précède, il a été contrevenu aux articles 9, 4, 10 et 11 de la loi de 1874, et nous avons rédigé le présent procès-verbal.

Cité dans *Flandres, Hainaut, Artois (1870-1914)*, publication du CRDP de Lille.

Le travail des enfants dans une clouterie à Mohon (Ardennes) vers 1880.

Articles de la loi du 19 mai 1874

– Article 4

Les enfants ne pourront être employés à aucun travail de nuit jusqu'à l'âge de seize ans révolus. La même interdiction est appliquée à l'emploi des filles mineures, de seize à vingt et un ans, mais seulement dans les usines et manufactures.

Tout travail entre neuf heures du soir et cinq heures du matin est considéré comme travail de nuit.

– Article 9

Aucun enfant ne pourra, avant l'âge de quinze ans accomplis, être admis à travailler plus de six heures par jour, s'il ne justifie pas par la production d'un certificat de l'instituteur ou de l'inspecteur primaire visé par le maire, qu'il a acquis l'instruction primaire élémentaire.

– Article 10

Les maires sont tenus de délivrer aux père, mère ou tuteur, un livret sur lequel sont portés les noms et prénoms de l'enfant, la date et le lieu de naissance, son domicile, le temps pendant lequel il a suivi l'école.

Les chefs d'industrie ou patrons inscriront sur le livret la date d'entrée dans l'atelier ou l'établissement et celle de sa sortie.

Ils devront également tenir un registre sur lequel seront mentionnées toutes les indications insérées au présent article.

– Article 11

Les patrons ou chefs d'industrie seront tenus de faire afficher dans chaque atelier les dispositions de la présente loi et les règlements d'administration publique relatifs à son exécution.

Questions

1. D'après ces documents et d'après vos connaissances, quelle était la situation des enfants dans les entreprises industrielles avant la loi de 1874 ?
2. Pourquoi les enfants étaient-ils au travail dès leur plus jeune âge ?
3. Quelle idéologie, chère au patronat, la loi de 1874 contrarie-t-elle ?
4. D'après la loi de 1874, à quelle condition un enfant de moins de seize ans peut-il travailler plus de six heures par jour ?
5. Quel est le rôle de l'Inspection du travail ?
6. Quelles pratiques de l'entreprise de M. Calonne sont en contradiction avec la législation ?
7. Sous quelles pressions les lois protégeant les enfants au travail ont-elles été élaborées ?
8. En consultant ce manuel (p. 142-143), trouver d'autres lois, contemporaines de ce rapport d'inspection, qui ont mis un frein à l'exploitation des enfants dans les entreprises.

L'étude d'un ensemble documentaire (1/10)

Sujet : Comment évolue la condition ouvrière en France entre 1850 et 1939 ?

Questions de la première partie

1. Pourquoi la consommation de pain et de vin diminue-t-elle dans la première moitié du XXe s. (doc. 2) ? Quelles sont les conséquences de cette évolution sur les conditions de vie ?
2. Comment les loisirs ont-ils évolué en un siècle (doc. 1, 4 et 5) ? Pourquoi ?
3. À l'aide des documents du dossier, indiquer quels sont les « changements positifs ».
4. Quels documents du dossier nous renseignent sur la façon dont ces changements ont pu être acquis ? Préciser comment ils ont été acquis.

CHRONOLOGIE INDICATIVE

Les lois sociales en France, de 1864 à 1936

- **1864 :** loi autorisant le droit de grève
- **1874 :** interdiction du travail des enfants de moins de 13 ans
- **1884 :** loi Waldeck-Rousseau autorisant les syndicats
- **1892 :** loi limitant la journée de travail à 10 heures (enfants de 13 à 16 ans) et 11 heures (femmes)
- **1894 :** loi sur les retraites ouvrières et les caisses maladie des mineurs
- **1898 :** loi créant des assurances contre les accidents du travail et les mettant à la charge du patron
- **1906 :** loi imposant le repos hebdomadaire
- **1910 :** loi sur les retraites ouvrières et paysannes
- **1919 :** loi limitant la journée de travail à 8 heures
- **1932 :** loi sur les allocations familiales des salariés
- **1936 :** loi sur la semaine de 40 heures. Loi sur les congés payés : deux semaines annuelles.

DOCUMENT 1 Affiche de la CGT en 1920.

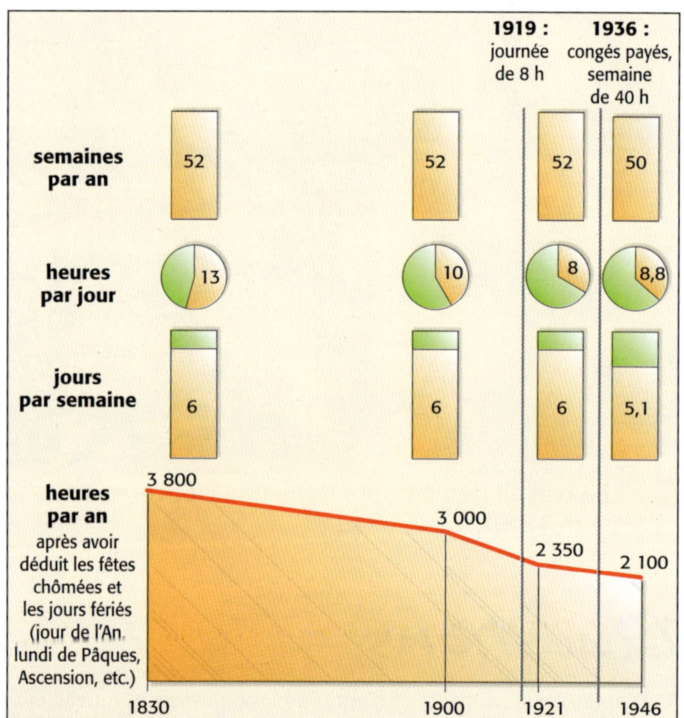

DOCUMENT 3 La durée du temps de travail en France entre 1830 et 1946.

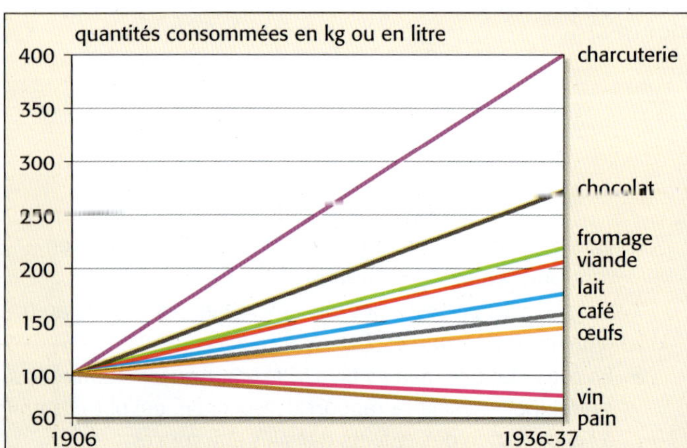

D'après M. HALBWACHS, *Revue d'économie politique*, 1939.

DOCUMENT 2 La consommation alimentaire des familles ouvrières parisiennes de 1906 à 1937.

Document 4 **Les loisirs des ouvriers à Paris en 1856.**
La Californie, cabaret de la barrière de Montparnasse.

Document 5 **Les loisirs des ouvriers à Paris en 1936**

Je ne suis pas sorti souvent de mon cabinet ministériel pendant la durée de mon ministère ; mais chaque fois que j'en suis sorti, que j'ai traversé la grande banlieue parisienne et que j'ai vu les routes couvertes de théories de tacots, de motos, de tandems avec des couples d'ouvriers vêtus de *pull-overs* assortis [...] qui montraient que l'idée de loisir réveillait chez eux une espèce de coquetterie naturelle et simple, j'avais le sentiment d'avoir, malgré tout, apporté une embellie, une éclaircie dans des vies difficiles, obscures. On ne les avait pas seulement arrachées au cabaret ; on ne leur avait pas seulement donné plus de facilité pour la vie de famille : mais on leur avait ouvert une perspective d'avenir, on avait créé chez eux un espoir.

Déclaration de Léon Blum lors du procès de Riom en 1942.

Méthode

A Aide générale

I. Le sujet « étude d'un ensemble documentaire » comporte toujours les éléments suivants :

1. L'intitulé du sujet : il fait apparaître une problématique explicite (comment évolue la condition ouvrière en France entre 1850 et 1939 ?).

2. Quatre ou cinq documents de nature variée (ici diagramme, graphique, texte, gravure et affiche).

3. Éventuellement une note explicative ou, comme ici, une chronologie indicative.

4. Un questionnement divisé en deux parties.

La première (ici l'exercice ne porte que sur cette partie) comporte des questions destinées à faire comprendre les documents ou à les mettre en relation ; une des questions peut porter sur l'intérêt et les limites de l'ensemble documentaire.

La deuxième partie (qui sera abordée dans les exercices suivants p. 128, 184, 230, 266, 284, 332, 352 et 370) consiste à rédiger une réponse organisée à la problématique. On doit faire appel aux éléments contenus dans le dossier documentaire et à ses connaissances personnelles.

II. Les questions portent tantôt sur un, tantôt sur plusieurs documents.

Elles en guident l'analyse et demandent des réponses précises et concises.

1. Il ne s'agit pas d'exposer des connaissances mais de les utiliser pour repérer dans les documents des éléments permettant d'expliquer la problématique.

2. Les réponses à ces questions sont notées par le correcteur ; elles permettent de répondre à la question de la deuxième partie de l'épreuve, mais il ne faut pas consacrer à la réponse à ces questions plus d'une heure.

3. Ne pas paraphraser la chronologie mais utiliser tel ou tel de ses éléments pour expliquer un document ou appuyer une démonstration.

B Aide à la réponse aux questions

Question 1 : Le graphique montre clairement que si la consommation de pain et de vin baisse, c'est au profit d'autres denrées alimentaires (à développer par des exemples).
Causes : hausse des salaires, du pouvoir d'achat…
Conséquences : nourriture plus variée, plus équilibrée, baisse de l'alcoolisme (à mettre en rapport avec le doc. 3).

Question 2 : Comparer les deux documents 4 et 5.
Pour être plus explicite, on fait appel ici à la chronologie (par exemple : lois de 1919 et de 1936).

Question 3 : Consulter l'ensemble des documents pour trouver des changements positifs.

Changements positifs	Documents	Chronologie
Baisse de la durée du temps de travail	1 et 3	Lois de 1892, 1906, 1919, 1936
Amélioration de l'alimentation	…	…

Question 4 : Le doc. 1 (qu'il convient de décrire) montre que ces conquêtes sociales sont le résultat d'une épreuve de force entre patronat et ouvriers (évoquer les syndicats, les grèves en utilisant également le doc. 1).
Mais la chronologie montre que de nombreuses lois ont été aussi votées en dehors de ces périodes de luttes intenses. Exemple : la loi de 1864 qui, sous le Second Empire, accorde le droit de grève ou la loi de 1874 au temps où la droite conservatrice est au pouvoir (voir p. 134).

Prépa BAC

CHAPITRE

3 Le fait religieux en Europe et en Amérique du Nord (1850-1939)

Aux bouleversements économiques et sociaux que l'Europe et l'Amérique du Nord ont connus au XIXe s. viennent s'ajouter des changements politiques, principalement en Europe. Tout cela aboutit à une transformation profonde du poids des Églises et des pratiques religieuses.

Les Églises sont confrontées à des situations nouvelles, telles que les relations avec le monde ouvrier ou avec les États. Elles réagissent en vue de reconquérir les esprits.

Comment évoluent les pratiques religieuses ?
Comment les Églises se comportent-elles face aux défis du monde moderne ?

1 | Une Église catholique à la fois influente…

***La Plantation d'un calvaire*, 1858.** Tableau de Jules Breton (1827-1906), huile sur toile (135 x 250 cm). Musée des Beaux-Arts, Lille.

Partout sont plantées en plein air ces croix commémorant la crucifixion du Christ. Elles donnent lieu à des grands rassemblements et expriment une forte piété populaire.

« Chaque dimanche [à Saint-Loup vers 1910], il y avait procession. Le curé marchait en tête ; suivait une bannière, blanche pour les filles, bleue pour les garçons qu'on tenait par le bout. On sortait de l'église, on traversait le cimetière et on revenait. Les jours de fête, comme Pâques ou le 15 août, la procession parcourait le village et s'arrêtait aux croix. » É. Grenadou, A. Prévost, *Grenadou, paysan français*, Le Seuil, 1978.

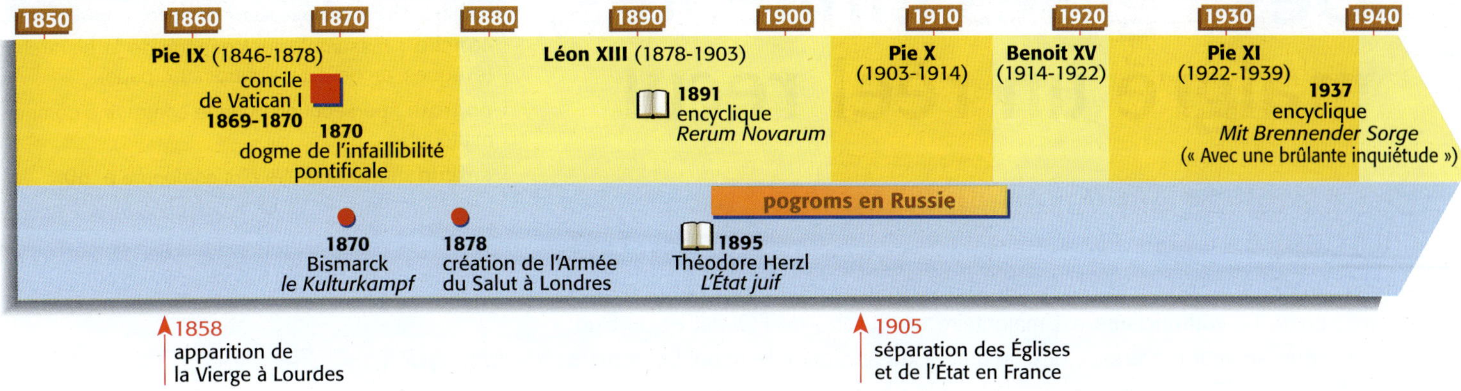

2 | ... et contestée.

Le Char de l'enterrement de l'Église dans la revue catholique *Le Pèlerin*, en 1907.

En France est votée en 1905 la loi de séparation des Églises et de l'État. Pour certains catholiques de l'époque, il s'agit là d'une atteinte mortelle portée à l'influence de l'Église.

« Qu'il faille séparer l'État de l'Église, c'est une très pernicieuse erreur. [...] Nous réprouvons et condamnons la loi votée en France sur la séparation de l'Église et de l'État comme profondément injurieuse vis-à-vis de Dieu, qu'elle renie officiellement en posant en principe que la République ne reconnaît aucun culte. » Pape Pie X, encyclique *Vehementer nos*, 11 février 1906.

1 Des Églises influentes, malgré un réel recul

A. Une Europe et une Amérique à dominante chrétienne

doc. 3 et 5

■ Au milieu du XIXe s., l'Europe et l'Amérique du Nord se caractérisent par une forte diversité religieuse. Le **catholicisme** est majoritaire en Europe de l'Ouest et du Sud. L'Église catholique se veut universelle et unie autour de son chef, le pape. Le **concile** du Vatican de 1869-1870 déclare le pape « infaillible » lorsqu'il exprime la doctrine de l'Église en matière de foi et de mœurs.

■ En Europe du Nord et aux États-Unis, c'est le **protestantisme** qui domine. Il est partagé en deux principales familles, le *luthéranisme*, implanté surtout dans les pays germaniques et nordiques, et le calvinisme qui touche surtout l'Europe de l'Ouest. Ces deux grandes branches du protestantisme se subdivisent en de multiples Églises.

■ **L'Église orthodoxe**, héritière de l'Empire byzantin est présente en Europe orientale (Bulgarie, Roumanie), dans les Balkans (Serbie), en Grèce et dans l'Empire russe. Dans la péninsule balkanique en partie sous domination ottomane, les populations sont majoritairement orthodoxes ; il existe des minorités musulmanes.

■ **Les minorités juives** les plus importantes sont localisées en Europe centrale et dans l'Empire russe (5,2 millions de juifs en 1895). À la fin du XIXe s., elles sont victimes de persécutions, les **pogroms**. L'**antijudaïsme** chrétien auquel les juifs sont confrontés depuis des siècles se transforme au XIXe s. en **antisémitisme**. C'est le cas en France pendant l'affaire Dreyfus. En 1896, Theodor Herzl, un écrivain juif viennois, propose la création d'un État juif comme solution à l'antisémitisme et fonde le **sionisme** (1897).

B. Une pratique religieuse qui diminue

doc. 1 et 4

■ Au milieu du XIXe s., la religion reste largement présente dans la vie quotidienne des Français, surtout dans les campagnes et les milieux urbains aisés où on reste très attaché aux anciennes pratiques religieuses. **Lors du recensement de 1872, 98 % des Français répondent qu'ils sont « catholiques »** même s'ils ne le sont que dans les actes les plus solennels de la vie, comme le baptême, la communion, le mariage religieux ou l'enterrement à l'Église.

■ **On assiste pourtant à un recul de la pratique religieuse**, qui va de pair avec l'exode rural et l'essor de la classe ouvrière. Les difficiles conditions de travail des ouvriers, un certain désintérêt de l'Église à leur égard au XIXe s. les en éloignent. On va jusqu'à parler de déchristianisation à la fin du siècle. Cette baisse de la pratique religieuse touche également d'autres pays européens, notamment l'Angleterre où 10 % seulement de la population anglaise respecte les obligations de la religion anglicane en 1914.

C. Missions et pèlerinages

doc. 2

■ Par les missions, **les Églises catholique et protestantes** cherchent à convertir à la foi chrétienne les populations des colonies européennes. En 1870, il existe en France vingt-cinq congrégations missionnaires, dont celle des Pères blancs. L'Église s'efforce de rechristianiser la société en développant une pratique religieuse plus concrète. Elle favorise des formes de piété et de dévotion capables d'attirer les masses, comme les **processions et les pèlerinages**. Lourdes où, en 1858, la jeune Bernadette Soubirous dit avoir vu la Vierge, ou Fatima au Portugal, drainent des foules considérables.

■ Par la construction d'églises, le catholicisme montre sa vitalité. Plus d'un quart des églises françaises sont élevées au XIXe s. et près de la moitié d'entre elles sont profondément remaniées. Ainsi sont fondées Notre-Dame-de-la-Garde à Marseille, Notre-Dame de Fourvière à Lyon, la basilique de Lourdes, le Sacré-Cœur à Paris.

VOCABULAIRE

concile : rassemblement général de la hiérarchie (évêques, archevêques, cardinaux, pape).

pogrom : persécution violente contre une communauté juive.

antijudaïsme : voir *Ne pas confondre* p. 60.

antisémitisme : voir *Ne pas confondre* p. 60.

sionisme : nationalisme juif qui vise en particulier à édifier un État juif en Palestine (ou Sion).

1 L'Église en France, en 1890

Nous sommes bien malades… Plus rien ne va dans l'Église de France. Ma paroisse de Saint-Thomas est en petit ce que le diocèse est en grand. Harpagon règne dans la sacristie ; la direction des catéchismes est confiée à des hommes dépourvus de tout enthousiasme : que l'Église soit peuplée ou non de fidèles, ce sont toujours les mêmes offices ; aucun renouvellement, nulle réforme, un piétinement sur place. L'égoïsme, l'avarice, la légèreté, la bêtise des dévots, voilà ce que je vois ici, depuis l'an de grâce 1881.
Et je ne dis rien du confessionnal, sorte de terrier où la curiosité, l'indiscrétion, le verbiage, la niaiserie se disputent les consciences de quelques femmes hystériques, scrupuleuses, bavardes, désœuvrées. Les femmes et les enfants, tels sont nos fidèles. Le reste ne compte pas ou compte peu.

Abbé Mugnier, *Journal (1879-1939)*.

1. Quelles critiques sont ici énoncées ?
2. Qui semble touché par la désaffection à l'égard de la religion ?

2 Pèlerinage à Lourdes.
La grotte et la source nourrissent la quête miraculeuse. Les pèlerins sont 120 000 en 1872 ; ils sont 1 140 000 en 1908.

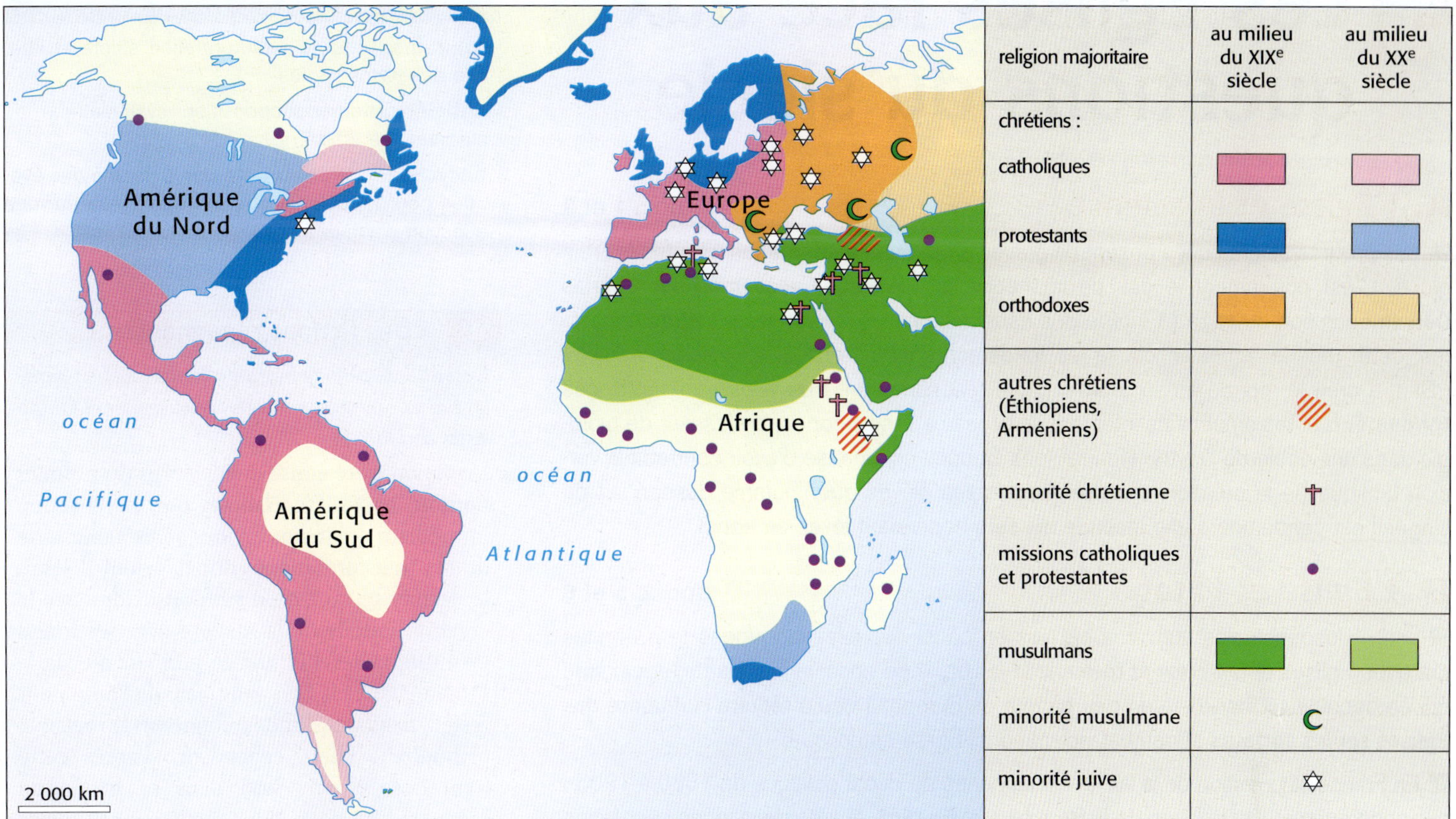

3 Les religions monothéistes au XIXe et au XXe s.

4 Église et justice selon Proudhon

L'Église catholique, si elle avait embrassé résolument la cause de la Justice, eût été toujours reine ; le cœur des peuples serait demeuré avec elle. La distinction des puissances n'eût jamais été faite ; Pie IX, unique souverain, régnerait sur les idées comme sur les intérêts. Personne n'eût mis en doute l'autorité du sacerdoce, pas plus que la certitude de sa révélation ; car personne n'eût été induit à ce doute par les spectacles des calamités sociales, de la tyrannie ecclésiastique et de l'inclémence du ciel. C'est le malheur de sa destinée qui pousse l'homme à accuser sa religion et son Dieu. Ne voyez-vous pas, en ce moment, que votre troupeau se compose exclusivement de riches, et que ceux qui vous quittent sont les pauvres ? *Cela se perd*, me répondit un jour un paysan que j'avais connu fort assidu aux offices de l'Église. Oui, *cela se perd*, et beaucoup plus vite, je le crains, qu'il ne faudrait pour le bonheur de la nation.

Proudhon, *De la justice dans la Révolution et l'Église*, 1858-1860.

1. Que reproche l'auteur à l'Église ?
2. Quels points communs le doc. 1 peut-on relever ?

5 ***Baptême au Kansas*, 1928, John Stewart Curry,** Whitney museum, New York.
Dans l'Amérique profonde et protestante, les traditions religieuses se maintiennent, ainsi que la fidélité à une lecture parfois littérale de la Bible.

1. Décrire le tableau.
2. S'agit-il d'une scène habituelle de baptême ? Pourquoi ?
3. Qu'y a-t-il de traditionnel dans cette scène ?

2 Les Églises face aux questions du siècle

A. L'Église et la science doc. 1 et 3

Les progrès scientifiques posent de graves problèmes d'adaptation à toutes les religions. C'est notamment le cas de la **théorie de l'évolution présentée par Charles Darwin** dans son ouvrage *L'Origine des espèces*, en 1859. Pour les plus traditionalistes, cette théorie remet en cause les fondements mêmes de la foi : selon la Bible, « Dieu a créé le monde en six jours ». Leurs réactions sont très vives : en 1925, ces **fondamentalistes** américains intentent un procès à John Scopes, professeur de biologie dans une école de Dayton (Tennessee). Scopes est accusé d'avoir contredit la version biblique de la création en enseignant à ses élèves que l'homme descendait du singe. Il est condamné à une amende qui sera cependant levée en appel.

B. L'Église et l'État doc. 2, 5 et 6

Les philosophes des Lumières ont mis en cause les relations jugées trop étroites entre les Églises et les États et revendiqué la liberté de conscience. L'**anticléricalisme** qui en découle se manifeste un peu partout en Europe. Il vise à **réduire l'influence des Églises sur les sociétés** et combat violemment l'Église catholique.

En France, la question de la laïcité est au centre du débat politique de 1880 à 1905 ; elle accompagne l'installation de la République. **En 1905**, le vote de la loi de séparation des Églises et de l'État soulève de fortes résistances parmi les catholiques. Cependant, à travers l'épreuve de la guerre 1914-1918, les catholiques, qui ont défendu la patrie comme tous les Français, se réconcilient avec la République.

En Allemagne, à partir de 1870, le chancelier Bismarck utilise le *Kulturkampf* (« le combat pour la culture ») afin de **limiter l'influence de l'Église catholique**. Cela se traduit par l'expulsion des jésuites et la réduction du pouvoir des évêques.

C. L'Église et la question sociale doc. 4

Dès les années 1840, des catholiques et des protestants s'émeuvent de la misère ouvrière dans les pays marqués par l'essor industriel. On assiste alors à la **naissance d'un christianisme social** et on voit se multiplier les œuvres sociales d'un grand patronat paternaliste. Albert de Mun fonde en 1871 les cercles catholiques d'ouvriers, qui proposent un programme de conférences destiné à rapprocher les ouvriers et les élites. Au Royaume-Uni, le prédicateur protestant William Booth crée l'Armée du Salut en 1878. Sa devise « soupe, pain, savon » montre que le souci de la misère des corps compte au moins autant que celui du salut des âmes.

En 1891, le pape Léon XIII (1878-1903), dans l'**encyclique** *Rerum novarum*, apporte une doctrine à ce mouvement. Certes, il dénonce le socialisme et la lutte des classes mais il considère aussi que l'industrialisation a apporté « une misère imméritée pour les classes inférieures ». Cette nouvelle attitude pontificale favorise **la création des premiers syndicats chrétiens**, ainsi que d'autres initiatives sociales. La plus importante est celle de Marc Sangnier qui tente, dans la revue *Le Sillon*, de concilier idéal chrétien et transformation de la société. L'Église s'efforce ainsi de reconquérir la classe ouvrière, très influencée par le socialisme. Cependant, *Le Sillon* est condamné par le pape Pie X en 1910 pour avoir voulu trop rapprocher christianisme et démocratie. Mais le mouvement est lancé : les patronages et le scoutisme amènent de nombreux jeunes à se rapprocher des Églises.

Soutenu par Pie XI, le père Cardijn fonde en 1925 en Belgique **la Jeunesse ouvrière chrétienne** (JOC) qui se propage bientôt dans toute l'Europe occidentale. Sur ce modèle sont ensuite formées des Jeunesses agricoles et étudiantes chrétiennes.

VOCABULAIRE

fondamentalisme : interprétation stricte et littérale des textes sacrés.

anticléricalisme : opposition systématique au clergé d'une Église.

encyclique : lettre envoyée par le pape à des évêques pour rappeler la position de l'Église sur une question d'actualité.

1 « Des fictions répugnantes »

En 1888, le père de Scoraille, jésuite, met en garde les fidèles contre les « théories pernicieuses et fantaisistes de Darwin ».

L'opinion a été émise que le corps du premier homme aurait été élaboré, non par l'action immédiate des mains divines, mais par la série de ces transformations animales dont il serait le dernier terme ; qu'il suffisait d'admettre la création initiale de la matière avec ses forces évolutionnelles, l'influence permanente de la Providence, et la création finale de l'âme pour rester dans les limites d'une irréprochable orthodoxie. Dieu, cependant, d'après cette hypothèse, aurait saisi dans sa formation même le fruit de quelques générations simiennes pour lui infuser la première âme spirituelle, et une femelle animale aurait enfanté, nourri, élevé un homme véritable, notre ancêtre et celui de Jésus-Christ. Ce n'est ni le lieu, ni le moment d'examiner ce que valent scientifiquement ces fictions répugnantes.

Père de Scoraille, *Études*, 1888.

1. Expliquer la théorie ici remise en cause.
2. Quelle est la position de l'Église sur l'origine de l'homme ?

2 La laïcisation de la France

27 juillet 1884 : loi Naquet rétablissant le divorce.

18 août 1884 : suppression des prières publiques à la rentrée des Chambres, Assemblée nationale et Sénat.

26 mai 1885 : loi rendant à l'église Sainte-Geneviève sa vocation de panthéon.

15 juillet 1899 et 21 mars 1905 : lois militaires dites des « curés sac au dos » contraignant les séminaristes au service militaire.

14 décembre 1900 : suppression de la messe du Saint-Esprit (présence obligatoire) à la rentrée des cours des tribunaux.

9 février 1904 : le ministre André interdit aux soldats de fréquenter les cercles catholiques.

1er avril 1904 : circulaire du ministre de la Justice ordonnant l'enlèvement des crucifix dans les prétoires des tribunaux.

1905 : Séparation des Églises et de l'État.

1. Dans quels domaines publics la laïcité se met-elle en place ?
2. Dans quel domaine privé ?

3 **Les idées de Darwin caricaturées : « l'homme n'est qu'un ver »,** dessin paru dans *Punch*, Londres, 6 décembre 1881.

4 **Vente du journal *En avant !*, organe de presse de l'Armée du Salut.**

« Tant que des femmes pleureront, je me battrai ; tant que des enfants auront froid et faim, je me battrai ; tant qu'il y aura un alcoolique, je me battrai ; je me battrai tant qu'il y aura des hommes en prison, qui n'en sortent que pour y retourner ; je me battrai tant qu'il y aura un être humain privé de la lumière de Dieu ; je me battrai, je me battrai, je me battrai, je me battrai », William Booth, (1856-1929).

5 **Bismarck face au pape.** *Revue Kladderadatsch*, 1875.

Sur les pions de Bismarck : Germanie, presse, lois religieuses.
Sur les pions du pape : encyclique, syllabus, interdit.

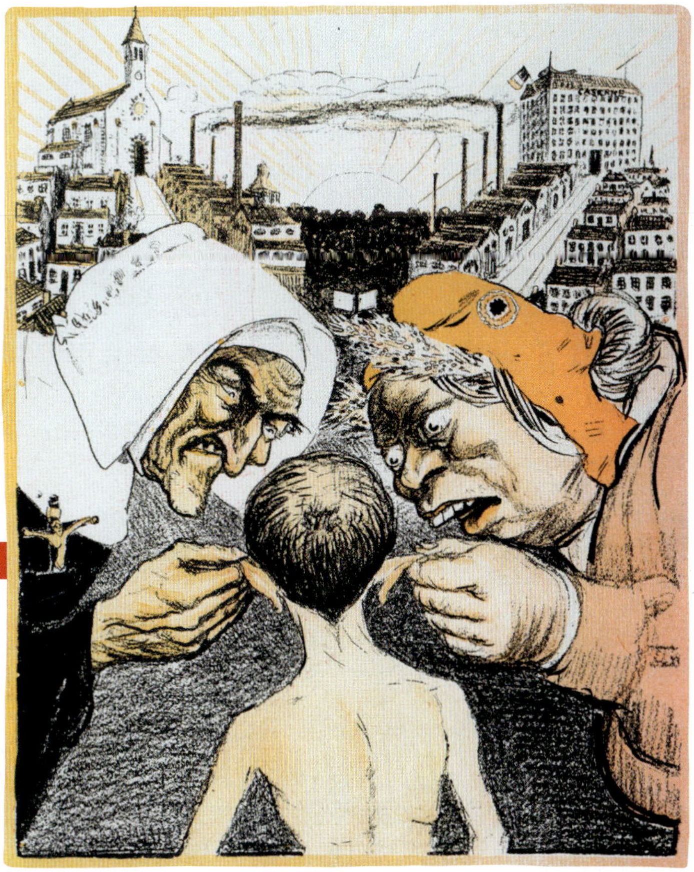

6 **« Choisis, tu es libre ».** Caricature de Grandjouan (1875-1968), parue dans *L'Assiette au beurre*, 19 mars 1904.

L'Assiette au beurre est une revue satirique française du début du XXe s., illustrée de caricatures critiquant les mœurs et la société du temps. La revue se veut anticléricale, anti-militaire, anti-capitaliste, anti-tout… Grandjouan était un de ses grands illustrateurs.

1. **Présenter les trois personnages.**
2. **Décrire le choix proposé à cet enfant. Quel débat de l'époque illustre ce document ?**
3. **L'auteur prend-il parti pour l'un ou l'autre des protagonistes ?**

DOSSIER

L'Église catholique face au monde moderne

- Les Églises, et en particulier l'Église catholique, sont confrontées à l'évolution de la société, de 1850 aux années 1930. Encouragé indirectement par l'intransigeance de la papauté à l'égard de la modernité (en 1864, le pape Pie IX en condamne les erreurs dans un *syllabus*) et influencé par le **scientisme**, l'anticléricalisme progresse.
- Un tournant a lieu vers les années 1890-1910. Le scientisme est remis en cause. Albert Einstein avance une théorie de la « relativité générale » qui bouleverse celle de la gravitation universelle de Newton : une nouvelle découverte scientifique peut donc balayer des certitudes passées.
- En France, l'Église catholique se rallie progressivement à la république. L'anticléricalisme ne progresse plus ; on enregistre des conversions dans les milieux littéraires (Charles Péguy, Paul Claudel, par exemple).
- Dans les années 1930, en Allemagne, l'arrivée des nazis au pouvoir amène le pape Pie IX à réagir : l'encyclique *Mit brennender Sorge* (« Avec une brûlante inquiétude ») condamne l'idée de la supériorité d'une race et le culte de l'État.

VOCABULAIRE

scientisme : idéologie de la fin du XIXe s. selon laquelle la science permettrait d'établir des vérités absolues.

1 Le *syllabus* des idées modernes inacceptables selon Pie IX

Le syllabus (mot latin signifiant « sommaire », « énumération ») est un catalogue des principales erreurs de l'époque. Il est publié en 1864, en annexe à l'encyclique Quanta cura *; il énonce tout ce que le pape refuse dans le monde moderne.*

3. La raison humaine considérée sans aucun rapport avec Dieu est l'unique arbitre du vrai et du faux, du bien et du mal.
13. La méthode et les principes selon lesquels les anciens docteurs scolastiques ont cultivé la théologie ne sont plus en rapport avec les nécessités de notre temps et les progrès des sciences.
16. Les hommes peuvent obtenir le salut éternel dans le culte de n'importe quelle religion.
45. Toute la direction des écoles publiques, dans lesquelles la jeunesse d'un État chrétien est élevée […] peut et doit être attribuée exclusivement à l'autorité civile.
55. L'Église doit être séparée de l'État, et l'État séparé de l'Église.
66. Le sacrement de mariage n'est qu'un accessoire du contrat et peut en être séparé.
80. Le pape peut et doit se réconcilier et se mettre en harmonie avec le progrès, le libéralisme et la civilisation moderne.

2 Ouvrages mis à l'index par l'Église catholique

La première édition de l'index date de 1564 (concile de Trente) ; le principe de l'index est resté en usage jusqu'en 1966. La 32e édition publiée en 1948 comporte 4 000 titres.

Auteur	Ouvrages concernés	Date de mise à l'index
Dumas père et fils	Tous les romans d'amour	1863–1880
Gustave Flaubert	*Madame Bovary – Salammbô*	1864
Victor Hugo	*Notre-Dame de Paris* *Les Misérables*	1834 1864
Pierre Larousse	Les 13 volumes du *Grand Dictionnaire universel du XIXe siècle*	1873
Loisy (prêtre excommunié, chef de file des modernistes)	*Œuvres complètes*	1932
Proudhon	*Œuvres completes*	1852
Edgar Quinet (homme politique républicain)	*Du génie des religions* *La Révolution*	1844 1866
Ernest Renan (professeur au Collège de France)	*Œuvres complètes*	1859
Stendhal	*Le Rouge et le Noir*	1864
Émile Zola	*Les Trois Villes, Lourdes, Paris, Rome*	1894-1898

3 L'Union sacrée : le curé, l'instituteur, l'ouvrier et le soldat. Gravure de 1915.

4 **L'Église face à la république : le clergé de Nantes s'oppose à un commissaire de police, 22 février 1906.**
Après le vote de la loi de séparation des Églises et de l'État, une partie du clergé et des fidèles s'est opposé à l'entrée des représentants de l'État dans les églises pour y dresser l'inventaire des objets du culte.

5 La Jeunesse ouvrière chrétienne (JOC)

Je crois que nous sommes pour le retour de la classe ouvrière dans un véritable temps d'avent[1] [...]. Si nous le voulons, j'ai la certitude que le retour de la classe ouvrière à l'Église et à Notre Seigneur n'est pas éloigné [...]. Préparons, il le faut, ce jour où la classe ouvrière verra de nouveau, dans le Christ, son sauveur et mettra en lui son admiration pour y puiser le courage dans les difficultés de la vie.
La Jeunesse ouvrière chrétienne[2] sera alors, pour eux, cette école de vie, cette grande organisation, ce service social qui répondra à toutes les nécessités, à tous les besoins de leur vie d'ici-bas, qui sera leur guide. C'est là l'idéal de relèvement individuel que l'Église prêche à travers le monde.

J. Cardijn, fondateur de la JOC, conférence à Issy-les-Moulineaux, décembre 1929.

1. Avent : temps durant lequel, dans l'Église, on se prépare à la fête de Noël ; ce temps comprend les quatre dimanches qui précèdent la fête de Noël.
2. Mouvement fondé en Belgique en 1925 et qui s'implante en France en 1926.

6 L'Église, le nationalisme et le racisme

Prenez garde, Vénérables Frères, qu'avant toute autre chose, la foi en Dieu, premier et irremplaçable fondement de toute religion, soit conservée, en Allemagne, pure et sans falsification. [...]
Quiconque prend la race, ou le peuple, ou l'État, ou la forme de l'État, ou les dépositaires du pouvoir, ou toute autre valeur fondamentale de la communauté humaine – toutes choses qui tiennent dans l'ordre terrestre une place nécessaire et honorable – quiconque prend ces notions pour les retirer de cette échelle de valeurs, mêmes religieuses, et les divinise par un culte idolâtrique, celui-là renverse et fausse l'ordre des choses créé et ordonné par Dieu. [...]
Seuls des esprits superficiels peuvent tomber dans l'erreur qui consiste à parler d'un Dieu national, d'une religion nationale ; seuls, ils peuvent entreprendre la vaine tentative d'emprisonner Dieu, le Créateur de l'univers, le Roi, le Législateur de tous les peuples, dans les frontières d'un seul peuple, dans l'étroitesse de la communauté de sang d'une seule race.

Extraits de l'encyclique *Mit brennender Sorge* (« Avec une brûlante inquiétude »), le 14 mars 1937.

Questions

A Retirer des informations des documents

1. Quelles sont les idées modernes inacceptables selon Pie IX (doc. 1) ?
2. Quels types d'ouvrages sont mis à l'index ? Pourquoi (doc. 2) ?
3. Décrire les activités des personnages ; les mettre en relation avec le titre (doc. 3).
4. Quelle évolution de l'attitude de l'Église catholique en France veut suggérer le tableau (doc. 2) ?
5. Sur quel sujet s'affrontent ici l'Église et l'État (doc. 4) ?
6. Expliquer « celui-là renverse et fausse l'ordre des choses créé et ordonné par Dieu ». (doc. 6) ?

B Mettre en relation les documents

7. Dresser un catalogue de ce que l'Église rejette du monde moderne (doc. 1 et 2).
8. Montrer que la position de l'Église évolue dans certains domaines. Pourquoi (doc. 3 et 5) ?
9. À quel public s'adresse-t-elle tout particulièrement (doc. 5) ?

C Rédiger

10. Comment l'Église catholique réagit-elle face aux défis de la modernité ?

FICHE DE RÉVISION

DATES À RETENIR

- **1891 :** encyclique *Rerum novarum*
- **1896 :** Theodor Herzl publie l'*État juif*, essai d'une solution moderne à la question juive
- **1905 :** loi de séparation des Églises et de l'État en France

BIOGRAPHIES

Léon XIII
(1810-1903),
pape de 1878 à 1903.
(Voir biographie complète p. 380)

Pie XI
(1857-1939),
pape de 1922 à 1939.
(Voir biographie complète p. 382)

Theodor Herzl
(1860-1904),
fondateur du sionisme.
(Voir biographie complète p. 379)

L'ESSENTIEL

1. Des Églises influentes malgré un réel recul

- De 1850 à 1939, l'influence des religions chrétiennes reste importante :
– succès des pèlerinages populaires, essor des missions chrétiennes accompagnant la colonisation ;
– une pratique religieuse encore forte dans les campagnes.
- Mais il y a **déchristianisation** en Europe : recul de l'influence de l'Église dans le monde ouvrier et progrès de la laïcisation en Europe au XXe siècle. Cependant, l'Amérique du Nord ne connaît pas ce phénomène de déchristianisation.
- À Vienne, à la fin du XXe siècle, Theodor Herzl fonde le **sionisme**.

2. Les Églises face aux questions du siècle

- Confrontés à la montée de l'anticléricalisme et aux bouleversements économiques et sociaux, les responsables religieux sont amenés à s'exprimer sur les questions du siècle :
– relations entre progrès scientifiques et foi religieuse ;
– condamnation du socialisme ;
– dénonciation des excès du capitalisme (encyclique *Rerum novarum* du pape Léon XIII, 1891).
- La France est l'un des pays qui vit avec le plus d'intensité les débats religieux : l'affirmation de la laïcité, la séparation des Églises et de l'État en 1905.

NE PAS CONFONDRE

Antijudaïsme et antisémitisme

➤ L'**antijudaïsme** est l'opposition à la religion juive, considérée comme une religion erronée.

➤ L'**antisémitisme** est un mot forgé au XIXe siècle, lorsque les biologistes et les anthropologues classifient les races. À l'antijudaïsme religieux vient alors s'ajouter un rejet racial des « sémites ».

Laïcisation et déchristianisation

➤ La **laïcisation** vise à séparer les aspects religieux et les aspects politiques de la vie des sociétés.

➤ La **déchristianisation** est un recul de l'influence des différentes Églises chrétiennes, essentiellement dans le domaine de la pratique religieuse (assistance à la messe, communion, etc.).

Laïc et laïque

➤ « **Laïc** » est un substantif : un laïc est le contraire d'un clerc (membre du clergé).

➤ « **Laïque** » est un adjectif qui qualifie une personne, une institution, un État qui ne dépend d'aucune autorité religieuse.

Au Ier s.		chrétiens			
III-IVe s.		arméniens, coptes, chrétiens d'Orient	chrétiens « orthodoxes »		
1054 :	schisme (séparation) entre catholiques et orthodoxes	↓	orthodoxes « qui pensent droit » ↓	catholiques universels	
XVIe s. :	réforme protestante de Luther et Calvin	↓	↓	catholiques	protestants
Aujourd'hui		arméniens coptes, chrétiens d'Orient	orthodoxes	catholiques	protestants

Catholiques et chrétiens.

Étude et comparaison de deux caricatures

La « une » d'un journal clérical et la « une » d'un journal anticlérical

Le Pèlerin, n° 1049, 7 février 1897, avec un dessin d'Achille Lemot.

Les Corbeaux, n° 127, 1er septembre 1907, avec un dessin d'Ashavérus.

RAPPEL

Qu'est-ce qu'une caricature ?

Une caricature est une représentation volontairement exagérée et déformée d'un personnage ou d'une situation. Elle vise à faire rire et, au-delà, elle appelle à l'esprit critique et à la réflexion. C'est un document historique comme un autre et, après l'avoir décrit, on l'analyse de manière critique.

Questions

1. Identifier les deux personnages principaux de la « une » du *Pèlerin*.
2. Que brandit le personnage de gauche ? Que tente-t-il de faire ?
3. Décrire le personnage de droite.
4. Identifier, par son costume, le personnage principal de la « une » des *Corbeaux*.
5. Quelles caractéristiques physiques sont communes à ce personnage et au personnage de droite du *Pèlerin* ?
6. Qu'est-ce que cela peut avoir de choquant pour un catholique ?
7. Qui sont les personnages en bas à gauche de chaque « une » ?
8. Rédiger un paragraphe se rapportant à l'enjeu que se disputent les trois personnages principaux.

Prépa BAC

Explication d'un document d'histoire (2/6)

Sujet : L'encyclique *Rerum novarum*

Titre

L'encyclique *Rerum novarum*

Il faut, par des mesures promptes et efficaces, venir en aide aux hommes des classes inférieures, attendu qu'ils sont pour la plupart dans une situation d'infortune et de misère imméritée. Le dernier siècle a détruit, sans rien leur substituer, les corporations anciennes qui étaient pour eux une protection ; tout principe et tout sentiment religieux ont disparu des lois et des institutions publiques, et ainsi, peu à peu, les travailleurs isolés et sans défense se sont vus, avec le temps, livrer à la merci des maîtres inhumains et à la cupidité d'une concurrence effrénée [...].

Coupe dans le texte

Les socialistes, pour guérir ce mal, poussent à la haine jalouse des pauvres contre ceux qui possèdent et prétendent que toute propriété de biens privés doit être supprimée, que les biens de chacun doivent être communs à tous [...]. Mais pareille théorie, loin d'être capable de mettre fin au conflit, ferait tort à l'ouvrier si elle était mise en pratique. D'ailleurs elle viole les doits légitimes des propriétaires et tend à bouleverser de fond en comble l'édifice social [...].

Le premier principe à mettre en avant, c'est que l'homme doit prendre en patience sa condition ; il est impossible que, dans la société civile, tout le monde soit élevé au même niveau. Sans doute, c'est là ce que poursuivent les socialistes. Mais c'est la nature qui a disposé parmi les hommes les différences d'intelligence, de talent, de santé, de force ; différences nécessaires d'où naît spontanément l'inégalité des conditions. [...] L'erreur capitale dans la question présente, c'est de croire que les deux classes sont ennemies-nées l'une de l'autre. [...] Elles ont un impérieux besoin l'une de l'autre : il ne peut y avoir de capital sans travail, ni de travail sans capital [...].

L'ensemble des vérités religieuses est de nature à rapprocher et à réconcilier les riches et les pauvres, en rappelant aux deux classes leurs devoirs mutuels. [...] [L'ouvrier] doit fournir intégralement et fidèlement tout le travail auquel il s'est engagé. Il ne doit point léser son patron. Ses revendications mêmes doivent être exemptes de violences et ne jamais revêtir la forme de séditions. [...] Quant aux riches et aux patrons, ils ne doivent point traiter l'ouvrier en esclave ; il est juste qu'ils respectent en lui la dignité de l'homme, relevée encore par celle du chrétien. [...] Parmi les devoirs du patron, il faut mettre au premier rang celui de donner à chacun le salaire qui convient. Que le riche et le patron se souviennent qu'exploiter la pauvreté et la misère et spéculer sur l'indigence sont choses que réprouvent également les lois divines et humaines. [...]

Mot qui résume une expression plus longue ou qui remplace un article.

Toute autorité vient de Dieu et est une participation de son autorité suprême. Dès lors, ceux qui en sont les dépositaires doivent l'exercer à l'exemple de Dieu [...]. S'il arrive que les ouvriers, abandonnant leur travail ou le suspendant par des grèves, menacent la tranquillité publique ; [...] que les patrons écrasent les travailleurs sous le poids de fardeaux iniques, [...] attentent à leur santé par un travail excessif et hors de proportion avec leur âge et leur sexe ; dans tous ces cas, il faut absolument appliquer, dans certaines limites, la force et l'autorité des lois.

Léon XIII, pape de 1878 à 1903, Encyclique *Rerum novarum*, 15 mai 1891, extraits.

Source

Les encycliques sont, le plus souvent, rédigées en latin. Il s'agit ici d'une traduction. Une encyclique n'a pas, à proprement parler, de titre ; son nom lui est donné par les premiers mots du texte.

Questions

1. Présenter le document (nature, auteur, contexte, destinataire, sujet).
2. Quel tableau le pape dresse-t-il de la société de la fin du XIXe siècle ?
3. Avec quels arguments condamne-t-il le socialisme ?
4. Quels remèdes Léon XIII propose-t-il pour améliorer la condition des ouvriers ?
5. Montrer ce qu'il peut y avoir de novateur mais aussi de conservateur dans la doctrine sociale de l'Église.

DOCUMENT D'ACCOMPAGNEMENT

Léon XIII (1878-1903)
tableau de F. von Fenbach, 1885.

Joachim Pecci (1810-1903), originaire de Sienne, est ordonné prêtre à 27 ans. Au cours de sa nonciature en Belgique (il y représente le pape), il rencontre des catholiques très engagés dans la vie politique et l'action sociale. Évêque de Pérouse (1846), puis cardinal (1853), il est élu pape en 1878 et prend le nom de Léon XIII.
Son long pontificat (1878-1903) est marqué par le souci de restaurer l'audience de l'Église dans les sociétés modernes. Très ferme sur la « question romaine » (depuis l'entrée des troupes italiennes à Rome en 1870, le pape se considère comme prisonnier et refuse de reconnaître l'État italien), exigeant la garantie de l'indépendance temporelle de la papauté et partisan de la centralisation du pouvoir pontifical, Léon XIII est néanmoins favorable à une prise en compte des aspirations de la société de son temps.

Méthode

A Avant de répondre aux questions

1. Examiner attentivement le document :

- Le titre indique le sujet (les deux premiers mots du texte en latin) et la nature du document.
- Rechercher dans le lexique le sens du mot « encyclique ».
- L'auteur : le pape.
- Quelle place et quel rôle a-t-il dans l'Église catholique ? Pourquoi écrit-il en latin ?
- La date : La fin du XIXe siècle, siècle de l'industrialisation, de mutations sociales et culturelles.

2. Toujours replacer le document dans son contexte :

- L'époque est-elle attentive au discours de l'Église ?
- La croyance et la pratique religieuse sont-elles encore fortes ?
- La fin du XIXe siècle a vu s'affirmer de nouvelles idéologies. Sont-elles compatibles avec l'enseignement de l'Église ?

3. Dégager le plan du texte :

1. De quel constat part-on ?
2. Exposé et réfutation d'une théorie fausse. Laquelle ?
3. Exposé de la doctrine de l'Église.

B Aide à la réponse aux questions

Question 1 :
L'examen du document et le document d'accompagnement fournissent des éléments de réponse. La présentation du contexte fait appel aux connaissances : quelle audience la parole du pape peut-elle avoir ?

Question 2 :
La question renvoie à la première partie du texte. De quelle doctrine le pape fait-il le procès en décrivant la société industrielle ?

Question 3 :
L'argumentation du discours : affirmation de principes contraires à ceux de la doctrine socialiste ou rejet de ses principes.

Question 4 :
Les éléments de réponse se trouvent dans la dernière partie du texte. Montrer comment le discours affirme le message chrétien tout en faisant quelques propositions pour résoudre la question sociale.

Question 5 :
Rassembler ce qui montre l'acceptation par le pape de la société moderne (souci de la condition ouvrière, par exemple) d'une part, et ce qui, d'autre part, montre son attachement à la tradition (conception de l'autorité, par exemple).

Exemple de réponse rédigée

Question 2 : Quel tableau le pape dresse-t-il de la société de la fin du XIXe siècle ?

Le pape dresse un tableau très critique de la société du XIXe siècle : elle est dépourvue de sens moral et religieux (les sentiments religieux ont disparu, les maîtres sont « inhumains »). La société ne connaît comme règles que la loi du plus fort (les travailleurs sont livrés à la « merci » des maîtres) et à celle de la concurrence.
Cette analyse correspond à une vision très négative de la société industrielle et du libéralisme : le pape attribue en effet les malheurs des travailleurs à la disparition des corporations, à la recherche du profit, à la libre concurrence (« cupidité d'une concurrence effrénée »), c'est-à-dire aux principes du libéralisme économique.

CHAPITRE

4 Culture et pratiques culturelles (1850-1939)

Avant 1914, l'Europe est le foyer d'une intense création littéraire et artistique : des courants nouveaux bouleversent la peinture en modifiant les couleurs et, bientôt, les formes, tandis que la littérature explore l'inconscient et l'imaginaire. Après la Grande Guerre, si un tel foisonnement se poursuit, l'onde de choc du conflit a laissé une empreinte profonde sur la culture. Pour certains artistes vient alors le temps de l'engagement politique. Parallèlement, de nouveaux moyens de communication sont les vecteurs d'une culture de masse en pleine expansion.

Quelles révolutions artistiques l'Europe connaît-elle ?
Quelles pratiques culturelles nouvelles apparaissent en Europe et aux États-Unis ?

1 Un art nouveau...

Gustav Klimt (1862-1918), *Danaé* (1907-1908), 77 x 83 cm.

« À l'art sa liberté », adage de la Sécession viennoise.

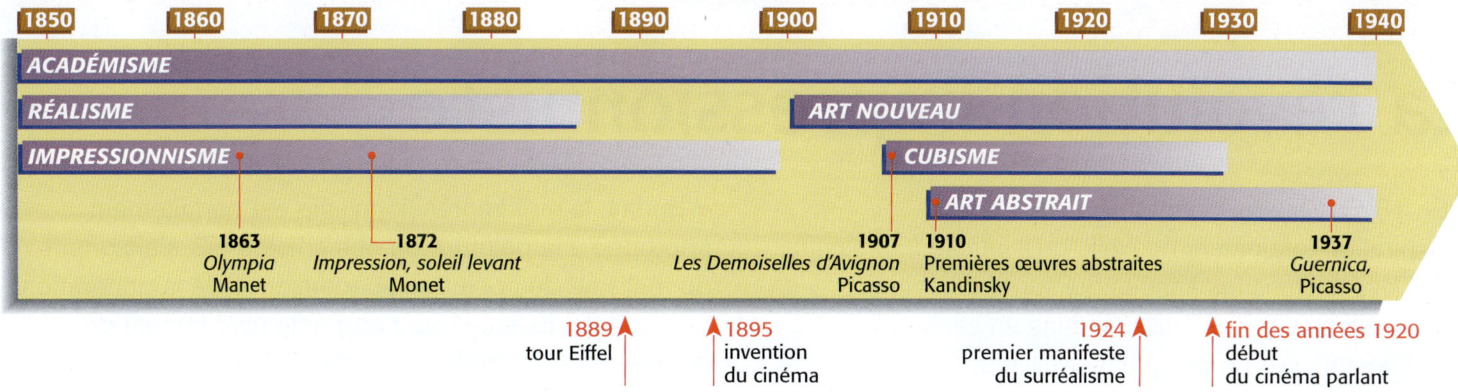

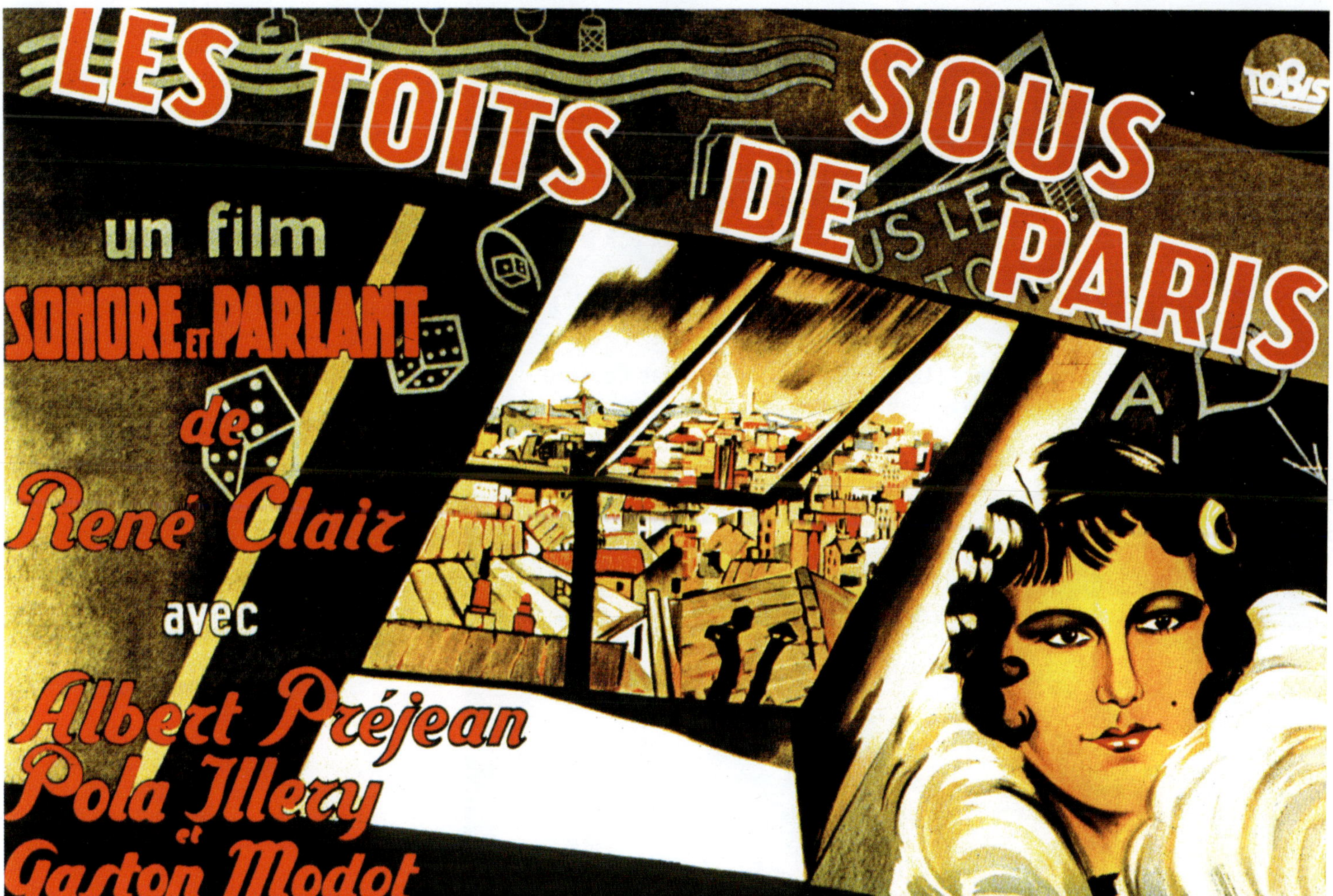

2 | ... des médias nouveaux

***Sous les toits de Paris*, film de René Clair, 1930.** Le film raconte les aventures d'un chanteur de rues.

« Un spectacle qui ne demande aucun effort, qui ne suppose aucune suite dans les idées, ne soulève aucune question, n'aborde sérieusement aucun problème, n'allume aucune passion, n'éveille au fond des cœurs aucune lumière, n'excite aucune espérance, sinon celle, ridicule d'être « star » à Los Angeles. [...] J'affirme qu'un demi-siècle au régime actuel des cinémas américains s'achemine vers la pire décadence. »

Georges Duhamel, *Scènes de la vie future*, Mercure de France, 1930.

La révolution impressionniste

• En 1872, Claude Monet réalise un tableau d'inspiration totalement nouvelle qu'il intitule *Impression, soleil levant*. Dans les années qui suivent, l'épithète « impressionniste » est utilisée, dans un sens désobligeant, par un critique malveillant. « Impressionniste » servira par la suite à qualifier un groupe de jeunes peintres parmi lesquels Monet, Manet, Sisley, Pissarro, Renoir…

• En fait, le mot impressionnisme est parfaitement approprié à la peinture de ces artistes : ils s'éloignent du réalisme des peintres académiques de la génération précédente. Ils entendent capter le miroitement de la lumière et la vibration colorée de l'atmosphère. Les contours, peu à peu, paraissent s'estomper. Les formes et les couleurs, désormais, ne sont plus restituées telles quelles.

1 ***Les Romains de la décadence*** **(1847). Tableau de Thomas Couture (1815-1879)**, huile sur toile 775 x 446 cm, détail. Musée d'Orsay, Paris. L'académisme à son apogée.

2 ***Le Déjeuner des canotiers*** **(1881). Tableau d'Auguste Renoir (1841-1919)**, huile sur toile, 130 x 173 cm. The Phillips Collection, Washington.

3 Première exposition impressionniste en 1874

Claude Monet avait envoyé des toiles particulièrement caractéristiques, et c'est l'une d'elles qui allait faire surgir le nom. Il en exposait cinq, dont l'une d'elles avait pour titre *Impression, soleil levant*, une vue prise dans un port. Des bateaux sur l'eau, légèrement indiqués, apparaissaient au travers d'une buée transparente, qu'éclairait le soleil rouge. Au titre « impression » correspondaient une touche rapide et légère et des contours fondus dans une enveloppe générale. Cette œuvre donnait bien la formule de l'art nouveau ; aussi par son titre et sa facture fit-elle naître l'expression qui paraissait le mieux caractériser les artistes qui le représentaient, celle d'impressionnistes […].
Le mot, venu en quelque sorte spontanément aux lèvres des visiteurs, fut pris et appliqué par *Le Charivari* le 25 avril. Un de ses rédacteurs, Louis Leroy, mettait EXPOSITION DES IMPRESSIONNISTES en tête d'un article consacré aux exposants.

Théodore Duret, *Histoire des peintres impressionnistes*, Floury, 1906.

4 ***Impression, soleil levant* (1872). Tableau de Claude Monet (1840-1926).**

Huile sur toile, 48 x 63 cm.

Musée Marmottan-Claude Monet, Paris.

« Le papier peint à l'état embryonnaire est encore plus fait que cette marine-là », écrira le journaliste Louis Leroy, au moment de l'exposition de ce tableau en 1874.

5 « Les arbres ne sont pas violets »

On vient d'ouvrir chez Durand-Ruel une exposition qu'on dit être de peinture. Le passant inoffensif [...] entre et à ses yeux épouvantés s'offre un spectacle cruel. Cinq ou six aliénés, dont une femme, un groupe de malheureux atteints de la folie de l'ambition s'y sont donné rendez-vous pour exposer leur œuvre.

Il y a des gens qui pouffent de rire devant ces choses, moi, j'en ai le cœur serré. Ces soi-disant artistes s'intitulent les impressionnistes ; ils prennent des toiles, de la couleur et des brosses, jettent au hasard quelques tons et risquent le tout. [...] Faites donc comprendre à M. Pissarro que les arbres ne sont pas violets, que le ciel n'est pas d'un ton beurre frais, que dans aucun pays on ne voit les choses qu'il peint et qu'aucune intelligence ne peut adopter de pareils égarements.

Albert Wolf, *Le Figaro*, 3 avril 1874.

6 ***Un dimanche à la Grande Jatte* (1884). Tableau de Georges Seurat (1859-1891),** huile sur toile, 205 x 306 cm, The Art Institute, Chicago.

Georges Seurat pousse l'impressionnisme jusqu'au « pointillisme ». Les contrastes chromatiques priment aux dépens des formes.

Questions

A Retirer des informations des documents

1. L'opinion des auteurs est-elle favorable ou hostile aux impressionnistes (doc. 3 et 5) ?

2. Comment justifient-ils leur opinion (doc. 3 et 5) ?

3. Pourquoi la manière de peindre de Seurat est-elle qualifiée de « pointilliste » (doc. 6) ?

B Mettre en relation les informations des documents

4. Comparer l'opinion des auteurs des deux textes au tableau de Monet (doc. 3, 4 et 5).

5. Montrer que les tableaux de Monet et Renoir ont des points communs (doc. 2 et 4).

6. Quelles différences relevez-vous dans les manières de peindre de Thomas Couture et Auguste Renoir (doc. 1 et 2) ?

C Rédiger

7. Expliquer dans un court texte pourquoi le mot « impressionniste » désigne toute une école de peinture. Donner les caractéristiques du courant impressionniste.

1 Le temps des «révolutions culturelles»

A. Les ruptures picturales

doc. 2, 3 et 4

■ Pour mesurer l'ampleur de la révolution impressionniste, il faut la replacer dans l'intense foisonnement créatif qui emporte la peinture européenne des années 1850 à 1914. Au cœur des débats, c'est la question du rapport entre art et monde réel qui est posée.

■ Une première réaction contre l'**académisme**, qui privilégiait les sujets historiques, est représentée par **l'art « réaliste », dont Courbet est le chef de file** dès 1849. Puis les distances prises avec l'art officiel s'accentuent dans les années 1860, comme en témoigne le scandale autour de l'*Olympia* de Manet en 1863. Ce sont, du reste, de jeunes peintres proches de lui qui ont lancé, quelques années plus tard, **le mouvement impressionniste**. L'évolution est encore plus sensible à partir de 1885, quand Cézanne, Van Gogh et Gauguin, tous trois passés par l'impressionnisme, poussent plus loin leurs recherches. Ainsi **Cézanne simplifie les formes et montre l'objet sous différents angles de vue** : deux decennies plus tard, les peintres cubistes s'en souviendront.

B. Le bouillonnement fin de siècle

doc. 5 et 6

■ En fait, c'est dans tous les domaines de la création que l'Europe de la fin du XIXe s. est le foyer de mutations essentielles. Ainsi, **l'utilisation du fer révolutionne l'architecture**. Les charpentes métalliques permettent de bâtir de vastes édifices, des gares par exemple. Architectes et artistes travaillent aussi sur les courbes et, pour un temps, « l'Art nouveau » devient l'un des traits les plus originaux de l'art européen. **La musique**, elle aussi, connaît une telle profusion. Elle exprime, par exemple, des revendications nationales avec l'Italien Verdi et le Tchèque Dvorak. Et, quelques années plus tard, Stravinski incarne puissamment le renouvellement de l'esthétique musicale.

■ **Les courants intellectuels** reflètent eux aussi ce bouillonnement fin de siècle. Si les découvertes scientifiques continuent à faire progresser la connaissance humaine, on observe une crise du scientisme, cette sensibilité qui prévalait à la fin du XIXe siècle.

C. L'exploration de nouvelles voies

doc. 1

■ Un tel contexte favorise d'autres approches du réel, bientôt reflétées par la création artistique et littéraire. **Une nouvelle génération d'écrivains** qui commence à écrire au début du XXe s. rompt avec les courants réalistes (Gustave Flaubert) ou naturalistes (Émile Zola, Maupassant) des générations précédentes : **ils explorent la mémoire (Marcel Proust) ou sondent l'imaginaire et la sensibilité (André Gide)**. Le développement de la psychanalyse, à Vienne, sous l'influence de Sigmund Freud, stimule d'autres recherches littéraires : la structure de la personnalité et ses troubles inspireront bien des œuvres. En Italie, en 1908, le poète et peintre Marinetti appelle à une véritable révolte contre l'académisme et lance le **futurisme**, allant jusqu'à glorifier la guerre, « seule hygiène du monde ».

■ En peinture aussi, d'autres voies sont désormais explorées. En France, le courant du **fauvisme** – Matisse, Derain, Vlaminck – exalte la couleur et la lumière, tout en conservant une représentation figurative. Dans l'Europe tout entière, le style « Art nouveau » rapproche beaux-arts et arts décoratifs dans une esthétique tout en courbes. En Allemagne, l'**expressionnisme** (Otto Dix, George Grosz) place en avant le point de vue de l'artiste et non la simple reproduction du monde extérieur.

■ **En fait, c'est la représentation figurative qui est de plus en plus contestée.** Les cubistes franchissent, en ce domaine, une étape décisive : Braque et Picasso (*Les Demoiselles d'Avignon*, 1907) s'émancipent de la stricte figuration. L'étape suivante est constituée, à partir de 1910, par l'essor de la peinture abstraite. Cubisme et abstraction font entrer l'art occidental dans une nouvelle phase.

VOCABULAIRE

académisme : attachement aux traditions, à une vérité esthétique officielle, aux formes et aux règles définies par une école.

futurisme : mouvement littéraire et artistique créé par l'écrivain Marinetti en 1909, exaltant la vitesse, la machine et la vie moderne.

fauvisme : courant artistique du début du XXe s. caractérisé par l'utilisation de couleurs pures.

expressionnisme : voir *Ne pas confondre* p. 80.

1 *Le Cri* **(1893). Tableau d'Edvard Munch (1863-1944),** tempera sur carton, 91 x 73,5 cm, Munch Museet, Oslo.
Peintre norvégien qui bouleverse lui aussi les règles qui régissaient le plus souvent les formes et les couleurs, Edvard Munch a été un précurseur de l'expressionnisme.

2 Sigmund Freud (1856-1939) et sa fille Anna, à Paris en 1938.
Médecin viennois, Freud cherche à comprendre le fonctionnement de l'inconscient en étudiant angoisses, rêves et lapsus.

3 ***Olympia*** **(1863). Tableau d'Édouard Manet (1832-1883),** huile sur toile, 130 x 190 cm. Musée d'Orsay.
Le tableau est violemment attaqué par les critiques d'art : « odalisque au ventre jaune », « gorille femelle », « courtisane faisandée ». La technique des grands aplats de couleur de Manet est vivement critiquée.

4 Lettre de Vincent Van Gogh à son frère Théo

La couleur ici est vraiment très belle. Quand le vert est frais, c'est un vert riche comme nous en voyons rarement dans le Nord, un vert apaisant. Quand il est roussi, couvert de poussière, il ne devient pas laid pour cela, mais le paysage prend alors des tons dorés de toutes les nuances : or vert, or jaune, or rose, ou bronzé, ou cuivré, enfin du jaune citron ou jaune terne, le jaune par exemple d'un tas de grain battu. Quant au bleu, il va du bleu de roi, le plus profond dans l'eau jusqu'au bleu du myosotis, au cobalt, surtout au bleu clair transparent, au bleu vert, au bleu violet. Naturellement cela appelle l'orange ; un visage brûlé par le soleil fait orangé. Et puis, en raison de beaucoup de jaune, le violet se met tout de suite à chanter.
Septembre 1888.

1. **Comment Van Gogh a-t-il traduit les couleurs qu'il percevait ?**
2. **Que reste-t-il d'impressionniste dans cette représentation ?**

5 **Van Gogh, *Champ de blé aux cyprès.* 1889**, huile sur toile, 91 cm x 72 cm, National Gallery, Londres.

6 **Station de métro (Karlsplatz) à Vienne, de style Art nouveau, par Otto Wagner, 1898-1899.**

7 ***Le Sacre du Printemps*, de Stravinsky,** danseurs et danseuses de l'acte I (détail). Illustration publiée par *Comoedia illustrée*, numéro spécial, mai 1913. Les costumes sont dessinés par le peintre russe Roerich, coauteur du livret.

Vers l'abstraction

- Une nouvelle révolution picturale se produit au début du XXe s. : les artistes cubistes puis les peintres abstraits remettent en cause la peinture figurative qui était au cœur de l'art occidental depuis la Grèce antique. Les cubistes déforment la réalité, fragmentent les volumes, mais sans remettre en cause l'existence de l'objet représenté. Déjà, à travers eux, s'amorce un glissement de la peinture figurative vers une certaine abstraction.

- Le pas suivant est franchi quelques années plus tard, avec la peinture abstraite. Vers 1910, à Munich, Wassily Kandinsky peint sa première aquarelle « abstraite ». Les cubistes jouaient avec les formes et les volumes mais l'objet représenté subsistait. Avec l'abstraction, cet objet disparaît, et la peinture figurative avec lui : traits, courbes et taches colorées occupent l'espace, sans lien direct avec le monde réel et visible.
Toute référence au monde extérieur y est délibérément ignorée : l'indépendance de la forme rejoint désormais celle de la couleur, conquise par les impressionnistes.

1 *La Montagne Sainte-Victoire* **(1902-1906). Tableau de Paul Cézanne (1839-1906)**, huile sur toile, 65 x 81 cm. Kunsthaus, Zurich (Suisse).

3 Le temps de l'abstraction

Chaque tableau enferme mystérieusement toute une vie, une vie avec ses souffrances, ses doutes, ses heures d'enthousiasme et de lumière. La vie spirituelle à laquelle l'art appartient aussi et dont il est l'un des agents se traduit par un mouvement en avant et en hauteur, complexe mais net, et qui peut se réduire à un élément simple. C'est le mouvement même de la connaissance. Quelque forme qu'il prenne, il garde le même sens profond et le même but. [...]
L'artiste doit prendre comme point de départ l'impossibilité et d'ailleurs, l'inutilité de copier l'objet sans autre but que de la copier [...].
La résonance d'une forme prise isolément peut se trouver très affaiblie. Elle n'est avant tout, qu'un élément constitutif de la grande composition formelle. Cette forme est ce qu'elle est. Elle ne peut se concevoir en dehors de la grande composition et elle n'existe que parce qu'elle doit s'intégrer à celle-ci. La première tâche de l'artiste – la composition du tableau tout entier – doit être, ici, son but ultime.

Wassily Kandinsky, *Du spirituel dans l'art* (1912).

2 *Les Demoiselles d'Avignon* **(1907). Tableau de Pablo Picasso (1881-1976)**, huile sur toile, 244 x 234 cm. Museum of Modern Art, New York.

Le tableau représente des prostituées dans une maison close à Barcelone, rue d'Avignon. « Mort au bon goût ! » se serait exclamé Picasso tandis qu'il peignait ce tableau. « C'est comme si tu voulais nous faire boire du pétrole pour cracher du feu » lui aurait dit son ami Georges Braque lorsque Picasso lui montra pour la première fois *Les Demoiselles d'Avignon*.

4 **Wassily Kandinsky (1866-1944) avant l'abstraction.** *Crinoline* (1909), huile sur toile, 95 x 150 cm.

5 ***Composition IV*** **(1911). Tableau de Wassily Kandinsky (1866-1944),** huile sur toile, 160 x 250 cm. Düsseldorf, Nordrhein-Westfalen Kunstsammlung.

Questions

A Retirer des informations des documents

1. Comment la perspective classique est-elle déformée par Picasso (doc. 2) ?

2. Justifier, à l'aide du tableau de Picasso, le sens du mot « cubisme » en peinture (doc. 2).

B Mettre en relation les documents

3. Montrer que Picasso rompt radicalement avec l'académisme (doc. 2).

4. Qu'est-ce qui est plus important que la forme selon Kandinsky (doc. 3) ?

5. Quelles différences apparaissent dans la manière de peindre de Cézanne et Picasso (doc. 1 et 2) ?

6. Quelles différences relevez-vous entre les deux tableaux de Kandinsky (doc. 4 et 5) ?

C Rédiger

7. Quel rapport Kandinsky établit-il entre peinture et objet ? Quelles conséquences en tire-t-il dans sa peinture (doc. 3, 4 et 5) ?

2 L'irruption de la culture de masse

A. Le journal et le livre doc. 1

L'un des grands faits historiques qui ont marqué le XXe s. est **la montée en puissance d'une culture de masse, fondée sur le son et l'image**. Mais, dès la fin du XIXe s., l'imprimé avait joué un rôle majeur dans une première massification des pratiques culturelles. En France, la presse quotidienne a vu ses tirages décupler entre 1870 et 1914, atteignant alors un tirage journalier de 9 millions d'exemplaires.

L'unification croissante de la France a favorisé un tel processus, tout comme la diffusion massive des manuels scolaires de l'enseignement primaire. Mais on retrouve, avec une intensité plus ou moins forte, un phénomène identique dans tous les pays industrialisés, où l'émergence de pratiques culturelles de masse contribue à rapprocher les régions et à brasser les milieux sociaux. **Aux États-Unis**, à la même époque, **l'apparition d'industries du spectacle comme le cinéma** favorise également le développement d'une culture de masse, parallèlement au rôle du journal.

B. Le son à domicile doc. 2 et 3

L'importance de plus en plus grande du son et de l'image aux États-Unis comme en Europe est pleinement perceptible dès l'entre-deux-guerres. **Dès les années 1920, en effet, la conservation et la reproduction du son** connaissent des avancées décisives : le phonographe et le disque tiennent, de ce fait, une place croissante. **Le premier disque microsillon**, tournant à la vitesse de 78 tours par minute, constitue une véritable révolution : désormais, il est possible d'écouter à domicile de la musique enregistrée, que ce soit de la musique classique ou de la chanson de variétés.

C'est aussi **la réception du son à domicile qui est désormais possible, grâce à la radio** ou TSF (télégraphie sans fil). Là encore, il s'agit d'une révolution décisive, d'autant plus que la radio connaît dès les années 1920 une progression foudroyante. À la fin de cette décennie, douze millions de familles américaines possèdent un récepteur. **En France, ce sont les années 1930 qui constituent un tournant :** le nombre de récepteurs décuple alors, dépassant 5 millions en 1939. La radio est donc devenue, au fil de l'entre-deux-guerres, un **média** de masse. Désormais, autant que l'imprimé, elle constitue pour beaucoup de familles une source d'information et de culture.

La radio est aussi utilisée, à des fins de propagande, par certains hommes politiques. Adolf Hitler est un des premiers a utiliser systématiquement la radio pour la retransmission de ses discours dans toute l'Allemagne.

C. L'image, « reine de notre temps » doc. 4, 5, 6 et 7

L'industriel Jean Prouvost, futur propriétaire de l'hebdomadaire *Match,* constate dès 1932 : « l'image est devenue la reine de notre temps ». En faisant ce constat, il songe moins au dessin qu'à la photographie. Celle-ci devient, en effet, à cette époque un support essentiel de l'information. Elle détermine le développement d'**une presse périodique faisant largement appel à la photographie**, dont les titres les plus célèbres sont *Time* ou *Life* aux États-Unis, *Match* en France.

La presse illustrée connaît aussi une mutation, avec **la place croissante occupée par la bande dessinée**. Née à la fin du XIXe s., celle-ci connaît un premier essor dans l'entre-deux-guerres, avec des personnages américains (*Tarzan, Superman* ou *Mickey*), français, comme *Zig et Puce*, et belges, comme *Tintin*, créé par Hergé en 1929 *(Tintin au pays des Soviets)*. Mais, tout autant que l'image fixe, c'est l'image animée qui devient alors un support culturel de masse : le cinéma poursuit son développement et devient parlant à la fin des années 1920. Son impact croissant reflète la mutation en cours. Dès les années 1930, les studios de Hollywood en Californie deviennent un grand centre de productions de films.

VOCABULAIRE

médias : abréviation de *mass media*, mot d'origine latine et américaine ; ensemble des moyens de communication touchant une population importante (presse, radio, cinéma, télévision, affiche).

1 La presse française à la fin des années 1930.

Quotidiens	tirage
Le Petit Parisien	1 250 000
Paris-Soir	2 000 000
L'Écho du Nord	300 000
Ouest-Éclair	350 000
Périodiques	**tirage**
Marie-Claire	1 000 000
Confidences	1 000 000
Match	800 000

2 La TSF.

3 Le nombre de postes de radio.

Aux États-Unis	
1922	60 000
1929	12 000 000
1937	26 000 000
En France	
1927	600 000
1934	1 750 000
1939	5 200 000

4 **Le début des actualités au cinéma : affiche pour « Pathé Journal » (1908).**

5 **Naissance de la bande dessinée : l'apparition du personnage de *Tintin* en 1929.**
Couverture de *Tintin au pays des Soviets*.

7 **Débuts du *star system* : Marlene Dietrich dans *Shanghaï Express* (1932)** de Josef von Sternberg.

6 ***Match*, numéro du 3 novembre 1938.**
Hebdomadaire sportif créé en 1928, *Match* devient l'un des grands hebdomadaires illustrés reposant sur la photographie, avant 1939.

Cinéma et politique

• Né à la fin du XIXe s., le « cinématographe » est devenu très rapidement un vecteur culturel de masse. Il est vite utilisé, dans les dictatures de l'entre-deux-guerres, comme un moyen de propagande et d'embrigadement. Il prend également, par moments, une tonalité très politique dans les démocraties : œuvres politiquement engagées de dénonciation sociale, par exemple, ou films de mobilisation antifasciste quand viendra le temps des périls.

• Dans les démocraties, des réalisateurs comme Charlie Chaplin utilisent librement le cinéma pour dénoncer les régimes totalitaires.

1 ***Le Cuirassé « Potemkine »* (1925) de Sergueï Eisenstein (1898-1948).** Dès les années 1920, le cinéma est utilisé par la propagande politique. Pendant la révolution russe de 1905, à Odessa, les soldats tirent sur des manifestants.

2 Le « film de masse »

Nous voulons entrer dans la vie. Si nous faisons un film qui concerne la vie de la flotte, nous allons à Odessa, à Sébastopol, nous entrons dans le milieu des matelots, nous étudions l'atmosphère, les sentiments de ces gens et nous parvenons ainsi à rendre vraiment le sentiment du milieu qui nous intéresse.
Si c'est un film paysan comme *La Ligne générale*, nous allons au village, nous passons notre temps parmi les paysans et nous parvenons ainsi à exprimer la couleur locale et le sentiment de la terre. Le film de masse s'occupe principalement d'étudier comment on peut par l'image et la composition de images provoquer l'émotion de l'auditoire. Il nous fallait donc trouver dans l'image même et dans les modes de montage les moyens de provoquer les émotions cherchées, prévues et escomptées à l'avance.

Conférence de Eisenstein à Paris, février 1930.

3 « Le cinéma est l'arme la plus forte ».
Inauguration de studios *Cinecittà* à Rome par Mussolini, le 28 avril 1937.

4 **Le cinéma est aussi utilisé dans les démocraties pour dénoncer le danger nazi :** Hitler et Mussolini défilant en 1936 en Italie. Charlie Chaplin et Jack Oakie dans *Le Dictateur*, film de Chaplin en 1940.

5 **L'instrumentalisation de l'histoire : *Scipion l'Africain*, film de Carmine Gallone, 1937, *Alexandre Nevski*, film de Sergueï Eisenstein, 1938.** Deux régimes totalitaires, l'Italie fasciste et l'URSS, utilisent l'histoire nationale, les guerres puniques pour la première et la résistance à la pression germanique pour la seconde, à des fins de propagande.

Questions

A Retirer des informations des documents

1. Quelles fonctions Einsenstein assigne-t-il au cinéma (doc. 2) ?

2. Expliquer la phrase « trouver dans l'image… à l'avance ».

3. Quel sens politique peut-on donner au slogan du doc. 3 (« le cinéma est l'arme la plus forte ») ?

4. Rechercher qui Scipion l'Africain a combattu. À quelle époque (doc. 5) ?

5. Rechercher qui Alexandre Nevski a combattu. À quelle époque (doc. 5) ?

B Mettre en relation les documents

6. Quel profit Mussolini peut-il espérer retirer de la réalisation d'un film à grand spectacle sur Scipion l'Africain (doc. 3 et 5) ?

7. Quels documents de cette double page mettent en avant l'aspect idéologique du cinéma ?

C Rédiger

8. Rédiger un paragraphe montrant que le cinéma est devenu dans les années 1930 un support de propagande politique.

3 La culture en Europe entre les deux guerres

A. L'onde de choc de la Grande Guerre doc. 1, 3 et 4

■ **L'art européen sort profondément ébranlé de la Première Guerre mondiale.** Bien des écrivains, bien des créateurs, en âge d'être mobilisés, sont morts au combat (Charles Péguy) ou ont été traumatisés par la guerre. Les **avant-gardes**, à leur manière, reflètent cet ébranlement des vies et des consciences. D'autant que la victoire de la révolution russe introduit des ferments de subversion au cœur de la création artistique.

■ Pendant le conflit, **le mouvement Dada, fondé en 1916**, avait déjà déclaré la guerre à la « culture bourgeoise », en utilisant comme arme la dérision. Après la guerre, des écrivains et des poètes anciens combattants, tels Aragon ou André Breton, reprennent et amplifient cette révolte artistique : c'est le temps du **surréalisme**, qui inspire aussi la peinture (Salvador Dalí, par exemple) ou le cinéma (Luis Buñuel).

■ Hors de France également, le temps est à la remise en cause. **Les expressionnistes allemands comme George Grosz ou Otto Dix** poursuivent leur œuvre, très marquée par la guerre. Les Russes du courant constructiviste s'interrogent sur le rôle des artistes dans la construction du socialisme et veulent bouleverser l'art parallèlement à la révolution communiste. À la fin des années 1920, cependant, la mise en place du stalinisme en URSS tarit ce courant, tout comme, quelques années plus tard, l'avènement du nazisme en Allemagne étouffera la liberté de création.

B. Le foisonnement des styles doc. 2, 5 et 6

■ Cette empreinte de la guerre et cette montée des régimes totalitaires n'ont pas, pour autant, empêché la culture européenne de continuer à briller. S'y entremêlent, en effet, **les nouvelles avant-gardes apparues après 1918 et les courants d'avant-guerre qui ont conservé leur rayonnement**. En France, par exemple, les anciens fauves, tel Matisse, parviennent au sommet de leur art, tout comme les anciens cubistes Braque et Picasso. Parallèlement, dans bien des pays, les peintres abstraits continuent à explorer d'autres voies. Ainsi, toutes les potentialités de l'avant-guerre s'épanouissent et **les pôles opposés de l'abstraction et de l'art figuratif font toujours l'objet de débats**.

■ Le foisonnement de l'entre-deux-guerres se poursuit au fil des années 1930, comme en témoigne **l'Exposition universelle de Paris en 1937**. Celle-ci montre combien l'époque, malgré les nuages qui s'accumulent, reste féconde. Des sensibilités et des styles très différents s'y côtoient. Le palais de Chaillot et le musée d'Art moderne, élevés à cette occasion, incarnent une architecture très classique, préférée aux projets modernistes de l'architecte Le Corbusier. À l'inverse, le peintre Robert Delaunay est chargé de décorer le palais de l'Air.

C. Des « années folles » aux années sombres doc. 7

■ Dans le domaine littéraire également, la diversité des genres est très grande. **La période des années 1920, bientôt surnommée les « années folles »**, semble emportée par un mélange de défoulement, après les pertes de la guerre, et de griserie. Après les années de guerre et de mort, l'Europe retrouve momentanément la joie de vivre et l'espoir dans l'avenir. En France, le succès des romans de Paul Morand atteste cette confiance retrouvée.

■ **Mais, à partir du début des années 1930, le climat s'assombrit** et la littérature en subit les contrecoups. Des écrivains éprouvent le besoin de s'engager dans les combats de leur époque, en signant des pétitions ou parfois même en participant à l'histoire de leur temps. Ainsi Malraux, venu à l'action par antifascisme, participe à la guerre civile espagnole et publie *L'Espoir* en 1937.

VOCABULAIRE

avant-garde : mouvement novateur dans le domaine intellectuel ou artistique.

surréalisme : mouvement littéraire et artistique des années 1920. Il accorde une grande importance à l'écriture automatique et se définit comme un « automatisme psychique » par lequel on cherche à exprimer « le véritable processus de la pensée ».

1 *Train blindé en action* **(1915). Tableau de Gino Severini (1883-1966),** huile sur toile, 116 x 90 cm.
Museum of Modern Art, New York.
Toile dans l'esprit du manifeste futuriste de 1909 : « Nous voulons glorifier la guerre, seule hygiène du monde. »

2 Le manifeste du Bauhaus

En architecture, l'école du Bauhaus (fondée en Saxe en 1919), privilégie l'utilisation de lignes horizontales dominantes, de façades vitrées, de l'angle droit et veut fondre techniques industrielles nouvelles et art.

Architectes, sculpteurs, peintres, tous nous devons revenir au métier manuel ! Car il n'y a aucun « art de profession ». Il n'y a pas de différence fondamentale entre l'artiste et l'artisan. [...] Formons donc une nouvelle corporation d'artistes où n'existerait plus l'arrogance qui a conduit à des classes séparées et par laquelle un mur hautain a été dressé entre artisans et artistes ! Ayons la volonté, concevons et réalisons en commun la nouvelle construction de l'avenir, qui unira tout : architecture, sculpture et peinture en une seule forme.

Walter Gropius, *Manifeste du Bauhaus*, 1919.

1. **Quel aspect traditionnel de l'art est ici remis en cause ?**
2. **Comment ce manifeste envisage-t-il l'art dans le futur ?**

3 **Le choc de la guerre : *Invalides de guerre jouant aux cartes* (1920). Tableau d'Otto Dix (1891-1969),** huile sur toile. Costanza, collection particulière.

(Les Signataires de ce manifeste habitent la France, l'Amérique, l'Espagne, l'Allemagne, l'Italie, la Suisse, la Belgique, etc., mais n'ont aucune nationalité).

DADA SOULÈVE TOUT

DADA connaît tout. DADA crache tout.

MAIS.......

DADA VOUS A-T-IL JAMAIS PARLÉ :

OUI = NON
OUI = NON
OUI = NON

de l'Italie
des accordéons
des pantalons de femmes
de la patrie
des sardines
de Fiume
de l'Art (vous exagérez cher ami)
de la douceur
de d'Annunzio
quelle horreur
de l'héroïsme
des moustaches
de la luxure
de coucher avec Verlaine
de l'idéal (il est gentil)
du Massachussetts
du passé
des odeurs
des salades
du génie . du génie . du génie
de la journée de 8 heures
et des violettes de Parme

JAMAIS JAMAIS JAMAIS

DADA ne parle pas. DADA n'a pas d'idée fixe. DADA n'attrape pas les mouches

LE MINISTÈRE EST RENVERSÉ. PAR QUI ? PAR DADA

Le futuriste est mort. De quoi ? De DADA
Une jeune fille se suicide. A cause de quoi ? De DADA
On téléphone aux esprits. Qui est-ce l'inventeur ? DADA
On vous marche sur les pieds. C'est DADA
Si vous avez des idées sérieuses sur la vie,
Si vous faites des découvertes artistiques
et si tout d'un coup votre tête se met à crépiter de rire,
si vous trouvez toutes vos idées inutiles et ridicules, sachez que

OUI = NON

C'EST DADA QUI COMMENCE A VOUS PARLER

4 **« Dada soulève tout ».**
Tract du mouvement Dada (1921).

5 L'expressionnisme selon Otto Dix

« Créez de nouvelles formes d'expression ! » – tel était le slogan qui a excité ces dernières années la génération active des artistes. Moi, je doute que ce soit possible. Et en regardant, en étudiant les tableaux des maîtres d'autrefois, d'autres se rallieront à mon opinion. L'élément nouveau de la peinture réside pour moi dans l'élargissement du domaine des sujets et dans l'intensification des formes d'expression déjà existantes chez les vieux maîtres. L'objet est pour moi primordial, et c'est l'objet qui oriente la forme. Être le plus près possible de l'objet que je vois a été toujours pour moi de la plus grande importance.

Otto Dix, « La primauté de l'objet », *Berliner Nachtausgabe*, 3 décembre 1927.

6 « L'art ne reproduit pas le visible »

L'art ne reproduit pas le visible ; il rend visible. Et le domaine graphique, de par sa nature même, pousse aisément à l'abstraction. [...] Il ne faut surtout pas se laisser induire en erreur et prendre, par exemple, pour organique la représentation d'un corps sous prétexte qu'on peut constater la justesse des proportions. [....] Les éléments spécifiques de l'art graphique sont des points et des énergies linéaires, planes et spatiales. Exemple d'élément plan ne se laissant pas décomposer en unités subordonnées : l'énergie, uniforme ou module, issue d'une pointe large.

Paul Klee, « Credo du créateur » (1920), dans *Théorie de l'art moderne*, 1964.

1. **Montrer que ce texte se situe dans le prolongement des écrits de Kandinsky.**
2. **Quels sont les artistes qui, de son point de vue, se laissent « induire en erreur » ?**

7 **Affiche du film *Espoir* d'André Malraux,**
Intitulé *Sierra de Teruel* à sa sortie en 1939, il est rebaptisé en 1945 du titre du roman de l'auteur *Espoir*, paru en 1937. Le film soutient la cause des républicains espagnols dans la guerre civile, de 1936 à 1939.

DOSSIER

Intellectuels et engagements politiques

• L'affaire Dreyfus a été, dans l'histoire des hommes de culture et de science, un moment fondateur. Ceux-ci, en effet, ont pris position en grand nombre sur la condamnation du capitaine Dreyfus, qui divise alors le pays. Dans les années 1930, les « engagements » des intellectuels – tel est le terme qui les désigne depuis cette affaire Dreyfus – se multiplient. Savants, peintres et écrivains vont se diviser et s'opposer sur les grandes questions du moment, en France et dans d'autres pays, notamment la mobilisation contre le fascisme ou les débats autour du communisme.

• Les affrontements politiques tels la révolution mexicaine à partir de 1911 et la guerre civile qui lui succède, la guerre d'Espagne en 1936-1939, génèrent également des engagements politiques d'écrivains et d'artistes en Europe et en Amérique.

1 ***Soldats mexicains* (1932) par Alfredo Ramos-Martinez,**
huile sur toile, 127 x 102 cm.
San Francisco, Museum of Modern Art, Albert M. Bender Collection.
Au Mexique également, les intellectuels interviennent dans le débat politique, par exemple en soutenant la révolution déclenchée en 1911 ; les paysans qui se sont engagés dans les troupes révolutionnaires.

2 Création du Comité de vigilance des intellectuels antifascistes

Aux travailleurs

Unis, par-dessus toute divergence, devant le spectacle des émeutes fascistes de Paris et de la résistance populaire qui seule leur a fait face, nous venons déclarer à tous les travailleurs, nos camarades, notre résolution de lutter avec eux pour sauver contre une dictature fasciste ce que le peuple a conquis de droits et de libertés publiques.

Nous flétrissons l'ignoble corruption qu'ont étalée les scandales récents. Nous ne laisserons pas invoquer la vertu par les corrompus et les corrupteurs.

Camarades, sous couleur de Révolution nationale, on nous prépare un nouveau Moyen Âge. Nous n'avons pas à conserver le monde présent, nous avons à le transformer, à délivrer l'État de la tutelle du grand capital – en liaison intime avec les travailleurs.

Notre premier acte sera de former un comité de vigilance qui se tiendra à la disposition des organisations ouvrières. Que ceux qui souscrivent à nos idées se fassent connaître.

Le bureau provisoire :

Alain	Paul Langevin Professeur au Collège de France	Paul Rivet Professeur au Muséum

3 « Pour la défense de l'Occident »

Début octobre 1935, l'Italie fasciste entame la conquête de l'Éthiopie, État africain indépendant. La Société des Nations condamne l'Italie au moment du déclenchement de la guerre.

On n'hésite pas à traiter l'Italie en coupable, à la désigner au monde comme l'ennemi commun – sous prétexte de protéger en Afrique l'indépendance d'un amalgame de tribus incultes [...]. Par l'offense d'une coalition monstrueuse, les justes intérêts de la communauté occidentale seraient blessés, toute la civilisation serait mise en posture de vaincue. [...] Sur cette notion où l'Occident incarne ses idéaux, ses honneurs, son humanité, de grands peuples, comme l'Angleterre, comme la France, se fondent pour justifier une œuvre colonisatrice qui reste une des plus hautes, des plus fécondes expressions de leur vitalité. [...]

Intellectuels, qui devons protéger la culture, nous ne pouvons laisser la civilisation choisir contre elle-même. Pour empêcher un tel suicide, nous en appelons à toutes les forces de l'esprit.

Parmi les signataires : Marcel Aymé, Robert Brasillach, Léon Daudet, Pierre Drieu La Rochelle, Pierre Gaxotte, Pierre Mac Orlan, Thierry Maulnier, Charles Maurras.

Pétition hostile aux sanctions de la Société des Nations contre l'Italie, publiée le 3 octobre 1935.

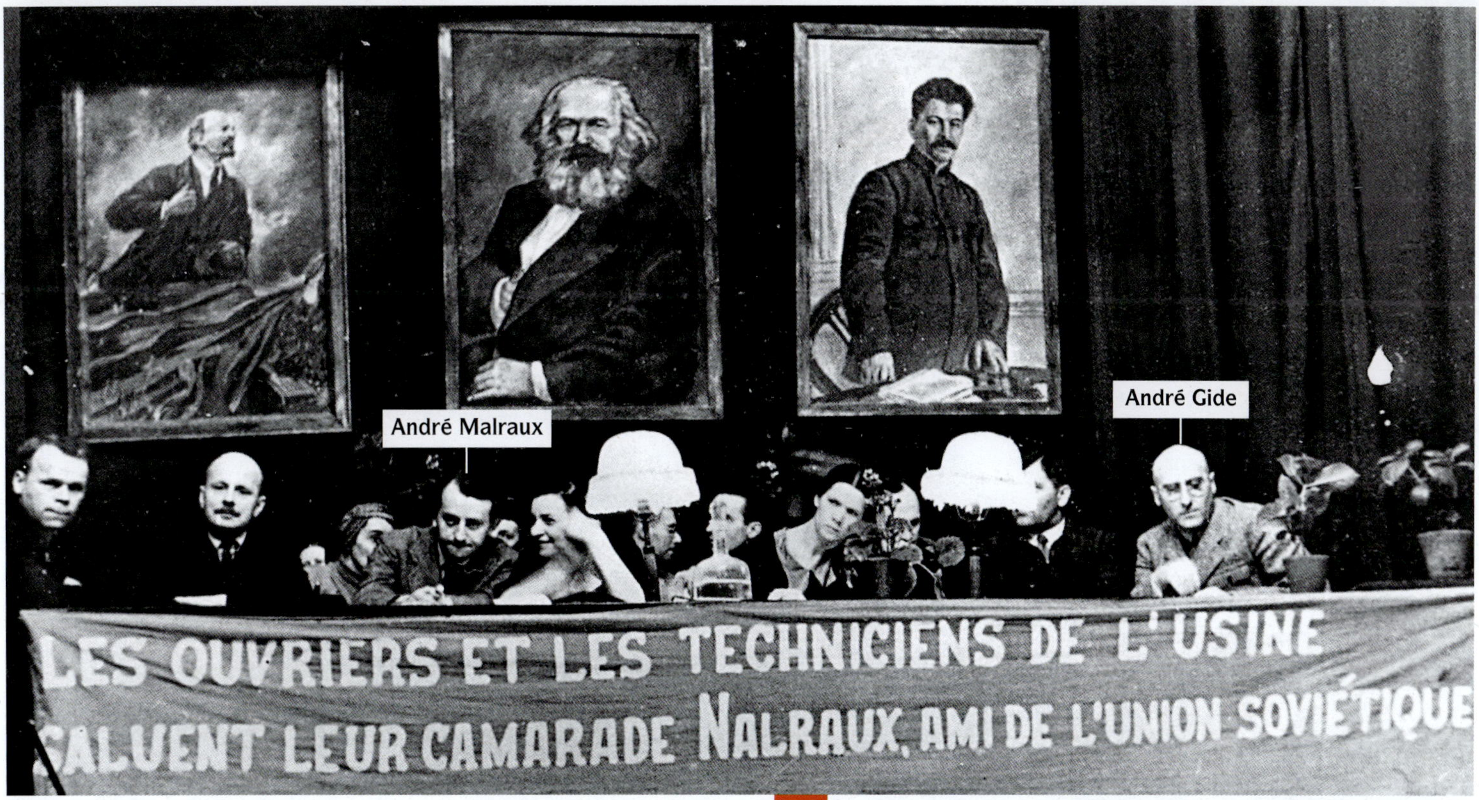

4 André Malraux et André Gide en 1934.
André Malraux se rend en URSS durant l'été 1934.
Il participe au 1er congrès des écrivains soviétiques à Moscou (17 août-1er septembre 1934).

5 François Mauriac et la guerre d'Espagne

Au moment de la guerre d'Espagne, les prises de position opposées se multiplièrent parmi les intellectuels français. Alors que le journal dans lequel il écrivait, Le Figaro, *publiait nombre d'articles favorables aux troupes de Franco, l'intellectuel catholique François Mauriac choisit un engagement inverse.*

Pour le peuple basque
La guerre civile espagnole vient de prendre au Pays basque un caractère particulièrement atroce.
Hier, c'était le bombardement aérien de Durango.
Aujourd'hui, par le même procédé, c'est la destruction presque complète de Guernica, ville sans défense et sanctuaire des traditions basques.
Des centaines de non-combattants, de femmes et d'enfants ont péri à Durango, à Guernica et ailleurs.
Bilbao, où se trouvent de très nombreux réfugiés, est menacé de subir le même sort.
Quelque opinion que l'on ait sur la qualité des partis qui s'affrontent en Espagne, il est hors de conteste que le peuple basque est un peuple catholique, que le culte public n'a jamais été interrompu au Pays basque.
Dans ces conditions, c'est aux catholiques, sans distinction de parti, qu'il appartient d'élever la voix les premiers pour que soit épargné au monde le massacre impitoyable d'un peuple chrétien.
Rien ne justifie, rien n'excuse des bombardements de villes ouvertes, comme celui de Guernica.
Nous adressons un appel angoissé à tous les hommes de cœur, dans tous les pays, pour que cesse immédiatement le massacre de non-combattants.

Ont signé 23 intellectuels français dont : François Mauriac, de l'Académie française, Jacques Madaule, Jacques Maritain, Emmanuel Mounier, Maurice Merleau-Ponty, et un groupe de 28 élèves de l'École normale supérieure.

6 L'engagement des intellectuels dans la guerre d'Espagne

Dans les années 1937-1940, plusieurs ouvrages, romans ou témoignages, portent sur la guerre d'Espagne :

- *Espoir* (1937) d'André Malraux.
- *Les Grands Cimetières sous la lune* (1938) de Georges Bernanos).
- *Le Testament espagnol* (1939) d'Arthur Koestler.
- *Pour qui sonne le glas* (1940) d'Ernest Hemingway.

Questions

A Retirer des informations des documents

1. Décrire le tableau : quelle impression l'artiste cherche-t-il à mettre en valeur (doc. 1) ?
2. À qui semblent s'adresser les auteurs de ce manifeste (doc. 2) ?
3. Que condamne le texte (doc. 3) ?
4. Au nom de quels principes cette pétition est-elle rédigée (doc. 3) ?
5. Dans quel combat s'engage l'écrivain André Malraux (doc. 4) ?
6. Au nom de quels principes cette pétition est-elle rédigée (doc. 5) ?

B Mettre en relation des documents

7. Quels types d'arguments utilisent les auteurs des doc. 2, 3 et 5 ?

C Rédiger

8. Rédiger un paragraphe expliquant sur quels principes et sur quels événements les intellectuels français prennent position.

FICHE DE RÉVISION

DATES À RETENIR

- **1872 :** *Impression, soleil levant* de Monet, début de l'impressionnisme.
- **1907 :** *Les Demoiselles d'Avignon* de Picasso, début du cubisme
- **Années 1910 :** début de l'abstraction
- **Années 1920 :** début du surréalisme
- **Fin des années 1920 :** début du cinéma parlant
- **Années 1930 :** engagement politique des intellectuels

1 ***Maisons à l'Estaque* (1908).** Tableau de Geoges Braque, huile sur toile 73 x 59 cm. Musée de Berlin.

2 ***Composition IV*, (détail) (1911).** Tableau de Wassily Kandinsky, huile sur toile, 250 x 160 cm. Collection Nina Kandinsky.

L'ESSENTIEL

1. Le temps des révolutions culturelles

Avant 1914, l'Europe est le foyer d'un intense foisonnement créatif.

- Rupture avec l'académisme en peinture et apparition de courants nouveaux : impressionnisme, cubisme, abstraction, expressionnisme.
- Présence d'avant-gardes ; crise du scientisme.
- La littérature explore de nouvelles voies (Proust et Gide en France, par exemple).

Les progrès de la science bouleversent la perception du monde environnant.

2. L'irruption de la culture de masse

- En Europe et aux États-Unis, on observe le développement rapide d'une culture de masse, d'abord diffusée par l'imprimé avant 1914, de plus en plus fondée sur le son et l'image dès les années 1920 : la radio et le cinéma touchent rapidement de très larges publics.

3. La culture en Europe entre les deux guerres

- Effets douloureux de la guerre de 1914-1918 ; la période de l'entre-deux-guerres voit se poursuivre le foisonnement de la création culturelle.
- Nouveau courant littéraire et artistique : le surréalisme ; mais retour de l'art figuratif.
- Pour certains artistes et écrivains, les tensions des années 1930 sont l'occasion d'un engagement politique : au nom de l'antifascisme ou par anticommunisme.

NE PAS CONFONDRE

Impressionnisme et expressionnisme

➤ **Impressionnisme** : le souci de rendre des impressions, des effets de la lumière, par de petites touches de couleur juxtaposées, unit des peintres aux tempéraments très différents (Monet, Manet, Degas, Pissarro, Renoir). Le modèle et les détails précis s'effacent au profit des effets de lumière.

➤ **Expressionnisme** : ce courant se développe en Allemagne entre 1905 et 1925 en réaction contre l'impressionnisme. Les expressionnistes (les peintres Otto Dix et George Grosz, les cinéastes Fritz Lang et Murnau, le musicien Schönberg) ne cherchent pas à donner une simple impression du monde extérieur mais à imposer violemment la vision et le point de vue de l'artiste. Pour eux, l'art est le moyen d'exprimer les angoisses personnelles et la révolte face à la situation économique et sociale.

Cubisme et art abstrait

➤ **Cubisme** relève de la peinture figurative. S'il apparaît, en 1907, avec *Les Demoiselles d'Avignon* de Picasso, la dénomination n'est trouvée que l'année suivante, quand le critique Louis Vauxcelles écrit à propos de Braque (doc. 1) : « Il réduit tout, sites, figures et maisons à des schémas géométriques, à des cubes. »

➤ **Art abstrait** (doc. 2) montre des formes qui ne représentent pas le monde réel et visible.

Naturalisme et Réalisme

➤ **Naturalisme** : dans le prolongement du romantisme (voir le programme de seconde), à partir de 1840, des peintres paysagistes comme Corot ou Millet cherchent à rendre compte de la nature, mais en conservant leur style et leur sensibilité propres.

➤ **Réalisme** : en réaction à la fois contre le néoclassicisme et contre le romantisme, vers 1850, autour de Courbet, des peintres, des écrivains insistent sur la nécessité de montrer la réalité sociale de leur temps.

Identifier des œuvres d'art

1 ***Les Bains de la Grenouillère*** **(1869), Claude Monet,**
huile sur toile, 73 x 92 cm.
The Trustees of the National Gallery, Londres.

2 ***Motif d'Hammamet*** **(1914), Paul Klee,**
aquarelle.
Musée de Bâle.

3 ***Le Jour des morts,*** **(1859), William Bouguereau,**
huile sur toile, 147 x 120 cm.
Musée des Beaux-Arts, Bordeaux.

4 ***Autoportrait*** **(1917) Oskar Kokoschka,**
huile sur toile, 78 x 62 cm.
Von der Heydt Museum, Wuppertal.

COMMENT ANALYSER UN TABLEAU ?

1. Identifier le peintre et son époque.
2. Se rattache-t-il à un courant artistique ? lequel ?
3. À quel genre appartient le tableau ? On répond à cette question à partir du titre du tableau et du sujet choisi :
   – scène religieuse ;
   – peinture d'histoire, représentation d'une bataille, d'un événement historique ;
   – portrait ou autoportrait ;
   – scène de genre (un tableau représentant un aspect de la vie quotidienne) ;
   – paysage ;
   – nature morte.
4. Quel est le style du peintre ? Accorde-t-il plus d'importance au dessin, aux couleurs, à la composition ?

Par exemple : les peintres académiques accordent plus d'importance à la composition et au dessin alors que les impressionnistes mettent surtout l'accent sur la juxtaposition de touches de couleurs ; le dessin étant très secondaire.

Questions

1. Identifier chaque tableau en s'aidant de la date et du nom du peintre.
2. À l'aide du cours, rattacher chaque œuvre à une école picturale de la période 1850-1939.
3. Donner les caractéristiques de chaque école picturale.
4. Quelles révolutions picturales sont mises en évidence par la juxtaposition de ces tableaux ?

Explication d'un document d'histoire (3/6)

Sujet : *Guernica* (1937). Tableau de Pablo Picasso (1881-1973).

Huile sur toile, 782 x 351 cm. Museo Nacional Centro de Arte Reina Sofia, Madrid.

Le 26 avril 1937, pendant la guerre civile espagnole entre franquistes et républicains, les bombardiers allemands de la Légion Condor, qui soutiennent les franquistes, bombardent durant trois heures la ville basque de Guernica. Le Pays basque espagnol a combattu dans le camp républicain. Plus de 1 500 habitants sont tués, la ville est ravagée.

En quelques semaines, prenant pour sujet le bombardement de Guernica, le peintre Picasso réalise une toile gigantesque destinée au pavillon de l'Espagne de l'Exposition universelle de 1937 à Paris.

Questions

1. Présenter le document
2. Étudier la composition de l'œuvre.
3. Décrire et identifier les principaux personnages.
4. Par quels procédés l'artiste rend-il sensible l'horreur de la scène ?
5. Dégager la portée de l'œuvre : est-elle seulement l'illustration d'un épisode tragique ?

DOCUMENTS D'ACCOMPAGNEMENT

Guernica, 1er mai 1937.

La guerre civile espagnole en 1937.

BIOGRAPHIE DE PICASSO

- **1881 :** Naissance à Málaga (Espagne). Formation artistique à Barcelone. Premiers voyages à Paris.
- **1904 :** Picasso s'installe à Paris, se lie avec Apollinaire, Matisse, Max Jacob.
- **1907 :** *Les Demoiselles d'Avignon*. Recherches picturales communes avec Braque.
- **1917 :** Séjour à Rome. Collaboration avec Diaghilev pour les Ballets russes.
- **Années 1930 :** sculptures et gravures.
- **1936 :** Picasso accepte du gouvernement républicain le poste de directeur du musée du Prado et peint *Guernica*.
- **Années 1940 :** portraits de Dora Maar.
- **1944 :** Picasso adhère au parti communiste. Ses sympathies politiques lui inspirent entre autres *Massacres de Corée* (1951) et un *Portrait de Staline* (1953).
- **1973 :** Mort de Picasso à Mougins (Alpes-Maritimes).

Méthode

A Avant de répondre aux questions, il faut...

1. Observer le document :

- repérer ses éléments qui permettent de l'identifier : titre, date, auteur, support, dimensions, lieu d'exposition ;
- définir son genre et sa technique (aquarelle, peinture à l'huile, collage…) ;
- le parcourir attentivement du regard et en prenant du recul ;
- réaliser éventuellement un croquis de repérage.

2. S'informer :

- sur l'artiste (utiliser la « chronologie »), consulter un ouvrage consacré à Picasso, un dictionnaire ou une encyclopédie de la peinture ;
- sur la guerre d'Espagne et le bombardement de *Guernica* (utiliser les documents d'accompagnement), consulter une encyclopédie ou « La tragédie espagnole », article de Guy Hermet in *Collections de l'Histoire* n° 31, avril-juin 2006.

3. Adopter une attitude critique

Comme pour tout autre document historique, il est nécessaire d'aborder un tableau sous un angle critique.
On peut étudier l'œuvre :

- du point de vue de l'artiste : quelle place occupe-t-elle dans sa production ? Représente-t-elle une rupture dans sa pratique ou dans ses opinions ?
- d'un point de vue anecdotique : comment l'œuvre illustre-t-elle le sujet ?
- d'un point de vue patrimonial : la célébrité de l'œuvre est immense ; à quoi est-elle due ?

B Aide à la réponse aux questions

Question 1 :
L'observation du document fournit des éléments de réponse. Attention à la présentation de l'auteur : ne pas raconter sa vie mais situer le tableau à étudier dans l'ensemble de son œuvre. De même pour le contexte historique : ne pas raconter la guerre d'Espagne.

Question 2 :
Repérer des lignes directrices (par ex. les côtés du triangle central), mettre en évidence l'équilibre entre les différents groupes. Où la scène se passe-t-elle ?

Question 3 :
On entend ici par « personnages », aussi bien les figures masculines et féminines que les animaux. Quel thème la femme tenant son enfant mort illustre-t-elle ? Qu'évoque le personnage étendu, bras écartés au premier plan ? Pourquoi le personnage de droite dirige-t-il ses bras vers le ciel ?

Question 4 :
Étudier les couleurs, l'origine de la lumière.
Se souvenir que Picasso a connu une période cubiste. Cela apparaît-il ici ? Avec quels effets ?
Observer les yeux, la bouche et les gestes des personnages.

Question 5 :
Relier l'œuvre au bombardement de Guernica.

Exemple de réponse rédigée

Question 3 : Décrire et identifier les principaux personnages.

À gauche, un taureau, l'air indifférent ; une femme, la tête tournée vers le ciel et la bouche ouverte, tient son enfant mort. Le centre est occupé par un cheval agonisant et un guerrier (ou une statue) au corps morcelé tenant une épée brisée. À droite, une femme représentée de profil brandit une lampe ; une autre, à terre, redresse la tête ; au premier plan, un personnage mort tenant un glaive brisé évoque sans doute l'impuissance face au bombardement ; dans une maison en flammes, une autre femme tend les bras vers le ciel d'où sont venus les bombardiers de la Légion Condor. La présence du taureau et du cheval renvoie à l'intérêt de Picasso pour la tauromachie, ou peut-être à l'affrontement entre franquistes et républicains. Tous sont des victimes.

CHAPITRE

5 L'Europe et le monde dominé

À partir de 1850, et surtout de 1880, les grandes puissances européennes comme le Royaume-Uni et la France agrandissent leurs empires coloniaux ; d'autres États, l'Allemagne et l'Italie, se constituent en Afrique un empire colonial.

Par ailleurs, les États d'Europe occidentale dominent économiquement et financièrement des États indépendants comme la Perse ou la Chine.

Quelles sont les différentes formes de la domination européenne ?
Comment et par qui cette domination est-elle contestée ?

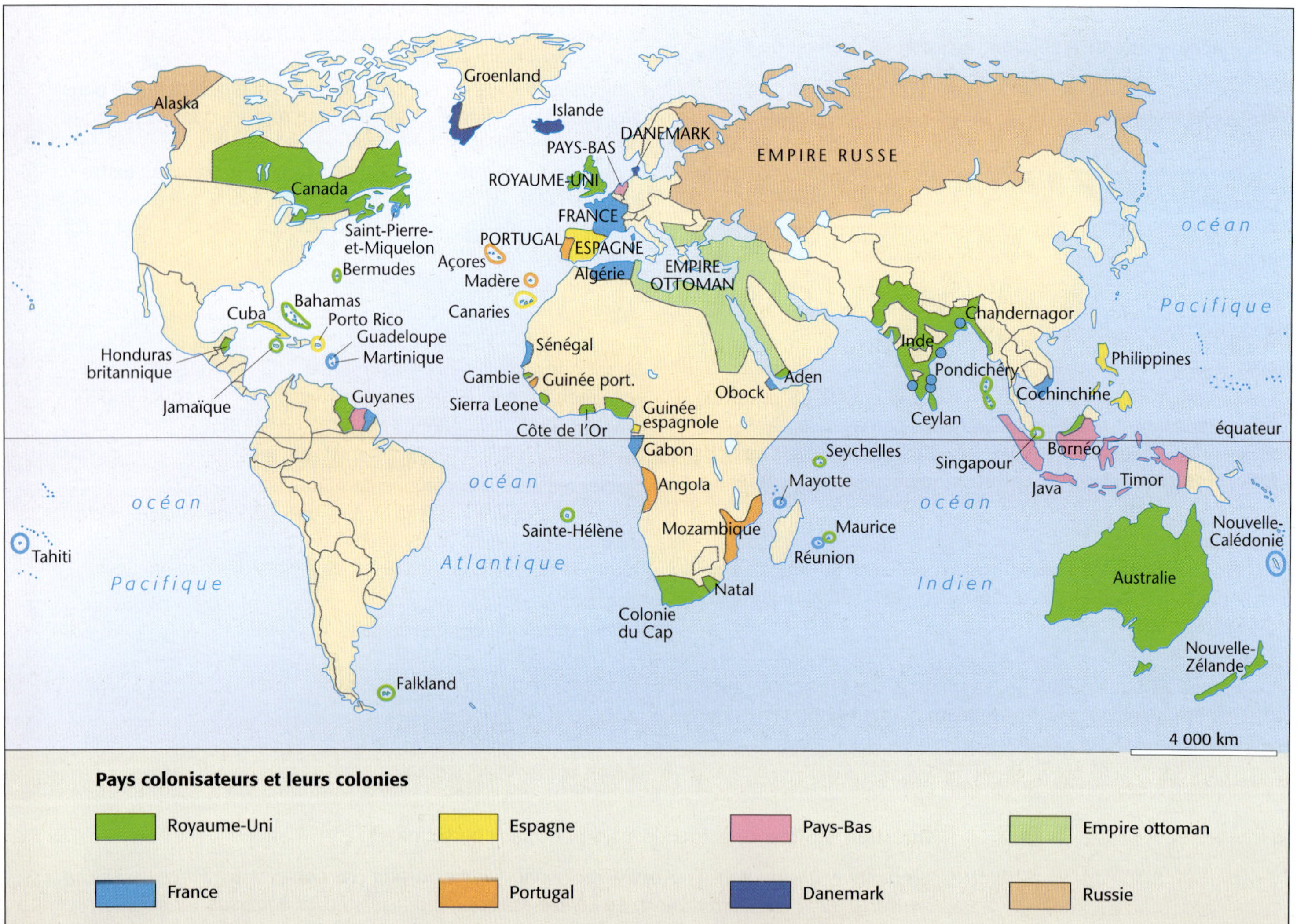

1 | Les empires coloniaux vers 1860...

« La terre d'Afrique est assez vaste ; les ressources à y développer sont assez nombreuses pour que chacun puisse y trouver place et donner un libre essor à son activité, suivant sa nature, ses mœurs et ses besoins. Aux indigènes, l'élevage des chevaux et du bétail, les cultures naturelles du sol. À l'activité et à l'intelligence européennes, l'exploitation des forêts et des mines, les dessèchements, les irrigations, l'introduction des cultures perfectionnées [...]. Au gouvernement local, le soin des intérêts généraux, le développement du bien-être moral par l'éducation, du bien-être matériel par les travaux publics. » Lettre de Napoléon III au gouverneur de l'Algérie, 6 février 1863.

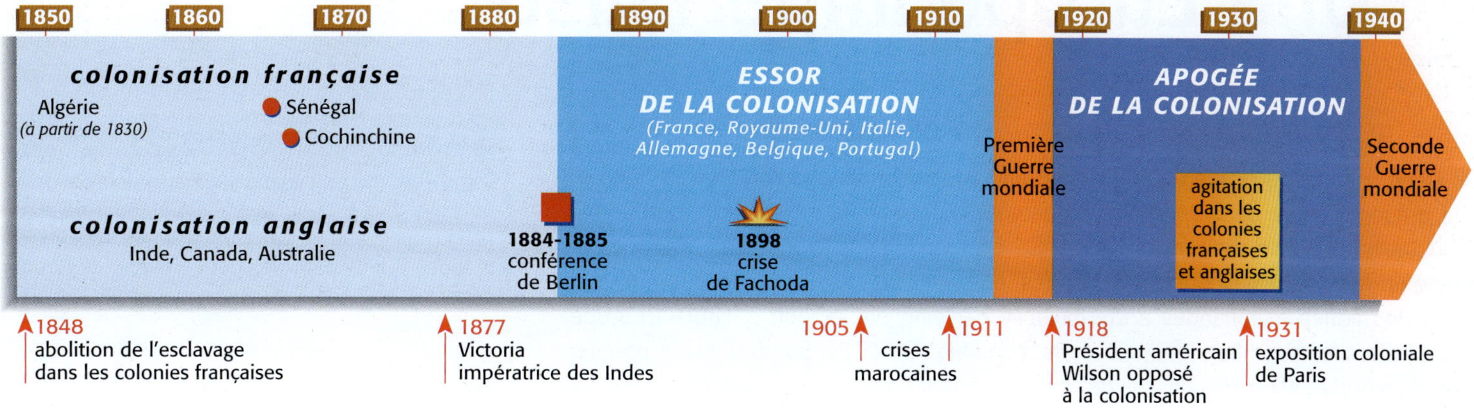

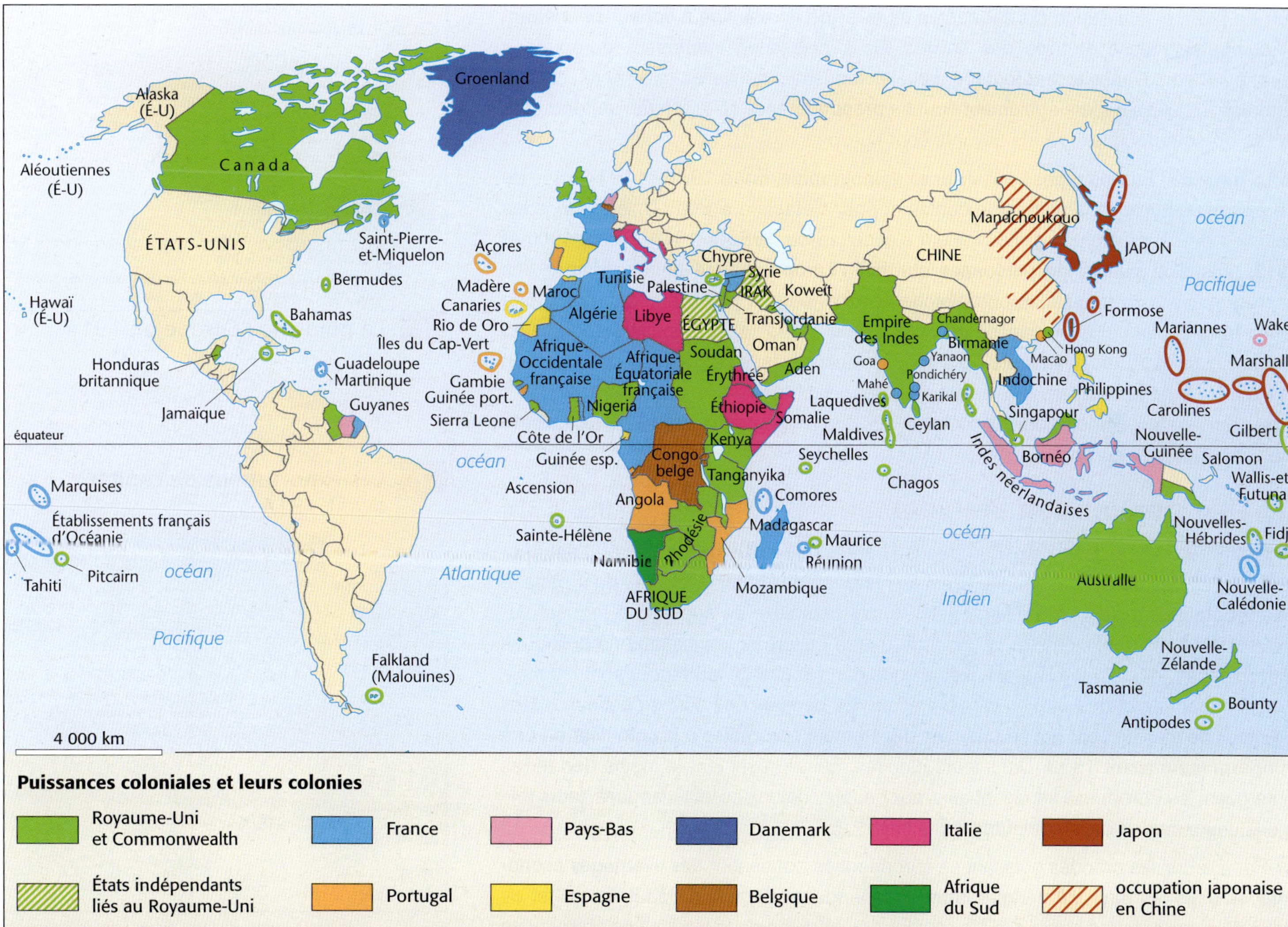

2 | … et en 1939.

« L'une des questions pour l'avenir de la paix du monde est la conciliation des intérêts des races blanches, noires, *brown* et jaunes. Le Labour Party, a appliqué à ce problème le principe de la fraternité humaine. Il n'admet pas que la race blanche ait un droit quelconque de supériorité dans le monde. Il soutient que les ressources du monde doivent être développées pour le profit de tous les hommes et qu'on doit travailler à relever le niveau de vie des habitants de l'Asie et de l'Afrique, et non pas le maintenir toujours inférieur à ceux de l'Europe, de l'Amérique et de l'Australie. »

C. R. Attlee, *Le Labour Party en perspective*, 1937.

1 Une Europe impérialiste

A. Une domination économique et financière doc. 1, 2 et 4

Dans la seconde moitié du XIXe s., la domination économique de l'Europe s'accentue grâce à l'essor de la révolution industrielle. En 1914, la moitié de la production industrielle mondiale provient d'Europe. Ce développement économique s'accompagne d'un fort accroissement des échanges, en particulier maritimes. En 1914, le tonnage des flottes marchandes a été multiplié par cinq par rapport à 1850. L'Europe réalise alors les deux tiers des échanges mondiaux. En 1914, Londres est le premier port du monde ; 40 % des navires de commerce sont britanniques et 80 % européens.

L'impérialisme de l'Europe revêt également un aspect financier. L'Europe possède 60 % de l'or mondial ; Londres est la première place financière mondiale et sa monnaie, la livre sterling, est la première monnaie internationale. **Le Royaume-Uni, la France et l'Allemagne sont les principaux pays exportateurs de capitaux.**

B. Une domination technique et humaine doc. 5

Cette domination européenne est due d'abord à une supériorité technique : l'invention de l'hélice, l'utilisation de coques en acier et de la machine à vapeur permettent d'augmenter vitesse et taille des navires. Si la puissance industrielle européenne repose sur son **avance technologique** dans les industries nouvelles (électricité, chimie, automobile), elle s'appuie également sur une **prépondérance scientifique** : au début du XXe s., presque tous les grands savants sont européens.

La force de l'Europe repose aussi sur sa démographie. Entre 1840 et 1914, près de 40 millions d'Européens quittent le continent pour s'établir aux États-Unis ou dans les colonies de peuplement. Ce mouvement s'accélère de 1880 à 1914 : **entre 1900 et 1914, plus d'un million de personnes quittent l'Europe chaque année**. Malgré ces départs massifs, la population européenne ne diminue pas ; bien au contraire, grâce à une forte natalité et à une baisse constante de la mortalité, sa population double au XIXe s. En 1914, l'Europe compte 452 millions d'habitants, soit 25 % de la population mondiale. Cette proportion, jamais atteinte auparavant, diminuera constamment par la suite. Sur le plan démographique, comme sur le plan économique, 1914 représente bien l'apogée de l'Europe.

C. Une domination idéologique doc. 3 et 6

Cette puissance donne aux Européens l'**impression qu'ils ont le devoir d'éduquer les peuples** des autres continents. C'est le « fardeau de l'homme blanc » dont parle le poète britannique Rudyard Kipling en 1899. Ce complexe de supériorité repose parfois sur de bons sentiments et la certitude que la culture et les institutions politiques européennes (démocratie libérale, République dans le cas de la France) sont les meilleures du monde et qu'il faut en faire bénéficier les peuples des autres continents. **Des hommes de gauche sont ouvertement et sincèrement favorables à la colonisation** et à l'**impérialisme** avant 1939. Dans leurs empires, qui représentent la moitié des terres émergées, les Européens imposent ainsi aux peuples colonisés leurs langues, leurs religions, leurs modes de vie et leurs institutions.

Par ailleurs, les grandes puissances européennes obtiennent **des avantages économiques dans les pays d'Amérique latine** indépendants depuis le début du XXe s. ou **dans de vieux empires** comme la Chine, l'Empire ottoman ou la Perse. Les puissances européennes ont obtenu d'États indépendants (Chine, Japon) l'autorisation de commercer librement dans leurs ports, le droit d'y construire des voies ferrées ou d'exploiter leurs ressources naturelles (mines, pétrole). L'impérialisme se traduit par l'exploitation, au bénéfice de sociétés européennes, des richesses de pays dont l'indépendance économique n'est plus qu'une apparence en 1914.

VOCABULAIRE

impérialisme : du latin *imperium*, « domination » ; politique d'un État qui cherche à étendre sa domination sur d'autres États ou d'autres régions du monde. L'impérialisme peut revêtir différents aspects : politique, militaire, économique, colonial ou culturel.

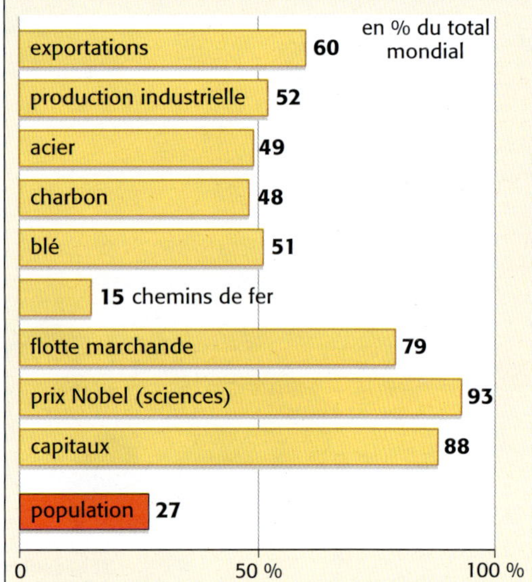

D'après P. LÉON, *Histoire économique et sociale du monde*, tome IV, A. Colin, 1977.

1 Le poids de l'Europe en 1914.

2 Les exportations de capitaux avant 1914.

	Royaume-Uni	France	Allemagne
Total exporté (en milliards de F-or)	94	45	28
Dans l'empire colonial	47 %	9 %	1 %
En Europe (hors Russie)	6 %	35 %	53 %
En Russie		26 %	
En Amérique du Nord	28 %	5 %	16 %
Reste du monde	19 %	25 %	30 %

D'après P. Léon, *Histoire économique et sociale du monde*, t. IV, Armand Colin, 1977.

1. À quelle somme correspondent les différents pourcentages ?
2. Comment expliquer ces différences ?
3. Quelles stratégies économiques indiquent-elles ?

3 « Le fardeau de l'homme blanc »

Ô Blanc, reprends ton lourd fardeau :
Envoie au loin ta plus forte race,
Jette tes fils dans l'exil
Pour servir les besoins de tes captifs ;
Pour – lourdement équipé – veiller
Sur les races sauvages et agitées,
Sur vos peuples récemment conquis,
Mi-diables, mi-enfants.
Ô Blanc, reprends ton lourd fardeau :
Non pas quelque œuvre royale,
Mais un travail de serf, de tâcheron,
Un labeur commun et banal,
les ports où nul ne t'invite,
La route où nul ne t'assiste,
Va, construis-les avec ta vie,
Marque-les de tes morts !
Blanc, reprends ton lourd fardeau ;
Tes récompenses sont dérisoires :
Le blâme de celui qui veut ton cadeau,
La haine de ceux-là que tu surveilles.
La foule des grondements funèbres
Que tu guides vers la lumière :
« Pourquoi dissiper nos ténèbres,
Nous offrir la liberté ? »

Rudyard Kipling, 1899.

1. Expliquer « ta plus forte race », « Jette tes fils dans l'exil ». Qui est ici représenté ?
2. Quelles sont les « races sauvages et agitées » ?
3. Selon Kipling, quelle est la tâche des Européens ?

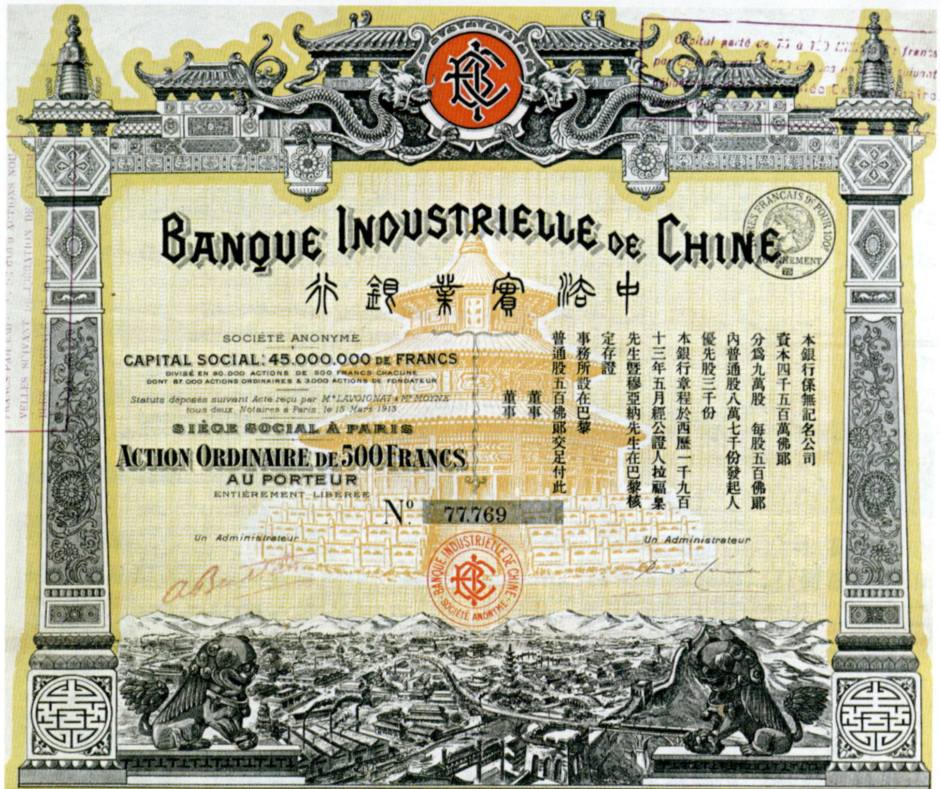

4 Une action de la Banque industrielle de Chine (1913).

1. Rappeler ce qu'est une action.
2. Quels sont les éléments chinois visibles sur cette action ?
3. Quels sont les éléments européens ?
4. Qu'est-ce qui montre l'influence des capitaux européens en Chine ?

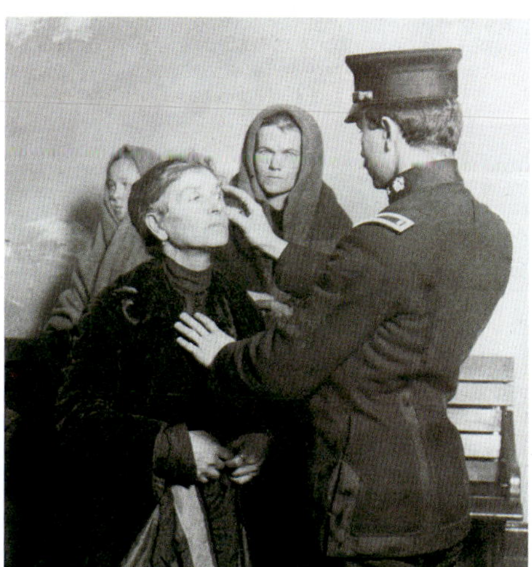

5 Arrivée d'émigrants européens à Ellis Island (baie de New York) au début du XXe siècle.

À leur descente du bateau, les émigrants subissent un questionnaire d'identité et un examen médical rapide, effectué par un médecin du service de santé, parfois appelé « *six seconds doctor* ».

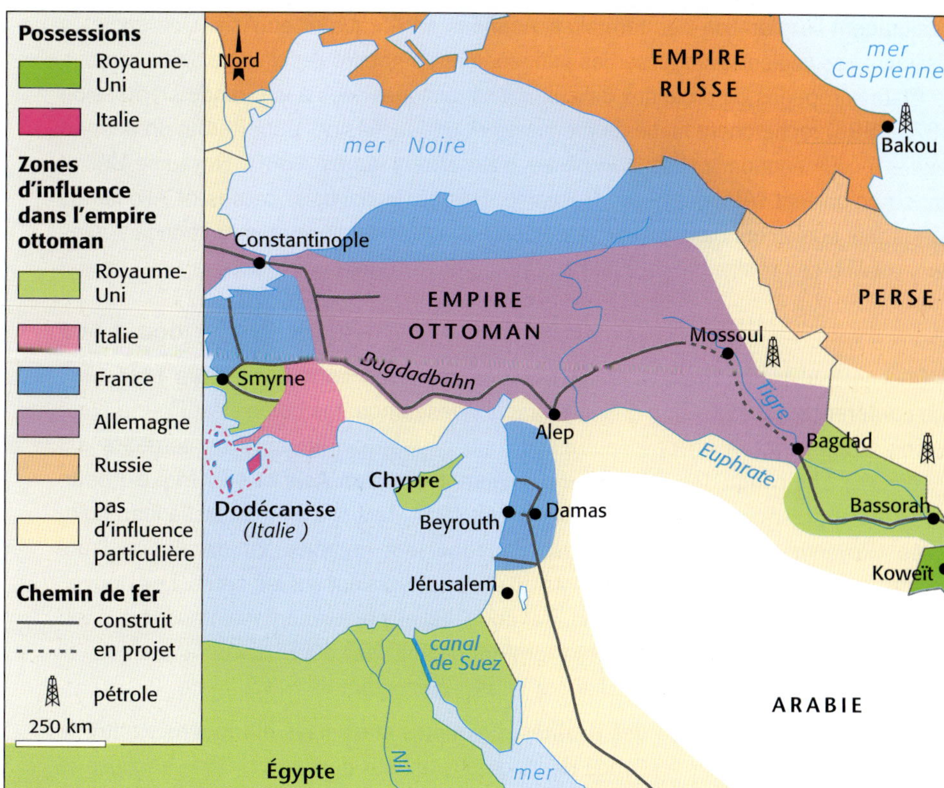

6 Les zones d'influence européennes au Proche-Orient en 1914.

1. Quels pays sont sous influence européenne ?
2. Quels sont les pays qui ont des zones d'influence dans l'Empire ottoman ?
3. Pourquoi cherchent-ils à y exercer leur influence ?
4. Quels moyens sont utilisés ?

2 La colonisation européenne

A. Les empires coloniaux vers 1850

carte 1 p. 84

■ **Du XVIe s. au XVIIIe s.**, les premiers empires coloniaux reposent sur **une économie de plantation** : des plantes tropicales comme le coton et la canne à sucre sont cultivées dans de grands domaines où travaillent des esclaves. Au XIXe s., certaines colonies présentent un intérêt nouveau : pour lutter contre la misère en Europe, pour se séparer des individus présentant un risque pour l'ordre public, certaines sociétés privées ou des États **favorisent l'émigration outre-mer**. C'est le cas du Royaume-Uni, dont les colons vont s'implanter au Canada ou en Australie ; c'est aussi le cas de la France, qui colonise l'Algérie.

■ **Vers 1850**, l'empire colonial britannique est déjà le plus grand de tous les empires coloniaux : 22 millions de km^2, 240 millions d'habitants ; ses principaux territoires sont le Canada, la colonie du Cap, l'Inde anglaise. Les autres puissances coloniales (France, Pays-Bas, Espagne, Portugal) possèdent des territoires nettement moins vastes. L'Afrique, en particulier, est quasiment inconnue des Européens.

B. L'essor de la colonisation européenne

doc. 2, 3 et 4

■ Au milieu du XIXe s., la colonisation a marqué un temps d'arrêt. D'une part, des pays comme le Royaume-Uni en 1833 et la France en 1848, ont **aboli l'esclavage** et interdit la traite des Noirs, ce qui entrave l'économie de plantation. D'autre part, **les libéraux** refusent que les relations commerciales avec les colonies soient réservées à la métropole ; ils veulent que le commerce soit ouvert à tous et pensent que la liberté commerciale coûte moins cher que l'administration de territoires lointains.

■ Cependant, **après 1850, l'expansion coloniale reprend**. Des sociétés de géographie encouragent l'exploration des territoires inconnus en Afrique et en Asie. Des sociétés missionnaires veulent évangéliser les indigènes et combattre l'esclavage. Mais surtout, les États européens en proie aux difficultés économiques liées à la Grande Dépression (1873-1896) recherchent matières premières et débouchés qui apporteront un second souffle à leur économie. Les conquêtes s'accélèrent après 1880. Royaume-Uni et France colonisent l'Afrique, l'Asie, l'Océanie. Belges, Hollandais, Italiens et Allemands s'engagent également dans l'aventure coloniale. Le chef de gouvernement français Jules Ferry qualifie ces rivalités entre États européens de « course au clocher ».

C. L'Asie et l'Afrique dominées

doc. 1 et 5

■ Pour atténuer leurs rivalités, les puissances européennes réunissent **en 1884-1885 une conférence à Berlin**. On y définit les règles des conquêtes coloniales. Pour qu'une colonie appartienne à un pays européen, une occupation effective du territoire est nécessaire. **Les conquêtes coloniales s'accélèrent alors en Asie et en Afrique** ; cette dernière est presque entièrement colonisée en 1914. Les anciennes puissances coloniales (Royaume-Uni, France, Portugal, Espagne) ont notablement développé leurs possessions à partir des établissements qu'elles contrôlaient sur les côtes. Les nouvelles puissances coloniales (Allemagne, Belgique, Italie) y possèdent maintenant des territoires. La colonisation bouleverse profondément les populations africaines et asiatiques concernées, en particulier par le développement du travail forcé.

■ L'essor colonial engendre **des rivalités régionales entre pays européens** : entre le Royaume-Uni et la Russie à propos de l'Afghanistan, aux confins de l'Inde anglaise et de l'Asie centrale russe ; entre le Royaume-Uni, la France et l'Allemagne en Afrique. Il en résulte des crises internationales. Une des plus graves survient en 1898, entre Français et Anglais, **à Fachoda, à propos du Soudan**. D'autres crises éclatent **à propos du Maroc entre la France et l'Allemagne** (1905-1906 et 1911) ; à la suite d'un accord international, le Maroc revient à la France ; en échange, des territoires français sont accordés à l'Allemagne en Afrique centrale.

VOCABULAIRE

traite : commerce d'esclaves organisé sur de longues distances.

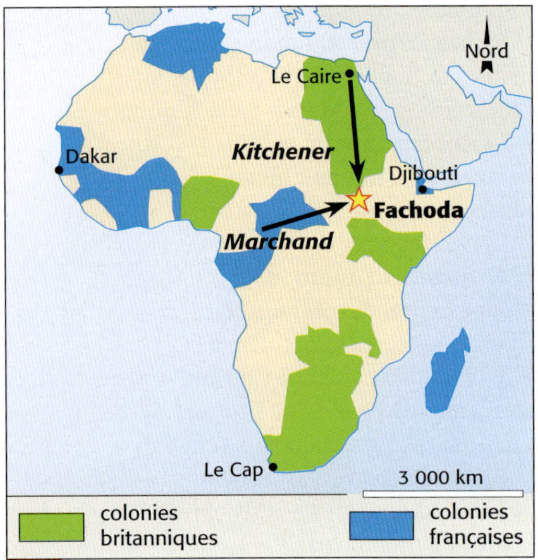

1 La crise de Fachoda, en 1898.
En 1898, la France organise, sous les ordres du capitaine Marchand, une expédition en direction de Djibouti, par la haute vallée du Nil, qu'elle atteint à Fachoda en juillet 1898. De leur côté, les Britanniques remontent le Nil. En septembre, le général Kitchener arrive à Fachoda. France et Royaume-Uni sont au bord de la guerre. Finalement, le gouvernement français rappelle Marchand (en novembre), et les Britanniques s'engagent à appuyer les Français dans leurs revendications ultérieures (Maroc).

2 Publicité britannique, 1906.

Une conquête coloniale parfois difficile : la bataille d'Isandhlwana au Natal, 1879, défaite britannique face aux Zoulous.

Tableau (1885) de Charles E. Fripp (1854-1906), National Army Museum, Londres.

Au cours de cette bataille, les Britanniques sont vaincus par le chef zoulou Cetewayo.

1. **Quel est l'armement des Zoulous ? Quel est l'armement britannique ?**

2. **Pourquoi une telle défaite est-elle plutôt une exception dans l'histoire de la colonisation ?**

3

4 Au pays des marchands d'esclaves

À partir de la baie de Cota-Cota, nous prenons à l'est par la route que suivent les marchands d'esclaves. [...] Dans cette région, nous avons eu l'occasion d'apprendre quand et comment les marchands d'esclaves font leur chasse à l'homme. C'est l'époque où l'herbe est assez sèche pour s'embraser promptement. Qu'on se figure [...] le feu mis tout à coup à cette paille, sur une largeur de deux à trois kilomètres, par le simple contact des brandons que l'ennemi promène ; le vent poussant la flamme vers le village condamné [...], les flammes bondissant à dix mètres de hauteur, au milieu d'un nuage compact de fumée noire [...] Quel est le paysan d'Europe, qui, n'ayant que des flèches à opposer aux balles de l'ennemi, ne fuirait pas loin de cette muraille ardente ?

Le 21 septembre, nous arrivons au bourg de Mouazzi, dont la suzeraineté s'étend sur de nombreux villages fortifiés. [...] Les « chasseurs d'esclaves, dit Monazzi, ont dépeuplé tout un district, où l'on passe une ou deux nuits. [...] »

Le 15 octobre, en entrant dans le village de Catosa, nous apercevons une bande d'une trentaine d'esclaves. Nous voulons faire comprendre au chef le tort qu'il se cause en vendant ses sujets, mais il nous explique que ces malheureux appartenaient aux Arabes avant d'entrer sur ses domaines ; et ajoute qu'il ne pense pas à vendre ses hommes, car il est loin d'en avoir assez. [...] Notre expédition est la première qui ait vu la traite au lieu même de son origine, et l'ai suivie dans toutes ses phases. Je suis persuadé qu'une expédition dans l'intérieur des terres produirait plus de résultats qu'une escadre monstrueuse, et ferait moitié moins de dépense qu'un seul des croiseurs de Sa Majesté Britannique.

Quant à l'avenir des indigènes de l'Afrique, nous remarquerons que les peuplades de ce continent ont fait quelques pas hors de l'état sauvage, et n'ont pas été plus loin.

David et Charles Livingstone, *Exploration dans l'Afrique australe, depuis 1840 jusqu'à 1864*, Hachette, 1866.

1. **Qui pratique la traite des esclaves d'après le témoignage de Livingstone ?**

2. **Quels sont les objectifs de Livingstone ?**

5 La conférence de Berlin, 1885

Art. 1 – Tous les pavillons, sans distinction de nationalité, auront libre accès à tout le littoral des territoires énumérés ci-dessus, aux rivières qui s'y déversent dans la mer, à toutes les eaux du Congo.

Art. 6 – Toutes les puissances exerçant des droits de souveraineté dans lesdits territoires s'engagent à veiller à la conservation des populations indigènes et à l'amélioration de leurs conditions morales et matérielles d'existence et à concourir à la suppression de l'esclavage et surtout la traite des Noirs ; elles favoriseront [...] toutes les institutions et entreprises religieuses, scientifiques ou charitables, créées et organisées à ces fins, ou tendant à instruire les indigènes et à leur faire comprendre et apprécier les avantages de la civilisation. [...]

9. – Ces territoires ne pourront servir ni de marché ni de voie de transit pour le commerce des esclaves. [...]

13. – La navigation du Congo [et du Niger] demeurera entièrement libre pour les navires marchands de toutes les nations.

35. – Les puissances signataires [Allemagne, Autriche-Hongrie, Belgique, Danemark, Empire ottoman, Espagne, États-Unis, France, Italie, Luxembourg, Pays-Bas, Portugal, Royaume-Uni, Russie, Suède] reconnaissent l'obligation d'assurer, dans les territoires occupés par elles, l'existence d'une autorité suffisante pour faire respecter les droits acquis.

1. **Quelles décisions sont prises à propos des activités commerciales ?**

2. **À propos du sort des indigènes ?**

Aux origines de la domination européenne

• Le monde a connu une première vague de colonisation du XVIe au XVIIIe s., en liaison avec les grandes découvertes. La colonisation s'accélère de nouveau après 1850. Elle est favorisée par les explorations, la vitalité démographique de l'Europe et la volonté de rechercher des matières premières et des débouchés pour les productions européennes. Les Européens sont également persuadés qu'ils ont le devoir de « civiliser les races inférieures » et de leur apporter leur mode de vie et leur religion. Ces aspects expliquent l'apparition en 1902 d'un nouveau terme, celui d'« impérialisme », qui caractérise les différents aspects de la domination de l'Europe sur le monde.

1 Friedrich Engels et la colonisation

1a. La conquête de l'Algérie est un fait important et heureux pour le progrès de la civilisation. Si l'on peut regretter que les Bédouins du désert aient perdu leur liberté, il ne faut pas oublier que ces mêmes Bédouins étaient une nation de brigands. Le bourgeois moderne et, avec lui, la civilisation, l'industrie, l'ordre, une certaine dose d'idées éclairées, est bien préférable au seigneur féodal ou au brigand nomade et à l'état social de barbarie auxquels ils appartiennent.

Friedrich Engels, extrait d'un article publié dans le *Northern Star*, 1848.

1b. De la première occupation de l'Algérie par les Français jusqu'à nos jours, ce pays malheureux a été l'arène de violence, de rapines et de carnages incessants. Chaque ville, grande ou petite, a été conquise en détail et au prix d'un immense sacrifice de vies humaines. Les tribus arabes et kabyles, pour qui l'indépendance est chose précieuse, et la haine de la domination étrangère un principe plus cher que la vie elle-même, ont été écrasées par les terribles razzias qui brûlèrent et détruisirent demeures et propriétés, abattirent les récoltes, massacrèrent les malheureux ou les soumirent à toutes les horreurs de la brutalité et de la concupiscence. Les Français, contre tous les préceptes d'humanité, de civilisation et de chrétienté, persistent dans ce système de guerre barbare. Comme circonstances atténuantes, ils allèguent que les Kabyles sont féroces, s'adonnent au meurtre, torturent leurs prisonniers, et qu'avec des sauvages, l'indulgence est une erreur. On peut toutefois mettre en doute la politique d'un gouvernement civilisé qui a recours à la loi du talion.

Friedrich Engels, texte écrit pour *The New American Cyclopedia*, 1858.

Dixième Année — N° 494 Vendredi 22 Novembre 1878

LES MISSIONS CATHOLIQUES

BULLETIN HEBDOMADAIRE ILLUSTRÉ DE L'ŒUVRE DE LA PROPAGATION DE LA FOI

SOMMAIRE

TEXTE. — CORRESPONDANCE. — *Hindoustan*. Les baptêmes pendant la famine. — NOUVELLES. — Départs de missionnaires. — Honan ; Jérusalem ; Su-tchuen occidental. Syrie. — Tunis. — Milwaukee. — INFORMATIONS DIVERSES. — NÉCROLOGIE. — *Tong-King occidental*. M. Perrier. — La Nouvelle-Nursie, histoire d'une colonie bénédictine dans l'Australie occidentale. Appendices I et II. — Lettres sur le Japon, 2me lettre. — ÉPHÉMÉRIDES. DONS.

GRAVURES. — Missionnaires d'Alger et enfants arabes. — Arbre généalogique des familles de la Nouvelle-Nursie. — Tatouages d'indigènes de la Côte des Esclaves.

CORRESPONDANCE

HINDOUSTAN

COIMBATOUR, MAYSSOUR, PONDICHÉRY,

M. A. Maury, directeur au Séminaire des Missions-Étrangères de Paris, et procureur des missions de l'Inde, nous a adressé, le 11 novembre, la lettre suivante :

Les lecteurs des *Missions catholiques* ont été si charitables et si généreux pour les pauvres Hindous éprouvés par la famine pendant ces deux dernières années, que je regarde comme un devoir de leur faire connaître les fruits obtenus par leurs aumônes. Ils se réjouiront d'apprendre que leurs dons, en secourant des malheureux, ont ouvert l'Église et le ciel à des milliers d'idolâtres.

Je ne parle ici que des trois vicariats dont notre Congrégation des Missions-Étrangères a l'administration dans l'Inde, parce que ce sont ceux-là qui ont le plus souffert, reçu avec plus d'abondance les secours de la charité et obtenu des résultats inouïs depuis la prédication du grand apôtre des Indes, saint François Xavier.

Quelques mots sou-

Fr. Laurent. R. P. Roger. R. P. Delattre. Fr. Fleuret.
TUNISIE. — Missionnaires d'Alger et enfants arabes, à St-Louis de Carthage (V. p. 556.)

2 **Le développement des missions : la une du journal *Les Missions catholiques* du 22 novembre 1878.**

3 Victor Hugo : « Dieu offre l'Afrique à l'Europe »

Le moment est venu de faire remarquer à l'Europe qu'elle a à côté d'elle l'Afrique.

La Méditerranée est un lac de civilisation ; ce n'est certes pas pour rien que la Méditerranée a, sur l'un de ses bords le vieil univers, et sur l'autre l'univers ignoré, c'est-à-dire d'un côté toute la civilisation et de l'autre toute la barbarie. Le moment est venu de dire à ce groupe illustre de nations : « unissez-vous ! allez au Sud ». Il est là devant vous, ce bloc de sable et de cendre, ce monceau inerte et passif qui, depuis six mille ans, fait obstacle à la marche universelle. Dieu offre l'Afrique à l'Europe. Prenez-la. Prenez-la, non pour le canon, mais pour la charrue ; non pour le sabre, mais pour le commerce ; non pour la bataille mais pour la fraternité. Versez votre trop-plein dans cette Afrique, et du même coup, résolvez vos questions sociales, changez vos prolétaires en propriétaires. Allez, faites ! Faites des routes, faites des ports, faites des villes, croissez, cultivez, colonisez, multipliez.

Victor Hugo, discours prononcé à l'occasion d'un banquet commémoratif de l'abolition de l'esclavage, le 18 mai 1879, en présence de Victor Schoelcher, l'instigateur du décret de 1848 abolissant l'esclavage.

4 **Travail forcé d'indigènes au Kenya : construction d'une voie ferrée sous la surveillance d'Anglais.**
Fin XIXe s.

5 Pourquoi coloniser ?

La colonisation est la force expansive d'un peuple, c'est sa puissance de reproduction, c'est sa dilatation et sa multiplication à travers les espaces ; c'est la soumission de l'univers ou d'une vaste partie à sa langue, à ses mœurs, à ses idées et à ses lois. Un peuple qui colonise c'est un peuple qui jette les assises de sa grandeur dans l'avenir et de sa suprématie future. Toutes les forces vives de la nation colonisatrice sont accrues par ce débordement au-dehors de cette exubérante activité. Au point de vue matériel, le nombre des individus qui forment la race s'augmente dans une proportion sans limite ; la quantité des ressources nouvelles, des nouveaux produits, qui se trouvent solliciter l'industrie métropolitaine, est incommensurable ; le champ d'emploi des capitaux de la métropole et le domaine exploitable ouvert à l'activité de ses citoyens sont infinis. Qui peut nier que la littérature, les arts, les sciences d'une race ainsi amplifiée n'acquièrent un ressort que l'on ne trouve pas chez les peuples d'une nature plus passive et sédentaire ? Il se produit aussi dans ce domaine intellectuel un phénomène analogue à celui que nous avons noté dans le domaine de l'industrie. […]
À quelque point de vue que l'on se place, que l'on se renferme dans la considération de la prospérité et de la puissance matérielle, de l'autorité et de l'influence politique, ou que l'on s'élève à la contemplation de la grandeur intellectuelle, voici un mot d'une incontestable vérité : le peuple qui colonise le plus est le premier peuple ; s'il ne l'est pas aujourd'hui, il le sera demain.

P. Leroy-Beaulieu, *De la colonisation chez les peuples modernes*, Guillaumin, 1874.

6 Une première définition de l'impérialisme en 1902, selon le journaliste Hobson

L'importance des investissements constitue le facteur économique de l'impérialisme qui est de loin le plus décisif. Le caractère toujours plus cosmopolite du capital a constitué le changement économique le plus marquant du passé récent. Toutes les nations industrielles avancées tendent à investir une proportion plus large de leur capital à l'extérieur, dans des pays étrangers ou dans les colonies, et retirent des bénéfices croissants de ces placements. Il n'est pas exagéré d'affirmer que l'actuelle politique étrangère de la Grande-Bretagne est essentiellement une lutte pour le contrôle de sphères profitables d'investissements […].
La quête incessante de nouveaux marchés, la différence entre le pouvoir de production des industriels et le pouvoir d'achat des consommateurs constituent la preuve irréfutable d'une mauvaise distribution des revenus. L'impérialisme est le produit de ce système ; seule une réforme sociale y mettrait fin.

J. A. Hobson, *Imperialism : A study*, 1902.

Questions

A Retirer des informations des documents

1. Qui est Friedrich Engels ? Quelle est son opinion à propos de la colonisation de l'Algérie en 1848 (doc. 1) ? Quelle est son opinion en 1858 ?

2. Décrire la photographie. Qui les missions catholiques veulent-elles convertir (doc. 2) ?

3. Expliquer « prenez-la, non pour le canon, mais pour la charrue » et « changez vos prolétaires en propriétaires » (doc. 3).

4. Quels sont les arguments en faveur de la colonisation du monde par l'Europe (doc. 5) ?

5. Quelles richesses naturelles les Européens recherchent-ils ? Comment font-ils pour se les procurer (doc. 6) ?

6. Expliquer « le caractère toujours plus cosmopolite du capital ». Que font les nations européennes de leurs capitaux ? Avec quelles conséquences (doc. 6) ?

B Mettre en relation des documents

7. Quels documents sont favorables à la colonisation. Quels sont les arguments de leurs auteurs ?

C Rédiger

8. Montrer, d'après les documents, quelles sont les causes.

Défenseurs et détracteurs de la colonisation

• Vers 1850, seul le Royaume-Uni possède un empire colonial important. Les économistes libéraux sont peu favorables à la colonisation, qu'ils accusent de coûter plus cher qu'elle ne rapporte.

• La reprise de la colonisation après 1870 entraîne un débat parmi les opinions publiques européennes qui finissent par approuver, à partir des années 1890, les conquêtes coloniales.

• De puissants groupes de pression se forment (en France, le « parti colonial »), rassemblant des députés de gauche et de droite, des industriels et des hommes d'Église pour appuyer le développement des empires coloniaux. L'opposition à la colonisation est alors le fait d'une minorité d'extrême gauche, avant d'être reprise par les partis communistes après 1919.

1 La taille des empires coloniaux de 1880 à 1938.

En milliers de km²	1880	1913	1938
Royaume-Uni	22 540 000	32 325 000	33 624 000
France	728 000	9 707 000	12 115 000
Pays-Bas	421 000	2 066 000	2 070 000
Espagne	420 000	334 000	334 000
Portugal	188 000	822 000	930 000
Allemagne	–	2 95 000	–
Belgique	–	2 35 000	2 400 000
Italie	–	2 0 000	3 425 000

D'après Bouda Etemad, *La Possession du monde*, Complexe, 2000.

2 Cecil Rhodes et la colonisation

Cecil Rhodes (1853-1902) est un homme d'affaires. Premier ministre du Cap en 1890, il est le fondateur de la colonie de Rhodésie.

Hier, j'ai assisté à une réunion de chômeurs à Londres et après avoir écouté les discours virulents qui n'étaient ni plus ni moins qu'un cri pour demander du pain, je suis rentré chez moi plus que jamais convaincu de l'importance de l'impérialisme… ce qui me préoccupe avant tout, c'est la solution du problème social. Par cela, j'entends que si l'on veut épargner aux quarante millions d'habitants du Royaume-Uni les horreurs d'une guerre civile, les responsables de la politique coloniale doivent ouvrir de nouveaux territoires à l'excédent de population et créer de nouveaux marchés pour les mines et les usines. J'ai toujours soutenu que l'Empire britannique était pour nous une question d'estomac. Si l'on veut éviter une guerre civile, il faut devenir impérialiste.

Neue Preussische Zeitung (journal allemand), 1898.

3 Jules Ferry et la colonisation

La concurrence, la loi de l'offre et de la demande, la liberté des échanges, l'influence des spéculations, tout cela rayonne dans un cercle qui s'étend jusqu'aux extrémités du monde. C'est là un problème extrêmement grave. Il est si grave […] que les gens les moins avisés sont condamnés à déjà prévoir l'époque où ce grand marché de l'Amérique du Sud nous sera disputé et peut-être enlevé par les produits de l'Amérique du Nord. […] Il faut chercher des débouchés…

Il y a un second point que je dois aborder […] : c'est le côté humanitaire et civilisateur de la question… Les races supérieures ont un droit vis-à-vis des races inférieures. Je dis qu'il y a pour elles un droit parce qu'il y a un devoir pour elles. Elles ont le devoir de civiliser les races inférieures. […]

Je dis que la politique coloniale de la France, que la politique d'expansion coloniale, celle qui nous a fait aller, sous l'Empire, à Saigon, en Cochinchine, celle qui nous a conduits en Tunisie, celle qui nous a amenés à Madagascar, je dis que cette politique d'expansion coloniale s'est inspirée d'une vérité sur laquelle il faut pourtant appeler un instant votre attention : à savoir qu'une marine comme la nôtre ne peut pas se passer, sur la surface des mers, d'abris solides, de défenses, de centres de ravitaillement. […] Rayonner sans agir, sans se mêler aux affaires du monde, […] c'est abdiquer, et, dans un temps plus court que vous ne pouvez le croire, c'est descendre du premier rang au troisième et au quatrième…

J. Ferry, discours à la Chambre des députés, 28 juillet 1885.

4 Clemenceau et la colonisation

Races supérieures, races supérieures, c'est bientôt dit. Pour ma part, j'en rabats singulièrement depuis que j'ai vu des savants allemands démontrer scientifiquement que la France devait être vaincue dans la guerre franco-allemande parce que le Français est d'une race inférieure à l'Allemand. Depuis ce temps, je l'avoue, j'y regarde à deux fois avant de me retourner vers un homme et vers une civilisation et de prononcer : homme ou races inférieures. […]

C'est en augmentant incessamment les charges du budget que vous prétendez vous ouvrir des débouchés, alors qu'il y a d'autres nations à côté de nous qui, n'ayant pas fait la dépense de ces expéditions coloniales, entrent en lutte avec nous sur le terrain même que nous avons choisi. Comme elles ont des budgets qui ne sont pas grevés des frais de ces expéditions, elles nous font une concurrence redoutable et nous enlèvent le commerce jusque dans nos propres marchés. Nous faisons la police pour elles et nous montons la garde pour qu'elles puissent commercer en toute sécurité et gagner de l'argent à nos dépens.

G. Clemenceau, discours à la Chambre des députés, 31 juillet 1885.

5 ***L'Assiette au beurre*,** 9 mai 1903.
« Au secours Bourgeois, Fallières, Delcassé ! V'là une colonie qui f… le camp ! »

6 **La lutte contre les maladies tropicales.**
Médecins militaires en Afrique noire engagés dans la lutte contre la maladie du sommeil (trypanosomiase), début XXe s.

7 Karl Marx et la colonisation de l'Inde

L'Angleterre a une double mission à remplir en Inde : l'une destructrice, l'autre régénératrice – l'annihilation de la vieille société asiatique et la pose des fondements matériels de la société occidentale en Asie.
Arabes, Turcs, Tatares, Moghols, qui envahirent successivement l'Inde furent bien hindouisés Les conquérants barbares étaient par une loi éternelle de l'histoire, conquis eux-mêmes par la civilisation supérieure de leurs sujets. Les Britanniques étaient les premiers conquérants supérieurs et par conséquent inaccessibles à la civilisation hindoue. Ils la détruisirent en détruisant les communautés indigènes, l'industrie indigène et en nivelant tout ce qui était grand et élevé dans la société indigène. […]
Les natifs de l'Inde, éduqués à Calcutta, sous la tutelle anglaise, sont en train de former une classe nouvelle, douée des aptitudes requises au gouvernement et imbue de science européenne. […]
Le jour n'est pas bien loin où, par une combinaison de chemins de fer et de bateaux à vapeur, la distance entre l'Angleterre et l'Inde, sera réduite à huit jours, et où cette contrée sera pratiquement annexée au monde occidental.

Karl Marx, « Les résultats éventuels de la domination britannique en Inde », article dans le *New York Daily Tribune*, 8 août 1853.

8 Une colonie française vue par Céline

Dans cette colonie de la Bambola-Bragamance, au-dessus de tout le monde, triomphait le gouverneur. Ses militaires et ses fonctionnaires osaient à peine respirer quand il daignait abaisser ses regards jusqu'à leurs personnes.
Bien au-dessous encore de ces notables, les commerçants installés semblaient voler et prospérer plus facilement qu'en Europe. Plus une noix de coco, plus une cacahuète, sur tout le territoire qui échappât à leurs rapines. Les fonctionnaires comprenaient, à mesure qu'ils devenaient plus fatigués et plus malades, qu'on s'étaient bien foutus d'eux en les faisant venir ici, pour ne leur donner en somme que des galons et des formules à remplir et presque pas de pognon avec. Aussi louchaient-ils sur les commerçants. L'élément militaire, encore plus abruti que les deux autres, bouffait de la gloire coloniale et pour la faire passer beaucoup de quinine et des kilomètres de Règlements. […]
La ville de Fort-Gono où j'avais échoué apparaissait ainsi, précaire capitale de la Bragamance, entre mer et forêt, mais garnie, ornée cependant de tout ce qu'il faut de banques, de bordels, de cafés, de terrasses et même d'un bureau de recrutement, pour en faire une petite métropole. […] L'élément militaire, sur les cinq heures, grondait autour des apéritifs. […]

Louis-Ferdinand Céline, *Voyage au bout de la nuit*, *Denoël* 1932, Gallimard, 1952

Questions

A Retirer des informations des documents

1. Quels sont les principaux pays colonisateurs (doc. 1) ?
2. Quels sont les arguments de Jules Ferry en faveur de la colonisation (doc. 3) ?
3. Clemenceau est-il favorable ou hostile à la colonisation (doc. 4) ? Expliquer « d'autres nations à côté de nous ». Pour quelle raison Clemenceau adopte-t-il cette attitude ?
4. Que critique cette caricature (doc. 5) ?
5. Quel aspect positif est ici mis en évidence (doc. 6) ?
6. Qui est Karl Marx (doc. 7) ? Quel est son point de vue sur la colonisation de l'Inde par les Britanniques ?
7. Que dénonce l'auteur du texte (doc. 8) ? Sur quel ton ?

B Mettre en relation des documents et rédiger

8. À l'aide des documents de ce dossier, rédiger un paragraphe présentant les arguments favorables ou hostiles à la colonisation.

3 La domination européenne contestée

A. Le choc de la Grande Guerre doc. 2

Les colonies ont joué un rôle important lors de la Grande Guerre, en fournissant aux puissances alliées **des matières premières, des denrées alimentaires et surtout des hommes**. 587 000 Nord-Africains et Noirs ont combattu dans l'armée française ; 950 000 Indiens, 600 000 Canadiens, 450 0000 Australiens et Néo-Zélandais dans l'armée britannique. Des Indochinois sont venus travailler en France dans les usines d'armement.

En 1919, les anciennes colonies allemandes et les territoires non turcs de l'Empire ottoman sont répartis, sous le nom de **mandats**, entre les pays vainqueurs. La France reçoit donc le Togo et le Cameroun en Afrique, la Syrie et le Liban au Proche-Orient ; le Japon, les possessions allemandes du Pacifique ; le Royaume-Uni, la Palestine et l'Irak ainsi que les territoires allemands de l'Est africain.

B. Les premiers mouvements anticolonialistes doc. 1, 3 et 4

La domination coloniale avait déjà évolué avant 1914. Le Royaume-Uni avait tissé de nouveaux liens avec ses colonies à fort peuplement blanc. Entre 1867 et 1910, le Canada, l'Australie, la Nouvelle-Zélande et l'Afrique du Sud étaient devenus des **dominions** et bénéficiaient d'un gouvernement autonome. **Dès les années 1880 se développaient les premières manifestations nationalistes** (Inde, Indochine).

Après 1918, ces mouvements prennent une certaine ampleur : en Inde, Gandhi (1869-1948) fait usage de la non-violence pour obtenir l'autonomie de son pays. **La Russie communiste** soutient les mouvements anticolonialistes, dans le but d'affaiblir les États européens colonialistes et capitalistes. **Des mouvements indigènes** naissent en Tunisie, en Algérie, en Indochine. En Égypte, un mouvement **islamiste** est créé, les **Frères musulmans**, qui veulent fonder un État islamique et rejettent les valeurs de l'Occident. **Des révoltes** éclatent au Maroc dans les années 1920 (guerre du Rif) et en Indochine en 1930, à l'initiative du parti communiste indochinois créé par Hô Chi Minh. En Europe, les communistes, appuyés par des intellectuels engagés (Albert Einstein, Romain Rolland, André Gide) dénoncent la domination coloniale.

Des évolutions se font jour peu à peu : l'Égypte devient indépendante en 1922 et l'Irak en 1932 ; le Royaume-Uni crée le **Commonwealth** en 1931. **En 1939, le Royaume-Uni et la France font encore illusion** et apparaissent comme des grandes puissances, en raison notamment de l'importance de leurs empires coloniaux.

C. Des concurrents extra-européens doc. 5

La situation est cependant nettement moins favorable pour l'Europe qu'avant 1914. Les États-Unis, le Canada, l'Argentine ont développé leur industrie et leur agriculture à la faveur de la guerre. En Extrême-Orient, le Japon a remplacé les pays européens dans le commerce avec la Chine et le Sud-Est asiatique. Cette concurrence des pays neufs devient préoccupante pour les États européens.

Si les empires coloniaux connaissent leur extension maximale dans les années 1930, l'heure de l'expansion est passée. **Les dernières conquêtes** (celle de la Mandchourie par le Japon en 1932, et celle de l'Éthiopie par l'Italie en 1936) sont condamnées par la SDN et considérées comme des agressions contre des pays indépendants. À ces contestations viennent s'ajouter **les critiques des États-Unis et du Japon**. Les premiers, qui n'oublient pas qu'ils ont été les premiers à se libérer du joug colonial, défendent l'ouverture des possessions européennes au commerce international. Le second exalte l'union des peuples jaunes contre la domination des Européens. C'est au moment où les empires coloniaux sont les plus étendus que cette domination européenne commence à montrer des signes de fragilité.

VOCABULAIRE

mandat : voir *Ne pas confondre* p. 96.

dominion : voir *Ne pas confondre* p. 96.

islamisme : volonté de certains musulmans de développer, au besoin par la force, un mode de vie et un pouvoir politique fondés sur une interprétation stricte de l'islam, en rejetant les modèles culturels extérieurs, en particulier l'influence occidentale.

Frères musulmans : mouvement islamiste créé au Caire en 1928 par Hassan al-Banna, favorable à la création d'États fondés sur la stricte observance des règles de l'islam.

Commonwealth : association du Royaume-Uni et de ses dominions, créée en 1931.

1 Gandhi et l'Occident colonisateur

a. Il n'existe ni civilisation occidentale ni civilisation européenne, mais une forme moderne de civilisation qui est purement matérielle... L'Orient et l'Occident ne pourront se rejoindre que lorsque l'Occident aura rejeté par-dessus bord la presque-totalité de la civilisation moderne [...].
La salut de l'Inde consiste à désapprendre ce qu'elle a appris au cours de ces cinquante dernières années. Le chemin de fer, les télégraphes, les hôpitaux, les hommes de loi, les médecins devront disparaître et les soi-disant classes supérieures devront mener la vie simple des paysans, sachant que c'est là l'existence qui donne le vrai bonheur... Les sages de jadis avaient montré beaucoup de bon sens en organisant la société de façon à limiter le niveau matériel du peuple : la rude charrue d'il y a peut-être cinq mille ans convient au laboureur d'aujourd'hui. Là est le salut.

Gandhi (1869-1948), « Profession de foi », Londres, 1909.

b. Il fut un temps où j'étais fier d'être appelé sujet britannique. J'ai cessé depuis plusieurs années de me considérer comme tel ; j'aime mieux être appelé rebelle que sujet. Mais j'aspire à être un citoyen, non de l'Empire, mais du Commonwealth ; dans un *partnership* si cela est possible – indissoluble si Dieu le veut –, mais pas un *partnership* imposé à un peuple par un autre peuple.

Déclaration de Gandhi à la Conférence de la Table ronde, septembre 1931.

1. Que rejette Gandhi dans le texte de 1909 ?
2. À quoi aspire-t-il en 1909 ?
3. Quelle évolution peut-on constater dans la pensée de Gandhi après la Grande Guerre ?

Soldats coloniaux en France lors de la Grande Guerre. **2**
Remise de décorations à des soldats d'un régiment de spahis (régiment de cavalerie légère recruté en Afrique du Nord).

1. **Quels territoires d'Afrique du Nord la France domine-t-elle pendant la Grande Guerre ?**
2. **Quels éléments montrent que l'on a ici affaire à des troupes coloniales ?**

3 **Abd el-Krim durant la guerre du Rif (1920-1926) en 1925.** En 1920, le nationaliste marocain Abd el-Krim soulève les tribus du Rif contre l'occupation espagnole et proclame en 1921 la république indépendante du Rif. La rebellion s'étend ensuite au Maroc sous protectorat français. Abd el-Krim est finalement vaincu par les troupes françaises et espagnoles et se rend en 1926.
Bataille près de Taza entre Abd el-Krim et les Français, lithographie, 1925.

4 **Affiche placardée en 1862 dans la région de Saigon**

En perdant le gouvernement de notre roi, nous sommes dans la même désolation qu'un enfant qui a perdu son père et sa mère. Votre pays appartient aux mers d'Occident, le nôtre aux mers d'Orient. […]
La reconnaissance nous attache à notre roi, nous vengerons ses injures, ou nous mourrons pour lui. […] Nous redoutons votre valeur, mais nous craignons le Ciel plus que votre puissance. Nous jurons de nous battre éternellement et sans relâche. Lorsque tout nous manquera, nous prendrons des branches d'arbre pour armer nos soldats.

Revue indochinoise, juin 1902.

1. **Quelle attitude l'auteur de ce texte adopte-t-il vis-à-vis de la colonisation française ?**
2. **Sur quelles valeurs s'appuie l'auteur de ce texte ?**

5 **La Chine et l'influence européenne.**
Caricature allemande parue dans *Simplicissimus*, 27 juillet 1925.

1. **Décrire les trois personnages.**
2. **De quelle domination la Chine semble-t-elle se libérer ?**
3. **Sous quelle domination la Chine passe-t-elle à la fin des années 1930 ?**

FICHE DE RÉVISION

DATES À RETENIR

- **Années 1880-1914 :** essor de la colonisation européenne
- **1884-1885 :** conférence de Berlin
- **1898 :** crise de Fachoda
- **1905 et 1911 :** crises marocaines
- **Années 1920-1930 :** premières révoltes contre la colonisation
- **1936 :** dernière conquête coloniale (l'Italie s'empare de l'Éthiopie)

BIOGRAPHIES

Jules Ferry (1832-1893), président du Conseil (1880-1881 et 1883-1885), instigateur de la politique coloniale française.
(Voir biographie complète p. 377)

Gandhi (1869-1948), principal dirigeant du mouvement pour l'indépendance de l'Inde.
(Voir biographie complète p. 378)

Hô Chi Minh (vers 1890-1969), fondateur du parti communiste indochinois ; principal dirigeant anticolonialiste indochinois.
(Voir biographie complète p. 379)

L'impérialisme selon Hobson et selon Lénine.

J. A. Hobson, *Imperialism. A Study*, 1902	Lénine, *L'Impérialisme, stade suprême du capitalisme*, 1916
– La quête de nouveaux marchés. – Une mauvaise distribution des revenus entre producteurs et consommateurs.	– La fusion du capital bancaire et du capital industriel. – L'exportation des capitaux. – La formation de sociétés capitalistes internationales se partageant le monde. – Le partage du monde entre grandes puissances.

L'ESSENTIEL

1. Une Europe impérialiste

- Avant 1914, l'Europe domine le monde par son dynamisme démographique, sa puissance économique et financière, ainsi que son avance scientifique.
  - L'émigration européenne est importante, surtout à destination de l'Amérique du Nord et les colonies de peuplement (Canada, Australie, Nouvelle-Zélande, Algérie).
  - L'impérialisme économique et financier est marqué par les placements de capitaux et l'exploitation des richesses des colonies.
  - L'impérialisme culturel s'exprime en particulier par un sentiment de supériorité européen : « civiliser les races inférieures ».

2. Une Europe colonisatrice

- Après un ralentissement au début du XIXe s. et la lutte contre la traite des esclaves, la colonisation reprend après 1850, et surtout après 1880.
  - Vers 1850, le seul empire colonial important est l'Empire britannique. La conférence de Berlin (1884-1885) fixe les règles entre pays colonisateurs.
  - Les grandes puissances européennes (Royaume-Uni et France surtout, mais aussi Belgique, Pays-Bas, Espagne, Portugal, Allemagne, Italie) étendent leurs empires coloniaux en Asie, dans le Pacifique et surtout en Afrique.

3. Une puissance européenne contestée

- Les colonies jouent un rôle important dans la guerre de 1914-1918.
- La colonisation européenne évolue : création du Commonwealth britannique, naissance des mouvements opposés à la colonisation (Gandhi en Inde, Abd el-Krim au Maroc, Frères musulmans en Égypte, Hô Chi Minh et les communistes en Indochine).
- La domination européenne est contestée, pour des raisons différentes, par l'URSS, les États-Unis et le Japon.

NE PAS CONFONDRE

Colonie, dominion, protectorat et mandat

- Une **colonie** est un territoire entièrement placé sous la souveraineté d'un autre État.
- Un **dominion** est une colonie ou un territoire britannique qui possède une autonomie de gouvernement (Canada en 1867, Australie en 1900, Nouvelle-Zélande en 1907, Afrique du Sud en 1910, Terre-Neuve en 1917).
- Un **protectorat** est un territoire ou un État dépendant d'une métropole, mais qui possède ses propres institutions et un gouvernement autonome.
- Un **mandat** est un territoire (ancienne colonie allemande ou partie de l'Empire ottoman) confié après 1919 aux vainqueurs de la guerre de 1914-1918. L'État (Royaume-Uni, France, Belgique, Japon) qui reçoit le mandat doit administrer ce territoire et l'amener à l'indépendance.

Colonisation et impérialisme

- La **colonisation** est une domination politique, administrative et militaire : occupation, administration d'un territoire par un État étranger, appelé métropole.
- L'**impérialisme**, dans son sens premier, signifie volonté de créer un empire (du latin *imperium*, « empire »). Au XXe s., il a pris le sens de domination revêtant plusieurs aspects : économique, culturel, idéologique. La colonisation est un aspect de l'impérialisme parmi d'autres. Le mot, apparu en 1902 pour caractériser la politique du Royaume-Uni en Afrique, a été repris par Lénine dans sa brochure de 1916, *L'Impérialisme, stade suprême du capitalisme*, qui constitue une dénonciation marxiste de l'impérialisme.

Carte des empires coloniaux en 1914

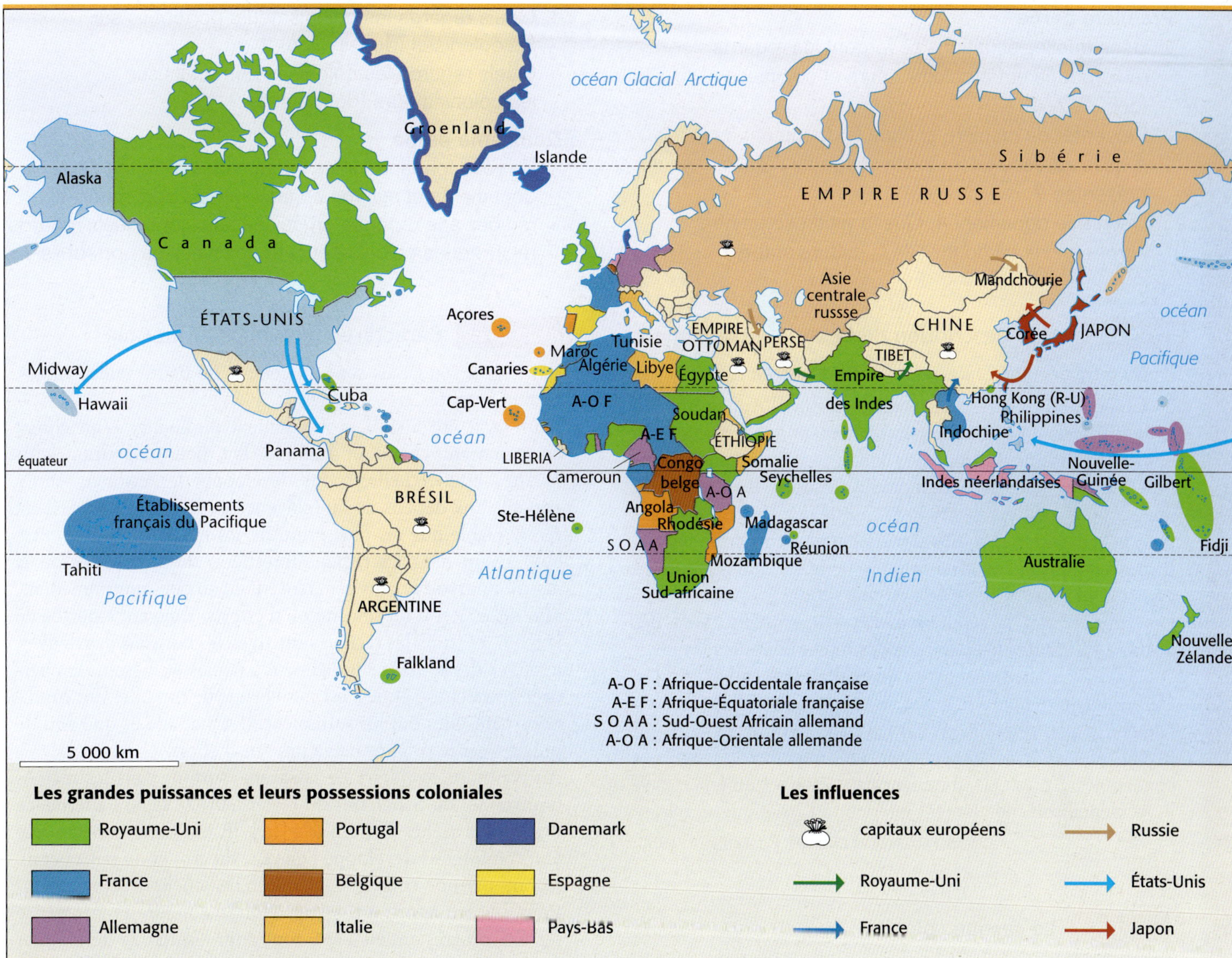

Les empires coloniaux en 1914.

Questions

1. Quels pays européens possèdent des colonies en 1914 ?
2. Quel est le plus vaste empire colonial ?
3. Quel continent est le plus colonisé par les pays européens ?
4. Quels pays de ce continent demeurent encore indépendants en 1914 ?
5. Par quel autre moyen se développe l'influence européenne dans le monde ?
6. Dans quelles parties du monde se fait sentir cette influence ?
7. Montrer que la Chine est soumise à des influences étrangères.
8. Nommer deux États non européens concurrents des États européens en 1914.
9. Où se fait sentir l'influence des États-Unis ?
10. Quels pays sont en concurrence en Mandchourie ?

L'étude d'un ensemble documentaire (2/10)

Sujet : Quels regards réciproques colonisateurs et colonisés se portent-ils ?

Première partie

1. Dans quelles situations se forgent les regards réciproques entre colonisateurs et colonisés (doc. 1, 2, 4) ?
2. Présenter de manière critique le document 3. À qui s'adresse t-il ? Quelle image de l'Africain est ici présentée ?
3. Décrire le document 4. Quelle vision ce peintre européen veut-il donner de la culture arabe ?
4. Quels regards les colonisateurs portent-ils sur les colonisés (doc. 1, 3, 4) ?
5. Quels regards les colonisés portent-ils sur les colonisateurs (doc. 2 et 5) ?

Deuxième partie

En vous fondant sur les informations extraites des documents et sur vos connaissances personnelles, rédigez une réponse organisée au sujet : Quels regards réciproques colonisateurs et colonisés se portent-ils ?

Document 1 Une description de la société coloniale

Propos attribués à un gouverneur général d'Indochine.

Le Chinois est voleur et le Japonais assassin ; l'Annamite, l'un et l'autre. Cela posé, je reconnais hautement que les trois races ont des vertus que l'Europe ne connaît pas, et des civilisations plus avancées que nos civilisations occidentales. Il conviendrait donc à nous, maîtres de ces gens qui devraient être nos maîtres, de l'emporter au moins sur eux par notre moralité sociale. Il conviendrait que nous ne fussions, nous, les colonisateurs, ni assassins, ni voleurs. Mais cela est une utopie. [...]

Les colonies ont la réputation d'être le suprême asile des déclassés de toutes les classes et des repris de toutes les justices. [...] Nous hébergeons ici les malfaisants et les inutiles. Ceux qui défrichent en Indochine n'ont pas su labourer en France ; ceux qui trafiquent ont fait banqueroute ; et ceux qui jugent et qui condamnent ont été quelquefois jugés et condamnés. Après cela, il ne faut pas s'étonner qu'en ce pays l'Occidental soit moralement inférieur à l'Asiatique.

Claude Farrère, *Les Civilisés*, P. Ollendorff, 1906.

Document 2 Le casque colonial

L'auteur se fait le porte-parole d'un indigène, diplômé du certificat d'études indigènes, Wangrin.

Un matin de l'an 1906 on vit déboucher un convoi de cinq porteurs chargés de bagages ficelés à la manière européenne, suivis d'un cavalier. Ce dernier portait une veste kaki sur un pantalon bouffant. Il était chaussé de belles bottes et coiffé d'un casque conique appelé « casque colonial ».

Cette coiffure ridicule ne faisait pourtant rire personne. Bien au contraire, elle inspirait la peur. C'était en effet la coiffure officielle et réglementaire des Blancs, ces fils de démons qui avaient mis quelques années seulement pour anéantir les armées du pays et assujettir tous les rois et leurs sujets.

Aussi, quand un homme apparaissait coiffé d'un casque colonial, fût-ce un vieux casque sale et défoncé, on ne pensait qu'à une chose : aller chercher poulets, œufs, beurre et lait pour les offrir à « Monsieur casqué », comme une offrande conjuratoire contre les malheurs pouvant découler de sa présence.

A. Hampâté Bâ, *L'Étrange destin de Wangrin*, 10/18, 1973.

Document 3 Caractères physiques et moraux

Les nègres soudanais sont en général de haute taille, solides, bien charpentés, très musclés. [...]

Leur caractère a subi profondément l'influence d'un climat constamment chaud et humide, fait pour engourdir leurs facultés intellectuelles, pour développer les instincts et les appétits aux dépens de l'intelligence et de la sensibilité. Il est remarquable que les plus primitifs, les moins évolués d'entre eux, vivent dans les régions forestières du Sud, celles où la nature pourvoit le plus généreusement aux besoins immédiats, sans nécessiter d'ingéniosité ou d'efforts. Trouvant à portée de la main les fruits les racines nutritives, les poissons des fleuves, le gibier des fourrés, l'indigène n'a jamais eu besoin de chercher autre chose et ne s'est pas occupé de modifier des conditions naturelles qui lui suffisaient. Il n'a donc fait que peu de progrès, car le progrès ne va pas sans l'effort.

Au contraire, les Noirs de la savane, surtout dans les régions limitrophes du Sahel, ont dû régler leur vie selon l'alternance des saisons sèches et humides [...]. Ils ont donc perfectionné leurs cultures et développé l'élevage du gros et du petit bétail. Ils ont, par une conséquence naturelle, amélioré leurs habitations ; ils ont appris à tisser les étoffes, à fondre et à forger le fer. Ces progrès ont eu à leur tour pour résultat de développer quelque peu leurs facultés intellectuelles, de les rendre plus aptes à la vie sociale, au commerce ; de les rapprocher, en un mot du type de civilisation créée par les races blanches.

Mais les nègres, même les moins primitifs, diffèrent considérablement de notre mentalité. Ils ont les qualités et les défauts de l'enfant : mobiles, vifs, exubérants, naturellement portés au plaisir, à la danse, à la musique ; très gais, de cette gaîté qu'un rien amuse, il sont surtout frappés par le côté extérieur des choses, attirés par tout ce qui brille, tout ce qui fait du bruit, les étoffes clinquantes, les grands gestes, les cérémonies pompeuses, les palabres interminables, toutes les occasions où l'on peut passer de longues heures à rire, à raconter des histoires, en absorbant des calebasses de vin de palme ou de bière de sorgho. Peu nerveux, peu sensibles aux souffrances d'autrui, ils deviennent aisément cruels et tyranniques. Mais ils n'ont ni la rouerie, ni la perversité complexe du Jaune, et sont capables d'un dévouement absolu au chef qui sait les diriger.

Ernest Grangier, *Nouvelle Géographie universelle*, 1922.

DOCUMENT 4

L'essayage de la parure, **Ferdinand Roybet, 1872,**
huile sur toile
120 x 150cm,
Coll. part.

DOCUMENT 5 **Déclaration d'un nationaliste vietnamien**

La politique d'association préconisée en notre faveur et qui a été dictée aux Français plus par la vigueur de la guerre russo-japonaise[1] que par leur propre générosité, sera-t-elle sincère ? Si la France trouve que sa grandeur lui impose de condamner le peuple vietnamien à un esclavage perpétuel, qu'elle ait la franchise qui convienne à un peuple puissant et grand. [...]
Tu es entre les mains de l'étranger. Les titres réservés aux indigènes sont ceux de domestiques, de coolies[2], d'interprètes, de troupiers perpétuels. Cependant, les impôts augmentent tous les jours. Ô, pays d'Annam, que tu es à plaindre ! [...]
Quant aux autres études, telles les sciences naturelles, la chimie, les sciences politiques, militaires, etc., elles ne sont pas enseignées aux Vietnamiens, pour les maintenir dans une ignorance complète. Ils ne laissent jamais entrer les Vietnamiens dans les écoles où s'enseigne le français par peur de leur révéler le secret de leur savoir.

Cahiers annamites, 1906-1913.

1. Guerre qui a eu lieu en 1904-1905 et qui s'est terminée par la victoire des Japonais.
2. Travailleurs manuels, dockers, terrassiers...

Méthode

A Aide générale

- Avant de répondre aux questions, il faut prendre le temps de lire attentivement l'ensemble des documents, d'analyser le sujet et de cerner la problématique.
- Les questions (cinq au maximum) peuvent porter sur un ou plusieurs documents.
Elles ont différents objectifs :
– identifier une notion ;
– rechercher des informations ;
– porter un regard critique sur l'ensemble documentaire.
- Elles guident l'analyse et demandent des réponses précises et concises.

B Aide à la réponse aux questions de la première partie

Question 1 : Il s'agit de montrer à quelles occasions les contacts se sont établis entre colonisés et colonisateurs, par exemple dans le cadre du travail, de la justice, de l'administration et de l'école.

Question 2 : Un document doit toujours être replacé dans son contexte historique : c'est la CONTEXTUALISATION du document.

Le texte 3 est un extrait d'un ouvrage de géographie, c'est-à-dire un ouvrage qui se veut scientifique, s'appuyant sur des « faits objectifs ». Mais l'ouvrage est écrit dans un certain contexte – l'idée que l'on se fait, en France, à cette époque, des colonisés. Il révèle, à sa manière, les mentalités de l'époque et, dans le même temps, il contribue à les forger.

Question 4 : Il s'agit ici de rechercher des informations.
On peut en trouver plusieurs dans un document, par exemple, dans le document 5, l'attrait pour l'exotisme, la richesse des motifs des tissus et des décors, la sensualité exprimée par les femmes représentées, etc.
Une fois que les informations sont identifiées, il faut les regrouper par thèmes, les nuancer, les hiérarchiser et les critiquer.

CHAPITRE 6

La France de 1850 à 1914, le territoire et les hommes

Au cours de la seconde moitié du XIXe siècle, l'effort d'unification du territoire français s'achève et la France n'est plus le pays le plus peuplé d'Europe. Même si elle est plus lente que dans d'autres États européens, l'industrialisation affecte profondément une France encore en majorité rurale. Une nouvelle géographie de la France s'esquisse, tandis que la population, par l'école et le service militaire, connaît un brassage social et culturel.

Quelles modifications le territoire connaît-il ?
Comment la population évolue-t-elle ?

1 Une collection de provinces...

Costumes pittoresques de la France, image d'Épinal, XIXe siècle.

« Ni la Bretagne, ni le Pays basque, ni l'Auvergne ni la Savoie, les autres provinces bien moins encore, ne sont connus comme il conviendrait. »
A. van Gennep, ethnologue et chroniqueur au *Mercure de France*, 1er décembre 1905.

1850 — 1860 — 1870 — 1880 — 1890 — 1900 — 1910

SECONDE RÉPUBLIQUE
3/4 de la population française est rurale

SECOND EMPIRE
1858 début des pèlerinages à Lourdes

TROISIÈME RÉPUBLIQUE
1871 la Commune
1881-1882 lois Ferry : école gratuite, laïque et obligatoire
1889 la France accorde la nationalité française aux enfants nés et éduqués en France
un peu plus de la moitié de la population française est rurale

1860 la Savoie et Nice à la France
1870 perte de l'Alsace et du nord de la Lorraine

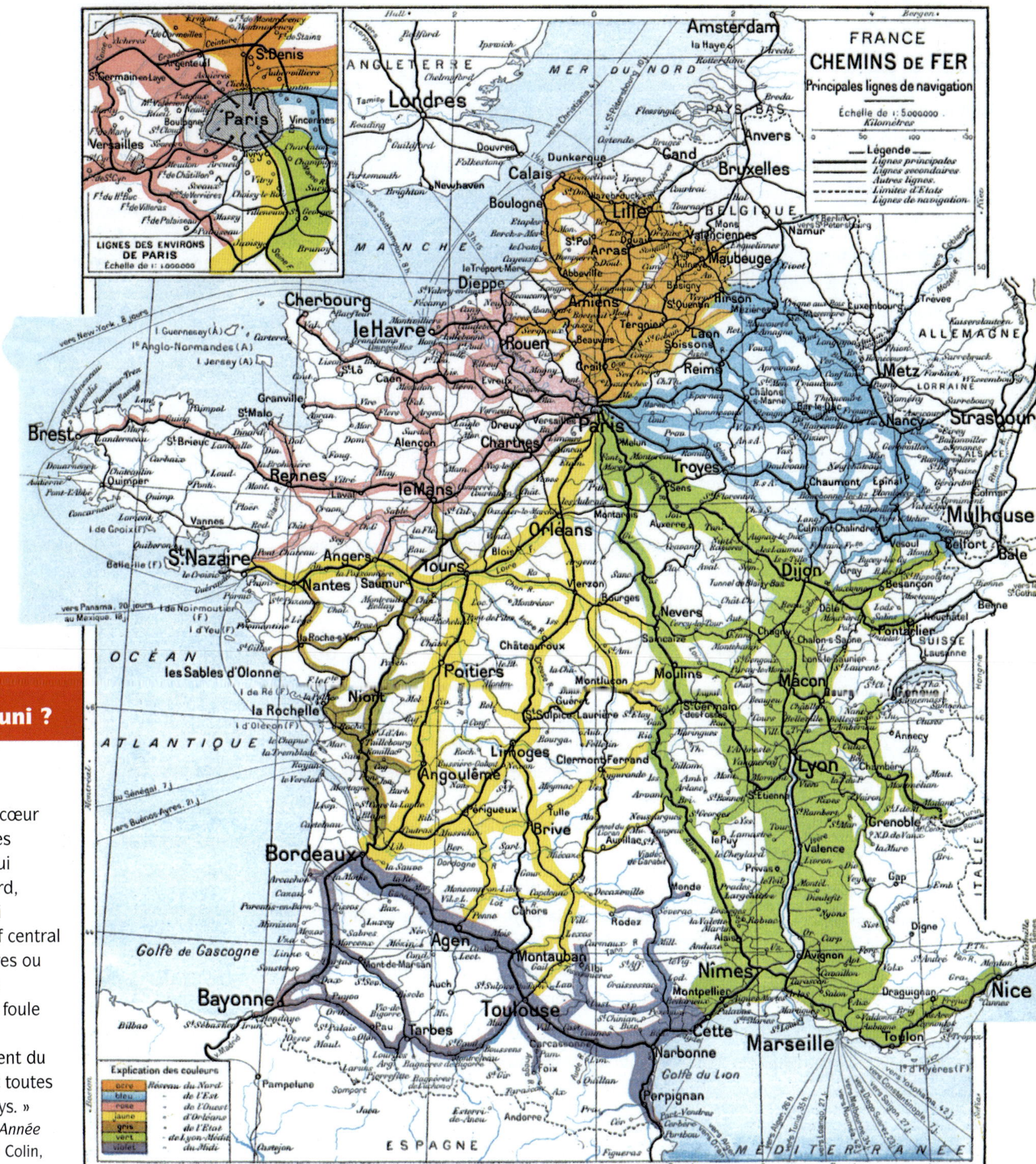

2 … ou un territoire uni ?

Les chemins de fer français.

« Paris est comme le cœur de la France, les lignes fluviales ou ferrées qui rayonnent vers le Nord, l'Est et l'Ouest ou qui environnent le Massif central sont comme les artères ou les veines auxquelles viennent aboutir une foule immense de petits vaisseaux, qui reçoivent du centre ou y ramènent toutes les forces vives du pays. »

P. Foncin, *La Troisième Année de géographie*, Armand Colin, 1901.

1 Le territoire national

A. Les dimensions de l'espace français doc. 2 et 4

■ À la veille de la Première Guerre mondiale, **la superficie de la France est de 530 000 km²**. Nice et la Savoie sont inclus dans l'espace national depuis 1860 mais par le traité de Francfort de 1871, la France a dû céder à l'Allemagne l'Alsace et une partie de la Lorraine (14 500 km² environ).

■ À cette « moyenne étendue » (Élisée Reclus), il faut **ajouter les 11 millions de km² de l'empire colonial** conquis sous le Second Empire et la IIIe République. Cet empire constitue une « autre France » (Jean Jaurès) ou une « plus grande France » (Ernest Lavisse) dont la carte orne les murs des classes, à côté de celle du territoire métropolitain amputé des trois départements d'Alsace-Lorraine.

B. Un territoire unifié doc. 3

■ À travers toute la France, **l'État dépêche ses fonctionnaires** (ingénieurs des Ponts et chaussées, receveurs des impôts, instituteurs, préfets, cantonniers), sans tenir compte de leurs attaches provinciales. Les préfectures, les bureaux de poste et les écoles rappellent, jusque dans les plus petites communes, la présence uniforme du pouvoir central, informé de tout par le télégraphe électrique.

■ **La « révolution ferroviaire »** amorcée sous la monarchie de Juillet se poursuit sous le Second Empire (16 000 km de voies ferrées en 1869) et sous la IIIe République (40 000 km de voies ferrées en 1914). Voies ferrées, routes nationales et départementales, chemins vicinaux (plus de 500 000 km en 1914) décloisonnent l'espace et permettent l'instauration d'un marché national.

■ L'unification du territoire stimule les échanges et les déplacements : le nombre des voyageurs transportés par le rail est multiplié par vingt en un demi-siècle, le tonnage des marchandises par vingt-huit. Les informations circulent plus vite : en 1914, le *Petit Parisien* réalise 65 % de ses ventes en province. Les disparités régionales s'atténuent sans disparaître.

■ Si **le décloisonnement renforce la centralisation parisienne**, il permet la mise en valeur des régions industrielles (régions lyonnaise et stéphanoise, pourtour du Massif central, Nord-Pas-de-Calais, Lorraine française).

C. Un territoire mieux connu doc. 1

■ Les guides touristiques se diffusent à mesure que s'étend le réseau ferroviaire. Les collections Joanne comptent plus de 2 000 ouvrages en 1914 et couvrent l'ensemble du territoire. Après la guerre de 1870, les programmes d'enseignement accordent **une large place à la géographie**, devenue une science « positive » et renouvelée par les travaux d'Élisée Reclus (*Géographie universelle* en dix-neuf volumes publiés entre 1875 et 1894) et surtout de Vidal de la Blache (*Tableau de la géographie de la France*, 1903).

■ Les manuels scolaires s'enrichissent de cartes et popularisent l'image d'un territoire français ouvert sur deux façades maritimes et dont **la forme harmonieuse considérée comme parfaite, un hexagone, est blessée et amputé de son angle nord-est** : même la carte de France suggère qu'une revanche contre l'Allemagne est indispensable afin de rendre à la France sa plénitude et son harmonie naturelle.

■ Guides et manuels font progresser la connaissance du territoire français. Attentifs aux particularités régionales, ils en exaltent l'unité profonde et apportent un fondement géographique au patriotisme.

1 « La France est un jardin »

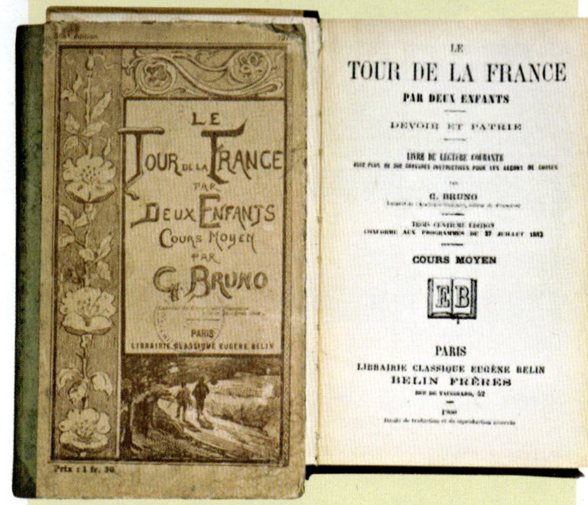

André et Julien ont quitté la ville de Phalsbourg devenue allemande en 1871. Ils parcourent la France à la recherche de leur famille.

La Normandie est un des sols les plus fertiles de France. Nous avons des prairies sans pareilles, où les nombreux troupeaux qu'on élève ont de l'herbe jusqu'au ventre. [...] Les chevaux normands dont la ville de Caen fait grand commerce, sont connus partout : nos moutons de prés salés sont célèbres. [...] La campagne est tout ombragée d'arbres fruitiers, de pommiers qui donnent un excellent cidre, de cerisiers dont les bonnes cerises approvisionnent l'Angleterre. La Normandie est une des provinces les plus riches de notre France.

– Mais, père Guillaume, quelle est donc entre toutes la plus fertile ? M. Gertal m'a répété que la Bourgogne est sans pareille ; Toulouse a des plaines couvertes de blé ; mon oncle Frantz, en me faisant voir Bordeaux, m'a expliqué que ses vins sont les premiers du monde. Mais, avec tout cela, je ne sais pas laquelle de toutes ces provinces-là il faut mettre la première.

– Petit Julien, dit le père Guillaume en souriant, il n'est pas facile de donner ainsi des places et des rangs aux choses. Demande à un jardinier quelle est la plus belle des fleurs, il sera bien embarrassé ; mais, en revanche, il te dira que le plus beau des jardins, c'est celui où il y a les plus belles et les plus nombreuses espèces de fleurs. Eh bien, petit, la France est ce jardin. Ses provinces sont comme des fleurs de toute sorte, entre lesquelles il est difficile de choisir, mais dont la réunion forme le plus beau pays, le plus doux à habiter, notre patrie bien-aimée.

G. Bruno, *Le Tour de la France par deux enfants*, Livre de lecture, cours moyen, Belin, 1877.

1. À quel public ce texte est-il destiné ?
2. Quels procédés utilise-t-il pour instruire ?
3. En quoi reflète-t-il les intentions civiques et patriotiques de l'auteur ?

2 Comment *L'Illustration* représente le futur traité de Francfort.

L'Illustration du 11 mars 1871.

1. Bismarck est assis à gauche. Quel personnage représente la France ? Expliquer son attitude.
2. Que représentent les deux enfants à droite, arrachés à leur mère ?
3. Quelle image de la guerre franco-prussienne cette gravure donne-t-elle ?
4. Quel est le but recherché ?

3 L'impact des transports sur un bourg rural

L'élargissement de l'horizon était facilité par des voyages plus fréquents… En 1885, 13 046 voyageurs prirent des billets à la gare de Mazières[1]. Elle vit passer 19 089 voyageurs en 1890, 33 724 en 1900 et 42 360 en 1909… et, dès 1890, les premières bicyclettes apparurent […]. Le monde habituel où l'on vivait devenait plus vaste. Ce n'était plus seulement la commune, c'était toute la région… Ainsi se modifiait insensiblement, par le jeu des forces économiques, l'état d'esprit des habitants et se rompait l'homogénéité du pays, le bourg se séparant de la campagne et la précédant nettement dans cette évolution… Les idées nouvelles étaient apportées par les journaux. Dès les environs de 1880, un dépôt de journaux existait dans un café du bourg. On y trouvait au début *Le Petit Patriote*, *Le Petit Journal*, un peu plus tard *Le Petit Parisien*, *La France de Bordeaux et du Sud-Ouest*, *La Petite Gironde*.

R. Thabault, *L'Ascension d'un peuple, mon village*, 1re édition 1944.

1. Bourg du département des Deux-Sèvres.

1. À quoi voit-on le succès du chemin de fer ?
2. Comment le décloisonnement de l'espace se manifeste-t-il ?
3. Quelles en sont les limites ?

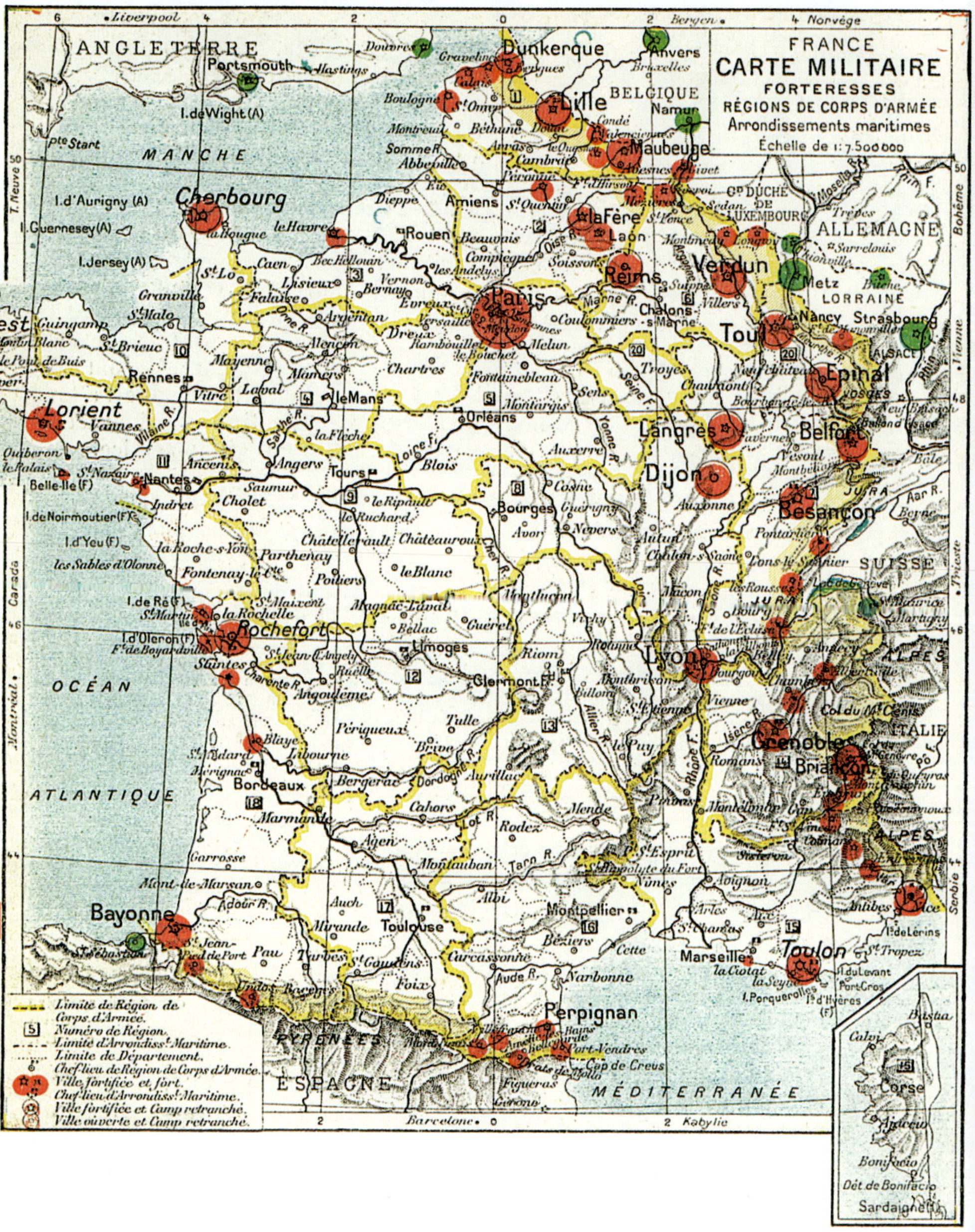

4 Carte militaire de la France en 1901.

P. Foncin, *La Troisième Année de géographie*, Paris, librairie Armand Colin, 1901.

1. Où les forteresses sont-elles les plus nombreuses ? Pourquoi ?
2. Par quels procédés graphiques met-on en évidence « l'amputation » qu'a subie le territoire français ?
3. Comment expliquer la place d'une carte militaire dans un manuel de géographie ?

Nogent-sur-Marne, une commune de la banlieue parisienne

• La commune de Nogent-sur-Marne est située au sud-est de Paris. La mise en valeur agricole y est ancienne : les vergers, les volailles et le vin de Nogent sont réputés. La proximité du bois de Vincennes, autrefois riche en gibier, et le charme de ses coteaux en pente douce vers la Marne ont très tôt fait de Nogent un lieu de villégiature. L'entrée dans l'ère industrielle modifie profondément le territoire et la population de la commune reliée à Paris par le train dès 1856 : elle devient une commune de la banlieue parisienne.

1 Le centre de Nogent-sur-Marne vers 1900. Espace bâti vers 1840.
Carte extraite de la feuille Ponts et Chaussées, 1900. Musée de Nogent-sur-Marne.

2 La population de Nogent à la fin du XIXe et au début du XXe siècle.

	1872	1876	1881	1886	1891[1]	1896	1901	1911
Effectifs	6 260	7 560	9 460	12 970	8 400	9 410	10 590	93 710
dont étrangers	270	?	?	1 090	756	896	756	1 260
dont Italiens	113	?	336	448	504	560	532	840

1. En 1887, les quartiers situés à l'est de la voie ferrée sont séparés de Nogent pour former la commune du Perreux.

Composition de la population active en 1891 (%)	
Patrons d'industrie	3,84
Ouvriers (dont 5 % dans le bâtiment)	37,35
Domestiques	11,06
Professions commerciales	12,81
Transports	10,88
Propriétaires rentiers	12,91
Professions libérales	3,39
Actifs agricoles	6,71
Autres	1,05

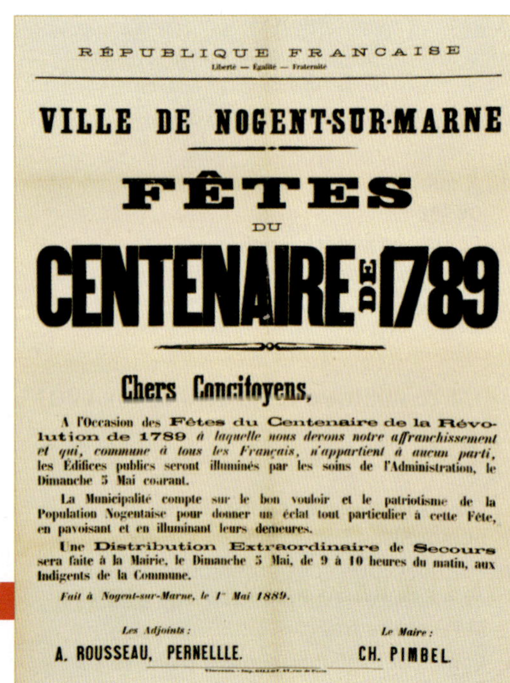

3 Le centenaire de la Révolution française à Nogent-sur-Marne.

4 Fête du 15 août au viaduc de Nogent-sur-Marne, peu avant la Première Guerre mondiale.

5 **Le regard du curé de Nogent-sur-Marne sur les Italiens**

Tous mes Italiens habitent le vieux Nogent, dans les quartiers les plus pauvres et les moins bien fréquentés. Ils vivent entre eux. Ils ont leurs hôtels, leurs restaurants, leurs bals, leurs journaux. […] Tous sont catholiques, mais bien peu pratiquent. L'immoralité parmi eux est épouvantable. Les patrons, qui sont bons, ne les surveillent pas assez […]. Ce qui me fait le plus de peine, c'est le grand nombre d'unions irrégulières, c'est absolument désolant.

Rapport du 9 février 1913 sur Nogent-sur-Marne.

6 Affiche publicitaire du début du XXe siècle.

Questions

A Retirer des informations des documents

1. Retrouver dans le document les traces du passé rural de la commune. Étudier l'évolution de l'espace bâti et recenser les équipements collectifs en place au début du XIXe siècle (doc. 1).

2. Étudier l'évolution de la population (doc. 2). Quelles sont les particularités de l'immigration à Nogent-sur-Marne ? Quelles sont les catégories socioprofessionnelles les plus représentées en 1891 ?

3. Comment l'unité nationale se manifeste-t-elle à Nogent-sur-Marne (doc. 3 et 4) ?

4. Montrer que les Italiens de Nogent-sur-Marne sont à la fois encore en marge de la cité et en cours d'intégration.

5. Décrire la scène (doc. 4). Comment expliquer une telle affluence ?

B Mettre en relation les informations des documents

6. Quels sont les éléments des doc. 1 et 2 qui montrent le développement urbain de Nogent-sur-Marne ? À quoi est-il dû ? Rassembler les éléments qui montrent le renforcement des liens entre Nogent et Paris (doc. 1, 2 et 4).

7. Étudier les différentes représentations de Nogent à travers les doc. 3, 5 et 6.

C Rédiger

8. Présenter à partir de l'exemple de Nogent les caractéristiques d'une commune de la banlieue parisienne avant 1914.

2 Les Français

A. La stagnation démographique **doc. 2, 3 et 4**

■ Avec plus de 39 millions d'habitants en 1911, la France reste l'un des États les plus peuplés d'Europe. En un demi-siècle, la population a crû de 11 %, beaucoup moins que celle de l'Allemagne (43 %), ce qui inquiète une partie de l'opinion. Si, en 1914, un Européen sur onze est français, c'est bien moins qu'en 1850 (un sur sept).

■ **L'accroissement naturel se ralentit** dans la deuxième moitié du XIXe s. : proche de 100 000 avant 1870, il tombe à 75 000 vers 1890 et à 50 000 en 1901. Ce recul est lié au phénomène de **transition démographique** : la baisse de la mortalité se poursuit mais elle est irrégulière jusqu'en 1895 (épidémie de choléra en 1853-1854) ; la mortalité infantile reste élevée (un nouveau-né sur trois meurt avant 5 ans en 1860). **La baisse de la natalité s'accentue après 1870** : de 26,2 ‰ en 1869, le taux de natalité passe à 21,9 ‰ vers 1900 et à 19 ‰ avant 1914. Sauf en Bretagne et dans le Massif central, le **malthusianisme** l'emporte : le désir d'ascension sociale et l'intérêt porté à l'enfant conduisent un nombre croissant de couples (employés, bourgeois et ouvriers) à limiter à un ou deux le nombre de leurs enfants.

■ **Certains s'en inquiètent dans la perspective d'une revanche sur l'Allemagne.** Jacques Bertillon fonde en 1896 l'Alliance nationale pour l'accroissement de la population de la France mais les pouvoirs publics se contentent de créer une commission de la dépopulation.

B. Une population plus mobile **doc. 5, 6 et 7**

■ Dès le Second Empire, **l'industrialisation et la modernisation des transports stimulent l'exode rural**. Plus de 100 000 ruraux, venant du Sud-Ouest, de l'est du Bassin parisien et de Bretagne, quittent chaque année la campagne, entre 1871 et 1890. La part de la population rurale dans l'ensemble de la population décline fortement (elle passe de 74 % en 1850 à 56 % en 1910), au profit des grandes villes. Paris (2 millions d'habitants), Lyon, Marseille, dominent un réseau urbain composé surtout de villes de 5 000 à 20 000 habitants.

Plus que jamais, la France apparaît comme un grand pays d'immigration au XIXe s., le seul pays de ce type en Europe. **Cette immigration, en provenance des pays européens, tous catholiques, Belgique, Italie, Pologne, masque le déclin démographique** : le nombre d'étrangers triple en un demi-siècle. En 1911, alors que les naturalisations progressent – la loi de 1889 accorde la nationalité française aux enfants nés et éduqués en France – les étrangers représentent 3 % de la population. Jeunes et célibataires le plus souvent, ils se concentrent dans les régions frontalières et les grands centres industriels. Une nouvelle répartition de la population s'esquisse : la France industrialisée du Nord et de l'Est attire, on quitte les régions de l'Ouest et du Sud encore très rurales.

C. Une population plus unie **doc. 1**

■ Le bon réseau de transports et l'action de l'État favorisent le brassage des populations. **L'obligation scolaire** (lois Ferry en 1881-1882) permet à tous les jeunes d'acquérir, dans la langue nationale, une culture commune. **Le service militaire**, imposé à tous en 1905, développe la solidarité au sein d'une classe d'âge. Les signes d'appartenance régionale (patois, costume) s'effacent dans les grandes villes. L'appartenance des immigrés à la religion catholique facilite leur **assimilation** par un pays, lui aussi majoritairement catholique.

■ Mais l'unification a des limites : les inégalités et les tensions sociales sont fortes ; les solidarités régionales se maintiennent, entretenues par des associations (Félibrige en Provence, Union régionaliste bretonne).

VOCABULAIRE

transition démographique : passage d'un régime démographique ancien (natalité et mortalité élevées) à un régime moderne (natalité et mortalité réduites).

malthusianisme : volonté de freiner ou de stopper l'accroissement naturel d'une population.

assimilation : voir p. 112.

1 Le service militaire et l'unité nationale

Depuis l'application intégrale du service obligatoire, c'est de 20 à 23 ans que toute la nation passe entre les mains des officiers. Nul n'y échappe. Il ne s'agit plus ici de tel ou tel groupe : tous, ouvriers de la main et de la pensée, lettrés et ignorants, propriétaires et laboureurs, reçoivent pendant une période de leur vie l'empreinte d'un lieutenant, d'un capitaine ou d'un colonel. À ce fait nouveau – ce fait révolutionnaire au sens propre du mot – doit répondre forcément un développement du rôle de l'officier [...]. Apprenez aux jeunes hommes dont vous avez la charge que, sur les ruines des hiérarchies disparues, la nécessité sociale de la discipline, de l'abnégation et du respect ne cessera pas d'être – et que l'armée sera toujours la meilleure, sinon la seule école où s'apprendront ces vertus.

L. H. G. Lyautey, « Du rôle social de l'officier », *Revue des Deux Mondes*, 1891.

1. Comment l'auteur montre-t-il le brassage social qu'opère le service militaire ?
2. En quoi la formation militaire peut-elle renforcer l'unité nationale ?

2 Le mouvement naturel de la population en France et en Allemagne.

France	1850	1900	1920
Natalité en %	27	20	19
Mortalité en %	23	20	17

Allemagne	1850	1900	1920
Natalité en %	40	33	21
Mortalité en %	25	18	14

1. Calculer les taux d'accroissement naturel des populations française et allemande aux trois dates. Comparer.
2. Quelle est, à chaque date, la situation de chacun des États dans la transition démographique ?
3. Montrer qu'elle ne s'effectue pas de la même façon en France et en Allemagne.

3 « La femme moderne ».
« Moi, cueillir ça ? Fi donc !
Pour me salir les mains et la robe ! »
Caricature de Lubin de Beauvais, 1910.

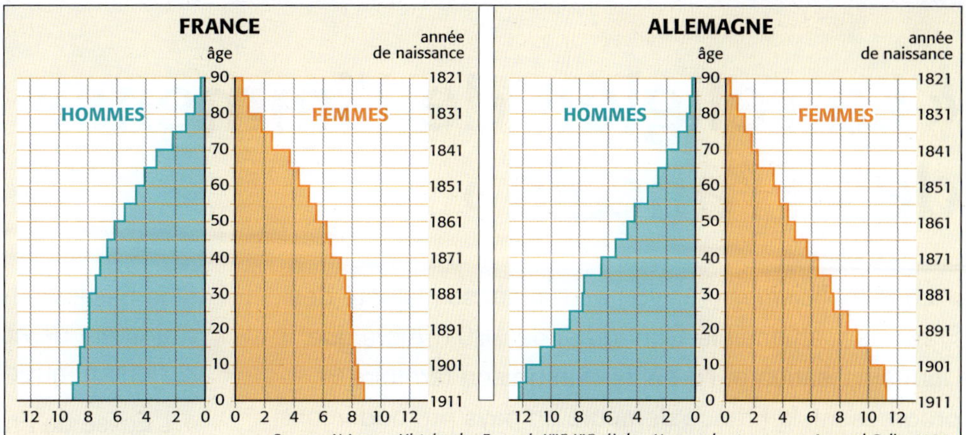

Source : Y. Lequin, *Histoire des Français XIXe-XXe siècles, Un peuple et son pays*, Armand Colin, 1984.

4 Pyramides des âges de la France et de l'Allemagne en 1911.

5 Les étrangers en France.

a. Le nombre d'étrangers en France.

1851	379 289
1866	655 036
1872	740 668
1881	1 001 090
1891	1 130 211
1896	1 027 421
1906	1 046 905
1911	1 159 835

b. Les origines.

	1851	1911
Allemands	57 061	102 271
Anglais	20 357	40 378
Belges	128 103	287 126
Espagnols	29 736	105 760
Italiens	63 307	419 234
Polonais	9 338	35 016
Autres	45 000 environ	96 000 environ

6 L'Église et l'exode rural en Bretagne

Nos Bretons sont habitués à recueillir sur le sol natal le fruit de leur labeur, sans que leur esprit d'initiative soit mis à l'épreuve, puisqu'ils n'ont qu'à suivre, pour gagner leur pain, les méthodes et les modes de travail de leurs pères, vivant sur la terre et de la terre, ils n'ont encore qu'à se laisser vivre, entraînés par la coutume et les habitudes prises dès l'enfance. Arrivés dans les grandes villes, ils ne tardent pas à s'apercevoir que, pour parvenir aux gros salaires et aux richesses rêvées, il faut une activité, un esprit d'initiative, une certaine audace que réclame la lutte pour la vie. Ni leur nature, ni leur éducation ne les y ont préparés. Aussi ne tardent-ils pas à être relégués dans les métiers les plus grossiers et les moins lucratifs. Ils s'en consolent en portant trop souvent chez le marchand de vin la plus grosse part du salaire qui pourrait assurer à leur famille un bien être modeste sans doute, mais suffisant… Le Breton, une fois séparé de son milieu primitif, a une tendance extraordinaire à se perdre dans le nouveau milieu où il se trouve transporté.

La Semaine religieuse du diocèse de Saint-Brieuc et de Tréguier, février 1892.

1. Pour quelles raisons, selon le texte, les Bretons quittent-ils le sol natal ?
2. Quelle image se fait-on, à la lecture du texte, des Bretons et de la grande ville ?

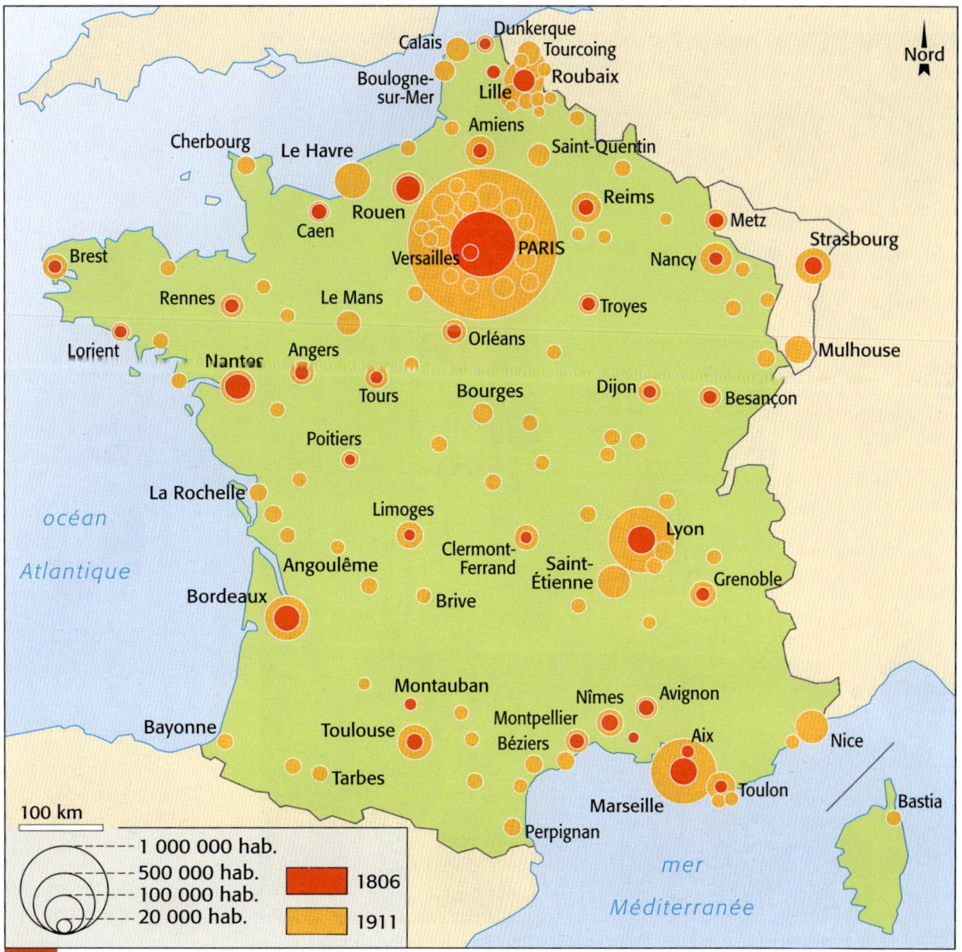

7 Les villes de plus de 20 000 habitants en 1806 et en 1911.

« La religion de l'immense majorité des Français »

- Le catholicisme, « religion de l'immense majorité des Français », affirmait le Concordat de 1801. Alors que l'industrialisation et l'urbanisation de son territoire progressent, la France demeure un pays profondément catholique tout au long du XIXe s. Aux manifestations de religiosité traditionnelles, pèlerinages, processions, assistance aux cérémonies religieuses, la construction d'églises telles que la basilique du Sacré-Cœur à Paris et la basilique Notre-Dame-de-la-Garde à Marseille, s'ajoutent de nouvelles formes de piété qui font largement appel à la sensibilité et à l'émotion.
- L'Église de France, sous le régime du Concordat depuis 1801 jusqu'en 1905, demeure très puissante jusqu'à la fin des années 1870. Il lui faut cependant compter avec la **sécularisation** de la société et sa **laïcisation**, et affronter l'**anticléricalisme** de certains républicains.

VOCABULAIRE

sécularisation : recul de l'emprise des institutions et des symboles religieux dans la société.

laïcisation : évolution ou action visant à rejeter toute influence religieuse dans une société, dans l'enseignement public, dans l'administration et dans la vie politique.

anticléricalisme : opposition systématique au clergé d'une Église.

1 **La basilique Notre-Dame-de-la-Garde à Marseille (consacrée en 1864).**

2 **Certificat de première communion de Marie François, 23 mai 1875.** Lithographie, Bouasse-Lebel, Musée national des Arts et Traditions populaires.

3 ***Bénédiction des blés en Artois*, 1859.** Tableau de Jules Breton. Musée national du château de Compiègne.

4 Ex-voto de Joséphine Gilly à Notre Dame de Bon-Secours, 1860. Un des nombreux témoignages de la piété populaire.

5 ***Le Rire*, 20 mai 1905. Caricature.**

6 Tableau religieux de la France en 1883

Il y aurait actuellement en France 60 000 juifs, près de 600 000 protestants, et tous les autres habitants, sans exception, soit 35 500 000 personnes, seraient de religion catholique. […] Mais en dépit de la statistique officielle, les catholiques sincères ne comptent point comme des coreligionnaires tous les Français qui ne sont ni protestants ni juifs ; ils savent que dans toutes les parties du pays, principalement dans les villes, un grand nombre d'hommes restent en dehors de l'Église, soit par indifférence, soit par hostilité. […] Une chose est certaine, c'est que l'Église catholique est très puissante en France, probablement plus que dans tout autre pays du monde. […] En comptant les prêtres, les séminaristes, les religieux et les religieuses de tous les ordres, l'Église catholique est représentée en France par plus de 245 000 personnes. En 1878, la population totale des communautés enseignantes et contemplatives s'élève à 200 000 personnes.

É. Reclus, *Nouvelle Géographie universelle*, La France, 1883.

Questions

A Retirer des informations des documents

1. En quoi la construction de nouvelles églises est-elle révélatrice de la vitalité de la foi (doc. 1) ?

2. La première communion est faite généralement vers l'âge de 12 ans. À quoi voit-on qu'elle constitue un rite de passage (doc. 2) ?

3. Observer les participants. À quoi voit-on la piété des villageois (doc. 3) ?

4. En quoi consiste, selon l'auteur, la puissance de l'Église (doc. 6) ? À quelle difficulté se heurte-t-elle ?

5. L'ex-voto (doc. 4) correspond à un don fait en remerciement d'une intervention divine à l'occasion d'une maladie ou d'un accident. De quel accident s'agit-il ? À qui s'adresse l'ex-voto ?

6. De quelle « opération chirurgicale » s'agit-il (doc. 5) ?

B Mettre en relation les documents

7. Recenser les manifestations de piété (doc. 1, 2, 3 et 4).

C Rédiger

8. Dans quels domaines la vitalité du catholicisme se manifeste-t-elle en France au XIXe s. ?

Les Français et la maladie au XIXe siècle

• La deuxième moitié du XIXe s. est rythmée par des crises de surmortalité dues aux maladies infectieuses. Les épidémies de diphtérie (7 000 décès par an dans les années 1890), de choléra (1854, 1867, 1873, 1884) ou de variole (1869-1873, 1886, 1907) ravivent le souvenir des grandes pestes de l'Ancien Régime. La tuberculose est responsable de 20 % des décès en ville : c'est, avec la diphtérie, la maladie la plus redoutée.

• Face à ces grandes maladies, la peur et la résignation longtemps l'ont emporté.
À la fin du XIXe s. cependant, l'attitude change.
Les travaux de Pasteur ont montré l'origine microbienne des maladies infectieuses ; les médecins et les pouvoirs publics (vaccination antivariolique obligatoire en 1902) s'efforcent de les combattre.

1 La phtisie de Jeanne

Après une crise, Hélène, la mère de Jeanne (12 ans) fait venir le médecin.
Le docteur Bodin vint comme par hasard et examina la malade, qu'il ausculta en plaisantant. Puis il eut un long entretien avec le docteur Deberle. Tous deux tombèrent d'accord que l'état présent n'offrait aucune gravité ; mais ils craignaient des complications.
L'état de Jeanne s'est aggravé. Les deux médecins reviennent en consultation.
[Le docteur Bodin] discutait les symptômes avec des expressions techniques : il y avait une toux sans expectoration, un abattement très grand, une forte fièvre. [...] « J'attends, que voulez-vous !.. mais vous allez la voir. Vous vous prononcerez ensuite. » [...] [Le docteur Deberle], pendant une minute, examina Jeanne. Sa faiblesse était si grande qu'elle n'ouvrait plus les yeux sans fatigue. Baignée de sueur, elle restait appesantie, la face blême, allumée d'une flamme aux pommettes. « C'est une phtisie[1] aiguë », murmura-t-il enfin, ne témoignant aucune surprise, comme s'il eût prévu le cas depuis longtemps.

É. Zola, *Une page d'amour*, 1878.

1. Nom donné à la tuberculose pulmonaire.

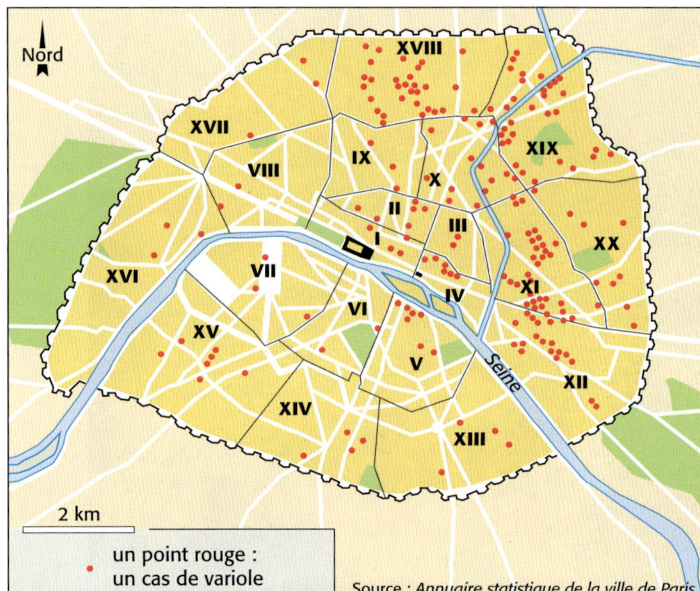

Source : *Annuaire statistique de la ville de Paris.*

2 La variole à Paris en 1886.

3 L'hôpital face aux épidémies

a. Dans le cas d'épidémie, c'est à Bicêtre[1] et à la Salpêtrière[2] que l'Assistance demande secours ; on profite des vastes dimensions de ces deux établissements pour y installer des malades. Pendant la contagion variolique qui, dans l'été 1870, a sévi sur Paris, on avait organisé un service varioleux à la Salpêtrière dans des bâtiments condamnés à tomber bientôt, et un service de convalescents à Bicêtre. Ce n'est pas la place qui manque. [...] La population de la Salpêtrière au 31 décembre de l'année 1869 était de 4551 âmes. Dans les hôpitaux ordinaires, c'est le portier qui est cantinier et qui débite aux pensionnaires les denrées autorisées. Ici [...] c'est un véritable marché, où l'on rencontre des fruitiers, des épiciers, un café, des marchands de tabac.

M. Du Camp, *Paris, ses organes, ses fonctions et sa vie dans la seconde moitié du XIXe siècle*, 1875.

1 et 2. Hôpitaux parisiens.

b. – De bonnes dispositions hygiéniques sont faciles à obtenir dans des hôpitaux de 200 à 500 malades. [...]
– De petites salles de 15 à 20 lits sont faciles à surveiller au point de vue des soins ; la gêne réciproque des malades y est moins grande : les chances de contagion directe moindres aussi ; l'enlèvement de toutes les impuretés plus rapide.

Recommandations de la Société de chirurgie pour la reconstruction de l'Hôtel-Dieu (hôpital parisien), 1884.

4 Évolution du taux de mortalité et du taux de mortalité infantile.

	Mortalité (en ‰)	Mortalité infantile (en ‰)
1851-1855	25,7	166
1859	?	215
1860	21,4	150
1866-1869	23,4	175
1869	?	215
1870-1871	31,3	217
1872-1875	22,4	176
1891-1895	22,3	170
1911-1913	18,3	124
1911	?	157
1912	?	106

Le traitement du croup. 5
Tableau par G. Chicotot exposé au Salon de 1904.
Le croup est une forme de diphtérie qui touche surtout les enfants de 2 à 5 ans : elle provoque l'obstruction du larynx et l'asphyxie.

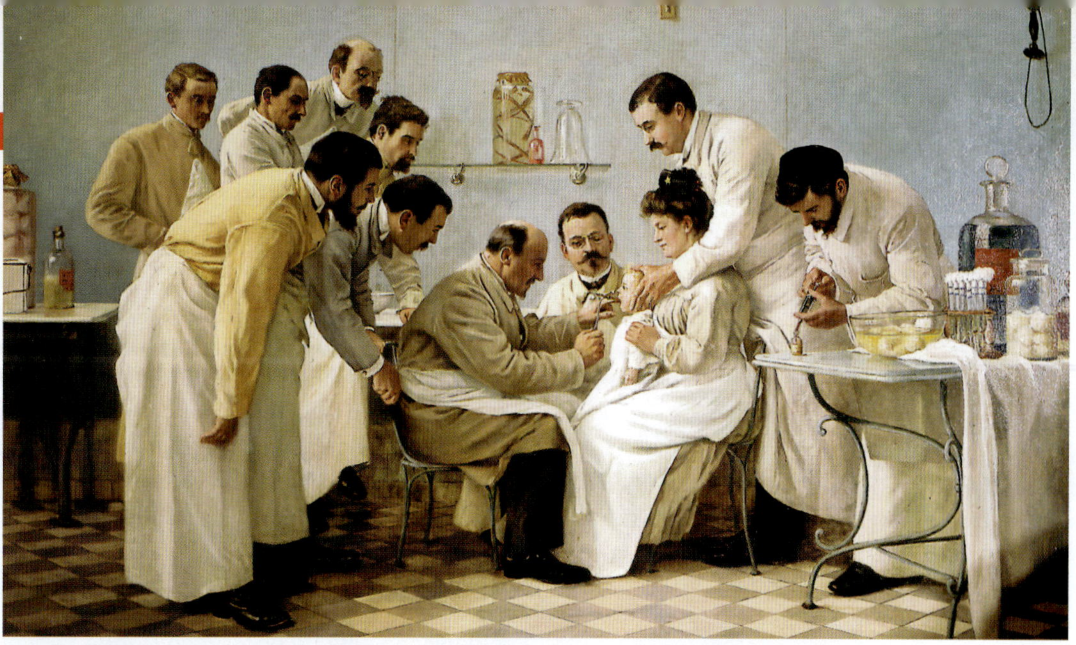

6 **Affiche de la CGT pour le 1er mai 1912.**

Questions

A Retirer des informations des documents

1. Comment les médecins établissent-ils leur diagnostic (doc. 1) ?
2. Où l'épidémie a-t-elle le plus frappé (doc. 2) ? Quel type de population trouve-t-on dans ces quartiers ?
3. Qu'est-ce qui peut favoriser la contagion dans un hôpital tel que la Salpêtrière (doc. 3a) ? Comment envisage-t-on d'y remédier (doc. 3b) ?
4. À quoi voit-on la fragilité des progrès réalisés (doc. 4) ?
5. Comment le caractère professionnel de la scène est-il rendu (doc. 5) ?
6. À quelles menaces la santé de l'ouvrier est-elle exposée (doc. 6) ? À part la journée de 8 heures, quel peut être l'objectif de l'affiche ?

B Mettre en relation les informations des documents

7. Caractériser l'attitude face à la maladie dans les documents 1, 3, 5 et 6.
8. Qui engage l'action contre les maladies (doc. 3, 4, 5 et 6) ?
9. Avec quels résultats ?

C Rédiger

10. Montrer comment s'engage, à la fin du XIXe s., une politique médicale et hygiéniste de lutte contre les grandes maladies.

FICHE DE RÉVISION

DATES À RETENIR

- **1860 :** Nice et la Savoie rattachés à la France
- **1871 :** perte de l'Alsace et du nord de la Lorraine
- **1881-1882 :** école primaire laïque et obligatoire jusqu'à treize ans
- **1889 :** la France accorde la nationalité française aux enfants nés et éduqués en France
- **1905 :** service militaire universel d'une durée de deux ans ; dispenses et exemptions sont abolies.

L'ESSENTIEL

1. Le territoire

- Le territoire métropolitain connaît deux modifications : le rattachement de Nice et de la Savoie (1860), la perte de l'Alsace et d'une partie de la Lorraine (1871). La France possède un vaste empire colonial (plus de onze millions de km^2).
- L'action de l'État et la révolution ferroviaire unifient et décloisonnent le territoire.
- L'étude de la langue française et la connaissance du territoire national à l'école progressent et nourrissent le patriotisme.

2. Les Français

- La population augmente faiblement de 1850 à 1914 (de 35,8 à 39,6 millions d'habitants).
- Les déplacements de population (exode rural et immigration) favorisent la France du Nord et de l'Est, plus industrialisée.
- Le brassage social et culturel des Français progresse (transports, école, service militaire, urbanisation) mais ne fait disparaître ni les inégalités ni les particularismes.

NE PAS CONFONDRE

Assimilation et intégration

➤ L'**assimilation** : l'adoption, par une population minoritaire, de la langue, de la culture, des valeurs de la population majoritaire précédemment installée sur le territoire.

➤ L'**intégration** : à l'origine, le mot signifie rattachement à la métropole d'un territoire qui jouit des mêmes droits. Par extension, il désigne l'acceptation, par des personnes d'origine étrangère, des règles de vie de la communauté nationale et des lois de l'État dans lequel elles vivent.

Nationalité et naturalisation

➤ **Nationalité** : terme juridique apparu au milieu du XIXe s et désignant l'appartenance administrative à une nation. L'expression « Nationalité française » est synonyme de « qualité de Français » à partir de la loi du 30 décembre 1880.

➤ **Naturalisation** : octroi par un État de la nationalité de cet État à un étranger.

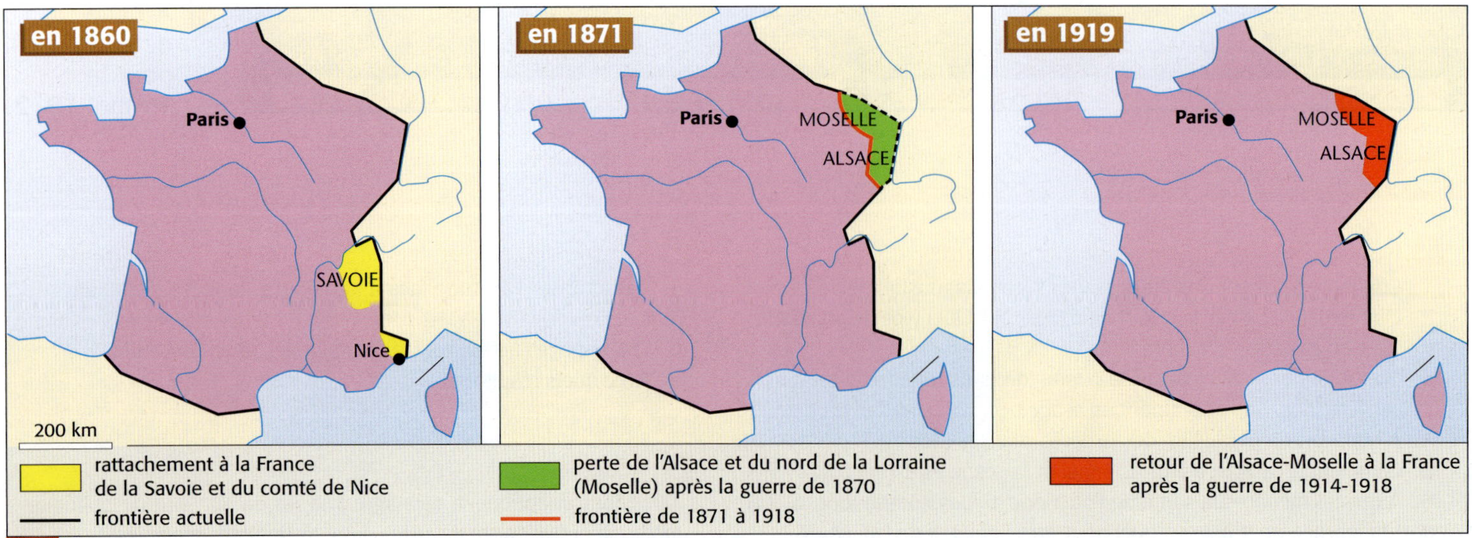

La France en 1860, en 1871 et en 1919.

La population française du début du XIXe s. au milieu du XXe s.

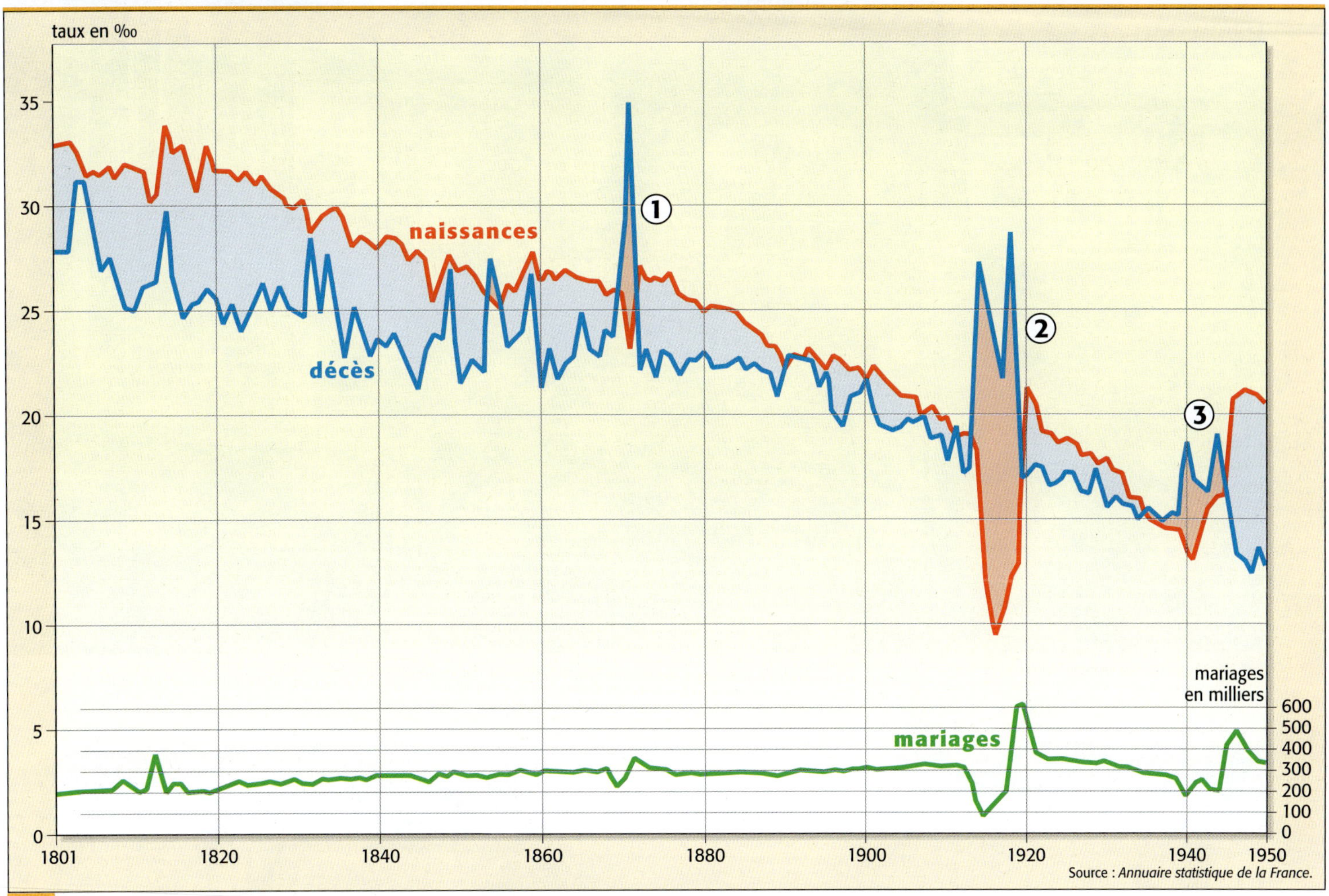

1 Naissances, mariages et décès, de 1800 à 1950.

2 La population française de 1801 à 1946.

Année	Territoire de l'époque	Population (en milliers)
1801 1821 1831 1841 1851	Frontières de 1815 (territoire actuel, moins la Savoie, la Haute-Savoie les Alpes-Maritimes) (538 000 km^2)	27 349 30 462 32 569 34 230 35 783
1861 1866	Territoire actuel (551 000 km^2)	37 386 38 067
1872 1881 1891 1901 1911	Frontières de 1871 (territoire actuel, moins la Moselle, le Bas-Rhin et le Haut-Rhin) (536 000 km^2)	36 103 37 672 38 343 38 962 39 605
1921 1931 1936 1946	Territoire actuel (551 000 km^2)	39 210 41 835 41 907 40 503

Questions

1. Observer la courbe des naissances : globalement, comment évolue-t-elle ?
2. Observer la courbe des décès : globalement, comment évolue-t-elle ?
3. À partir de quand la courbe des décès diminue-t-elle fortement ?
4. Comment l'évolution de ces deux courbes explique-t-elle l'évolution de la population (doc. 2) ?
5. Quelles explications peut-on donner aux dépassements (1, 2, 3) de la courbe des naissances par la courbe des décès ?
6. Les conséquences sont-elles visibles dans le tableau de la population (doc. 2) ? Quelles sont-elles ?
7. Quel autre facteur peut expliquer l'évolution de la population ?
8. Comment évolue globalement la courbe des mariages (doc.1) ?
9. Comment expliquer les creux les plus importants et les plus fortes hausses ?
10. Par quoi se caractérise, dans les années 1920-1930, la faiblesse démographique de la France (doc. 1 et 2) ?

Composition (1/5)

Sujet : Archaïsme et modernité dans la France d'avant 1914

DOCUMENTS D'ACCOMPAGNEMENT

a **La salle commune d'une ferme bretonne vers 1900.** Billiers (Morbihan). Musée des Arts et Traditions populaires, Paris.

b Limoges, place Denis Dussoubs, au début du XXe siècle.

Méthode

1 La composition : rappel

• La composition est un exercice proposé en première partie de l'épreuve d'histoire-géographie du baccalauréat. Elle est l'occasion de mettre en évidence ses connaissances et sa capacité à les organiser.

• On dispose de quatre heures pour cette épreuve. On peut consacrer deux heures trente environ à la composition.
– La première étape, « **Lire le sujet et l'analyser** », est capitale : la compréhension du sujet et la cohérence du devoir en dépendent.

2 Lire le sujet et l'analyser

• Lire le sujet avec attention.
• Repérer et comprendre les mots-clés ; définir avec précision chaque terme du sujet. Être attentif à la ponctuation et aux majuscules.
• Un sujet de composition d'histoire concerne toujours une époque et un lieu. Il faut donc en définir les limites :
– limites chronologiques : une période longue (« l'essor industriel de l'Europe de 1850 à 1939 ») ou une période courte (« les civils et la guerre en 1914-1918 ») ou un sujet tableau du type « La France en 1914 » ;
– limites géographiques : un pays, un continent, le monde.
– Dans le cas présent, le sujet est situé dans l'**espace** : la France.
– Il est situé dans le **temps** : avant 1914.
• Le sujet a un **thème** : ici : deux mots-clefs, « archaïsme », « modernité », reliés par un mot de liaison.
• Il faut analyser ces trois éléments.

Archaïsme et modernité dans la France d'avant 1914

Le thème :
– « archaïsme » : marque d'ancienneté, d'appartenance à un passé révolu ;
– « modernité » : caractère de ce qui est actuel, récent
– « et » : mot de liaison : addition, comparaison ou opposition.

L'espace national, et aussi ceux qui le peuplent.

La période : c'est l'industrialisation

• Comprendre le sens des mots de liaison (et, ou, dans…).
Les mots de liaison ont une grande importance. Le mot « et » peut avoir plusieurs implications :
– une mise en relation ;
– une comparaison.

3 Dégager la problématique

Le sujet ne pose pas directement de question ; il faut donc s'en poser soi-même.
La problématique est la question que pose le sujet et à laquelle le devoir doit répondre de façon ordonnée.
• Le mot de liaison « et » est ici capital : il s'agit de réfléchir à la part respective de l'archaïsme et de la modernité en France à l'époque considérée.

• On peut, certes, formuler la problématique en mettant le sujet à la forme interrogative : quelles sont, dans la France d'avant 1914, les traces d'archaïsme et les manifestations de la modernité ?
Mais cette formulation ne tient pas suffisamment compte du mot de liaison. On lui préférera : **La France d'avant 1914 est-elle un pays moderne ou un pays archaïque ?**

4 Choisir et élaborer le plan

Écrire au brouillon les idées qui viennent à l'esprit, afin de dégager un plan ; ne pas rédiger entièrement. Après avoir trouvé les deux ou trois parties du plan, trier les idées selon chacune des parties. Ne rédiger entièrement au brouillon que l'introduction et la conclusion.

• Rappel : le plan organise la réponse à la problématique ; il peut être :
– **chronologique** (le plus souvent) ;
– **dialectique** (une proposition, une idée à discuter ou le choix entre plusieurs propositions, entre plusieurs idées) ;
– ou **thématique** (question envisagée sous plusieurs aspects).

• Il s'agit ici de déterminer si la France est archaïque ou moderne, donc de choisir entre deux propositions. Le plan chronologique ne convient pas ici.

La démarche peut être :

– dialectique (ce qu'il y a d'archaïque, ce qu'il y a de moderne dans la France d'avant 1914) ;

– ou thématique (selon les points qu'on envisage : cadre de vie, démographie…, l'archaïsme ou la modernité l'emporte).
Le plan proposé est dialectique.
I. La France présente encore des traits archaïques :
– poids du monde rural souvent routinier ;
– recul très lent de la mortalité ;
– persistance des particularismes.
II. Mais elle est entrée dans la modernité :
– le territoire, en cours d'industrialisation, est unifié et maîtrisé ;
– la transition démographique est avancée (nouveau modèle familial) ;
– dans les villes, le brassage social et culturel progresse.

CHAPITRE
7 1848-1870 : la France entre République et Empire

En février 1848, la France connaît une nouvelle révolution : la monarchie de Juillet, qui avait été mise en place par la révolution de 1830, s'effondre et la république est installée pour la deuxième fois. Mais cette IIe République est fragile : elle disparaît à son tour au bout de quatre ans, remplacée par le Second Empire.

Ainsi, au milieu du XIXe s., soixante ans après les premiers bouleversements politiques provoqués par la Révolution de 1789, la France n'est toujours pas dotée d'un régime politique stable et durable. Il faut attendre à nouveau près de deux décennies pour que, après le désastre militaire de Sedan, la république soit rétablie en septembre 1870.

Pourquoi un second échec du régime républicain ?
Malgré son échec et sa disparition, quelles sont les grandes réalisations du Second Empire ?

1 À nouveau, de la République...

Le trône brûlé, lithographie, 1848.

« Le suffrage universel dit à tous, et je ne connais pas de plus admirable formule de la paix publique : "Soyez tranquilles, vous êtes souverains"... »
Victor Hugo, discours à l'Assemblée législative, 1849.

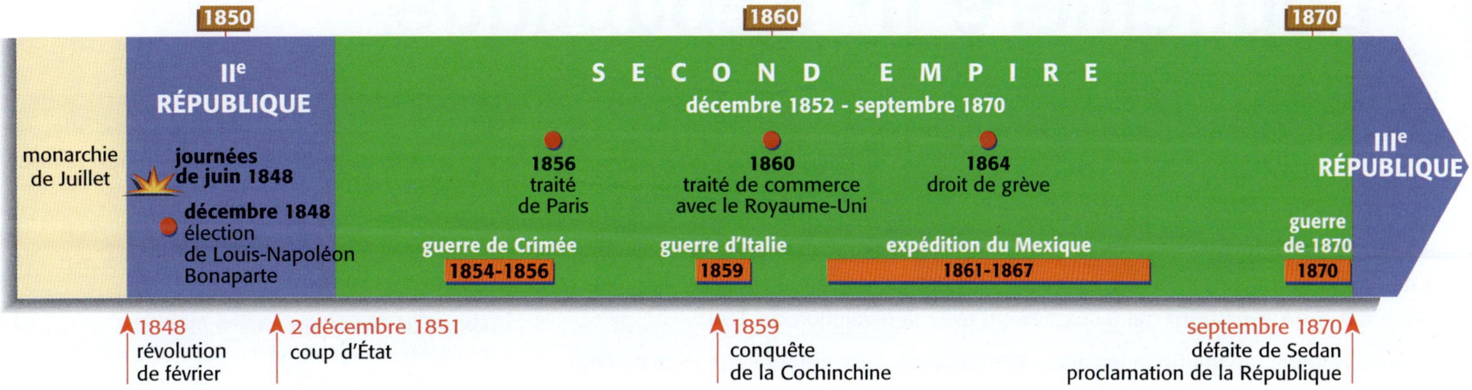

2 | ... à l'Empire.

Rentrée de Louis-Napoléon, prince-président à Paris, le 10 octobre 1852. Tableau de Philippe Larivière, huile sur toile 1859. Musée de Versailles. « Dès le moment où le prince-président avait mis le pied dans le département du Cher, il était acclamé Empereur par une population ivre d'enthousiasme. Les cris de : « Vive Napoléon III ! Vive l'Empereur ! » ne cessaient de résonner à son oreille. » Mémoires de Persigny (1808-1872), un des participants au coup d'État du 2 décembre 1851.

1 L'éphémère IIe République

A. La proclamation de la République doc. 1, 2 et 4

■ En février 1848, une insurrection parisienne entraîne l'**abdication** du roi Louis-Philippe et la proclamation de la République ; un gouvernement provisoire est formé. Quelques jours plus tard, le principe du **suffrage universel** masculin est proclamé. **Une page de l'histoire française semble tournée** : ce sont, en effet, tout à la fois la monarchie et le **suffrage censitaire** qui disparaissent avec la révolution de 1848.

■ **La jeune République multiplie les actes symboliques, notamment l'abolition de l'esclavage** dans les colonies et la plantation d'arbres de la Liberté qui traduisent l'espoir d'un monde meilleur. Le mot d'ordre est la « fraternité », qui vient s'ajouter à « liberté » et à « égalité » dans la devise républicaine. La IIe République a pourtant été la plus brève des républiques. Elle se heurte rapidement, en effet, à des difficultés croissantes.

B. Les « Journées de juin » doc. 3 et 5

■ La République est d'emblée fragilisée par la division entre les républicains. Certains d'entre eux sont des « républicains du lendemain », anciens partisans de la monarchie de Juillet, ralliés sans conviction au nouveau régime. Par ailleurs, **une opposition apparaît très rapidement entre républicains modérés**, comme le poète Lamartine ou l'avocat Ledru-Rollin, **et socialistes** tels que Louis Blanc, qui veulent donner une orientation sociale à la République.

■ Cette opposition est encore accrue par l'**insurrection ouvrière de juin 1848**, provoquée par la fermeture des **ateliers nationaux** qui avaient été créés au début de la IIe République : le 23 juin, les quartiers de l'Est parisien se couvrent de barricades. La répression menée du 23 au 25 juin, par le général Cavaignac donne lieu à de sanglants affrontements. On compte plusieurs milliers de morts et 25 000 arrestations. C'est la fin de l'« Illusion lyrique » – selon le mot de Lamartine, membre du gouvernement provisoire – d'une République sociale et fraternelle.

■ **Les « journées de juin 1848 » attisent une peur sociale.** Un « parti de l'Ordre » regroupe ceux qui craignent une atteinte à l'ordre et à la propriété. À l'élection présidentielle de décembre 1848, ce parti soutient **Louis-Napoléon Bonaparte**, neveu de l'empereur Napoléon Ier, qui est massivement élu avec 74 % des voix. Ces conservateurs sortent victorieux des élections législatives de mai 1849 et prennent plusieurs mesures qui apparaissent comme des reculs par rapport aux conquêtes de 1848. La plus significative est **la limitation du suffrage universel par la loi du 31 mai 1850** : tous ceux qui n'ont pas de résidence fixe depuis au moins trois ans n'ont plus le droit de vote. Cela concerne trois millions de citoyens, essentiellement des ouvriers.

C. Le coup d'État du 2 décembre 1851 doc. 6

■ Progressivement, **un conflit se dessine entre le « parti de l'Ordre » et le président de la République**. Celui-ci se révèle plus difficile à manipuler que ne l'espéraient ceux qui l'avaient soutenu en décembre 1848 – « un crétin qu'on mènera », aurait dit de lui Thiers. Il aspire à être réélu au terme de son mandat, mais la Constitution de 1848 interdit la réélection immédiate du président sortant. Or rien n'est prévu dans cette Constitution pour résoudre un conflit qui surgirait entre les pouvoirs exécutif et législatif.

■ Le refus de l'Assemblée de réformer la Constitution pousse Louis-Napoléon Bonaparte à organiser un coup d'État **le 2 décembre 1851**. Cette date anniversaire est doublement symbolique : **elle commémore le sacre de Napoléon Ier en 1804 et la victoire d'Austerlitz en 1805**. L'Assemblée est dissoute, l'**état de siège** est instauré et nombre de républicains sont arrêtés ou condamnés à l'exil. Nominalement, la République va durer encore un an, mais dès cette date **s'amorce la marche vers l'Empire**.

VOCABULAIRE

abdication : acte par lequel un souverain renonce au pouvoir.

suffrage universel : voir *Ne pas confondre* p. 126.

suffrage censitaire : voir *Ne pas confondre* p. 126.

ateliers nationaux : chantiers publics qui doivent donner du travail aux chômeurs contre un salaire. Rapidement jugés trop coûteux et peu efficaces, ils sont supprimés le 21 juin 1848.

état de siège : situation exceptionnelle où l'armée est chargée de maintenir l'ordre.

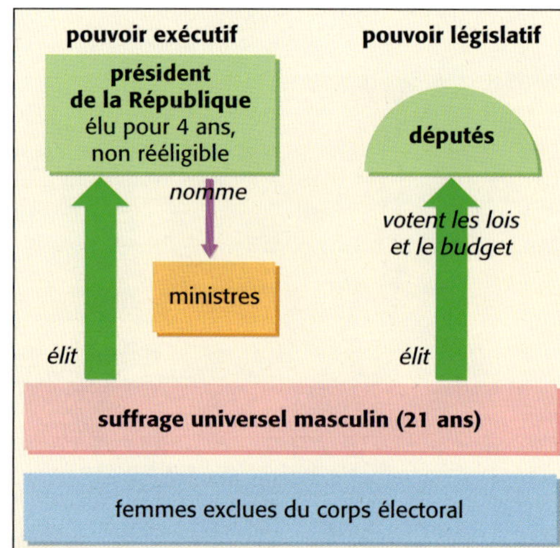

1 La Constitution de 1848.

1. Qui élit le président de la République ?
2. Qui élit les députés ?
3. Y a-t-il une solution constitutionnelle en cas de conflit entre le Président et l'Assemblée ?

2 Plantation d'un arbre de la Liberté.

Barricade rue Soufflot, 25 juin 1848. 3
Tableau d'Horace Vernet (1789-1863), huile sur toile, 1848-1850, 36 x 46 cm.
Deutsches Historisches Museum, Berlin.

1. **Décrire le tableau.**
2. **De quel côté de la barricade semble se situer le peintre ?**
3. **Quelle impression le tableau cherche-t-il à faire naître ?**

4 La première véritable élection au suffrage universel

Nous devions aller voter ensemble au bourg de Saint-Pierre, éloigné d'une lieue de notre village. Le matin de l'élection, tous les électeurs, c'est-à-dire toute la population mâle au-dessus de vingt ans, se réunirent devant l'église. Tous ces hommes se mirent à la file deux par deux, suivant l'ordre alphabétique ; je voulus marcher au rang que m'assignait mon nom, car <u>je savais que dans les pays et dans les temps démocratiques il faut se faire mettre à la tête du peuple et ne pas s'y mettre soi-même</u>. [...]
Je rappelai à ces braves gens la gravité et l'importance de l'acte qu'ils allaient faire ; je leur recommandai de ne point se laisser accoster ni détourner par les gens qui, à notre arrivée au bourg, pourraient chercher à les tromper, mais de marcher sans se désunir et de rester ensemble, chacun à son rang, jusqu'à ce qu'on eût voté. [...]
Tous les votes furent donnés en même temps, et j'ai lieu de penser qu'ils le furent presque tous au même candidat.

A. de Tocqueville (1805-1859), philosophe, historien et ministre des Affaires étrangères en 1849, *Souvenirs*.

1. **Quelle différence peut-on constater entre cette élection et une élection actuelle en France ?**
2. **Commenter la phrase soulignée. Qu'a-t-elle d'ironique ?**
3. **Que laisse entendre la dernière phrase ?**

5 Les journées de juin 1848 vues par la presse

a. La masse des insurgés étaient des ouvriers des ateliers nationaux qui se battaient en criant : vive la République démocratique et sociale ! Les proclamations de l'Assemblée nationale [...] reconnaissaient que ces insurgés étaient des malheureux travailleurs, égarés par le manque de travail, par la misère et la faim. Ce qui a déterminé l'insurrection, c'est la dissolution subite des ateliers nationaux, c'est l'irritation de ces travailleurs dont le dévouement et le courage avaient fait la révolution de Février, à qui le Gouvernement provisoire avait prodigué les éloges et les promesses et qui se voyaient maintenant exposés à mourir de faim avec leurs femmes et leurs enfants.

Le Populaire, 9 juillet 1848.

b. Enfin, la sédition est vaincue ; la France n'a pas voulu que sa conquête de février lui fût dérobée par l'anarchie. La République sort triomphante de cette épreuve sanglante, et maintenant notre patrie poursuivra sa marche civilisatrice, sans que rien ne puisse lui faire sérieusement obstacle. [...]
Un grand enseignement ressort des événements des trois derniers jours. C'est qu'il n'est pas d'attaque que la République ne puisse vaincre désormais ; l'anarchie a été vaincue et avec elle tous les prétendants de race aînée et de race cadette, aigle, coq ou fleurs de lys.

Le National, 27 juin 1848.

6 Affiche placardée le 2 décembre 1851.

AU NOM DU PEUPLE FRANÇAIS
LE PRÉSIDENT DE LA RÉPUBLIQUE DÉCRÈTE :
Art. 1
L'Assemblée est dissoute.
Art. 2
Le suffrage universel est rétabli.
La loi du 31 mai est abrogée.
Art. 3
Le Peuple français est convoqué dans ses comices[1] à partir du 14 décembre jusqu'au 21 décembre suivant.
Art. 4
L'état de siège est décrété dans l'étendue de la 1re division militaire.
Art. 5
Le Conseil d'État est dissous.
Art. 6
Le ministre de l'Intérieur est chargé de l'exécution du présent décret.
Fait au palais de l'Élysée, le 2 décembre 1851.
LOUIS-NAPOLÉON BONAPARTE
Le ministre de l'Intérieur
DE MORNY

1. Comices : nom des assemblées d'électeurs.

1. **Présenter le document (date, auteur, nature, destinataires).**
2. **À l'aide du schéma de la Constitution de 1848 (doc. 1), montrer qu'il s'agit d'un coup d'État.**
3. **Qu'est-ce que la loi du 31 mai ?**
4. **Quel avantage Louis-Napoléon Bonaparte peut-il espérer tirer du rétablissement du suffrage universel ?**

2 Le Second Empire

A. Un Bonaparte à nouveau empereur — doc. 1, 2 et 3

■ **À Paris, la riposte au coup d'État est limitée** par les nombreuses arrestations de députés et par l'attitude des ouvriers qui, n'ayant pas oublié la violente répression par la République en juin 1848, ne réagissent guère. Et la résistance en province, bien que plus forte, est vite étouffée.

■ **La marche à l'Empire s'opère ensuite en plusieurs temps :**
– Par le **plébiscite** du 21 décembre 1851 le peuple approuve massivement Louis-Napoléon Bonaparte, qui se présente comme un rempart contre une possible révolution sociale : plus de 7 millions de oui, moins de 650 000 non.
– La Constitution du 14 janvier 1852 confie au président de la République, dont le mandat est désormais de dix ans, la totalité du pouvoir exécutif et l'initiative des lois.
– Lors du plébiscite du 21 novembre 1852 le peuple répond tout aussi massivement « oui » à la question du « rétablissement de la dignité impériale dans la personne de Louis-Napoléon ». **Le Second Empire est proclamé le 2 décembre 1852.** Le mariage du nouvel empereur Napoléon III avec Eugénie de Montijo en 1853 et la naissance du prince impérial en 1856 fondent la nouvelle dynastie.

B. L'expansion économique du pays — doc. 5

■ L'essor de l'économie française est fort tout au long du Second Empire. **La mobilisation de l'épargne par le crédit** est favorisée par la création de **banques de dépôt** (création du Crédit lyonnais en 1863 et de la Société générale en 1864). Les transports connaissent un essor remarquable avec le développement du réseau ferré qui quadruple en vingt ans et la création de compagnies de transports maritimes comme la Compagnie générale transatlantique.

■ **Le traité de commerce franco-britannique** signé le 23 janvier 1860 à l'initiative de l'Empereur abaisse les droits de douane ; il marque l'abandon du protectionnisme et l'entrée de la France dans le libre-échange. Cette évolution, en stimulant la concurrence, favorise la diffusion de la révolution industrielle.

■ À l'initiative de Napoléon III, Haussmann, préfet de la Seine, lance de **vastes opérations d'urbanisme à Paris** qui modifient profondément la ville, notamment par la percée de grandes avenues, la lutte contre l'insalubrité, la création de jardins et de parcs. Un nouvel opéra est construit sous la direction de l'architecte Garnier.

C. De l'Empire autoritaire à l'Empire libéral — doc. 4 et 6

■ Malgré le maintien du suffrage universel, le Second Empire est tout au long des années 1850 **un régime autoritaire**, laissant peu de place à l'expression de libres opinions. Bien des adversaires sont arrêtés ou contraints à l'exil, comme Victor Hugo. Les préfets soutiennent les candidats officiels lors des consultations électorales. À partir de 1859, pourtant, Napoléon III amorce **une évolution vers un « empire libéral »** : **amnistie** pour les républicains en 1859, vote du budget par l'Assemblée en 1861, liberté de la presse en 1868 et surtout **reconnaissance du droit de grève en 1864**.

■ Ces mesures favorisent la reprise d'une vie politique véritable. L'opposition républicaine, malgré les entraves qui subsistent, voit apparaître en son sein une nouvelle génération de dirigeants (Léon Gambetta, Jules Ferry). En janvier 1870, Napoléon III confie la direction du gouvernement à un ancien républicain rallié à l'Empire, Émile Ollivier. Le 8 mai, lors d'un nouveau plébiscite, 68 % des inscrits approuvent les réformes libérales opérées depuis 1860. **L'Empire semble donc solide.** Pourtant, moins de quatre mois plus tard, le régime s'effondre : engagé en juillet 1870 dans une guerre contre la Prusse et les autres États allemands, Napoléon III doit capituler à Sedan le 2 septembre. Il est fait prisonnier. **Le 4 septembre, à Paris, la République est de nouveau proclamée.**

VOCABULAIRE

plébiscite : voir *Ne pas confondre* p. 126.

banque de dépôt : banque où les particuliers déposent leur épargne ; elle accorde surtout des crédits à court terme (moins de cinq ans).

amnistie : « pardon », « oubli », décision politique ou loi qui met fin à des poursuites judiciaires et efface les infractions à la loi.

1 Discours de Bordeaux, 9 octobre 1852

Aujourd'hui, la France m'entoure de ses sympathies, parce que je ne suis pas de la famille des idéologues. Pour faire le bien du pays, il n'est pas besoin d'appliquer de nouveaux systèmes ; mais de donner, avant tout, confiance dans le présent, sécurité dans l'avenir. Voilà pourquoi la France semble vouloir revenir à l'empire.
Il est néanmoins une crainte à laquelle je dois répondre. Par esprit de défiance, certaines personnes se disent : « l'empire, c'est la guerre », moi je dis : « l'empire, c'est la paix ». C'est la paix, car la France le désire, et lorsque la France est satisfaite, le monde est tranquille. […]
Je veux conquérir à la religion, à la morale, à l'aisance, cette partie encore si nombreuse de la population qui, au milieu d'un pays de foi et de croyance, connaît à peine les préceptes du Christ ; qui, au sein de la terre la plus fertile du monde, peut à peine jouir de ses produits de première nécessité. Nous avons d'immenses territoires incultes à défricher, des routes à ouvrir, des ports à creuser, des rivières à rendre navigables, des canaux à terminer, notre réseau de chemins de fer à compléter. Nous avons, en face de Marseille, un vaste royaume à assimiler à la France. Nous avons tous nos grands ports de l'Ouest à rapprocher du continent américain par la rapidité de ces communications qui nous manquent encore. Nous avons partout enfin des ruines à relever, de faux dieux à abattre, des vérités à faire triompher.
Voilà comment je comprendrais l'empire, si l'empire doit se rétablir. Telles sont les conquêtes que je médite, et vous tous qui m'entourez, qui voulez, comme moi, le bien de notre patrie, vous êtes mes soldats.

Discours de Louis-Napoléon Bonaparte devant le tribunal de commerce de Bordeaux.

1. **Pourquoi Napoléon III éprouve-t-il le besoin de préciser que « l'empire, c'est la paix » ?**
2. **Quel est son programme économique ?**
3. **Quel est ce « vaste royaume à assimiler à la France » ?**

2 **Napoléon III.** Image populaire, 1852.

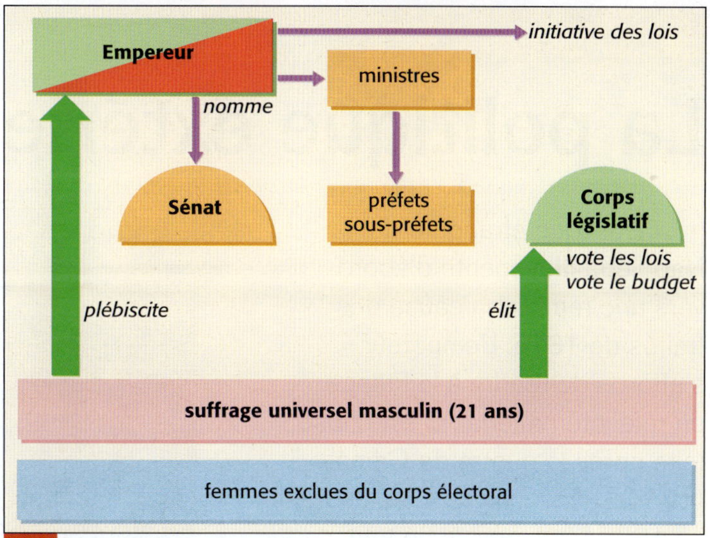

3 **La Constitution du Second Empire.**

1. Qui exerce le pouvoir législatif ?
2. De quelles façons le peuple est-il consulté ?

5 **Napoléon III remet à Haussmann le décret permettant la modernisation de Paris.**
Tableau d'A. Yvon, 1859, musée Carnavalet, Paris.

4 **Lettre du sous-préfet de Fougères aux maires de son arrondissement, 1859.**

Monsieur le Maire, Le scrutin s'ouvre demain. J'ai l'honneur de vous rappeler que vous devez l'ouvrir immédiatement après la première messe ; que vous avez sur le bureau un certain nombre de bulletins portant le nom de M. de Dalmas (candidat officiel) et pas d'autres ; qu'il est important que des personnes intelligentes et sûres, munies de bulletins portant le nom de Dalmas, occupent les abords de la mairie et protègent les électeurs si bien intentionnés de votre commune contre l'erreur et le mensonge…
Trois candidats sont en présence : M. de Dalmas, secrétaire sous-chef de cabinet de l'Empereur, candidat du gouvernement ; M. Le Beselm de Champsavin ; M. Dréo, gendre de Garnier-Pagès, fondateur de la République de 1848…
M. de Dalmas représente le principe du dévouement au gouvernement, à l'autorité, à l'ordre et peut seul, par sa position, favoriser le développement des nombreux intérêts de l'arrondissement.
M. Dréo représente la République, le socialisme, la misère !
Entre ces deux candidatures opposées, la candidature de l'honorable M. Le Beselm doit s'effacer devant les intérêts de l'ordre et de la société menacée.
Faites voter en masse, M. le Maire, pour M. de Dalmas, candidat du gouvernement, et, par votre conduite éclairée et patriotique, vous servirez à la fois le gouvernement de l'Empereur et l'intérêt général du pays.

1. Comment le sous-prefet intervient-il dans l'élection ?
2. Expliquer, à l'aide du texte, l'expression « candidature officielle ».

6 **Les libertés nécessaires**

Il y a cinq conditions qui constituent ce qui s'appelle le nécessaire en fait de liberté. La première est celle qui est destinée à assurer la sécurité du citoyen. […] Il faut que tous ensemble échangent leurs idées et arrivent à cette pensée commune qu'on appelle l'opinion publique, et cela n'est possible que par la presse. […] Mais lorsque cette opinion se produit, il faut qu'elle ait un résultat. Pour cela, il faut que des hommes choisis viennent l'apporter ici, au centre de l'État, ce qui suppose la liberté des élections. […] Il faut qu'ils puissent à temps apporter un utile contrôle aux actes du pouvoir. […] Enfin vient la dernière liberté, c'est de faire que l'opinion publique, bien constatée ici à la majorité, devienne la directrice des actes du gouvernement.

Discours de Thiers au Corps législatif, 11 janvier 1864.

La politique extérieure de Napoléon III

- La politique étrangère de Napoléon III s'oriente d'abord vers une remise en cause des traités de 1815. L'empereur s'efforce de rendre à la France un rôle international. C'est chose faite après la guerre de Crimée (1854-1856) : le Congrès de Paris, en 1856 est la revanche tant attendue sur le congrès de Vienne et la défaite de Napoléon Ier, l'oncle de Napoléon III. Ce dernier favorise le principe des nationalités et l'unité italienne mais, dans les années 1860, sa politique subit des échecs, au Mexique et surtout face à la Prusse.
- Parallèlement, le Second Empire est une grande période d'expansion coloniale dans le Sud-Est asiatique et en Afrique noire (Cochinchine, Sénégal).

1 ***Prise de la colline de Malakoff à Sébastopol* [en Crimée] *par le général Mac-Mahon*, 8 septembre 1855.** Tableau d'Adolphe Yvon, 1857.

Entrés en guerre contre la Russie pour freiner sa progression en mer Noire et en Méditerranée, la France et le Royaume-Uni organisent une expédition en Crimée. Après la prise de la base russe de Sébastopol en septembre 1855, la Russie cesse le combat.

2 **Plébiscite dans le comté de Nice.** À l'issue de la guerre d'Italie de 1859, le royaume de Piémont cède le comté de Nice et la Savoie à la France. Les populations sont consultées par plébiscite et acceptent en 1860 leur rattachement par 130 000 oui contre 235 non (Savoie) et 25 000 oui contre 250 non (Nice).

3 Napoléon III et le royaume arabe

Aujourd'hui, il faut convaincre les Arabes que nous ne sommes pas venus en Algérie pour les opprimer et les spolier, mais pour leur apporter les bienfaits de la civilisation. [...]
La terre d'Afrique est assez vaste, les ressources à y développer sont assez nombreuses, pour que chacun puisse y trouver place et donner libre essor à son activité, suivant sa nature, ses mœurs, ses besoins.
Aux indigènes l'élevage des chevaux et du bétail, les cultures naturelles du sol. À l'activité et à l'intelligence européenne, l'exploitation des forêts et des mines, les dessèchements, les irrigations, l'introduction des cultures perfectionnées, l'importance de ces industries qui précèdent ou accompagnent toujours les produits de l'agriculture.
Au gouvernement local, le soin des intérêts généraux, le développement du bien-être moral par l'éducation, du bien-être matériel par les travaux publics. À lui le devoir de laisser aux transactions la plus entière liberté. Ce gouvernement local favorisera les grandes associations de capitaux européens, en évitant de se faire désormais entrepreneur d'émigration et de colonisation.
Voilà la voie à suivre résolument car, je le répète, l'Algérie n'est pas une colonie proprement dite, mais un royaume arabe. Les indigènes ont, comme les colons, un droit égal à ma protection, et je suis aussi bien l'empereur des Arabes que l'empereur des Français.

Lettre de Napoléon III au Gouverneur général de l'Algérie, 6 février 1863.

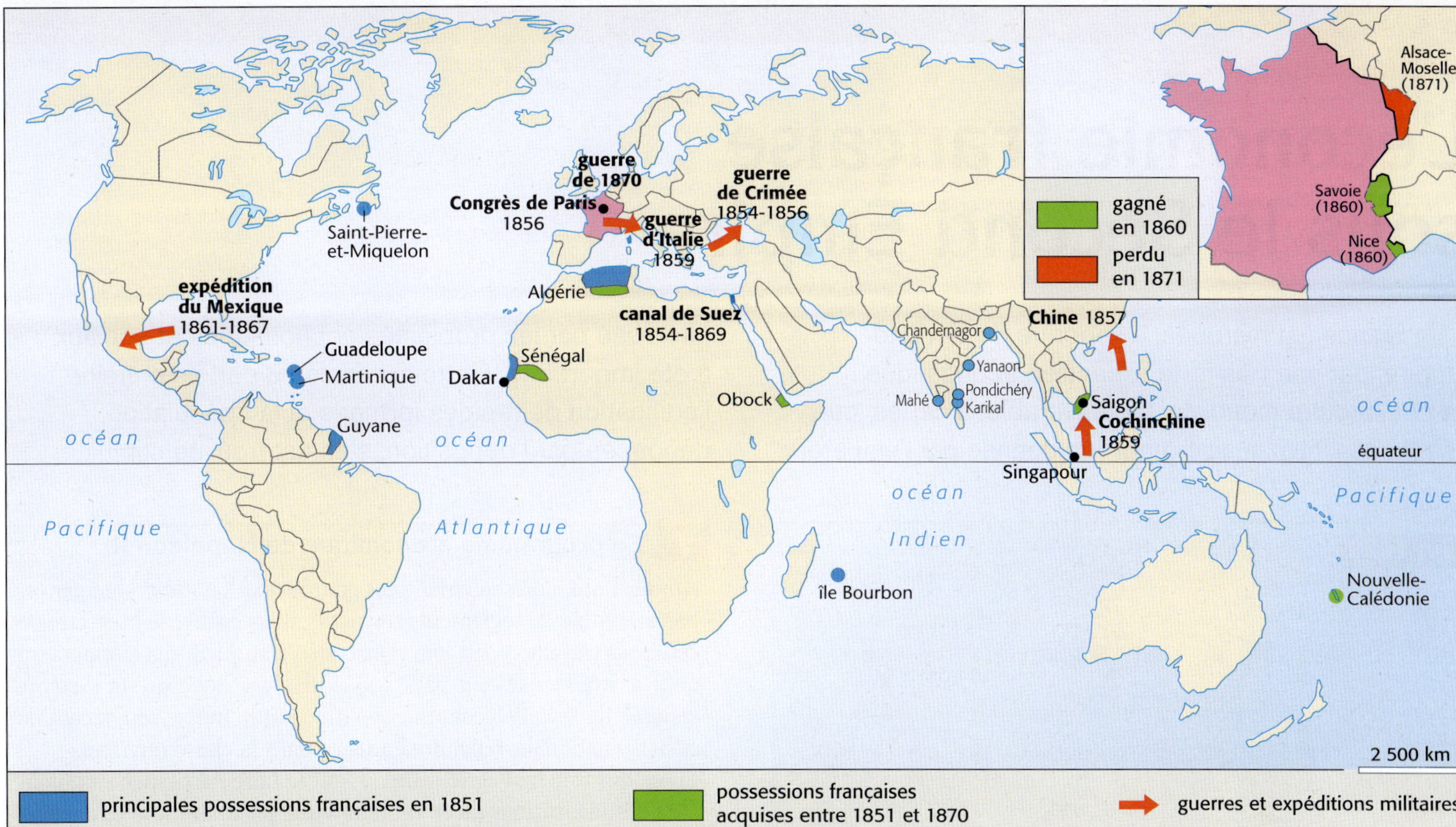

4 **Expansion coloniale et politique extérieure du Second Empire.**

5 **Un échec final : Napoléon III à Sedan.** Napoléon III rend son épée à Guillaume, roi de Prusse, en présence de Bismarck et de Moltke. Caricature allemande.

L'Empire se brise indirectement sur la question des nationalités : l'unité allemande se réalise contre la France.
Lors de la « guerre de 1870 » contre la Prusse toute occupée à cette date à réaliser l'unité allemande. L'Empire s'effondre le 4 septembre 1870, après la défaite et la reddition de Napoléon III, à la tête de ses troupes, à Sedan.

6 Les débuts de la colonisation en Indochine

En l'espace de deux ans, deux cents maisons européennes se sont élevées à Saigon, qui renaît comme ville française, des ruines de la vieille ville annamite. Un service postal à vapeur s'organise entre Singapour et Saïgon. [...] Des industries mécaniques, des exploitations de bois se fondent. Le nombre des Européens à Saigon égale et dépasse même celui de Singapour, qui a près d'un demi-siècle d'existence...
Qu'on réfléchisse un instant à la position de Saigon, qui est en communication fluviale avec tous les cours d'eau importants de l'Indochine, et par suite le débouché naturel de tous les produits de cette immense région [...]. S'il faut croire les récits des voyageurs, celles-ci contiendraient des populations actives et industrieuses en relations commerciale avec le Céleste Empire.

Francis Garnier, *La Cochinchine française en 1864*.

Questions

A Dégager des informations

1. Quels succès les doc. 1 et 2 mettent-ils en évidence ?
2. Sur quels continents s'étend l'empire colonial français avant le Second Empire (doc. 4) ? En 1870 ?
3. Quelles sont les conséquences politiques de la capitulation de Sedan (doc. 5) ?
4. Quels avantages apporterait la colonisation française en Cochinchine, d'après Francis Garnier (doc. 6) ?

B Mettre en relation les documents et rédiger

5. Rédiger un paragraphe mettant en évidence les succès et les échecs de la politique extérieure de Napoléon III.

L'économie française sous le Second Empire

• La France est marquée, à l'époque du Second Empire, par une très forte expansion économique. La conjoncture mondiale, très favorable, a certes joué un rôle essentiel, mais l'impulsion donnée par l'empereur, intéressé par les problèmes économiques et sociaux, a été importante. Cette expansion a parfois entraîné l'édification de rapides fortunes et la spéculation, dénoncée par l'opposition, s'en est trouvée stimulée.

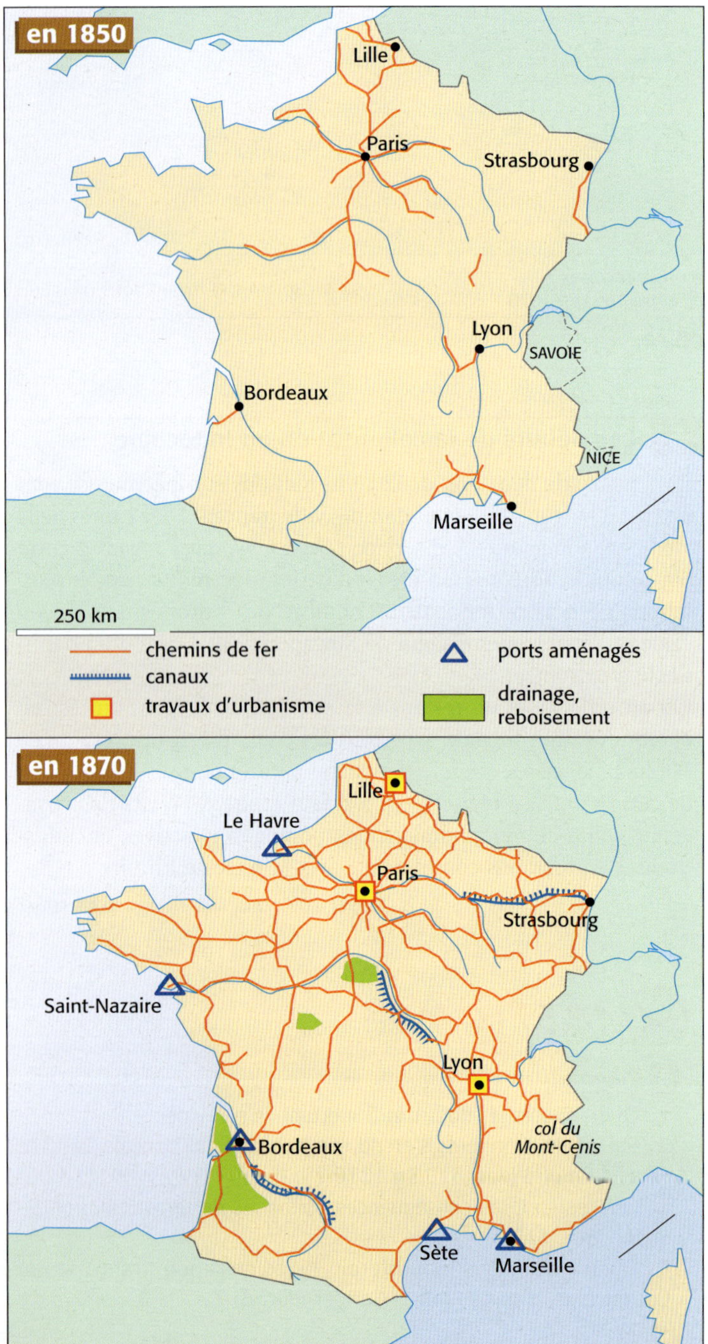

1 L'aménagement du territoire sous le Second Empire.

2 Le programme économique de Napoléon III

Aujourd'hui, non seulement nos grandes exploitations sont gênées par une foule de règlements restrictifs, mais encore le bien-être de ceux qui travaillent est loin d'être arrivé au plein développement qu'il a atteint dans un pays voisin. Il n'y a donc qu'un système général de bonne économie politique qui puisse, en créant la richesse nationale, répandre l'aisance dans la classe ouvrière.
En ce qui touche l'agriculture, il faut la faire participer aux bienfaits des institutions de crédit ; défricher les forêts situées dans les plaines et reboiser les montagnes, affecter tous les ans une somme considérable aux grands travaux de dessèchement, d'irrigation et de défrichement. [...]
Pour encourager la production industrielle, il faut affranchir de tout droit les matières premières indispensables à l'industrie et lui prêter les capitaux qui l'aideront à perfectionner son matériel.
Le ministère des Travaux Publics fera exécuter le plus promptement possible les voies de communication, canaux, routes et chemins de fer qui auront surtout pour but d'amener la houille et les engrais sur les lieux où les besoins de la production les réclament, et il s'efforcera de réduire les tarifs en établissant une juste concurrence entre les canaux et les chemins de fer.

Lettre de Napoléon III à Achille Fould, ministre d'État (1852-1860), libéral et partisan du libre-échange, janvier 1860.

3 La fièvre de la spéculation

Aristide Saccard [...] sentait venir ce flot montant de la spéculation, dont l'écume allait couvrir Paris entier. [...] il avait surpris le vaste projet de la transformation de Paris, le plan de ces démolitions, de ces voies nouvelles et de ces quartiers improvisés, de cet agio[1] formidable sur la vente des terrains et des immeubles [...]. Ses fonctions lui avaient appris ce qu'on peut voler dans l'achat et la vente des immeubles et des terrains. Il était au courant de toutes les escroqueries classiques : il savait comment on revend pour un million ce qui a coûté cinq cent mille francs [...]. Son premier plan était d'acquérir à bon compte quelque immeuble, qu'il saurait à l'avance condamné à une expropriation prochaine, et de réaliser un gros bénéfice, en obtenant une forte indemnité. [...] Bientôt, [...] il eut huit maisons sur les nouveaux boulevards. [...] Il habitait un hôtel de deux millions, il vivait sur le pied d'une dotation de prince, et certains matins il n'avait pas mille francs dans sa caisse.

Émile Zola, *La Curée*, 1872 (ouvrage censuré à sa publication).

1. Profit financier.

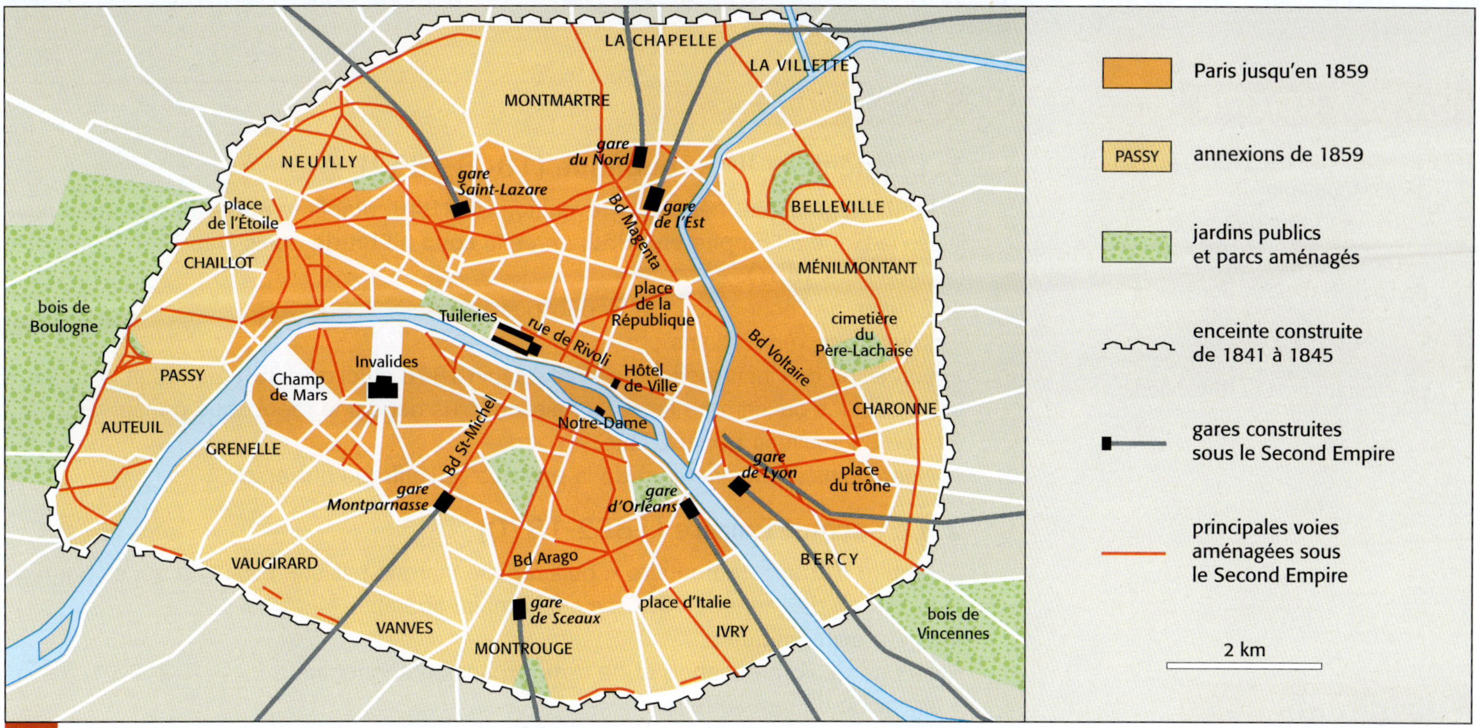

4 **Paris aménagée par Haussmann (1809-1891).** Administrateur et homme politique français, Haussmann est nommé préfet de la Seine par Napoléon III (1853-1870) pour appliquer ses idées en matière d'embellissement, d'assainissement et d'aménagement de Paris.

5 **L'inauguration du canal de Suez entre Méditerranée et mer Rouge.** Creusé à l'initiative de la France à partir de 1859, et sous la direction du diplomate français Ferdinand de Lesseps, financé par une compagnie internationale dont la quasi-totalité des capitaux (400 000 actions de 500 francs chacune) appartient, à l'origine à des Français (207 000 actions) et au pacha d'Égypte Mohammed Saïd (193 000 actions), le canal de Suez, est inauguré en 1869.

Questions

A Retirer des informations des documents

1. Quels secteurs de l'activité économique connaissent une forte modernisation d'après ces deux cartes (doc. 1) ?

2. Quelles mesures Napoléon III envisage-t-il de prendre (doc. 2) ?

3. Quelles modifications du paysage parisien résultent des aménagements réalisés durant le Second Empire (doc. 4) ?

4. Quel avantage apportera le creusement du canal de Suez (doc. 5) ?

B Mettre en relation les documents

5. Expliquer les transformations que connaît la France à la suite des instructions données par Napoléon III (doc. 1 et 2).

6. Quelles sont les conséquences économiques des aménagements d'Haussmann (doc. 3 et 4) ?

7. Qui peut tirer parti du creusement du canal de Suez (doc. 2 et 4) ?

C Rédiger

8. Quels sont les grands axes de la politique économique du Second Empire ?

FICHE DE RÉVISION

DATES À RETENIR

- **Février 1848 :** révolution, proclamation de la république
- **1848-1852 :** IIe République
- **2 décembre 1851 :** coup d'État de Louis-Napoléon Bonaparte
- **1852-1870 :** Second Empire
- **Septembre 1870 :** défaite de Sedan, proclamation de la République

BIOGRAPHIE

Napoléon III
(Louis-Napoléon Bonaparte, 1808-1873),
président de la République de 1848 à 1851,
empereur des Français de 1852 à 1870.
(Voir biographie complète p. 381)

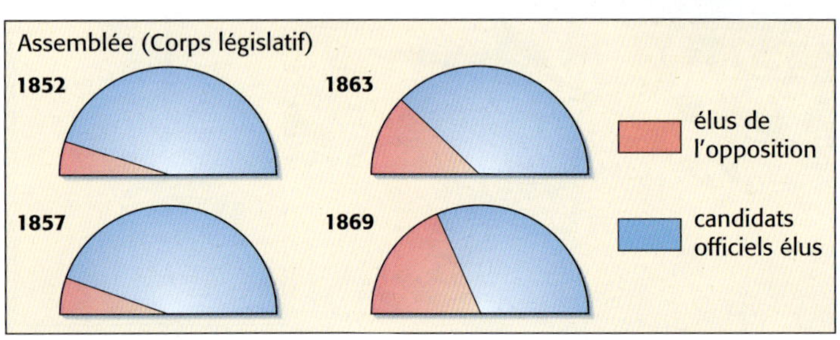

L'ESSENTIEL

1. L'éphémère IIe République (1848-1852)

- La IIe République, née de la révolution de 1848, établit le **suffrage universel** mais laisse la place à l'Empire en 1852, après le **coup d'État** de Louis-Napoléon Bonaparte (2 décembre 1851).
- Causes de l'échec de la IIe République :
  – division des républicains ;
  – répression de l'insurrection ouvrière de juin 1848 et loi de 1850 qui réduit le suffrage universel : les ouvriers ne se reconnaissent plus dans une république conservatrice ;
  – force du souvenir bonapartiste.
- Néanmoins : enracinement de la pratique du suffrage universel.

2. Le Second Empire (1852-1870)

- Empire d'abord « autoritaire », puis régime marqué par une évolution qui se poursuit tout au long des années 1860 : c'est l'Empire libéral.
- Essor économique :
  – période de libre-échange et de forte expansion économique ;
  – extension du réseau ferré ;
  – système bancaire modernisé.
- Sur le plan extérieur : expansion coloniale, aide à l'unité italienne ; annexion de la Savoie et de Nice mais défaite militaire en 1870 et perte de l'Alsace-Moselle.
- Cause de l'échec final : défaite militaire (Sedan, septembre 1870). Si « l'empire c'était la paix », plus de paix, plus d'empire.
- À cette date, la France change à nouveau de régime, et la République est de retour.

NE PAS CONFONDRE

Suffrage censitaire et suffrage universel

➤ **Suffrage censitaire** : système électoral qui limite le droit de vote à ceux qui paient au moins un impôt (le cens) d'un certain niveau.

➤ **Suffrage universel** : système électoral dans lequel tous peuvent voter.

Empire autoritaire et Empire libéral

➤ **Empire autoritaire** : période du Second Empire durant laquelle l'essentiel du pouvoir appartient à Napoléon III malgré l'élection de l'Assemblée (le Corps législatif) au suffrage universel.

➤ **Empire libéral** : période du Second Empire (années 1860) durant laquelle l'Assemblée dispose de pouvoirs plus étendus (vote du budget), l'opposition est moins contrôlée et la liberté plus grande (droit de grève, 1864).

Plébiscite et référendum

➤ **Plébiscite** : (du latin *plebs* = « la plèbe », le peuple) ; au XIXe siècle, vote par lequel une personne au pouvoir demande aux électeurs de lui témoigner sa confiance en répondant par oui ou par non à une question posée. Un réponse positive est interprétée comme un soutien à la personne au pouvoir.

Référendum : question posée aux électeurs et à laquelle on répond par oui ou par non ; une réponse positive à un référendum n'implique pas, en général le soutien à la personne qui est au pouvoir.

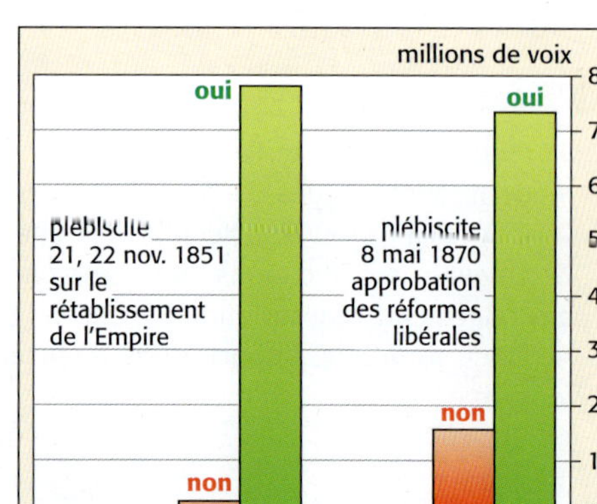

Le vocabulaire politique

L'étude de la vie politique suppose l'emploi d'un vocabulaire précis qui se rapporte à la nature du régime politique, à l'organisation de l'État et à la vie politique dans cet État.

1. La nature du régime : le nom

La forme du régime : monarchie, république ou empire

Question : **En France, quelle est la nature des régimes étudiés dans les périodes indiquées ?**

Période	Forme du régime en France
1815-1830	
1830-1848	
1848-1852	
1852-1870	

La nature profonde du régime dépend d'un certain nombre de facteurs :
– Y a-t-il une constitution ?
– Qui est souverain ? le peuple ? un roi ou un empereur ?
– Les libertés fondamentales sont-elles respectées (liberté d'expression, liberté de pensée, liberté religieuse) ?

2. Le pouvoir : qui l'exerce ?

– des représentants du peuple ; des députés (sont-ils élus ? nommés ?) ;
– un souverain ;
– un président de la République. Dans ce cas, est-il élu ? par qui ?
– un chef tout-puissant ; un parti politique unique

Y a-t-il séparation entre le pouvoir exécutif, le pouvoir législatif et le pouvoir judiciaire ?

Si c'est le cas, devant qui est responsable :
– le gouvernement (ou les ministres) ?
– le président ? On parle alors de régime présidentiel ;
– l'Assemblée (les députés) ? On parle alors de régime parlementaire.

La réponse à ces questions détermine la nature profonde du régime :
Dans la seconde moitié du XIXe siècle coexistent
– des **régimes démocratiques** : souveraineté du peuple, égalité des citoyens devant la loi, séparation des pouvoirs, respect des libertés fondamentales ;
– des **régimes semi-autoritaires** : égalité des citoyens, respect des libertés fondamentales, séparation des pouvoirs incomplète, absence de contrôle du gouvernement par les députés ;
– des **régimes autoritaires, des dictatures** : pouvoir personnel sans contrôle, pas d'élections ou députés élus mais disposant de peu de pouvoir, peu ou pas de libertés individuelles.

Les trois pouvoirs

pouvoir exécutif : pouvoir d'appliquer les lois (chef d'État, de gouvernement) ;
pouvoir législatif : pouvoir de voter les lois (les Assemblées) ;
pouvoir judiciaire : pouvoir de faire respecter les lois (tribunaux, juges).

Question : **Quelle est la nature profonde des régimes étudiés dans ce chapitre ? la IIe République, du début à la fin, le Second Empire, du début à la fin ?**

Trouver des exemples de régimes (nom, pays, époque) :

	Monarchie	République
Régime démocratique au XIXe siècle		
Régime autoritaire ou dictature au XIXe siècle		
Régime démocratique au XXe siècle		
Régime autoritaire ou dictature au XXe siècle		

REMARQUES

1. La forme du régime peut être trompeuse :
– une république (forme extérieure) peut recouvrir en réalité un régime autoritaire ou dictatorial (ex. la plupart des républiques d'Amérique latine dans les années 1960, la « République populaire de Chine » aujourd'hui) ;
– une monarchie (forme extérieure) peut correspondre à une démocratie (ex. le Royaume-Uni, la Belgique au XXe siècle).

République n'est donc pas synonyme de démocratie, ni monarchie de régime autoritaire.

2. Au XXe siècle apparaît un nouveau type de régime : le régime totalitaire
(voir chapitre 17, p. 302).

3. La vie politique

Comment est consulté le peuple :
– par des élections législatives ? présidentielles ?

Suivant quel type de suffrage :
– universel ? censitaire ?
– par des référendums ou des plébiscites ?

Par quels moyens le peuple peut-il s'exprimer :
– la liberté d'expression est-elle reconnue ? Quel est le rôle de la presse ?
– par des partis politiques ?
– par des ligues ou des associations ?

Question :

	Comment le peuple est-il consulté ?	Type de suffrage ?
IIe République		
Second Empire		

L'étude d'un ensemble documentaire (3/10)

Sujet : Quelles sont les vertus du suffrage universel en France entre 1848 et 1870 ?

Première partie

1. À quelles occasions use-t-on du suffrage universel d'après les documents 1 à 5 ?
2. Quel principe fondamental, hérité de la Révolution de 1789, retrouve-t-on dans les doc. 1, 2 et 3 ?
3. Quelle(s) définition(s) du peuple peut-on énoncer à partir des doc. 1, 2, 3 et 5 ?
4. À quelles influences l'électeur est-il soumis (doc. 4 et 5) ?
5. Quel est le rôle du suffrage universel selon les documents 3 et 4 ? A-t-il le même rôle dans le document 5 ?

Deuxième partie

À l'aide des informations extraites des documents et de vos connaissances personnelles, rédigez une réponse organisée au sujet : à quoi sert le suffrage universel en France entre 1848 et 1870 ?

DOCUMENT 1

Élection à l'Assemblée constituante à Paris, le 23 avril 1848.

En face de l'urne électorale, le tronc destiné à recevoir les dons pour les pauvres.

DOCUMENT 2 **Le droit d'insurrection aboli par le suffrage universel**

Le suffrage universel dit à tous, et je ne connais pas de plus admirable formule de la paix publique : « Soyez tranquilles, vous êtes souverains. » Méditez ceci en effet : il y a dans l'année un jour où celui qui vous obéit se voit votre pareil, où celui qui vous sert se voit votre égal et où le plus petit fait équilibre au plus grand. Il y a un jour dans l'année où le gagne-pain, le journalier, le manœuvre [...] prend dans sa main durcie par le travail les ministres, les représentants, le président de la République, et dit : la puissance, c'est moi !

Quel accroissement de dignité pour l'individu, et par conséquent de moralité ! Quelle satisfaction, et par conséquent quel apaisement ! C'est la fin de la force brutale, c'est la fin de l'émeute, le droit d'insurrection aboli par le suffrage universel !

Victor Hugo (1802-1885), député de 1848 à 1851, discours à l'Assemblée, 1849.

DOCUMENT 3 **Appel au peuple (2 décembre 1851)**

Aujourd'hui, alors que les hommes qui ont déjà perdu deux monarchies veulent me lier les mains, afin de renverser la République, mon devoir est de déjouer leurs perfides projets, de maintenir la République et de sauver le pays en invoquant le jugement solennel du seul souverain que je connaisse en France : le peuple. Je fais donc un appel loyal à la nation tout entière et je vous dis : si vous voulez continuer cet état de malaise qui nous dégrade et compromet notre avenir, choisissez un autre à ma place. Si au contraire vous avez encore confiance en moi, donnez-moi les moyens d'accomplir la grande mission que je tiens de vous. [...] Persuadé que l'instabilité du pouvoir et la prépondérance d'une seule Assemblée sont des causes permanentes de désordres, je soumets à votre suffrage les bases d'une constitution. [...]

Si vous partagez ma conviction, déclarez-le par vos suffrages. Si au contraire, vous préférez un gouvernement sans forces, monarchique ou républicain, emprunté à je ne sais quel passé ou quel avenir chimérique, répondez négativement.

Discours de Louis-Napoléon Bonaparte, 2 décembre 1851.

DOCUMENT 4 **Profession de foi d'un candidat de l'opposition (mai 1869)**

Électeurs et chers concitoyens,
Je me présente à vos suffrages comme candidat de l'opposition, non patronné, et même combattu par l'Administration et par son armée de fonctionnaires. Il est naturel que les Ministres, qui prétendent n'avoir jamais failli et dépensent des milliards, désirent avoir des députés qui approuvent leur politique et leur ouvrent largement la bourse des contribuables ; il est naturel aussi que les contribuables veuillent avoir des députés économes de leur argent et du sang de leurs enfants ; mais il est irrationnel de députer au Corps législatif, pour défendre les intérêts des contribuables, des candidats officiels qui peuvent se croire liés par la reconnaissance envers les Ministres qui les ont patronnés. [...]
Les députés issus des candidatures officielles ont voté les gros budgets de dépenses et créé le déficit ; [...] ils ont approuvé la guerre du Mexique, déplorable par le sang qu'elle a fait répandre et la perte d'influence de la France dans le Nouveau-Monde. [...] Quant à moi, si j'avais l'honneur d'être député, je voterais pour toute mesure législative ayant pour but de garantir [...] à la Nation le droit de manifester librement et faire prévaloir dans les conseils du gouvernement la sûreté, la prospérité, l'honneur de la Patrie.

Marc-Antoine Brillier, avocat, ancien député aux Assemblées constituante et législative de 1848, mai 1869.

— M'sieu l'maire quoi donc que c'est qu'un bibiscite ?
— C'est un mot latin qui veut dire oui

DOCUMENT 5 **Le plébiscite de 1870 vu par Daumier.**
Caricature parue dans le *Charivari*.

Méthode

A Aide générale

Avant de répondre aux questions, il faut...

1. Lire attentivement les documents, en préciser la nature, l'auteur et le contexte

2. Mobiliser ses connaissances portant sur la période

Quels régimes la France connaît-elle successivement ? Quelles en sont les principales dispositions institutionnelles ? Comment chacun d'eux évolue-t-il ?

3. Analyser le sujet

Le suffrage universel a été établi en 1848. A-t-il été remis en question ? Peut-il jouer le même rôle dans les différents régimes qui se succèdent en France entre 1848 et 1870 ?

B Aide à la réponse aux questions

1. Questions de la première partie

Les réponses doivent être courtes et précises. Il s'agit de sélectionner des informations.

2. Question de la deuxième partie

La réponse doit être organisée et comporter :

- **une phrase ou deux d'introduction** rappelant les circonstances dans lesquelles le suffrage universel a été instauré, le principe qu'il incarne, les attentes qu'il suscite ;
- **un développement en deux ou trois parties**

Chaque partie doit mêler aux informations retirées des documents étudiés (par exemple, le principe étudié dans la question 2), les connaissances personnelles :
– la tentative de restreindre l'exercice du suffrage universel
– l'enjeu politique qu'est le suffrage universel dans le conflit entre le Président et l'Assemblée sous la IIe République ;
– les réformes successives sous le Second Empire.

- **une phrase ou deux de conclusion**, rappelant que le suffrage universel a été maintenu au cours de la période et qu'il est, en 1870, bien établi.

C Plan proposé pour la réponse organisée

I. *Le suffrage universel est l'expression de la souveraineté nationale et la source de toute légitimité.*

II. *Le suffrage universel assure la solidarité et la paix civile. Mais il est limité : seuls votent les hommes.*

III. *Le suffrage universel exprime l'opinion dans sa diversité ou, plus souvent dans cette période, l'adhésion à un homme, à un projet, à un régime.*

Prépa BAC

CHAPITRE 8

La IIIe République, de 1870 à 1899

Le 4 septembre 1870, le Second Empire s'effondre et la République est proclamée. Fragile en ses débuts, la IIIe République est d'abord menacée par une restauration monarchiste. Pourtant, à la différence des régimes précédents dont la durée de vie avait été courte, elle parvient à s'imposer et à durer. Si la République affronte encore, à la fin du XIXe s., plusieurs crises aiguës, elle démontre aussi sa capacité à les surmonter et en sort, au bout du compte, renforcée.

Quelles menaces pèsent sur la IIIe République à ses débuts ?
Comment la République s'est-elle consolidée puis enracinée ?

1 La République, proclamée pour la troisième fois, le 4 septembre 1870…

Une allégorie de la République (1875).

« Au fond des cieux un point scintille.
Regardez, il grandit, il brille,
Il approche, énorme et vermeil.
Ô République universelle,
Tu n'es encor que l'étincelle,
Demain tu seras le soleil. »

Victor Hugo, *Les Châtiments*, « Lux », I, 1853.

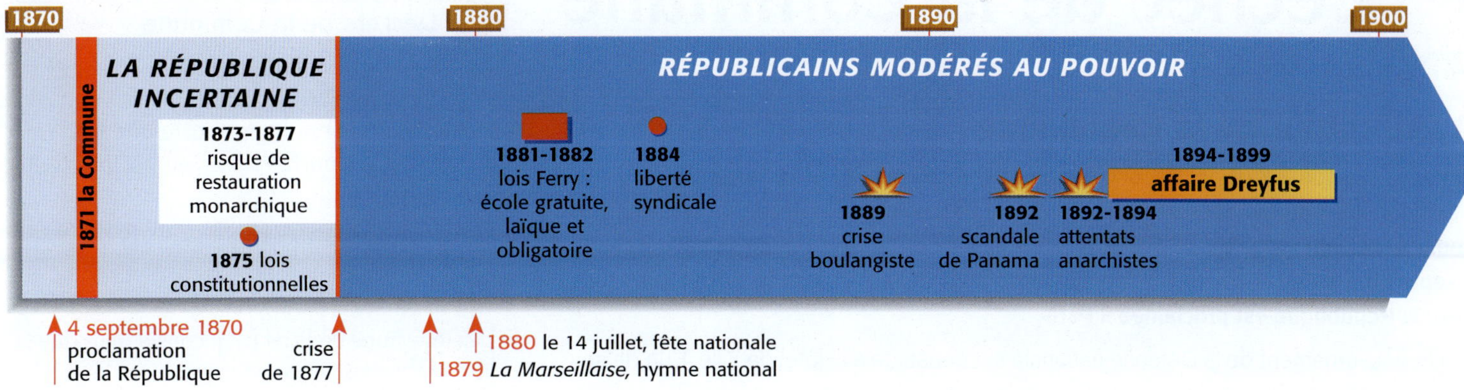

2 | ... et consolidée au début des années 1880.

Première célébration du 14 juillet en tant que fête nationale : le président Jules Grévy remet les drapeaux de la République aux régiments, image d'Épinal.

« Monsieur Grévy, président de la République, entouré de ses ministres et des plus hauts dignitaires de l'État, remet solennellement à nos soldats les Drapeaux de la République. Les musiques jouent *La Marseillaise*, le canon tonne, deux cent mille personnes élèvent des bravos enthousiastes. Cette fête, vraiment patriotique fut magnifiquement célébrée dans toute la France ».
Légende de l'image d'Épinal *La Fête nationale du 14 juillet 1880*.

« Le 10 août, le 22 septembre 1792, les journées les plus décisives de la Révolution française sont contenues dans ce premier fait qui les enveloppe : le 14 juillet 1789. Et voilà pourquoi c'est la vraie date révolutionnaire, celle qui a fait tressaillir la France ! On comprend que ce jour là notre Nouveau Testament nous a été donné et que tout doit en découler ». Gambetta, discours à La Ferté-sous-Jouarre, 14 juillet 1872.

1 L'échec de la Commune

A. Le retour de la République

Au printemps 1870, le Second Empire semblait solide. Mais au mois de juillet Napoléon III s'engage dans une guerre contre la Prusse, et les premières semaines du conflit sont catastrophiques. Le territoire est envahi et **l'armée française est défaite le 2 septembre à Sedan**. Le régime ne survit pas à ce désastre militaire : **deux jours plus tard, la République est proclamée à Paris**.

Un gouvernement de la Défense nationale est constitué à l'Hôtel de Ville. L'un de ses membres, Gambetta, quitte en ballon la capitale assiégée et gagne Tours puis Bordeaux. Malgré les 600 000 hommes qu'il réunit afin de poursuivre la guerre contre les Prussiens, la situation militaire n'est pas rétablie.

L'Assemblée constituante élue en février 1871 se divise sur l'opportunité de poursuivre la lutte : la majorité monarchiste issue de cette élection est favorable à la paix. Il faut donc se résoudre à négocier : Adolphe Thiers, « chef du pouvoir exécutif de la République française », signe le traité de Francfort (10 mai 1871). Le prix à payer est très lourd : **l'Alsace et le nord de la Lorraine sont cédés à l'Allemagne** et la France lui versera une indemnité de 5 milliards de francs or. En outre, en ce même printemps 1871, la jeune République doit faire face à une véritable guerre civile.

B. La Commune

doc. 1, 2, 3, 4 et 5

Durant l'hiver 1870-1871, Paris avait été assiégé par les Prussiens. La capitulation de la ville le 28 janvier avait été ressentie par une partie de la population comme une trahison. C'est dans ce climat tendu que le gouvernement, quelques semaines plus tard, le 18 mars 1871, tente de s'emparer des canons de la Garde nationale à Montmartre. Cette initiative met le feu aux poudres : **une insurrection se propage à Paris** tandis que le gouvernement se retire à Versailles.

Pendant plusieurs semaines, c'est **le Conseil général de la commune de Paris**, élu après l'insurrection, qui gouverne Paris. Il propose des réformes sociales : « la terre au paysan, l'outil à l'ouvrier, du travail pour tous ». Le drapeau rouge est choisi comme étendard. Les « Communards », appelés aussi « Fédérés », nom donné aux gardes nationaux de Paris, comprennent beaucoup d'ouvriers et d'artisans de la capitale, et Karl Marx, de ce fait, voit dans la Commune la lutte du prolétariat contre la bourgeoisie.

Tandis que d'autres Communes, en province, sont proclamées mais rapidement réprimées par le gouvernement, **les « Versaillais » donnent l'assaut à la capitale entre le 21 et le 28 mai**. La répression est féroce et fait plusieurs milliers de morts ; c'est la « Semaine sanglante ». Les combats s'achèvent dans le cimetière du Père-Lachaise, où les derniers Communards capturés sont fusillés sur place. Le mouvement ouvrier et le socialisme français mettront plus d'une décennie à se relever.

C. Une République d'abord fragile

doc. 6

En moins d'un an, la jeune République a donc été confrontée à plusieurs lourdes épreuves :
- **elle a dû faire face à une défaite**, dans une guerre que le Second Empire avait déclenchée ;
- elle s'est vite trouvée fragilisée par la présence à **l'Assemblée d'une majorité monarchiste** rêvant d'une Restauration ;
- la répression de la Commune lui **enlève le soutien d'une partie de la classe ouvrière**. D'autant que cette répression s'est poursuivie bien au-delà de la « Semaine sanglante » : les tribunaux ont prononcé 10 137 condamnations de communards, dont 93 à la peine de mort et 4 586 à la déportation.

À l'été 1871, l'avenir de la République semble donc bien incertain.

1 Décrets de la Commune

La Commune de Paris décrète.
1. La conscription est abolie ;
2. Aucune force militaire, autre que la Garde nationale, ne pourra être créée ou introduite dans Paris ;
3. Tous les citoyens valides font partie de la Garde nationale

La Commune de Paris, 29 mars 1871.

La Commune de Paris [...], considérant que la liberté de conscience est la première des libertés, considérant que le budget des cultes est contraire au principe, puisqu'il impose les citoyens contre leur propre foi [...], décrète :
Art. 1. – L'Église est séparée de l'État.
Art. 2. – Le budget des cultes est supprimé...

La Commune de Paris, 3 avril 1871.

1. **Quelles sont les décisions prises par la Commune ?**
2. **Ces décisions ont-elles été effectivement appliquées ? Quand ?**

2 Proclamation de Thiers aux Parisiens (8 mai 1871)

La France, librement consultée par le suffrage universel, a élu un gouvernement qui est le seul légal, le seul qui puisse commander l'obéissance, si le suffrage universel n'est pas un vain mot.
La Commune, c'est-à-dire la minorité qui vous opprime et qui ose se couvrir de l'infâme drapeau rouge, a la prétention d'imposer à la France ses volontés. Par ses œuvres, vous pouvez juger du régime qu'elle vous destine. Elle viole les propriétés, emprisonne les citoyens pour en faire des otages, transforme en désert vos rues et vos places publiques où s'étalait le commerce du monde, suspend le travail dans Paris, le paralyse dans toute la France, arrête la prospérité qui était prête à renaître, retarde l'évacuation du territoire par les Allemands et vous expose à une nouvelle attaque de leur part. [...]
Le gouvernement qui vous parle [...] a réuni une armée sous vos murs, armée qui vient au prix de son sang, non pas pour vous conquérir, mais pour vous délivrer. Le moment est venu où, pour abréger votre supplice, il doit attaquer l'enceinte elle même. [...] Vous êtes cent fois plus nombreux que les sectaires de la Commune. Réunissez-vous, ouvrez-nous les portes qu'ils ferment à la loi, à l'ordre, à votre prospérité, à celle de la France.

1. **Selon Thiers, pourquoi la Commune est-elle un gouvernement illégitime ?**
2. **Comment présente-t-il l'action de l'armée des Versaillais ?**

3 La guerre civile en France

a. Violences des Communards : le massacre des Dominicains

Bobèche s'adressa aux pères de Saint-Dominique et leur dit : « Sortez l'un après l'autre ! » Le premier qui s'avança fut le père Cotrault ; il n'avait pas fait trois pas qu'il était frappé d'une balle [...]. Tous à sa suite s'élancèrent en courant à travers la fusillade. Une des femmes, la plus jeune, une petite blonde assez jolie [...] chargeait et déchargeait son fusil, criant : « Ah ! les lâches, ils se sauvent ! » Ce ne fut pas une boucherie, ce fut une chasse. Le pauvre gibier humain se hâtait, se cachait derrière les arbres, se glissait le long des maisons ; aux fenêtres, des femmes applaudissaient ; sur les trottoirs, des hommes montraient le poing à ces malheureux ; tout le monde riait. [...] Cinq dominicains, sept employés de l'école furent abattus [...] ; un d'eux secoué par un mouvement spasmodique, agitait la tête ; Sérizier cria : « Tirez, mais tirez donc, ce gueux-là grouille encore ! » On se hâta de lui obéir : le cadavre reçut trente et un coups de fusils.

Maxime du Camp, *Les Convulsions de Paris*, 1881.

b. La répression de la Commune par les Versaillais

Le samedi 27 mai, les Versaillais attaquent au nord les Buttes-Chaumont et s'en emparent. Au sud, après une longue canonnade, ils entrent dans le cimetière du Père-Lachaise ; ils y trouvent peu de défenseurs ; ils progressent lentement, après une lutte de francs-tireurs où l'on se tue dans les caveaux, où l'on se terre derrière les fourrés de cypres.
Cela dure toute l'après-midi, par escarmouches. La Commune achève de mourir le matin du dimanche 28 mai. De bonne heure, les Versaillais se glissent derrière les derniers défenseurs le long des fortifications. Désormais, ce n'est plus qu'une question d'heures, une à une les barricades sont prises. À midi, la Commune a tiré son dernier coup de canon.
Le bruit du combat s'est apaisé, mais on entend dans Paris une autre fusillade : celle des pelotons d'exécution [...]. Bien avant qu'aient été exécutés les otages, les Versaillais ont commencé à massacrer les Fédérés, et avec eux la population parisienne : un des plus effroyables crimes qu'ait enregistré l'histoire de l'humanité.

C. Talès, *La Commune de 1871*, 1921.

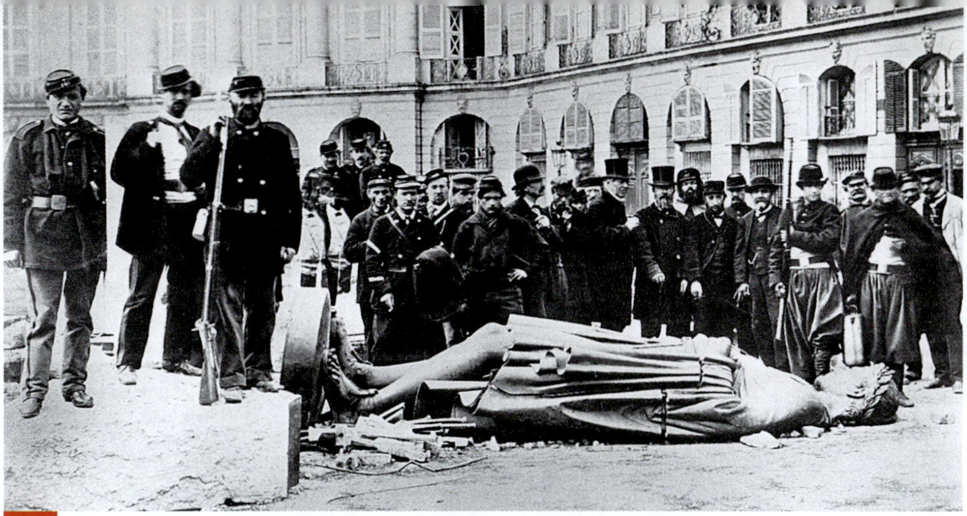

4 **Démolition de la colonne Vendôme le 16 mai 1871.**

1. Quelle statue est ici abattue ?
2. Que signifie la destruction de cette statue ?

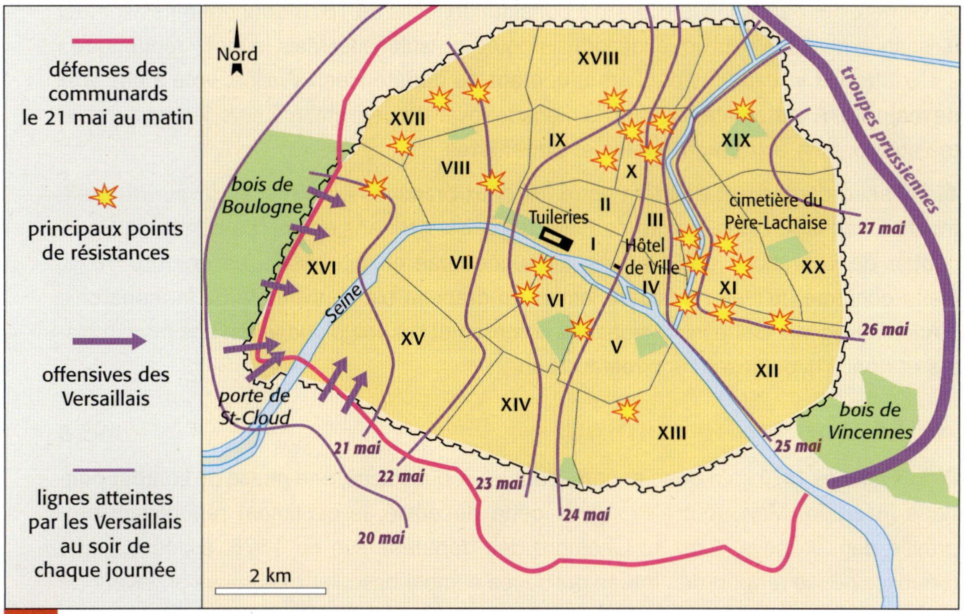

5 **La reprise de Paris par les Versaillais durant la « Semaine sanglante ».**

6 **Derniers combats de la Commune dans le cimetière du Père-Lachaise.**
Gravure, fin XIXe s.

2 La République encore incertaine

A. La menace royaliste

doc. 1, 3, 4, 6 et 7

Avant que la République ne l'emporte définitivement, elle doit affronter **les tentatives, directes ou indirectes, de restauration monarchique. Adolphe Thiers, chef du pouvoir exécutif de la République française, joue un rôle important** dans cette marche en avant. Favorable à la monarchie au début de sa carrière politique, il s'est rallié par raison à la République, qui est, selon lui, « le gouvernement qui nous divise le moins ». La répression féroce de la Commune et le traité de Francfort sont, à ses yeux, les seules façons d'obtenir la libération du territoire et d'empêcher une surenchère de gauche sur une République qu'il souhaite modérée.

Les Français souscrivent rapidement à l'emprunt lancé pour régler l'indemnité de guerre due aux Allemands : c'est un succès. Mais **Thiers doit démissionner en mai 1873** et céder la place à Mac-Mahon, favorable à une restauration de la monarchie.

Certes, deux ans plus tard, les lois constitutionnelles de 1875 donnent officiellement naissance à la IIIe République, désormais dotée d'institutions. Mais **le mot « république »** a été introduit *in extremis* par l'**amendement** du député Henri Wallon, **voté à une voix de majorité**. À cette date, en effet, la menace royaliste persiste, même si les monarchistes sont divisés entre **légitimistes** et **orléanistes**.

Un accord intervient pourtant entre les deux branches en 1874, en faveur du petit-fils de Charles X, Henri, comte de Chambord, qui est sans enfant. Le comte de Paris, héritier de la branche des Orléans, lui succéderait ensuite. Mais, en octobre 1873, Henri confirme qu'il ne renoncera jamais au drapeau blanc, symbole de la monarchie d'Ancien Régime. Cette intransigeance compromet l'espoir d'une union des monarchistes et donc l'hypothèse d'une restauration.

B. Marianne au combat

doc. 5

Les années 1870 sont donc encore, pour les républicains, **une phase de combat politique incertain**. Mais, tout au long de cette décennie, le sentiment républicain progresse dans le pays. Ainsi, la Chambre des députés, élue en 1876, a une majorité républicaine : le rapport des forces politiques semble basculer désormais en faveur de la République.

Pour tenter d'enrayer cette progression, **Mac-Mahon, le 16 mai 1877, contraint le président du Conseil Jules Simon, républicain**, à la démission, puis, ainsi que la Constitution l'y autorise, prononce la dissolution de la Chambre des députés. Ces initiatives sont perçues comme un non-respect du résultat des élections législatives de 1876. C'est donc l'épreuve de force. Pendant la nouvelle campagne électorale, Gambetta déclare : « Quand la France aura fait entendre sa voix souveraine, il faudra se soumettre ou se démettre. »

C. Marianne victorieuse

doc. 2

Les électeurs renvoient à la Chambre des députés une nouvelle majorité républicaine. **En janvier 1879**, c'est au tour du Sénat de connaître la même évolution. Mac-Mahon, prenant acte de ce nouveau rapport de forces, démissionne la même année, remplacé par le républicain Jules Grévy. **Il y a bien à cette date une suprématie du camp républicain, maître désormais des pouvoirs exécutif et législatif**. Et la victoire est définitive aux élections législatives de 1881, avec l'échec des monarchistes.

Que de chemin parcouru depuis 1875, où le mot république n'était apparu dans les lois constitutionnelles qu'à une voix de majorité et à la faveur d'un amendement ! **Les symboles de la République consolidée** (voir p. 138), *La Marseillaise* devenue hymne national en 1879, le 14 juillet proclamé fête nationale (1880), les bustes de Marianne, sont là pour rappeler cette victoire.

VOCABULAIRE

amendement : modification apportée à un projet de loi ou à une Constitution.

légitimistes : voir *Ne pas confondre*, p. 148.

orléanistes : voir *Ne pas confondre*, p. 148.

1 Le député Wallon tenant le bébé République, caricature de Gil.

« Le président de la République est élu par le Sénat et la Chambre réunis en Assemblée nationale. » L'amendement est voté par 353 voix contre 352.

2 Image célébrant le 14 juillet 1890.

1. Décrire le costume des deux personnages.
2. À quel événement historique le personnage de gauche renvoie-t-il ?

3 **Français souscrivant à l'emprunt de 5 milliards.**

Cet emprunt est lancé par la IIIe République pour payer l'indemnité de guerre à l'Allemagne.

Tableau de J.- E. Buland, 1893.

4 Une couche sociale nouvelle

Que voulez-vous ? En France on ne peut pas s'habituer, depuis quarante-cinq ans, dans certaines classes de la société, à prendre son parti, non seulement de la Révolution française, mais des conséquences, de ses résultats. On ne veut pas confesser que la monarchie est finie. [...] N'a-t-on pas vu apparaître, sur toute la surface du pays [...] un nouveau personnel politique électoral, un nouveau personnel du suffrage universel ? N'a-t-on pas vu les travailleurs des villes et des campagnes, ce monde du travail à qui appartient l'avenir, faire son entrée dans les affaires politiques ? N'est-ce pas l'avertissement caractéristique que le pays, – après avoir essayé bien des formes de gouvernement – veut enfin s'adresser à une autre couche sociale pour expérimenter la forme républicaine ?

Oui, je pressens, je sens, j'annonce la venue et la présence, dans la politique, d'une couche sociale nouvelle qui est aux affaires depuis bientôt dix-huit mois, et qui est loin, à coup sûr, d'être inférieure à ses devancières. (*Bravos.*)

Léon Gambetta, discours de Grenoble, le 26 septembre 1872.

1. À quelles « classes de la société » est-il fait allusion dans la deuxième phrase ?
2. Sur qui la République doit-elle s'appuyer ?

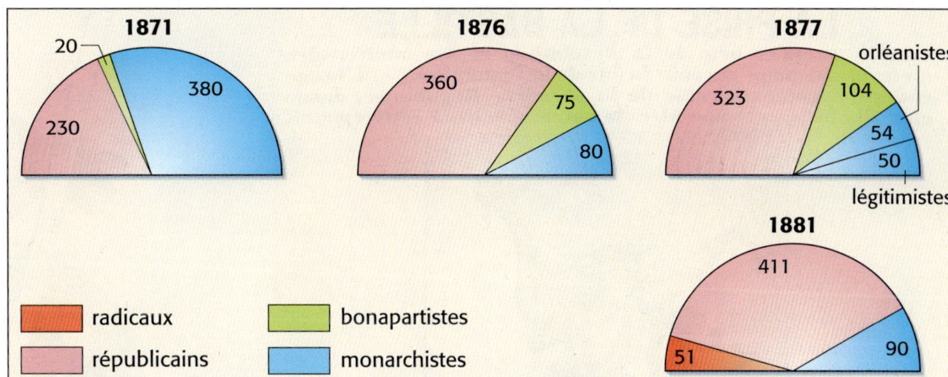

5 **Les élections de 1871, 1876, 1877 et 1881.**

1. Quelle force politique progresse ?
2. Quelle force politique disparaît ? Quelle force politique apparaît ?

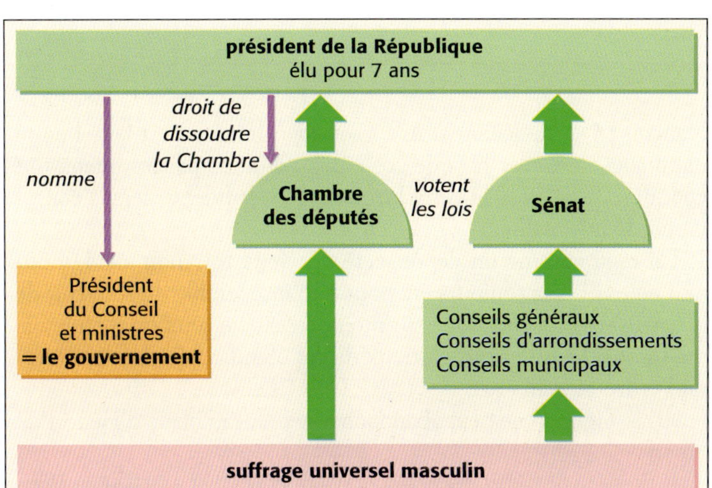

6 **Le fonctionnement de la IIIe République.**

7 Les lois constitutionnelles de 1875

Art. 1er. Le pouvoir législatif s'exerce par deux Assemblées : la Chambre des députés et le Sénat. – La Chambre des députés est nommée par le suffrage universel, dans les conditions déterminées par la loi électorale. – La composition, le mode de nomination et les attributions du Sénat seront réglés par une loi spéciale.

Art. 2. Le président de la République est élu à la majorité absolue des suffrages par le Sénat et par la Chambre des députés réunis en Assemblée nationale. Il est nommé pour sept ans. Il est rééligible.

Art. 3. Le président de la République a l'initiative des lois, concurremment avec les membres des deux Chambres ; il en surveille et en assure l'exécution. – Il a le droit de faire grâce [...] – Il dispose de la force armée. [...]

Art. 5. Le président de la République peut, sur l'avis conforme du Sénat, dissoudre la Chambre des députés avant l'expiration légale de son mandat. – En ce cas, les collèges électoraux sont convoqués pour de nouvelles élections dans le délai de trois mois.

Loi constitutionnelle du 25 février 1875 relative à l'organisation des pouvoirs publics.

1. Quelle différence existe-t-il entre l'élection de la Chambre des députés et celle du président de la République ?
2. Quels sont les pouvoirs du président de la République ?

Pourquoi l'échec des monarchistes ?

- Les monarchistes étaient sortis renforcés des élections de février 1871 à l'Assemblée constituante. Bien plus, quatre ans plus tard, le mot « république » n'était apparu dans les lois constitutionnelles de 1875 qu'avec une voix de majorité. Une restauration de la monarchie leur apparaissait donc possible. Leurs divisions, mais aussi, durant la même décennie, l'adhésion croissante des Français à la République, rendirent bientôt vaines de telles espérances.
- Avant que s'amorce, dix ans plus tard, le ralliement de certains d'entre eux au nouveau régime, leur opposition, au début des années 1880, reste totale.

1 Le 14 juillet vu par les monarchistes. Affiche de 1880.

2 Le clergé agitant le spectre rouge.
Gravure d'Alfred Le Petit, 15 mars 1871.

3 Manifeste du comte de Chambord

Dieu aidant, nous fonderons ensemble, et quand vous le voudrez, sur les larges assises de la décentralisation administrative et des franchises locales, un gouvernement conforme aux besoins du pays. [...]

[La France] m'appellera, et je reviendrai à elle tout entier, avec mon dévouement, mon principe et mon drapeau. À l'occasion de ce drapeau, on a parlé de conditions que je ne dois pas subir.

Français, [...] Entre vous et moi, il ne doit subsister ni malentendu, ni arrière pensée. Non, je ne vous laisserai pas, parce que l'ignorance et la crédulité auront parlé de privilèges, d'absolutisme et d'intolérance, que sais-je encore ? de dîme, de droits féodaux, fantômes que la mauvaise foi essaye de ressusciter à vos yeux, je ne me laisserai pas arracher de mes mains l'étendard d'Henri IV, de François Ier et de Jeanne d'Arc. C'est avec lui que s'est faite l'unité nationale, c'est avec lui que vos pères, conduits par les miens, ont conquis cette Alsace et cette Lorraine dont la fidélité sera la consolation de nos malheurs. [...]

Je l'ai reçu comme un dépôt sacré du vieux roi, mon aïeul, mourant en exil[1] : il a toujours été pour moi inséparable du souvenir de la patrie absente ; il a flotté sur mon berceau, je veux qu'il ombrage ma tombe. Dans les plis glorieux de cet étendard, je vous apporterai l'ordre et la liberté.

Français, Henri V ne peut abandonner le drapeau blanc d'Henri IV !

Henri

Manifeste du comte de Chambord du 5 juillet 1871.

1. Charles X, mort en 1836 et enterré à Gorizia en Slovénie.

4 **« La France faite par ses rois ».**
Musée Carnavalet, Paris, début années 1880.

5 Extrait des Mémoires du duc de Broglie

Le septennat du maréchal Mac-Mahon [...] nous donnait un délai de quelques années pendant lesquelles la porte restait ouverte à la monarchie : le comte de Chambord pouvait réfléchir et revenir sur ses prétentions, ou la France se résigner à les accepter. [...] Mais pour que cette situation intérimaire pût durer, il fallait qu'elle pût survivre à l'Assemblée qui l'avait créée. Faire durer cette Assemblée sept années était impraticable, et il était certain que le suffrage universel, consulté directement, n'enverrait pas sa pareille. Toutes mes combinaisons tendaient, en constituant un Sénat puissant, à faire durer l'œuvre de l'Assemblée, sans la perpétuer elle-même.
Ce plan a échoué, par la résistance des légitimistes extrêmes et des bonapartistes. [...] C'est donc cette fraction extrême de la droite qui, avec et après le comte de Chambord, a fait la France républicaine.

Duc de Broglie, « Mémoires »,
Revue des Deux Mondes, 1929.

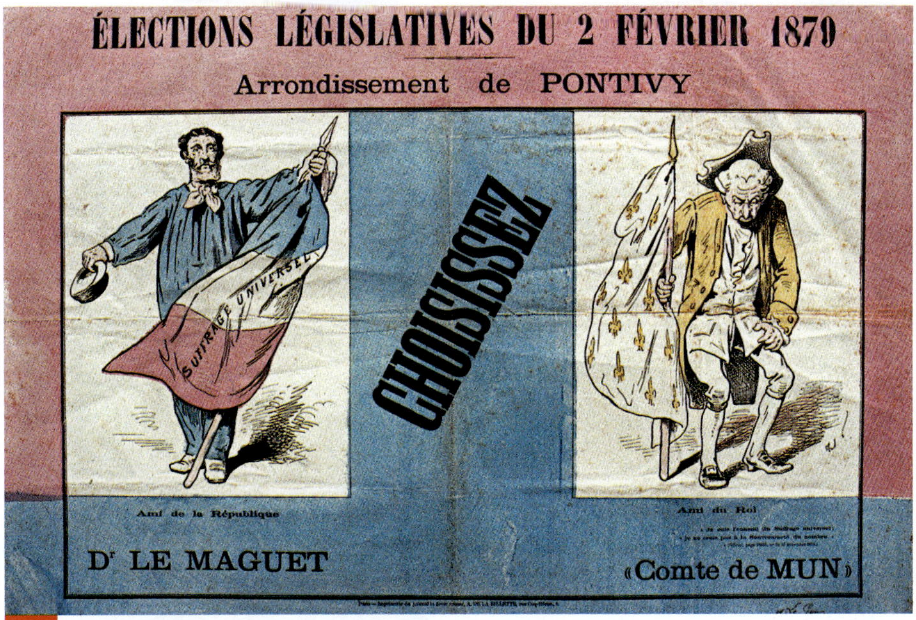

6 **Affiche électorale pour les élections de 1879.**
Arrondissement de Pontivy, Morbihan.

Questions

A Retirer des informations des documents

1. Quelle image de la Révolution et de la République ces affiches veulent-elles diffuser (doc. 1 et 2) ?

2. Pourquoi le comte de Chambord est-il attaché au drapeau blanc (doc. 3) ?

3. Qui est le personnage central (doc. 4) ? Quelle idée de la France cette image veut-elle diffuser ?

4. Présenter le document 5 (auteur et date). Comment le duc de Broglie explique-t-il l'échec des monarchistes ?

B Mettre en relation les informations des documents

5. Quelles seraient les conséquences, pour la France, du maintien de la république ou de la restauration de la monarchie, selon les documents 1 et 3 ?

C Rédiger

6. Pour quelles raisons les monarchistes ont-ils échoué ?

Marianne, allégorie de la République

1 « Allons enfants de la patrie »

a. *Le Départ des volontaires* (détail) par Rude (1836).

b. *La Marseillaise (extraits)*

Décrétée une première fois chant national, le 14 juillet 1795, La Marseillaise, *qui était le chant du « parti républicain », devient l'hymne national en 1879.*

Allons, enfants de la patrie,
Le jour de gloire est arrivé !
Contre nous de la tyrannie
L'étendard sanglant est levé ! *(bis)*
Entendez-vous dans les campagnes
Mugir ces féroces soldats ?
Ils viennent jusque dans nos bras
Égorger nos fils, nos campagnes.

Refrain

Aux armes, citoyens, formez vos bataillons !
Marchons ! Marchons !
Qu'un sang impur abreuve nos sillons !
[...]
Amour sacré de la Patrie
Conduis, soutiens nos bras vengeurs !
Liberté, Liberté chérie,
Combats avec tes défenseurs ! (bis)
Sous nos drapeaux, que la victoire
Accoure à tes mâles accents ! Que tes ennemis expirants
Voient ton triomphe et notre gloire !
Aux armes, etc.

(strophe des enfants)

Nous entrerons dans la carrière
Quand nos aînés n'y seront plus ;
Nous y trouverons leur poussière
Et la trace de leurs vertus. (bis)
Bien moins jaloux de leur survivre
Que de partager leur cercueil,
Nous aurons le sublime orgueil
De les venger ou de les suivre !
Aux armes, etc.

Paroles et musique de Claude Rouget de Lisle, *Chant de guerre pour l'armée du Rhin*, avril 1792.

• À partir de 1879-1880, pour la République, « le temps du combat a fait place à celui de la puissance établie », pour reprendre l'analyse de l'historien Maurice Agulhon. Celui-ci souligne aussi que « Marianne au pouvoir » succède alors à « Marianne au combat ». Progressivement, en effet, le buste de Marianne, **allégorie** de la République, est installé dans toutes les mairies des communes de France. Ses nombreuses représentations illustrées symbolisent aussi bien ses combats avant 1870 contre les régimes qui l'ont précédée que la politique que les républicains victorieux mettent en œuvre à partir des années 1870 et surtout 1880.

VOCABULAIRE

allégorie : expression d'une idée par une image, un personnage fictif, un tableau ; œuvre d'art représentant de manière réaliste une idée abstraite.

2 Timbres de 1852, 1871 et 1903.

a. République française : 10 centimes de 1852 (Louis Napoléon Bonaparte).
b. République française : 1 centime de 1871 (représentation de Cérès).
c. République française : 35 centimes de 1903.

3 Marianne de 1848.

Buste par Dubray, 1848.

Marianne coiffée d'un bonnet phrygien décoré d'un symbole utilisé par la franc-maçonnerie : le niveau triangulaire.
Le nom de Marianne, dérivé du nom de la Vierge Marie, la mère du Christ, apparaît pour la première fois à l'automne 1792 avec le sens de République ou de France en révolution. Son nom provient d'une chanson patriotique occitane, *La Garisou de Marianno*.

4 **Affiche anonyme de 1875.**

5 **Marianne colonisatrice.**
Couverture de cahier scolaire, vers 1900.

6 **Marianne distribuant décorations et pots de vin.**
Caricature de Matrac, 1907.

Questions

A Dégager des informations des documents

1. De quels volontaires s'agit-il ici ? À quelle époque fait référence cette statue (doc. 1) ?
2. Rappeler dans quelles circonstances *La Marseillaise* a été composée. Chercher pourquoi on lui a donné ce nom.
3. De quelle République s'agit-il en 1852 (doc. 2a) ? Pourquoi Louis Napoléon Bonaparte est-il représenté sur le timbre ?
4. Chercher qui était Cérès (doc. 2b). Que porte-t-elle à l'oreille ?
5. Sur quelles catégories sociales la République semble-t-elle s'appuyer (doc. 4) ? À quels hommes politiques rend-elle hommage ?
6. À quels aspects positifs Marianne est-elle ici associée (doc. 5) ? Observer l'arrière-plan ; l'image glorifie-t-elle uniquement la République ?
7. Quels symboles retrouve-t-on ici sur le corps de Marianne (doc. 6) ? Quel sens donner à cette caricature ?

B Mettre en relation les documents

8. Montrer que les timbres de 1871 et 1903 sont des allégories très positives de la République.
9. À quoi l'image de Marianne est-elle associée (doc. 4, 5 et 6) ?

C Rédiger

10. Identifier et expliquer la présence des différents symboles républicains présents sur ces documents.

3 La République consolidée

A. Le « gouvernement définitif de la France » doc. 1

■ Après des décennies de luttes politiques, les républicains l'ont emporté. En 1884, en un geste symbolique, la République est proclamée « gouvernement définitif de la France ».

■ **Ce sont des républicains modérés qui sont alors au pouvoir**, renforcés par le résultat des élections législatives de 1881. Sur leur droite, ils s'opposent aux royalistes, très affaiblis, mais rêvant toujours d'une restauration, et aux vestiges du courant bonapartiste. Sur leur gauche, les radicaux, qui aspirent à des mesures politiques et sociales plus audacieuses, pratiquent une sorte de surenchère. Les socialistes, qui représentent l'extrême gauche de l'éventail des forces politiques représentées à la Chambre, commencent à prendre de l'importance.

■ **Dès le début des années 1880**, les républicains modérés entreprennent une œuvre importante, qui va profondément et durablement marquer l'histoire française. D'une part, une série de lois assure désormais l'exercice des grandes libertés : liberté de réunion et de presse en 1881, loi autorisant les syndicats en 1884. D'autre part, à l'initiative de Jules Ferry, **les lois scolaires de 1881 et 1882 instaurent l'enseignement primaire gratuit, laïque et obligatoire**. La consolidation de la République s'opère donc grâce à l'importance de l'œuvre ainsi entreprise, mais aussi par la capacité que montre le régime à surmonter plusieurs crises qui auraient pu l'affaiblir durablement ou même l'abattre.

B. Retour à l'instabilité ? doc. 2 et 4

■ Dès le milieu des années 1880, se manifeste une certaine instabilité :
– Comme les autres pays européens, **la France connaît des difficultés économiques** : la croissance ralentit et des faillites d'entreprise ou de banques (ainsi l'Union générale en 1882) surviennent. Le cœur de cette « grande dépression » (1873-1896) se situe dans les années 1880 et les difficultés rencontrées engendrent un fort **mécontentement social** de la part des ouvriers et de la petite bourgeoisie touchés directement ou indirectement par ce ralentissement de l'économie.
– Les républicains modérés, parfois dénommés « opportunistes », connaissent un recul en 1885. De ce fait, la majorité sur laquelle s'appuient les gouvernements devient plus étroite, ce qui entretient une **instabilité ministérielle**.
– Le mécontentement social et l'instabilité politique favorisent le développement de l'**antiparlementarisme**.

C. La crise boulangiste surmontée doc. 3, 5 et 6

■ La crise boulangiste se nourrit de cette situation. En effet, à partir de 1886, **le général Boulanger**, qui a acquis une grande popularité comme ministre de la Guerre, parvient à rassembler à la fois les aspirations antiparlementaires et le souhait de restauration des royalistes : il reçoit l'appui d'hommes politiques aussi bien de gauche que de droite. Après son élection triomphale comme député à Paris en janvier 1889, ses partisans le poussent à marcher sur l'Élysée.

■ Le général Boulanger se refuse pourtant à tenter un tel coup d'État, et les républicains ont ainsi le temps de réagir. Pour éviter d'être traduit devant une haute cour de justice pour atteinte à la sûreté de l'État, le « général Revanche » s'enfuit en Belgique, où, deux ans plus tard, il se suicide. C'est donc une République raffermie dans l'épreuve qui peut célébrer en cette année 1889, **le centenaire de la Révolution française** dont le point d'orgue est l'exposition universelle qui se tient à Paris. Au cours de la décennie suivante, cette République victorieuse et stabilisée va s'enraciner.

VOCABULAIRE

antiparlementarisme : attitude d'opposition au Parlement et à son pouvoir.

1 Discours de Jules Ferry

Oui, Messieurs, n'oubliez jamais qu'il y a dans ce pays de France, dans ce pays de suffrage universel, une force qui fait et qui défait , qui lie et qui délie, et qui s'appelle le suffrage universel des campagnes.
Je sais bien que ce suffrage universel des campagnes a fait de grands progrès depuis quinze ans : car c'est depuis quinze ans qu'il a entendu les grandes leçons de l'histoire et connu et appris la vérité politique. Je sais qu'il n'y a aucune comparaison à faire entre le suffrage universel subitement appelé à disposer des destins de la France au lendemain de la révolution de 1848 et le suffrage universel d'aujourd'hui. Peu épris de la liberté, fort étranger aux choses de la vie politique, parce qu'il lui manquait le premier instrument de la vie publique, la lecture, ce suffrage universel d'il y a trente ans s'est trouvé tout à coup le maître de la France dans des conditions bien difficiles, en pleine explosion des théories vagues et périlleuses qui agitaient alors les esprits, et qui semblaient particulièrement dirigées contre les petits propriétaires des campagnes. Le suffrage universel usa bien mal de son pouvoir improvisé. Aujourd'hui, la transformation est complète.

Discours de Jules Ferry à Bordeaux, 30 août 1885.

1. **À qui les candidats républicains doivent-ils prêter une attention particulière en 1885 ?**
2. **Quelle différence Jules Ferry établit-il entre le vote de 1848 et celui de 1885 ?**
3. **Comment les électeurs dont parle Ferry avaient-ils voté en avril et décembre 1848 ?**
4. **D'après le résultat des élections d'octobre 1885, Ferry a-t-il été entendu (voir doc. 2) ?**

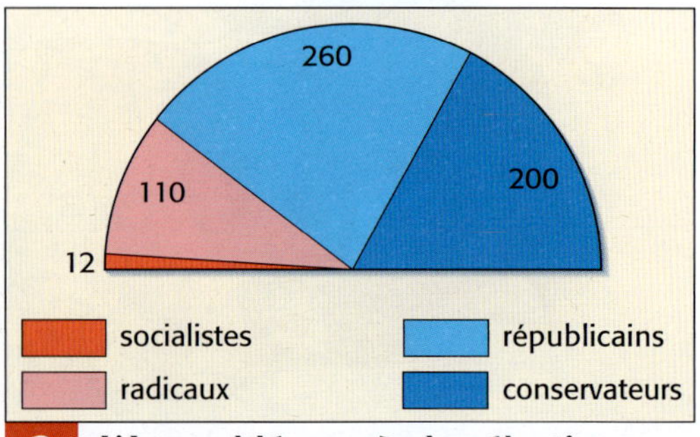

2 L'Assemblée après les élections d'octobre 1885.

3 **Jules Ferry caricaturé en raison de sa politique coloniale.** Caricature de 1885.

Ferry mène une politique coloniale active. Entre 1883 et 1885, les troupes françaises font la conquête du Tonkin (nord de l'actuel Vietnam). Cette conquête est coûteuse en hommes.
À l'annonce d'une défaite française à Langson, à la frontière chinoise le 28 mars 1885, Ferry est fortement critiqué et son gouvernement renversé le 30 mars 1885.

4 **« Le général Boulanger à l'assaut de la Bastille parlementaire ».** *La Bombe*, 14 juillet 1889.

1. **Expliquer l'expression « Bastille parlementaire ».**
2. **Qui suit le général Boulanger, d'après ce dessin ?**
3. **Comment peut-on qualifier le boulangisme ?**

5 **L'éventail boulangiste.** Image d'Épinal, 1889.

1. **Comment le général Boulanger est-il présenté ?**
2. **À quels faits d'armes est-il associé ?**
3. **Identifier quelques uns de ses partisans**

6 Boulanger, un « patriote impatient »

La France est une nation sage, mais ce n'est pas un peuple résigné. Il semble que de son âme, elle ait fait deux parts : c'est son gouvernement qu'elle charge d'être sage. [...] Mais, à côté de cette politique positive et nécessaire que le suffrage universel a vingt fois ratifiée, il subsiste dans les profondeurs de l'âme française des instincts puissants, des regrets et des souvenirs, d'impérissables espérances. À côté du patriotisme rationnel et qui sait attendre, il faut compter avec le patriotisme impatient, celui de la jeunesse et celui des foules, avec le patriotisme irresponsable qui, souvent, fait payer injustement aux sages la prudence dont ils ont la charge.

Article de Jules Ferry sur le boulangisme, écrit en 1890 et publié en 1898.

L'école de la IIIe République

- Chez les républicains, l'idée que l'instruction permet le progrès et l'émancipation de l'homme est une idée-force. Ils estiment également que l'instruction doit favoriser la promotion sociale par le diplôme, et non plus par la naissance ou par la fortune.
- Les lois scolaires de 1881 et 1882 constituent donc un élément central de l'œuvre entreprise, d'autant qu'aux yeux de ces républicains, l'école, tout en respectant les principes de la **laïcité**, doit contribuer à diffuser les valeurs et les idéaux de la République et faire en sorte que les électeurs « éduqués» ne votent plus pour des candidats monarchistes, comme en 1848 et 1871. En outre, dans une France qui garde encore le souvenir cuisant de la défaite de 1871, les instituteurs doivent diffuser les valeurs patriotiques.

2 L'école de la République. Gravure de 1879.

VOCABULAIRE

laïcité : principe selon lequel toute influence religieuse et tout signe d'appartenance religieuse (par exemple, les vêtements) est interdit dans l'enseignement public, l'administration et l'exercice du pouvoir politique.

1 Jules Ferry s'adresse aux instituteurs

Vous êtes tous les fils de 89 !
Vous avez été affranchis comme citoyens par la Révolution française, vous allez être émancipés comme instituteurs par la République de 1880 : comment n'aimeriez-vous pas aimer dans votre enseignement et la Révolution et la République ?
Cette politique-là, c'est une politique nationale ; et vous pouvez, et vous devez – la chose est facile – la faire entrer sous les formes et par les voies voulues, dans l'esprit des jeunes enfants ; mais la politique contre laquelle je tiens à vous mettre en garde est celle que j'appelais tout à l'heure la politique militante et quotidienne, la politique de parti, de personnes, de coterie ! Avec cette politique-là, n'ayez rien de commun ! [...]
Une école pour un parti, une école pour une coterie, un instituteur de parti ou de coterie, vous seriez cela, quand vous êtes les instituteurs de la France et de la patrie ! [...]
Nous allons, messieurs, procéder dans quelques mois aux élections générales. C'est la République elle-même qui pourrait être singulièrement compromise, si l'on pouvait dire : « Voilà un gouvernement qui fait les élections avec les instituteurs comme ceux qu'il a remplacés ont essayé de les faire avec les curés ! »
Restez, messieurs les instituteurs, là où nos lois et nos cœurs vous ont placés, restez avec vos petits enfants dans les régions sereines de l'École !

Discours de Jules Ferry au Congrès pédagogique de 1881.

3 « Les hussards noirs de la République »

Notre jeune école normale était le foyer de la vie laïque, de l'invention laïque dans le département. [...] De jeunes maîtres de l'École normale venaient chaque semaine nous faire l'école. Parlons bien : ils venaient nous faire la classe. Ils étaient comme les jeunes Bara[1] de la République. Ils étaient toujours prêts à crier « Vive la République ! »
Nos jeunes maîtres étaient beaux comme des hussards noirs, sveltes, sévères, sanglés, sérieux et un peu tremblants de leur précoce, de leur soudaine omnipotence. Un long pantalon noir [...]. Un gilet noir. Une longue redingote noire. [...] Cet uniforme civil était une sorte d'uniforme militaire encore plus sévère, encore plus militaire, étant un uniforme civique. [...] Porté par ces gamins qui étaient vraiment les enfants de la République. Par ces jeunes hussards de la République. Par ces hussards noirs de la sévérité. [...] Ces instituteurs étaient sortis du peuple, fils d'ouvriers, mais surtout de paysans et de petits propriétaires.

Ch. Peguy, « L'argent », *Cahiers de la quinzaine*, Gallimard, 1913.

1. Jeune soldat républicain, surpris par des vendéens en 1793. Sommé de crier « Vive le roi ! », il cria « Vive la République » et mourut percé de coups.

4 « La neutralité religieuse de l'école »

Il importe à la République, [...] il importe à tous ceux qui ont à cœur la tradition de 1789 que la direction des écoles, que l'inspection des écoles n'appartiennent pas à des ministres du culte qui ont, sur ces choses qui nous sont chères et sur lesquelles repose la société, des opinions séparées des nôtres par un si profond abîme.
Voilà pourquoi nous vous demandons de faire une loi qui établisse la neutralité confessionnelle des écoles.

Discours de Jules Ferry à la Chambre des députés, le 23 décembre 1880.

5 Les lois Ferry et le journal catholique *L'Univers*

L'État imposant l'instruction obligatoire, et se chargeant de la distribuer, c'est l'État prenant les âmes. Qui les lui a confiées ? Mais si l'État a le droit et le devoir d'imposer l'instruction et de la donner à tous, il a encore plus l'obligation de fournir du pain à tous. L'instruction obligatoire, c'est le pain obligatoire, ce sont les sabots obligatoires, les vêtements obligatoires, etc. Ce serait faire disparaître l'individualité humaine, ce serait noyer la nature humaine dans la marmite du communisme.

L'Univers, le 25 mai 1880.

L'instruction absolument gratuite, telle que projettent de l'établir les mameluks de la République, est destructive de l'autorité de la famille.
S'il y a pour le père et la mère un devoir primordial, c'est celui d'élever leurs enfants ; l'éducation donnée par la famille établit entre le père, la mère, et les enfants, des liens qui rendent plus étroits encore ceux du sang. L'enfant qui a du cœur comprend ce qu'il doit à ses parents, quand il se rappelle les privations qu'ils se sont imposées. Oui, la formation de l'esprit et du cœur de l'enfant, son « éducation », ce mot dont la religion et la famille seules possèdent le sens, qui échappera toujours aux instituteurs de l'État est le premier devoir de la famille.

L'Univers, le 28 mai 1880.

6 Leçon d'écriture : tenue du corps.

7 « Les quatre races d'hommes »

La légende de cette gravure précise : « La race blanche [...] habite surtout l'Europe, l'ouest de l'Asie, le nord de l'Afrique et l'Amérique. [...] La race jaune occupe principalement l'Asie orientale, la Chine et le Japon. [...] La race rouge habitait autrefois toute l'Amérique. [...] La race noire occupe surtout l'Afrique et le sud de l'Océanie. »
Le Tour de la France par deux enfants de G. Bruno, Belin, 1877.

8 Exercice du cours supérieur de l'école primaire

Sujet proposé : La veille du 14 juillet.
Corrigé proposé aux instituteurs
C'est demain le 14 juillet, jour de la fête nationale. De quelque côté que l'on regarde, ce ne sont que drapeaux, guirlandes, arcs de triomphe. C'est la fête de la France ! Tous les Français la célèbreront.
Ah ! Que cette date du 14 juillet nous rappelle de grands souvenirs : c'est d'abord en 1789 la prise de la Bastille, première étape de la Révolution ; puis cette magnifique journée de la Fédération, journée d'allégresse et d'enthousiasme, enfin un 14 juillet qui date d'hier [1880] et que nous nous rappelons tous : la distribution des drapeaux. Celui-là, nous l'avons acclamé. Notre armée avait perdu presque tous les étendards dans cette guerre maudite de 1870 : la patrie lui en offrait d'autres. En ce jour de réjouissance, envoyons à nos braves régiments du Tonkin l'expression de notre admiration et de notre reconnaissance [...] Mais gardons surtout nos pensées suprêmes pour ceux qui ne peuvent comme nous, en ce beau jour, célébrer la fête de la patrie. Ceux-là souffrent depuis de longues années déjà, et cependant ils n'oublient pas.
Français, un souvenir à nos frères d'Alsace et de Lorraine !

Journal d'éducation pratique pour les instituteurs, 13 juillet 1884.

Questions

A Dégager des informations des documents

1. Présenter l'auteur et le contexte historique (doc. 1). À qui s'adresse-t-il ? Quel conseil l'auteur donne-t-il aux instituteurs (doc. 1) ?
2. Justifier l'expression « hussard noir de la république » (doc. 3).
3. Le souhait de Ferry (doc. 4) a-t-il été suivi d'effet ?
4. Ces textes sont-ils favorables ou hostiles aux lois Ferry ? au nom de quels principes (doc. 5) ?
5. Expliquer « envoyons à nos braves régiments du Tonkin l'expression de notre admiration » et « ceux qui ne peuvent, comme nous, célébrer la fête de la patrie » (doc. 8)

B Mettre en relation les documents

6. Quelle est l'attitude de l'école face à la colonisation (doc. 7 et 8) ?
7. Quels sont les documents permettant une lecture critique du rôle de l'école avant 1914 ?

C Rédiger

8. Expliquer le rôle donné à l'école par la République.

4 La République enracinée (1890-1898)

A. Un régime unique en Europe doc. 6

■ Au début des années 1880, la République française apparaît comme un **régime politique quasiment unique en Europe** : seule la Suisse est également une République.

■ La France est à l'époque un modèle de démocratie parlementaire par rapport à ses grands voisins européens. Le Royaume-Uni est depuis longtemps un régime parlementaire, mais le mode de scrutin y demeure censitaire. L'Empire allemand, de son côté, ne peut être considéré comme un véritable régime parlementaire : le gouvernement n'est pas responsable devant l'Assemblée, élue au suffrage universel, mais devant l'empereur.

■ À travers cette République désormais solidement installée, **la démocratie est donc bien plus précoce en France que dans le reste de l'Europe**. Bien plus, au fil des années 1890, ce régime élargit l'assise de ses sympathisants et confirme sa solidité en surmontant de nouvelles crises.

B. Un socle renforcé doc. 1

■ Jusqu'au début des années 1880, beaucoup de catholiques français, attachés de longue date à la monarchie, s'étaient montrés hostiles ou réticents face à la République. Au début des années 1890, une évolution primordiale a lieu, **le ralliement des catholiques au régime**. Le premier pas est effectué par l'archevêque d'Alger, le cardinal Lavigerie, qui se prononce en ce sens dès 1890. Surtout, en 1892, le pape Léon XIII préconise la même attitude.

■ Ce ralliement, même partiel, contribue à renforcer les républicains modérés. Ils gagnent les élections de 1893 et cette victoire confirme que la progression des idées républicaines se poursuit dans les différentes catégories sociales.

■ **Le monde paysan** a été, depuis les années 1870, l'objet d'une attention particulière de la part des républicains. Entre 1896 et 1898, le président du Conseil, Jules Méline, poursuit cette politique : il donne satisfaction aux paysans en faisant voter des lois protectionnistes qui protègent les produits agricoles français des importations.

C. Les crises des années 1890 doc. 2, 3, 4 et 5

■ **En 1892, le scandale de Panama éclate**. La Compagnie du canal de Panama, confrontée à de graves difficultés financières lors du percement de l'isthme entre les océans Atlantique et Pacifique, a lancé une souscription en France. Il apparaît bientôt que, pour obtenir le vote de la loi indispensable à cette opération, la compagnie a rétribué par chèque des journalistes, mais aussi des ministres et des députés. Ces « chéquards », au nombre desquels se trouve Clemenceau, sont momentanément déconsidérés par le scandale qui éclate. L'affaire nourrit l'antiparlementarisme qui n'avait pas disparu depuis l'échec du boulangisme.

■ Le climat politique est également perturbé par l'**agitation entretenue par les anarchistes**. L'un d'entre eux lance une bombe en pleine Chambre des députés en décembre 1893, puis un autre attentat entraîne la mort du président de la République Sadi Carnot en juin 1894. Le gouvernement répond à cette agitation anarchiste par des lois répressives, qualifiées de « lois scélérates » par l'opposition socialiste. Réprimant « le fait d'inciter à certains crimes dans un but de propagande anarchiste », elles posent la question du tiraillement, en démocratie, entre liberté d'opinion et respect par tous de la légalité.

■ Mais c'est surtout **l'affaire Dreyfus** qui provoque, à la fin des années 1890, une crise profonde. Face à la condamnation, au terme d'une enquête bâclée, du capitaine Dreyfus pour espionnage, le pays se divise.

1 Les catholiques et la République

Quand la volonté d'un peuple s'est nettement affirmée, que la forme d'un gouvernement n'a en soi rien de contraire, comme le proclamait dernièrement Léon XIII, aux principes qui peuvent faire vivre les nations chrétiennes et civilisées, lorsqu'il faut, pour arracher son pays aux abîmes qui le menacent, l'adhésion sans arrière-pensée à cette forme de gouvernement, le moment vient [...] de sacrifier tout ce que la conscience et l'honneur permettent, ordonnent à chacun de nous de sacrifier pour l'amour de la patrie.

Cardinal Lavigerie, archevêque d'Alger, le 12 novembre 1890.

2 Le prix des produits agricoles

Voilà que le développement des moyens de transport et de communication met en quelques années les plus grands marchés à notre portée, si bien qu'on a pu voir les blés de l'Amérique et de l'Inde arriver à meilleur marché au Havre et à Marseille que de nos principaux centres de production [...]. Il ne peut entrer dans la pensée de personne de réduire les salaires de nos ouvriers [...]. C'est au contraire à les relever que nous devons tendre, et il n'y a qu'un moyen pour cela : c'est de maintenir le coût de nos produits à un taux suffisamment rémunérateur, en empêchant leur avilissement excessif par la concurrence étrangère.

Discours de Jules Méline, *Journal officiel*, 11 mai 1891.

Nous avons touché. (Approbation sur tous les bancs)

Ils ont touché. (Réflexion d'un actionnaire)

3 Le scandale de Panama.
Caricatures de Caran d'Ache.

1. Que dénoncent ces caricatures ?
2. Qui visent-elles ?

4 **La fusillade de Fourmies (Nord), le 1er mai 1891.**

Gravure, *L'Illustration* du 9 mai 1891.

Le 1er mai 1891, à Fournies, des grévistes manifestent en faveur de la journée de huit heures. Craignant d'être débordée, la troupe tire sur les grévistes, faisant 9 morts et 33 blessés. Le curé de Fourmies tente de mettre fin à la tuerie.

5 **Programme du Parti ouvrier français (1890)**

Partie politique

1. Abolition de toutes les lois sur la presse, les réunions et les associations, et surtout de la loi contre l'Association internationale des travailleurs. Suppression du livret, cette mise en carte de la classe ouvrière ;
2. Suppression du budget des cultes et retour à la nation des biens appartenant aux corporations religieuses…
3. Suppression de la dette publique ;
4. Abolition des armées permanentes et armement général du peuple ;
5. La Commune maîtresse de son administration et de sa police.

Partie économique

1. Repos d'un jour par semaine. Réduction légale de la journée de travail à 8 heures pour les adultes. Interdiction du travail des enfants au-dessous de 14 ans.

3. Minimum légal des salaires ;

5. Égalité de salaire à travail égal pour les travailleurs des deux sexes.

12. Abolition de tous les impôts indirects et transformation de tous les impôts directs en un impôt progressif sur les revenus dépassant 3 000 francs. Suppression de l'héritage en ligne directe dépassant 20 000 francs.

1. Quelles parties du programme ont été appliquées avant 1914 ?

2. Quelles parties du programme ont été appliquées depuis 1918 ?

6 **Attentat anarchiste à la Chambre, le 9 décembre 1893.**

Lithographie, Le Petit Journal du 23 décembre 1893.

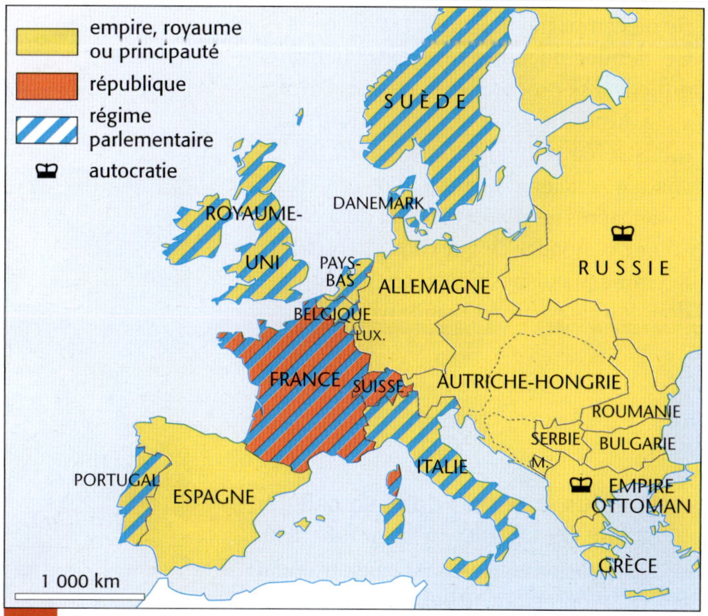

7 **Les régimes politiques en Europe dans les années 1880.**

L'affaire Dreyfus

- En septembre 1894, un document – un bordereau – proposant de livrer des secrets militaires français est dérobé à l'ambassade d'Allemagne à Paris par les services du contre-espionnage français. Ce bordereau révèle la présence d'un traître au sein de l'état-major français. Une enquête bâclée conduit à l'arrestation du capitaine Alfred Dreyfus, d'origine juive. En décembre 1894, celui-ci est condamné, pour haute trahison, à la dégradation et à la déportation à vie.
- En fait, il est innocent. Il est dégradé puis déporté à l'île du Diable, en Guyane. « L'affaire » Dreyfus débute en 1897 : des soupçons précis pèsent sur le commandant Esterhazy. Mais ce dernier est acquitté par un tribunal militaire en janvier 1898. En réaction, l'écrivain Émile Zola publie « J'accuse ! » dans *L'Aurore* du 13 janvier 1898. L'opinion se divise en **dreyfusards** et **antidreyfusards**.
- Il apparaît bientôt que des fausses preuves ont été fabriquées par l'état-major pour accabler Dreyfus, mais un nouveau procès, à Rennes en 1899, le déclare coupable derechef. Gracié quelques semaines plus tard, le capitaine Dreyfus n'est réhabilité qu'en 1906.

VOCABULAIRE

dreyfusards : personnes convaincues de l'innocence de Dreyfus ; elles reprochent à la justice militaire d'avoir commis une erreur judiciaire ou d'avoir dissimulé la vérité. Les dreyfusards demandent la révision du procès.

antidreyfusards : personnes qui déplorent que soient attaquées la justice militaire et donc l'armée française. Pour les antidreyfusards, les valeurs à défendre en priorité sont la nation et l'armée française qui la protège.

1 Le bordereau à l'origine de l'affaire

Je vous adresse cependant, Monsieur, quelques renseignements intéressants :
1. Une note sur le frein hydraulique du canon de 120 ;
2. Une note sur les troupes de couverture (quelques modifications seront apportées par le nouveau plan) ;
3. Une note sur une modification aux formations de l'artillerie ;
4. Une note relative à Madagascar ;
5. Le projet de manuel de tir de l'artillerie de campagne (14 mars 1894).
Ce dernier document est extrêmement difficile à se procurer et je ne puis l'avoir à ma disposition que très peu de jours. Le ministre en a envoyé un nombre fixe ; chaque officier détenteur doit remettre le sien après les manœuvres. Si donc vous voulez y prendre ce qui vous intéresse et le tenir à ma disposition après, je le prendrai. Je vais partir en manœuvre.

2 Le contexte antisémite.
La Libre Parole, octobre 1894.

4 Caricature socialiste antidreyfusarde du 29 décembre 1894.
Dreyfus, chargé de sacs de marks, est assimilé à un traître et comparé au général Bazaine qui, en 1870, capitula dans Metz. Par la suite, Jaurès et la majorité des socialistes prirent la défense de Dreyfus.

3 Dreyfus, aux fers dans sa cellule, à l'île du Diable. Dessin de Kab, 1898.
Dreyfus condamné pour haute trahison (décembre 1894) à la dégradation et à la déportation à vie à l'île du Diable, en Guyane.

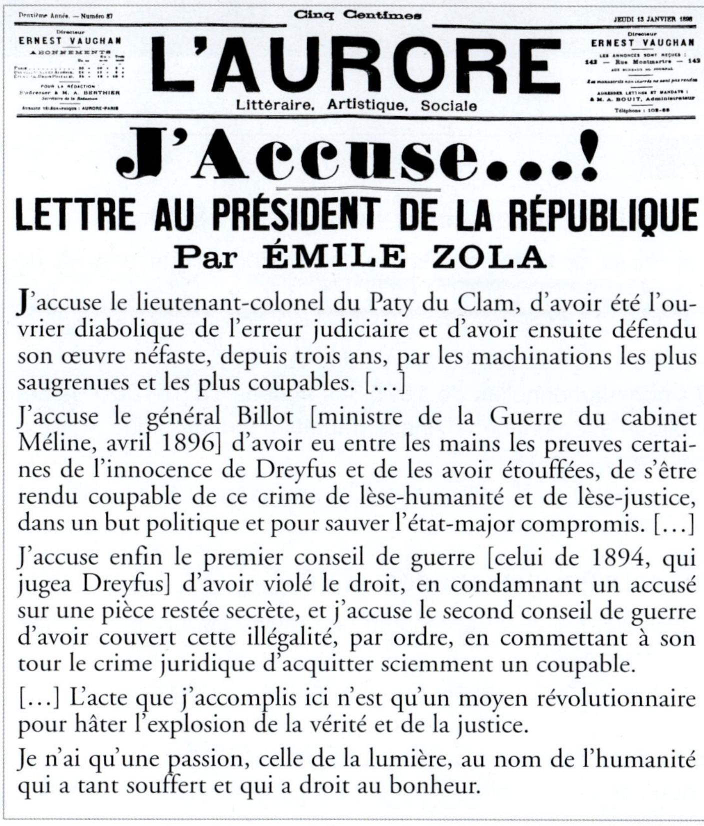

Cinq Centimes

JEUDI 13 JANVIER 1898

Directeur ERNEST VAUGHAN

L'AURORE

Littéraire, Artistique, Sociale

J'Accuse...!

LETTRE AU PRÉSIDENT DE LA RÉPUBLIQUE

Par ÉMILE ZOLA

J'accuse le lieutenant-colonel du Paty du Clam, d'avoir été l'ouvrier diabolique de l'erreur judiciaire et d'avoir ensuite défendu son œuvre néfaste, depuis trois ans, par les machinations les plus saugrenues et les plus coupables. [...]

J'accuse le général Billot [ministre de la Guerre du cabinet Méline, avril 1896] d'avoir eu entre les mains les preuves certaines de l'innocence de Dreyfus et de les avoir étouffées, de s'être rendu coupable de ce crime de lèse-humanité et de lèse-justice, dans un but politique et pour sauver l'état-major compromis. [...]

J'accuse enfin le premier conseil de guerre [celui de 1894, qui jugea Dreyfus] d'avoir violé le droit, en condamnant un accusé sur une pièce restée secrète, et j'accuse le second conseil de guerre d'avoir couvert cette illégalité, par ordre, en commettant à son tour le crime juridique d'acquitter sciemment un coupable.

[...] L'acte que j'accomplis ici n'est qu'un moyen révolutionnaire pour hâter l'explosion de la vérité et de la justice.

Je n'ai qu'une passion, celle de la lumière, au nom de l'humanité qui a tant souffert et qui a droit au bonheur.

5 **« J'accuse... ! »**, *L'Aurore*, 13 janvier 1898.

6 **Dreyfus quittant la cour martiale de Rennes en 1899.**

– Surtout, ne parlons pas de l'affaire Dreyfus.

Ils en ont parlé...

7 **Caricature de Caran d'Ache**, *Le Figaro*, 13 février 1898.

8 **Pétition hostile aux défenseurs de Dreyfus**

Les soussignés, émus de voir se prolonger et s'aggraver la plus funeste des agitations, persuadés qu'elle ne saurait durer davantage sans compromettre mortellement les intérêts vitaux de la Patrie française, et notamment ceux dont le glorieux dépôt est aux mains de l'armée nationale, persuadés aussi qu'en le disant, ils expriment l'opinion de la France,

Ont résolu de travailler à maintenir, en les conciliant avec les progrès des idées et des mœurs, les traditions de la Patrie française ; de s'unir et de se grouper pour agir en dehors de tout esprit de secte pour agir utilement dans ce sens par la parole, par les écrits et par l'exemple, et de fortifier l'esprit de solidarité qui doit relier entre elles toutes les générations d'un grand peuple.

Signé, entre autres, par Charles Maurras, Maurice Barrès, Jules Verne, Caran d'Ache, vingt-deux académiciens et les peintres Degas et Renoir, octobre 1898.

Questions

A Dégager les informations des documents

1. En quoi le bordereau révèle-t-il la présence d'un espion au sein de l'état-major (doc. 1) ?

2. Montrer qu'il s'agit d'un journal antisémite (doc. 2).

3. Quelle est l'attitude des socialistes au début de l'affaire Dreyfus (doc. 4) ?

4. Qui Zola accuse-t-il ? Montrer que ses accusations sont précises (doc. 5).

5. Pourquoi les soldats ont-ils reçu l'ordre de tourner le dos à Dreyfus (doc. 6) ?

B Mettre en relation les documents

6. Quels sont les documents témoignant de l'engagement de leurs auteurs ?

C Rédiger

7. Présenter les valeurs que défendent les textes 5 et 8.

FICHE DE RÉVISION

DATES À RETENIR

- **mars-mai 1871** : la Commune de Paris
- **1875** : lois constitutionnelle
- **crise de 1877** : la République en sort consolidée
- **1881-1882** : lois Ferry (école gratuite, laïque et obligatoire)
- **1889** : crise boulangiste
- **1894-1899** : affaire Dreyfus

BIOGRAPHIES

Léon Gambetta (1838-1882), républicain, membre du gouvernement de la Défense nationale en 1870-1871.
(Voir biographie complète p. 378)

Adolphe Thiers (1797-1877), monarchiste puis républicain, « chef du pouvoir exécutif de la République française en 1870-1871.
(Voir biographie complète p. 383)

Patrice de Mac-Mahon (1808-1893), général sous le Second Empire, président de la République de 1873 à 1879.
(Voir biographie complète p. 381)

Jules Ferry (1832-1893), deux fois président du Conseil entre 1880 et 1885, ministre de l'Instruction publique (1879-1801 et 1882-1883).
(Voir biographie complète p. 377)

Général Boulanger (1834-1891), ministre de la Guerre en 1886, au centre de la crise boulangiste en 1889.
(Voir biographie complète p. 376)

L'ESSENTIEL

1. Une République fragile et incertaine : les années 1870

- Proclamée en 1870 après le désastre de Sedan, la IIIe République connaît des débuts difficiles, confrontée à de lourdes épreuves : la défaite face à la Prusse, le traité de Francfort et la perte de l'Alsace-Moselle, l'insurrection de la Commune de Paris en mars 1871 qui s'achève par une répression sanglante fin mai 1871,
- Malgré le vote des lois constitutionnelles de 1875, les années 1870-1880 demeurent incertaines. La République est menacée d'une restauration monarchique et elle ne parvient réellement à s'imposer qu'en 1879.
- La République se dote de symboles (*La Marseillaise*, hymne national, le 14 juillet, fête nationale) et d'un visage, l'allégorie de Marianne.

2. La République consolidée : les années 1880

Après 1879, les républicains victorieux entreprennent une œuvre importante, qui marque profondément l'histoire française :
- dans les années 1880 : lois Ferry sur l'école gratuite, laïque et obligatoire ; affirmation de la laïcité ;
- apparition d'un courant antiparlementaire (crise boulangiste, 1889) ;
- néanmoins la République est bien installée : en 1889 est commémoré le centenaire de la Révolution française.

3. La République enracinée (années 1890)

- Ralliement des catholiques et appui du monde paysan.
- Nouvelles crises : scandale de Panama, attentats anarchistes, affaire Dreyfus à la fin des années 1890.
- Malgré tout, la République demeure solide.

NE PAS CONFONDRE

Légitimistes et orléanismes

➤ **Légitimistes** : monarchistes partisans de Henri, comte de Chambord (1820-1883), petit-fils du roi Charles X, roi de France de 1824 à 1830.

➤ **Orléanistes** : monarchistes favorables à une monarchie constitutionnelle, partisans de Louis-Philippe-Albert, comte de Paris (1838-1894), petit-fils de Louis-Philippe d'Orléans, roi des Français de 1830 à 1848.

Régime et gouvernement

➤ **Régime** : forme et cadre général dans lequel un pays est gouverné (régime monarchique, régime impérial, régime républicain, régime dictatorial ou totalitaire). Un régime peut durer des décennies, voire des siècles (l'Ancien Régime). Un changement de régime se produit en général à l'occasion d'une crise grave (guerre, coup d'État, révolution).

➤ **Gouvernement** : équipe au pouvoir pendant un temps limité ; les changements de gouvernement sont normaux et fréquents dans n'importe quel régime, à l'exception des régimes dictatoriaux ou totalitaires.

Constitution et loi constitutionnelle

➤ Une **Constitution** est un texte solennel, un ensemble de traditions (la *Common Law* anglaise), un ensemble de textes qui fonde un régime, règle le fonctionnement des pouvoirs dans un État ainsi que les droits et les devoirs des citoyens.

➤ Une **loi constitutionnelle** est une loi votée par une assemblée législative ; elle modifie ou instaure un nouveau régime. Des lois constitutionnelles, comme celles de 1875, bien que moins solennelles qu'une Constitution, ont la même valeur juridique.

La stabilisation de la République

« Ce qu'a fait la République », affiche électorale des républicains en 1881, image d'Épinal.

Questions

1. « La République a libéré le territoire » dit la légende de la deuxième vignette. Que savez-vous du territoire de la France à la date du document ?
2. Comparer l'attitude des personnages dans les vignettes 3 et 6 d'une part et dans la vignette 5 d'autre part : que veut-on montrer ?
3. À quelles « entreprises des anciens partis » est-il fait allusion (vignette 5) ?
4. Que représente le personnage blanc, à gauche de la vignette 5 ? Comment appelle-t-on une telle représentation ?
5. Rappeler ce qu'est la conscription (vignette 4).
6. Que signifie « égalité de tous devant la conscription » ?
7. Qu'est-ce qui, dans les vignettes 7 et 8, évoque l'« ordre républicain » ?
8. Quels faits de la période 1870-1899 destabilisent la République et quels faits permettent de mieux l'ancrer dans le pays ?

	Faits qui déstabilient la République	**Faits qui consolident la République**
1870-1880		
1880-1890		
1890-1899		

Prépa BAC

Composition (2/6)

Sujet : Être républicain en France entre 1848 et 1899.

CHRONOLOGIE INDICATIVE

- **1848 :** révolution de Février. IIe République. Journées de Juin ; Louis Napoléon Bonaparte élu président.
- **2 décembre 1851 :** coup d'État de Louis Napoléon Bonaparte.
- **2 décembre 1852 :** Second Empire.
- **1859 :** amnistie pour les républicains.
- **1863 et 1869 :** succès républicains aux élections législatives.
- **1870 :** IIIe République.
- **1871 :** Commune de Paris.
- **1875 :** lois constitutionnelles.
- **1876 :** succès républicain aux élections législatives.
- **1877 :** crise du 16 Mai.
- **1879 :** gouvernement républicain.
- **1881-1882 :** Lois Ferry.
- **1889 :** crise boulangiste.
- **1892 :** ralliement des catholiques à la République.
- **1894-1899 :** affaire Dreyfus.

DOCUMENT D'ACCOMPAGNEMENT

La République éclairant le peuple (1879). Musée Carnavalet, Paris.

Méthode

A Le sujet

1. Lire et analyser le sujet :

Être républicain **en France** **entre 1848 et 1899**

Le thème :
« être républicain », ce n'est ni la République (un régime), ni les républicains (une force politique qui n'est pas encore vraiment organisée en parti) ;
« être républicain », signifie être ataché à un régime et aux valeurs qu'il incarne, ce qui peut se traduire :
– par un engagement parfois risqué,
– par un comportement électoral,
– par une capacité à se mobiliser.

L'espace :
la France

La période :
elle est mouvementée.
En 1848, la révolution de Février met un terme à la monarchie de Juillet.
En 1899 s'achève le deuxième procès de Dreyfus ; un gouvernement de Défense républicaine est formé.
Entre temps, la France a fait l'expérience de plusieurs régimes, connu un coup d'État, la défaite dans la guerre contre la Prusse et une guerre civile, la Commune.

2. Mobiliser des connaissances

a. Maîtriser l'évolution politique de la France de 1848 à 1899, c'est-à-dire les connaissances de chapitres 7 et 8. Attention : le thème est à étudier tout au long de la période, même si, sous le Second Empire, les Français attachés à la République sont peu nombreux.

b. Recenser les différentes formes de sensibilité républicaine : modérés ou opportunistes, démocrates-socialistes, radicaux par exemple. Qui adhère à ces idées ?

c. Rechercher les valeurs républicaines

- Par exemple l'héritage de 1789 : libertés, souveraineté nationale, droits de l'homme et du citoyen ;
- l'anticléricalisme parfois ;
- l'importance de symboles républicains tels *La Marseillaise*.

d. Recenser les adversaires de la République : bonapartistes, royalistes, catholiques jusqu'en 1892, anarchistes.

e. Repérer quelques moments critiques : coup d'État du 2 décembre 1851, crise du 16 mai 1877 par exemple.

Utiliser la chronologie

La chronologie est indicative ; elle n'a pas à être commentée dans le devoir ; elle permet de soulager la mémoire et de dégager des dates-charnières.
Toutes les dates n'ont pas la même importance ; l'existence d'une chronologie ne dispense pas d'apprendre au préalable les dates principales dans le cours : c'est cette connaissance préalable qui permet, devant le devoir, de sélectionner avec précision les dates les plus importantes, celles qui, par exemple, constituent un tournant dans l'histoire.

En aucun cas, le devoir ne doit être un commentaire de la chronologie.

B La composition

1. Dégager la problématique

	Qui est républicain ?	Que veulent les républicains ?
1848	Étudiants, ouvriers et artisans, petits patrons, quelques bourgeois libéraux, des révolutionnaires et des « républicains du lendemain », soit une minorité de Français.	– la fin de la monarchie – le suffrage universel – une société plus juste
1899	Une grande majorité de Français	– le régime ne fait plus débat – une république modérée ou radicale ?

- Quel enseignement tirer du tableau ?

– L'attachement à la République s'est généralisé au cours de la période.
– Les aspirations ont changé.

- On peut alors formuler la problématique

Que peut-il y avoir de commun entre le républicain de 1848 et celui de 1899, alors qu'en un demi-siècle, à travers trois régimes politiques, le fait d'être républicain est devenu le fait d'une forte majorité de Français ?

2. Choisir et élaborer le plan

Le sujet porte sur un thème à étudier pendant une période. Le sujet est de type évolutif ; il appelle donc un plan chronologique.

Deux plans possibles :
– les changements de régime : IIe République…
– de 1848 à 1870, de 1870 à 1879, de 1879 à 1899.

Dans le premier cas, en s'appuyant sur les changements de régime, on risque de déséquilibrer le développement. Sous le Second Empire, l'attachement à la République demeure, même s'il est très minoritaire. Il s'étend et se diversifie sous la IIIe République. On préférera donc le deuxième plan.

C Proposition de plan détaillé

I. 1848-1870 : de l'enthousiasme à la déception et au repli

– Enthousiasme pour le **suffrage universel**, la justice sociale, porté par l'ardeur révolutionnaire et l'élan de la **fraternité** : les républicains plantent des arbres de la Liberté.
– Déception douloureuse : être républicain, après les journées de juin 1848, c'est hésiter entre l'Ordre et la révolution.
– Le repli : être républicain, c'est combattre le coup d'État ; c'est partir en exil, connaître la prison ou se taire dans une France largement ralliée à Napoléon III. C'est demeurer attaché aux **libertés** et réclamer leur retour ; c'est se situer à gauche, se radicaliser ou, parfois, se rallier à un empire qui se réforme.

II. 1870-1879 : à la conquête du pouvoir

– Être républicain, c'est être au **centre ou à gauche**, applaudir à la chute de l'Empire, à la Défense nationale, mais c'est aussi défendre l'**ordre**…
– Être républicain, c'est combattre les projets de restauration monarchique et refuser le pouvoir personnel.
– Être républicain, c'est voter pour des candidats républicains et défendre le souvenir de **1789** (*La Marseillaise*, le 14 juillet).

III. 1879-1899 : les Français gagnés au régime républicain

– Être républicain, c'est être attaché aux grandes lois des années 1880, en particulier à l'**école laïque**.
– C'est défendre la **pratique parlementaire** et se défier des aventures personnelles (Boulanger), c'est célébrer le centenaire de la Révolution de 1789.
– Ce n'est plus se situer obligatoirement à gauche : conservateurs, opportunistes, catholiques ralliés sont républicains : on peut être à la fois de droite et républicain.
– C'est défendre les **droits de l'homme** dans l'affaire Dreyfus, aller jusqu'à l'**anticléricalisme** pour certains, mais c'est aussi pour d'autres, défendre l'armée qui **protège la Nation**.

CHAPITRE

9 La France de la Belle Époque

À la fin du XIXe s., la IIIe République sort renforcée d'une phase de crises aiguës qu'elle est parvenue à surmonter. Cet affermissement est favorisé par le soutien que lui ont apporté les différentes catégories sociales. Au seuil du siècle suivant, la France vit donc sa « Belle Époque » : dotée d'un régime politique consolidé et enraciné, elle jouit aussi d'un réel rayonnement dans le monde et se trouve, de surcroît, à la tête du deuxième empire colonial du monde.

Que faut-il entendre par « France de la Belle Époque » ?

1 Une république démocratique...

Banquet des maires à Paris en 1900.

« C'était le temps (tournant du siècle, grand élan de la IVe République, « Belle Époque », peu importe l'étiquette) où on fabriquait des Français à partir de paysans. » Maurice Agulhon, *Mouvements religieux et culturels en France de 1800 à 1914*, 2001.

1900 — 1905 — 1910 — 1914

RÉPUBLICAINS RADICAUX AU POUVOIR

1894-1899 **affaire Dreyfus**

1901 création du Parti radical

1903 création de la Fédération républicaine

1905 création de la SFIO

1913 « loi de trois ans »

1914 création de l'impôt sur le revenu

Combes

Clemenceau

1905 **séparation des Églises et de l'État**

août 1914 début de la Première **Guerre mondiale**

2 … mais contestée.

La Grève, dessin de Grandjouan paru dans *L'Assiette au Beurre*, 6 mai 1905.

« Si, un jour, il vous fallait marcher contre les camarades qui luttent contre la rapacité patronale, qui revendiquent un peu plus de bien-être, vous sauriez ce que vous devez faire. Votre conscience de travailleur vous défend de tirer sur d'autres travailleurs. Si l'on vous envoie dans les grèves : vous ne tirerez pas ! »

G. Yvetot, dirigeant de la CGT, *Le Nouveau Manuel du soldat*, 1903.

1 L'apogée du modèle républicain

A. Le soutien des classes moyennes doc. 2 et 3

Si l'affaire Dreyfus accroît l'influence d'une droite nationaliste hostile au régime parlementaire, elle contribue aussi à la constitution, en juin 1899, d'un gouvernement de « défense républicaine ». Dirigé par Waldeck-Rousseau, il réunit des républicains modérés dreyfusards et des radicaux. Cette **arrivée au pouvoir des radicaux** est essentielle. C'est tout à la fois l'assise politique du régime qui s'élargit alors que se raffermit son socle social.

En effet, ces radicaux, étaient devenus peu à peu le parti des classes moyennes, dont ils représentaient les aspirations à la Chambre et, désormais, au gouvernement. Or la société française est majoritairement composée des classes moyennes, rurales aussi bien qu'urbaines. Celles-ci constituent la « couche sociale nouvelle » annoncée par Gambetta en 1872 : largement pénétrées par les valeurs républicaines, notamment par l'intermédiaire des instituteurs, elles apporteront un constant soutien à la IIIe République. L'adhésion des classes moyennes à la République radicale est **l'un des facteurs essentiels de la solidité du régime**.

B. L'apparition des partis politiques

Après les crises de la fin du XIXe s., la République est encore renforcée par un fonctionnement plus harmonieux de la vie politique. Des ralliements successifs affaiblissent le camp des adversaires du régime : c'est le cas de bien des catholiques et de certains monarchistes. Parmi les monarchistes non ralliés, seule l'Action française de Charles Maurras constitue une opposition notable.

Au début du XXe siècle, **les premiers partis politiques apparaissent** sous une forme réellement structurée : parti radical à gauche en 1901, Alliance démocratique au centre droit à la même date, Fédération républicaine à droite en 1903. En 1905, la Section française de l'Internationale ouvrière (SFIO) regroupe les socialistes français, jusqu'alors divisés. Le principal dirigeant en est Jean Jaurès.

La classe ouvrière, qui s'était accrue – 30 % de la population active en 1906 – sous l'effet de l'industrialisation, a désormais un parti puissant qui exprime ses aspirations et mène ses combats. Le syndicalisme ouvrier se développe également, avec l'essor de la CGT, fondée en 1895.

C. Les radicaux au pouvoir doc. 1, 4, 5 et 6

Après la victoire du « Bloc des gauches » aux élections de 1902, le radical Émile Combes, président du Conseil de 1902 à 1905, mène une politique hostile aux établissements scolaires tenus par des **congrégations**. En ce début du XXe siècle, une forte tension subsiste entre les gouvernements en place et l'Église catholique. En mai 1904, les relations diplomatiques sont même rompues avec le Vatican.

Cette tension culmine avec la **loi de séparation des Églises et de l'État du 9 décembre 1905**, qui met fin au **Concordat** de 1801. Le ralliement des catholiques à la République n'est pas remis en cause, mais l'opposition reste forte entre eux et les radicaux du fait du violent anticléricalisme de ces derniers.

Les gouvernements radicaux, en particulier le gouvernement de Clemenceau (1906-1909), sont aussi confrontés à une **forte agitation sociale**, chez les ouvriers et les paysans, dans le Midi viticole, notamment en 1907. Mais, progressivement, ce sont les problèmes extérieurs qui dominent les débats politiques. En mars 1913, le gouvernement d'Aristide Briand dépose un projet de loi portant la durée du service militaire de deux à trois ans. Cette loi est votée en juillet, au terme de longues discussions entre la droite et la gauche.

VOCABULAIRE

congrégations : associations de religieux ou de religieuses liés par des vœux. De nombreuses congrégations assurent une fonction d'enseignement.

concordat : traité conclu entre le pape et un État, il règle les relations de l'Église catholique avec cet État.

1 Loi de séparation des Églises et de l'État (1905)

ARTICLE Ier : La République assure la liberté de conscience. Elle garantit le libre exercice des cultes sous les seules restrictions édictées ci-après dans l'intérêt de l'ordre public.

ART. 2 : La République ne reconnaît, ne salarie ni ne subventionne aucun culte. En conséquence, à partir du 1er janvier qui suivra la promulgation de la présente loi, seront supprimés des budgets de l'État, des départements et des communes, toutes dépenses relatives à l'exercice des cultes. […]

ART. 3 : Dès la promulgation de la présente loi, il sera procédé par les agents de l'administration des Domaines à l'inventaire descriptif et estimatif :
1. des biens mobiliers et immobiliers desdits établissements ;
2. des biens de l'État, des départements et des communes dont les mêmes établissements ont la jouissance. […]

ART. 30 : Conformément aux dispositions de l'article 2 de la loi du 28 mars 1882, l'enseignement religieux ne peut être donné aux enfants âgés de 6 à 13 ans, inscrits dans les écoles publiques, qu'en dehors des heures de classe.

ART. 31 : Sont punis d'une amende de seize francs à deux cents francs et d'un emprisonnement de six jours à deux mois ou de l'une de ces deux peines seulement, ceux qui, soit par voies de fait, violences ou menaces contre un individu, soit en lui faisant craindre de perdre son emploi ou d'exposer à un dommage sa personne, sa famille ou sa fortune, l'auront déterminé à exercer ou à s'abstenir d'un culte, à faire partie ou à cesser de faire partie d'une association cultuelle, à contribuer ou à s'abstenir de contribuer aux frais de culte.

1. **Quel est le grand principe républicain affirmé dans l'article 1 ?**
2. **Quelles sont les conséquences de la première phrase de l'article 2 pour les différentes religions présentes en France ?**
3. **Qu'implique l'art. 30 en ce qui concerne les programmes scolaires ?**

2 Des « bourgeois nouveaux venus »

Il n'est guère de chef-lieu de département où ce que l'on appelle la société, agrégat composé d'une base légitimiste, d'un sédiment orléaniste et d'une abondante alluvion bonapartiste, n'ait eu à soutenir la concurrence contre une couche de bourgeois nouveaux venus, avoués, médecins, commerçants nouvellement enrichis, qui entendent devenir à leur tour la société et accaparer l'importance locale. En résumé, presque partout, la lutte de la République contre le conservatisme s'est symbolisée par la rivalité du *Cercle de l'Union*, dans lequel fusionnent la noblesse et l'ancienne bourgeoisie, contre le *Cercle du Commerce*, naturellement libéral et républicain, puisque tous les éléments de la nouvelle bourgeoisie s'y sont concentrés.

G. de Saint-Valry, *Souvenirs et réflexions politiques*, 1886.

3 « France, où vas-tu ? ». Carte postale, 1907.

1. **Décrire les personnages et la scène.**
2. **Chercher qui a prononcé ce mot historique « Quo vadis ».**
3. **Que dénonce cette carte postale ?**

4 La République des radicaux

Le premier devoir de la République est de faire des républicains. Pour faire un républicain, il faut prendre l'être humain si petit et si humble qu'il soit, un enfant, un adolescent, une jeune fille ; il faut prendre l'homme le plus inculte, le travailleur le plus accablé par l'excès du travail, et lui donner l'idée qu'il faut penser par luimême, qu'il ne doit ni foi ni obéissance à personne, que c'est à lui de chercher la vérité, et non pas à la recevoir toute faite d'un maître, d'un directeur, d'un chef, quel qu'il soit, temporel ou spirituel.

F. Buisson, discours au Congrès du parti radical, 1903.

1. **Expliquer le sens de « chef temporel et spirituel ».**
2. **Contre qui ce texte est-il dirigé ?**

5 Les instituteurs, la République et l'affaire Dreyfus

Quand éclata l'Affaire Dreyfus, [...] les dreyfusards étaient rares. Il ne venait pas à l'idée de ces instituteurs, qui ne séparaient point l'idée de Patrie et celle de République, que l'armée fût odieuse à ce point. Cette illusion fut vite dissipée. Le journal *Le Radical* se trouva assez répandu dans l'enseignement. Pendant longtemps, quand les instituteurs se rencontraient, l'affaire Dreyfus revenait toujours sur le tapis, avec des nuances diverses dans l'expression, mais une parfaite unité dans les idées. L'Affaire se politisa rapidement ; deux blocs : gauche-dreyfusards, droite-nationalistes. [...] Cette République enfin à gauche était leur idéal. Sauf pour quelques-uns qui suivaient les choses de très près, l'affaire Dreyfus se termina autour de moi dans une certaine indifférence : la grâce était venue, la réhabilitation allait suivre, la raison avait gagné.

Témoignage d'un instituteur, vers 1900.

1. **À quelles valeurs la République est-elle associée avant l'affaire Dreyfus, d'après ce témoignage ?**
2. **Quel reclassement des valeurs provoque l'affaire Dreyfus ?**

6 La révolte des gueux. Manifestation de vignerons et d'ouvriers agricoles contre les méfaits de la surproduction et de la concurrence extérieure, le 26 mai 1907, à Carcassonne.

La vie politique en France au début du XXe siècle

- Une fois consolidé, le régime républicain se heurte, à des oppositions de différentes natures :
– un courant antiparlementaire, apparu lors de la crise boulangiste, qui refait surface de façon intermittente ;
– un courant monarchiste, appuyé sur l'Action française animée par Charles Maurras, courant qui affiche une opposition irréductible à la République appelée la « Gueuse » ;
– un courant anarchiste et socialiste : si l'agitation anarchiste est éphémère, la République entretient, à ses débuts, des relations complexes avec le mouvement socialiste qui la considère comme un régime bourgeois au service du capitalisme.

1 **Le gouvernement de Clemenceau (25 oct. 1906-20 juil. 1909) est renversé.**

2 **Les objectifs des socialistes selon Jules Guesde**

La lutte de classes est pour nous [...] la règle de nos agissements de tous les jours [...], c'est le terrain exclusif sur lequel nous nous plaçons, sur lequel le Parti ouvrier s'est organisé, et sur lequel il nous faut nous maintenir pour envisager tous les événements et pour les classer.
Il ne peut rien y avoir de changé dans la société actuelle tant que la propriété capitaliste n'aura pas été supprimée, et n'aura pas fait place à la propriété sociale, c'est-à-dire à votre propriété à vous. [...]
Il s'agit de recruter, d'augmenter la colonne d'assaut qui aura, avec l'État emporté de haute lutte, à prendre la Bastille bourgeoise comme a été prise la Bastille féodale ; et malheur à nous si nous nous laissions arrêter le long de la route, attendant comme une aumône les prétendues réformes que l'intérêt même de la bourgeoisie est quelquefois de jeter à l'appétit de la foule.

Discours de J. Guesde à l'Hippodrome lillois, septembre 1900.

3 **La formation de la SFIO.**

Nom	Fondateurs	Orientation politique	
Parti ouvrier français créé en 1882	Jules Guesde Paul Lafargue	Marxistes guesdistes	**1905 : Création de la Section française de l'Internationale ouvrière (SFIO)**, dirigée par Jean Jaurès
Parti socialiste révolutionnaire	Auguste Blanqui Édouard Vaillant	Prise du pouvoir par un coup d'État ; « blanquistes »	
Fédération des travailleurs socialistes	Paul Brousse	Réformes progressives et possibles ; « possibilistes »	
Parti socialiste ouvrier révolutionnaire créé en 1890	Jean Allemane	Méfiance à l'égard du suffrage universel	
Socialistes indépendants : – Alexandre Millerand – Jean Jaurès	– René Viviani – Aristide Briand		Indépendants : – Millerand – Viviani – Briand

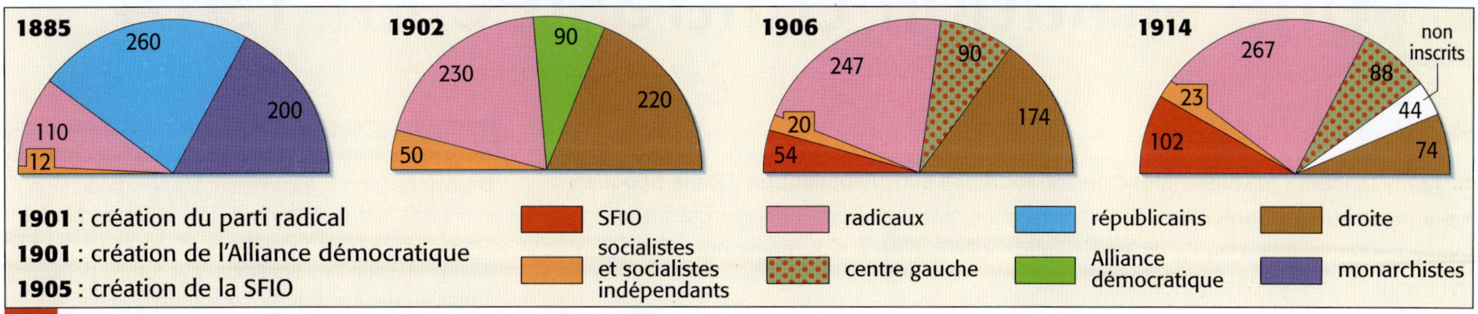

4 Les élections législatives de 1885, 1902, 1906 et 1914.

5 Les gouvernements successifs de 1900 à 1914

- **Cabinet Waldeck-Rousseau** : 22 juin 1899-4 juin 1902.
- **Cabinet Combes** : 7 juin 1902-18 janvier 1905.
- **2e cabinet Rouvier** : 24 janvier 1905-18 février 1906.
- **3e cabinet Rouvier** : 18 février-9 mars 1906.
- **Cabinet Sarrien** : 14 mars-19 octobre 1906.
- **1er cabinet Clemenceau** : 25 octobre 1906-20 juillet 1909.
- **1er cabinet Briand** : 24 juillet 1909-2 novembre 1910.
- **2e cabinet Briand** : 3 novembre 1910-27 février 1911.
- **Cabinet Monis** : 2 mars-23 juin 1911.
- **Cabinet Caillaux** : 27 juin 1911-11 janvier 1912.
- **1er cabinet Poincaré** : 14 janvier 1912-18 janvier 1913.
- **3e cabinet Briand** : 21 janvier-18 février 1913.
- **4e cabinet Briand** : 18 février-18 mars 1913.
- **Cabinet Barthou** : 22 mars-2 décembre 1913.
- **1er cabinet Doumergue** : 9 décembre 1913-3 juin 1914.
- **4e cabinet Ribot** : 9 juin-13 juin 1914.
- **1er cabinet Viviani** : 13 juin-26 août 1914.

6 « La République, c'est le mal »

Seuls les intéressés, les nigauds et les pauvres ignorants pourront se soustraire à cette évidence. La République, c'est le mal. La République est le gouvernement des Juifs, des Juifs traîtres [...] comme Dreyfus, des Juifs voleurs [...], des Juifs corrupteurs du peuple, et persécuteurs de la religion catholique...

La République est le gouvernement des pédagogues protestants qui importent d'Allemagne et de Suisse un système d'éducation qui abrutit et dépayse le cerveau des jeunes Français.

La République est le gouvernement des francs-maçons qui n'ont qu'une haine : l'Église ; qu'un amour : les sinécures et le trésor public ; fabricants de guerre civile, de guerre religieuse, de guerre sociale, parasites de nos finances, ils nous mènent à une banqueroute matérielle et morale, celle qui ruinera le rentier et l'ouvrier, le commerçant et le paysan, le fonctionnaire et l'électeur.

La République est le gouvernement de ces étrangers plus ou moins naturalisés ou métèques [...] Ils accaparent le sol de la France. Ils disputent aux travailleurs de sang français leur juste salaire, ils font voter des lois qui ruinent l'industrie, contraignent les capitaux à l'émigration et mettent nos ressources au service d'Édouard VII ou de Guillaume II.

Affiche de l'Action française, 1908.

7 Poincaré et l'Alliance démocratique.

En 1901, l'Alliance démocratique réunit des parlementaires se situant, globalement, au centre droit. Ce parti est une pépinière de grands dirigeants de la IIIe République, comme Louis Barthou, Paul Deschanel ou Paul Reynaud.

Raymond Poincaré, avocat lorrain né en 1860 à Bar-le-Duc, brillant orateur, en est la figure la plus marquante. Il est plusieurs fois président du Conseil (1912-1913, 1922-1924, 1926-1929) et président de la République de 1913 à 1920. Chef de l'État durant la Grande Guerre, il incarne, avec le radical Georges Clemenceau, la volonté nationale de résistance aux épreuves. Il meurt en 1934.

Questions

A Retirer des informations des documents

1. Montrer que la situation décrite par le doc. 1 traduit bien le fonctionnement normal d'un régime parlementaire. À quel grand parti politique Clemenceau appartient-il ?
2. Quelle place Jules Guesde accorde-t-il à la lutte des classes et à la révolution dans le combat de socialistes (doc. 2) ?
3. Quelles difficultés a-t-il fallu surmonter pour réaliser l'unité des socialistes (doc. 3) ?
4. Quelles forces politiques progressent le plus (doc. 4) ? Quelles forces politiques dépérissent ou disparaissent ?
5. Quel régime politique l'Action française oppose-t-elle à la République (doc. 6) ?
6. Quels éléments discréditent la République, aux yeux de l'Action française (doc. 6) ?

B Mettre en relation les documents

7. Tous les courants socialistes antérieurs à la fusion de 1905 ont-ils la même conception du pouvoir (doc. 2 et 3) ?
8. Classer les documents, selon qu'ils expriment une opposition à la IIIe République venue de gauche ou venue de droite.
9. Quel rôle joua l'Alliance démocratique dans la vie politique française (doc. 4, 5 et 7) ?

C Rédiger

10. Rédiger un paragraphe présentant les différents reproches faits à la République et montrant l'importance que prennent les partis politiques dans la France, de 1900 à 1914.

2 Une situation contrastée en 1914

A. Une Belle Époque ? doc. 1

■ **Après la Première Guerre mondiale, on regroupe sous l'appellation « Belle Époque » les années qui l'ont précédée.** Si le souvenir enjolive ainsi une période qui fut en fait moins heureuse qu'on ne l'a dit par la suite, celle-ci n'en a pas moins été un moment déterminant de l'histoire française.

■ Non seulement elle marque bien l'apogée du modèle républicain, mais elle est féconde également sur le plan scientifique avec les travaux de Pierre et Marie Curie. Et comme la culture française rayonne elle aussi au même moment, la Belle Époque est bien l'une des phases de notre histoire nationale durant laquelle la langue française est l'un des vecteurs principaux de la science et de l'art dans le monde.

B. La force de l'empire colonial, la faiblesse de la démographie doc. 2

■ C'est aussi le moment de **l'apogée de l'empire colonial français** : en 1914, il s'étend sur dix millions de kilomètres carrés, soit près de vingt fois le territoire de la France métropolitaine. Seul l'Empire britannique est encore plus étendu. En ce domaine, **la IIIe République a poursuivi l'action des régimes précédents**. Aux yeux des républicains de l'époque, en effet, cette colonisation est bénéfique pour les populations des territoires conquis : la **République est censée y apporter le progrès** par l'école, les soins médicaux, la construction de quartiers plus aérés dans les villes (Saigon, Hanoi), de ports (Casablanca), de voies ferrées. Seuls les anarchistes et quelques socialistes s'élèvent à l'époque contre la politique coloniale de la France.

■ La démographie de la France est alors languissante. À la différence des taux d'accroissement naturel de l'Allemagne ou du Royaume-Uni, tous deux très élevés, celui de la France est très faible : en 1914, en effet, **le taux de natalité (19 ‰) est à peine supérieur au taux de mortalité (18,1 ‰)**. Grande puissance européenne mais peuplée seulement de 40 millions d'habitants, la France pèse démographiquement de moins en moins lourd face aux 68 millions d'Allemands – pour une superficie à peu près comparable – ou aux 51,4 millions d'Austro-Hongrois. Par ailleurs, elle demeure, beaucoup plus largement que ses voisins, un pays rural.

C. Une France unie doc. 3, 4 et 5

■ Les contrastes ne sont pas seulement démographiques, ils sont aussi sociaux. **La condition ouvrière reste difficile** : faible pouvoir d'achat, longue journée de travail, six jours par semaine, pas de protection sociale, pas de congés payés, pas de retraite. Cette situation est dénoncée par Jaurès et les socialistes ; elle attise les revendications des syndicalistes révolutionnaires de la CGT.

■ L'expression « Belle Époque » enjolive assurément la réalité, mais la nostalgie qu'elle souligne repose sur des faits indéniables : en dépit des crises internationales, les années du début du XXe s. sont encore placées sous le signe de la paix. Malgré la vie chère, le niveau de vie moyen des Français continue à s'élever. Après bien des débats, **l'impôt progressif sur le revenu** visant à moderniser le système fiscal, qui avait été proposé par le radical Joseph Caillaux, grand bourgeois passé à gauche, est voté en 1914.

■ Au bout du compte, **dans la France de la Belle Époque, le régime républicain constitue bien un ciment.** Malgré l'hostilité des monarchistes et les réticences d'une partie des ouvriers, exprimées par l'action révolutionnaire de la CGT, alors contrôlée par les anarchistes, le régime est accepté par l'immense majorité des Français. Cet enracinement et ce consensus expliquent la très large union des citoyens autour de la défense nationale en août 1914 : le début de la guerre soude les partis de droite et de gauche dans une véritable « **Union sacrée** » de toutes les forces politiques françaises.

VOCABULAIRE

Union sacrée : expression utilisée pour la première fois par le président de la République française Raymond Poincaré, le 4 août 1914. Elle désigne l'union de l'ensemble des forces politiques française dans le but de combattre l'Allemagne.

1 Une vision contrastée de la France

a. Dernièrement, un inspecteur des écoles allemandes vint visiter une école des environs de Colmar. Il interrogea les élèves sur tout ce qui s'enseigne dans les écoles [...]. Il montra du doigt une carte d'Europe pendue au mur et s'adressant à un élève à la mine éveillée et intelligente, il lui demanda ironiquement : « Voyons, où est la France ? – Où est la France ! Elle est ici, répondit l'enfant sans hésiter et en posant vivement sa main sur son cœur. Et l'écolier prit aussitôt un air triste et grave. L'inspecteur resta muet, mais il dut se dire en lui-même que l'Allemagne n'arriverait pas facilement à faire oublier la patrie à des enfants tels que celui qu'il interrogeait.

Manuel de morale et d'instruction civique en usage dans les écoles primaires à la fin du XIXe siècle.

b. Il s'agit de savoir si nous sommes chez nous en France ou si nous n'y sommes plus. [...] Ce pays n'est pas un terrain vague. Nous ne sommes pas des bohémiens nés par hasard au bord d'un chemin. Notre sol est approprié depuis vingt siècles par les races dont le sang coule dans nos veines. [...] En général, la crise nationaliste débute souvent pas une crise professionnelle. [...] Le jeune ouvrier, le jeune employé prennent garde que l'Allemand, l'Italien, le Suisse, le Belge, le Polonais, le Juif, leur font la guerre économique dans les rues de Paris.

L'Action française, 6 juillet 1912.

c. Nous tous, instituteurs français, nous savons profiter de toutes les occasions pour inspirer à nos élèves un vif amour de la patrie. Dans nos leçons de géographie, nous n'oublions pas de faire remarquer à l'enfant combien notre France est incomparablement belle. Faire des patriotes sincères, tel est notre idéal en donnant l'enseignement civique.

La Tribune des instituteurs et des institutrices, 15 février 1884.

1. **Qu'est-ce qui, selon l'Action française, fonde la nation française ?**
2. **Quel est le rôle de la géographie d'après *La Tribune des instituteurs et des institutrices* ?**

2 **La construction du chemin de fer du Congo.**
Le Petit Journal illustré du 8 juillet 1924.

3 **L'impôt sur revenu.** Affiche de Miercolès, mars 1914.

1. L'affiche est-elle favorable ou hostile à la création du nouvel impôt sur le revenu ?
2. Quels sont les arguments utilisés ?

4 **Contre le régime républicain.** Affiche de Grandjouan, 1910.

1. À quoi la République est-elle assimilée ?
2. À quel courant politique se rattache cette critique ?

5 Jaurès et le syndicalisme révolutionnaire

Je crois que c'est une erreur pour le syndicalisme révolutionnaire d'opposer la classe ouvrière à la démocratie. Il prétend que la démocratie affaiblit, éparpille la volonté du peuple, l'atténue à n'être plus qu'une volonté indirecte et lointaine, parce qu'elle s'exerce nécessairement par des mandataires, par des délégués dont le mandat trop général et trop étendu rend le délégué en quelque mesure indépendant de la volonté et de la pensée des mandants eux-mêmes. Mais, messieurs, ce n'est pas en affaiblissant l'action politique, c'est au contraire en fortifiant l'organisation politique du parti de la classe ouvrière qu'elle remédiera à ce vice et à ce péril. D'ailleurs, à mesure que la classe ouvrière étendra son organisation syndicale, elle sera obligée elle-même d'exercer la volonté commune des ouvriers organisés, par des délégués, par des mandataires.

Discours de Jaurès à la Chambre des députés, 15 décembre 1905.

Le rayonnement culturel de Paris

• Si la Belle Époque constitue l'apogée du modèle républicain, elle est aussi un moment de grand rayonnement de la science et de la culture françaises. Dans un pays centralisé comme la France, sa capitale apparaît comme le cœur de ce rayonnement.

• Les travaux des savants français ont un retentissement international : ainsi, les recherches de Pierre et Marie Curie sur la radioactivité sont couronnés par le prix Nobel de physique en 1903, auquel s'ajoutera le prix Nobel de chimie pour Marie Curie en 1911. L'art français connaît également un très large écho : la révolution cubiste fait entrer l'art occidental dans une nouvelle phase, et bien des artistes étrangers sont attirés à Paris. Tout comme s'y pressent des écrivains venus d'ailleurs. La littérature française est elle aussi rayonnante à cette date. De grandes revues littéraires connaissent une importante diffusion, telle *La Nouvelle Revue française* qui naît à cette époque.

1 Une France « des petits, des obscurs, des sans-grades » ?

Et nous, les petits, les obscurs, les sans-grades,
Nous qui marchions fourbus, blessés, crottés, malades,
Sans espoir de duchés ni de dotations ;
Nous qui marchions toujours et jamais n'avancions ;
Trop simples et trop gueux pour que l'espoir nous berne
De ce fameux bâton qu'on a dans la giberne ;

Nous qui par tous les temps n'avons cessé d'aller,
Suant sans avoir peur, grelottant sans trembler,
Ne nous soutenant plus qu'à force de trompette,
De fièvre, et de chansons qu'en marchant on répète ; [...]

Nous qui coiffés d'oursons sous les ciels tropicaux,
Sous les neiges n'avons même plus de shakos ;
Qui d'Espagne en Autriche exécutions des trottes ;
Nous qui pour arracher ainsi que des carottes
Nos jambes à la boue énorme des chemins,
Devions les empoigner quelquefois à deux mains [...].

La « tirade de Flambeau » (Acte II, Scène IX, dans *L'Aiglon*, pièce de théâtre d'Edmond Rostand dont la première fut donnée à Paris le 15 mars 1900).

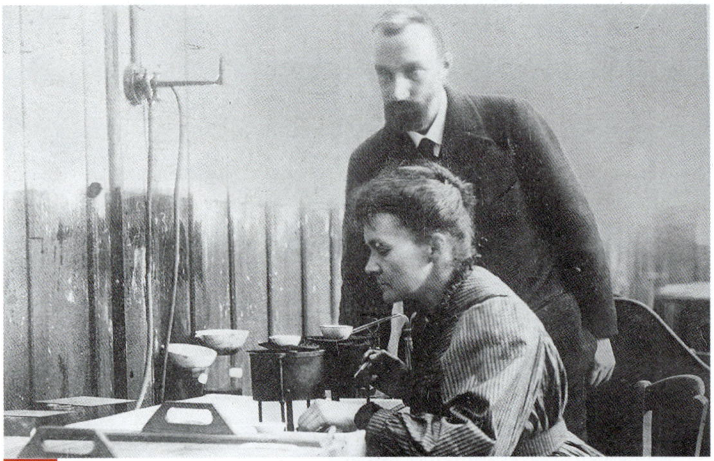

2 Pierre Curie (1859-1906) et Marie Curie née Sklodowska (1867-1934).

3 *Femme nue* (1917), Modigliani (1884-1920).
Peintre italien originaire de Toscane, issu d'une famille de banquiers, Modigliani vient s'installer à Paris en 1906.

4 Marcel Proust (1871-1922).
Portrait par Jacques-Émile Blanche, 1892, huile sur toile, 73,5 x 60,5 cm. Musée d'Orsay, Paris.
Un des romanciers les plus brillants de la Belle Époque. De 1905 à 1910, il écrit *À la recherche du temps perdu* ; la première partie *Du côté de chez Swann*, est publiée en 1913.
En 1918, la *Nouvelle Revue française* fait publier la deuxième partie, *À l'ombre des jeunes filles en fleurs* qui obtient en 1919 le prix Goncourt.

5 L'Exposition universelle de 1900, à Paris. Vue sur le Trocadéro depuis le Champs-de-Mars et la tour Eiffel.

6 L'arrivée du peintre Chagall à Paris en 1910

Je suis arrivé à Paris comme poussé par le destin. [...] J'aspirais à voir de mes propres yeux ce dont j'avais entendu parler de si loin : cette révolution de l'œil, cette rotation des couleurs, lesquelles spontanément et savamment se fondent l'une dans l'autre dans un ruissellement de lignes pensées, comme le voulait Cézanne, ou librement dominantes, comme l'a montré Matisse. Le soleil de l'Art ne brillait qu'à Paris. Les paysages, les figures de Cézanne, Manet, Monet, Seurat, Renoir, Van Gogh, le fauvisme de Matisse et de tant d'autres me stupéfièrent. À Paris, je ne visitais ni académies ni professeurs. Je les trouvais dans la ville même. C'étaient les garçons de café, les concierges, les paysans, les ouvriers. Autour d'eux planait cette étonnante « lumière-liberté » que je n'ai jamais vue ailleurs. Et cette lumière passait sur les toiles des grands maîtres français. Seule cette « lumière-liberté », plus lumineuse que toutes les sources de lumière artificielle, peut faire naître de telles toiles scintillantes, où les révolutions de la technique sont aussi naturelles que le langage, le geste, le travail des passants dans la rue.

Marc Chagall, peintre né en Russie en 1887, « Quelques impressions sur la peinture française », conférence prononcée en 1943.

7 « Le vieux Paris s'en va ». Démolition d'un des derniers moulins de la butte Montmartre, *Le Petit Journal*, 17 décembre 1911

Questions

A Retirer des informations des documents

1. Chercher qui est l'Aiglon (doc. 1). À quelle période de l'histoire de France Flambeau fait-il allusion ? Quels aspects de cette période glorifie-t-il ?

2. Quelles sont les découvertes scientifiques de Pierre et Marie Curie (doc. 2) ?

3. De quel courant artistique la peinture de Modigliani est-elle proche (doc. 3) ?

4. Qu'est-ce qui attire Chagall à Paris (doc. 6) ?

B Mettre en relation les documents

5. Quelle évolution le rapprochement des doc. 5 et 7 souligne-t-il ?

C Rédiger

6. Dans quels domaines le rayonnement culturel de Paris se manifeste-t-il le mieux ?

L'écosystème républicain et patriotique

- Si la République française est un régime politique quasiment unique à cette date en Europe, c'est bien qu'à ses institutions, celles d'un régime parlementaire, s'ajoutent des valeurs partagées. Parmi celles-ci figurent notamment les droits de l'homme, la laïcité, le service militaire obligatoire conçu – à la fois comme un devoir civique et comme un facteur de brassage social – et enfin l'assimilation des populations immigrées.
- Ainsi, s'est développée une culture républicaine, dans laquelle se reconnaît l'immense majorité des Français. Cette culture est constituée de connaissances nourries d'exemples et de personnages édifiants que l'école popularise. Mais elle inclut également des valeurs et des règles communes qui contribuent à souder la société française autour d'une « morale républicaine » et forment avec elle ce que certains historiens ont appelé, depuis, un véritable « écosystème ».

1 « Restez Français ! »

Restez Français ! Aimez notre noble, notre chère patrie de toutes les forces de votre âme ; aimez-la d'un amour ardent, exclusif, chauvin, comme on disait autrefois ; et si jamais quelque sage, à la tête bien équilibrée, vient vous reprocher ce qu'il peut y avoir d'excessif dans ces sentiments, répondez-lui qu'on ne discute pas les mérites d'une mère, surtout lorsqu'elle a perdu des enfants… Et si ce sage – comme j'en connais – est né sur la terre de France, chassez-le, bannissez-le, appelez-le traître, car traître est celui qui mesure l'amour à sa patrie et qui en parle froidement, alors que son flanc saigne encore de la blessure que vous connaissez… là-bas… du côté de l'Orient.

Paul Bert, discours prononcé à l'occasion de la distribution des prix de l'Union française de la jeunesse, 1er mai 1880.

2 La « République des petites gens »

Les « militants » qui entouraient mon père, maire du Havre, vers 1880-1885 étaient des convaincus largement désintéressés, les yeux brillants d'idéal et de passion, naïvement persuadés que le nouveau régime représentait pour la France le progrès décisif, le progrès final. Dans leur esprit, la République ne se séparait pas de la patrie. Elle ne comportait pas de distinctions ou de conscience de classe : les employés, les ouvriers étaient simplement « républicains », sans plus. Il en résulterait un progrès social dont bénéficierait le niveau de vie des petites gens.
C'était, ce devait être, la République des petites gens, le terme se déclinant inlassablement dans les programmes et les discours.

André Siegfried, *Mes souvenirs de la IIIe République*, PUF, 1952.

3 « Renouveau du patriotisme ».
La « une » du *Petit Journal* du 24 mars 1912. Le journal se félicite de la « déroute du pacifisme outrancier ».

4 « Souvenez-vous donc !… ». L'homme à la tribune est Jean Jaurès. *Le Petit Journal*, 22 juin 1913.

5 Les lois militaires…

- **Juillet 1872 :** service militaire universel, d'une durée fixée par tirage au sort (un an ou cinq ans) ; en sont exemptés les soutiens de famille, les ecclésiastiques et les membres de l'enseignement.
- **Juillet 1889 :** service militaire universel d'une durée de trois ans ; les élèves des grandes écoles, certains diplômés et les séminaristes ne font qu'un an.
- **Mars 1905 :** service militaire universel d'une durée de deux ans ; dispenses et exemptions sont abolies.
- **Août 1913 :** la durée du service est portée à trois ans.

6 … et la remise en cause de la dernière d'entre elles.
Affiche de la SFIO, juillet 1913.

7 L'engagement des socialistes

Au cas où la guerre éclaterait […] [les représentants de la classe ouvrière], ont le devoir de s'entremettre pour la faire cesser promptement et d'utiliser de toutes leurs forces la crise économique et politique créée par la guerre pour agiter les couches populaires les plus profondes et précipiter la chute de la domination capitaliste.

Résolution du congrès de la IIe Internationale, Stuttgart (1907), résolution signée par la SFIO.

école Sophie Germain
Bd de la Liberté
Lille

Les deux patries

Hymne scolaire

Nous adorons la France
Du fond de notre cœur
En elle est l'espérance
Près d'elle est le bonheur
La France est notre mère
Et son nom est pour nous
Doux comme la prière
Que l'on dit à genoux

Refrain
C'est la patrie !
Et solennement,
Nous faisons le serment
De lui consacrer notre vie,
C'est la patrie

En sa foi raffermie
Elle suit son chemin,
Dans la main d'une amie
Elle a posait sa main
Un chef puissant et juste
~~Cet~~ Scella cette union,
De sa patrie auguste
Nous saluons le nom

Refrain
C'est la Russie !
Et solennement,
Nous faisons le serment,
De lui dévouer notre vie,
C'est la Russie !

8 Hymne appris dans une école primaire en juin 1914.
Cahier d'une élève de l'école Sophie-Germain à Lille.

Questions

A Retirer des informations des documents

1. À quoi font allusion les termes « lorsqu'elle a perdu des enfants » et « la blessure… Orient » (doc. 1) ?
2. À quels principes, à quelles valeurs la République était-elle associée d'après ce texte (doc. 2) ?
3. Décrire l'image (doc. 4). Qui est le personnage debout ? Que montre-t-il ? De quoi devrait se souvenir Jaurès ?
4. Quels sont les arguments utilisés contre la « loi de trois ans » (doc. 6) ?
5. À quoi s'engage la SFIO (doc. 7) ?
6. Quelle est cette deuxième patrie évoquée dans le titre (doc. 8) ?

B Mettre en relation les documents

7. Quel lien peut-on établir entre les doc. 4, 6 et 8 ?
8. Quelle modification introduit la loi de trois ans (doc. 5 et 6) ?

C Rédiger

9. Quel lien existe-t-il entre la République et la patrie, d'après ces documents ?

FICHE DE RÉVISION

DATES À RETENIR

- **1905 :** loi de séparation des Églises et de l'État
- **1907 :** agitation des viticulteurs dans le Midi
- **1913 :** loi fixant le service militaire à trois ans

L'ESSENTIEL

1. Une France républicaine

■ Après les crises des années 1890, la République s'enracine rapidement et profondément.
Les radicaux arrivent au pouvoir.
La République connaît encore des difficultés :
– tensions au moment du débat sur la loi de séparation des Églises et de l'État votée à l'initiative des radicaux (décembre 1905) et qui renforce la laïcité ;
– crises sociales (grèves ouvrières ; agitation dans le « Midi rouge », le Languedoc viticole).

■ **Mais les Français sont en grande majorité unis autour de la République** :
– elle bénéficie de l'appui du monde paysan ;
– l'école permet l'élévation du niveau culturel et une réelle promotion sociale ;
– les premiers partis politiques apparaissent sous une forme structurée : parti radical et Alliance démocratique (1901), Fédération républicaine (1903), parti socialiste (SFIO, 1905).

2. Une Belle Époque ?

L'expression Belle Époque, née après la Première Guerre mondiale, enjolive une période, en fait, très contrastée.

■ La période allant du début du XXe s. à 1914 marque l'apogée du modèle républicain même si le régime est contesté par la droite monarchiste et l'extrême gauche (attentats anarchistes, opposition violente de la CGT).

■ Malgré les tensions sociales, la France – et en particulier sa capitale – rayonne par sa production scientifique et sa culture, son empire colonial et une monnaie forte.

BIOGRAPHIES

Jean Jaurès
(1859-1914),
principal dirigeant socialiste avant 1914, assassiné le 31 juillet 1914.
(Voir biographie complète p. 379)

Georges Clemenceau
(1841-1929),
président du Conseil entre 1906 et 1909 et entre 1917 et 1920.
(Voir biographie complète p. 377)

Raymond Poincaré
(1860-1934),
homme politique français, président de la République de 1913 à 1920.
(Voir biographie complète p. 382)

NE PAS CONFONDRE

Syndicat et parti politique

➤ Un **syndicat** regroupe des hommes et des femmes exerçant une même profession. Il a pour objectif l'amélioration des conditions de travail et de vie de ses membres, indépendamment de leurs opinions politiques ou religieuses. La Confédération générale du travail (CGT), fondée en 1895, est un syndicat mais il a pour objectif la suppression du travail salarié, c'est-à-dire la suppression du capitalisme en France.

➤ Un **parti politique** regroupe des hommes et des femmes qui ont des convictions communes. Il a pour objectif d'arriver au pouvoir, le plus souvent par l'élection législative ou présidentielle et de gouverner en appliquant ses idées. La SFIO et le parti radical sont des partis politiques.

Républicains, radicaux et républicains modérés

➤ **Républicains** : dans les années 1870, les républicains représentent toute la gauche tandis que les monarchistes qui restent influents représentent la droite. Après la victoire définitive de la République en 1877-1879, celle-ci cesse vite de constituer l'élément qui détermine le clivage droite-gauche : on peut alors être de droite et républicain.

➤ **Radicaux** : après la victoire de la république en 1877-1879, les radicaux (Clemenceau) représentent d'abord l'extrême gauche et s'opposent aux républicains modérés qui gouvernent (Ferry). L'essor des socialistes les repousse progressivement vers le centre gauche.

➤ **Républicains modérés** : républicains situés au centre gauche, ils ne partagent pas toutes les opinions des radicaux. Ils sont aussi appelés opportunistes : ils veulent saisir les opportunités de faire telle ou telle réforme.

Une affiche électorale

« Si vous êtes un vrai Français »
Affiche électorale du candidat Georges Bonnamour.

Questions

1. De quelle élection s'agit-il ?
2. Quelle forme d'expression le candidat a-t-il choisie dans le détail de cette affiche ?
3. Comment désigne-t-il l'électeur ?
4. Décrire les vignettes successives. À quels faits les 2e, 5e et 6e vignettes vous font-elles penser ?
5. Expliquer les mots ou expressions « panamistes », « dreyfusards », « entrepreneur de grève », « ennemi menaçant ».
6. Qui est ici considéré comme responsable des difficultés financières ?
7. Que laisse entendre la dernière vignette (texte et couleurs) quant à ceux qui ne voteraient pas pour Bonnamour ?
8. Résumer le texte de cette affiche en mettant le début à la forme négative : « Si vous n'êtes pas un vrai Français… ».

Prépa BAC

Explication d'un document d'histoire (4/6)

Sujet : Le regard d'un anarchiste, Georges Darien, sur l'Exposition universelle de Paris en 1900

Document 1

L'Exposition de 1889 avait donné, par sa structure d'ensemble, l'impression de quelque chose de nouveau [...]. Son style neuf, élégant et hardi, paraissait produit par l'effort soudain des tendances, comprimées jusque-là et qui se faisaient jour tout d'un coup. Il était, par l'orgueil de ses piliers de fer et la grâce de ses charpentes métalliques s'élançant vers le ciel et s'y courbant en légères voûtes d'acier, comme l'ébauche d'un geste large et beau qu'aurait tenté une humanité nouvelle.

[...]

L'impression que donne l'Exposition de 1900 est tout à fait différente. L'architecture qui avait tenté d'indiquer, avec du métal, les profondes préoccupations du monde, qui avait créé la solide et légère armature d'une existence non pas rajeunie, mais jeune, a complètement disparu. Elle a été remplacée par l'architecture du plâtras, de la frange crépie, de l'ordure peinte ; par l'architecture de la foire d'empoigne et du tohu-bohu [...]. Les palais, bâtis avec des gravats, du plâtre, de la crotte, du fil de fer, du zinc et de la colle de poisson, affichent des arrogances inquiètes de parvenus, un manque de goût et même un manque de tact qui déconcertent. On dirait que le goût français qui agonise – qui crève d'avoir essayé de vivre, le malheureux, aux crochets de cette vieille gaupe[1], la bourgeoisie, – a voulu se moquer de lui-même, avant de mourir, et vomir dans un dernier hoquet tout le blanc qu'on lui a fait bouffer.

[...]

Les constructions de 1889 criaient la volonté de vivre ; mais à leur pied, à leur ombre, grouillaient dans un décor de gaieté lamentable toutes les vieilles superstitions, toutes les vieilles sottises, toutes les vieilles saletés qu'engendrent les antiques institutions autoritaires. [...] Ce sont ces institutions qui se montrent de nouveau, cette année, en pleine lumière cette fois. [...] Elles alignent des avenues de palais ; et ces palais, ce sont elles-mêmes ; et ces palais, ce sont des façades de palais souriant d'un sourire qui grimace, vernies de splendeur fausse, peinturlurées de malsaine grâce, blanches comme des abcès. Et immédiatement derrière ces façades dont la décrépitude innée, requinquée sans cesse, aguiche le passant et le racole, ce sont des murs de prison qui s'élèvent, des murs de bagne qu'on ne voit point mais qu'on devine, rongés de la lèpre de toutes les misères, de la gale de toutes les abjections.

[...]

Murs de bagnes qu'on a cachés, façades de gais palais qu'on exhibe, tout ça c'est le rempart contre l'invasion possible de la vie libre, de la Liberté et de l'Égalité – tout ça, c'est les institutions actuelles. »

Georges Darien, *La Belle France*, 1901, rééd. 1993.

1. Femme malpropre.

Document d'accompagnement 1

Georges Darien (1862-1921).

Fils d'un « marchand de nouveautés et de lingeries confectionnées », Georges Darien est né à Paris en 1862. Il s'engage dans l'armée à 19 ans et est envoyé, pour indiscipline, dans une compagnie disciplinaire (qui lui inspirera *Biribi*) en Tunisie.
Révolté contre toutes les contraintes sociales, il est l'auteur de plusieurs romans, d'inspiration anarchiste : *Bas-les-cœurs* (1889), *Biribi, Discipline militaire* (1890), *Le Voleur* (1897). Il s'y livre à une satire féroce de la hiérarchie militaire et de la bourgeoisie.
Son œuvre a été redécouverte par les surréalistes qui y voyaient « un rigoureux assaut contre l'hypocrisie, l'imposture, la sottise, la lâcheté ».

Questions

1. Présenter le document : nature, auteur, contexte.
2. Quelle image l'auteur donne-t-il de l'Exposition de 1900 ? Qu'est-ce qui, selon lui, la distingue de celle de 1889 ?
3. Montrer qu'à travers l'Exposition de 1900, c'est la France de son temps que Georges Darien décrit. Quel tableau en fait-il ?
4. Quels aspects de la France de l'époque laisse-t-il délibérément de côté ?
5. Faut-il voir dans les propos de l'auteur un parti pris politique ou un examen lucide de la France de la Belle Époque ?

DOCUMENT D'ACCOMPAGNEMENT 2

L'Exposition de 1900 vue depuis les jardins du Trocadéro.

L'Exposition universelle de Paris devait annoncer « une ère dont les savants et les philosophes prophétisent la grandeur ». Pour cette exposition est construit le pont Alexandre III, en l'honneur du tsar, allié de la France depuis 1890. Sur les deux rives de la Seine, du Champ-de-Mars – dominé par la Tour Eiffel, vestige de l'Exposition de 1889 – aux Champs-Élysées, l'Exposition a accueilli 83 000 exposants et près de cinquante millions de visiteurs, venus pour découvrir les réussites économiques et les techniques récentes, mais venus également se divertir.

Méthode

A Aide générale

Avant de répondre aux questions, il faut :

1. Lire le texte attentivement

Le ton est celui de l'invective, sensible dans le vocabulaire comme dans le rythme de la phrase.

2. Replacer le document dans son contexte

Quelle est alors la situation de la France, tant en matière de politique intérieure (la France sort d'une grave crise politique) que sur le plan international (la France est une république dans une Europe largement monarchique ; la France, vaincue en 1870-1871, puissance coloniale) ?

3. Se demander ce qu'une exposition universelle peut représenter pour le pays qui l'organise

B Aide à la réponse aux questions

Question 1 :
Le document d'accompagnement 1 et les réflexions préliminaires permettent de présenter l'auteur et de situer le document.

Question 3 :
Les éléments de réponse se trouvent dans la dernière partie du texte. À quoi peuvent renvoyer les expressions « façades de palais… peinturlurées de malsaine grâce », « rongés de la lèpre de toutes les misères » ?

Question 4 :
La question invite à mentionner ce que la France peut vouloir célébrer lors de l'Exposition, la consolidation du régime par exemple.

Question 5 :
Le texte est violent ; en signaler les excès (vocabulaire par exemple). L'expression de « Belle Époque » convient-elle cependant tout à fait à la France de 1900, d'après ce texte ?

C Exemple de réponse rédigée

Question 2 : Quelle image l'auteur donne-t-il de l'Exposition de 1900 ? Qu'est-ce qui la distingue de celle de 1889 ?

L'auteur donne une image très négative de l'Exposition. Il s'appuie sur des considérations esthétiques et morales. Il souligne la médiocrité des matériaux utilisés en 1900 (« gravats », « fil de fer », « colle de poisson ») pour réaliser des simulacres de construction (« architecture en trompe-l'œil ») dont la surabondance et le désordre (« foire d'empoigne » et « tohu-bohu ») peuvent susciter l'écœurement (« vomir dans un dernier hoquet tout le blanc qu'on lui a fait bouffer »).

Au mauvais goût « bourgeois », arrogant et mensonger de l'Exposition de 1900, il oppose l'élégance et la hardiesse de l'architecture métallique qui triomphait lors de l'Exposition de 1889 (on pense à la Tour Eiffel). À l'« agonie » du goût français qu'il constate en 1900, il oppose la « jeunesse » et la vitalité de l'Exposition de 1889 dont l'inspiration (la célébration du centenaire de la Révolution et, peut-être, l'enthousiasme lié à l'essor de la révolution industrielle ?) prometteuse a été trahie.

CHAPITRE

10 Vers les États-nations

Après l'échec des révolutions de 1848, les aspirations nationales restent vives en Europe. De 1850 à 1913, différents peuples européens réussissent à réaliser leur unité ou à obtenir leur indépendance dans le cadre d'États-nations. Mais le nationalisme qui a permis l'émergence de ces États-nations n'a pas pour seul objectif l'indépendance. Il sert parfois également à affirmer la volonté de puissance et d'expansion territoriale, au détriment d'autres peuples. Cet aspect du nationalisme contribue à accroître les tensions en Europe à la fin du XIXe s. et au début du XXe s.

Quels peuples réussissent à réaliser leur unité ou à obtenir leur indépendance entre 1850 et 1914 ?

Dans quelles régions d'Europe s'affrontent les nationalismes ?

1 | L'Europe, entre le « printemps des peuples » en 1848...

Une république sans lendemain. Proclamation de la république à Venise, en mars 1848, gravure de Scotto d'après un dessin de Nicola Sagnesi (1818-1889), Florence, 1851.

« L'Italie veut être une nation d'hommes égaux et libres, une nation de frères associés à l'œuvre du progrès commun [...]. L'indépendance, c'est-à-dire la destruction des obstacles intérieurs et extérieurs qui s'opposent à la constitution de la vie nationale, doit donc s'obtenir non seulement pour le peuple mais par le peuple. La guerre par tous, la victoire pour tous. L'insurrection est la bataille livrée pour conquérir la révolution : c'est-à-dire la nation. L'insurrection doit donc être nationale ; elle doit surgir de partout avec le même drapeau, la même foi, le même but. »
G. Mazzini, *République et royauté en Italie*, 1850, traduction de George Sand.

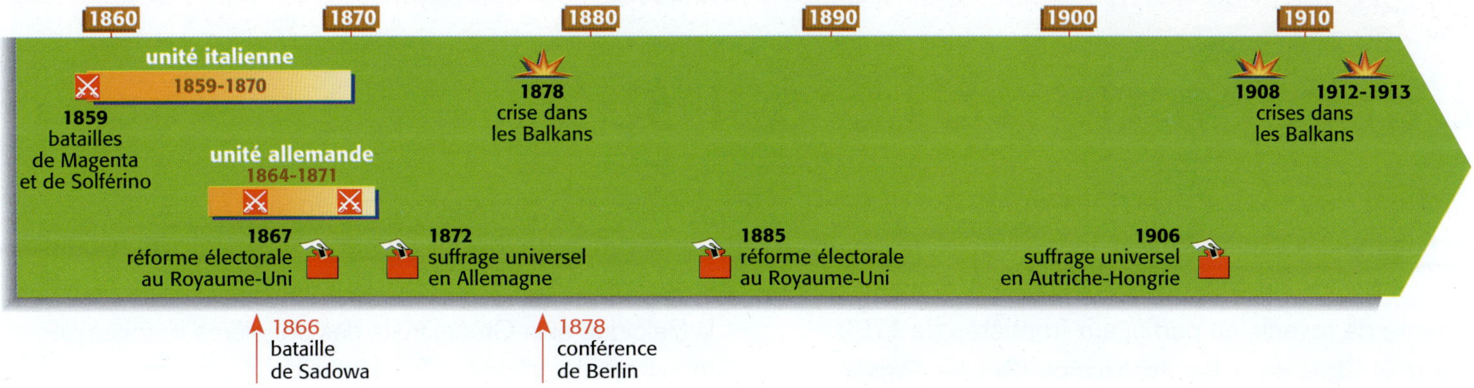

2 ... et les nationalismes de puissance.

« Le vrai Jacob », journal satirique allemand,
numéro du 5 janvier 1909.

Le cavalier puissamment armé est une caricature de « Michel » c'est-à-dire l'Allemand petit-bourgeois.
En bas : titre de la caricature : « Le cauchemar de l'Europe », puis « Mère Europe : Attention les enfants, le méchant homme arrive » ; les enfants, de gauche à droite : Danemark, Espagne, France, Italie, Hollande, Autriche, Angleterre.

L'Europe de 1815 à 1850

- L'Europe de 1815 était le résultat des négociations du congrès de Vienne. Les vainqueurs de Napoléon Ier avaient décidé de surveiller étroitement la France, et tenté de revenir, en partie, aux frontières de 1789. Les trois États de la Sainte-Alliance (Russie, Prusse, Autriche) avaient pour objectif de faire régner l'ordre en Europe, en étouffant toute tentative libérale ou nationale.
- En 1850, deux États nouveaux sont apparus récemment, la Belgique et la Grèce, fruits des premières victoires des mouvements nationaux. En dehors de la création de

1 L'Europe de 1815, après le congrès de Vienne.

VOCABULAIRE

État-nation : État qui rassemble des personnes se reconnaissant toutes comme appartenant à une seule nation (voir p. 182).

ces deux **États-nations**, l'Europe a connu peu de modifications depuis 1815 car les mouvements nationaux de 1848 ont échoué, tant en Italie qu'en Allemagne, en Pologne et en Autriche, victimes de la répression des armées prussiennes, autrichiennes et russes.

Questions

1. Quelles puissances dominent l'Europe en 1815 ?
2. Quelles sont les différences entre l'Europe de 1815 et celle de 1850 ?

2 L'Europe en 1850.

1 Les unités italienne et allemande

A. La fondation du royaume d'Italie doc. 1, 3 et 5

Après 1850, le mouvement en faveur de l'unité italienne, issu du **Risorgimento**, se regroupe autour de Victor-Emmanuel II, roi du Piémont, seul État italien qui ose s'opposer à l'Autriche et qui possède une Constitution libérale. Son Premier ministre **Cavour modernise le pays et obtient le soutien de Napoléon III** qui appuie l'unité italienne, à condition que le pape conserve ses États : Napoléon III n'est donc pas prêt à soutenir Cavour pour une unité complète de la péninsule italienne.

L'unité italienne se réalise en trois étapes principales :
– en mai-juillet 1859, le Piémont et la France déclarent la guerre à l'Autriche. Des combats victorieux permettent de conquérir la Lombardie ;
– à l'été 1859, des soulèvements patriotiques éclatent dans le centre de la péninsule ; les souverains sont chassés, le pape perd une partie de ses États ; au printemps 1860, des plébiscites votent le rattachement de ces territoires au Piémont. La France reçoit alors, en avril 1860, la Savoie et Nice comme le prévoyaient les accords avec le Piémont ;
– au printemps 1860, avec l'appui secret de Cavour, le républicain Garibaldi débarque en Sicile. Ses « Chemises rouges » prennent la Sicile puis marchent sur Naples, ce qui déclenche l'intervention des troupes piémontaises. Contre toute attente, Garibaldi se rallie au roi Victor-Emmanuel II pour permettre la réalisation de l'unité. **En mars 1861, Victor-Emmanuel II est proclamé roi d'Italie**.

B. La Prusse et l'Italie contre l'Autriche doc. 2

Chancelier de Prusse, Bismarck veut réaliser l'unité allemande en évinçant l'Autriche de la future Allemagne unifiée. Pour cette raison, il s'allie à l'Italie, qui désire arracher à l'Autriche la région de Venise, la Vénétie. La guerre est déclarée en 1866. Les Autrichiens, vainqueurs des Italiens au sud, sont vaincus au nord par les Prussiens, à Sadowa (juillet 1866). **Cette victoire prussienne écarte définitivement toute possibilité d'union des peuples allemands autour de l'Autriche**.

La Prusse annexe plusieurs États d'Allemagne du Nord, anciens alliés de l'Autriche, et fonde une **Confédération de l'Allemagne du Nord** placée sous son contrôle. La Confédération germanique, créée en 1815 au congrès de Vienne, disparaît. Au sud, la Vénétie est cédée à l'Italie. Pour survivre à cette défaite, l'Autriche doit se transformer : elle devient en 1867 une double monarchie, l'Autriche-Hongrie.

C. L'unité allemande et la fin de l'unité italienne doc. 4 et 6

Bismarck devient un héros national. **Il pense qu'une guerre contre la France est le meilleur moyen d'achever et de consolider l'unité allemande**. En 1870, la candidature d'un cousin du roi de Prusse au trône d'Espagne lui permet de monter une provocation diplomatique, l'affaire de la dépêche d'Ems. La France déclare alors la guerre à la Prusse.

Tous les États allemands d'Allemagne du Sud s'allient alors à la Prusse. La France est vaincue. Napoléon III est fait prisonnier à Sedan le 2 septembre 1870 et le régime du Second Empire s'effondre. Cette guerre, victorieuse pour la Prusse, permet l'achèvement des deux unités :
– en Italie, les troupes françaises qui protégeaient le pape depuis 1867 avaient été rappelées en août 1870. Les Italiens profitent de la chute du Second Empire, le 4 septembre 1870, pour conquérir et annexer Rome, le 20 septembre. Le pape s'enferme au Vatican, Rome devient la capitale de l'Italie ;
– les États d'Allemagne du Sud adhèrent à la Confédération de l'Allemagne du Nord, qui devient l'Empire allemand. Le 18 janvier 1871, à Versailles, le roi de Prusse **Guillaume Ier est proclamé empereur allemand**.

VOCABULAIRE

Risorgimento : « résurrection » en italien. Nom du mouvement national italien, qui a pour but de réaliser l'unité de l'Italie.

1 La répression en Italie après 1848

Le système de compression et de réaction violente inauguré en Italie en 1848 et 1849, que justifiaient peut-être, à son origine, les troubles révolutionnaires qui venaient d'être comprimés, dure sans le moindre adoucissement. Jamais les prisons et les bagnes n'ont été plus remplis de condamnés pour cause politique ; jamais le nombre des proscrits n'a été plus considérable ; jamais la police n'a été plus tracassière ni l'état de siège plus durement appliqué. [...] De tels moyens de gouvernement doivent nécessairement maintenir les populations dans un état d'irritation constante et de fermentation révolutionnaire. Tel est l'état de l'Italie depuis sept ans.

Lettre de Cavour aux représentants de la France et du Royaume-Uni en 1856.

2 L'élan national allemand

1. Nous apercevons, dans la situation politique actuelle du monde, de grands dangers pour l'indépendance de notre patrie allemande, dangers plutôt accrus qu'amoindris par la paix entre l'Autriche et la France.
2. Ces dangers ont pour fondement dernier l'état défectueux des relations inter-allemandes et ne peuvent être écartés qu'en remédiant rapidement à cet état de choses. [...]
5. Au cas où l'Allemagne serait de nouveau directement menacée de l'extérieur dans les jours prochains, il convient de charger la Prusse, jusqu'à la formation définitive du gouvernement central d'Allemagne, du commandement des forces militaires allemandes.
6. Le devoir de tout Allemand est de soutenir, dans la mesure de ses forces, le gouvernement prussien pour autant que les efforts de celui-ci s'orientent vers une organisation commune d'une Allemagne libre et forte.
7. Nous attendons des membres des partis démocratiques ou constitutionnels qu'ils placent l'indépendance et l'unité nationale au-dessus des exigences des partis.

Manifeste de création du *Nationalverein* au deuxième congrès d'Eisenach, août 1859.

1. Quels sont les dangers évoqués par ce texte ?
2. Quelle est la solution envisagée ?

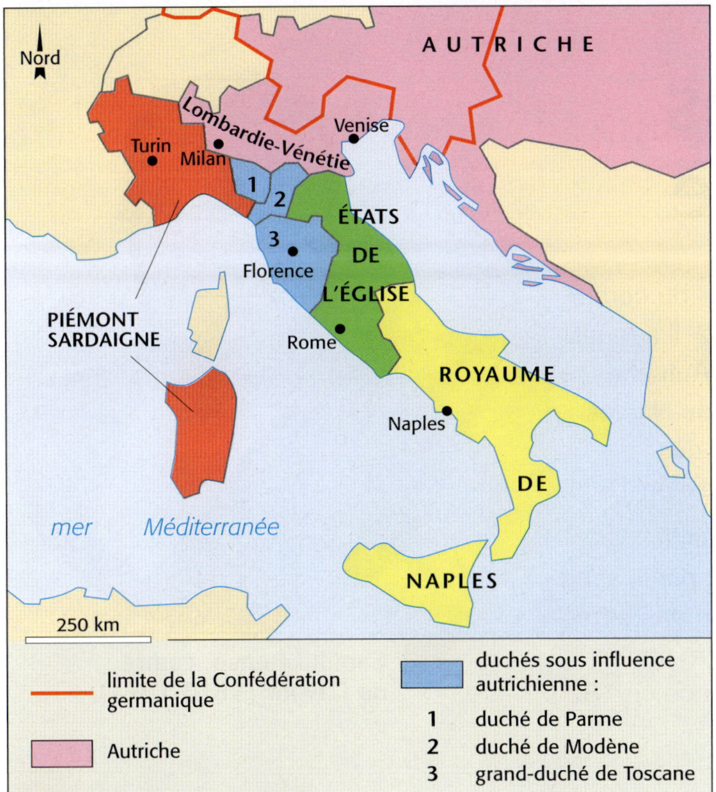

3 L'Italie après 1850.

1. Combien d'États l'Italie compte-t-elle ?
2. Pourquoi l'Autriche peut-elle jouer un rôle important en Italie ?

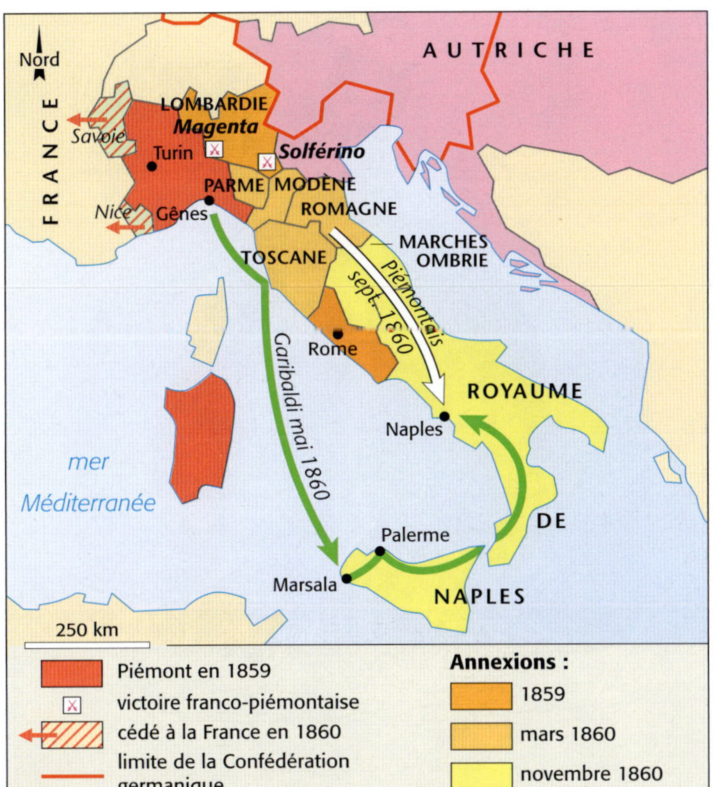

5 La formation du royaume d'Italie.

1. D'après la carte, quel rôle a joué Garibaldi ?
2. Quels territoires actuels de l'Italie ne font pas partie du royaume d'Italie en 1860 ?

4 L'unité allemande et la fin de l'unité italienne.

6 La proclamation de l'Empire allemand, le 18 janvier 1871, à Versailles.
Tableau d'A. von Werner, Bismarck Museum, Friedrichsruh.

Les acteurs des unités italienne et allemande

- La fondation du royaume d'Italie est en grande partie l'œuvre du comte de Cavour, chef du gouvernement du Piémont à partir de 1852. Il a réussi à obtenir l'alliance de la France avant de déclarer la guerre à l'Autriche en 1859. Il s'entend avec Garibaldi pour attaquer le royaume de Naples. L'unité italienne est ensuite confirmée par des oui massifs lors des plébiscites de 1860, ce qui permet de fonder le royaume d'Italie en 1861.
- Chancelier de Prusse, Bismarck est l'acteur primordial de l'unité allemande. Celle-ci se réalise autour de la Prusse, « par le fer et par le sang », comme le disait Bismarck, en écartant l'Autriche de l'unification des terres de langue allemande, en annexant des territoires après la guerre contre l'Autriche en 1866, puis en provoquant une guerre avec la France en 1870.

1 **Camillo Benso, comte de Cavour (1810-1861).**

2 La politique de Cavour

J'ai eu donc hier la conversation suivante avec lord Clarendon[1] : « Ce qui s'est passé au Congrès [de 1856] prouve deux choses : 1. que l'Autriche est décidée à persister dans son système d'oppression et de violence contre l'Italie ; 2. que les efforts de la diplomatie sont impuissants à modifier son système. En présence de l'irritation des partis, d'un côté, et de l'arrogance de l'Autriche, de l'autre, il n'y a que deux partis à prendre : ou se réconcilier avec l'Autriche et le pape, ou se préparer à déclarer la guerre à l'Autriche dans un avenir peu éloigné. Si le premier parti était préférable, je devrais à mon retour à Turin conseiller au roi d'appeler au pouvoir des amis de l'Autriche dans un avenir peu éloigné. Si, au contraire, la seconde hypothèse est la meilleure, mes amis et moi nous ne craindrons pas de nous préparer à une guerre terrible, une guerre à mort [...]. »
Comme il y a là une question de vie et de mort, nous ne devons agir qu'avec grande prudence. C'est pourquoi j'ai l'intention d'aller à Londres, afin de consulter [...] les hommes qui sont à la tête du gouvernement. S'ils partagent les vues de Clarendon, nous devons nous préparer secrètement à contracter un emprunt de 30 millions de francs [...], envoyer à l'Autriche un ultimatum qu'elle ne puisse accepter, et ouvrir les hostilités.
L'empereur Napoléon III ne peut pas être contre cette guerre. Il la désire dans le fond de son cœur. En voyant l'Angleterre entrer en lice, il nous aidera certainement. Les dernières entrevues que j'ai eues avec lui et ses ministres étaient de nature à frayer le chemin vers une déclaration de guerre. Le seul obstacle que je prévoie, c'est le pape. Que ferions-nous de lui au cas où une guerre italienne éclaterait ?

Cavour, lettre au ministre de la Justice Urbain Rattazzi, avril 1856.

1. Ministre britannique des Affaires étrangères, représentant le Royaume-Uni au congrès de Paris (1856) qui clôt la guerre de Crimée (1853-1856), au cours de laquelle le Royaume-Uni, la France, le Piémont et l'Empire ottoman étaient opposés à la Russie.

3 **« Un art militaire qui fait peur à l'Allemagne ».**
Caricature représentant la Confédération d'Allemagne du Nord en 1866.

4 **Garibaldi et ses « Chemises rouges ».** Tableau de G. Induno.
En 1860, c'est avec mille volontaires républicains portant une chemise rouge que Garibaldi débarque en Sicile.
En 1862, Garibaldi et ses « Chemises rouges » tentent une nouvelle aventure, la conquête de Rome, qui se solde par un échec.

5 **Otto von Bismarck (1815-1898).**

6 Bismarck et l'unité de l'Allemagne

C'est sur la force et la puissance de la Prusse que l'Allemagne a les yeux fixés. La Bavière, le Wurtemberg et Bade[1] peuvent se livrer au libéralisme, personne pour cela ne leur assignera le rôle de la Prusse. La Prusse doit recueillir ses forces pour le moment propice – que déjà plus d'une fois on a laissé échapper.
Les frontières données à la Prusse par le congrès de Vienne ne sont pas bonnes pour le corps d'un État sain et valide. Ce n'est point par des discours et des votes de majorités que les grandes questions de notre temps seront résolues – ce furent là l'erreur et la faute de 1848 et 1849 – mais par le fer et par le sang.

Otto von Bismarck, septembre 1862.

1. États catholiques du sud de l'Allemagne.

Jamais, pas même à Francfort [en 1848], je n'ai douté que la clef de la politique allemande ne se trouvât chez les souverains et dans les dynasties, et non pas chez les publicistes du Parlement et de la presse ou sur les barricades. [...]
Je m'étais convaincu que cette Autriche avec laquelle j'avais jusqu'alors compté n'existait pas pour la Prusse. [...] Il n'était pas possible de dénouer pacifiquement, par le système dualiste[1], le nœud gordien de la situation allemande, on ne pouvait que le trancher par l'épée. [...]
Après Sadowa, l'unification de l'Allemagne n'était plus, selon moi, qu'une question de temps. Pour la résoudre, la Confédération de l'Allemagne du Nord était la première étape, mais il ne fallait pas provoquer trop tôt l'hostilité de la France et peut-être de la Russie, ne pas donner prise à la soif de revanche de l'Autriche. Je ne doutais pas qu'il ne fallût faire une guerre franco-allemande avant que l'organisation générale de l'Allemagne eût pu être réalisée. Ma pensée dominante était alors de retarder cette guerre jusqu'au moment où nos effectifs seraient au complet.

Otto von Bismarck, *Pensées et souvenirs*, 1898.

1. Unité de l'Allemagne incluant à la fois Prusse et Autriche.

Questions

A Retirer des informations des documents

1. Quels sont les objectifs de Cavour (doc. 2) ?
2. Auprès de qui recherche-t-il un soutien (doc. 2) ?
3. Décrire la caricature (doc. 3). Quel aspect de l'unité allemande critique-t-elle ?
4. À quelle étape de l'unité italienne les « Chemises rouges » ont-elles joué un rôle déterminant (doc. 4) ?
5. Quel jugement Bismarck porte-t-il sur les révolutions de 1848 (doc. 6) ?
6. Quelles sont les frontières de la Prusse après le congrès de Vienne (doc. 6 et carte p. 170) ?
7. Dater les deux textes qui composent le document 6. Quels moyens Bismarck envisage-t-il d'utiliser ?
8. A-t-il agi conformément à son projet initial ?

B Mettre en relation les documents

9. Quel rôle Bismarck assigne-t-il à la Prusse dans l'unité allemande ?

C Synthèse

10. Montrer les ressemblances et les différences entre l'action des acteurs de l'unité italienne et de l'unité allemande.

2 Nationalismes et aspirations nationales

A. Un « nationalisme de puissance » doc. 2 et 3

■ La fondation de l'Empire allemand (le Reich) marque l'apparition d'une nouvelle **conception de la nation reposant sur la force** plus que sur l'adhésion populaire. Pour Bismarck, le sentiment national allemand, fondé sur la langue et la culture germaniques, justifie la réalisation de l'unité. Les populations des territoires annexés par la Prusse ne sont consultées, ni en 1866 après la guerre contre l'Autriche, ni en 1871 en Alsace-Lorraine. Le nationalisme de puissance que pratique Bismarck se traduit par la domination de **minorités nationales** non allemandes, Alsaciens-Lorrains, Polonais.

■ Cette situation alimente, dès 1870, le débat entre Français et Allemands, notamment autour de **la question de l'Alsace-Lorraine**. Deux conceptions de la nation s'affrontent, fondées sur la force et la langue du côté allemand, sur la volonté des peuples de vivre ensemble du côté français. De nombreux écrivains et historiens français, autrefois admirateurs de l'Allemagne, deviennent favorables à une revanche sur ce pays.

B. « Nationalisme d'existence » dans les Balkans doc. 4

■ C'est dans les Balkans que les problèmes nationaux prennent le plus d'importance après 1870. Dans cette partie de l'Europe, alors soumise à l'Empire ottoman, plusieurs provinces chrétiennes sont devenues **autonomes** dans les années 1850 et 1860 : **le Monténégro, la Serbie, la Roumanie**. La révolte des populations de Bosnie, du Monténégro et de la Bulgarie en 1875 provoque des massacres perpétrés par les Turcs et l'intervention militaire de la Serbie et de la Russie (1877).

■ Les différents peuples des Balkans ne se satisfont pas de l'autonomie, ils aspirent à l'indépendance, à l'image des Grecs, libres depuis 1829. **Ce « nationalisme d'existence » coexiste avec le « nationalisme de puissance » de la Russie**, désireuse de contrôler les détroits du Bosphore et des Dardanelles, portes d'accès à la Méditerranée. Une guerre éclate entre Russes et Turcs qui se solde par la défaite de ces derniers. Au congrès de Berlin en 1878, le Monténégro, la Serbie et la Roumanie obtiennent leur indépendance et la Bulgarie devient autonome ; l'Autriche-Hongrie occupe la Bosnie-Herzégovine peuplée de Serbes orthodoxes, de Croates catholiques et de Bosniaques musulmans.

C. Tensions nationales au début du XXe s. doc. 1

■ **Les États-nations se consolident** par le développement de l'éducation, l'enseignement de l'histoire et de la langue nationales. Les nationalismes allemand et russe prennent de l'ampleur et aboutissent à une volonté d'expansion et de domination, le **pangermanisme** et le **panslavisme**.

■ Après 1900, les grandes puissances européennes se lancent dans une course aux armements destinée à augmenter la taille de leur armée et de leur flotte de guerre. Cette situation est d'autant plus préoccupante que **l'Autriche-Hongrie et la Russie rivalisent d'influence dans les Balkans**. La première s'oppose à la volonté serbe d'unir tous les Slaves du Sud ; à l'inverse, la Russie veut protéger et dominer les peuples slaves. Ces ambitions contradictoires provoquent des crises :

– **en 1908**, la Bulgarie se déclare indépendante, provoquant une crise avec l'Empire ottoman ; l'Autriche-Hongrie en profite pour annexer la Bosnie-Herzégovine ;

– **en 1912**, l'Empire ottoman est vaincu par les petits États des Balkans, Monténégro, Serbie, Grèce, Bulgarie, lors d'une première guerre balkanique (1912-1913) ;

– enfin, après **une deuxième guerre entre les vainqueurs (1913)**, les Turcs sont chassés des Balkans. L'Albanie est créée, la Serbie, la Bulgarie et la Grèce procèdent à des annexions territoriales. La tension reste vive dans la région en 1914.

VOCABULAIRE

minorité nationale : partie de la population d'un pays dont la langue, la religion, les coutumes, diffèrent de celles de la majorité.

autonome : se dit d'un territoire ou d'un peuple qui possède ses propres institutions internes, tout en dépendant d'un État dont ils font partie.

pangermanisme : doctrine qui vise à regrouper sous l'autorité de l'Allemagne les peuples d'origine germanique et de langue allemande.

panslavisme : doctrine qui vise à regrouper sous l'autorité de la Russie tous les peuples slaves.

1 La mission de la Russie

Après Pierre le Grand, notre devoir était l'union de tout le monde slave sous l'aile de la Russie. Non pas pour la conquête, pour l'anéantissement des individualités slaves devant le colosse russe, mais pour les reconstituer et leur faire la place qui leur est due dans leurs rapports avec l'Europe et avec l'humanité, pour leur donner la possibilité de respirer après leurs innombrables et séculaires souffrances ; de reprendre souffle et, avec le sentiment retrouvé de leur force, d'apporter elles aussi leur obole au trésor de l'esprit humain. [...]

N'est-ce pas le vœu de tous les Russes que de voir renaître les Slaves pour leur pleine liberté et la résurrection de leur génie, et non pas pour les annexer politiquement à la Russie et renforcer d'autant sa puissance politique, ce dont pourtant nous soupçonne l'Europe ?

La Russie est devenue dans les faits la réelle et unique protectrice de l'Orthodoxie et des peuples qui la confessent. [...] La Russie est leur protectrice et peut-être même leur chef de file, mais non leur souveraine. Même si elle devait un jour être leur suzeraine, ce ne serait que de leur propre initiative, avec préservation de tout ce par quoi ils définiraient eux-mêmes leur indépendance et leur personnalité. Si bien qu'à une telle alliance pourraient enfin se joindre, un jour, même les Slaves non orthodoxes d'Europe, car ils verraient eux-mêmes que l'union de tous sous le patronage de la Russie ne ferait qu'affermir l'indépendance de la personnalité de chacun, tandis que, faute de cette énorme force unificatrice, ils risqueraient de s'épuiser en discordes et désaccords mutuels, même s'ils parvenaient un jour à se rendre politiquement indépendants des musulmans et des Européens auxquels ils sont actuellement soumis.

F. M. Dostoïevski, *Journal d'un écrivain*, 1876.

1. Selon l'auteur, pourquoi la Russie doit-elle être la protectrice des Slaves ?
2. Comment doit se manifester cette protection ?

2 « Au fond, personne ne nous aimait »

Nous étions encerclés. Notre voisin occidental, le peuple français, est le plus agité, le plus ambitieux, le plus vaniteux de tous les peuples d'Europe et, dans la pleine acception du terme, le plus militariste et le plus nationaliste. Depuis la dernière guerre franco-allemande, nous en sommes séparés par un fossé absolument infranchissable. À l'est, nous sommes entourés de peuples slaves pleins d'aversion pour les Allemands qui les ont initiés à une civilisation supérieure. [...] Ceci s'applique aux Russes, davantage aux Tchèques et surtout aux Polonais qui, depuis neuf cents ans, depuis la création d'un grand État par Boleslas, revendiquent une partie de l'Allemagne orientale. Les relations entre Allemands et Anglais ont varié au cours des siècles. John Bull daignait favoriser et protéger son pauvre cousin allemand et même l'employer de temps en temps à quelque grosse besogne, mais il ne voulait pas admettre qu'il eût les mêmes droits que lui. Au fond, personne ne nous aimait. Cette antipathie était ancienne, mais la jalousie que suscita l'œuvre de Bismarck, la puissance et la richesse de l'Allemagne l'avait singulièrement augmentée.

Mémoires du prince von Bülow (1849-1929), chancelier du Reich de 1900 à 1909, à propos de la situation en 1897.

1. Quelle est la « dernière » guerre franco-allemande ?
2. Quel est le rôle de l'Allemagne à l'est selon l'auteur ?
3. Quel état d'esprit ce texte révèle-t-il ?

3 Nations et nationalités en Europe centrale en 1914.

1. Quels États correspondent chacun à une nation en 1914 ?
2. Quels États possèdent des minorités nationales à l'extérieur de leurs frontières ?

4 La conception française de la nation

Une nation est une âme, un principe spirituel. Deux choses qui, à vrai dire, n'en font qu'une, constituent cette âme, ce principe spirituel. L'une est dans le passé, l'autre dans le présent. L'une est la possession en commun d'un riche legs de souvenirs, l'autre est le consentement actuel, le désir de vivre ensemble, la volonté de continuer à faire valoir l'héritage qu'on a reçu indivis.

L'homme, Messieurs, ne s'improvise pas. La nation, comme l'individu, est l'aboutissement d'un long passé d'efforts, de sacrifices et de dévouements. Le culte des ancêtres est de tous le plus légitime ; les ancêtres nous ont fait ce que nous sommes. Un passé héroïque, des grands hommes, de la gloire [...], voilà le capital social sur lequel on assied une idée nationale. Avoir des gloires communes dans le passé, une volonté commune dans le présent ; avoir fait de grandes choses ensemble, vouloir en faire encore, voilà les conditions essentielles pour être un peuple. [...]

Une nation n'a plus le droit de dire à une province : « Tu m'appartiens, je te prends. » Une province, pour nous, ce sont ses habitants ; si quelqu'un en cette affaire a le droit d'être consulté, c'est l'habitant. Une nation n'a jamais un véritable intérêt à annexer ou à retenir un pays malgré lui. Le vœu des nations est, en définitive, le seul critère légitime, celui auquel il faut toujours en revenir.

E. Renan, *Qu'est-ce qu'une nation ?*, conférence à la Sorbonne, 1882.

1. Expliquer l'expression « avoir fait de grandes choses ensemble, vouloir en faire encore ».
2. Quelle est la conception française de la nation, d'après Ernest Renan ?

Le recul de l'Empire ottoman

- Au milieu du XIXe siècle, l'Empire ottoman s'étend encore sur une grande partie des Balkans et maintient son emprise sur des populations mélangées, majoritairement orthodoxes. Influencés par le mouvement des nationalités, ces peuples s'opposent de plus en plus à la domination ottomane et revendiquent l'autonomie puis l'indépendance.
- Par ailleurs, un nationalisme turc se développe à partir de la fin du XIXe s. Exacerbé par les pertes de territoires en 1878, il conduit à la persécution des minorités non turques (premiers massacres d'Arméniens en 1896). En 1908, la révolution des « Jeunes Turcs » tente de moderniser le pays mais n'obtient que peu de résultats et subit des défaites lors des crises balkaniques de 1908, 1911 et 1912-1913. L'Empire ottoman perd la Cyrénaïque, la Tripolitaine et la quasi-totalité de ses territoires européens.

1 L'Empire ottoman du début du XVIIIe s. à 1913.

2 L'Empire ottoman au début du XXe s.

Aucun sujet ottoman de religion islamique, ne pouvait sortir des frontières de l'Empire sans la permission du Sultan. Les étrangers eux-mêmes, diplomates ou autres, ne pouvaient entrer dans l'Empire ni en sortir qu'avec un passeport en règle, délivré par leur pays : la Turquie et la Russie étaient alors les seuls pays d'Europe qui astreignissent le voyageur à cette opération. […]
À l'époque où j'étais à Constantinople, l'Allemagne y tenait le haut du pavé. Son influence chez les Turcs était prédominante. Guillaume II l'avait établie en s'abstenant de participer aux protestations de l'Europe contre les massacres d'Arméniens en 1895, en venant rendre visite au Sultan dans sa capitale, faire des entrées solennelles à Jérusalem et à Damas en 1898. La concession de Bagdad[1] l'avait récompensé de ses bons procédés et son gouvernement avait fini par s'assurer une sorte d'emprise sur la politique ottomane […]. Une mission allemande instruisait l'armée ottomane. Elle avait à sa tête un général qui avait rang de pacha, comme plusieurs de ses subordonnés de même grade. D'autres pays conservaient bien, par-ci par-là, un pacha militaire, mais sans influence […]. Tous n'étaient que des figurants. Seuls comptaient les pachas allemands…

F. Charles-Roux, *Souvenirs diplomatiques*, Fayard, 1956.

1. Chemin de fer Berlin-Byzance-Bagdad.

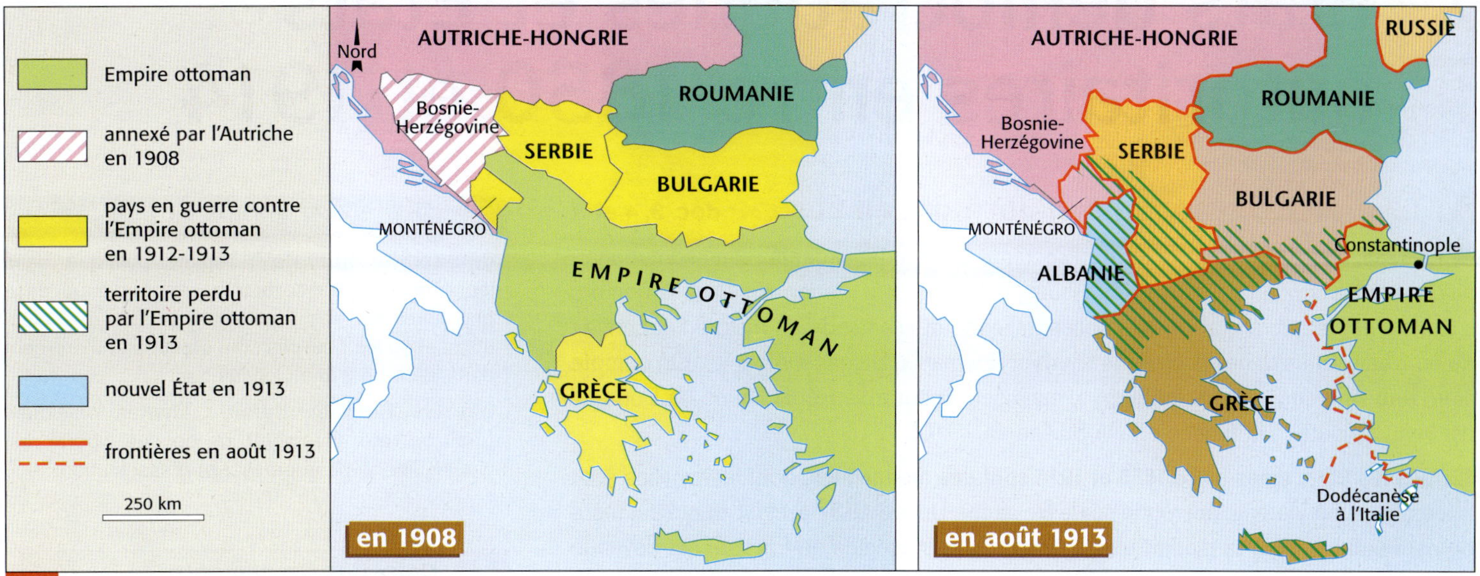

3 Les Balkans de 1908 à 1913.

4 Construction de chemins de fer

Les travaux qui, dans toute l'Europe, ont le plus développé le bien-être populaire, les chemins de fer, par exemple, ou les télégraphes, ou les routes, n'ont été en Turquie que des instruments de dommage. Une ligne n'était pas concédée pour son utilité mais pour l'argent ou l'appui que le Palais obtenait des concessionnaires et de leur gouvernement. Le Palais avait des raisons politiques ou financières, qu'il ne pouvait avouer : il invoquait des raisons stratégiques. Quant aux concessionnaires, ayant la garantie kilométrique, ils ne demandaient que le plus de kilomètres possible, et, le pourboire aidant, ils étaient toujours satisfaits.

Victor Bérard (1864-1931), hélleniste et géographe, *La Politique du sultan*, 1897.

6 **Les guerres balkaniques : massacre des Serbes par les Turcs en 1912.** Gravure en couleurs paru dans le *Petit Journal*.

5 Pogrom d'Arméniens à Constantinople en 1896

Nous allions chez Fehmi-Pacha. C'était un vieillard très pieux [...]. Depuis un an, Fehmi disait aux Arméniens – car, depuis un an, tout le monde savait qu'on nous tuerait : « Quand le Sultan fera massacrer les chrétiens, venez chez moi et je vous sauverai. » Nous nous sommes donc réfugiés dans sa maison. Mais elle était petite et il nous a emmenés à la mosquée. Nous étions plus de cent. Le second jour, les assommeurs sont arrivés avec des soldats et des hommes de la police. Ils voulaient pénétrer dans la cour, en disant : « Le Sultan permet de tuer les Arméniens. » L'imam qui était devant la porte, leur répondit : « Le Prophète, qui ordonne de tuer les idolâtres, défend de tuer les nations du Livre. Ceux-ci sont chrétiens et vous ne les tuerez pas. » Mais ils étaient innombrables et ceux de derrière levaient leurs bâtons et criaient. Alors un homme de la police leur a crié : « C'est défendu ! » et ils sont partis sans même piller les boutiques arméniennes qui étaient sur leur chemin.

Victor Bérard, *La Politique du sultan*, 1897.

Questions

A Retirer des informations des documents

1. Sur quels continents s'étend l'emprise turque ottomane au début du XVIIIe s. (doc. 1) ? Où le recul est-il le plus spectaculaire en 1913 ? Aux dépens de quels États ?

2. Quelle influence semble prépondérante aux yeux de ce diplomate français (doc. 2) ? Dans quels domaines ?

3. Quelques peuples s'opposent dans les Balkans (doc. 3) ? Quels sont les résultats de ces affrontements ?

4. Quelles personnes sont visées par ces massacres. Qui les sauve (doc. 5 et 6) ?

B Mettre en relation les documents

5. Quels aspects contradictoires du développement économique de l'Empire ottoman sont ici mis en valeur (doc. 2 et 4) ?

C Synthèse

6. À l'aide des documents, justifier l'expression « poudrière des Balkans ».

3 États démocratiques et États autoritaires entre 1850 et 1914

A. La monarchie, régime majoritaire en Europe doc. 3, 4 et 5

En 1850, l'Europe comporte environ soixante États indépendants ; tous sont monarchiques, à l'exception de deux Républiques, la Suisse et la France. **En 1914**, le nombre d'États s'est réduit, en raison des unités italienne et allemande, et malgré l'apparition de nouveaux États dans les Balkans (Serbie, Roumanie, Bulgarie, Albanie). On compte alors **une vingtaine d'États en Europe**, mais seulement trois Républiques (le Portugal est venu s'ajouter à la France et à la Suisse en 1910).

Tous les États créés entre 1850 et 1914 sont des monarchies, dont les familles sont alliées. La reine Victoria, qui règne sur le Royaume-Uni de 1837 à 1901 et qui est mère de neuf enfants, pour la plupart unis à des familles influentes en Europe, est devenue à la fin de sa vie « la grand-mère de l'Europe ». Durant tout le siècle, c'est parfois à l'occasion de réunions familiales rassemblant les membres des familles régnantes que se règlent les questions de relations internationales. De la même manière, les diplomates qui appartiennent souvent à l'aristocratie, même en France, mettent à profit les relations personnelles existant entre leurs familles à travers l'Europe.

B. Un petit nombre de démocraties... doc. 1 et 2

Vers 1850, cette Europe monarchique est encore largement une Europe autoritaire. **Dans presque tous les États, les libertés sont restreintes**, il n'y a pas de Constitution, ou, s'il en existe une, elle réserve quasiment tous les pouvoirs au souverain. Dans certains pays, comme la Russie ou l'Empire ottoman, le souverain n'est soumis à aucun contrôle : c'est un autocrate.

Quelques **démocraties libérales** se distinguent de ces régimes autoritaires (**France, Royaume-Uni, Belgique**, par exemple). Dans ces pays, une Constitution garantit la séparation des pouvoirs exécutif, législatif et judiciaire ainsi que les **libertés fondamentales** et l'élection de députés contrôlant l'action du gouvernement. Il subsiste cependant des différences selon les systèmes électoraux : en 1850, dans la plupart des États où le principe du suffrage est acquis, le vote est censitaire ; seules la Suisse et la France possèdent un suffrage universel masculin.

C. ... mais des libertés qui progressent doc. 2

De 1850 à 1914, la démocratie libérale a progressé. En 1914, elle domine l'Europe du Nord et de l'Ouest (pays scandinaves, Belgique, Pays-Bas, Luxembourg, Royaume-Uni, France, Portugal). L'Espagne et les pays d'Europe centrale et balkanique possèdent parfois une Constitution, mais la vie politique fonctionne rarement sur un mode démocratique. En Allemagne ou en Autriche-Hongrie, par exemple, l'Assemblée est bien élue démocratiquement, mais le gouvernement n'est responsable que devant l'empereur et non pas devant les députés. Les États d'Europe orientale (Russie, Empire ottoman) restent des régimes autoritaires.

La démocratie progresse également par l'élargissement du droit de vote, par exemple au Royaume-Uni (lois de 1867 et de 1885). La vie politique et la démocratie bénéficient aussi du développement de l'instruction (en Italie, tous les hommes sachant lire et écrire obtiennent le droit de vote en 1912), de la liberté de la presse et de la fondation de partis politiques. **Mais en 1914, le suffrage universel masculin n'existe que dans douze États européens**, et seule la Norvège a donné le droit de vote aux femmes. La vie politique reste toujours dominée par les plus riches et les plus instruits, et l'Europe n'est guère homogène : plus on s'avance vers l'Est et le Sud, plus les libertés sont réduites.

VOCABULAIRE

démocratie libérale : régime politique dans lequel le pouvoir est exercé par le peuple, qui désigne librement ses représentants lors des élections, et où les pouvoirs sont séparés et s'exercent dans le cadre d'une Constitution.

libertés fondamentales : libertés politiques (droit de voter librement), de pensée (liberté religieuse, liberté de la presse) et d'association.

1 Deux des fondements de la démocratie libérale

a. La séparation des pouvoirs

Il y a dans chaque État trois sortes de pouvoirs : la puissance législative, la puissance exécutrice [...] et la puissance de juger. [...] Pour qu'on ait la liberté politique, il faut que le gouvernement soit tel qu'un citoyen ne puisse pas craindre un autre citoyen. Lorsque, dans la même personne, la puissance législative est réunie à la puissance exécutrice, il n'y a point de liberté, parce qu'on peut craindre que le même monarque fasse des lois tyranniques pour les exécuter tyranniquement.

Ch. de Montesquieu, *De l'esprit des lois*, 1748.

b. Les libertés individuelles

La liberté comprend d'abord le domaine du for intérieur, exigeant la liberté de conscience, [...] la liberté de pensée et d'inclination, la liberté absolue d'opinions et de sentiments, sur tout sujet [...]. Secondement, le principe de la liberté humaine requiert [...] la liberté d'arranger notre vie suivant notre caractère, de faire comme il nous plaît, [...] sans en être empêché par nos semblables, aussi longtemps que nous ne leur nuisons pas. [...] Troisièmement, de cette liberté de chaque individu résulte, dans les mêmes limites, la liberté d'association entre les individus, la liberté de s'unir pour un objet quelconque, inoffensif à l'égard d'autrui [...]. Aucune société n'est libre, quelle que puisse être la forme de son gouvernement, si ces libertés n'y sont pas à tout prendre respectées.

John Stuart Mill, *De la liberté*, 1859.

1. Quels sont les pouvoirs décrits par Montesquieu ?
2. Quelles sont les libertés individuelles, selon John Stuart Mill ?
3. Montrer que ces deux textes exposent les fondements de la démocratie libérale.

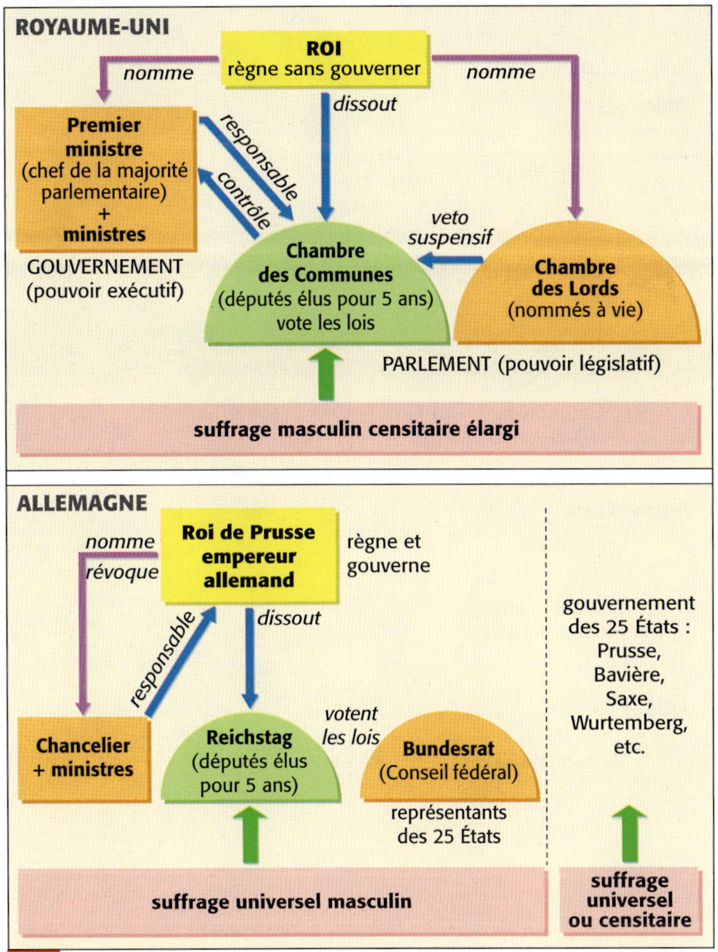

2 Les institutions du Royaume-Uni et de l'Allemagne au début du XXe s.

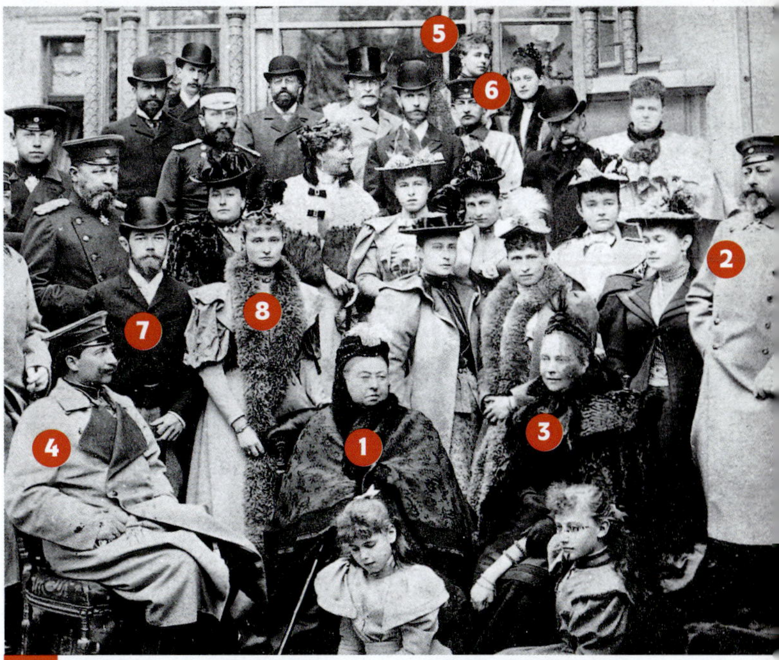

3 **Une Europe des rois : une réunion de famille lors d'un mariage à Cobourg (Saxe) en 1894.**

On reconnaît : **1.** la reine Victoria ; **2.** son fils Édouard (futur roi d'Angleterre Édouard VII) ; **3.** sa fille, l'impératrice Victoria, épouse de l'empereur allemand Frédéric III (mort en 1888) ; **4.** Guillaume II, empereur allemand, petit-fils de Victoria ; **5.** Marie de Roumanie, petite-fille de Victoria, future reine de Roumanie ; **6.** son époux Ferdinand, futur roi de Roumanie ; **7.** le tsarévitch Nicolas, futur tsar Nicolas II ; **8.** sa femme, Alix de Hesse, petite-fille de Victoria.

4 Le pouvoir de l'empereur, d'après le chancelier Bethmann-Hollweg

Dans son développement de plusieurs siècles, ce n'est pas le peuple prussien qui s'est donné sa royauté, mais c'est le travail des grands monarques de la maison des Hohenzollern qui, secondé par la ténacité et l'habileté de la population, a fait d'abord une nation prussienne puis un État prussien.

La Constitution prussienne, qui repose sur ces développements historiques, ne connaît pas la conception de la souveraineté du peuple. C'est pourquoi les rois de Prusse sont, vis-à-vis de leur peuple, rois de par leur propre droit et si, de nos jours, on est tenté, du côté démocratique, de considérer plus vivement qu'auparavant le roi de Prusse comme un dignitaire nommé par un peuple, il ne faut pas s'étonner que le roi affirme fortement la conscience qu'il a de n'être soumis à aucune souveraineté du peuple.

Irresponsabilité personnelle du roi, indépendance et existence originelle de son droit monarchique, ce sont là les idées fondamentales de notre vie d'État qui sont restées vivantes dans la période du développement constitutionnel.

Discours de Bethmann-Hollweg devant le Reichstag, 26 novembre 1910.

1. **Qui a édifié l'État prussien ? Chercher qui sont les Hohenzollern.**
2. **Qu'est-ce que la souveraineté populaire ? Existe-t-elle dans la Constitution prussienne ?**
3. **S'agit-il d'une Constitution démocratique ? Pourquoi ?**

Nicolas II, « le tsar rouge ». **5**

Caricature française publiée après la répression sanglante de la manifestation du 9 janvier 1905 à Saint-Pétersbourg : les manifestants voulaient remettre au tsar une pétition présentant des revendications sociales (comme la journée de huit heures, le droit de créer des syndicats) et politiques (liberté d'expression, élection d'une Assemblée au suffrage universel).

L'Europe au début du XXe s.

- Dans les premières années du XXe s., c'est uniquement dans la péninsule des Balkans que les frontières de l'Europe sont modifiés.
- Après deux guerres, de 1911 à 1913, les Turcs sont chassés des Balkans, aux dépens de la Bulgarie, la Serbie, la Grèce et l'Albanie.

1 **La guerre des Balkans en 1912.** Caricature française.

Questions

1. En observant attentivement les frontières, dater précisément la caricature (doc. 1) Comment sont présentés les Grecs et les Turcs ?
2. Quels sont les États qui composent chacun des systèmes d'alliance européens en 1914 (doc. 2) ?
3. Quels États connaissent des agitations nationalistes ?
4. Quel État semble le plus menacé par ces agitations ?
5. Quels sont les territoires contestés et par qui le sont-ils ?

2 **L'Europe en 1914.**

NORVÈGE
SUÈDE
Finlande
Saint-Pétersbourg
mer
Baltique
mer
du
Nord
DANEMARK
EMPIRE RUSSE
Prusse-
Orientale
PAYS-BAS
Berlin
BELGIQUE
ALLEMAGNE
Polonais
LUXEMBOURG
Tchèques
Ukrainiens
Strasbourg
Alsace-
Moselle
Rhin
Vienne
EMPIRE
Budapest
SUISSE
Trentin
Bessarabie
AUSTRO-HONGROIS
Roumains
Istrie
ITALIE
ROUMANIE
mer Noire
Sarajevo
Bosnie
Danube
Dalmatie
SERBIE
BULGARIE
MONTÉNÉGRO
Serbes
Rome
Bosphore
Thrace
Constantinople
ALBANIE
EMPIRE
OTTOMAN
Dardanelles
Ionie
GRÈCE
Tunisie (Fr.)
Malte
(R-U)
mer
Méditerranée
Dodécanèse
(Italie)
Chypre
(R-U)

Fiche de révision

Dates à retenir

- **1861 :** fondation du royaume d'Italie
- **1870 :** achèvement de l'unité italienne
- **1871 :** achèvement de l'unité allemande ; fondation de l'Empire allemand
- **1908-1913 :** crises balkaniques

Biographies

Camille Benso, comte de Cavour (1810-1861), Premier ministre du Piémont à partir de 1852, l'un des artisans de l'unité italienne.
(Voir biographie complète p. 377)

Giuseppe Garibaldi (1807-1882), patriote républicain italien, l'un des artisans de l'unité italienne.
(Voir biographie complète p. 378)

Otto von Bismarck (1815-1898), chancelier de Prusse, puis d'Allemagne, artisan de l'unité allemande.
(Voir biographie complète p. 376)

L'essentiel

1. Les unités italienne et allemande

Le nationalisme des Italiens et des Allemands permet à ces deux peuples de réaliser leur unité et, au prix de plusieurs guerres, de se constituer en États-nations :

- le royaume d'Italie est créé en 1861 par l'action de Cavour et de Garibaldi ;
- l'Empire allemand est constitué en 1871 grâce à l'action de Bismarck ;
- ces unités se réalisent au détriment de l'Autriche et de la France.

2. Nationalismes et aspirations nationales

- Dans les Balkans et en Europe centrale, la construction d'États-nations aboutit à un affrontement des nationalismes, lié au problème des minorités nationales ; après les Grecs (1829), d'autres peuples des Balkans (Serbes, Roumains, Bulgares, Albanais), réussissent à obtenir leur indépendance à l'issue de guerres contre l'Empire ottoman.
- Ces crises, ainsi que la création de deux systèmes d'alliances concurrents (la Triple-Entente et la Triple-Alliance) créent des tensions de plus en plus inquiétantes : c'est d'abord dans les Balkans que s'affrontent les nationalismes au début du XXe s.

3. Nationalismes et aspirations nationales

- Entre 1850 et 1914, les libertés progressent dans les États de l'Europe de l'Ouest et du Nord-Ouest : des démocraties libérales y apparaissent ;
- les États d'Europe centrale (Allemagne, Autriche-Hongrie, Italie) possèdent des Constitutions, mais pas de régime démocratique libéral ;
- la Russie et l'Empire ottoman demeurent des États autoritaires.

Des tensions opposent ces pays : nationalismes français et italien face aux nationalismes allemand et austro-hongrois, Russie et Autriche-Hongrie à propos des Balkans.

Ne pas confondre

Nation, État-nation et minorité nationale

➤ La **nation** regroupe des personnes ayant une culture, une histoire et une langue communes, ainsi que la volonté de vivre ensemble. Elles n'appartiennent pas toujours à un État uni et indépendant (ainsi, au XIXe s., il existe une nation polonaise, mais les Polonais sont répartis entre la Russie, l'Allemagne et l'Autriche-Hongrie).

➤ Un **État-nation** est un État indépendant qui rassemble des personnes reconnaissant toutes appartenir à une seule nation (par exemple, l'Italie après 1870).

➤ Une **minorité nationale** est une partie de la population d'un pays dont la langue, la religion, les coutumes, parfois l'histoire diffèrent de celles de la majorité.

Régime libéral, régime démocratique, régime parlementaire

➤ **Régime libéral** : les habitants jouissent des libertés fondamentales. Il n'est pas toujours démocratique (par exemple, les députés peuvent être élus au suffrage censitaire).

➤ **Régime démocratique** : la souveraineté est exercée par des députés ou un président élus au suffrage universel.

➤ **Régime parlementaire** : les députés contrôlent l'action du gouvernement et peuvent le renverser par un vote. Un régime démocratique n'est pas toujours parlementaire : en Allemagne avant 1918, le gouvernement ne dépend que de l'Empereur et n'est pas responsable devant les députés.

Triple-Alliance et Triple-Entente

➤ La **Triple-Alliance** (ou Triplice) est l'alliance conclue à partir de 1882 entre l'Allemagne, l'Autriche-Hongrie et l'Italie. Pour les deux premiers pays, elle est à la fois offensive et défensive. Pour l'Italie, elle est seulement défensive.

➤ La **Triple-Entente** réunit la France, la Russie et le Royaume-Uni. La France et la Russie sont alliées par une alliance défensive et offensive depuis 1894.

Cartes politiques de l'Europe de 1850 à 1914

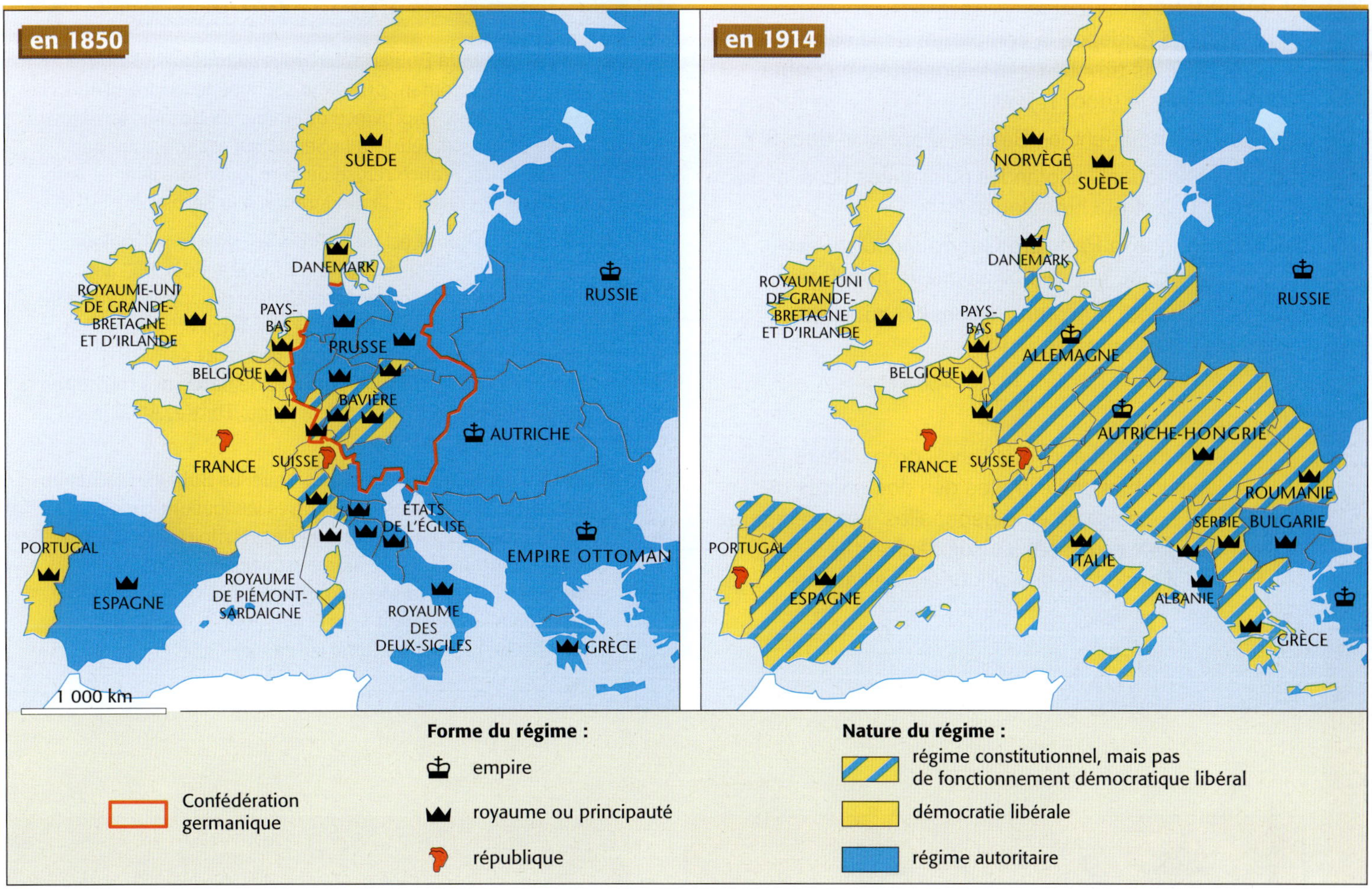

Questions

1. Quel grand bouleversement l'Europe vient-elle de connaître avant 1850 ?
2. Quelles transformations principales l'Europe centrale a-t-elle connues entre 1850 et 1914 ?
3. À l'aide d'un tableau, mettre en évidence les modifications survenues entre 1850 et 1848.

	1850	1914
Forme extérieure du régime politique		
Régime constitutionnel		
Démocratie libérale		
Régime autoritaire		
Disparition d'États		
Apparition d'États		
Situation dans les Balkans		

L'étude d'un ensemble documentaire (4/10)

Sujet : Pourquoi parle-t-on de « poudrière balkanique » ?

Première partie

1. Mettre en évidence la complexité de la carte des Balkans (frontières et nationalités) au début du XXe siècle (doc. 1, 2 et 4).
2. Que revendiquent les Serbes, d'après le doc. 3 ?
3. Quel rôle jouent les grandes puissances dans la région (doc. 1, 2, 4 et chronologie) ?
4. Montrer que la Première Guerre mondiale est au départ une guerre balkanique (chronologie).
5. Qu'est-ce qui provoque l'extension du conflit (doc 3, 4 et chronologie) ?

Deuxième partie

En vous fondant sur votre travail préparatoire, sur les informations extraites des documents et sur vos connaissances personnelles, vous rédigerez une réponse organisée au sujet suivant :
Pourquoi parle-t-on de « poudrière balkanique » ?

CHRONOLOGIE

- **1908-1909 :** la Bulgarie, territoire autonome à l'intérieur de l'Empire ottoman, proclame son indépendance ; l'Autriche-Hongrie annexe la province ottomane de Bosnie-Herzégovine et, de ce fait, se heurte à la Serbie qui est soutenue par la Russie. La France refuse de faire jouer son alliance avec la Russie et conseille la modération à la Serbie.
- **1912 :** en octobre éclate la Première guerre balkanique entre l'Empire ottoman et les autres États des Balkans (Bulgarie, Grèce, Monténégro, Serbie) groupés en une ligue balkanique. La ligue, victorieuse des Turcs ottomans, doit accepter l'arbitrage des grandes puissances.
L'Empire ottoman perd la plus grande partie des territoires qui lui restent en Europe (Macédoine, Thrace, Albanie qui devient un État indépendant).
- **1913 :** deuxième guerre balkanique. La Bulgarie, soutenue par l'Autriche, s'oppose aux autres vainqueurs, associés à la Roumanie, pour le partage des territoires perdus par l'Empire ottoman. La Bulgarie est vaincue. Le traité de Bucarest partage la Macédoine entre la Grèce et la Serbie, la Roumanie s'agrandit vers le sud et la Bulgarie garde une étroite façade maritime sur la mer Égée.

DOCUMENT 1 Les Balkans au début du XXe s. (avant 1908).

DOCUMENT 2 La crise des Balkans en 1908.

DOCUMENT 3 **« Pour l'union des peuples yougoslaves »**

a. « La Bosnie, c'est notre Alsace-Lorraine »

« La Bosnie, c'est notre Alsace-Lorraine », me disait dernièrement un Serbe : les Serbes de Bosnie ont lutté avec ceux du royaume dans les guerres de l'indépendance, ils ont versé le même sang pour la même cause et ils ne veulent pas n'avoir échappé au joug des Turcs que pour tomber sous celui des Allemands ; ils revendiquent leur droit à la liberté.

D'après la *Revue des Deux Mondes*, 1906.

b. Interrogatoire de Gavrilo Princip, assassin de l'archiduc François-Ferdinand, le 28 juin 1914 à Sarajevo

Accusé Princip. – Je ne suis pas un criminel, car j'ai supprimé un homme malfaisant. J'ai pensé bien faire.
Le Procureur. – Et l'archiduchesse ?
A. – Je ne voulais pas la tuer ; c'est involontairement que je l'ai tuée. [...]
P. – Quelles sont vos idées ?
A. – Je suis nationaliste yougoslave, j'aspire à l'union de tous les Yougoslaves, sous quelque forme politique que ce soit, et à leur délivrance de l'Autriche.
P. – C'était votre idéal. Comment pensiez-vous le réaliser ?
A. – Par la terreur.
P. – Qu'est-ce que cela veut dire ?
A. – Cela veut dire en tuant les personnages de premier plan, en écartant ceux qui gênent et font le mal, ceux qui mettent obstacle à l'idée de l'union.
P. – Alors vous avez cru que vos aspirations étaient réalisables ?
A. – Le mobile principal était encore la vengeance pour toutes les souffrances que l'Autriche fait endurer au peuple [...].
P. – Que pensait-on de l'Autriche dans vos lieux de rencontre ?
A. – On pensait que l'Autriche était un mal pour notre peuple.
P. – Quelle opinion dominait à l'égard de la Serbie ? Pensait-on que la Bosnie gagnerait à être réunie à la Serbie ?
A. – On estimait que tous les Yougoslaves devaient s'unir. Il va de soi que la Serbie, comme fraction libre du peuple yougoslave, aurait le devoir moral d'aider cette union et de tenir le rôle que le Piémont a joué en Italie.

Albert Mousset, *Un drame historique. L'attentat de Sarajevo*, 1930.

DOCUMENT 4 **La crise de juin-juillet 1914 vue par un ambassadeur de France**

Mon collègue d'Allemagne ayant interrogé sir Ed. Grey[1] sur les intentions du gouvernement britannique en cas de conflit... j'ai posé la même question... et je résume sa réponse : « La situation actuelle n'a pas d'analogie avec celle qui s'est produite à l'occasion du Maroc. Là, il s'agissait des intérêts de la France avec qui nous avions des engagements. Ici, il s'agit de la suprématie de l'Autriche ou de la Russie sur les populations slaves des Balkans. Que l'une ou l'autre de ces puissances obtienne la prééminence, peu nous importe, et, si le conflit reste limité entre l'Autriche et la Serbie ou la Russie, nous n'avons pas à nous en mêler. Il n'en serait pas de même si l'Allemagne entrait en jeu pour soutenir l'Autriche contre la Russie et si éventuellement la France se trouvait entraînée dans le conflit... »

Télégramme de Paul Cambon, ambassadeur de France à Londres, le 29 juillet 1914.

1. Ministre des Affaires étrangères du Royaume-Uni.

Méthode

1 Aide à la deuxième partie

- La réponse organisée à la problématique posée par le sujet :
– est une démonstration organisée et argumentée ;
– elle utilise, en les classant et en les croisant, les informations apportées par les documents ;
– elle requiert des connaissances personnelles qui permettent d'éclairer, de compléter et de nuancer tel ou tel aspect présenté dans les documents.

- La réponse doit prendre la forme d'un texte rédigé :
– une brève introduction, qui délimite le sujet, rappelle la problématique posée et annonce le plan ;
– le développement suit le plan proposé et se compose de paragraphes argumentés s'appuyant sur des faits tirés des documents et des connaissances personnelles ;
– une brève conclusion répond à la problématique.

2 Organiser le développement

Au brouillon, reproduire et compléter le tableau suivant qui peut aider à répondre aux questions du sujet :

Apport des documents	Apport de connaissances
I. Une situation tendue... – vide laissé par l'Empire ottoman – multiplication des conflits... – revendications nationalistes...	Une question qui agite toute l'Europe à partir du XIXe s., le nationalisme ; définir le nationalisme
II. ... qui déclenche une guerre mondiale – assassinat archiduc François-Ferdinand, prétexte – autres motifs de tensions...	évoquer tensions économiques, le jeu des alliances, Triple-Alliance, Triple-Entente...

Prépa BAC

CHAPITRE

11 La Première Guerre mondiale

Le conflit qui éclate en Europe en août 1914 n'est pas la guerre courte que beaucoup attendaient : c'est une guerre longue, qui dure plus de quatre ans, et qui est, dès 1915, appelée la « Grande Guerre ». C'est aussi une guerre totale, qui mobilise les hommes et les ressources des principaux États européens et de leurs empires. C'est enfin une guerre mondiale, puisque des puissances extérieures à l'Europe, comme les États-Unis, y jouent un rôle décisif. Par son ampleur, l'événement marque le passage du monde du XIXe s. à celui du XXe.

Quelles sont les étapes de la Première Guerre mondiale ?
Quels en sont les caractères ?

1 | Des opérations meurtrières...

Une attaque française à la fin de l'année 1914.

« En un clin d'œil, il apparaît que toute la vertu du monde ne prévaut point contre le feu. »
Charles de Gaulle, alors jeune sous-lieutenant d'infanterie, au lendemain de sa blessure devant Dinant.

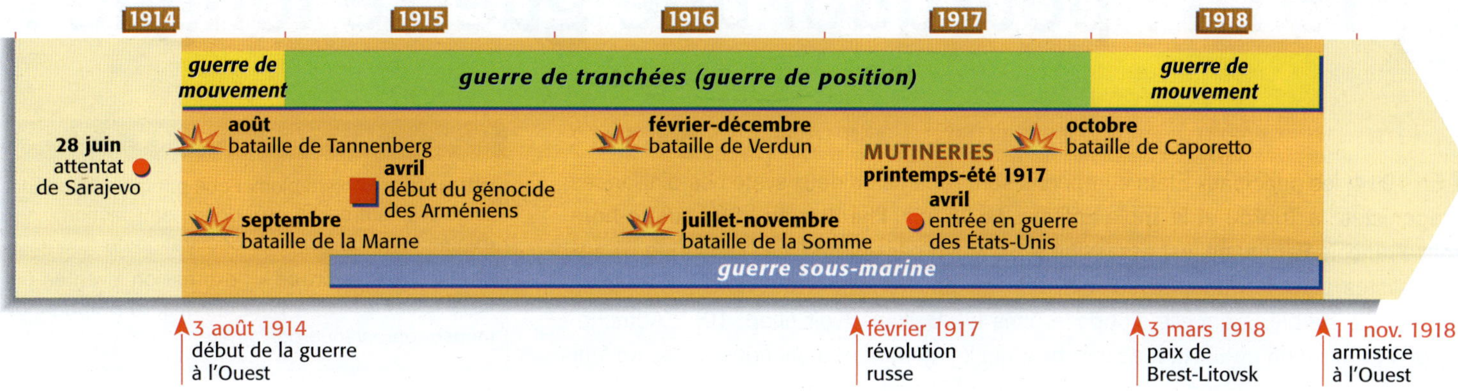

2 | … des civils mobilisés par la guerre.

Femmes au travail dans une usine de munitions.

« Si les femmes qui travaillent dans les usines s'arrêtaient vingt minutes, les Alliés perdraient la guerre. »

Maréchal Joffre, vainqueur de la bataille de la Marne en 1914 et commandant en chef des armées françaises en 1915-1916.

1 1914 : pourquoi une guerre longue ?

A. Une guerre qui embrase toute l'Europe doc. 1 et 2

■ En 1914, les principaux États européens sont répartis en deux systèmes d'alliances antagonistes, la Triplice et la Triple-Entente. **Le 28 juin, l'héritier du trône austro-hongrois, François-Ferdinand, est assassiné à Sarajevo** par un étudiant bosniaque lié aux nationalistes serbes. L'attentat semble offrir au gouvernement de Vienne l'occasion d'éliminer la Serbie, à qui elle s'oppose dans les Balkans (voir chap. 10). L'Autriche-Hongrie adresse un **ultimatum** aux Serbes, qui le rejettent et demandent l'aide de leur allié russe. L'Autriche-Hongrie fait alors appel à l'Allemagne, tandis que la Russie se tourne vers son alliée, la France.

■ Ainsi les puissances européennes s'engagent-elles dans une logique de guerre. **Après la déclaration de guerre de l'Autriche-Hongrie à la Serbie**, le 28 juillet, c'est au tour de l'Allemagne de le faire, le 1er août, contre la Russie. Le 3 août, l'Allemagne déclare la guerre à la France et envahit la Belgique, État neutre. Cela conduit le Royaume-Uni à déclarer la guerre à l'Allemagne le 4 août. Seule l'Italie demeure momentanément en dehors du conflit.

B. Une volonté d'en finir vite — doc. 3, 5 et 6

■ Dans tous les pays, les nationalistes poussent à l'affrontement, mais, face à la guerre, les populations manifestent davantage de résignation que d'enthousiasme. Cependant, **le patriotisme l'emporte sur le pacifisme** et, partout sauf en Russie, on fait taire les oppositions politiques : en France, c'est le temps de « l'Union sacrée ».

■ Chacun pense que la guerre sera gagnée grâce aux méthodes offensives traditionnelles (charges de cavalerie, attaque de l'infanterie en ordre serré…). **On estime que le conflit sera court**, quelques mois au plus ; la propagande et le **« bourrage de crâne »** renforcent cette idée. Mais les perspectives sont différentes dans les deux camps. Si les Empires centraux bénéficient de bonnes liaisons grâce à leur position au cœur de l'Europe, ils doivent combattre sur deux **fronts**. **Aussi les Allemands prévoient-ils d'éliminer rapidement la France** en contournant ses forces militaires (surtout déployées en Lorraine et dans les Vosges) par une offensive à travers la Belgique, avant de se retourner contre la Russie, jugée plus dangereuse.

C. Une incapacité à enlever la décision — doc. 4

■ Sur le front occidental, l'offensive allemande à travers la Belgique surprend l'état-major français. Le général Joffre parvient à ramener des troupes en Champagne pour enrayer l'attaque allemande, qui s'est dangereusement rapprochée de Paris. **Du 5 au 10 septembre, lors de la bataille de la Marne**, ces troupes réussissent à stopper les Allemands et à les repousser. Mais, aucune des deux armées ne parvenant à prendre un avantage déterminant, chacune tente de déborder l'ennemi par l'ouest : cette « course à la mer » s'achève sur les rivages de la mer du Nord. En novembre 1914, les deux armées se font face sur des centaines de kilomètres et aucune n'a opéré de percée décisive. Aussi les états-majors renoncent-ils à la guerre de mouvement ; les soldats creusent des tranchées : c'est le début de la guerre de position.

■ Sur le front oriental, les Russes remportent d'abord quelques succès. Mais ils sont repoussés par les Allemands, commandés par les généraux Hindenburg et Ludendorff à Tannenberg (26-30 août) et aux lacs Mazures (6-15 septembre). Dans les Balkans, les Autrichiens envahissent la Serbie, sans parvenir à écraser l'armée serbe qui résiste vaillamment. **À l'Est comme à l'Ouest, à la fin de 1914, aucun résultat décisif n'a été obtenu**, et les armées du front oriental doivent, elles aussi, renforcer leurs positions en prévision d'une guerre longue.

VOCABULAIRE

ultimatum : note diplomatique par laquelle un État exige d'un autre État qu'il donne satisfaction à ses exigences, sous peine de déclaration de guerre.

« bourrage de crâne » : expression inventée par les soldats de 1914 pour critiquer la propagande mensongère venue de l'arrière.

front : zone de combat entre deux armées.

1 L'attentat de Sarajevo, 28 juin 1914.

			mobilisation	guerre (le pays qui la déclare est cité en premier)
juin	28	attentat de Sarajevo		
juillet				
	23	ultimatum autrichien à la Serbie		
	28			Autriche/Serbie
	30		mobilisation russe	
	31	ultimatums allemands à la Russie et à la France		
août	1er		mobilisation allemande	Allemagne/Russie
	2		mobilisation française	
	3	invasion de la Belgique		Allemagne/France
	4	....		R.U./Allemagne
	5	....		Autriche/Russie

2 Chronologie de l'été 14

1. Quels pays déclarent la guerre en premier ?
2. Quels faits semblent avoir provoqué ces déclarations de guerre ?

3 **3 août 1914 : la mobilisation en France et l'engagement de volontaires en Angleterre.**

À Paris, les mobilisés du nord de la France se rendant de la gare du Nord à la gare de l'Est.

1. **Quelle différence y a-t-il entre une mobilisation et un recrutement de volontaires ?**
2. **Quel semble être l'état d'esprit des mobilisés ?**

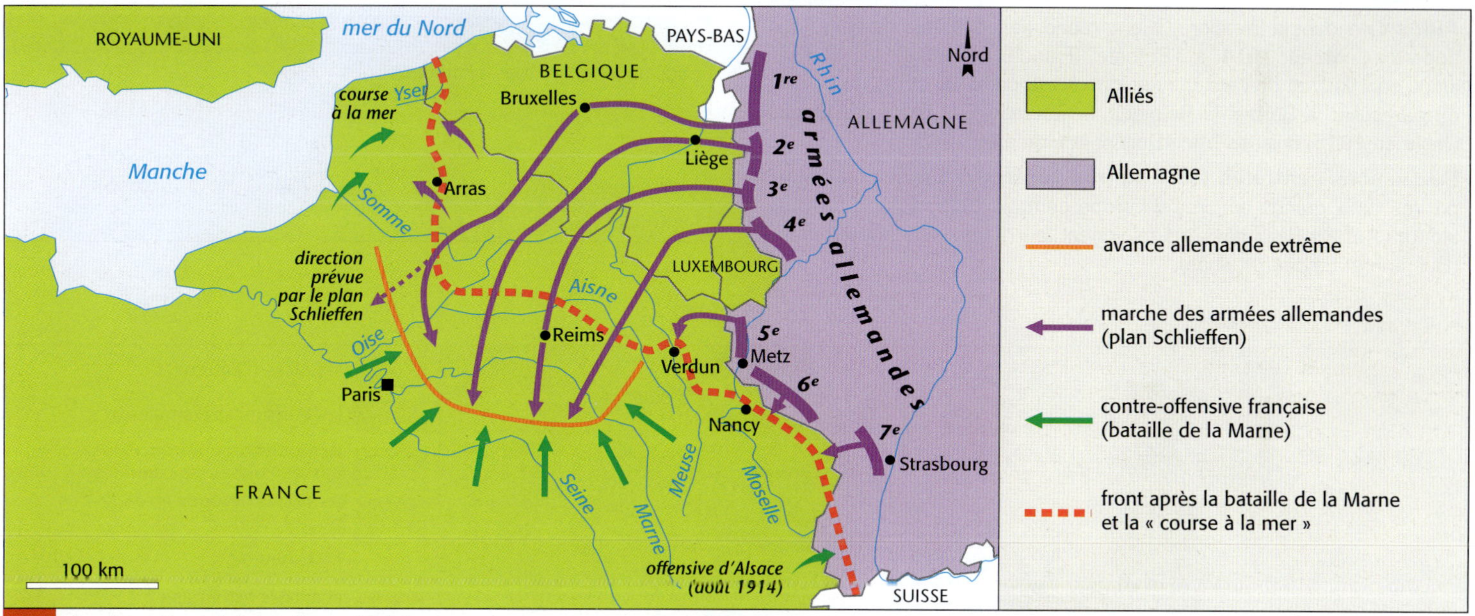

4 **Le front occidental en 1914.**

5 L'état d'esprit à Berneuil lors de la mobilisation, en août 1914

Le 31 juillet, une dépêche de l'autorité militaire, invitant le maire à avertir discrètement les propriétaires de chevaux et de voitures d'avoir à se tenir prêts à conduire leurs attelages au centre de réquisition, fit comprendre que le cataclysme était sur le point d'éclater. Cependant, on doutait encore. Le lendemain 1er août, à 4 heures du soir, une nouvelle dépêche arrive, ordonnant la mobilisation pour le 2 août. Cette fois, on était en face de la terrible réalité. Aussitôt des personnes parcourent le bourg en disant d'une voix étouffée par les sanglots : « Ça y est ! » Quelques minutes après, le tocsin annonce la lugubre nouvelle. Les cultivateurs abandonnent leurs travaux et accourent à la mairie. Les hommes sont consternés, mais personne n'est découragé. Tous ont l'espoir qu'une prompte victoire dissipera ce cauchemar. Les femmes, malgré leur profonde angoisse, ne se montrent pas moins courageuses.

Notes d'un instituteur, archives départementales de la Charente.

1. **Comment réagissent les habitants de Berneuil face à la mobilisation ? Pourquoi ?**
2. **Comparer ce document au document 3.**

6 Le bourrage de crâne

L'inefficacité des projectiles ennemis est dans toutes les conversations […]. Le tir est très mal réglé. Quant aux balles, elles ne sont pas dangereuses. Elles traversent les chairs de part en part, sans faire aucune déchirure.

L'Intransigeant, 17 août 1914.

À part cinq minutes par mois, le danger est très minime, même dans les situations critiques. *Le Petit Parisien*, 22 mai 1915.

On attendait l'heure de la ruée comme on attendrait une fête.

Le Petit Journal, 3 octobre 1915.

« Alliés » et « Puissances centrales », deux camps en présence

• Deux camps s'opposent pendant la Première Guerre mondiale : celui des **Alliés** et celui des **Puissances centrales**. Dès 1914 se constituent entre eux deux fronts principaux, à l'ouest et à l'est du continent.

• Au cours des mois qui suivent, des fronts secondaires apparaissent, au sud de l'Autriche-Hongrie et sur les marges de l'Empire ottoman. En 1915, les offensives victorieuses des Puissances centrales repoussent le front oriental, avant que ce dernier ne disparaisse en 1917 à la suite de l'effondrement de la Russie.

• Cet effondrement donne un avantage momentané aux Puissances centrales. Mais les offensives de ces dernières échouent. Ce sont donc finalement les Alliés, renforcés de manière décisive par les Américains, qui remportent la victoire en novembre 1918.

VOCABULAIRE

Alliés : pendant la Première Guerre mondiale, ensemble des pays qui appartenaient en 1914 à l'Entente (France, Royaume-Uni, Russie jusqu'en 1917) et de ceux qui rejoignent leur camp au cours du conflit, en particulier la Serbie, la Belgique, la Roumanie, la Chine, le Japon, l'Italie en 1915, puis les États-Unis et la Grèce en 1917.

Puissances centrales (ou Empires centraux) : ensemble formé par les deux grands empires d'Europe centrale (Allemagne, Autriche-Hongrie) et les deux pays qui rejoignent leur camp pendant le conflit (Bulgarie et Empire ottoman).

1 Les forces des deux camps en 1914.

	Entente (Alliés)	Empires centraux
Population, en millions d'habitants	256	116
Divisions	179	156
Canons	300	548
Mitrailleuses	2 200	2 450
Navires de guerre	125	55

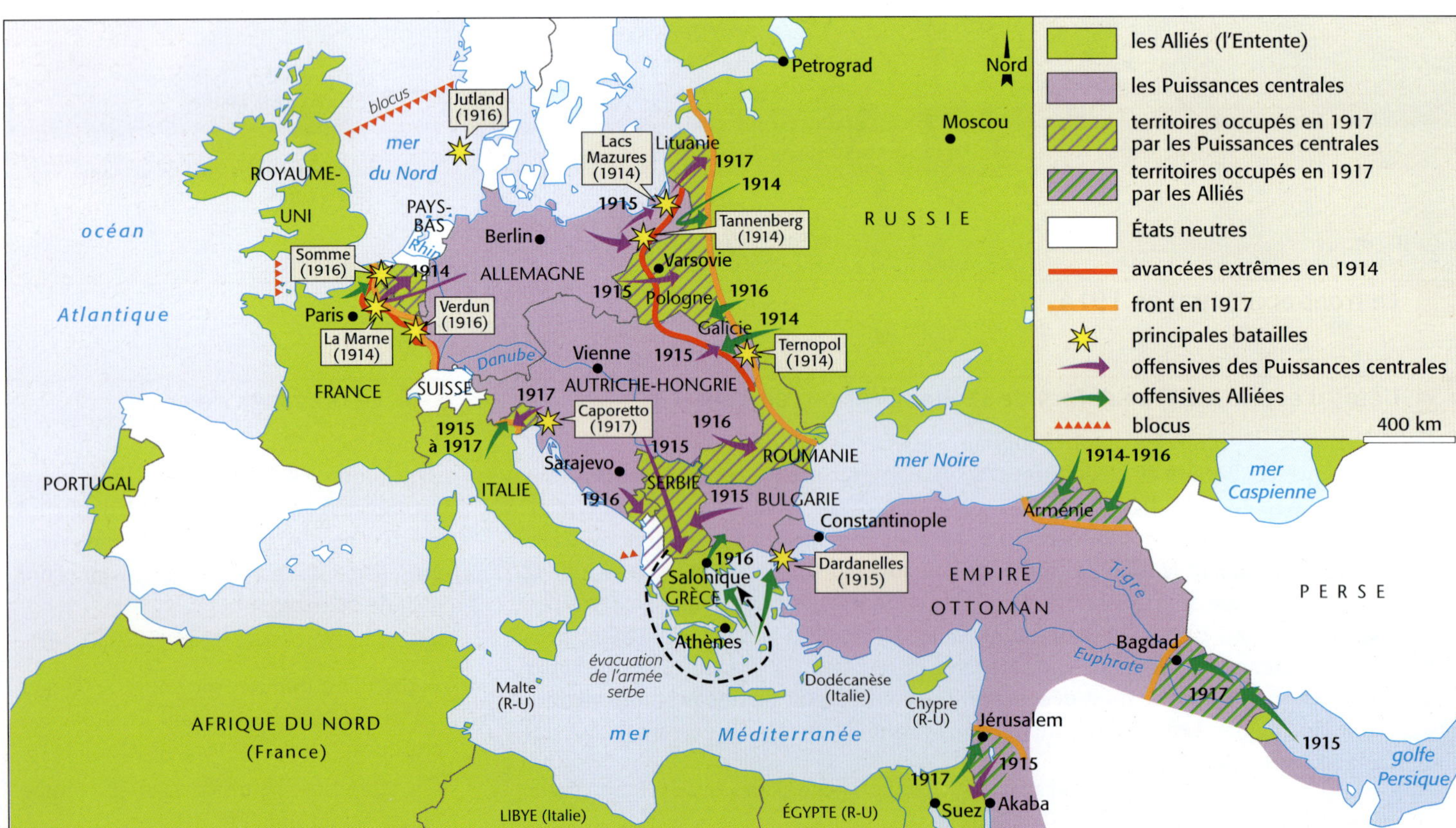

2 Les fronts de 1914 à 1917.

Questions

1. Comparer la situation des Alliés et celle des Puissances centrales en matière de possibilité d'importation (doc. 2).

2. À quel camp se rattache le nord de l'Afrique ? Pourquoi (doc. 2) ?

3. Pourquoi les Alliés lancent-ils des offensives dans les Dardanelles et au Proche-Orient (doc. 2) ?

4. Qui semble disposer d'une puissance militaire supérieure en 1914 ? début 1918 ? fin 1918 (doc. 1, 3 et 4) ?

5. Quels Empires centraux ont subi l'invasion la plus importante à la date de l'armistice (doc. 5) ?

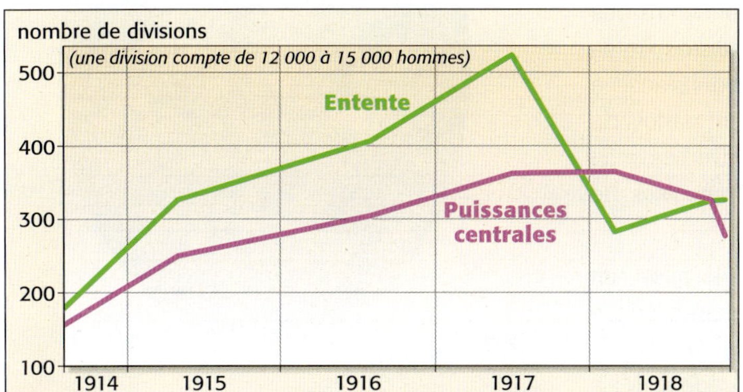

3 **Évolution du nombre de divisions durant le conflit.**

4 **Un combat aérien en 1918.**
Disposant de 6 200 avions, et les Allemands de 2 400 seulement, les Alliés ont alors la maîtrise du ciel.

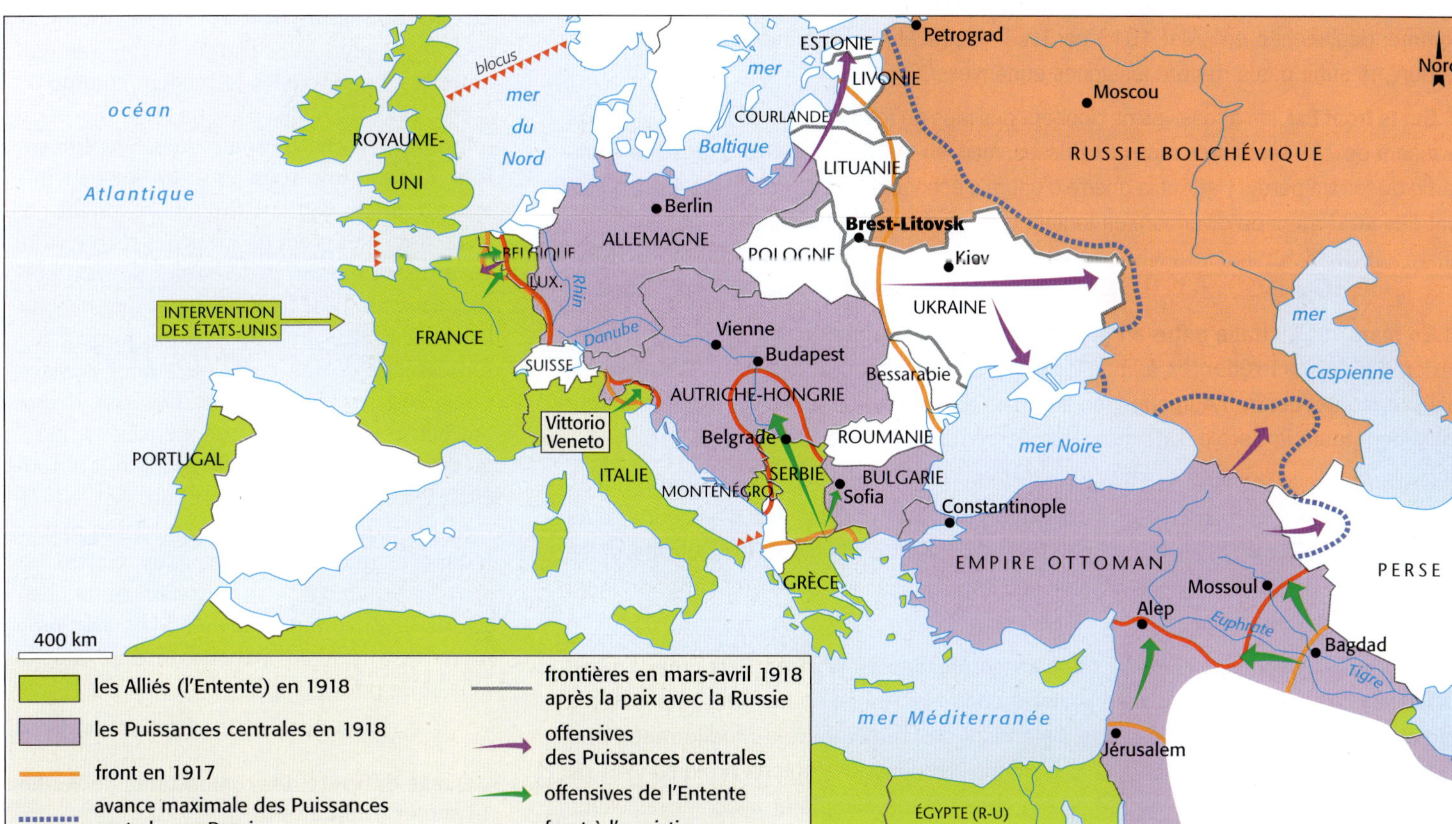

5 **Les fronts en 1918.**

2 La guerre s'enlise

A. Le temps des tranchées — doc. 2, 3 et 4

De la mer du Nord à la frontière suisse, tranchées allemandes et alliées se font face à quelques centaines de mètres l'une de l'autre, séparées par un *no man's land* couvert de barbelés. Mis en place dès la fin de l'année 1914, **le système des tranchées est de plus en plus perfectionné** au fil du temps, en particulier sur le front occidental ; celles de la première ligne sont reliées à une seconde et à une troisième ligne par des boyaux permettant d'assurer le ravitaillement et les relèves.

C'est dans ces tranchées que les **poilus** font désormais la guerre. Exposés à toutes les intempéries, dans la boue et au milieu des rats, rongés par la vermine et soumis à d'interminables bombardements, ils attendent l'ordre d'attaque donné par l'état-major.

B. Des offensives sanglantes et inutiles — doc. 1 et 5

Chacun des camps cherche à percer le front adverse. Après avoir concentré des troupes dans un secteur donné, puis bombardé massivement l'ennemi pour réduire sa capacité défensive, les états-majors lancent leurs hommes dans un assaut qui s'achève en un terrible corps à corps à l'arme blanche. De telles attaques permettent parfois de gagner un peu de terrain, mais jamais de percer l'ensemble des lignes adverses, malgré des pertes considérables. C'est ainsi qu'échouent les offensives françaises de 1915, en Artois puis en Champagne.

L'attaque lancée sur Verdun par les Allemands en février 1916 est, elle aussi, un échec. Conçue, selon le mot des dirigeants militaires allemands, pour « saigner l'armée française », cette offensive, qui se poursuit jusqu'en décembre, provoque la mort de 163 000 Français sous les coups d'un pilonnage d'artillerie sans précédent. Mais Verdun, défendu par le général Pétain, qui y fait passer successivement l'ensemble des régiments français, ne tombe pas. Finalement, les Allemands, qui ont perdu 143 000 hommes, sont aussi affaiblis que les Français. Tout aussi sanglante, **la bataille de la Somme**, déclenchée en juillet 1916 par les Français et les Britanniques pour soulager Verdun, ne suffit pas à rompre les lignes ennemies.

Sur le front Est, les offensives ne donnent pas plus de résultat. En 1915, les Allemands avancent de 150 kilomètres face aux Russes, mais en 1916, ces derniers regagnent une partie du terrain perdu. Partout la guerre d'usure a échoué. C'est pourquoi les Alliés adoptent des **stratégies** de diversion, en tentant d'ouvrir de nouveaux fronts.

C. L'échec des stratégies de diversion — doc. 6

En mars 1915, l'Italie entre en guerre aux côtés de l'Entente, qui lui a promis l'annexion des **terres irrédentes** à la fin du conflit. Mais l'offensive des troupes italiennes, mal préparées, contre l'Autriche-Hongrie, n'empêche pas cette dernière de conquérir finalement toute la Serbie. Décimée, l'armée serbe se replie à Corfou en 1916.

L'Allemagne ayant rallié la Bulgarie et l'Empire ottoman, les Alliés entreprennent, contre ce dernier, en mars 1915, **l'expédition des Dardanelles**, afin d'améliorer leurs liaisons avec la Russie. Mais cette opération ne parvient pas à forcer les Détroits, et les forces franco-anglaises repliées à Salonique sont impuissantes à éviter l'effondrement serbe face aux Autrichiens.

Les Anglais attaquent l'Empire ottoman en Mésopotamie et en Palestine. En juin 1916, ils poussent les Arabes à se soulever contre les Turcs, en leur faisant espérer la formation d'un grand royaume arabe s'étendant de l'Euphrate à la Méditerranée et à l'océan Indien. Les Russes lancent des offensives dans les régions arméniennes de l'Empire ottoman. Accusant les Arméniens chrétiens de comploter avec l'envahisseur, lui aussi chrétien, les Turcs les massacrent et les déportent en masse, faisant plus d'un million de morts arméniens ; c'est le premier génocide du XXe s.

VOCABULAIRE

poilus : surnom affectueux donné aux soldats français de 1914-1918, ainsi appelés parce qu'ils peuvent difficilement se raser.

stratégie : voir *Ne pas confondre*, p. 208.

terres irrédentes : de l'italien *terra irredenta*, « terre non encore libérée » ; nom donné aux territoires autrichiens peuplés en partie d'Italiens et revendiqués par l'Italie (Trentin, Istrie, Dalmatie).

1 Un poilu.

2 La vie quotidienne à Verdun

Depuis huit jours, les corvées de soupe ne reviennent plus. Elles partent le soir à la nuit noire et c'est fini, elles se fondent comme du sucre dans le café. Pas un homme n'est retourné. Ils ont tous été tués, absolument tous, chaque fois, tous les jours, sans aucune exception. On voit là-bas un mort couché par terre, pourri et plein de mouches mais encore ceinturé de bidons et de boules de pain passées dans un fil de fer. On attend que le bombardement se calme. On rampe jusqu'à lui. On détache de son corps les boules de pain. On prend les bidons pleins. D'autres bidons ont été troués par les balles. Le pain est mou. Il faut seulement couper le morceau qui touchait le corps. Voilà ce qu'on fait tout le jour. Cela dure depuis vingt-cinq jours. On mange n'importe quoi. Vers le soir, un copain est arrivé avec un rat. Une fois écorché, la chair est blanche comme du papier. Mais, avec mon morceau à la main, j'attends malgré tout la nuit noire pour manger.

Jean Giono (1895-1970), *Écrits pacifistes*.

1. **Quelle difficulté des combattants de Verdun l'auteur évoque-t-il ?**
2. **Relever les éléments montrant l'horreur quotidienne de la vie de ces combattants.**

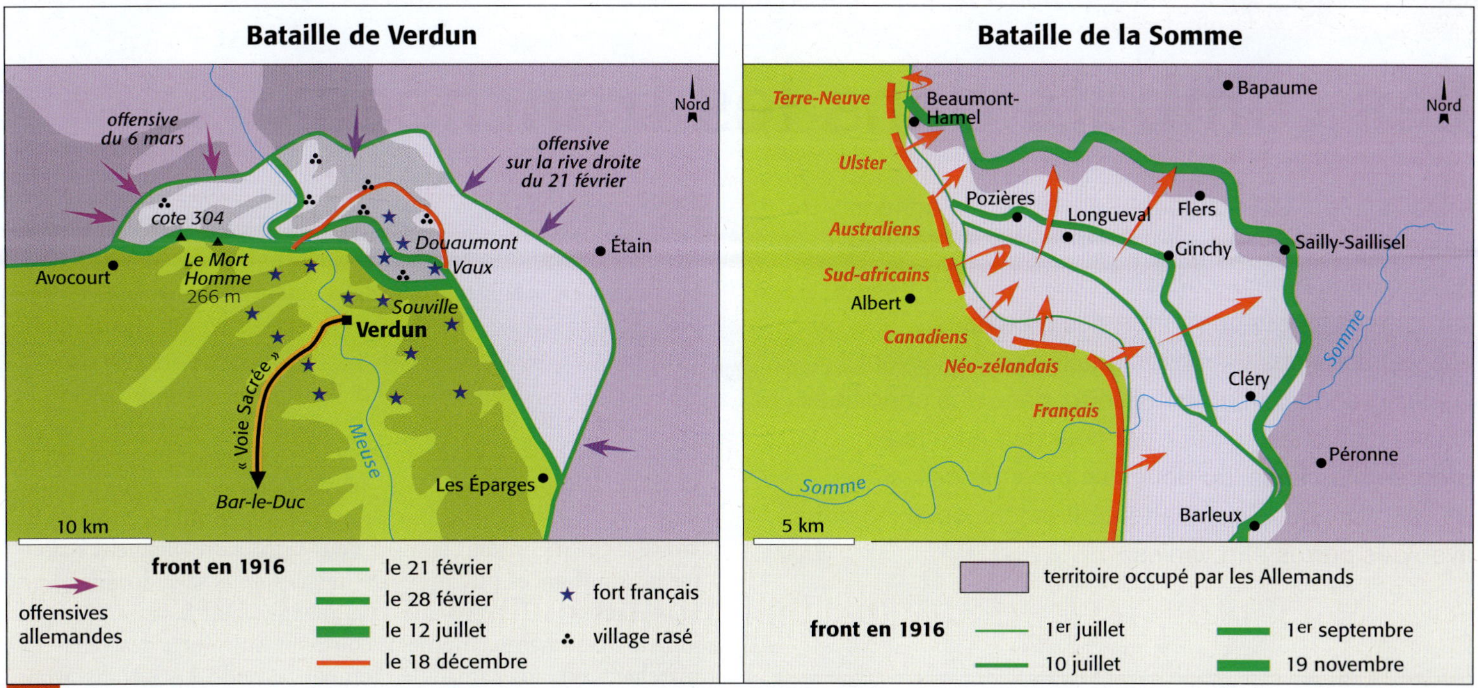

3 **Les deux grandes batailles de 1916 : Verdun et la Somme.**

1. Mesurer la progression allemande à Verdun et la progression britannique dans la bataille de la Somme.
2. Pourquoi peut-on parler dans ces deux cas d'une guerre d'usure ?

4 **À Verdun, en 1916.**

5 La stratégie allemande à Verdun et son échec

Le plan de Falkenhayn avant la bataille (décembre 1915).

L'offensive frontale est une méthode douteuse, inutile… Il y a mieux à faire. Il existe, à notre portée, des objectifs d'une telle importance aux yeux de l'état-major ennemi qu'il serait prêt à engager son dernier homme pour les préserver. Et la France serait saignée à blanc.

Le jugement de Hindenburg devant le déroulement de la bataille (1916).

La bataille nous vide de notre sang comme une plaie ouverte. Le champ de bataille est un véritable enfer, considéré comme tel par tous les soldats.

Débarquement de troupes britanniques aux Dardanelles. **6**

Combat dans le détroit des Dardanelles le 18 mars 1915, *Illustrierte Zeitung*.

Les flottes anglaise et française tentent de forcer l'entrée du détroit des Dardanelles, à partir de la mer Égée et de progresser vers Constantinople, mais la puissance des forts qui commandent le détroit et la résistance turque provoquent l'échec de l'expédition.

1. Décrire les opérations de débarquement.
2. À quelles difficultés se heurtent les Alliés ?

Les combats dans les tranchées

- De la fin de 1914 au début de 1918, les armées des deux camps, incapables d'emporter la décision, renforcent la défense de leurs positions en creusant sur toute la longueur du front des tranchées.
- C'est dans ces tranchées que les soldats vivent la plus grande partie de la guerre, dans des conditions souvent inhumaines ; et c'est pour défendre leurs propres tranchées, ou pour s'emparer de celles de l'ennemi, qu'ils combattent durement, sous les obus, avec des pertes effroyables.

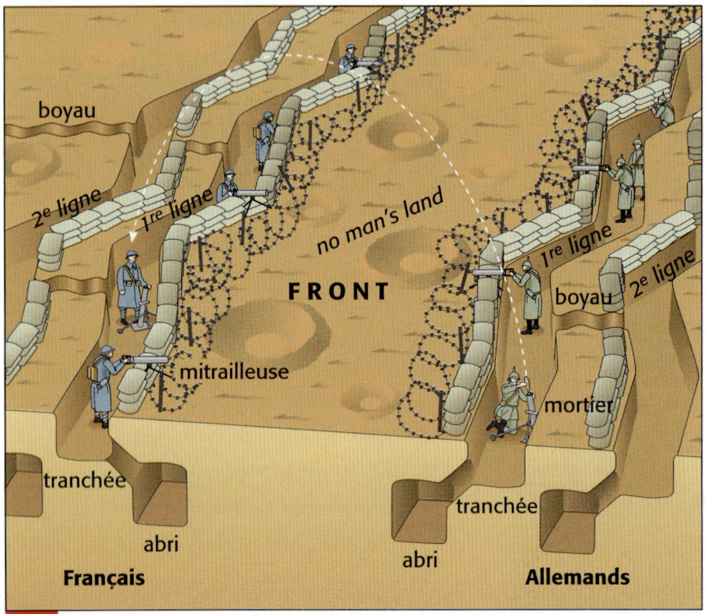

1 Le système des tranchées.

3 Une tranchée anglaise dans la Somme, en janvier 1916.

2 Après le début de l'offensive allemande à Verdun

Ma chère mère,

Par quel miracle suis-je sorti de cet enfer, je me demande encore bien des fois s'il est vrai que je suis encore vivant ; pense donc, nous sommes montés mille deux cents et nous sommes redescendus trois cents ; pourquoi suis-je de ces trois cents qui ont eu la chance de s'en tirer, je n'en sais rien, pourtant j'aurais dû être tué cent fois […]. Nous étions tous montés là-haut après avoir fait le sacrifice de notre vie, car nous ne pensions pas qu'il fût possible de se tirer d'une pareille fournaise. […] À la souffrance morale de croire à chaque instant la mort nous surprendre viennent s'ajouter les souffrances physiques de longues nuits sans dormir : huit jours sans boire et presque sans manger, huit jours à vivre au milieu d'un charnier humain, couchant au milieu des cadavres, marchant sur nos camarades tombés la veille. […] Nous avons tous bien vieilli, ma chère mère, et pour beaucoup, les cheveux grisonnants seront la marque éternelle des souffrances endurées ; et je suis de ceux-là. Plus de rires, plus de gaieté au bataillon, nous portons dans notre cœur le deuil de tous nos camarades tombés à Verdun du 5 au 12 mars. […] Tu as raison de prier pour moi, nous avons tous besoin que quelqu'un prie pour nous, et moi-même bien souvent quand les obus tombaient autour de moi, je murmurais les prières que j'ai apprises quand j'étais tout petit, et tu peux croire que jamais prières ne furent dites avec plus de ferveur.

Gaston Brion, soldat français, samedi 25 mars 1916.

4 Hommes et machines

Chers parents,

Il y a beaucoup de poilus qui se font encore évacuer aujourd'hui pour pieds gelés. Quant aux miens, il ne veulent pas geler malheureusement car je voudrais bien une évacuation aussi. Ils ne fait pas bon ici en arrière ; ce sont les avions qui font des ravages terribles et en avant, c'est loin de marcher comme les journaux vous annoncent. Ceux-ci sont des bourreurs de crâne pour encourager le civil, n'y croyez rien, comme je vous ai déjà dit c'est la guerre d'usure en bonshommes, en tout.

Votre fils dévoué.

Auxence Guizart, soldat français, 13 novembre 1916.

Je crois que dans l'état de fatigue où sont les deux infanteries, c'est celle qui attaquera la première qui sera la première par terre. En effet, partout on se heurte aux machines. Ce n'est pas homme contre homme qu'on lutte, c'est homme contre machine. Un tir de barrage aux gaz asphyxiants et douze mitrailleuses, en voilà assez pour anéantir le régiment qui attaque. C'est comme cela qu'avec des effectifs réduits les Boches nous tiennent, somme toute, en échec. Car enfin nous n'obtenons pas le résultat désiré, qui est de percer. On enlève une, deux, trois tranchées, et on en trouve autant derrière.

Michel Lanson, soldat français, juillet 1915.

5 Devant Souville, côté français et côté allemand.

▲ Devant le fort de fort de Souville, côté français, 1916.

Vous ne pouvez pas avoir idée de ce qu'on a vu là-bas. Nous nous trouvions à la sortie de Fleury, devant le fort de Souville. Nous avons passé trois jours couchés dans les trous d'obus à voir la mort de près, à l'attendre à chaque instant. Et cela, sans la moindre goutte d'eau à boire et dans une horrible puanteur de cadavres. Un obus recouvre les cadavres de terre, un autre les exhume à nouveau. Quand on veut se creuser un abri, on tombe tout de suite sur des morts. Je faisais partie d'un groupe de camarades, et pourtant chacun ne priait que pour soi. Le pire, c'est la relève, les allées et venues. À travers les feux de barrage continus. Puis nous avons traversé le fort de Douaumont, je n'avais encore rien vu de semblable. Là, il n'y avait que des blessés graves, et ça respirait la mort de tous côtés.

Karl Fritz, caporal allemand, 16 août 1916.

6 Soldats au repos dans un abri,

Historial de Péronne.

7 Une tranchée conquise

1915

Je ne sais si je pourrais dormir dans un lit à présent, on est habitué à coucher par terre ou sur la paille quand on peut en trouver. Il y a bien deux mois que je ne me suis pas déshabillé, et j'ai enlevé mes souliers cette nuit pour dormir ; il y avait au moins quinze jours que je ne les avais pas quittés.

Je vais te donner quelques détails comment nous avons passé la nuit dans la tranchée. Celle que nous avons occupée [...] a une longueur de cent mètres à peu près [...] ; elle est profonde d'un mètre, la terre rejetée en avant, ce qui fait que l'on peut passer debout sans être vu. La largeur est généralement de quinze centimètres et l'on fait de place en place des endroits un peu plus larges de façon à pouvoir se croiser quand on se rencontre. Dans le fond de la tranchée et sous le terrain, on creuse de petites caves où un homme peut tenir couché, c'est pour se garantir des éclats d'obus.

Adolphe Wegel, soldat allemand.

Toutes lettres extraites de Jean-Pierre Gueno, Yves Laplume, collectif, *Paroles de poilus, lettres et carnets du front, 1914-1918*, Librio, 1998.

Questions

A Retirer des informations des documents

1. Préciser quel est l'usage précis des mitrailleuses, des barbelés et des mortiers (doc. 1).
2. Quels faits montrent la violence des combats (doc. 2 et 5) ?
3. Comment les tranchées assurent-elles la protection des soldats (doc. 3) ?
4. Quel jugement le soldat Lanson porte-t-il sur les offensives auxquelles il participe (doc. 4) ?
5. Comment sont disposées les tranchées ? Que trouve-t-on entre elles (doc. 4) ?
6. Comment est organisée cette tranchée (doc. 7) ?

B Mettre en relation les informations des documents

7. Présenter les aspects militaires de la guerre des tranchées (doc. 1, 4 et 7).
8. Présenter les aspects psychologiques de la guerre des tranchées (doc. 2 et 5).

C Rédiger

9. À l'aide des éléments de ce dossier, rédiger un paragraphe expliquant pourquoi la guerre des tranchées a été un véritable enfer pour les soldats.

Une guerre totale

• Pendant la Première Guerre mondiale, les grandes puissances alignent des effectifs de soldats sans précédent, et elles ont recours à de nouveaux armements (gaz, sous-marins, avions). La guerre exige donc des moyens considérables en hommes, en matériel et en argent. Pour se les procurer, les États mobilisent dans une **guerre totale** l'ensemble de l'économie et de la société. Ils s'endettent, s'attachent à obtenir de chacun un considérable effort matériel et comptent sur un patriotisme sans faiblesse.

VOCABULAIRE

guerre totale : mobilisation de toutes les forces d'un pays, militaires mais aussi économiques et psychologiques, dans le but de vaincre l'adversaire.

1 **Les femmes et les enfants mobilisés par la propagande, carte postale de 1915.**

2 **Les effets du blocus en Allemagne**

Mon cher mari,
Je joins quelques lignes à ce paquet pour te dire comment nous allons ici, tu ne peux t'en faire un tableau, si la guerre dure encore longtemps, nous périrons tous.
Tout est rationné, on donne une demi-livre de pain, 60 grammes de viande par jour et par tête, 60 grammes de beurre et un œuf, 200 grammes de sucre par semaine, 50 grammes de savon et une demi-livre de poudre de savon par mois, une livre de pommes de terre par jour [...].
Les gens se demandent où cela va aller. Nos ennemis ne manquent de rien, surtout les Anglais qui veulent nous faire mourir de faim. Dans les grandes villes, la misère est la plus grande, car à la campagne, on trouve toujours des légumes qui se payent très cher en ville.

Lettre adressée à un prisonnier allemand par sa femme, novembre 1916.

3 **Exode de civils belges devant l'avance des armées allemandes pendant l'été 1914.**

4 **« Souscrivez à l'emprunt de guerre pour des sous-marins contre l'Angleterre »,** affiche allemande de 1917.

7 **Image patriotique en 1914.**

5 La guerre totale

D'un caractère sans précédent fut la guerre mondiale qui rompit toutes les formes d'hostilités connues depuis cent cinquante ans. Non seulement les forces armées des États belligérants, poursuivant leur destruction réciproque, menaient les opérations, mais les peuples eux-mêmes se voyaient prendre part à l'action, la guerre maintenant les atteignait directement et les entraînait dans les pires souffrances. Et dans mes Mémoires de guerre, je caractérisais ainsi ce conflit :
« Les armées et les flottes combattaient les unes contre les autres, de la même manière qu'elles l'avaient fait autrefois, tout en déployant des forces plus puissantes que jamais. Mais à l'encontre du passé, les peuples se massaient avec toute leur énergie derrière leurs armées… Dans cette guerre, il était difficile de distinguer où commençait la force armée proprement dite, où s'arrêtait celle du peuple. Peuple et armée ne faisaient qu'un. Le monde assistait, au sens propre du mot, à la guerre des peuples. »

Géneral Ludendorff, *La Guerre totale*, 1937.

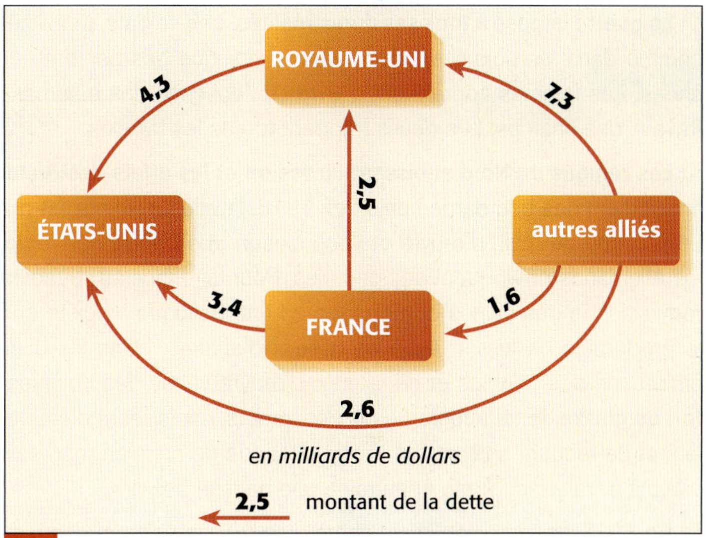

6 **Les dettes de guerre entre Alliés en 1918.**

Questions

A Retirer des informations des documents

1. Quel est l'effet recherché par la diffusion d'une telle carte postale (doc. 1) ?
2. Quelles sont les conséquences de la guerre sur la vie des civils allemands (doc. 2) ? Pourquoi accuser l'Angleterre ?
3. Décrire la scène. Comment ces civils s'enfuient-ils ? Que signifie pour eux ce départ ? (doc. 3).
4. Quel est le but de cette affiche (doc. 4) ? Quelle forme nouvelle de guerre évoque-t-elle ?
5. Caractériser la guerre totale, selon Ludendorff (doc. 5) ?
6. Quelles sont les conséquences d'une telle situation (doc. 6) ?
7. Comment foi catholique et patriotisme sont-ils associés (doc. 7) ?

B Mettre en relation les informations des documents

8. Montrer comment la guerre mobilise les esprits (doc. 1, 5, 7).

C Rédiger

9. À l'aide des éléments de ce dossier, rédiger un paragraphe expliquant que la guerre de 1914-1918 est une guerre totale.

3 La France en guerre

A. L'Union sacrée doc. 1

Si, lors de la mobilisation, en août 1914, des scènes d'enthousiasme ont lieu dans quelques villes, c'est la résignation et la tristesse qui dominent alors les esprits : ce n'est pas de gaieté de cœur que l'on voit partir les hommes, surtout dans les campagnes, alors en pleine période de moisson. **Les Français n'adhèrent pas au message optimiste que diffuse la propagande**. Pourtant ils ne se dérobent pas à l'appel : alors que l'état-major prévoyait 13 % de réfractaires, il y en a moins de 1,5 %.

Toutes les forces politiques se rallient à la guerre, même les socialistes qui, avant 1914, condamnaient la guerre. Leur chef, Jean Jaurès, favorable à la paix, a été assassiné à Paris le 31 juillet. Ils approuvent la politique d'Union sacrée évoquée par le président de la République Raymond Poincaré dès le 4 août. Deux socialistes entrent au gouvernement : comme tous les autres, leur parti entend faire taire son opposition politique durant le conflit.

B. Le pays face à la guerre qui dure doc. 2, 3, 5 et 6

La guerre impose à tous ses dures réalités. Les soldats, mobilisés dans la métropole comme dans les colonies, découvrent la violence des combats et l'horreur des tranchées. Les femmes apprennent à vivre en l'absence des hommes et se chargent des travaux des champs. Les deuils frappent toutes les familles.

Les régions du Nord subissent l'invasion et les effets destructeurs des combats et notamment des bombardements : en 1918, la ville de Reims est pratiquement détruite. Le manque de main-d'œuvre et l'occupation des principales régions industrielles par les Allemands provoquent des pénuries. Pour faire face aux besoins de la guerre, l'État réquisitionne des usines et met sur pied une politique dirigiste consistant à organiser la production en liaison avec les milieux d'affaires. Dans les usines d'armement, on embauche des femmes et de la main-d'œuvre venue des colonies. **Pour financer l'effort de guerre**, l'État augmente peu les impôts, choisissant d'émettre davantage de billets et de recourir à l'emprunt. Cette politique de création monétaire et d'endettement affaiblit la valeur du franc et entraîne une hausse des prix.

En 1917, en raison de la vie chère, des grèves éclatent dès janvier chez les ouvrières des maisons de couture, puis dans les usines d'armement. **Un courant pacifiste se développe chez les socialistes**. Au front, l'offensive meurtrière du chemin des Dames provoque en mai et en juin des **mutineries**. Elles impliquent environ 40 000 hommes, soit une très faible part des mobilisés.

C. Les conditions de la victoire doc. 4

Cependant, le pays ne s'effondre pas. Dans l'armée, Pétain rétablit la discipline dès l'été 1917, en faisant exécuter une cinquantaine de soldats, mais surtout en renonçant à de nouvelles offensives meurtrières et en multipliant les permissions. À l'arrière, les troubles n'entraînent pas de révolution qu'attendaient certains, malgré l'exemple russe. Si, en dépit de la dureté du conflit, la cohésion nationale se maintient, c'est qu'il existe au sein de la population – et même du mouvement ouvrier – un consensus général : **le peuple français consent aux sacrifices qu'exige la défense de la patrie**.

En novembre 1917, Raymond Poincaré appelle au gouvernement le radical Georges Clemenceau. Tout en respectant les droits du Parlement, ce dernier lutte avec énergie contre les pacifistes et les défaitistes et pratique une politique autoritaire résumée par sa formule : « Politique intérieure ? Je fais la guerre. Politique étrangère ? Je fais la guerre. Je fais toujours la guerre. » Rendu très populaire par ses visites au front, il incarne la volonté de combattre l'ennemi jusqu'au bout : au lendemain de l'armistice, il est surnommé le « Père la victoire ».

VOCABULAIRE

mutinerie : pour des militaires, refus d'obéir à un ordre.

1 L'Union sacrée de 1914 à 1917

a. À cette heure, il n'y a plus de partis : il y a la France éternelle, la France pacifique et résolue, il y a la Patrie du Devoir et de la Justice tout entière unie dans le calme, la vigilance et la dignité [...].
Elle [la France] sera héroïquement défendue par tous ses fils, dont rien ne brisera devant l'ennemi l'union sacrée, et qui sont aujourd'hui fraternellement assemblés dans une même indignation contre l'agresseur et dans une même foi patriotique.

Raymond Poincaré, président de la République, déclarations du 2 et du 4 août 1914.

b. Lorsque je parle d'une politique d'Union nationale, ce n'est par attachement à une formule usée et vide de sens, ce n'est pas seulement en raison d'une expérience de trois années, que nous voudrions prolonger artificiellement, au milieu de circonstances nouvelles. Pour nous, qui avons été mêlés si intimement à tout l'effort industriel de la nation pendant la guerre et pour la guerre, la politique d'Union nationale demeure une réalité efficace et vivante.

Albert Thomas, socialiste, ministre de l'Armement de décembre 1915 à septembre 1917, discours à la chambre de commerce de Caen, 19 août 1917.

En septembre 1917, les socialistes décident de ne plus participer au gouvernement.

1. Quels sont, selon ces déclarations, les caractères de l'Union sacrée ?
2. Comment Poincaré présente-t-il la France ?

2 La mobilisation de l'épargne, emprunt de la Défense nationale, 1917.

3 **Goumiers marocains escortant des prisonniers allemands, 1916.** Historial de Péronne.

4 **Clemenceau au Mort-Homme, près de Verdun, septembre 1917.**

« Vous voulez la paix ? Moi aussi. Mais ce n'est pas en bêlant la paix qu'on fait taire le militarisme prussien. Ma formule est la même partout. Politique intérieure ? Je fais la guerre. Politique étrangère ? Je fais la guerre. Je fais toujours la guerre. La Russie nous trahit ? Je continue à faire la guerre [...]. Et je continuerai jusqu'au dernier quart d'heure, car c'est nous qui aurons le dernier quart d'heure. »

Discours de Clemenceau à la Chambre, 8 mars 1918.

5 L'exécution d'un mutin

L'homme s'est effondré en tas, retenu au poteau par ses poings liés. Le mouchoir, en bandeau, lui fait une couronne. Livide, l'aumônier dit une prière, les yeux fermés pour ne plus voir [...]. En passant devant le poteau, on détournait la tête. Nous n'osions pas même nous regarder l'un l'autre, blafards, les yeux creux, comme si nous venions de faire un mauvais coup. Voici la porcherie où il a passé sa dernière nuit, si basse qu'il ne pouvait s'y tenir qu'à genoux. Il a dû attendre sur la route le pas cadencé des compagnies descendant à la prise d'armes. Aura-t-il compris ? C'est dans la salle du bal du Café de la Poste qu'on l'a jugé, hier soir [...] Un petit caporal, nommé d'office, l'a défendu, gêné, piteux [...].

– Tu sais ce qu'il avait fait ?

– L'autre nuit, après l'attaque, on l'a désigné de patrouille. Comme il avait déjà marché la veille, il a refusé. Voilà...

– Tu le connaissais ?

– Oui, c'était un gars de Cotteville. Il avait deux gosses [...] grands comme son poteau.

Roland Dorgelès, *Les Croix de bois*, Albin Michel, 1919.

1. **Pourquoi le condamné a-t-il été exécuté ?**

2. **Quels sentiments éprouvent les autres soldats devant cette exécution ?**

6 **Manifestation de femmes à Paris pour une augmentation de salaire, le 30 mai 1917.**

L'arrière en France

• En France comme dans tous les pays belligérants, la guerre ne concerne pas que les poilus. Elle implique aussi l'ensemble de la population. Les civils sont mobilisés pour répondre aux besoins considérables de l'économie de guerre. Ils sont en permanence soumis à la propagande des autorités qui s'efforcent d'entretenir leur zèle patriotique. Enfin, leur vie quotidienne est profondément affectée par les effets du conflit.

1 **« Pourvu qu'ils tiennent – Qui ça ? – Les civils ! »**

2 **L'Union sacrée et sa dégradation dans la presse du Loir-et-Cher**

« Plus que jamais, nous avons besoin d'union à l'intérieur. On ne demande aux divers partis politiques aucune abdication. On leur demande de laisser dormir les questions qui les diviseraient. »

Le Progrès, socialiste, 13 novembre 1914.

« La défense nationale prime et doit primer toutes les autres considérations… L'Union sacrée est une nécessité absolue jusqu'à la victoire finale. »

L'Avenir, royaliste, 13 janvier 1915.

« Défendre la France contre le voleur allemand, c'est bien ; mais cela ne dispense pas de la défendre aussi contre les élèves du juif allemand Karl Marx, contre les boches de l'intérieur. »

L'Avenir, 2 février 1917.

« L'unité dans la servitude, l'unité sous le joug du bellicisme du bourgeois, nous en avons assez. »

Le Progrès, fin 1917.

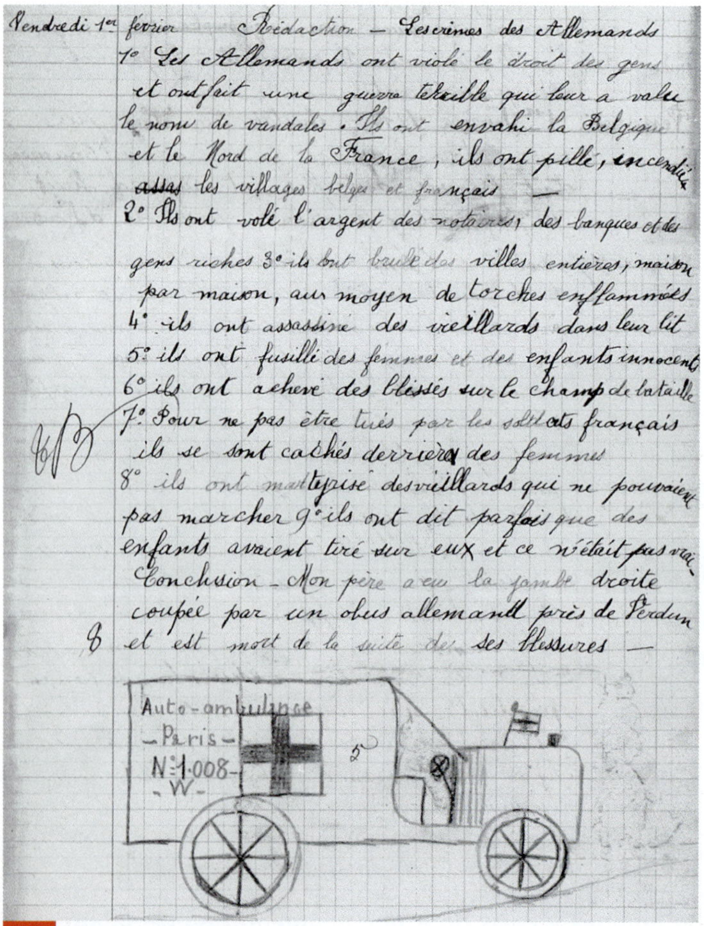

Vendredi 1er février Rédaction – Les crimes des Allemands
1° Les Allemands ont violé le droit des gens et ont fait une guerre terrible qui leur a valu le nom de vandales. Ils ont envahi la Belgique et le Nord de la France, ils ont pillé, incendié les villages belges et français –
2° Ils ont volé l'argent des notaires, des banques et des gens riches 3° ils ont brulé des villes entières, maison par maison, au moyen de torches enflammées
4° ils ont assassiné des vieillards dans leur lit
5° ils ont fusillé des femmes et des enfants innocents
6° ils ont achevé des blessés sur le champ de bataille
7° Pour ne pas être tués par les soldats français ils se sont cachés derrière des femmes
8° ils ont martyrisé des vieillards qui ne pouvaient pas marcher 9° ils ont dit parfois que des enfants avaient tiré sur eux et ce n'était pas vrai.
Conclusion – Mon père a eu la jambe droite coupée par un obus allemand près de Verdun et est mort de la suite de ses blessures –

3 **Une rédaction d'écolier.**

4 **Une affiche publicitaire patriotique pour la montre Lip, 1916.**

5 Des ménagères font la queue devant un magasin d'alimentation.

6 En zone occupée, une revue de troupes allemandes sur la Grand-Place de Lille.

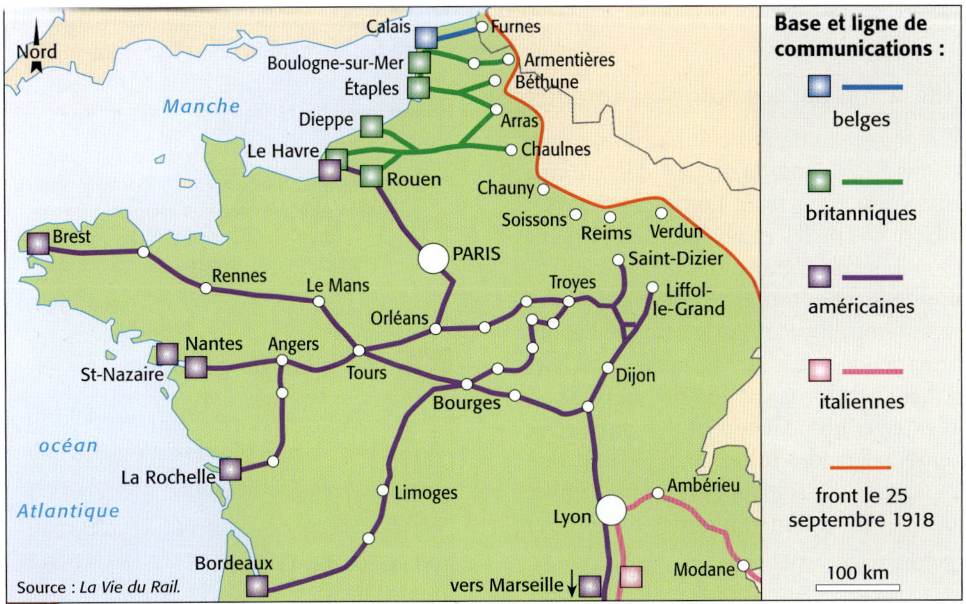

7 L'arrière militaire et ferroviaire.

Questions

A Retirer des informations des documents

1. Quelle idée de l'arrière se font ces soldats au front (doc. 1) ?

2. En quoi consiste l'Union sacrée ? Comment se dégrade-t-elle (doc. 2) ?

3. Que reproche cet élève aux Allemands ? Tous ces reproches sont-ils justifiés ? Comment peut-on expliquer ces exagérations (doc. 3) ?

4. D'après cette affiche, comment la montre Lip est-elle associée à l'effort de guerre (doc. 4) ?

5. Comment expliquer cette queue (doc. 5) ?

6. Comment l'arrière est-il réorganisé sur le plan militaire (doc. 7) ? Justifier la disposition des bases belges, britanniques et américaines.

B Mettre en relation les informations des documents

7. Décrire les difficultés que rencontre la population civile pendant la guerre (doc. 3, 5 et 6).

C Rédiger

8. À l'aide des éléments de ce dossier, rédiger un paragraphe montrant l'importance du patriotisme, ainsi que ses limites, durant la Première Guerre mondiale.

Le génocide arménien

- De nombreux Arméniens chrétiens vivaient, depuis plus de 2 500 ans en Asie Mineure, au nord-est de l'Empire ottoman majoritairement musulman. En 1914, ils sont plus de deux millions. Entre avril et août 1915, les autorités turques, c'est-à-dire le comité Union et Progrès composé de nationalistes turcs laïcs, prennent le prétexte d'un risque de collusion des Arméniens avec l'ennemi russe, lui aussi chrétien. Ils ordonnent la déportation et l'extermination des Arméniens dans l'ensemble du territoire ottoman et leurs biens sont confisqués (27 mai 1915).
- Plus d'un million d'Arméniens disparaissent au cours de ce massacre de masse, qui constitue le premier **génocide** de l'histoire du XXe s. Sont également déportés et massacrés les chrétiens assyro-chaldéens et syriaques du sud-est de l'Asie Mineure.

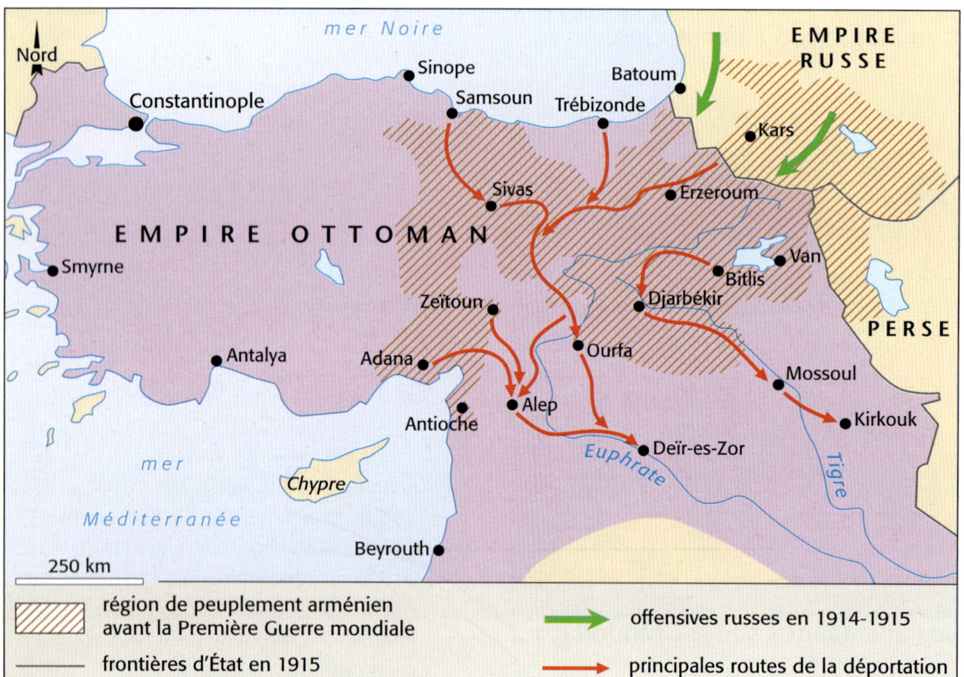

1 La déportation des Arméniens en 1915.

VOCABULAIRE

génocide (du grec *genos*, « peuple », et du latin *occidere*, « tuer ») : volonté d'extermination systématique de tout un peuple.

2 Télégrammes des autorités turques, 15 septembre 1915

Il a été précédemment communiqué que le gouvernement a décidé d'exterminer tous les Arméniens habitant en Turquie. Ceux qui s'opposeraient à cet ordre et à cette décision ne pourraient faire partie de la formation gouvernementale. Sans égard pour les femmes, les enfants et les infirmes, quelque tragiques que puissent être les moyens de l'extermination, sans écouter les sentiments de la conscience, il faut mettre fin à leur existence.

Mehmet Talaat, ministre de l'Intérieur, à la préfecture d'Alep.

Exterminez sans aucune hésitation ni pitié les Arméniens de l'âge d'un mois à quatre-vingt-dix ans. Attention seulement que cela ne soit fait en ville ou en vue de la population.

Premier ministre turc, aux responsables administratifs des régions orientales du pays, dans G. Chaliand et Y. Ternon, *1915, le Génocide des Arméniens*, Complexe, 2002.

3 Le témoignage d'un soldat arménien, désarmé par les autorités turques

Au mois de juillet 1915, nous vîmes, un jour, un long convoi de nos compatriotes arméniens, conduits par les gendarmes. Ils étaient au moins 5 000, pour la plupart des femmes, des vieillards, des enfants [...]. Le lendemain, notre compagnie reçut l'ordre de traverser la montagne, on nous recommanda de ne pas oublier nos pelles et nos pioches. À peine arrivés sur les hauteurs, nous aperçûmes une foule compacte ; c'étaient les déportés arméniens que nous avions vus la veille, mais cette fois ils étaient entourés par des « brigands » turcs et kurdes [...]. Ce qui se passa sous nos yeux fut horrible. Partout le carnage, l'épouvantable poursuite, partout du sang [...]. Plusieurs jeunes et jolies Arméniennes, liées ensemble, que les chefs avaient choisies pour leur harem, regardaient comme nous le carnage, pétrifiées, hallucinées. [On] nous ordonna d'enterrer immédiatement les corps et de faire disparaître les traces de sang. Nous avons creusé de grandes fosses, mais à peine à un mètre de profondeur, nous mîmes au jour des cadavres de soldats arméniens habillés comme nous. Ces malheureux avaient creusé quelques jours auparavant des fosses pour d'autres victimes et à leur tour avaient été massacrés.

Cité par Stéphane Audoin-Rouzeau et Annette Becker, *14-18. Retrouver la Guerre*, coll. Folio-Histoire, 2000.

4 Le bilan du génocide.

Arméniens assassinés sur place	600 000
Arméniens morts en déportation	600 000
Arméniens réfugiés au Caucase	200 000
Arméniens enfermés ou cachés	250 000
Arméniens ayant réussi à demeurer chez eux	150 000

D'après *L'Histoire*, n° 187, p. 24.

5 **Exécution d'Arméniens par des Turcs en 1915.**

6 Rapport du vice-consul allemand de Samsoun, 4 juillet 1915

Les mesures de déportation – applicables à toutes les provinces d'Anatolie – sont d'une telle dureté, et tellement contraires à tout sentiment humain, qu'il est impossible d'y rester indifférent. Il ne s'agit de rien de moins que de l'anéantissement et de l'islamisation par la force d'un peuple entier. […] Le gouvernement a envoyé dans tous les foyers arméniens des musulmans fanatiques. Ils font de la propagande pour l'islam, appellent les Arméniens à se convertir et menaçant bien entendu des pires conséquences ceux qui resteraient fidèles à leur foi. Pour autant que je sache, beaucoup de familles se sont déjà converties et leur nombre augmente de jour en jour. Jusqu'ici, ces malheureux ont résisté en majorité aux propos fallacieux qui leur sont tenus et, chaque jour, de nouveaux groupes sont refoulés vers l'intérieur. Presque aucun n'a eu le temps de régler ses affaires[1]. À peine pourvus du strict nécessaire, ils doivent abandonner leur foyer et tout ce qu'ils possèdent.

D'après ce que j'ai entendu dire, ils sont actuellement retenus non loin d'ici pour être endoctrinés à fond en faveur de l'islam. […] Pas un Arménien chrétien n'a le droit de rester ici. D'après les nouvelles de l'intérieur, la population de villes entières a déjà disparu pendant la déportation. »

1. Ils ne peuvent vendre leurs biens immobiliers avant de partir.

7 Rapport de l'ambassadeur d'Allemagne à Constantinople

Le comité Union et Progrès exige l'extermination des derniers restes des Arméniens et le gouvernement doit céder. Les déportations des Arméniens ont recommencé partout. Mais les loups affamés du Comité n'ont plus beaucoup à attendre de ces malheureux, si ce n'est l'assouvissement de leur fureur fanatique de persécution. Leurs propriétés sont confisquées depuis longtemps et leurs biens liquidés par une soi-disant Commission. Si, par exemple, un Arménien possédait une maison évaluée à 100 livres turques, elle a été adjugée à un Turc, ami ou membre du Comité pour environ 2 livres turques.

Il n'y a donc plus beaucoup à chercher chez les Arméniens. Aussi la meute se prépare avec impatience pour le moment où la Grèce, forcée par l'Entente, se déclarera contre la Turquie ou ses alliés. Il y aura des massacres sur une échelle plus grande que ceux des Arméniens. Les victimes sont plus nombreuses et le butin plus tentant.

L'hellénisme est l'élément culturel de la Turquie. Il sera détruit comme l'élément arménien, si des influences étrangères ne s'y opposent pas. Turquifier veut dire chasser ou tuer et exterminer tout ce qui n'est pas turc et s'emparer par la force des biens d'autrui.

Comte Wolff-Metternich, 30 juin 1916.

Questions

A Retirer des informations des documents

1. Dans quelle région de l'Empire ottoman vivaient les Arméniens ? Quel point commun présentent-ils avec les Russes (doc. 1) ?
2. Quel ordre a été donné par le Comité Union et Progrès (doc. 2) ?
3. Relever les éléments montrant le caractère massif du massacre (doc. 3).
4. Quelle proportion d'Arméniens a perdu la vie au moment du génocide ? Quelle proportion a été déracinée ou privée de liberté (doc. 4) ?
5. Quel sort les Turcs réservent-ils aux Arméniens, selon le vice-consul allemand de Samsoun ? Pourquoi le témoignage d'un Allemand est-il ici précieux (doc. 6) ?
6. Expliquer « turquifier ». Qui semble menacé après le génocide des Arméniens (doc. 7) ? Pourquoi ?

B Mettre en relation les informations des documents

7. À partir des documents 2, 3 et 4, montrer que le massacre des Arméniens est bien un génocide.
8. Les Arméniens sont-ils massacrés uniquement pour des raisons religieuses (doc. 6 et 7) ?

C Rédiger

9. En un paragraphe, présenter les étapes, les caractères et le bilan du génocide arménien.

4 1917-1918 : la victoire des Alliés

A. 1917, année de crise
doc. 1, 3 et 4

■ En avril 1917, **la guerre sous-marine à outrance** déclenchée par l'Allemagne en réaction au blocus naval britannique provoque l'entrée en guerre des États-Unis aux côtés des Alliés. Ils soutenaient déjà l'Entente par leurs prêts et leur aide peut avoir des effets considérables sur l'issue de la guerre, compte tenu de leur puissance industrielle. Toutefois cette intervention directe exige plusieurs mois de préparation.

■ Les Alliés tiendront-ils longtemps ? **Des impatiences se font jour** dans leurs opinions publiques où les tentatives de paix immédiate, de **paix blanche** se multiplient, par exemple le 1er août 1917 le pape Benoît XV adresse une « note pontificale pour la paix » aux belligérants, note qui n'obtient pas de résultat. Les morts, les vies bouleversées, la pénurie de produits de première nécessité et la hausse des prix sont de plus en plus mal supportés par les populations. **Dans les armées, la lassitude grandit :**
- en Russie, après la révolution de février 1917, les soldats désertent ;
- en France, l'échec de l'offensive du général Nivelle au chemin des Dames (avril 1917), en Champagne, entraîne à partir du printemps des mutineries ;
- en Italie enfin, après l'échec de l'offensive de Caporetto en octobre.

■ Cependant, seule la Russie s'effondre militairement : les combats cessent en décembre 1917, puis la paix de Brest-Litovsk est signée avec l'Allemagne en mars 1918. Partout ailleurs, à la fin de l'année 1917, **les armées sont reprises en main**, comme cela s'est fait en France, à partir de l'été, sous l'autorité de Pétain. Parallèlement, des hommes déterminés à gagner la guerre arrivent au pouvoir, comme Lloyd George au Royaume-Uni ou Clemenceau en France.

B. 1918, année du dénouement
doc. 2, 5 et 6

■ **Début 1918, l'Allemagne est dirigée par l'état-major dirigé par les généraux Hindeburg et Ludendorf.** Depuis l'effondrement russe, l'Allemagne n'a plus à combattre que sur le front occidental. Son objectif est d'y **réussir la percée décisive**, avant que l'arrivée des renforts américains ne renverse à son détriment le rapport de forces. Aussi, de mars à juillet, le général Ludendorff multiplie-t-il les offensives : en Artois, en Picardie puis en Champagne. Le front britannique est dangereusement menacé, Paris est bombardé par des canons à longue portée.

■ Mais les Alliés tiennent bon. Ils sont mieux équipés que les Allemands en chars et en avions – armes au rôle croissant. Le 26 mars, **le général Foch** se voit confier le commandement unique de leurs armées. Disposant de forces suffisantes grâce à l'apport des 1 200 000 Américains du général Pershing et de leur matériel, il **passe à l'offensive**. Si l'armée allemande recule en bon ordre, elle est toutefois trop affaiblie pour stopper l'avance méthodique des troupes alliées.

■ **Les alliés de l'Allemagne s'effondrent tour à tour.** Fin septembre 1918, c'est le cas des Bulgares, vaincus par les troupes de l'armée de Salonique, puis des Turcs, chassés de Damas par les troupes anglo-arabes. L'Autriche-Hongrie, battue le 28 octobre par les Italiens à Vittorio Veneto, se désagrège, son empereur abdique et des républiques sont proclamées à Prague, à Vienne et à Budapest.

■ En Allemagne, l'état-major est favorable à la signature d'un armistice, par crainte de révoltes et de mutineries dans l'armée. Après l'abdication de l'empereur Guillaume II, **la république est proclamée le 9 novembre**, tandis que la révolution se propage dans le pays. **L'armistice est signé à Rethondes, en forêt de Compiègne, le 11 novembre.** L'Allemagne est vaincue mais son territoire n'étant pas envahi, une partie de la population peut croire que son armée n'a pas été vaincue sur le front. Chez les vainqueurs, c'est l'explosion de joie. Mais, si la guerre est terminée, l'Europe en sort humainement et économiquement saignée à blanc.

VOCABULAIRE

paix blanche : paix sans annexion, sans vainqueur ni vaincu.

armistice : arrêt momentané des combats.

1 « Les Croisés de Pershing », affiche officielle américaine, 1917.

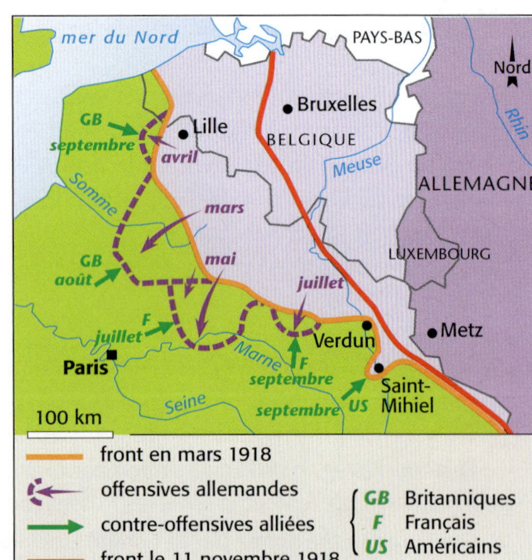

2 La reprise de la guerre de mouvement en 1918.

1. Pourquoi les Allemands multiplient-ils les offensives de mars à juillet 1918 ?
2. Pourquoi, après avoir progressé jusqu'à l'été, se mettent-ils ensuite à reculer ?

3 Les mutineries de 1917 sur le front français

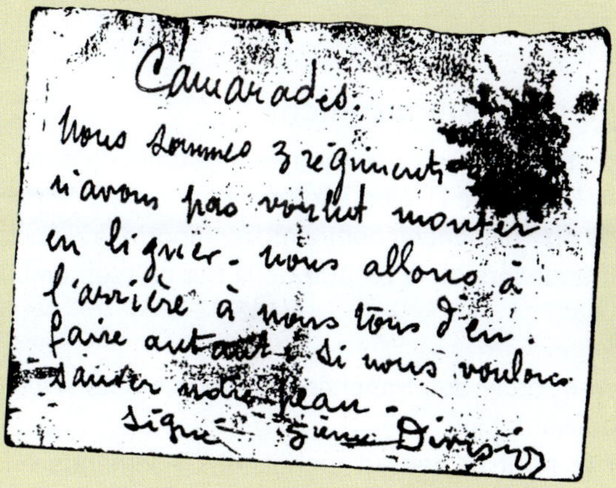

Camarades, souvenez-vous de Craonne, Verdun, la Somme, où nos frères sont restés. Camarades aux Armées ! Au nom de tous les camarades qui ont signé pour obtenir la cessation des hostilités à la fin de juillet, nous venons vous prier de vous joindre à nous pour obtenir ce résultat et arrêter ce carnage, cette guerre qui a pour but d'enrichir le capitaliste et de détruire la classe ouvrière. Nous tiendrons les tranchées jusqu'à cette époque, puis nos déposerons les armes.

Tract signé par des soldats de dix régiments, mai 1917.

Au 152e, une compagnie s'est débinée et d'autres régiments ont mis les voiles. Comme ça, la guerre finira ; car ce n'est pas rigolo d'aller faire une attaque sur le plateau de Craonne… Ce n'est plus une guerre, c'est un massacre complet. Je te dirai qu'en ce moment tous les combattants en ont marre de l'existence.

Lettre d'un soldat, 25 mai 1917.

1. **Quelles sont les causes du malaise des soldats en 1917 ?**
2. **D'après ces documents, comment démarrent les mutineries ?**

5 L'arme de la caricature. Le Kaiser (Guillaume II) vu par *Le Rire rouge*, caricature de Manfredin.

4 Les « quatorze points » de Wilson, « programme pour la paix du monde »

1. Des conventions de paix préparées au grand jour ; après quoi il n'y aura plus d'entente particulière et secrète d'aucune sorte entre les nations. […]
2. Liberté absolue de navigation sur mer.
3. Suppression de toutes les barrières économiques. […]
4. Les armements de chaque pays seront réduits au minimum compatible avec la sécurité intérieure.
5. Un arrangement librement débattu de toutes les revendications coloniales. […]
6. Évacuation du territoire russe. […]
7. Il faut que la Belgique soit évacuée et restaurée. […]
8. Le territoire français devra entre libéré et ses régions envahies devront être restaurées ; le préjudice causé par la Prusse en 1871 en ce qui concerne l'Alsace-Lorraine devra être réparé. […]
9. Une rectification des frontières italiennes devra être opérée conformément au principe des nationalités.
10. Aux peuples de l'Autriche-Hongrie devra être accordé la possibilité d'un développement autonome.
11. La Roumanie, la Serbie et le Monténégro devront être évacués ; à la Serbie devra être assuré un libre accès à la mer. […]
12. Aux régions turques de l'Empire ottoman actuel devront être garanties la souveraineté et la sécurité […] ; aux nations sous domination turque on devra garantir la possibilité de se développer de façon autonome ; les Dardanelles devront rester ouvertes comme passage libre pour les navires de commerce de toutes les nations.
13. Un État polonais devra être constitué, qui comprendra les territoires habités par des populations incontestablement polonaises auxquelles on devra accorder un libre accès à la mer. […]
14. Une association générale des nations sera constituée. Elle offrira des garanties mutuelles d'indépendance politique et d'intégrité territoriale aux petits comme aux grands États.

Message du président des États-Unis au Congrès, 8 janvier 1918.

1. **En quoi ces « quatorze points » concernent l'Allemagne, l'Autriche-Hongrie, l'Empire ottoman ?**
2. **Sur quel principe Wilson s'appuie-t-il ?**

6 Un char anglais en action au printemps 1917, *Petit Journal*, 29 avril 1917.

FICHE DE RÉVISION

DATES À RETENIR

- **août 1914 :** début de la guerre
- **septembre 1914 :** bataille de la Marne
- **1916 :** batailles de Verdun et de la Somme
- **1917 :** révolution russe, entrée en guerre des États-Unis, mutineries
- **11 novembre 1918 :** armistice avec l'Allemagne

BIOGRAPHIES

Joseph Joffre
(1852-1931),
général français
(Voir biographie complète p. 379)

Ferdinand Foch
(1851-1929),
général français
(Voir biographie complète p. 378)

Philippe Pétain
(1856-1951),
général français
(Voir biographie complète p. 382)

Paul von Hindenburg
(1847-1934),
général allemand
(Voir biographie complète p. 379)

Georges Clemenceau
(1841-1929),
homme politique français
(Voir biographie complète p. 377)

Woodrow Wilson
(1856-1924),
président des États-Unis
(Voir biographie complète p. 383)

L'ESSENTIEL

1. 1914 : l'échec de la guerre de mouvement

- En août 1914, les grandes puissances européennes sont entraînées dans la guerre par le jeu des alliances. Partout, l'esprit de l'Union sacrée l'emporte sur le pacifisme.
- Aucun des deux camps, Alliés ou Puissances centrales, n'emporte la décision. Ainsi, les Allemands sont arrêtés en France lors de la bataille de la Marne (septembre 1914).

2. La guerre de position

- Dès lors, les armées s'enterrent dans des tranchées, où les soldats vivent et combattent dans des conditions épouvantables.
- Aucune tentative de percer le front ne réussit (échec des Allemands en 1916 à Verdun, échec des Alliés sur la Somme la même année). Les stratégies de diversion échouent également.
- La guerre impose de gros efforts à l'ensemble de la population (civile et militaire) et bouleverse l'économie. En 1915, la population arménienne de l'empire ottoman est victime d'un **génocide**.
- En 1917, les Alliés traversent une crise : mutineries en France, révolution en Russie (pays qui se retire de la guerre), défaites. Mais cette crise est surmontée, et en avril, les États-Unis s'engagent à leurs côtés dans la guerre.

3. Le dénouement : 1918

- La guerre tourne à l'avantage des Alliés en 1918 :
  - vaines offensives allemandes au printemps ;
  - offensive victorieuse des Alliés à partir de l'été ;
  - armistice signé avec l'Allemagne le 11 novembre 1918.

NE PAS CONFONDRE

Guerre de mouvement et guerre de position

➤ La **guerre de mouvement** repose sur des offensives, visant à vaincre rapidement l'adversaire. La cavalerie ou les blindés jouent un rôle essentiel.

➤ Dans la **guerre de position**, les troupes se défendent dans des tranchées ou des fortifications, afin d'empêcher l'adversaire de progresser. L'artillerie joue un grand rôle.

Blocus et guerre sous-marine

➤ Un **blocus** consiste à empêcher tout ravitaillement d'un pays, par terre ou par mer, en bloquant routes et ports.

➤ La **guerre sous-marine** est un cas particulier de blocus. Elle consiste à couler tous les navires ravitaillant un pays.

Stratégie et tactique

➤ La **stratégie** désigne le plan global établi par l'état-major pour conduire la guerre, jusqu'à la victoire finale.

➤ La **tactique** est la manière de combattre et de faire évoluer ses troupes sur le terrain pendant une bataille.

Les mots nés dans les tranchées

- **le barda :** le sac à dos et son contenu.
- **la bidoche :** la viande.
- **un bobard :** une fausse nouvelle.
- **des croquenots :** des chaussures
- **un embusqué (ou planqué) :** celui qui évite, par tous les moyens, de combattre au front.
- **la gnôle :** eau de vie, alcool.
- **les huiles :** les officiers supérieurs.
- **limoger :** révoquer (en août 1914, 200 généraux français jugés incapables sont renvoyés et placés en disponibilité à Limoges).
- **le pinard :** le vin.
- **un poilu :** un soldat français, mal rasé en raison des conditions d'existence dans les tranchées.

Une caricature de propagande

Caricature de Jean Cocteau, publiée dans le journal *Le Mot*, au début de la guerre :
« N'ayez pas peur, petite, nous venons simplement vous demander votre main. » (détail)
Cette caricature est inspirée par la rumeur selon laquelle les soldats allemands, en Belgique, coupent les mains des petites filles.
Cette rumeur est inexacte. Les historiens Stéphane Audoin-Rouzeau et Annette Becker parlent, à ce propos, du « mythe des mains coupées » (*14-18. Retrouver la Guerre*, coll. « Folio-Histoire », Gallimard, 2000).

Jean Cocteau (1889-1963)
Romancier, homme de théâtre et de cinéma, peintre et dessinateur, Jean Cocteau, qui participe aux avant-gardes artistiques de son époque, a déjà acquis une notoriété littéraire avant 1914, avant même d'avoir vingt ans. Pendant la Première Guerre mondiale, il s'engage comme ambulancier : cette expérience du front lui inspire le *Discours du grand sommeil*. Sa carrière se poursuit ensuite avec des œuvres remarquées, romans (*Les Enfants terribles*, 1929), pièces de théâtre (*Roméo et Juliette, Œdipe roi, Antigone, Orphée*), films (*L'Éternel Retour*, 1943, *La Belle et la Bête*, 1945).

Questions

1. Quels personnages sont représentés sur l'image ?
2. Décrire la posture de la fillette.
3. Comment sont présentés les soldats allemands ?
4. De quelle manière Jean Cocteau fait-il ressortir le contraste entre la victime et ses bourreaux ?
5. Montrer l'ironie du texte de la légende.
6. Quel est le but de la publication d'un tel dessin ?
7. De quelle manière un tel document peut-il aider l'historien à comprendre les réalités de la Première Guerre mondiale ?

Composition (3/6)

Sujet : Les civils et la guerre en 1914-1918, en France.

DOCUMENT D'ACCOMPAGNEMENT **Dans le Massif central, des paysannes remplacent les hommes mobilisés.**
Elles manient la faux, tâche habituellement réservée aux hommes.

Méthode

A Aide générale

1. Analyser le sujet

Dans le sujet ci-dessous, ces trois éléments essentiels, période (ou date), lieu et thème sont clairement identifiables.

1. Le thème : les civils pendant la guerre, c'est-à-dire l'ensemble de la population, à la seule exception des soldats. Il faut considérer ces civils dans leur diversité (de situation, d'âge, de sexe).

2. La zone géographique : la France ; il s'agit donc des civils d'un des pays en guerre.

Les civils et la guerre en 1914-1918, en France

Le mot de liaison.

3. L'époque : celle du conflit, entre 1914 et 1918.

2. Dégager une problématique

- Le sujet ne pose pas directement de question.
- Il faut donc soi-même s'en poser une, à propos des civils et de leurs rapports avec la guerre. Il faut s'interroger, à propos de ces derniers, sur leur situation (ce qui leur arrive) et sur leur attitude (ce qu'ils font).
- Dès lors, le sujet peut être retranscrit comme suit : Quelles sont la situation et l'attitude des civils en France pendant la Première Guerre mondiale ?

Cette question définit la problématique du sujet, à introduire dans l'introduction.

3. Bâtir un plan

- Sans être absolument impossible, un plan chronologique serait ici difficile à suivre.
- Mieux vaut choisir un plan thématique, du reste suggéré par la problématique retenue, quitte à y introduire, dans certaines parties, des éléments de chronologie.
- **Proposition de plan :**

I. Des civils dont l'existence est bouleversée par la guerre
– D'importants problèmes matériels
– De grandes souffrances morales
– Le cas particulier des civils des zones occupées

II. L'attitude des civils face à la guerre
– De gros efforts, pour s'adapter aux circonstances et pour répondre aux exigences des autorités
– Au départ, une acceptation de la situation
– Par la suite, une certaine lassitude, mais qui tourne rarement à la contestation radicale de la guerre

B La rédaction d'une composition

1. Aide à la rédaction d'une composition

- Une composition comprend **plusieurs parties, en général deux ou trois**. Ces parties doivent nettement apparaître dans la présentation du devoir (par exemple en passant plusieurs lignes entre deux parties). Chaque partie traite un des points annoncés lors de la présentation du plan, à la fin de l'introduction.
- Pour traiter ces différents points, une partie rassemble plusieurs idées. **Chaque idée doit faire l'objet d'un paragraphe** particulier. Chaque paragraphe traite l'idée qu'il développe en la présentant dans une première phrase, puis en l'illustrant par quelques exemples.
- Pour rendre la démonstration plus convaincante, il est utile de **relier les différents paragraphes** : introduire un paragraphe avec une formule qui établit un lien avec l'idée exprimée au paragraphe précédent, par exemple : « **or** », « **néanmoins** », « **toutefois** », « **cependant** », « **en revanche** », etc.
- Il ne faut pas négliger, **à la fin d'une partie** (si ce n'est pas la dernière), **la liaison avec la partie suivante** : elle se fait par une ou deux phrases constituant **la transition**. Elle résume l'idée principale de la partie qui vient d'être traitée, avant d'ouvrir sur le développement qui suit.
- Dans le cas d'un devoir sur table, il n'est généralement pas possible de rédiger entièrement les différentes parties au brouillon, faute de temps. Mais la rédaction est grandement facilitée en **préparant au brouillon la liste des idées à développer**, accompagnée des exemples qui seront utilisés pour l'illustrer.
- Enfin, la rédaction doit bien évidemment **respecter les règles élémentaires de l'orthographe et de la syntaxe**. Pour cela, écrire de préférence au présent, plutôt qu'au passé (et pratiquement jamais au futur), faire des phrases courtes, et relire attentivement.

C Exemple de rédaction d'une composition

Première partie du devoir comprenant trois sous-parties

Première sous-partie :
Pour la population française, la guerre se traduit d'abord par de redoutables problèmes matériels.
Ces problèmes s'expliquent en premier lieu par le départ des hommes, qui entraîne une pénurie de main-d'œuvre. Celle-ci est sensible dans les campagnes, parce que la mobilisation survient en pleine moisson, à une époque de l'année où les bras sont le plus nécessaires, ce qui pose d'inextricables problèmes aux ruraux demeurés sur place, et d'abord aux femmes. Mais elle n'épargne pas l'industrie car beaucoup d'ouvriers sont mobilisés. À cette première difficulté s'ajoutent bientôt, à mesure que la guerre avance, celles qui résultent de la désorganisation de l'économie. Les problèmes de l'agriculture comme ceux de l'industrie entraînent un recul de la production, ce qui provoque la pénurie de certains produits, et donc leur rationnement et la hausse de leur prix. Sans doute, ces difficultés sont-elles moins aiguës que dans d'autres pays, parce que la France dispose de colonies et qu'elle peut recourir à des importations. Cela n'empêche pas qu'il existe à Paris des queues devant les magasins d'alimentation.

Deuxième sous-partie :
Mais *les effets de la guerre ne se manifestent pas seulement au niveau matériel. Ils sont sensibles aussi sur le plan moral.*
Pour beaucoup de civils, la guerre se traduit par l'absence d'êtres chers – époux, fils, père, enfant, fiancé… Il faut donc apprendre à vivre avec cette absence, au rythme des lettres reçues et envoyées ou des permissions. Il faut aussi apprendre à vivre dans l'angoisse de la blessure ou, pire, de la mort de cet être cher. Cette angoisse est en permanence ravivée par les annonces de décès de « poilus » du voisinage. Quand le fatal avis de disparition survient, chacun parmi les proches doit s'habituer à sa nouvelle condition de veuve, d'orphelin ou de parent ayant perdu son enfant – le plus souvent sans même disposer du corps qui permettrait de faire convenablement son deuil.
Cependant*, les civils sont confrontés à des effets plus directs de la guerre.*

Troisième sous-partie :

Developper la 3e sous-partie en un paragraphe autour de l'idée d'occupation du nord et de l'est de la France.

Liaison avec la partie suivante (transition) :
Menace physique parfois, difficultés matérielles et souffrances morales toujours, la guerre est éprouvante pour les civils. ***On peut maintenant se demander*** *comment ces derniers ont fait face à des circonstances aussi pénibles et exceptionnelles.*

Prépa BAC

CHAPITRE 12

L'Europe et le Proche-Orient bouleversés par la Grande Guerre

Tous les États européens qui ont participé à la Grande Guerre sont fortement ébranlés, le conflit a causé des millions de morts et entraîné des destructions considérables. En 1917, l'Empire russe disparaît dans la tourmente révolutionnaire. Trois autres empires, Allemagne, Autriche-Hongrie, Empire ottoman, sont rayés de la carte à la fin de la guerre. Les vainqueurs imposent leur paix qui suscite la rancœur des vaincus.

Quels bouleversements la Grande Guerre a-t-elle provoqués en Europe et au Proche-Orient ?
Pourquoi parle-t-on, dès 1919, de paix incertaine ?

1 Des territoires ravagés, des morts et des blessés par millions...

Mutilés de guerre en France en 1918.

« Il s'agissait, 1) de remettre, le plus tôt possible, en état d'habitabilité, les maisons assez gravement atteintes ou de réparer entièrement celles faiblement endommagées ; 2) d'édifier des abris provisoires, construits rapidement et en grande quantité, pour permettre de loger les sinistrés dont les maisons étaient détruites ; 3) de reconstruire des villes et des villages détruits [...]. Les maisons à réparer représentaient un total de 25 000 maisons. » Rapport du préfet de la Somme, avril 1920.

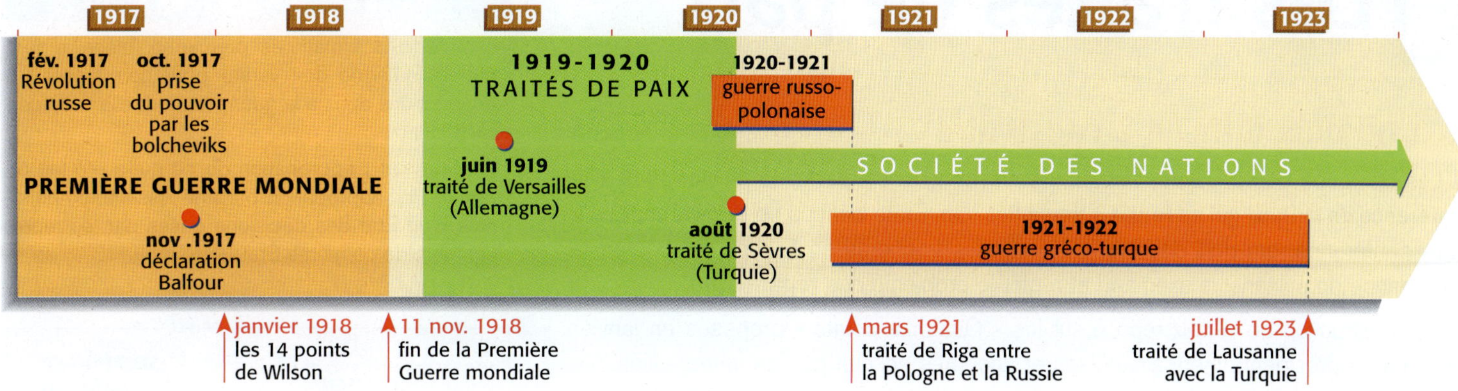

2 ... pour une paix incertaine.

Paix, parfaite paix,

caricature anglaise de David Low, 15 mai 1919.

« La situation en Europe est pour nous un sujet de très graves préoccupations [...]. Nous ne pouvons nous débarrasser de ces problèmes en les appelant européens car ce sont des problèmes mondiaux, et nous ne pouvons échapper aux conséquences néfastes qui résulteraient d'un échec à les régler. » Discours de Charles Hugues, secrétaire d'État américain, 29 décembre 1922.

1 Les traités de paix

A. Une paix difficile à construire

doc. 3

■ Les délégués des 27 États vainqueurs se retrouvent **à partir de janvier 1919 à la conférence de la Paix, qui se réunit à Versailles**. Les États vaincus ne participent pas à cette conférence, qui doit dessiner de nouvelles frontières en Europe, empêcher la renaissance du militarisme allemand et régler le problème des **réparations**.

■ La construction de la paix repose sur les « Quatorze points » proposés en janvier 1918 par le président américain Wilson et acceptés ensuite par les autres alliés. Ce plan propose la fin de la diplomatie secrète, le respect des nationalités, le droit des peuples à disposer d'eux-mêmes, le désarmement et la création d'une Assemblée internationale chargée d'appliquer ces principes.

■ Ces idéaux se heurtent vite aux intérêts nationaux. **Les négociations essentielles se déroulent entre les représentants des quatre principaux vainqueurs** : Lloyd George (Premier ministre du Royaume-Uni), Clemenceau (président du Conseil français), Wilson (président des États-Unis) et Orlando (chef du gouvernement italien). Mais un accord est difficile à trouver : la France cherche à assurer sa sécurité ; le Royaume-Uni voudrait éviter de trop affaiblir l'Allemagne ; Wilson veut ignorer les accords secrets passés entre les Alliés pendant la guerre. Il est donc difficile de s'entendre.

B. Les traités de paix

doc. 4 et 5

■ Le principal traité de paix est le **traité de Versailles, signé avec l'Allemagne le 28 juin 1919**. Jugée responsable de la guerre, celle-ci est traitée non seulement en pays vaincu mais aussi en pays coupable. Elle perd 15 % de son territoire : l'Alsace-Lorraine est rendue à la France, la Pologne obtient un accès à la mer (le corridor de Dantzig), ce qui sépare la Prusse orientale du reste du pays. **L'Allemagne n'est plus une grande puissance** : elle perd ses colonies, son armée est limitée à 100 000 hommes, la rive gauche du Rhin est démilitarisée. Jugée coupable du déclenchement de la guerre, l'Allemagne doit accepter des sanctions économiques et payer des réparations.

■ Quatre autres traités sont signés avec les anciens alliés de l'Allemagne :
- en **octobre 1919, le traité de Saint-Germain-en-Laye** est signé avec l'Autriche. Le pays est réduit aux régions exclusivement peuplées d'Allemands. La Hongrie devient indépendante. On crée un nouvel État, la Tchécoslovaquie, et le reste de l'ancienne Autriche-Hongrie est partagé entre la Pologne, la Roumanie et la Serbie ; l'Italie récupère une partie des terres irrédentes ;
- en **novembre 1919, le traité de Neuilly** est signé avec la Bulgarie ;
- en **juin 1920, le traité du château de Trianon** (Versailles) est signé avec la Hongrie ;
- en **août 1920, le traité de Sèvres** est signé avec l'Empire ottoman. Celui-ci est remplacé par un nouvel État, la Turquie, limité aux territoires peuplés par les Turcs.

C. Une paix fragile

doc. 1 et 2

■ Le président Wilson obtient la **création d'une Société des Nations (SDN)**, dont le siège est fixé à Genève et qui doit empêcher, par la négociation, toute nouvelle guerre. Mais en mars 1920, le Congrès américain refuse à la fois la **ratification** du traité de Versailles et l'entrée des États-Unis dans la SDN. Les États-Unis ne feront jamais partie de la SDN, ce qui affaiblira cette institution.

■ **L'Allemagne n'accepte pas le traité de Versailles**, qu'elle a dû signer sans pouvoir en discuter les termes. D'autres pays comme la Hongrie, la Bulgarie, la Turquie et l'Italie sont également mécontents des traités et cherchent à obtenir leur révision. Dès 1919-1920, les traités sont remis en cause par des coups de force, et même par une guerre entre la Turquie et la Grèce, tandis que la Pologne et la Russie bolchevique s'affrontent à l'est de l'Europe. Les difficultés à résoudre restent donc nombreuses.

VOCABULAIRE

réparations : matières premières, biens, argent que l'Allemagne doit verser pour compenser les destructions dues à la guerre et dont elle est jugée responsable.

ratification : approbation de ce qui a été fait ou promis. Ici, approbation par une Assemblée nationale d'un État des décisions prises par les représentants de ce même État.

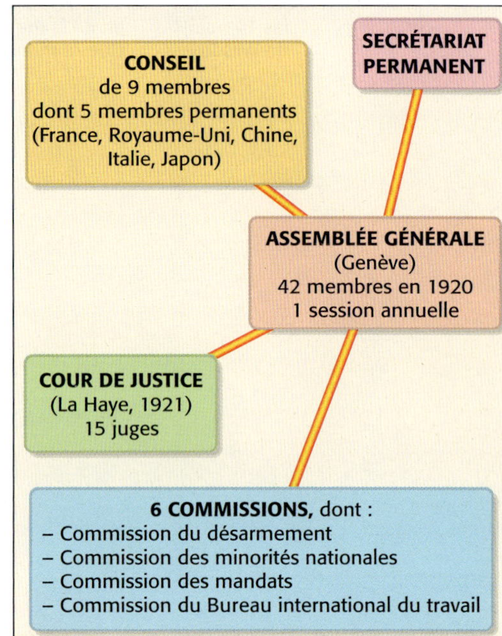

1 La Société des Nations en 1920.

2 Les buts de la SDN

Article 10. – Les membres de la Société s'engagent à maintenir contre toute agression extérieure l'intégrité territoriale et l'indépendance politique de tous les membres de la Société. [...] Toute guerre ou menace de guerre [...] intéresse la Société toute entière et celle-ci doit prendre les mesures propres à sauvegarder efficacement la paix des nations.

Article 11. – S'il s'élève entre les membres de la Société un différend susceptible d'une solution arbitrale et si ce différend ne peut se régler par la voie diplomatique, la question sera soumise à l'arbitrage.

Article 16. – Si un membre de la Société recourt à la guerre, [les autres] s'engagent à rompre immédiatement toutes relations commerciales ou financières, à interdire tous rapports entre leurs nationaux et ceux de l'État en rupture de pacte.

Préambule du traité de Versailles, 28 juin 1919.

1. **Quels sont les buts de la SDN ?**
2. **Montrer que la SDN veut mettre en place un nouveau type de relations internationales.**
3. **Montrer que la SDN est dominée par les pays vainqueurs de la Grande Guerre.**

La conférence de la Paix. **3**
Détail du tableau de sir William Orpen, Imperial War Museum, Londres.
Sont assis, de gauche à droite : Orlando (Italie), Wilson (États-Unis), Clemenceau (France) et Lloyd George (Royaume-Uni).

4 Le traité de Versailles

Art. 42 et 43. – Il est interdit à l'Allemagne de maintenir ou de construire des fortifications [...] sur la rive gauche du Rhin et sur sa rive droite à l'ouest d'une ligne tracée à 50 km à l'est de ce fleuve, et d'entretenir ou de rassembler des forces armées dans cette zone.
Art. 51. – Les territoires cédés à l'Allemagne par le traité de Francfort du 10 mai 1871 sont réintégrés dans la souveraineté française à partir de l'armistice du 11 novembre 1918.
Art. 80. – L'Allemagne reconnaît et respectera strictement l'indépendance et les frontières de l'Autriche ; elle reconnaît que cette indépendance sera inaliénable. [...]
Art. 81. – L'Allemagne reconnaît la complète indépendance de l'État tchécoslovaque et les frontières de cet État. [...]
Art. 87. – L'Allemagne reconnaît la complète indépendance de la Pologne et renonce en faveur de la Pologne à tous droits et titres sur les territoires à elle attribués. [...]
Art. 119. – L'Allemagne renonce en faveur des principales puissances alliées et associées à ses possessions d'outre-mer.
Art. 160. – L'armée allemande ne pourra dépasser 100 000 hommes.
Art. 171. – La fabrication de tanks est interdite.
Art. 173. – Tout service militaire est aboli.
Art. 198. – Les forces militaires ne pourront comprendre aucune aviation.
Art. 231. – L'Allemagne reconnaît qu'elle et ses alliés sont responsables [...] de toutes les pertes et de tous les dommages subis par les gouvernements alliés en conséquence de la guerre qui leur a été imposée par l'agression de l'Allemagne et de ses alliés.
Art. 232. – Les gouvernements alliés exigent [...] et l'Allemagne en prend l'engagement, que soient réparés tous les dommages causés à la population civile des Alliés et à leurs biens.
Art.428. – À titre de garantie, [...] les territoires allemands situés à l'ouest du Rhin seront occupés par les troupes des puissances alliées pendant une période de quinze années.

1. **Quels territoires perdus par l'Allemagne sont concernés par l'article 51 ?**
2. **Montrer que l'Allemagne ne peut plus être une grande puissance militaire.**
3. **Quels articles rendent le traité de Versailles difficilement acceptable pour l'Allemagne ?**

a

Lloyd George. — *J'ai lutté à Versailles pour qu'il redevienne fort ; tu lutteras ailleurs pour réparer mon erreur !...*

b

Un traité contesté **5**
a. Caricature française, 1919
b. Caricature allemande, journal satirique allemand *Simplicissimus*, 1922.

1. **Que contestent les Français d'après la caricature a ?**
2. **Que contestent les Allemands d'après la caricature b ?**

L'Europe après la Grande Guerre

- Les traités de paix créent de nouveaux États : Finlande, Estonie, Lettonie, Lituanie, Pologne, Tchécoslovaquie, royaume des Serbes, Croates et Slovènes (future Yougoslavie). Dès leur signature, les traités suscitent des problèmes : les nouveaux États renferment souvent d'importantes minorités nationales. Certaines régions voient ainsi leur sort réglé par des plébiscites.
- La paix suscite des mécontentements chez les vaincus (en Allemagne, on parle du ***Diktat*** de Versailles), chez les Italiens qui estiment ne pas avoir tiré de la paix tous les territoires que leur participation au conflit pouvait laisser espérer. Ces litiges territoriaux sont aussi parfois réglés par des occupations militaires (comme celle de Fiume par l'Italie) ou par de nouvelles guerres (comme entre la Pologne et la Russie bolchevique, ou entre la Turquie et la Grèce).

VOCABULAIRE

Diktat : terme par lequel certains Allemands désignent le traité de Versailles, pour montrer qu'il leur a été imposé (« dicté ») par les vainqueurs.

Questions

1. Comparer cette carte à la carte de l'Europe en 1914 (doc. 1 p. 182) : reproduire et compléter le tableau ci-dessous.

	En 1914	En 1920/1921
États qui disparaîtront en 1920-1921		
Nouveaux États		
Minorités nationales		
États dans lesquels sont présentes ces minorités nationales		
Zones de tensions		
États nés du démembrement de l'Autriche-Hongrie		

2. Quel problème pose à l'Allemagne la création de la Pologne ?

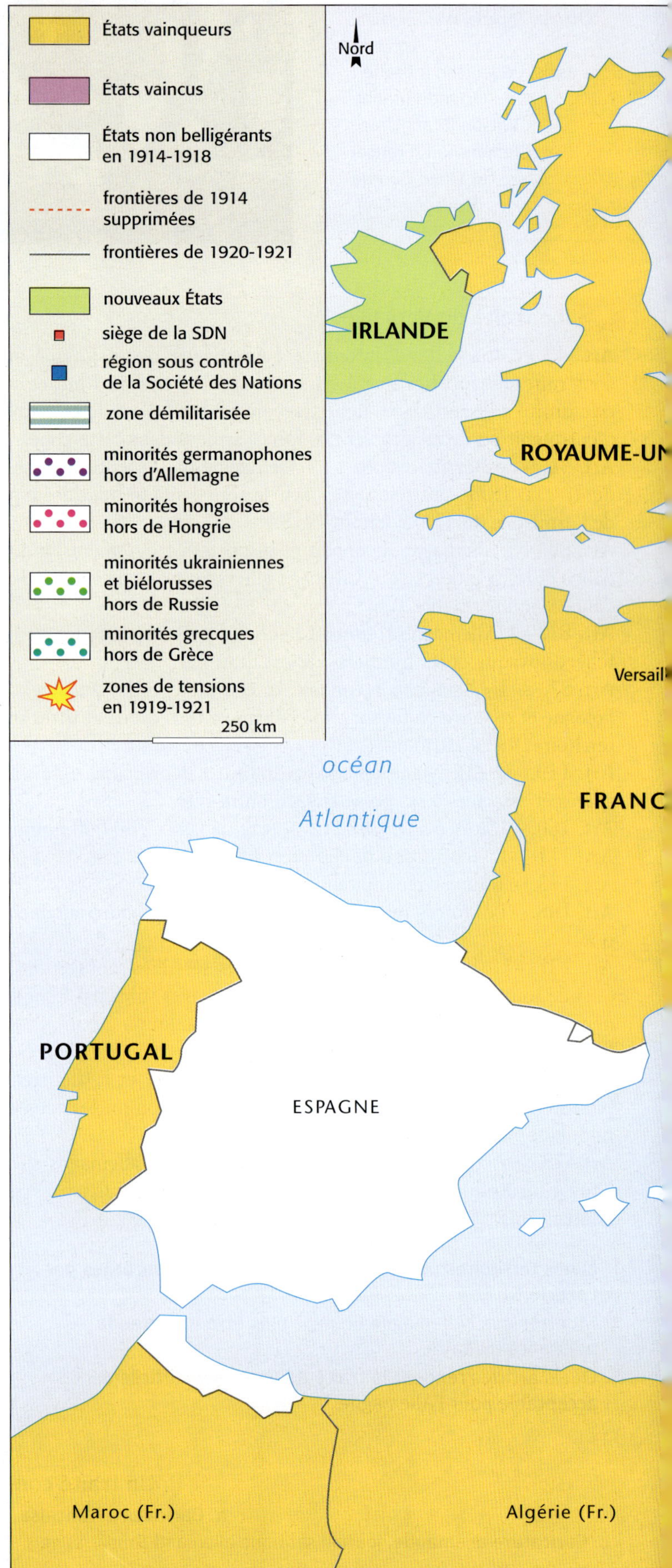

L'Europe en 1920-1921.

NORVÈGE
SUÈDE
FINLANDE
mer du Nord
mer Baltique
ESTONIE
LETTONIE
DANEMARK
Memel
LITUANIE
RUSSIE BOLCHÉVIQUE
Prusse-Orientale
DANTZIG
PAYS-BAS
Rhin
ALLEMAGNE
GIQUE
POLOGNE
Pologne orientale
Rhénanie
LUXEMBOURG
Sarre
TCHÉCOSLOVAQUIE
SUISSE
AUTRICHE
HONGRIE
Bessarabie
Trentin
Istrie
Fiume
ROYAUME DES SERBES, CROATES ET SLOVÈNES
ROUMANIE
mer Noire
Danube
ITALIE
Dalmatie
BULGARIE
Bosphore
Thrace
ALBANIE
Épire du Nord ALBANIE
Dardanelles
EMPIRE OTTOMAN
GRÈCE
Ionie
Dodécanèse (Italie)
Malte (R-U)
mer Méditerranée
Tunisie (Fr.)
Chypre (R-U)

2 Le bilan de la guerre

A. Des millions de morts
doc. 1, 2, 3, 4 et 6

■ La Première Guerre mondiale est le conflit le plus meurtrier que le monde ait connu jusqu'alors. **Les pertes militaires dépassent 9 millions de morts et 17 millions de blessés, dont 6,5 millions de mutilés.** Les plus gravement atteints ne peuvent plus travailler et sont à la charge de leur famille ou de la société. Dans de nombreux pays, les communes élèvent des monuments aux morts afin de célébrer le souvenir des sacrifices et le patriotisme des combattants.

■ Si, dans tous les États, c'est la génération des 18-25 ans qui est la plus atteinte, **les différents pays belligérants ne sont pas frappés de la même façon** :
– **les pays européens sont les plus touchés**, en particulier la France et l'Allemagne. Dans ces deux pays, 1 soldat mobilisé sur 6 est mort ; en Serbie, en Autriche-Hongrie et au Royaume-Uni, 1 sur 8 ; en Russie, 1 sur 11 ; 1 sur 34 aux États-Unis ;
– **les différentes classes sociales** ne sont pas concernées de la même façon. En France, les paysans, qui ont fourni la plus grande partie des soldats de l'infanterie, ont été les plus décimés ; en Allemagne ce sont les ouvriers d'usine.

■ La guerre a également des conséquences importantes pour les civils. La mort et la séparation des couples pendant quatre ans entraînent un déficit des naissances (les **classes creuses**). Vers 1935-1940, l'arrivée de ces générations à l'âge adulte se traduit par un nouvel **effondrement de la natalité**. Le rationnement et la maladie, notamment l'épidémie de grippe espagnole en 1918, ont tué un million de personnes. On peut ajouter à ce lourd bilan le massacre de populations civiles, en particulier le génocide des Arméniens par les Turcs en 1915, qui a fait plus de 1,2 million de morts.

B. Un désastre économique
doc. 5

■ Jamais les destructions liées à une guerre n'ont été aussi importantes, en particulier **dans la zone concernée par la guerre de positions**. La France est le pays le plus touché, avec, dans la zone des combats, 3 millions d'hectares dévastés et 400 000 immeubles détruits. La Belgique, la Serbie, l'ouest de la Russie sont tout aussi meurtris. Moins touchés par les destructions, les Empires centraux ont, néanmoins, vu leur économie ruinée par le blocus de l'Entente.

■ Il a fallu financer les dépenses de guerre par l'augmentation des impôts, le lancement d'emprunts et la mise en circulation de nombreux billets de banque avec pour conséquence un effondrement des monnaies et **une augmentation importante de la dette des États**. En 1919, le montant des dettes de guerre s'élève à 286 milliards de francs.

■ L'effondrement des monnaies ruine ceux dont les revenus sont fixes, comme les rentiers. À l'inverse, ceux qui peuvent rembourser leurs dettes avec de l'argent dévalué profitent de l'inflation, comme les paysans, à qui profite la hausse des prix agricoles, et surtout certains industriels, qui ont accumulé d'énormes bénéfices en travaillant pour l'armée. En France, c'est le cas de Renault (fabrication d'obus et de chars) et de Boussac (toiles pour avion), en Allemagne de Krupp (canons et obus).

C. Des conséquences sociales importantes
doc. 7

■ L'émancipation temporaire des femmes est une autre résultante de la guerre. En effet, **elles ont remplacé les hommes à l'usine** et ne veulent plus abandonner les responsabilités qu'elles ont exercées. Cependant, avec la paix, elles perdent souvent leur emploi. Celles qui sont devenues veuves de guerre doivent travailler pour vivre. En Allemagne et au Royaume-Uni, les femmes obtiennent le droit de vote. Enfin, le retour des combattants à la vie civile n'est pas facile car leur détresse morale est grande. Dans chaque pays se forment des associations influentes d'**anciens combattants** qui tentent de retrouver la camaderie des tranchées et l'« esprit du front ».

VOCABULAIRE

classes creuses : classes d'âge aux effectifs peu nombreux en raison du petit nombre des naissances.

1 Des millions de mutilés : comment faucher avec un seul bras ?
affiche autrichienne de 1917.

2 Les pertes des principaux belligérants.

	Mobilisés	Tués
Russie	15 000 000	1 700 000
France	8 317 000	1 393 000
Royaume-Uni	6 000 000	776 000
Italie	5 615 000	530 000
États-Unis	2 700 000	100 000
Roumanie	1 000 000	250 000
Serbie	850 000	300 000
Belgique	380 000	44 000
Allemagne	13 000 000	1 950 000
Autriche-Hongrie	9 000 000	1 047 000
Empire ottoman	2 850 000	600 000
Bulgarie	950 000	100 000

Pays de l'Entente — Empires centraux

1. **Quels sont les deux pays qui ont subi le plus de pertes dans chacun des deux camps ?**
2. **Quel pays a eu le plus de pertes par rapport aux mobilisés ?**

3 Un monument aux morts. Paris, École des Beaux-Arts.

4 « La religion drapeautique »

Engagé volontaire en 1914, l'écrivain Céline dénonce ici le nationalisme, qu'il compare à une religion.

La religion drapeautique remplaça promptement la céleste […]. Autrefois, la mode fanatique, c'était « Vive Jésus ! Au bûcher les hérétiques ! », mais rares et volontaires après tout les hérétiques… Tandis que désormais, où nous voici, c'est par hordes immenses que les cris : « Au poteau les salsifis sans fibres ! Les citrons sans jus ! Les innocents lecteurs ! Par millions face à droite ! » provoquent les vocations. Les hommes qui ne veulent ni découdre, ni assassiner personne, les Pacifiques puants, qu'on s'en empare et qu'on les écartèle ! […]

Qu'on les fasse par légions et légions encore, crever, tourner en mirlitons, saigner, fumer dans les acides, et tout ça pour que la Patrie en devienne plus aimée, plus joyeuse et plus douce !

Louis-Ferdinand Céline, *Voyage au bout de la nuit*, Gallimard, 1932.

5 L'hôtel de ville d'Arras avant la guerre et en 1920. Les faubourgs de la ville sont l'objet de violents combats en octobre 1914, puis la cité se trouve assiégée et sous le feu des canons allemands, d'octobre 1914 à la fin d'août 1918.

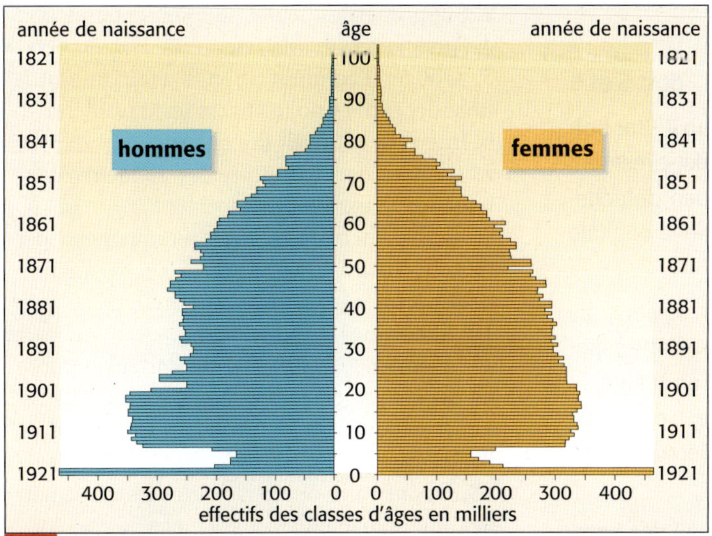

6 La pyramide des âges en France au 1er janvier 1922.

1. Décrire la pyramide des âges.
2. Comment apparaissent les effets de la guerre sur la natalité ?
3. Comment apparaissent les effets de la guerre sur la mortalité ?

7 Veuves et orphelins de guerre.
On compte 600 000 veuves de guerre en France.

3 La Russie en 1917

A. Février : la révolution

doc. 1, 2 et 3

■ **La guerre provoque, au début de 1917, l'effondrement du tsarisme** pourtant considéré comme un régime stable. Plus que les revers de l'armée russe, c'est la désorganisation de l'économie qui est à l'origine de la révolution de février. Dans les villes, on manque de tout, les prix flambent, la disette menace. À Petrograd, la conjonction de grèves ouvrières et de mutineries de soldats débouche, fin février 1917, sur la création d'un **soviet**. Le tsar Nicolas II abdique le 2 mars.

■ **Un gouvernement provisoire se met en place**. Soucieux avant tout d'éviter le désordre, il ne souhaite pas bouleverser l'ordre économique et social. Ses principaux objectifs sont de démocratiser les institutions et de gagner la guerre aux côtés des Alliés. Mais ce gouvernement est contesté par les soviets, qui prétendent représenter directement le peuple. En quelques semaines, des milliers de comités d'usines et de quartiers, **des centaines de soviets se forment spontanément dans le pays**. Les partis révolutionnaires se disputent le contrôle de ces assemblées où s'expriment les revendications d'un peuple qui a enfin pris la parole.

B. Un pays en révolution

doc. 4

■ Face à ces revendications, le gouvernement provisoire estime que seule la victoire permettrait d'amarrer solidement le nouveau régime aux démocraties occidentales et de mettre fin au désordre. **Il poursuit donc la guerre** malgré la lassitude croissante des dix millions de soldats-paysans de l'armée. En dépit des efforts de Kerenski, ministre de la Guerre, l'offensive russe de juin 1917 est un échec.

■ Tout au long de l'année, les tensions sociales s'aggravent, le désordre s'étend. **Les ouvriers réclament le passage de « tout le pouvoir aux soviets »**. Dans les campagnes, où vivent plus de 80 % de la population, les paysans organisés en comités agraires occupent les terres des grands propriétaires. Au sein de l'armée, des comités de soldats contestent les ordres militaires. Les **bolcheviks** sont les seuls à encourager tous ces mouvements, conformément au programme révolutionnaire exposé par Lénine dans ses « Thèses d'avril » : pas de soutien au gouvernement provisoire, paix immédiate, nationalisation des terres, « tout le pouvoir aux soviets ». **Le parti bolchevique compte moins de 200 000 membres, mais sa détermination en fait une force politique décisive** dans un pays où l'autorité de l'État s'effondre.

C. Octobre : la prise du pouvoir par les bolcheviks

doc. 5 et 6

■ À la différence des journées de février, spontanées et imprévues, **le coup d'État bolchevique d'octobre 1917 est minutieusement préparé par Lénine et Trotski**, président du soviet de Petrograd. Dans la nuit du 24 au 25 octobre 1917, quelques détachements de **Gardes rouges**, de soldats et de marins, prennent le contrôle de la capitale et chassent le gouvernement provisoire dirigé par Kerenski.

■ Les bolcheviks font accepter leur coup de force par le IIe Congrès des soviets, qui vote un texte, rédigé par Lénine, accordant « tout le pouvoir aux soviets ». Cette résolution permet à Lénine de dire qu'il gouverne « au nom du peuple ». Mais **en réalité, le pouvoir est aux mains des seuls bolcheviks**. Tout comme Marx, Lénine est persuadé que le communisme ne peut se réaliser qu'après une dictature du prolétariat. Pour Lénine, le parti bolchevique est l'avant-garde du prolétariat.

■ Le 25 octobre 1917 est formé **un gouvernement bolchevique, le Conseil des commissaires du peuple**, qui prend deux décisions majeures, le décret sur la paix et le décret sur la terre. En quelques heures, le coup d'État des bolcheviks marque une rupture radicale. Il leur faudra cependant plusieurs années de lutte acharnée pour consolider leur pouvoir.

VOCABULAIRE

soviet : en russe, « conseil ». Assemblée d'ouvriers, de soldats ou de paysans.

bolcheviks : en 1903, les dirigeants du parti social démocrate se divisent en minoritaires, les mencheviks, et en majoritaires, les bolcheviks. Sous la direction de Lénine, ces derniers sont favorables à un parti fortement centralisé utilisant tous les moyens, y compris l'action illégale, pour renverser le capitalisme. En mars 1918, le parti bolchevik prend le nom de parti communiste.

Gardes rouges : miliciens bolcheviks armés (ouvriers, soldats, marins essentiellement).

1 La statue du tsar Alexandre III (père de Nicolas II), renversée en février 1917.

2 Résolutions du soviet des ouvriers des usines de tabac de Petrograd (9 044 ouvriers), le 9 mars 1917

1. Décréter la journée de travail de 8 heures.
2. Supprimer les heures supplémentaires.
4. Augmenter les salaires.
5. Obliger l'administration à avoir une attitude décente et polie envers les travailleurs.
6. Interdire le travail des enfants.
7. Chasser de l'entreprise les éléments douteux aux yeux des ouvriers.
8. Embaucher les ouvriers uniquement par l'intermédiaire du comité d'usine.
9. Supprimer les fouilles corporelles.
10. Supprimer les amendes.
11. Donner gratuitement un certain nombre de paquets de cigarettes à tous les travailleurs.
12. Améliorer les conditions d'hygiène dans l'entreprise.
13. Donner aux ouvriers, toutes les 26 semaines, une semaine de congés payés.

1. Quelles résolutions visent à améliorer le sort des ouvriers ?

2. Quelles résolutions visent à remettre en cause le pouvoir du patron dans son usine ?

3 « Thèses d'avril » de Lénine

Ce qu'il y a d'original dans la situation actuelle en Russie, c'est la transmission de la première étape de la révolution, qui a donné le pouvoir à la bourgeoisie [...], à sa deuxième étape, qui doit donner le pouvoir au prolétariat et aux couches pauvres de la paysannerie [...].
Aucun soutien au gouvernement provisoire [...].
Tant que nous sommes en minorité, nous nous appliquons à critiquer et à expliquer les erreurs commises, tout en affirmant la nécessité du passage de tout pouvoir aux soviets des députés ouvriers [...].
Non pas une république parlementaire – y retourner après les soviets des députés ouvriers serait un pas en arrière – mais une république des soviets de députés.
Nationalisations de toutes les terres dans le pays et leur mise à la disposition des soviets locaux de députés des salariés agricoles et paysans [...]. Formation de soviets de députés des paysans pauvres.

Lénine, *Les Tâches du prolétariat dans la révolution*, avril 1917.

1. **Quel est l'objectif de Lénine ?**
2. **Pourquoi une république parlementaire serait-elle, selon Lénine, un pas en arrière pour la révolution ?**

4 Février et octobre 1917.

	Février 1917	Octobre 1917
Qui	Ouvriers, soldats	Bolcheviks, gardes rouges
Pourquoi	Hausse des prix, disette, guerre	Continuation de la guerre, pénurie, organisation d'un coup d'État
Comment	Grèves, manifestations, mutineries de soldats Mouvement spontané	Coup d'État militaire organisé par Lénine et Trotski le 24-25 octobre 1917 Mouvement organisé et encadré
Où	Petrograd	Petrograd
Conséquences	Gouvernement provisoire de Kerenski, fin du régime tsariste, volonté de continuer la guerre	Gouvernement bolchevik, décret sur la paix, décret sur la terre, volonté de signer une paix séparée

5 Les décrets sur la terre et sur la paix (25 octobre 1917)

a. Le droit de propriété de la terre est définitivement aboli. La terre ne peut être vendue ni achetée. [...] La terre tout entière – qu'elle appartienne aux princes de la famille impériale, à la Couronne, aux monastères, à l'Église, aux communautés paysannes et aux paysans, – est expropriée sans aucune indemnité et revient à ceux qui la travaillent [...]. La jouissance de la terre est accordée à tous les citoyens de l'État russe qui souhaitent la cultiver par leur propre travail, à l'aide de leur famille ou en coopérative, et seulement tant qu'ils sont en mesure de la cultiver. Le travail salarié n'est pas admis.

b. Le gouvernement ouvrier et paysan issu de la révolution des 24-25 octobre et s'appuyant sur les soviets des députés ouvriers, soldats et paysans, invite tous les peuples belligérants et leurs gouvernements à entamer immédiatement des pourparlers en vue d'une paix démocratique et équitable.
Le gouvernement considère comme une paix équitable ou démocratique, une paix immédiate sans annexion [...].
Le gouvernement abolit la diplomatie secrète [...]. Il invite tous les gouvernements et peuples de tous les pays belligérants à conclure immédiatement un armistice.

1. **Quelles revendications du peuple russe semblent satisfaites par ces décrets ?**
2. **Quelle était l'attitude du gouvernement provisoire à leur sujet ?**

6 La révolution de 1917, revue par la propagande bolchevique.
Lénine et les ouvriers des usines Poutilov, début 1918, tableau d'Isaac Brodski (détail).

La vague révolutionnaire en Europe

- La révolution russe a des conséquences importantes en Europe. En 1918, la vague révolutionnaire touche la Finlande, la Lettonie et surtout l'Allemagne, où elle emporte la monarchie. La République est proclamée le 9 novembre 1918. En janvier 1919, Lénine appelle à la révolution mondiale. De nouvelles révolutions éclatent en Hongrie, en Bavière, en Slovaquie et à Berlin (insurrection spartakiste). Pour appuyer la révolution, Lénine crée, en mars 1919, la IIIe Internationale, ou Komintern, internationale communiste qui doit favoriser la propagation de la révolution dans le monde.
- En Russie, les bolcheviks se heurtent aux armées blanches, parfois appuyées par des armées des pays occidentaux. Le pays est déchiré par la guerre civile de 1918 à 1921.
- L'affrontement entre rouges et blancs en Europe s'achève par un échec général de la révolution, à l'exception de la Russie bolchevique.

1 **La révolution à Berlin en janvier 1919, dans le quartier de la presse.**

2 **La vague révolutionnaire en Europe entre 1919 et 1922.**

3 Combattre la révolution.
Affiche de recrutement pour la brigade Reinhard, levée pour aller combattre la révolution dans les pays baltes.

4 Étendre la révolution.
Appel à l'union de tous les prolétaires.
Affiche hongroise, 1919..

5 Lénine et la révolution mondiale en mars 1919

Si nous avons réussi, sans divergences essentielles, à prendre, en un court espace de temps, des décisions importantes sur toutes les questions brûlantes de l'époque révolutionnaire actuelle, c'est parce que les masses prolétariennes du monde entier ont mis toutes ces questions pratiquement à l'ordre du jour par leurs actes et ont commencé à les résoudre en fait. [...]
Le mouvement en faveur des Soviets s'étend toujours plus loin, non seulement dans les pays de l'Europe orientale mais aussi dans ceux de l'Europe occidentale, non seulement dans les pays vaincus mais aussi dans les pays victorieux comme l'Angleterre par exemple ; et ce mouvement n'est rien moins qu'un mouvement ayant pour but la création d'une nouvelle démocratie prolétarienne ; il est le progrès le plus considérable vers la dictature du prolétariat, vers la victoire complète du communisme.
Que la bourgeoisie du monde entier continue à sévir, qu'elle pourchasse, emprisonne et même assassine spartakistes et bolcheviks, cela ne lui servira de rien. Cela ne pourra qu'éclairer les masses et les déterminer à s'affranchir de leurs vieux préjugés bourgeois démocratiques et à se retremper dans la lutte. La victoire de la révolution prolétarienne est assurée dans le monde entier : la constitution de la République soviétique internationale est en marche.

Lénine, discours de clôture au 1er congrès de l'Internationale communiste, 7 mars 1919.

Questions

A Retirer des informations des documents

1. Décrire la scène. Qu'est-ce qui montre que l'on est dans une situation révolutionnaire (doc. 1) ?
2. Dans quels pays d'Europe éclate la vague révolutionnaire (doc. 2) ?
3. En dehors de la Russie, quel pays semble le plus concerné ? Comment peut-on l'expliquer (doc. 2) ?
4. Quel rôle jouent les Britanniques, les Français, les Américains (doc. 2) ?
5. Comment la révolution est-elle représentée ? Montrer que cette affiche y est favorable (doc. 4) ?
6. Comment Lénine analyse-t-il la situation en mars 1919 (doc. 5) ?
7. Qu'est-ce qui semble justifier son optimisme ? Pourquoi la révolution doit-elle triompher, selon lui (doc. 5) ?

B Mettre en relation les documents

8. Étudier les deux affiches (doc. 3 et 4). Quels symboles sont utilisés de part et d'autre ? Quelle image donnent-elles de la révolution ?
9. Qui combat la révolution en Europe (doc. 2 et 3) ?

C Rédiger

10. Expliquer pourquoi la vague révolutionnaire échoue finalement en Europe.

DOSSIER

Le Proche-Orient après la Grande Guerre

- L'Empire ottoman était un empire multinational, peuplé de Turcs, Arabes et Kurdes musulmans, Grecs, Arméniens et Arabes chrétiens ainsi que Juifs. Pendant la guerre les Alliés ont décidé secrètement (accords anglo-français Sykes-Picot en 1916) de se partager les territoires non turcs de l'Empire ottoman ; en même temps, les Britanniques ont fait des promesses contradictoires aux Arabes en 1915 (créer un « royaume arabe ») et aux Juifs en 1917 (créer un « foyer national » juif en Palestine).
- Le traité de Sèvres (août 1920) réduit l'Empire ottoman aux territoires habités par les Turcs, les territoires peuplés d'Arabes et de Juifs devenant des mandats confiés aux Britanniques et aux Français. Une révolution nationaliste éclate en Turquie : le général Mustapha Kemal écrase le jeune État arménien et envahit la plus grande partie de son territoire, entre en guerre contre les Grecs, obtient un nouveau traité, celui de Lausanne (juillet 1923) et entreprend de moderniser la Turquie. Le pays devient un État laïc, mais l'islam sunnite reste la religion dominante, contrôlée par l'État. En Palestine britannique, l'installation de colons juifs de plus en plus nombreux entraîne des difficultés avec les populations arabes.

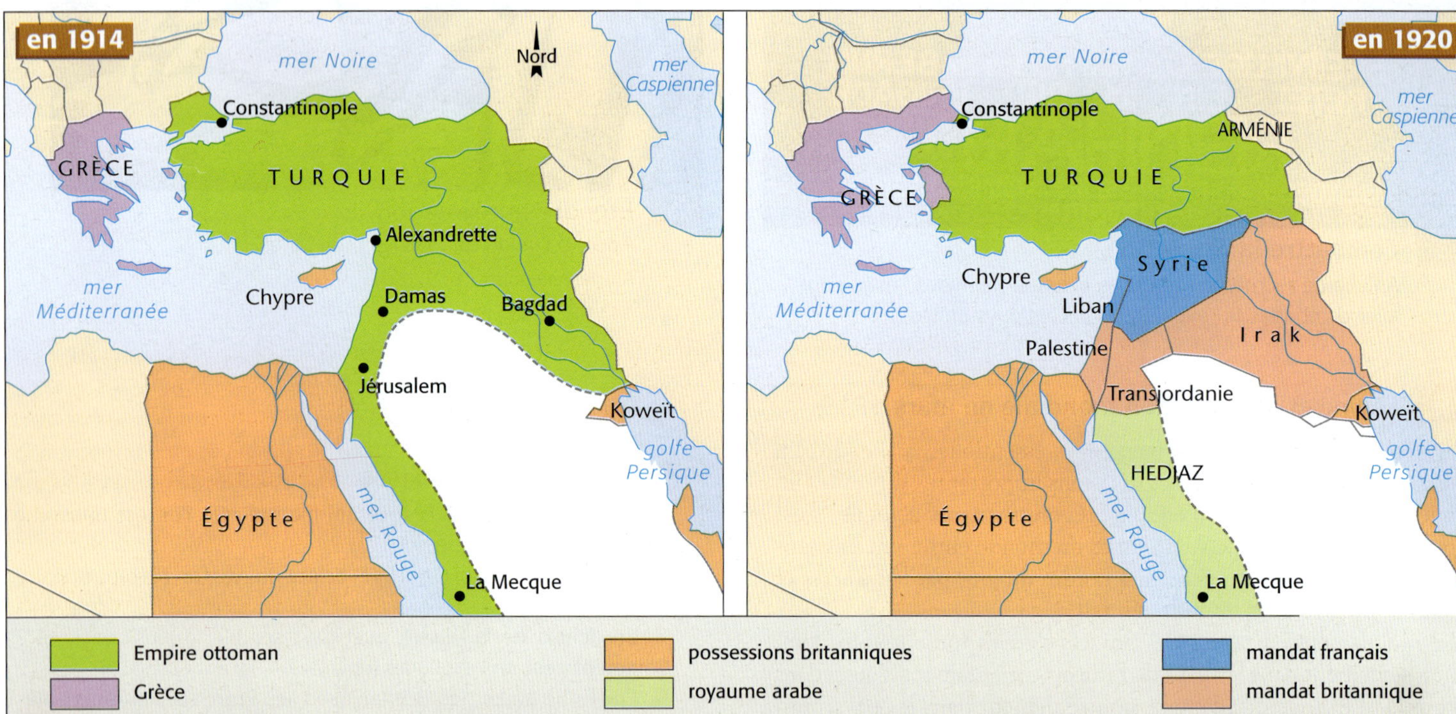

1 Le Proche-Orient en 1914 et en 1920.

2 La double promesse britannique

a. Aux Arabes en 1915

On ne peut dire que soient purement arabes les deux districts de Mersin et d'Alexandrette, ainsi que certaines régions de Syrie situées à l'Ouest des districts de Damas, Homs, Hama et Alep [le Liban actuel] ; ils seraient donc exclus du territoire que vous demandez. [...] Compte tenu des modifications indiquées ci-dessus, la Grande-Bretagne est prête à reconnaître l'indépendance des Arabes, et à la soutenir dans toutes les régions situées sur le territoire réclamé par Hussein, chérif de La Mecque.

Lettre de Henry Mac Mahon, haut commissaire de Grande-Bretagne en Égypte au chérif de La Mecque, 24 octobre 1915.

b. Aux Juifs en 1917

J'ai le plaisir de vous adresser ci-dessous la déclaration de sympathie à l'adresse des aspirations sionistes.
Le gouvernement de Sa Majesté envisage favorablement l'établissement en Palestine d'un foyer national pour le peuple juif, et emploiera tous ses efforts pour la réalisation de cet objectif, étant clairement entendu que rien ne sera fait qui puisse porter atteinte ni aux droits civils et religieux des collectivités non juives existant en Palestine, ni aux droits et au statut politique dont les Juifs jouissent dans les autres pays.

Lettre du ministre des Affaires étrangères Balfour à lord Rothschild, représentant la fédération sioniste, 7 novembre 1917.

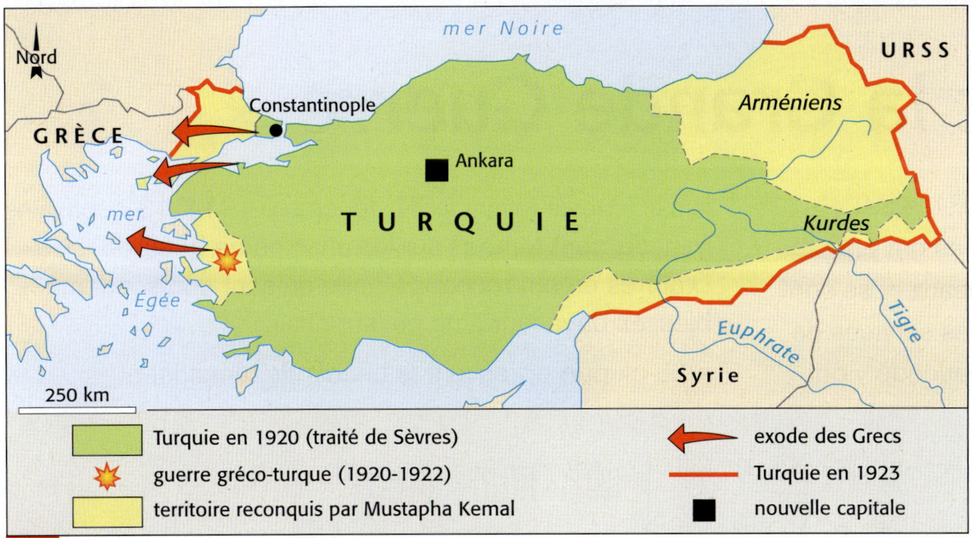

3 **La fondation de la Turquie kémaliste.**

4 **Les réformes kémalistes.**

- **novembre 1922 :** abolition du sultanat
- **octobre 1923 :** proclamation de la république. Ankara devient capitale
- **mars 1924 :** abolition du califat. L'Empire ottoman devient la Turquie
- **1924 :** abolition des tribunaux religieux et des écoles religieuses
- **janvier-février 1925 :** nouvelles lois inspirées des codes européens
- **août-novembre 1925 :** interdiction de la polygamie et du port du fez
- **novembre 1928 :** l'alphabet latin remplace l'alphabet arabe
- **1931 :** le turc remplace l'arabe comme langue religieuse
- **juin 1932 :** entrée de la Turquie à la SDN
- **1934 :** droit de vote pour les femmes
- **novembre 1934 :** obligation d'adopter des noms de familles.

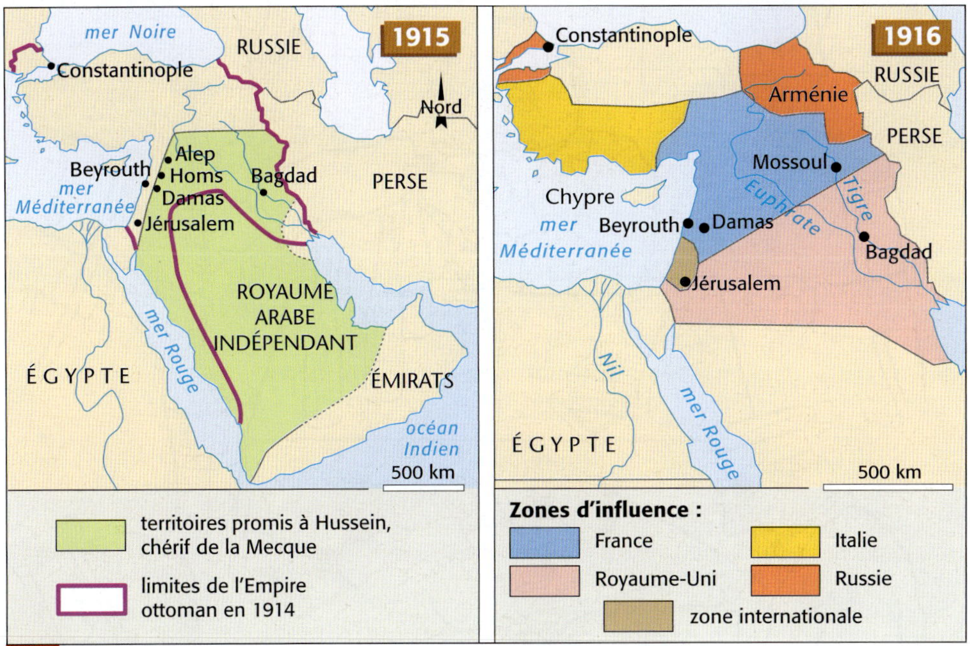

5 **Promesses secrètes aux Arabes (1915) et projets des Alliés (1916, accords Sykes-Picot).**

6 **Les implantations juives dans la Palestine britannique**

Le nombre des émigrants admis est fixé de la façon suivante : l'Agence juive, organisme composé des délégués de l'organisation sioniste et des corporations privées, dirige toute l'œuvre de la colonisation. L'Agence juive, reconnue par le mandat, représente les intérêts [de l'émigration juive] auprès de la Société des Nations et de la puissance mandataire. Elle consulte les différents groupements économiques juifs du pays, industriels ou agricoles, pour savoir le nombre d'employés ou d'ouvriers qu'ils sont en mesure d'embaucher.
Cette consultation se traduit chaque année par une demande de 15 à 20 000 permis d'immigration que l'Agence transmet au haut commissaire et, chaque année aussi, celui-ci réduit les demandes des deux tiers ou tout au moins de la moitié. Les raisons que le gouvernement anglais invoque pour justifier cette politique sont doubles : ménager l'irritation des Arabes qui s'inquiètent des progrès de la colonisation juive et craignent d'être à leur tour dépossédés ; éviter qu'un trop-plein de main d'œuvre reste inutilisable par suite d'un revirement toujours possible de la situation économique.

E. Schreiber, *Cette année à Jérusalem*, Plon, 1933.

Questions

A Retirer des informations des documents

1. Quels territoires l'Empire ottoman perd-il en 1920 par rapport à 1914 ? Que deviennent ces territoires (doc. 1) ?

2. Que promettent les Britanniques aux Arabes en 1915 (doc. 2) ? Que promettent-ils aux Juifs en 1917 (doc. 2) ?

3. Comment les Alliés envisagent-ils les zones d'influence dans l'Empire ottoman en 1915 (doc. 5) ?

4. Quelles sont les conséquences de la révolte nationaliste de Mustapha Kemal (doc. 3) ?

5. Montrer que les réformes engagées touchent à la fois à des aspects politiques, religieux et sociaux (doc. 4) ?

6. Pourquoi l'arrivée des Juifs en Palestine est-elle un problème pour les Britanniques (doc. 6) ?

B Mettre en relation les documents

7. Montrer que la politique arabe du gouvernement britannique et la déclaration Balfour sont contradictoires.

C Rédiger

8. Montrer que la Turquie moderne fondée par Mustapha Kemal naît de la disparition de l'Empire ottoman et des conséquences de la Grande Guerre.

Les artistes et la Grande Guerre

- Dans les deux camps, la guerre a mobilisé aussi les artistes. Peintres, sculpteurs et écrivains ont été, comme les autres, appelés sous les drapeaux et se sont retrouvés sur le front ou à l'arrière, dans les services de santé ou encore peintres aux armées. Beaucoup y ont laissé leur vie (avant le 31 décembre 1914, 133 écrivains français sont tombés sur les champs de bataille). D'autres en ont réchappé ; peu en sont sortis indemnes, blessés dans leur âme ou leur chair.
- La plupart éprouvent le besoin de témoigner.

1 La mort de Lang

En 1914, l'écrivain Suisse Blaise Cendrars est « engagé volontaire étranger » dans l'armée française. En 1915, un obus lui emporte le bras droit, et il quitte les combats. Rentré du front, il raconte ses souvenirs.

Cette nuit-là, les Boches bombardèrent Bus pour la première fois depuis le début de la guerre et le premier obus tomba en plein sur la voiture de la 6e Cie qui débouchait sur la place du Marché. Le cheval, le cocher et Lang furent écrabouillés. On ramassa deux, trois écuellées de petits débris et les quelques gros morceaux furent noués dans une toile de tente. C'est ainsi que furent enterrés Lang, le cocher et de la bidoche de cheval. Et l'on planta une croix de bois sur le tumulus.
Mais en revenant du cimetière quelqu'un remarqua la moustache de Lang qui flottait dans la brise du matin. Elle était collée contre la façade, juste au-dessus de la boutique du coiffeur. Il fallut dresser une échelle, aller détacher ça, envelopper cette touffe sanglante dans un mouchoir, retourner au cimetière, faire un trou et enterrer ces poils absurdes avec le reste. Puis nous remontâmes en ligne, dégoûtés.

Blaise Cendrars, *La main coupée*, 1946.

2 George Grosz, *Patriotisme*, 1919. Dessin à l'encre de Chine, 53 x 41 cm.
Après des expériences cubiste et futuriste, le dessinateur et peintre allemand George Grosz (1893-1959) publie en 1917 un premier recueil de dessins qui provoque l'indignation des milieux bourgeois. À partir de 1918, à Berlin, il dénonce par ses dessins le militarisme, l'avidité des dirigeants politiques et la bourgeoisie allemande (*Nous ne sommes pas faits pour la Société des Nations*, 1919). Il se rapproche du peintre Otto Dix, tout aussi critique à l'égard des bourgeois et des militaires, et crée le groupe « Nouvelle objectivité ».
En 1933, à l'arrivée des nazis au pouvoir, il se réfugie aux États-Unis où il renie tout l'art moderne et se tourne vers le réalisme.

Le départ. Albert Herter, *Départ des soldats pour le front*, 1926, 5 x 12 m, hall grandes lignes, gare de l'Est, Paris.

3

4 Vivre la guerre

L'avance se fait plus rapide. Par instants, une balle perdue passe avec un chantonnement frais et léger, pour s'égarer au loin. Que de fois encore, après cette première expérience du feu, ai-je marché ainsi, en proie à une émotion faite de mélancolie et d'énervement, à travers des paysages ravagés par la mort, vers la première ligne !

Blessé, Ernst Jünger est rapatrié vers l'arrière.

Quand je vis les collines du Neckar couvertes de cerisiers en fleur, j'eus le vif sentiment de me retrouver chez moi. Comme ce pays était beau, et bien digne qu'on versât son sang et qu'on mourût pour lui ! [...] J'entrevis pour la première fois que cette guerre signifiait plus qu'une aventure.

De retour au front

« Ces brefs coups de main, durant lesquels il fallait serrer les dents, étaient un parfait moyen de s'endurcir le courage et de varier la monotonie de l'existence dans les tranchées.

Printemps 1918, après sa sixième blessure, Ernst Jünger se repose à Berlin.

La formidable concentration des forces, à l'heure du destin où s'engageait la lutte pour un lointain avenir, et le déchaînement qui la suivait de façon si surprenante, si écrasante, m'avaient conduit pour la première fois jusqu'aux abîmes de forces étrangères supérieures à l'individu. C'était une initiation qui n'ouvrait pas seulement les repaires brûlants de l'épouvante. Là, comme du haut d'un char qui laboure le sol de ses roues, on voyait aussi monter de la terre des énergies spirituelles. J'en vis longtemps une manifestation secondaire de la volonté de puissance, à une heure décisive pour l'histoire du monde.

Extraits d'Ernst Jünger, *Orages d'acier*, 1920.

Écrivain allemand né en 1895, Ernst Jünger prend part à la Grande Guerre comme officier ; il est blessé sept fois. Ses premiers écrits sont des témoignages sur la guerre. Par la suite, très marqué par le philosophe allemand Nietzsche, il voit dans la guerre une loi de la nature. Il participe à la campagne de France en 1940.

5 ***J'accuse.*** Image du film *J'accuse*, d'Abel Gance, consacré à la Grande Guerre, 1919

Questions

A Retirer des information des documents

1. Qu'y a-t-il d'horrible dans la description faite par Cendrars (doc. 1) ?
2. Que veut exprimer le dessinateur George Grosz dans son dessin (doc. 2) ?
3. Que veut exprimer le peintre A. Herter dans son tableau (doc. 3) ?
4. Quelle idée de la guerre Ernst Jünger se forge-t-il successivement (doc. 4) ?
5. Quelle semble être la position du cinéaste Abel Gance face à la guerre (doc. 5) ?

B Mettre en relation les documents

6. Quels sont les moyens utilisés par les artistes et les écrivains pour rendre compte de cette guerre (doc. 1, 2, 3, 4 et 5) ?
7. Qu'est-ce qui différencie la manière de décrire la guerre chez Cendrars et Ernst Jünger (doc. 1 et 4) ? Comparer le dessin de Grosz et le tableau d'A. Herter (doc. 2 et 3).

C Rédiger

6. Quels moments de la vie du soldat sont ici présentés ?

FICHE DE RÉVISION

DATES À RETENIR

- **1917 :** révolutions russes
- **1918-1919 :** vague révolutionnaire en Europe
- **juin 1919 :** traité de Versailles
- **1919-1920 :** traités de paix avec les alliés de l'Allemagne
- **juillet 1923 :** traité de Lausanne avec la Turquie

BIOGRAPHIES

Thomas Woodrow Wilson
(1856-1924),
Président des États-Unis
(1912-1920).
(Voir biographie complète p. 383)

Lénine, Vladimir Illitch Oulianov, dit
(1870-1924),
dirigeant bolchevik en 1917, dirigeant de la Russie de 1917 à 1922.
(Voir biographie complète p. 380)

Mustapha Kemal Pacha, dit Kemal Atatürk
(1881-1938),
général et fondateur de la Turquie moderne.
(Voir biographie complète p. 380)

L'ESSENTIEL

1. Les traités de paix

- Les pays vainqueurs se retrouvent en janvier 1919 à Versailles pour organiser la paix selon les principes proposés par le président américain Wilson. Les pays vaincus ne sont pas invités à la conférence dont les décisions sont prises par les quatre principaux vainqueurs (France, Royaume-Uni, États-Unis et Italie).
- Quatre traités de paix sont signés avec les pays vaincus.

Le principal est le traité de Versailles, signé avec l'Allemagne, reconnue responsable de la guerre.
– Les Allemands n'acceptent pas le traité et parlent du « *Diktat* de Versailles ».
– D'autres pays vaincus (Hongrie, Bulgarie, Empire ottoman) ou vainqueur (Italie) sont également mécontents des traités.

2. Le bilan de la guerre

- La guerre a fait 9 millions de morts et 17 millions de blessés. Les pays les plus touchés sont la France et l'Allemagne. La guerre a également entraîné un déficit des naissances et le massacre de populations civiles.
- La guerre est un désastre économique : nombreuses destructions, développement de l'inflation, effondrement des monnaies, augmentation importante de la dette des États.
- Pendant la guerre, les femmes ont remplacé les hommes au travail. En Allemagne et au Royaume-Uni, elles obtiennent le droit de vote, mais pas en France. Le retour à la vie civile de millions de combattants n'est pas facile et les conséquences morales sont considérables.

3. La Russie et le Proche-Orient bouleversés

- Avant même la fin de la guerre, l'Empire russe s'effondre sous les coups de la révolution de février 1917, qui fait disparaître le tsarisme. En octobre 1917, les bolcheviks prennent le pouvoir puis signent en mars 1918 la paix avec l'Allemagne. La Russie s'enfonce dans la guerre civile entre rouges et blancs.
- Les bolcheviks, bientôt appelés communistes, tentent d'exporter la révolution ailleurs en Europe mais finalement seule la Russie reste sous le contrôle des communistes.
- Au Proche-Orient, l'empire ottoman disparaît :

– la France et le Royaume-Uni contrôlent (mandats de la SDN) la Syrie, la Palestine, la Transjordanie, l'Irak ;
– La Turquie devient un État laïc sous la direction de Mustapha Kemal.

Les partis politiques dans la Russie en 1917.

Parti	Tendance	Dirigeant	Programme
K.D.	modérée	Milioukov	réformes à l'occidentale
socialistes modérés	modérée	Kerensky	Assemblée constituante continuer la guerre
Socialistes Révolutionnaires (S.R.)	révolutionnaire	Tchernov	Assemblée constituante pouvoir aux soviets paix sans annexion partage des terres
menchéviks (« minoritaires »)	révolutionnaire marxiste	Martov	Assemblée constituante paix collectivisation
bolcheviks (« majoritaires »)		Lénine	révolution paix immédiate pouvoir aux soviets collectivisation

NE PAS CONFONDRE

Armistice et traité de paix

➤ Un **armistice** est un arrêt temporaire des combats.
➤ Un **traité de paix** marque la fin définitive des combats.

1919-1920 : les grands traités		
date	**pays concernés**	**lieu de signature**
juin 1919	Alliés / Allemagne	Versailles
octobre 1919	Alliés / Autriche	Saint-Germain-en-Laye
novembre 1919	Alliés / Bulgarie	Neuilly
juin 1920	Alliés / Hongrie	Château de Trianon
août 1920	Alliés / Empire ottoman	Sèvres
1921 et 1923 : les autres traités		
mars 1921	Pologne/Russie	Riga (Lituanie)
juillet 1923	Alliés / Turquie	Lausanne (Suisse)

Les traités de paix.

Différents jugements sur la paix et ses problèmes

Partout en Europe, les affaires se compliquent et le feu couve. À Fiume, le gouvernement italien ne peut rien faire parce que l'armée et la marine sont avec D'Annunzio, qui annonce l'intention de conquérir toute la Dalmatie. [...] Je ne parle ni du conflit serbo-roumain ni de celui des Tchèques et des Polonais, ni de la possibilité d'une intervention des Yougoslaves contre l'Italie et d'autres encore. De quelque côté qu'on se retourne, on ne trouve que des explosifs qui fusent déjà. On peut dire qu'il y a dans l'histoire peu d'exemples d'une conférence de la paix ayant aussi bien réussi à déchaîner plus d'appétits et à créer plus de causes de conflits. [...] En Russie, où depuis longtemps on ne voyait plus clair, les affaires baltiques deviennent inextricables, et les Allemands, sous couvert d'armée volontaire russe composée d'Allemands, vont marcher sur Petrograd.

P. Cambon, *Lettres*, 27 septembre et 11 octobre 1919.

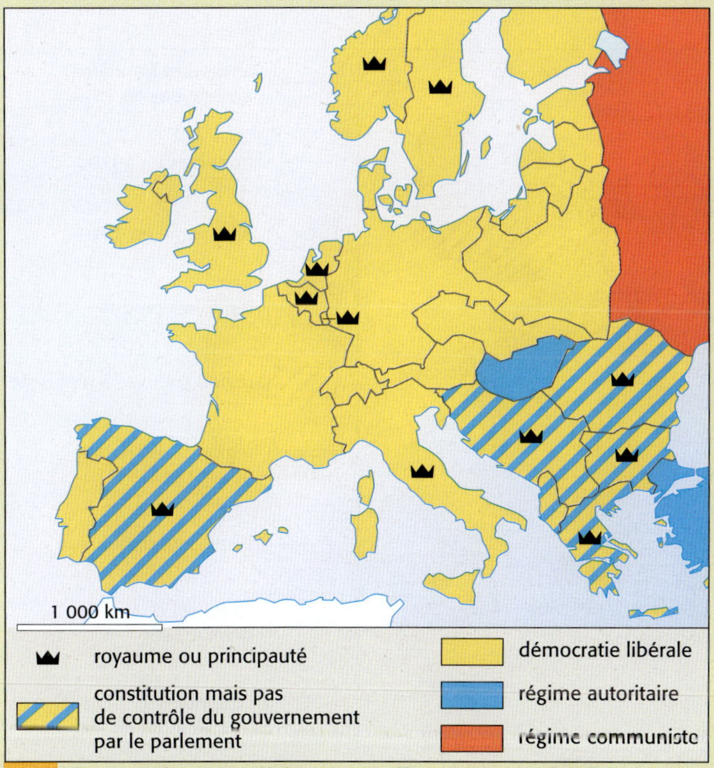

Les régimes politiques en Europe en 1921.

Le traité ne comprend nulle disposition en vue de la restauration économique de l'Europe [...]. Aucune disposition n'est prise pour rétablir les finances déréglées de la France et de l'Italie. [...] Il est extraordinaire que le problème fondamental d'une Europe mourant de faim et se désagrégeant sous leurs yeux n'ait pu intéresser les Quatre. Les réparations furent leur principale incursion dans le domaine économique et ils réglèrent cette question en s'occupant de tous les points de vue, sauf celui de l'avenir économique des États dont ils avaient en main les destinées.

J. M. Keynes, *Les Conséquences économiques de la paix*, coll. « NRF », Gallimard, 1920.

Le traité n'est pas fameux ; je suis tout prêt à le reconnaître. Mais la guerre, a-t-elle été fameuse ? Il a fallu quatre ans et je ne sais combien de nations pour venir à bout de l'Allemagne. [...] Vingt fois pendant la guerre, on a cru que tout était fini. [...] Or la France sort de là vivante, son territoire reconstitué, son empire colonial agrandi, l'Allemagne brisée, désarmée...

Interview de G. Clemenceau, 1928.

Le démembrement de l'Empire austro-hongrois par les traités de Saint-Germain et de Trianon fut une tragédie. Pendant des siècles, cet empire avait apporté, dans le cadre d'une vie commune, des avantages, tant d'un point de vue d'économie que de sécurité, à de nombreux peuples dont aucun n'avait en notre temps la puissance ou la vitalité de résister par lui-même à la pression d'une Allemagne ou d'une Russie ressuscitée. Toutes ces races aspiraient à se détacher du système fédéral ou impérial et c'était faire preuve de largeur de vue, pensait-on, que d'encourager leur désir. La balkanisation du sud-est européen avançait à pas de géant.

W. Churchill, *Mémoires*, t. I, « D'une guerre à l'autre », Plon, 1948.

Questions

1. Chercher dans un dictionnaire qui sont les auteurs de ces jugements.
2. Quels sont les textes qui datent de l'époque des traités de paix ? Quels sont ceux qui sont largement postérieurs ?
3. Quelles inquiétudes sont exprimées par P. Cambon ?
4. Que regrette J. M. Keynes ?
5. Expliquer la dernière phrase de l'interview de G. Clemenceau.
6. Compléter le tableau ci-dessous.

Jugement sur les traités	Positif (raisons et pays concernés)	Négatif (raisons et pays concernés)
P. Cambon		
J. M. Keynes		
G. Clemenceau		
W. Churchill		

Prépa BAC

L'étude d'un ensemble documentaire (5/10)

Sujet : Quelle est la situation de l'Europe au lendemain de la Première Guerre mondiale ?

Première partie : Analyse des documents

1. Quel est le bilan humain de la guerre (doc. 2, 3 et 4) ?
2. Quel est le sort réservé à l'Allemagne dans le traité de Versailles (doc. 1 et 5) ?
3. Montrer que l'Europe sort économiquement très affaiblie du conflit (doc. 2, 3 et 4) ?
   Quel impact psychologique a eu la guerre sur les populations européennes (doc. 3 et 5).
4. Montrer que le traité de Versailles peut porter en germes un nouveau conflit (doc. 5) ?

Deuxième partie

En vous fondant sur votre travail préparatoire, sur les informations extraites des documents et sur vos connaissances personnelles, vous rédigerez une réponse organisée au sujet suivant : Quelle est la situation de l'Europe au lendemain de la Première Guerre mondiale ?

DOCUMENT 1 L'Allemagne après le traité de Versailles.

DOCUMENT 2 Bilan humain et économique de la guerre de 1914-1918.

Il faudrait ajouter à ces chiffres les millions de civils, morts des conséquences indirectes de la guerre (disettes), des épidémies (grippe espagnole, typhus en Russie), de la guerre civile en Russie.

	Population totale en 1913 (millions)	Morts et disparus (millions)	Blessés et invalides (millions)	Production industrielle en 1920 (indice 100 en 1913)	Endettement en millions de dollars auprès des États-Unis en 1919
Allemagne	64,9	2,7	5	61	–
Autriche	50,6	1,5	2	–	–
France	39,6	1,4	4	62	2,950
Royaume Uni	45,1	0,9	2	100	4,166
Italie	36,1	0,75	1	106	1,648
Russie	142,6	1,7	?	17	187

DOCUMENT 3 **Le monument aux morts de Saint-Martin-d'Estreaux, Loire.**

Extraits des inscriptions gravées sur le monument de Saint-Martin :

Bilan de la guerre
Plus de douze millions de morts !
Autant d'individus qui ne sont pas nés !
Plus encore de mutilés, blessés, veuves et orphelins.
Pour d'innombrables milliards de destructions diverses.
Des fortunes scandaleuses édifiées sur les misères humaines.
Des innocents au poteau d'exécution.
Des coupables aux honneurs.
La vie atroce des déshérités.
La formidable note à payer.

La guerre aura-t-elle enfin
Assez provoqué de souffrances et de misères ?
Pour qu'à leur tour les hommes aient l'intelligence
Et la volonté de tuer la guerre... ?

Si tout l'effort produit...
Et tout l'argent dépensé pour la guerre l'avaient été pour la paix... ?
Pour le progrès social, industriel et économique ?
Le sort de l'humanité serait bien différent.

Maudite soit la guerre, et ses auteurs

DOCUMENT 4 **Opinion d'un géographe français**

Quand on songe aux conséquences de la grande guerre qui vient de se terminer sur cette prodigieuse fortune, on peut se demander si l'étoile de l'Europe ne pâlit pas et si le conflit dont elle a tant souffert n'a pas commencé pour elle une crise vitale qui présage sa décadence. En décimant ses multitudes d'hommes, vastes réserves de la vie où puisait le monde entier ; en gaspillant ses richesses matérielles, précieux patrimoine gagné par le travail des générations ; en détournant pendant plusieurs années les esprits et les bras du labeur productif vers la destruction barbare ; en éveillant par cet abandon les initiatives latentes ou endormies de ses rivaux, la guerre n'aura t-elle pas porté un coup fatal à l'hégémonie de l'Europe sur le monde ? [...]. Déjà la fin du XIXe siècle nous avait révélé la vitalité et la puissance de certaines nations extra-européennes, les unes comme les États-Unis nourries du sang même de l'Europe, les autres comme le Japon, formées par ses modèles et ses conseils. En précipitant l'essor de ces nouveaux venus, en provoquant l'appauvrissement des vertus productrices de l'Europe, en créant ainsi un profond déséquilibre entre eux et nous, la guerre n'a-t-elle pas ouvert pour notre vieux continent une crise d'hégémonie et d'expansion ?

A. Demangeon, *Le Déclin de l'Europe*, Payot, 1920.

DOCUMENT 5 **Opinion d'un diplomate allemand**

Jamais n'a été infligée à un peuple, avec plus de brutalité, une paix aussi accablante et aussi ignominieuse qu'au peuple allemand la paix honteuse de Versailles. Dans toutes les guerres des derniers siècles, des négociations entre vainqueur et vaincu avaient précédé la conclusion de la paix [...]. Mais une paix sans négociations préalables, une paix dictée comme celle de Versailles, est aussi peu une vraie paix qu'il n'y a transfert de propriété quand un brigand renverse à terre un malheureux et le contraint ensuite à lui remettre son porte-monnaie. La paix de Versailles nous a ravi plus de 70 000 km^2 et plus de 7 millions d'habitants. Pour garder le géant ainsi enchaîné, on a mis deux sbires à ses flancs, la Pologne et la Tchécoslovaquie qui ont reçu le droit, conservé aussi par les États vainqueurs, d'augmenter librement leurs forces militaires, tandis que notre armée, jadis la plus forte et la plus brave de monde, était réduite à n'être qu'une force de police à peine suffisante pour maintenir l'ordre intérieur.

Von Bülow, ancien chancelier de Guillaume II, *Mémoires*, Plon, 1931.

Méthode

A Aide à la deuxième partie

1. Rédiger une introduction

- Analyser le sujet et rappeler la problématique.
  – Analyse du sujet :
  Rappel de la Première Guerre mondiale : les participants, les dates, les vainqueurs
  – Problématique :
  Quelle est la situation de l'Europe au lendemain du conflit ? Qu'en pensent les vainqueurs et les vaincus ?

2. Rédiger une conclusion

- Elle doit répondre explicitement à la problématique posée :
  L'Europe semble très affaiblie, qu'il s'agisse des vaincus ou des vainqueurs.
  Les traités n'ont pas réglé tous les problèmes.
- Elle peut ouvrir des perspectives d'avenir :
  Les traités de paix seront-ils appliqués ? L'Europe réussira-t-elle à redresser sa situation ?

CHAPITRE 13

La France, une démocratie libérale dans la crise des années 1930

La guerre s'achève en 1918 par une victoire des démocraties libérales, France, Royaume-Uni, États-Unis… La prospérité économique retrouvée après une courte crise en 1919-1920, la création de la Société des Nations et la signature des traités de paix semblent consolider l'espoir d'un monde où le spectre de la guerre serait banni à jamais.

Mais ces démocraties sont bientôt profondément ébranlées par la crise de 1929. Le cas français est, à cet égard, éclairant. Après une rapide stabilisation au cours des années 1920, la décennie suivante est marquée par le développement d'une crise profonde et durable qui plonge le pays dans une faiblesse persistante.

Comment la France réagit-elle à la crise des années 1930 ?

1 | De la République victorieuse…

Emprunt du Crédit Lyonnais 1918. Affiche d'Abel Faivre, 1918.

« On a touché le fond de l'abîme. Or la France sort de là vivante, son territoire reconstitué, son empire colonial agrandi. » Georges Clemenceau, 1929.

1918 · 1920 · 1925 · 1930 · 1935 · 1940

- **décembre 1920** congrès de Tours : création du Parti communiste
- **juin 1928** franc Poincaré
- **1931** début de la crise économique
- affaire Stavisky
- **6 février 1934**
- **1936-1937** **gouvernement de Front populaire (Léon Blum)**
- **1938-1940** gouvernement Daladier
- **septembre 1939** début de la Seconde Guerre mondiale
- législatives de **1918**
- législatives de **1924**
- législatives de **1928**
- législatives de **1932**
- législatives de **1936**
- 1918 fin de la Première Guerre mondiale
- mai-juin 1936 grèves
- septembre 1938 accords de Munich

2 ... à la République en crise.

Affiche électorale de 1932 : la France dans la tempête mondiale.

Malgré cette belle assurance de la droite française, la France est bel et bien touchée par la crise économique mondiale dès 1932.

« Toucher à la monnaie est une opération délicate et qu'il ne faut faire qu'à la dernière extrémité ; mais tous les pays du monde n'étaient-ils pas à la dernière extrémité ? »

Paul Reynaud, ministre des Finances en 1930, plusieurs fois ministre de 1930 à 1940, *Mémoires*, t. I, Flammarion, 1960.

La génération du feu

• Dans leur immense majorité, les Français morts au combat (1 393 000) durant la guerre de 1914-1918, appartiennent à la génération des hommes de 20 à 30 ans, pour la plupart pas encore mariés ou pas encore pères. Au sein de cette génération, le vide laissé est donc considérable. Par le phénomène des « classes creuses » nées entre 1914 et 1918, le vide se retrouve à la génération suivante, celle qui atteint l'âge de 20 ans vers 1940.

• Mais la place de la « génération du feu » ne se mesure pas seulement à l'absence douloureuse des morts au combat ou aux échancrures de la pyramide des âges. En raison de leur nombre – six millions en 1919 – et du respect qu'ils inspirent, ces jeunes « anciens combattants » pèsent fortement dans la vie politique, sociale, culturelle de la société française des années 1919-1939.

1 Les funérailles du soldat inconnu, le 11 novembre 1920.

2 Les principales associations d'anciens combattants

• Union fédérale, association de mutilés créée en février 1918, transformée ensuite en association d'anciens combattants, de tendance politique plutôt radicale.

• Union nationale des combattants (UNC), créée le 11 novembre 1918, association plutôt conservatrice.

• Association républicaine des anciens combattants (ARAC), liée à l'extrême gauche.

• Les Croix-de-Feu : la « Légion des décorés au péril de leur vie », créée en 1927, devient en 1928 « Les Croix-de-Feu » qui tire son nom des croix de guerre gagnées au feu. Le colonel de la Rocque y adhère en 1929.

Ces associations entretiennent, après la guerre, le culte du souvenir des camarades morts au combat, interviennent parfois dans la vie politique comme groupes de pression et imprègnent la société d'un pacifisme diffus.

3 La guerre vue par Céline

Ce colonel, c'était donc un monstre ! [...] Il devait y en avoir beaucoup des comme lui dans notre armée, des braves, et puis tout autant sans doute dans l'armée d'en face. Qui savait combien ? Un, deux, plusieurs millions peut-être en tout ? Dès lors, ma frousse devint panique. Avec des êtres semblables, cette imbécillité infernale pouvait continuer indéfiniment... Pourquoi s'arrêteraient-ils ? Jamais je n'avais senti plus implacable la sentence des hommes et des choses. Serai-je donc le seul lâche sur la terre ? pensais-je. Et avec quel effroi !... Perdu parmi deux millions de fous héroïques et déchaînés et armés jusqu'aux cheveux ? [...] enfermés sur la terre comme dans un cabanon, pour y tout détruire, Allemagne, France et Continents, tout ce qui respire, détruire, plus enragés que les chiens, adorant leur rage (ce que les chiens ne font pas). Cent, mille fois plus enragés que mille chiens et tellement plus vicieux. Nous étions jolis. Décidément, je le concevais, je m'étais embarqué dans une croisade apocalyptique. On est puceau de l'Horreur comme on l'est de la volupté. Comment aurais-je pu me douter moi de cette horreur en quittant la place Clichy ? Qui aurait pu prévoir, avant d'entrer vraiment dans la guerre, tout ce que contenait la sale âme héroïque et fainéante des hommes ? À présent, j'étais pris dans cette fuite en masse, vers le meurtre en commun, vers le feu... Ça venait des profondeurs et c'était arrivé.

L.-F. Céline, *Voyage au bout de la nuit*, Denoël, 1932.

4 Le monument aux morts de Péronne (Somme).

5 **Les mutilés et « gueules cassées » au défilé de la victoire du 14 juillet 1919.** Tableau de J. Galtier-Boissière.

6 **Commémoration place de l'Étoile, 1928.**

7 Déclaration de l'UNC des Ardennes

Nous sommes de véritables anciens combattants, au parler franc mais au cœur loyal, et nous avons un idéal commun, la prospérité de la patrie.

Et nous ne considérons cette prospérité de notre France comme possible que dans l'union de toutes les bonnes volontés, et c'est pourquoi nous voulons la paix entre nous, la paix entre les Français, la paix dans le monde.

Pour nous Français, la Patrie, c'est l'unité de la race, de la langue, c'est un idéal commun. La Patrie, comprise ainsi, c'est le poste duquel on peut le mieux servir l'humanité, en sorte qu'à mesure que le pays s'améliore, s'affine, la patriotisme s'épuise. Ce sont ces patriotismes épurés qui se tournent vers la SDN, moins pour ce qu'elle est que pour ce qu'elle doit être.

Le Combattant sanglier, juin 1932.

Questions

A Retirer des informations des documents

1. Quelle est la principale caractéristique de cet ensemble d'associations (doc. 2) ?

2. Quelle critique de la guerre peut-on relever dans le texte de Céline (doc. 3) ?

3. À quelles valeurs l'UNC se réfère-t-elle (doc. 7) ?

B Mettre en relation les documents

4. Le tableau (doc. 5) exprime-t-il la réalité (doc. 6) ?

5. La commémoration du 11 novembre, telle qu'elle est présentée ici (doc. 1 et 6), se veut-elle seulement l'expression d'un patriotisme victorieux ? Justifier votre réponse.

6. Quels traits communs apparaissent ici (doc. 1, 2 et 3) ? Quel document montre le pacifisme des anciens combattants ?

7. Comment le souvenir des soldats morts est-il entretenu ?

C Rédiger

8. Justifier en quelques lignes l'expression « génération sacrifiée ».

1 Les démocraties libérales après 1918

A. Une indéniable progression **doc. 1 et 2**

■ **La guerre de 1914-1918 a remodelé la carte politique de l'Europe.** Les grandes dynasties impériales n'ont pas survécu aux contrecoups du conflit : en Russie, le régime tsariste des Romanov est renversé par la révolution de février 1917 ; l'empereur d'Allemagne, Guillaume II de Hohenzollern, abdique le 9 novembre 1918 ; quelques jours plus tard, l'empereur d'Autriche-Hongrie, Charles de Habsbourg, quitte Vienne pour la Suisse. Enfin, l'Empire ottoman disparaît lui aussi, en 1923.

■ Sur les ruines des empires ainsi effondrés, **le principe démocratique semble l'emporter** : la République de Weimar apparaît en Allemagne, tandis que de nouvelles républiques (Autriche, Tchécoslovaquie) ou des monarchies constitutionnelles (Yougoslavie) naissent de l'ancienne Autriche-Hongrie.

■ Après de brèves difficultés économiques et sociales dans l'immédiat après-guerre, **les démocraties libérales déjà existantes avant 1914 connaissent une réelle consolidation** : aux États-Unis, les années 1920 sont l'époque de la « *Prosperity* » ; la France surmonte, elle aussi, rapidement ces difficultés du début de la décennie. De surcroît, parmi les jeunes républiques, la République de Weimar trouve, à partir de 1924, une stabilité qui contraste avec ses premières années d'existence très difficiles.

B. L'apparition de modèles concurrents **doc. 3 et 4**

■ Pendant la guerre et l'après-guerre apparaissent toutefois **d'autres régimes politiques qui se posent en concurrents de la démocratie** :
– la Russie bolchevique fait figure de contre-modèle de la démocratie libérale, considérée comme un régime bourgeois à combattre et à abattre ;
– en Italie, les difficultés et les tensions de l'après-guerre favorisent l'installation, dès 1922, d'un autre adversaire de la démocratie libérale, le fascisme.

■ Cependant, dans un premier temps, ces régimes restent isolés. **La prospérité économique retrouvée contribue à la consolidation, au moins apparente, des jeunes démocraties**, et favorise l'apaisement des relations internationales. L'amélioration des relations franco-allemandes à partir de 1925 et l'« esprit de Genève » (ville où siège la Société des Nations) entretiennent l'espoir que, désormais, les conflits entre les États puissent être arbitrés par la **sécurité collective** et le droit international. Une immense espérance parcourt l'Europe, celle que la Grande Guerre ait été la « der des der » et que les principes démocratiques servent aussi à apaiser les tensions entre États. La signature du **pacte de Locarno** en 1925 et l'entrée de l'Allemagne à la Société des Nations en 1926 semblent concrétiser cette espérance de paix.

C. Après 1929, le temps des crises **doc. 5**

■ Si, au cours des années 1920, fascisme et communisme restent limités l'un à l'Italie, l'autre à la Russie soviétique, la détérioration rapide de la situation économique après 1929 et la dégradation des relations internationales **déstabilisent les grandes démocraties.** Dans les années 1920, la dictature est déjà installée en Italie, en Hongrie, au Portugal et en Pologne ; dans les années 1930, elle gagne l'Allemagne nazie, la Bulgarie, la Grèce, la Roumanie et l'Espagne franquiste. En 1936, sur vingt-huit États européens, treize seulement sont démocratiques !

■ Le régime démocratique, apparemment victorieux en 1918, et consolidé par la stabilisation générale des années 1920, se retrouve affaibli et sur la défensive dans les années 1930. Le cas de la France est, à cet égard, révélateur.

VOCABULAIRE

sécurité collective : système qui confie à des instances internationales le règlement des conflits.

pacte de Locarno : accord signé par la France, le Royaume-Uni, l'Italie, la Belgique, l'Allemagne, la Pologne et la Tchécoslovaquie qui garantit l'inviolabilité des frontières occidentales de l'Allemagne.

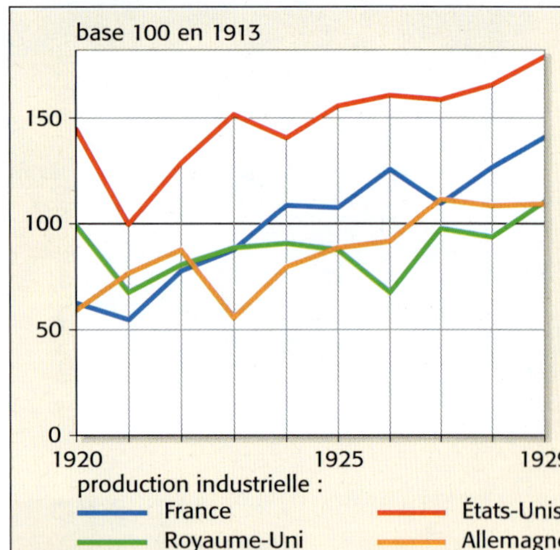

1 Le temps de la prospérité.

2 L'espoir de la paix

Ah ! messieurs les détracteurs de la Société des Nations [...], est-ce que ce qui se passe aujourd'hui aurait été possible s'il n'y avait pas une Société des Nations ? Est-ce que ce n'est pas un spectacle émouvant, particulièrement édifiant et réconfortant que, quelques années après la plus effroyable guerre qui ait jamais bouleversé le monde, alors que les champs de bataille sont encore humides de sang, les mêmes peuples qui se sont heurtés si rudement se rencontrent dans cette assemblée pacifique et échangent leur volonté commune de collaborer à l'œuvre de paix universelle ! Quelle espérance pour les peuples.
Quelle est la signification de ce jour pour l'Allemagne et pour la France ? Cela veut dire : c'est fini la série de rencontres douloureuses et sanglantes dont toutes les pages de l'Histoire sont tachées par le passé ; c'est fini la guerre entre nous ; c'est fini les longs voiles de deuil sur les souffrances qui ne s'apaiseront jamais ! Désormais, c'est le juge qui dira le droit ; comme les individus qui s'en vont régler leur différend devant le magistrat, nous aussi nous règlerons les nôtres par des procédés pacifiques. Arrière les fusils, les mitrailleuses, les canons ! Place à la conciliation, à l'arbitrage, à la paix.

Discours d'Aristide Briand, ministre des Affaires étrangères, le 10 septembre 1926.

3 Le danger bolchevique vu par le journal allemand *Welt Echo*, 7 mars 1919.

1. Comment le bolchevisme est-il représenté ?
2. Quel rôle semblent devoir jouer les Allemands (Deutsche), les Polonais (Polen) et les Alliés (Alliierte) ?
3. Montrer que l'Allemagne (Deutschland) est menacée à l'intérieur de ses frontières. Qui peut ainsi menacer l'Allemagne, selon les auteurs de cette carte ?

4 Affiche du parti national socialiste, juin 1931. « Contre Versailles » Invitation du parti nazi (NSDAP) à la fête du solstice d'été du Collmberg (Saxe).

1. À quoi est associé le parti national-socialiste (NSDAP) ?
2. Montrer que l'affiche dénonce le traité de Versailles.

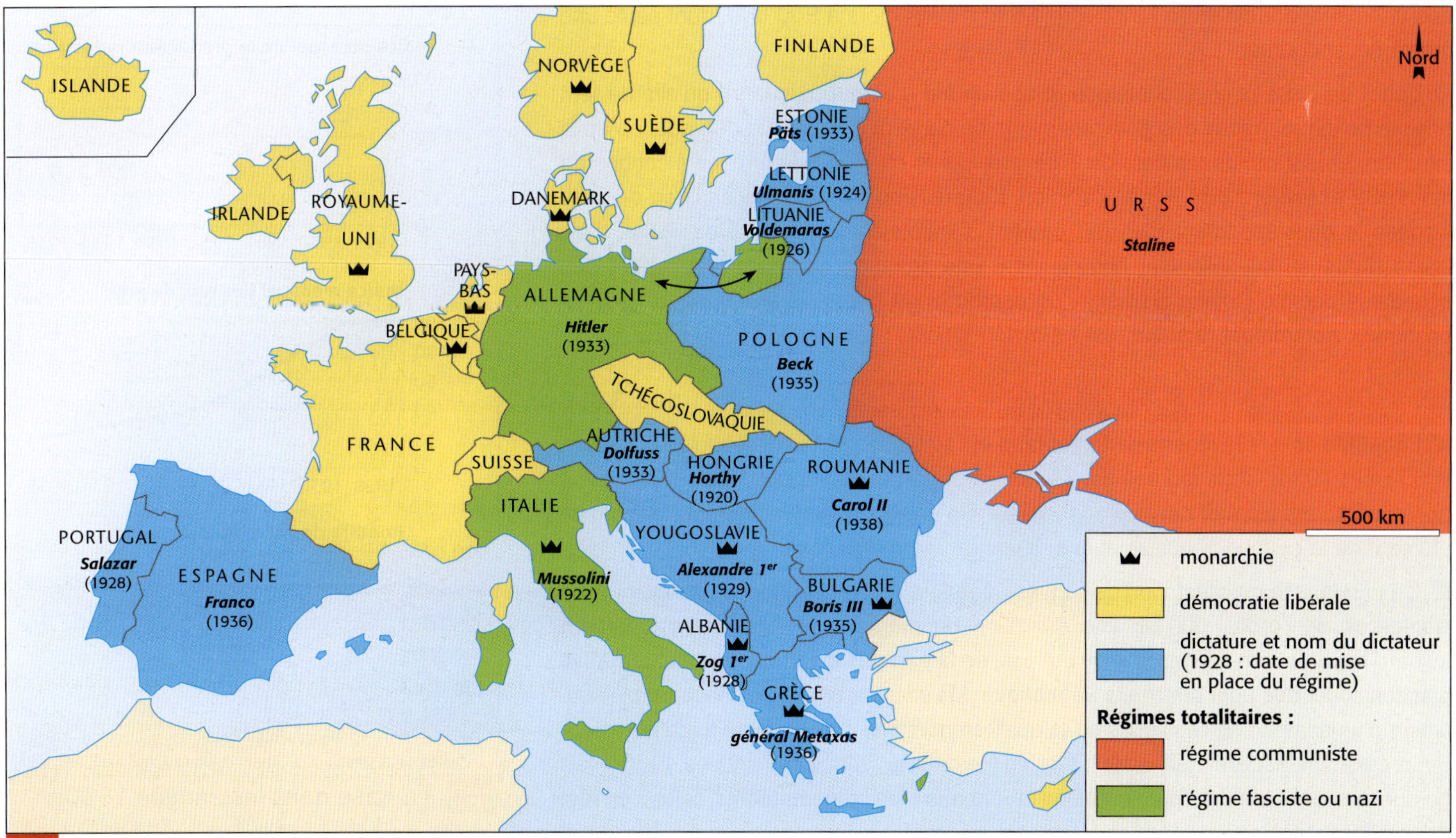

5 L'Europe politique à la fin des années 1930.

1. Combien l'Europe compte-t-elle de démocraties à la fin des années 1930 ? Combien compte-t-elle de dictatures et de régimes totalitaires ?
2. Quel danger une telle situation représente-t-elle ?

2 La France dans la crise

A. Les années 1920 : retour à la « Belle Époque » ?

doc. 1 et 4

La France sort profondément éprouvée de la Grande Guerre. Les pertes humaines ont été terribles : près de 1,4 million de morts, plus de 3 millions de blessés. Le pays connaît durant l'immédiat après-guerre de nombreuses difficultés, sociales et financières notamment. Mais elles sont progressivement surmontées. Bien plus, si l'Union sacrée ne survit guère à la victoire, les institutions politiques fonctionnent : **la IIIe République paraît avoir surmonté le choc de la guerre** et retrouvé sa stabilité de la « Belle Époque » ; les majorités parlementaires de droite (1919, 1928) et de gauche (Cartel des gauches en 1924) se succèdent sans crise aiguë.

Même les problèmes financiers semblent résolus par Poincaré. Après 1926, le franc reprend rapidement de la valeur. En 1928, le « franc Poincaré » est le symbole de ce redressement. Quand la crise mondiale éclate en 1929, la France semble donc **un îlot économiquement préservé** et le régime républicain paraît solidement enraciné.

B. Une crise multiforme

doc. 2 et 5

Toutefois, à partir de l'automne 1931, la situation économique se détériore brusquement : le chômage augmente, et, dès le mois de septembre, le commerce extérieur est déséquilibré par la dévaluation de la livre sterling. Cette crise, qui survient avec un décalage chronologique par rapport aux autres pays, est moins forte qu'en Allemagne et aux États-Unis : **la baisse de la production industrielle y est moins spectaculaire. Mais elle est beaucoup plus longue**. L'un des aspects particuliers de la France des années 1930 réside dans cette persistance de la crise, véritable langueur qui frappe durablement l'économie. Les conséquences sociales sont douloureuses : le nombre des chômeurs double entre 1931 et 1936 et s'élève alors à 900 000, dont seule une moitié est secourue.

L'effet de cette crise économique et sociale est d'autant plus lourd qu'elle devient ensuite politique. Aucun des gouvernements ne parvient à enrayer la dégradation de la situation, et leur rapide succession – six présidents du Conseil entre les élections de mai 1932 et février 1934 – irrite l'opinion. **L'impression d'impuissance** qui en découle favorise le développement d'un fort courant d'antiparlementarisme. Des **ligues** d'extrême droite se multiplient et entretiennent une agitation croissante, exploitant des scandales comme l'affaire Stavisky : un escroc ayant bénéficié de l'appui d'hommes politiques, notamment radicaux, est retrouvé « suicidé » en janvier 1934.

C. L'onde de choc du 6 février 1934

doc. 3 et 6

L'hostilité envers le régime parlementaire et l'agitation qui lui est associée culminent le 6 février 1934. Cette journée est à la fois importante par la gravité des événements qui se déroulent alors et par le processus qu'elle enclenche indirectement : le rassemblement de la gauche française et la création du Front populaire.

Ce jour-là, une manifestation des ligues dégénère en un affrontement sanglant avec les forces de l'ordre, qui fait une quinzaine de morts. Les historiens s'accordent aujourd'hui pour considérer qu'**il n'y eut pas, de la part des manifestants, une tentative d'action concertée pour abattre la République**. Mais les partis de gauche eurent le sentiment d'un complot de ces ligues qu'ils qualifièrent même de « coup de force fasciste ». L'imprégnation fasciste était, en fait, très limitée dans la France des années 1930. Mais ce qui compte est bien **la perception qu'eurent alors les contemporains, celle d'un réel danger fasciste**. Cette perception fut encore avivée par la tournure dramatique que prit la manifestation du 6 février. Le développement d'un fort courant antifasciste fut le moteur du rassemblement des partis de gauche et joua donc un rôle, au moins indirect, dans la naissance du Front populaire.

VOCABULAIRE

ligues : dans les années 1930, groupes d'extrême droite violemment hostiles au régime parlementaire : Jeunesses patriotes, Solidarité française, Camelots du roi de l'Action française, francistes.

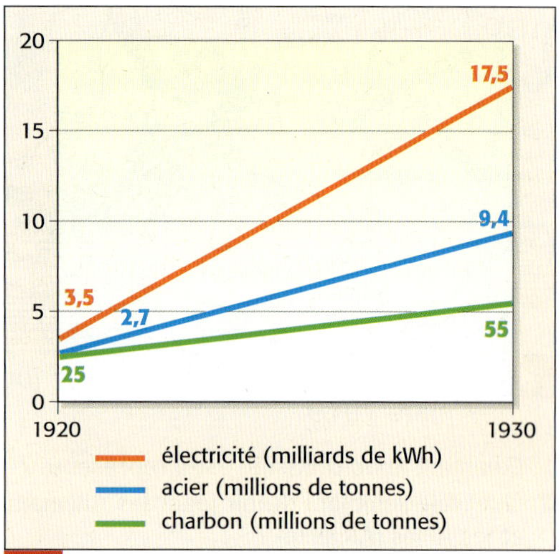

1 Le redressement industriel de la France dans les années 1920.

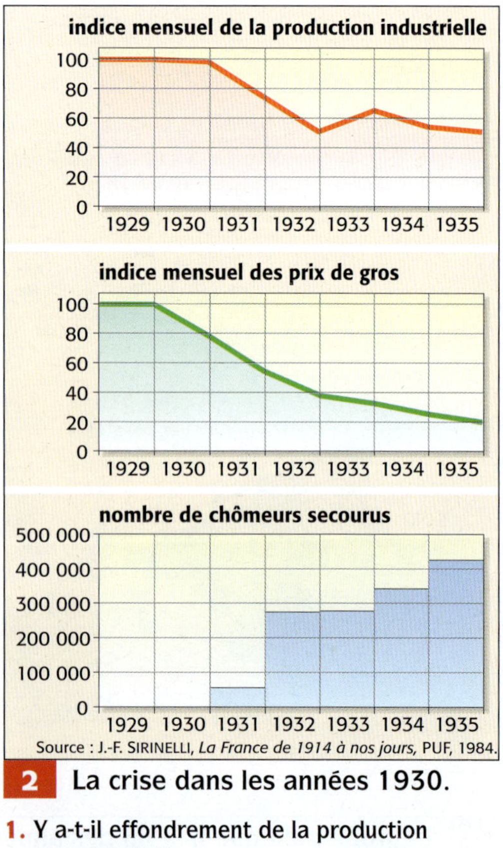

Source : J.-F. SIRINELLI, *La France de 1914 à nos jours*, PUF, 1984.

2 La crise dans les années 1930.

1. Y a-t-il effondrement de la production industrielle ?
2. Quel lien établir entre la 1re et la 2e courbe ? entre le 1er et le 3e graphique ?

3 Le programme de la ligue Solidarité française, 1933

Répartition proportionnelle des mandats. Ce système supprimera les anomalies actuelles du scrutin d'arrondissement où nous voyons quatre pelés et un tondu envoyer au Parlement le même nombre de représentants que dix mille autres citoyens. De plus, le nombre des députés sera réduit de moitié au moins, avec le vote obligatoire et la suppression de l'immunité parlementaire. D'autre part, cette mesure nettoiera radicalement l'organisation électorale actuelle qui oblige quarante millions de Français à rester prisonniers d'un million de gangsters.
Il y aura deux représentations absolument indépendantes l'une de l'autre. L'une est professionnelle, la seconde est politique. Ce principe est encore un des pivots de la doctrine de la S.F. L'appareil législatif présentera, dans ces conditions, deux Chambres : celle des députés, élue suivant le mode de scrutin indiqué plus haut, et le Sénat. L'exécutif aura un président du Conseil choisi par le président-chef de la République. En principe, le gouvernement devra être changé s'il est mis en minorité par le parlement. Mais le président sera libre de le garder au pouvoir.

1. **Quels termes montrent l'antiparlementarisme de cette ligue ?**
2. **Quel pouvoir resterait aux députés selon ce programme ?**

4 **L'école, instrument de promotion sociale et d'assimilation.** Affiche du parti radical, 1932.

- **Loi du 16 avril 1930** : gratuité des études en 6e.
- **Loi du 31 mars 1931** : gratuité des études en 5e.
- **Loi du 31 mars 1932** : gratuité des études en 4e.
- **Loi du 31 mai 1933** : gratuité des études dans tout l'enseignement secondaire.

5 **Affiche de la CGTU, début des années 1930.**
Syndicat communiste, la CGTU est opposée à la CGT de l'époque, contrôlée par les socialistes.

1. **Décrire l'affiche.**
2. **Qu'est ce qu'un « briseur de grève » ? Qui est ici visé ?**
3. **Montrer qu'au début des années 1930, la gauche est divisée.**

6 **La une du *Charivari*,** 27 septembre 1930.

La crise politique à son paroxysme

• Le 6 février 1934, soit un mois après le « suicide » de Stavisky, des organisations d'anciens combattants et des ligues d'extrême droite appellent à des manifestations, notamment place de la Concorde, devant la Chambre des députés, où le nouveau président du Conseil, le radical Édouard Daladier, présente son gouvernement. Confrontées à certains manifestants très hostiles, craignant d'être débordées, les forces de l'ordre ouvrent le feu. En fin de soirée, le bilan est tragique : une quinzaine de morts et plusieurs centaines de blessés.

Un Voix a parlé...
Le Numéro 50 Centimes
Le Canard enchaîné
JOURNAL SATIRIQUE PARAISSANT LE MERCREDI
EN HAUTE-SAVOIE, SUR LES ROUTES EN LACETS... D'ALMEREYDA
Stavisky se suicide d'un coup de revolver qui lui a été tiré à bout portant

1 La une du *Canard enchaîné* du 10 janvier 1934.

• La crise qui touche la France depuis plusieurs années connaît ainsi une sorte de paroxysme. Les conséquences sont considérables. À droite, on s'indigne devant un tel bilan, dont le gouvernement de centre gauche au pouvoir est rendu responsable. À gauche, on crie à la tentative de « coup de force fasciste ».

2 Manifestants le 6 février 1934.

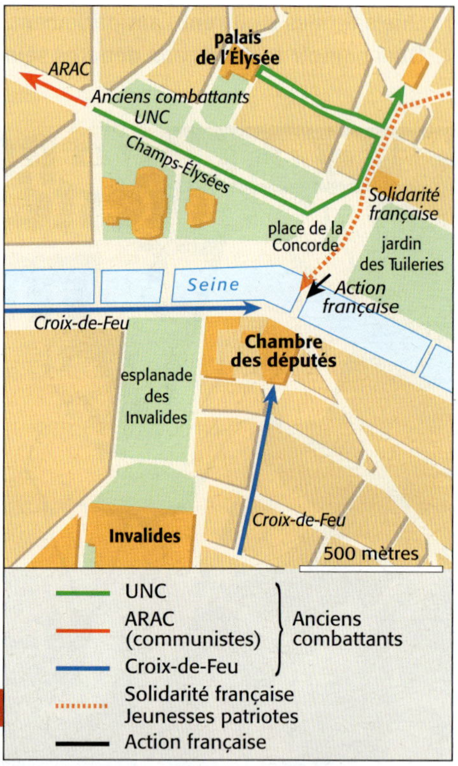

3 Le 6 février 1934 à Paris.

4 **Un témoignage sur le 6 février 1934**

Le pont de la Concorde était barré par des rangées de gardes et d'agents devant leurs camions. Ils faisaient face à quelque chose d'absent. Combien de fois avaient-ils vu de ces accumulations de police contre rien ou presque rien ? Sous les balustrades des Tuileries, il y avait aussi une masse de gardes à cheval. Hommes et bêtes regardaient fascinés l'espace dépeuplé. Dans le fond, ce qui semblait le vague grouillement ordinaire de la rue Royale s'arrêtait net à une mince ligne d'agents. [...]
Dans la rue Royale, il trouva une foule beaucoup plus nombreuse qu'il n'aurait cru, une foule où il y avait beaucoup plus d'hommes que de femmes. Ils allaient, venaient, revenaient, Gilles remarquait ce vaste manège, mais pourtant secouait la tête dans une négation obstinée. « Déjà tard, il ne se passera rien. Il ne se passe rien. » Tout d'un coup, comme il revenait vers la place de la Concorde, une rumeur, une haleine brûlante lui soufflèrent au visage. Une autre foule refluait de cette place qu'il avait crue vide tout ce temps qu'il était au journal. [...]
« Ils tirent », criaient-ils, le prenant à témoin. [...] Il courut vers l'obélisque et au-delà. Il était seul... Il vit devant lui le pont, la triple ligne des gardes, immobiles comme si de rien n'était.
À droite, à l'entrée des Champs-Élysées, un autobus renversé flambait. [...] Au-delà, [...] on apercevait une grande masse, hérissée de drapeaux, qui remuait un peu : les Anciens Combattants.

P. Drieu La Rochelle, *Gilles*, Gallimard, 1939.

5 Rapport de la commission d'enquête parlementaire sur le 6 février 1934

C'est à ce moment qu'arrive sur la place la colonne de la Solidarité française venant des boulevards, avec M. de Gueydon, dit Vinceguide, à sa tête. Ayant pu forcer les barrages des boulevards, cette colonne, forte d'environ 1 500 personnes, pense franchir le pont et atteindre la Chambre. Les manifestants se précipitent à nouveau vers le barrage. Les lances que les pompiers ont mises en batterie devant le pont, côté Tuileries, sont prises par les assaillants et retournées contre le service d'ordre. Les cavaliers reculent en désordre et contribuent à enfoncer la ligne des gardes. Des manifestants se précipitent en criant : « À la Chambre ! À l'eau les gardes ! »
Ils parviennent jusqu'aux cars, quelques-uns pénètrent dans le passage entre les cars et le parapet du côté du pont. Il se produit une panique sur le pont. Des gardiens de la paix et des gardes mobiles se trouvant en état de légitime défense sortent leurs pistolets et tirent. Beaucoup de coups de feu sont tirés en l'air ; quelques-uns sur les manifestants.
Des manifestants sont atteints. Mais beaucoup croient qu'on tire à blanc. Les officiers, les commissaires cherchent à arrêter le feu. Ils y réussissent après un petit nombre de coups. Mais quelques instants plus tard, une nouvelle série de coups de feu part et provoque le recul des assaillants.

6 Affiche de la fin février 1934.

7 Manifestation socialiste du 12 février 1934, à laquelle se sont joints des manifestants communistes.

Questions

A Retirer des informations des documents

1. Que suggère le titre du journal (doc. 1) ?
2. Vers quoi convergent quatre des six cortèges (doc. 3) ? Quels cortèges s'éloignent de cet endroit ?
3. Quelle est l'attitude des forces de l'ordre d'après ce texte (doc. 4) ?
4. D'après le rapport de la commission d'enquête, les forces de l'ordre ont-elles tiré sur la foule de façon délibérée (doc. 5) ?
5. Quelle conclusion les auteurs de cette caricature tirent-ils de la répression des manifestations (doc. 6) ?
6. Qui est dénoncé derrière ces scandales (doc. 6) ?
7. Qu'est-il écrit sur les pancartes de la contre-manifestation de gauche du 12 février (doc. 7) ?
8. Comment les partis de gauche se sont-ils exprimés après les affrontements du 6 février 1934 (doc. 7) ?

B Mettre en relation les documents

9. D'après les doc. 2, 3, 4 et 5, quelles étaient les différentes motivations des manifestants.

C Rédiger

10. Rédiger un paragraphe expliquant pourquoi le régime a vacillé le 6 février 1934.

3 Le Front populaire

VOCABULAIRE

conventions collectives : accords conclus entre les employeurs et les syndicats représentant les salariés sur les conditions et les horaires de travail, les garanties sociales et les salaires.

A. La gauche au pouvoir

doc. 1 et 2

■ **En 1934, la gauche est très divisée.** Depuis sa naissance au congrès de Tours, en 1920, **le parti communiste (PC)** s'est isolé des autres partis de gauche, qu'il considère comme des « organisations bourgeoises ». Quant au **parti socialiste (SFIO)**, s'il s'est remis de la scission de Tours, il n'a jamais conclu d'alliances avec les communistes. Pour leur part, **les radicaux** restent attachés au libéralisme et sont très réticents à l'idée d'un accord avec le PC. Le contexte semble donc peu propice à un rapprochement des forces de gauche.

■ Sous le choc du 6 février 1934, pourtant, un tel processus s'enclenche. Le 12 février, lors d'une grande manifestation à Paris où le PCF et la SFIO défilent, initialement, chacun de leur côté, leurs militants se rejoignent au cri de « Unité ! Unité ! ». Mais l'évolution décisive intervient en juin 1934 lorsque le parti communiste change de stratégie et se prononce désormais, sous l'influence de Staline, pour un front commun des partis de gauche contre le fascisme. Un an plus tard, les radicaux se rallient à cette politique et, **le 14 juillet 1935, a lieu une grande manifestation des partis de gauche**, désormais alliés. Les élections législatives de 1936 donnent la victoire en nombre de voix, et surtout de sièges (grâce aux désistements) au Rassemblement populaire, plus couramment appelé Front populaire.

B. Les réformes du Front populaire

doc. 3, 4 et 5

■ Avant même la formation d'un nouveau gouvernement, **des grèves éclatent, accompagnées d'occupation d'usines**. Largement spontanées, elles sont le reflet de la joie et des espoirs suscités dans la classe ouvrière après la victoire électorale. Début juin, une large partie de l'industrie française est ainsi paralysée.

■ C'est dans ce contexte qu'est constitué **le gouvernement du Front populaire**, sous la direction du socialiste Léon Blum. Les communistes ayant décidé d'adopter une attitude de soutien sans participation, le gouvernement est composé de socialistes et de radicaux. Pour la première fois, en France, des femmes entrent dans un gouvernement : trois d'entre elles, dont Irène Joliot-Curie, occupent les sous-secrétariats d'État à l'Éducation nationale, à la Recherche scientifique et à la Protection de l'enfance.

■ Dès ce mois de juin 1936, le gouvernement Blum prend des initiatives importantes dans le domaine économique et social, notamment :
– les **accords Matignon**, signés par le gouvernement, prévoyant de fortes hausses des salaires, l'établissement de **conventions collectives** et la reconnaissance aux ouvriers de l'exercice du droit syndical ;
– le vote, par la Chambre des députés, de lois instaurant **deux semaines de congés payés** et la **limitation à 40 heures de la durée hebdomadaire du travail** ;
– la refonte du statut de la Banque de France, la nationalisation d'usines d'armement.

■ Le reflux du mouvement de grèves montre la satisfaction de la classe ouvrière. Le 26 juin, le ministre de l'Intérieur, Roger Salengro, se félicite du climat politique qui prévaut à cette date : « Ainsi s'achève, sans une goutte de sang, le plus formidable conflit social qu'ait connu la République. »

C. Les premières difficultés

doc. 6

■ Mais, rapidement, Léon Blum doit affronter des **difficultés**. Lorsque la guerre civile espagnole éclate, le 17 juillet 1936, le gouvernement est divisé sur l'opportunité d'une aide directe au *Frente popular* espagnol confronté à la tentative de coup d'État des franquistes. Devant les attitudes opposées de ses ministres et les divisions de l'opinion, Léon Blum, qui doit tenir compte également de l'hostilité du Royaume-Uni à toute ingérence, fait adopter le principe de la « **non-intervention** ».

1 La République menacée : *L'accordée*, dessin à la une de *Cyrano*, 6 mars 1936.

1. Que représente le personnage vêtu de rouge ? Qui est derrière lui ?
2. Les deux autres personnages sont le radical Édouard Herriot (à gauche) et le communiste Marcel Cachin. Montrer qu'il s'agit d'une caricature anticommuniste.

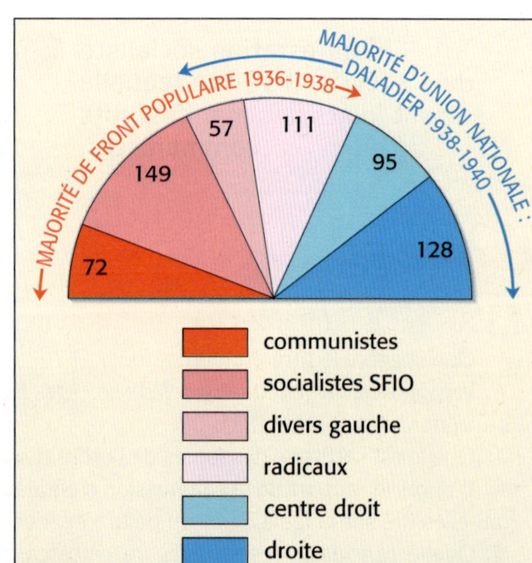

2 L'Assemblée nationale en mai 1936.

1. Les socialistes peuvent-ils gouverner seuls ?
2. Montrer que les radicaux jouent un rôle de parti charnière.

3 **Affiche de la CGT pour le 1er mai 1936.**
La CGT (majorité socialiste) et la CGTU (majorité communiste) s'étaient séparées en 1921 ; elles se réunifient en mars 1936 au congrès de Toulouse sous le nom de CGT et avec une direction socialiste.

4 Discours de Léon Blum, 5 juin 1936

Le gouvernement fera tout son devoir. Il ne manquera à aucun des engagements qu'il a pris. Mais sa force réside avant tout dans la confiance qu'a mise en lui le peuple de France, et il en réclame aujourd'hui le témoignage aux millions d'électeurs qui l'ont porté au pouvoir.
L'action du gouvernement, pour être efficace, doit s'exercer dans la sécurité publique. Elle serait paralysée par toute atteinte à l'ordre, par toute interruption dans les services vitaux de la nation. Toute panique, toute confusion serviraient les desseins obscurs des adversaires du Front populaire, dont certains guettent déjà leur revanche.
Le gouvernement demande donc aux travailleurs de s'en remettre à la loi pour celles de leurs revendications qui doivent être réglées par la loi, de poursuivre les autres dans le calme, la dignité et la discipline. Il demande au patronat d'examiner ces revendications dans un large esprit d'équité. Il déplorerait qu'une tactique patronale d'intransigeance parût coïncider avec son arrivée au pouvoir. Il demande enfin au pays tout entier de conserver son sang-froid, de se défendre contre les exagérations crédules et les rumeurs perfides, d'envisager avec pleine maîtrise de lui-même une situation déjà dramatisée par les observateurs malveillants de la France, mais que les efforts d'une volonté commune doivent suffire à résoudre. La victoire des 26 avril et 3 mai reçoit aujourd'hui sa pleine consécration. Un grand avenir s'ouvre devant la démocratie française. Je l'adjure, comme chef de gouvernement, de s'y engager avec cette force tranquille qui est la garantie de victoires nouvelles.

1. **Dans quel contexte ce discours est-il prononcé ?**
2. **L'appel à une négociation entre « travailleurs » et « patronat » est-il entendu les jours suivants ?**

Les dirigeants du Front populaire. **5**

6 Léon Blum et le Front populaire vus par Charles Maurras et par *L'Œuvre*.

a. Ce Juif allemand naturalisé ou fils de naturalisé, qui disait aux Français, en pleine Chambre, qu'il les haïssait, n'est pas à traiter comme une personne naturelle. C'est un monstre de la République démocratique. [...] Détritus humain à traiter comme tel [...].
L'heure est assez tragique pour comporter la réunion d'une cour martiale qui ne pourrait fléchir. M. Reibel demande la peine de mort contre les espions. Est-elle imméritée des traîtres ?
Vous me direz qu'un traître doit être de notre pays : Monsieur Blum en est-il ?
Il suffit qu'il ait usurpé notre nationalité pour la décomposer et la démembrer. Cet acte de volonté, pire qu'un acte de naissance, aggrave son cas.
C'est un homme à fusiller, mais dans le dos.

Charles Maurras, *L'Action française*, 9 avril 1936.

b. Qu'est-ce que ça représente, tout cela ?
Des bolcheviks, le couteau entre les dents et le pistolet dans la poche ? Des révolutionnaires assoiffés de sang ?
Non.
Des Français – des Français moyens – qui veulent que soit respectée la liberté, que, dans un moment difficile, comme celui que nous traversons, les privilégiés prennent comme les autres leur part des difficultés, que le fascisme, qui a ruiné l'Italie, comme demain il ruinera l'Allemagne ou l'entraînera aux pires aventures, ne vienne pas ruiner la France.
Des Français qui croient à la fois à la Paix, à la République et à la Nation.
C'est si simple !

L'Œuvre du 16 février 1936.

1. **Qui est contre Blum et le Front populaire ?**
2. **Quels arguments sont avancés par ces opposants à Léon Blum ?**

1936 : « L'embellie »

• Six ans après l'été 1936, Léon Blum est traduit en justice par le gouvernement de Vichy mis en place après la défaite française de 1940. Il défend avec talent l'œuvre du Front populaire. « Au bout du compte, conclut-il, j'avais le sentiment d'avoir apporté une embellie. » Blum est parmi ceux que le maréchal Pétain a accusés d'avoir encouragé « l'esprit de jouissance », les rendant ainsi responsables du désastre de 1940.

• « L'embellie » n'est pas une reconstitution forgée après coup. Une partie de l'opinion publique, la gauche essentiellement, perçoit les événements de 1936 comme un mélange d'enthousiasme et de gravité, d'illusion et de réalisme : « l'esprit de 36 » a bien existé. Une autre partie de l'opinion, en revanche, a été hostile au Front populaire.

1 Blum lors d'une manifestation en hommage à la Commune, au mur des Fédérés.

0 fr. 25 — Edition de Paris

L'ŒUVRE

Fondateur : GUSTAVE TÉRY

N° 7.553-7.554. — Samedi 6 juin 1936

Le 4 août, il était déjà trop tard.

M. LEON BLUM ANNONCE DES ACTES

La déclaration ministérielle sera lue aujourd'hui à la Chambre et au Sénat

Une série de projets sur les quarante heures les contrats collectifs, les congés payés la nationalisation des industries de guerre l'Office du blé et la réforme de la Banque de France ont été approuvés hier soir par le Conseil de cabinet

LES DÉCRETS-LOIS LES PLUS INJUSTES VONT ÊTRE RAPIDEMENT ABROGÉS

Et voici déjà neuf interpellations...

Le président du Conseil s'adresse au pays

La grève d'heure en heure s'est étendue hier à Paris et en province

Nouveaux conflits : les Grands Magasins de Nouveautés et d'Alimentation les Abattoirs de la Villette les Usines Renault et Citroën et de très nombreuses entreprises en France

TOUTE LA JOURNÉE, LES REPRÉSENTANTS DU GOUVERNEMENT ET DE LA C.G.T. ONT CONFÉRÉ

Hier soir : Plus de 500.000 grévistes

2 *L'Œuvre* du 6 juin 1936.

3 Les accords Matignon (7-8 juin 1936)

Article premier. – La délégation patronale admet l'établissement immédiat de contrats collectifs de travail.

Art. 3 – Les employeurs reconnaissent la liberté d'opinion ainsi que les droits pour les travailleurs d'adhérer librement et d'appartenir à un syndicat professionnel.

Art. 4 – Les salaires réels pratiqués pour tous les ouvriers, à la date du 25 mai 1936, seront, du jour de la reprise du travail, réajustés suivant une échelle décroissante commençant à 15 % pour les salaires les moins élevés pour arriver à 7 % pour les salaires les plus élevés. Le total des salaires de chaque établissement ne devant en aucun cas être augmenté de plus de 12 %.

Art. 5 – Dans chaque établissement employant plus de 10 ouvriers, il sera institué deux titulaires ou plusieurs délégués ouvriers suivant l'importance de l'établissement. Ces délégués ont qualité pour présenter à la direction les réclamations individuelles qui n'auraient pas été directement satisfaites visant l'application des lois, décrets, règlements ou code du Travail, des tarifs de salaires et des mesures d'hygiène et de sécurité.

Paris, le 7 juin 1936.

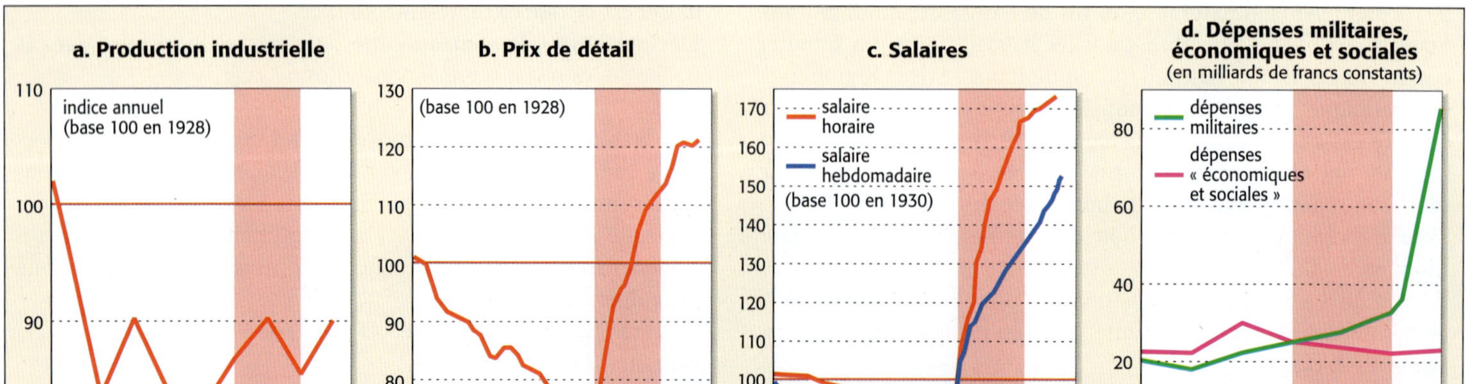

Sources : A. SAUVY, *Histoire économique de la France entre les deux guerres*, 1984, Économica (a., b., c.) et R. FRANK, *Le Front populaire et la guerre*, L'Histoire, 1983 (d.).

4 Le bilan du Front populaire.

5 Occupation de l'usine automobile Delahaye à Paris.

6 Premières vacances à la mer, Trégastel, 1936.

8 Caricature de Dubosc, 1936.

– Kiki, n'approche pas ces individus, tu vas attraper des puces !

7 « L'expérience Blum prendra fin un jour... »

Français ! Malgré la dure leçon de ces quatre mois, vous êtes prêts à croire que tout peut encore s'arranger.
RIEN NE PEUT S'ARRANGER TANT QUE DES HOMMES DONT LES UNS VEULENT OUVERTEMENT ET TOUT DE SUITE « LES SOVIETS PARTOUT », DONT LES AUTRES JUGENT PLUS HABILE DE PROCÉDER PAR ÉTAPES, SERONT INSTALLÉS AU CENTRE DE L'ÉTAT.
L'expérience Blum prendra fin un jour, misérablement ou tragiquement. C'est l'occasion qu'attend le parti communiste pour se livrer aux gestes désespérés, proclamer la grève générale et tenter, à la faveur d'un désarroi provoqué, d'instituer SA DICTATURE ET SON CORTÈGE INÉVITABLE D'HORREURS ET D'IGNOMINIES, comme hier en Russie, en Hongrie, en Italie, comme aujourd'hui en Espagne où les élections du Front populaire ont abouti, par un mécanisme fatal, à une catastrophe sanglante.
Le péril est le même chez nous.
FRANÇAIS DE TOUTES OPINIONS : Ayez le courage de regarder en face les événements qui se préparent. C'est à cette seule condition que vous sauverez votre maison, votre champ, votre fortune petite ou grande, votre travail, votre liberté, votre vie.
Votre droit ici se confond avec votre devoir, car tous ces biens réunis forment un bien plus précieux encore : la civilisation française. Apportez votre aide à l'organisation de votre choix qui prendra L'ENGAGEMENT SOLENNEL DE COMBATTRE SANS MERCI LE PLUS PERFIDE, LE PLUS DANGEREUX ENNEMI DE LA CIVILISATION : LE COMMUNISME.

6 octobre 1936.

Publié le 16 octobre 1936 par 300 quotidiens et hebdomadaires républicains nationaux de Paris et de province.

Questions

A Retirer des informations des documents

1. Quels faits essentiels, caractéristiques du Front populaire, sont mentionnés ou annoncés dans ce journal (doc. 2) ?
2. Quelle est l'originalité des grèves de 1936 (doc. 5) ?
3. Quelles grandes mesures sont ici annoncées (doc. 3) ?
4. De quel pourcentage augmentent les salaires durant le Front populaire (doc. 4) ? De quel pourcentage augmentent les prix ?
5. Quel est le résultat global ?
6. Comment évoluent les dépenses militaires durant la période du Front populaire (doc. 4) ?
7. Quel est l'argument ici utilisé contre le Front populaire (doc. 7) ?

B Mettre en relation des documents

8. Quels aspects de la politique du Front populaire sont immédiatement perceptibles par les salariés (doc. 3 et 6) ?
9. Quelle grande conquête sociale du Front populaire est illustrée et critiquée (doc. 6 et 8) ?

C Rédiger

10. À partir des documents, montrer que, pour une partie de la population, la période du Front populaire fut une embellie.

4 Une crise surmontée ?

A. La fin du Front populaire — doc. 1

■ En 1936, la situation financière est dégradée par plusieurs années de crises. Or, Léon Blum tarde à dévaluer le franc et ne s'y résout qu'à la fin du mois de septembre : la monnaie nationale perd alors près d'un tiers de sa valeur par rapport au « franc Poincaré ». Par ailleurs, **la fuite des capitaux vers l'étranger et la hausse des prix** consécutive à certaines mesures du mois de juin compliquent encore la situation. À l'automne 1936, le climat politique se dégrade lui aussi. Les campagnes de presse se multiplient contre le gouvernement. Le 18 novembre, Roger Salengro se suicide, victime d'une campagne de calomnies.

■ **Au printemps 1937, la situation économique et financière s'aggrave** d'autant plus que le gouvernement a amorcé un vigoureux plan de réarmement, dans un contexte international qui s'assombrit. Face à cette situation, Léon Blum demande le 13 juin aux Assemblées les pleins pouvoirs financiers. La Chambre des députés accepte, mais le Sénat refuse. **Le 21 juin, Léon Blum démissionne**. Pendant un an, plusieurs gouvernements de gauche se succèdent, l'un d'entre eux étant à nouveau dirigé par Léon Blum au début du printemps 1938. Le 8 avril 1938, un nouveau refus du Sénat d'accorder les pleins pouvoirs financiers sonne le glas du Front populaire.

B. Le tournant politique de l'été 1938 — doc. 3 et 5

■ Le radical Édouard Daladier forme un gouvernement qui comprend des membres de son parti et des personnalités du centre droit comme Paul Reynaud, ministre des Finances. **Le centre de gravité politique s'est donc déplacé à droite** sans qu'il y ait eu de nouvelles élections. Le 21 août, Daladier annonce qu'il faut « remettre la France au travail » et, pour cela, aménager la loi des 40 heures, l'un des symboles de l'été 1936.

■ À l'automne 1938, l'aggravation des tensions internationales fait passer au premier plan les problèmes de politique étrangère et de défense nationale. **Les accords de Munich sont ratifiés par les députés à une écrasante majorité** (535 voix contre 75). Si une telle majorité reflète l'état d'esprit de la classe politique et de l'opinion publique qui restent profondément attachées à la paix, une partie des Français, après Munich, souhaite désormais plus de fermeté face aux exigences hitlériennes. La forte popularité dont jouit à cette date Daladier est le reflet de cette situation : il semble incarner à la fois l'attachement à la paix – il est l'homme de Munich – et la fermeté désormais affichée. La confiance qu'il suscite est bien à l'image d'un pays qui proclame sa détermination mais reste affaibli par de longues années de crise.

C. 1939 : persistance de la crise ? — doc. 2, 4 et 6

■ Si la politique économique de Daladier favorise une stabilisation du franc – après une nouvelle dévaluation –, la reprise économique ne permet pas encore, en 1939, de retrouver le niveau de 1929 : la crise économique a laissé une trace profonde et durable alors que le chômage reste à un niveau élevé (350 000 chômeurs secourus en 1939). Par ailleurs, **la fragilité démographique française** s'accentue encore dans les années 1930. En raison de la faiblesse de la natalité, aggravée par les conséquences de la guerre 1914-1918, les décès l'emportent sur les naissances : l'excédent des décès est de 11 000 en 1937 et 35 000 en 1938. Sur le plan militaire, on croit compenser cette faiblesse, surtout par rapport à une Allemagne jeune et dynamique, en construisant de solides fortifications à la frontière Est, la **ligne Maginot**.

■ Cette langueur démographique vient s'ajouter à la langueur économique ; cette convergence explique **la persistance de l'affaiblissement français à la fin des années 1930**. Au moment où éclate la guerre, les effets de cet affaiblissement sont loin d'être enrayés ; là se trouve l'une des clés de l'effondrement de 1940.

VOCABULAIRE

ligne Maginot : ligne de fortifications le long de la frontière franco-allemande construite de 1930 à 1934 sur l'initiative d'André Maginot, ministre de la Guerre.

1 La pause

Le devoir impérieux d'un gouvernement est de fixer des mesures selon la mesure et l'urgence des difficultés auxquelles il doit parer, et vous n'ignorez pas qu'elles sont en ce moment les plus sérieuses et les plus pressantes.
Le gouvernement [...] ne peut pas les laisser s'aggraver davantage sans mettre en péril l'ensemble de l'œuvre qu'il construit hardiment depuis huit mois, sur le mandat et avec l'assentiment de la majorité du pays. [...]
Il ne peut laisser s'accroître démesurément le déficit sans compromettre le crédit public, et il a besoin de ce crédit pour suffire à des charges extraordinaires dont vous connaissez l'origine et la nature. [...]
L'économie privée se trouve elle-même dans un état de convalescence encore fragile parce que la coïncidence de grandes réformes sociales, introduites en peu de mois, avec l'alignement monétaire, l'a placée dans des conditions toutes nouvelles dont l'équilibre n'est pas encore consolidé. Voilà pourquoi un temps de pause est nécessaire. Voilà pourquoi l'État doit demander à ses collaborateurs la modération et la patience.

Discours de Léon Blum à la radio, 13 février 1937.

1. **À quelles difficultés Léon Blum fait-il allusion ?**
2. **Quelles décision prend-il ?**
3. **Qui pourrait ne pas accepter cette pause ?**

2 « Le Français devient rare »

Toutes les phobies dont s'encombre en ce moment l'imagination française s'inspirent, sans le savoir, du même sentiment : le Français devient rare. Cette solitude que nous sentons redoutable et que nous nous entêtons à croire une solitude internationale, c'est une solitude intérieure, la solitude de nos campagnes désertées, de nos familles réduites, de nos colonies où nous avons supprimé la maladie du sommeil, mais pour y introduire le sommeil lui-même, et cette impression presque funèbre que nous donne maintenant l'annonce de toute guerre, c'est moins l'angoisse au sujet des générations françaises qui survivent que l'appel inconscient à celles qui ne naissent pas.

Jean Giraudoux, *Pleins Pouvoirs*, Paris, 1939.

3 « Il faut remettre la France au travail »

La force d'un pays, la garantie de son indépendance, ne s'affirment pas seulement par la puissance de ses armées, mais au moins autant son effort quotidien à l'atelier, sur tous les chantiers de travail. [...] Il faut accroître le revenu national. Il faut remettre la France au travail. [...] Ce ne sont pas des sacrifices que je demande aux Français, c'est un effort plus vigoureux, un effort résolu et tenace qui a pour but de ranimer l'activité, d'augmenter le rendement, de créer des capitaux nouveaux. [...]

Il faut d'abord aménager la loi de quarante heures, en vertu de nécessités nationales, comme en raison de la situation générale de l'Europe. [...] Dans aucun pays du monde, on ne laisse chômer, un jour ou deux par semaine, l'outillage qui est précisément créé pour réduire la peine des hommes. Tant que la situation internationale demeurera aussi délicate, il faut que l'on puisse travailler plus de quarante heures et jusqu'à quarante-huit heures dans les entreprises qui intéressent la Défense nationale. Et il faut que, sans discussions interminables, toute entreprise qui en a le besoin puisse disposer non plus de quarante heures de travail par semaine, mais des heures nécessaires à son activité.

Édouard Daladier, président du Conseil, discours à la radio, 21 août 1938.

1. Que critique Daladier ?
2. Comment envisage-t-il de « remettre la France au travail » ?

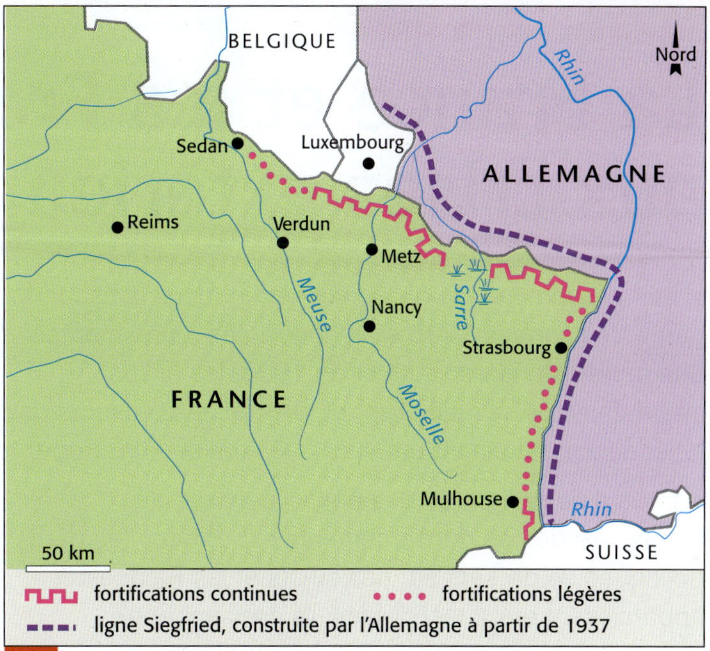

4 La France protégée par la ligne Maginot ?

1. Quelle partie de la frontière couvre la ligne Maginot ?
2. Expliquer l'emplacement des fortifications légères.
3. Où passent les Allemands en mai 1940 ?

a

SIXIÈME DERNIÈRE

Paris-soir Dimanche

LA PAIX !

C'est à 1 heure 35 ce matin que l'ACCORD des QUATRE a été signé à Munich

Demain, 1er OCTOBRE commencera l'évacuation des régions sudètes

M. Edouard Daladier est arrivé cet après-midi à 15 heures 48 au Bourget

Sur tout le parcours, de l'aérodrome à la rue Saint-Dominique, une foule immense a acclamé le Président du Conseil.

b

5 La France signe les accords de Munich.
La « une » de *Paris-soir Dimanche* du samedi 1er octobre 1938.
Durant l'été 1938, Hitler revendique une partie de la Tchécoslovaquie, la région des Sudètes, ce qui équivaut à démembrer le pays, allié de la France. On risque la guerre. Daladier et Chamberlain, chefs des gouvernements français et anglais, se rendent en Allemagne et signent les accords de Munich, croyant sauver la paix en laissant Hitler annexer les Sudètes. On a cru sauver la paix : Daladier est acclamé à son retour en France, l'allié tchèque a été abandonné et la guerre éclatera quand même en septembre 1939.

6 Bourgeois et ouvriers en 1940, vus par l'historien Marc Bloch

La bourgeoisie [...] avait, dans la France d'avant-guerre, cessé d'être heureuse. [...] Jadis ressource presque unique de beaucoup de familles, ultime espoir de tant d'autres, qui en étaient encore aux premières pentes du succès, la rente fondait entre des mains étonnées. La résistance du salariat faisait bloc contre toute pression sur les rémunérations ouvrières, amenuisant à chaque crise, le profit patronal. [...] La poussée des nouvelles couches sociales menaçait la puissance, économique et politique, d'un groupe habitué à commander. Longtemps, il s'était, dans son ensemble, accommodé des institutions démocratiques. [...]

Dans ces foules au poing levé, exigeantes, un peu hargneuses et dont la violence traduisait une grande candeur, les plus charitables gémissaient de chercher désormais en vain « le bon pauvre » déférent des romans de Madame de Ségur. Les valeurs d'ordre, de docile bonhomie, de hiérarchie sociale complaisamment acceptée, auxquelles toute leur éducation avait formé des âmes peu amies des nouveautés, paraissaient prêtes à être balayées ; et avec elles, peut-être, quelque chose d'assurément beaucoup plus précieux : un peu de ce sens national qui, sans que le riche s'en doute toujours assez, réclame des humbles une dose d'abnégation bien plus considérable que chez leurs maîtres.

M. Bloch, *L'Étrange Défaite*, témoignage écrit en 1940, Albin Michel, 1957.

DOSSIER

La France et les Français face aux crises extérieures

• Les gouvernements qui se succèdent dans la seconde partie des années 1930 sont confrontés à une montée des périls extérieurs : à partir de 1935, les crises internationales se multiplient et, bientôt, les provocations hitlériennes entraînent une très vive tension en Europe.

• Face à cette montée des périls, la marge de manœuvre de ces gouvernements est étroite : les partis politiques se divisent sur ces sujets et les Français apparaissent eux aussi divisés. Ils oscillent entre un pacifisme nourri par le souvenir de l'hémorragie de 1914-1918 et un souhait de fermeté qui, dans un premier temps, est loin d'être majoritaire dans l'opinion publique.

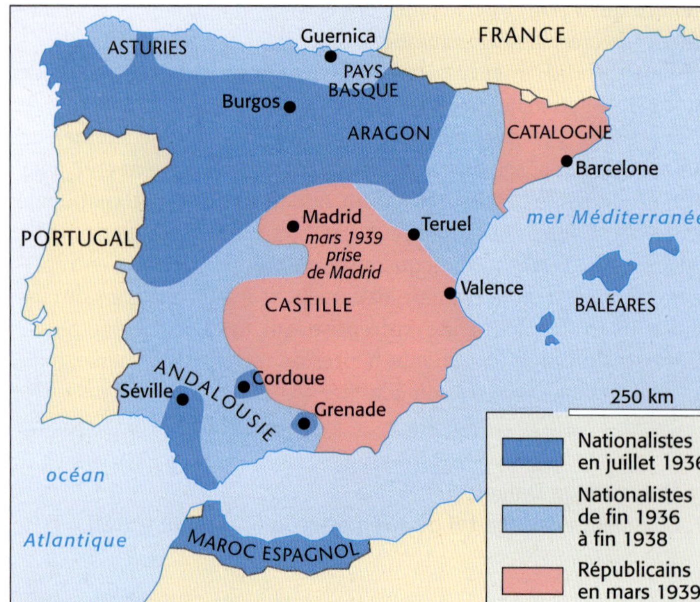

1 La guerre d'Espagne.

2 Léon Blum et l'intervention en Espagne

Le 6 septembre 1936, Léon Blum prononce un discours devant les militants de la Fédération socialiste de Paris où il tente d'expliquer les raisons de la politique de « non-intervention » de son gouvernement.

Trois mois d'exercice du pouvoir auraient-ils fait de moi un homme autre que celui que vous connaissez depuis tant d'années ?
Vous avez entendu l'autre soir, au Vélodrome d'hiver, les délégués du Front populaire espagnol ; je les ai vus le matin même. Croyez-vous que je les ai entendus avec moins d'émotion que vous ?
Comme je lisais comme vous dans les dépêches le récit de la prise d'Irun et de l'agonie des derniers miliciens[1], croyez-vous par hasard que mon cœur n'était pas moins déchiré que le vôtre ?
Camarades, je vous parle gravement, je le sais, je suis venu ici pour cela. Je sais bien ce que chacun de vous souhaite au fond de lui-même. Vous voudriez qu'on arrivât à une situation telle que les livraisons d'armes puissent être faites au profit du gouvernement régulier[2] et ne puissent pas l'être au profit des rebelles[3]. Naturellement, vous désirez cela. Dans d'autres pays, on désire exactement l'inverse.
Alors à moins de faire triompher la rigueur du droit international par la force et à moins aussi que l'égalité même sur le plan international ne soit rétablie par la reconnaissance, alors ? Devant quelle situation se trouve-t-on ? N'espérez dans la possibilité d'aucune combinaison qui, sur le plan européen, permette d'assister les uns, sans qu'on assiste les autres.

Discours de Léon Blum à Luna Park, 6 septembre 1936.

1. Miliciens : partisans du gouvernement légal, les républicains.
2. Gouvernement régulier : les républicains.
3. Rebelles : les partisans de Franco.

3 Munichois et antimunichois : réactions aux accords de Munich

La Paix ! La Paix ! Voilà le mot qui, ce matin, se lisait dans tous les yeux, sortait joyeusement de toutes les lèvres. Le monde respire. Nous allons donc vivre encore [...]. Notre président du Conseil et notre ministre des Affaires étrangères nous ont gardé la paix. [...] Dans l'honneur et la dignité.

J. Prouvost, éditorial de *Paris-Soir*, 1er octobre 1938.

La France est rendue à la belote et à Tino Rossi [...]. Sur le demi-cadavre d'une nation trahie, sur les demi-cadavres de leur honneur, de leur dignité et de leur sécurité, les hommes, par millions, dansent la danse de Saint-Guy de la paix [...]. Délirez à votre aise, pauvres hilotes[1], manœuvrés et dupés, affaiblis, souffletés, et qui accueillez votre défaite et votre humiliation avec les transports de joie de l'esclave.

Henry de Montherlant, *L'Équinoxe de septembre*, 1938.

1. Esclaves dans l'Antiquité, à Sparte.

Quoi qu'il advienne, les conséquences iront loin, en Europe et en France. La guerre est probablement écartée. Mais dans des conditions telles que moi, qui n'ai cessé de lutter pour la paix, [...] je me sens partagé entre un lâche soulagement et la honte.

Léon Blum, *Le Populaire*, 20 septembre 1938.

Vous aviez le choix entre la guerre et le déshonneur ; vous avez choisi le déshonneur. Et vous aurez quand même la guerre.

Winston Churchill, septembre 1938.

4 **« Merci, j'aime mieux vivre pour la France ».**
Dessin de Soupault, *Je suis partout*, 11 novembre 1938.
« Négus » ou *Negoush*, est un mot éthiopien signifiant « roi » ; c'est le titre de l'empereur d'Éthiopie, Haïlé Sélassié, *negusa nagast*, « roi des rois ».

5 Deux chansons de la fin des années 1930 :

a. « D'excellents Français... »

À l'époque, une chanson très populaire de Maurice Chevalier décrit la variété politique des Français avant de conclure :
« Tout ça fait d'excellents Français... qui désirent désormais, qu'on nous fiche un' bonn' fois la paix ».

b. *Tout va très bien Madame la Marquise*

La marquise apprend successivement, de son valet, la mort de sa jument grise, l'incendie de l'écurie et du château, le suicide de Monsieur le Marquis, la ruine de sa fortune. Le refrain dit :
« Mais à part ça, Madame la Marquise, Tout va très bien, tout va très bien ».

Paroles de Jean Boyer, Salabert éd. (1939).

6 **Affiche de Paul Colin, 1939.**

Questions

A Retirer des informations des documents

1. Quelle est la situation politique et militaire en Espagne au milieu de l'année 1936 (doc. 1) ?
2. Qui sont les rebelles (doc. 2) ? Blum est-il favorable à une intervention en faveur du gouvernement régulier ?
3. Chercher qui sont les « autres pays » qui désirent l'inverse (doc. 2). Quels arguments Blum utilise-t-il pour justifier son point de vue ?
4. Qui approuve les accords de Munich (doc. 3) ? Pourquoi ?
5. Qui les désapprouve ? Pourquoi ?
6. Quel sens particulier prend la date de publication de cette caricature (doc. 4) ? Expliquer « Mourir pour le Négus ! ». La caricature met-elle en évidence un pacifisme de gauche ou un pacifisme de droite ?
7. Quel tableau de la société française de la fin des années 1930 ces deux chansons donnent-elles (doc. 5) ?
8. Décrire l'affiche (le personnage, ce qu'il tient, ce qu'il protège) (doc. 6). Quelles valeurs sont ici affirmées ? Contre qui, contre quoi ?

B Mettre en relation les documents

9. Quel lien peut-on relever entre les doc. 3 et 4 ? entre les doc. 1, 2 et 4 ?

C Rédiger

10. À l'aide des documents de cette double page, rédiger un texte montrant que la France se croit protégée en 1939.

FICHE DE RÉVISION

DATES À RETENIR

- **Années 1930 :** dépression économique
- **6 février 1934 :** violentes manifestations à Paris
- **Juin 36-juin 37 :** gouvernement de Front populaire
- **Juin 1936 :** accords Matignon, congés payés, semaine de 40 heures
- **Septembre 1938 :** accords de Munich

BIOGRAPHIE

Léon Blum (1872-1950), président du Conseil du gouvernement de Front populaire (juin 1936-juin 1937).
(Voir biographie complète p. 376)

L'ESSENTIEL

1. Victoire apparente des démocraties en 1918

- En 1918, un régime politique paraît victorieux, la démocratie. Mais deux nouveaux types de régimes apparaissent : le communisme en Russie et le fascisme en Italie.
- Cependant, tant que dure la prospérité économique (années 1920) :

– la démocratie semble demeurer dominante ;
– les relations internationales paraissent régies par des principes inspirés de la démocratie : concertation, arbitrage par le droit, rôle de la Société des Nations.

2. La France, de la crise économique et politique au Front populaire

Après 1929, les démocraties connaissent une crise, d'abord économique, puis sociale et politique. En France : montée de l'antiparlementarisme, émeute du 6 février 1934.

- La gauche arrive au pouvoir lors des élections législatives de 1936 ; vague de grèves dans l'enthousiasme.
- Le gouvernement de Front populaire de Léon Blum engage de profondes réformes sociales : semaine de 40 heures, congés payés, droit syndical dans l'entreprise.
- Le Front populaire connaît des difficultés : problèmes financiers, hausse des prix.
- La guerre d'Espagne oblige à prendre parti ; la décision : non-intervention.

3. La crise surmontée ?

Si le gouvernement du radical Daladier paraît surmonter certaines de ces difficultés, l'ébranlement de la République française tout au long des années 1930 a été profond. Avec la signature des accords de Munich, beaucoup s'imaginent que la paix est sauvée.

NE PAS CONFONDRE

Socialistes et communistes, SFIO et SFIC

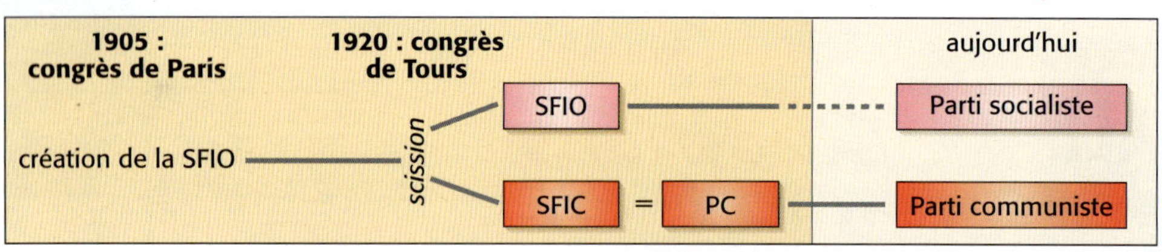

➤ Les **socialistes** français se sont regroupés en 1905 au sein de la Section française de l'Internationale ouvrière (SFIO). La SFIO adhère à la IIe Internationale.

➤ Les **communistes** français sont issus d'une scission de la SFIO intervenue lors du congrès de Tours en décembre 1920. Ils forment la Section française de l'Internationale communiste (SFIC), encore appelé parti communiste (PC). Ils adhèrent à la IIIe Internationale. C'est notamment sur la question de l'organisation du parti (« centralisme démocratique » des communistes) et des rapports avec la IIIe Internationale fondée par Lénine que s'est opérée la rupture entre socialistes et communistes.

Munichois et antimunichois

➤ On appelle **munichois** les Français qui approuvent les accords signés à Munich le 30 septembre 1938 (démembrement de la Tchécoslovaquie).

➤ Les **antimunichois**, opposés à la signature des accords de Munich, sont très minoritaires. Ils estiment que céder aux exigences hitlériennes, loin de sauver la paix, aggrave le danger de guerre en encourageant Hitler.

CGT et CGTU

➤ **Confédération générale du travail** : organisation syndicale, à direction anarcho-syndicaliste jusqu'en 1918, socialiste de 1918 à 1947, communiste depuis 1948.

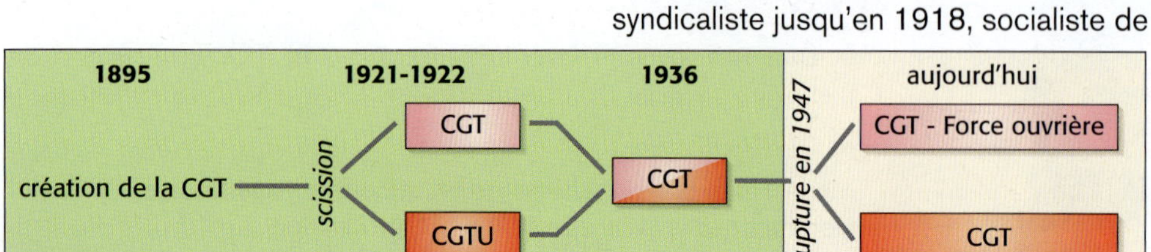

➤ En 1921, les communistes ont quitté la CGT et fondé la **Confédération générale du travail unitaire** à direction communiste. Début 1936 la CGTU opère un revirement total et fusionne avec la CGT, sous direction socialiste.

Trois affiches sur le Front populaire

1 **Affiche de la Jeunesse ouvrière chrétienne (JOC), 1936.**

2 **Affiche du Centre de propagande des républicains nationaux, avril 1936.**

3 **Affiche de la CGT, 1936.**

Questions

1. Quelle affiche est contre le Front Populaire ?
Quelles affiches sont pour ?

L'affiche opposée au Front populaire :

2. Quel personnage est utilisé ? Quel nom lui donner ?
3. Quels symboles sont utilisés ? À quoi renvoient-ils ?
4. Étudier la composition de l'affiche : que veut-elle montrer ?

Les affiches favorables au Front populaire :

5. Quels sont les personnages utilisés ? À qui s'adressent-elles ?
6. Que représente le décor ? Pourquoi ?
7. Les personnages ont-ils la même fonction ?
8. Dans quelle direction marche l'un ? Vers quoi regarde l'autre ?
9. Les deux affiches utilisent un même verbe dans leur slogan.
Ce mot a-t-il le même sens ? À quoi se rapporte-t-il ?
10. Quelle différence observe-t-on dans le rapport entre l'homme, le travail, la machine et l'usine dans ces deux affiches ?

Explication d'un document d'histoire (5/6)

Sujet : Un patron en 1936

Questions

1. Présenter le document : nature, auteur, contexte.
2. Quelle image le texte donne-t-il de l'entreprise Béghin avant 1936 ?
3. Comment Ferdinand Béghin analyse-t-il le mouvement de grève de 1936 ?
4. De quels moyens d'action le patron dispose-t-il alors, selon le document ?
5. Montrer que ce témoignage souligne l'importance de « 1936 » et révèle les divisions que les événements ont provoquées au sein de la société française.

DOCUMENT **Extrait de l'interview de Ferdinand Béghin**

– Je suis né en 1902. [...] On n'entrait pas dans la vie comme maintenant, après avoir fait des études jusqu'à 25 ou 26 ans. Quand je fus arrivé à l'usine, mon père m'a dit : « tu n'y connais rien, tu vas commencer par faire tous les postes comme ouvrier ». Et puis, comme il achetait une sucrerie nouvelle tous les ans, dont un certain nombre ne marchaient pas, il me disait : « Celle-ci, tu vas t'en occuper. » À partir de ce moment-là, j'en ai beaucoup bavé ! [...]

– Quel est le climat de l'entreprise quand vous commencez à y travailler ?

– C'était très différent d'aujourd'hui. Il n'y avait pas de syndicats, les bénéfices étaient de 15 %. Mes parents vivaient d'une manière très simple. Tout ce qu'ils gagnaient, ils le remettaient dans l'affaire, la développant, en achetant d'autres, grandissant, grandissant... Cela faisait boule de neige.

– Et les rapports sociaux ?

– Il n'y avait pas de problèmes ! Pas de grèves ! Mais je reconnais que les ouvriers menaient une vie très dure. Les gens travaillaient douze heures par jour. Ça, la vie des ouvriers...

– Vous vous souvenez des salaires qu'on payait ?

– Il n'y avait pas de Sécurité sociale ; il n'y avait pas de vacances. Quand un ouvrier était malade, je me rappelle – on était très paternaliste – on l'aidait. D'ailleurs, si on ne l'avait pas aidé, il serait mort de faim ! C'était comme cela. Pas de Sécurité sociale, pas de vacances, rien, et douze heures de travail par jour ! C'était un métier très, très dur pour les ouvriers. Mais très dur aussi pour le patron parce que mon père menait la même vie que les ouvriers, il travaillait même peut-être plus qu'eux ! [...]

– Vous avez vu apparaître les premiers signes d'un craquement...

– ...en 1936.

– Rien avant ?

– Rien avant. En 1936, alors là !

– Qu'est-ce qui s'est passé ?

– Le dimanche, on dormait sur nos deux oreilles. Le lundi matin, on se réveille : c'était la révolution ! L'usine occupée... Parce qu'ils ne se sont pas mis en grève, ils ont été mis en grève par les mineurs, par des types venus de l'extérieur. On n'avait jamais vu cela, c'était quelque chose d'invraisemblable ! Et cela a duré des mois et des mois ! Quand je partais d'ici pour aller à l'usine, je ne savais pas si elle marchait ou pas ! Il y avait toujours 500 types devant qui chantaient l'*Internationale*, qui gueulaient comme des putois.

– Votre père allait les voir ?

– Non... On se réunissait dans les bureaux. Le préfet nous téléphonait, nous demandait : « Est-ce que ça n'est pas trop grave ? Voulez-vous que j'envoie la troupe ? » Comme, à cette époque-là, nous étions propriétaires de *Paris-Soir*, même Blum nous respectait beaucoup... Nous avions tout ce que nous voulions. Il y avait toujours deux escadrons de gardes républicains qui étaient là, prêts à intervenir... Ils ne sont d'ailleurs jamais intervenus. Nous ne le demandions pas ; cela n'aurait servi à rien.

Témoignage cité par A. Harris et A. de Sédouy en 1977 , dans *Les Patrons*, Le Seuil, 1977.

Méthode

1 Avant de répondre aux questions, il faut...

– Identifier l'auteur : à quel groupe social appartient-il ?
– Replacer le document dans son contexte historique.

2 Pour répondre au questions

Question 2 : Se demander ce que dit l'auteur de la condition des ouvriers ? des relations entre patrons et ouvriers ?

Question 3 : Se demander à qui attribue-t-il la responsabilité des grèves ?

Composition (4/6)

Sujet : Les forces et les faiblesses de la démocratie en France dans les années 1930

DOCUMENT D'ACCOMPAGNEMENT

Affiche du Centre de propagande des républicains nationaux, 1936.

Méthode

1 Lire et analyser le sujet

Identifier le thème, l'espace concerné et la période.

Forces et faiblesses de la démocratie en France dans les années 1930

La période : les années 1930, c'est-à-dire les années de crise et de tensions internationales.

Le thème : la démocratie, c'est-à-dire un ensemble de principes qui fondent le régime de la IIIe République et peuvent être menacés.

L'espace concerné : un État de tradition démocratique, dans une Europe où les démocraties sont de moins en moins nombreuses.

2 Dégager la problématique

Replacer la France dans le cadre européen : la démocratie semblait avoir triomphé en 1919-1920. En 1936, les régimes démocratiques en Europe sont moins nombreux que les dictatures. La France est l'une de ces démocraties.
On peut donc s'interroger sur les raisons du maintien de la démocratie en France, et se demander si elles suffisent à assurer la pérennité de la démocratie.

3 Choisir et élaborer le plan

Il ne s'agit pas de raconter les années 1930 mais d'**expliquer** la survie de principes.
On peut envisager :

- **un plan en deux parties :**

I. Les forces
II. Les faiblesses
Ce plan mettrait en évidence la fragilité de la démocratie maintenue à la veille de la Seconde Guerre mondiale et fournirait des éléments d'explication à sa disparition en 1940.

- **un plan en trois parties :**

I. Les forces héritées du passé
II. Les faiblesses du régime
III. Des forces renouvelées ?
Un plan en trois parties permettrait de donner plus de place aux capacités de renouvellement de la démocratie.

4 Plan proposé (deuxième possibilité)

I. Les forces héritées du passé

A. La tradition démocratique.
– Suffrage universel depuis 1848.
– Attachement aux pratiques démocratiques.

B. Partis politiques et organisations syndicales.
– représentatifs de la diversité des opinions.

C. Une république et des institutions enracinées.
Les institutions visent à mettre en pratique la souveraineté nationale et à protéger les libertés.

II. Les faiblesses du régime

A. Discrédit des gouvernants incapables de régler les problèmes économiques et de faire aboutir la réforme de l'État.

B. Difficultés de concilier le principe de liberté d'opinion et le combat contre les ligues anti-parlementaires.

C. Attentisme face à des idéologies non démocratiques ; neutralité ou complaisance à l'égard des régimes totalitaires.

III. Des forces renouvelées ?

A. Approfondissement de la dimension sociale de la démocratie : les réformes sociales du Front populaire consolident l'attachement des ouvriers au régime.

B. Mais la réforme de l'État (renforcement de l'exécutif, modernisation des institutions) n'est toujours pas entamée.

Prépa BAC

CHAPITRE

14 Le fascisme italien

À la fin de la Grande Guerre, l'Italie est déstabilisée. Profitant du mécontentement de la population, en particulier des classes moyennes, une force politique nouvelle, le fascisme, se hisse au pouvoir en octobre 1922. La démocratie est supprimée, les partis politiques interdits, à l'exception du Parti fasciste qui se confond bientôt avec l'État. Mussolini, chef du gouvernement, dispose d'un pouvoir considérable mais la dictature qu'il met en place est différente des dictatures antérieures que le monde a connues.

Qu'est-ce que le fascisme ? Comment a-t-il pu s'implanter en Italie ?
En quoi le fascisme constitue-t-il un nouveau type de régime politique ?

1 De la lutte contre l'ennemi intérieur…

« La tanière », local du parti fasciste, couverture d'un cahier d'écolier.
Deux militants fascistes dans un local du Parti où on peut discerner, sur le bureau un casque d'ancien combattant et un poignard, une tête de mort au mur, une publicité pour le journal *Il Popolo d'Italia* (Le peuple d'Italie), et par la fenêtre, devant le dôme de Milan (à gauche) le drapeau italien.

2 ... à l'embrigadement de la jeunesse.

Balilla accueillant Mussolini dans le Val d'Aoste, mai 1939.

Quelques paroles du Duce doivent entrer dans l'esprit de nos jeunes Chemises noires comme un nouveau Credo [...]. Tous nos efforts doivent tendre à éduquer la volonté, à forger le caractère. Nos Balilla doivent obéir à la discipline des soldats, à la force de la règle, aux liens de la loi, et ceci sans discuter. Le règlement est sacré, l'obéissance doit être aveugle, pleine, totale. [...]
Les élèves seront tous réunis dans le préau et les directeurs, ayant à leur côté le drapeau de l'école, présenteront le portrait du Duce et parleront de la grande œuvre qu'il a accomplie pour notre Patrie en la préparant à une nouvelle grandeur romaine. Ils diront que, grâce à lui, une nouvelle histoire est commencée où l'Italie forte et unifiée dans les esprits et les cœurs de ses enfants, recommence à être la maîtresse du monde en sagesse et en civilisation.

B. Bonomi, *Il maestro del regime*, 1934.

1 L'établissement de la dictature fasciste

A. Un contexte de crise économique, sociale et politique

■ À partir de 1919, l'Italie connaît une situation très difficile. Malgré les promesses des Alliés en 1915, **elle n'a pas obtenu ce qu'elle espérait des traités de paix**. Nationalistes et fascistes dénoncent une « victoire mutilée » et veulent annexer les terres irrédentes. Le poète D'Annunzio, héros de la Grande Guerre, occupe, avec des bataillons de soldats, la ville de Fiume de septembre 1919 à Noël 1920 pour l'annexer à l'Italie. L'épreuve de la guerre a rendu les inégalités insupportables ; soldats et officiers estiment que l'État a une dette envers eux. La paix revenue, le chômage s'accroît. Avec l'inflation, **les classes moyennes salariées voient leurs revenus baisser**. Les années 1919 et 1920 sont marquées par des luttes sociales de grande ampleur : grèves, occupations de terres et d'usines, exigence d'une réforme agraire. Les classes possédantes et une partie des classes moyennes s'inquiètent, **craignant une révolution bolchevique** comme en Russie en 1917.

■ L'Italie est une jeune démocratie : le suffrage universel masculin ne date que de 1912. Or, aux élections de 1919, les socialistes remportent d'importants succès. La contestation sociale est appuyée également par le parti populaire italien, parti catholique créé par Don Sturzo en 1919. Tandis que le gouvernement parie sur l'épuisement de la protestation populaire, **nationalistes et fascistes réclament le rétablissement de l'ordre**. S'imposant comme force de répression, le mouvement fasciste obtient l'appui politique et financier d'une partie des élites possédantes. Il sait exploiter frustrations et peurs, et apporter une réponse aux mécontents. Son programme, comme son idéologie, sont flous. Les divisions des forces démocrates et de la gauche lui facilitent la tâche : socialistes et communistes se séparent au congrès de Livourne en 1921.

B. La conquête du pouvoir doc. 1, 2 et 3

■ C'est par une habile stratégie que les fascistes parviennent au pouvoir. Rassemblés d'abord dans les Faisceaux de combat, fondés en mars 1919 par Mussolini, ils constituent un parti, en novembre 1921 : le Parti national fasciste (PNF).

■ Le parti fasciste semble respecter les institutions et présente des candidats aux élections : à partir de mai 1921, le PNF compte des élus à la Chambre. En réalité, **ils ne cessent de violer les règles de la démocratie** : de petits groupes d'hommes armés, les **squadristes** ou « chemises noires » s'attaquent aux militants de gauche et aux syndicalistes, et font régner la terreur. Cette violence bénéficie parfois de la complicité de la police et de l'armée tandis que le gouvernement ne s'y oppose pas avec fermeté. Cette habile stratégie de double jeu aboutit à **la « marche sur Rome »**.

■ Le 28 octobre 1922, plusieurs dizaines de milliers de fascistes se sont mobilisés dans toute la péninsule, s'emparant des hôtels de ville, préfectures et autres lieux symboliques du pouvoir tandis que 26 000 chemises noires convergent vers la capitale. Dans ce contexte, Mussolini attend d'être appelé par le roi, donnant au coup de force une forme légale. **Le 30 octobre, le roi l'invite à former le gouvernement.**

C. L'avènement de la dictature (1922-1925) doc. 4 et 5

■ Il faut deux à trois ans pour que les rouages de la dictature fasciste se mettent en place. Mussolini dirige un ministère de coalition mais il obtient les pleins pouvoirs de l'Assemblée, grâce au soutien des partis libéraux. Il en profite pour modifier le système électoral en faveur des fascistes. En avril 1924, les élections se déroulent dans un climat de violence sans précédent. **Le 10 juin 1924, le député socialiste Matteotti est enlevé et assassiné.** Soupçonné d'être responsable, Mussolini est contesté par une opposition qui se mobilise. Pourtant, il surmonte finalement la crise en réprimant toute opposition et en établissant durablement la dictature.

VOCABULAIRE

squadristes : membres des *squadre* (« équipes ») d'hommes armés (fascistes recrutés parmi les anciens combattants ou les chômeurs). Vêtus de chemises noires, ils mènent des expéditions violentes contre leurs adversaires politiques.

1 Caricature antifasciste de Scalarini, dessinateur et opposant au fascisme.

Publiée dans le journal socialiste *Avanti !* en 1920.

1. Que représente le personnage debout, armé d'un revolver ?
2. Qui protège-t-il ? Contre qui ?
3. Que veut exprimer cette caricature ?

2 Le parti fasciste défie l'État

Nous sommes une milice volontaire au service de la nation, nous serons avec l'État et pour l'État à chaque fois qu'il se montrera le gardien attentif et le défenseur et propagateur de la tradition nationale, du sentiment national, de la volonté nationale ; capable d'imposer à tout prix sa volonté. Nous nous substituerons à l'État toutes les fois qu'il se montrera incapable d'affronter et de combattre, sans indulgence funeste, les causes et les effets de la désagrégation intérieure des principes de solidarité nationale. Nous serons du côté de l'État s'il devait tomber entre les mains de ceux qui menacent le pays et attentent à la vie de la nation.

Manifeste de la direction du PNF, 23 novembre 1921.

3 La marche sur Rome, octobre 1922.

4 **« Profite de la situation présente, Italie (Ausonia), la lumière éternelle arrive à Rome, 30 octobre 1922. »**

Carte postale.

1. Quels sont les symboles fascistes visibles ?
2. Quels sont les symboles nationaux présents (texte et image) ?
3. À quel événement la date fait-elle allusion ?

5 L'affaire Matteotti

Caricature italienne de 1924.

La dictature italienne chancelle… L'assassinat de Matteotti a provoqué un de ces sursauts d'indignation qui emportent tout… L'affaire Matteotti est apparue comme le couronnement d'une série. On se remémore aujourd'hui les milliers de crimes qui ont été commis dans le passé, et où l'on retrouve très souvent la main des hommes qui viennent d'être arrêtés. On se dit qu'au-dessus des exécutants, il y a ceux qui ont conçu les plans, que les sicaires ont été des instruments, que la police était leur complice, avec la haute administration, et que le fascisme a un chef, Mussolini ; mieux : un maître, dont la parole fut toujours écoutée avec déférence. Celui qui a le pouvoir a la responsabilité. Les journaux qui arrivent d'Italie signalent une énorme agitation. Les jours de la dictature sont comptés. L'opposition d'extrême gauche, la seule qui ait joué un rôle, a derrière elle le pays.

Paris-Soir du 18 juin 1924.

1. Que suggère la caricature ?
2. L'affirmation « la dictature italienne chancelle » s'est-elle réalisée ? Pourquoi ?

DOSSIER

L'idéologie fasciste

- La doctrine et l'idéologie fascistes se forment progressivement. Au départ, les fascistes affirment : « Notre doctrine, c'est l'action. » Leur programme fait la synthèse de plusieurs traditions politiques (nationalisme, syndicalisme révolutionnaire, **darwinisme social**) et même esthétique avec le futurisme (voir p. 76).
Leurs valeurs sont l'anticommunisme, l'ordre, l'exaltation de la force et de la virilité. La création d'un « parti armé » (les Faisceaux de combat puis le Parti national fasciste et sa milice) reflète cette conception nouvelle de la politique.

- Présent dès les années 1920, le projet de construction d'une société totalitaire s'affirme par la suite : il s'agit de construire une nouvelle société, disciplinée, englobant les individus dans toutes leurs activités, de créer un « homme nouveau », débarrassé de ses valeurs bourgeoises et de la culture humaniste. Cette société doit être fondée sur le **corporatisme** et l'union derrière son chef, le **Duce** : un bon fasciste doit être convaincu que « Mussolini a toujours raison ».

- Pourtant, en pratique, le fascisme gouverne avec les élites bourgeoises et en collaboration avec l'Église, après la signature des accords du Latran.
À la fin des années 1930, le fascisme ajoute le racisme et l'antisémitisme à sa doctrine.

VOCABULAIRE

darwinisme social : interprétation dans un sens raciste de la théorie de l'évolution des espèces par le jeu de la sélection naturelle.

corporatisme : regroupement des patrons et des ouvriers d'un même métier réunis dans un même corps.

Duce : issu du latin *dux*, le mot *duce* signifie « chef » en italien. C'est le titre que prend Mussolini après 1925.

1 Le culte du chef.

2 Les dix commandements du milicien fasciste

1. Le milicien ne doit pas croire à la paix perpétuelle.
2. Les jours de prison sont toujours mérités.
3. On sert la patrie même en montant la garde autour d'un bidon d'essence.
4. Un camarade doit être pour toi un frère, parce qu'il vit avec toi, parce qu'il pense comme toi.
5. Le fusil, la giberne te sont confiés pour être conservés pour la guerre.
6. Ne dis jamais : « c'est le gouvernement qui paie », car c'est toi-même qui paies, et le gouvernement est celui que tu as voulu et pour lequel tu endosses l'uniforme.
7. La discipline est le soleil des armées.
8. Mussolini a toujours raison.
9. Un volontaire n'a pas de circonstances atténuantes quand il désobéit.
10. Une chose doit t'être chère par-dessus tout : la vie du Duce.

3 Le système corporatif vu par un Français

Le régime corporatif italien a pour but d'unifier les syndicats d'employeurs, d'une part, ceux des travailleurs de l'autre, et de placer les uns et les autres sous le contrôle et la direction effective de l'État. À chaque confédération patronale correspond un syndicat de travailleurs de la même catégorie. [...] La confédération patronale doit mettre au point, en accord avec le syndicat ouvrier, le contrat collectif de travail. Les conditions d'engagement des travailleurs doivent être les mêmes dans toutes les entreprises d'une même catégorie. Le principal but des corporations est l'unification des conditions de travail et surtout l'abolition du droit de grève pour les ouvriers, qui a comme corollaire l'interdiction du lock-out pour les patrons. Que ce système imposé par le régime dictatorial ait eu pour effet de supprimer les grèves (qui, ne l'oublions pas, sont restées la hantise des industriels italiens encore aujourd'hui sous le coup de l'occupation communiste des usines en 1921), cela ne peut être mis en doute. Mais les organisations corporatives défendent âprement leurs intérêts quand ils sont en jeu. [...] Les corporations ont également un but politique. Elles contraignent patrons et ouvriers à adhérer au régime lui-même.

Émile Schreiber, *Rome après Moscou*, Plon, 1932.

4 L'idéologie fasciste

La base de la doctrine fasciste est la conception de l'État. Pour le fascisme, l'État est un absolu en face duquel l'individu et les groupes sont le relatif. Sans l'État, il n'y a pas de nation. Il n'y a que des groupes humains susceptibles de toutes les désintégrations que l'histoire peut leur infliger.
Pour le fasciste, tout est dans l'État et rien d'humain et de spirituel n'existe hors de l'État, pas d'individus, pas de groupes (partis, associations, syndicats, classes). C'est pourquoi le fascisme s'oppose au socialisme, qui durcit le mouvement historique de la lutte des classes et ignore l'unité de l'État qui fond les classes dans une seule réalité économique. [...]
Le fascisme s'oppose à la démocratie qui rabaisse le peuple au niveau du plus grand nombre ; il nie que le nombre puisse gouverner grâce à une consultation périodique. [...]
Le fascisme repousse le pacifisme. Seule la guerre porte au maximum de tension toutes les énergies humaines et imprime un sceau de noblesse aux peuples qui l'affrontent. L'État fasciste s'attribue aussi le domaine économique. Le corporatisme dépasse le socialisme et dépasse le libéralisme, il crée une nouvelle synthèse où tous les intérêts sont conciliés dans l'unité de l'État. Il diffère du syndicalisme rouge parce qu'il ne tend pas à porter atteinte au droit de propriété. Le fascisme est universel. On peut donc prévoir une Europe fasciste, une Europe s'inspirant des doctrines et de la pratique du fascisme.

B. Mussolini, *Œuvres et discours*, 1938.

5 Mussolini et le pape.
Couverture de cahier d'élève.

6 La revue *Jeunesse fasciste*, avril 1931.
« Le fascisme ne vous promet ni honneurs, ni prébendes, ni profits mais le devoir et le combat » (Mussolini).

Questions

A Retirer des informations des documents

1. À quelle époque fut construit le monument, situé à l'arrière-plan (doc. 1) ? Quel sens idéologique faut-il donner à ce montage photographique ?
2. Sur quelles valeurs s'appuient les commandements du milicien fasciste (doc. 2) ? Pourquoi y a-t-il précisément dix commandements ?
3. Pourquoi accorder autant d'importance au corporatisme (doc. 3) ?
4. À quoi s'oppose le fascisme (doc. 4) ?
5. Décrire l'attitude des personnages représentés (doc. 5) ? Quel geste effectue le pape ? S'agit-il d'une caricature ? Que veut montrer l'auteur de cette image ?
6. Quels aspects du fascisme apparaissent ici (doc. 6) ?

B Mettre en relation les documents

7. Quels points communs relève-t-on dans les doc. 2 et 6 ?
8. Quels aspects traditionalistes de l'idéologie fasciste apparaissent dans ces documents (doc. 1 à 6) ?

C Rédiger

9. Rédiger un paragraphe présentant les caractéristiques de l'idéologie fasciste. Utiliser les documents pour appuyer le développement.
10. Quel est le rôle du chef dans l'idéologie fasciste ?

2 Le régime fasciste

A. La dictature doc. 1

En 1925-1926, les **lois fascistissimes** abolissent la démocratie. Mussolini, chef du gouvernement, n'est plus responsable que devant le roi dont le rôle est très effacé. Le parlement ne joue plus aucun rôle. **Si la monarchie n'est pas abolie, la réalité du pouvoir appartient à Mussolini**, le Duce, chef **charismatique** et incontesté à la tête du parti et de l'État. Le Parti national fasciste est le seul parti autorisé. Une redoutable police politique est créée, l'OVRA. Quand ils n'ont pas choisi l'exil, les opposants sont emprisonnés, déportés dans les îles Lipari ou placés en résidence surveillée. Toute opposition disparaît. La vie culturelle et sociale est presque entièrement contrôlée et surveillée ; aucun domaine n'échappe à la censure.

Un lien étroit existe désormais entre le parti fasciste et l'État : tous les responsables politiques appartiennent au parti. L'organe suprême de l'État est le Grand Conseil du fascisme qui rassemble ministres, responsables du parti et hauts dignitaires du régime. S'il existe toujours une Chambre des députés élue, elle se compose d'hommes choisis par le gouvernement, rassemblés sur une seule liste dont la ratification est proposée aux électeurs. En 1939, elle est remplacée par une Chambre des faisceaux et corporations.

B. Le dirigisme économique et social doc. 2

L'emprise de l'État a des répercussions sur l'économie. À partir de 1926, le gouvernement lance plusieurs grandes batailles économiques : pour une monnaie forte, pour accroître la production de blé ou d'acier. Il favorise de grands travaux de mise en valeur agricole. Il engage également la bataille démographique pour accroître la natalité. Avec la crise économique de 1929, le **dirigisme** s'accentue. **Une politique de grands travaux (autoroutes, logements sociaux, assèchement de marais)** contribue à relancer l'économie en modernisant le pays. Pour sauver les entreprises en difficulté, un Institut de reconstruction industrielle (IRI) est créé. En 1939, cet institut para-étatique possède près de 45 % des actions des entreprises cotées en bourse. Pour sortir de la crise, l'Italie s'engage sur la voie de l'**autarcie**. Dans l'ensemble, les grandes entreprises ont bénéficié de la politique dirigiste fasciste et du soutien de l'État.

C. L'encadrement de la population doc. 3, 4, 5 et 6

Le parti fasciste est conçu comme l'instrument qui permettra de réaliser la révolution fasciste et de **forger un « homme nouveau »**. Des organisations dépendantes du parti doivent encadrer les hommes et les femmes de tous les âges et de toutes les conditions. Les jeunes sont embrigadés dans les organisations des « Enfants de la Louve » puis des *balilla* et des *avangardisti*. Chaque profession est obligée d'adhérer à un syndicat fasciste, privé de toute efficacité dans le cadre du corporatisme. L'organisation *Dopolavoro* (« après le travail ») prend en charge les loisirs des Italiens. **À la fin des années 1930, le Parti national fasciste et les organisations fascistes rassemblent des millions d'Italiens.**

En 1929, la signature, avec le pape, des **accords du Latran** est très bien acceptée par l'ensemble de la population, en grande majorité catholique. Très influent en Italie, le clergé apporte son soutien au régime, ce qui contribue à sa solidité. Par les liens tissés entre l'État et les organisations fascistes, par la place importante accordée à l'idéologie, par le renforcement de son pouvoir, l'État totalitaire semble s'imposer en Italie dans les années 1930. Il règne **un certain consensus autour du régime.**

Grâce, en particulier, à la propagande, Mussolini connaît une grande popularité. Un véritable culte du chef se développe. En 1936, la conquête de l'Éthiopie et la proclamation de l'empire sont accueillies avec enthousiasme.

VOCABULAIRE

lois fascistissimes : ensemble de lois établissant en 1925-1926 la dictature en Italie : censure, suppression des partis politiques autres que le PNF, suppression de syndicats.

charismatique : du grec *kharisma* : « grâce » ; qui sait séduire les foules.

dirigisme : intervention de l'État dans l'économie.

autarcie : système économique par lequel un pays cherche à se suffire à lui-même.

1 Mussolini annonce la dictature

Je déclare, ici, devant cette assemblée et devant le peuple italien tout entier, que j'assume, seul, la responsabilité politique, morale, historique de ce qui s'est passé. [...] Si le fascisme n'a été qu'huile de ricin et *manganello*[1], et non pas la passion orgueilleuse de ce que la jeunesse italienne a de meilleur, à moi la faute ! Si le fascisme a été une association criminelle, je suis le chef de cette association criminelle ! Si toutes les violences ont été le résultat d'un certain climat historique, politique et moral, eh bien, à moi la responsabilité puisque ce climat historique, politique et moral, c'est moi qui l'ai créé par une propagande qui va de l'intervention à aujourd'hui [...].
L'Italie, ô messieurs, veut la paix, elle veut la tranquillité, elle veut le calme dans le travail. Nous, ce calme, cette tranquillité dans le travail, nous les lui donnerons, si c'est possible par l'amour, et si c'est nécessaire par la force.

Discours à la Chambre des députés du 3 janvier 1925.

1. *Manganello* : matraque dont se servent les squadristes pour s'attaquer aux opposants au régime.

2 Le Parti national fasciste dans un document de propagande

Comme l'a dit Mussolini dans son discours de 1929, le Parti a accentué sa fonction de « force spirituelle du régime ». [...] L'influence du Parti national fasciste s'exerce partout, par des moyens divers. Il est entré dans les cadres dirigeants de toutes les institutions économiques, sociales et d'assistance. Le parti s'est également enrichi de fonctions nouvelles : il suffit de penser à celle de l'assistance qui est réalisée au moyen de l'organe des œuvres d'assistance, à celle de l'incitation et de la sélection des diverses valeurs intellectuelles et spirituelles des jeunes. En vertu de la loi sur les corporations, le parti se voit assigner une fonction principale dans les nouveaux organismes de réglementation économique et de production.

Le Parti fasciste, Vallechi, 1937.

3 **Un mariage fasciste.**

5 ***Il Duce*, 1933.**

Œuvre du peintre futuriste Gerardo Dottori (1884-1977), un des inventeurs des perspectives lyriques aériennes.
Huile sur toile, 101 x 106 cm,
Milan, Civiche Raccolte d'Arte.

1. **Décrire précisément les différents éléments du tableau.**
2. **Quel personnage est représenté ?**
3. **Quel impression se dégage de ce tableau ?**

4 **Une famille fasciste modèle.**

Photo de famille envoyée à Mussolini par le père (à droite, en uniforme du parti) avec pour dédicace : « Toujours plus, Duce, pour la grandeur de la patrie ».

6 Les accords du Latran, le 11 février 1929

Accords signés à la basilique du Latran, à Rome le 11 février 1929, entre Mussolini et la papauté. La religion catholique est reconnue religion d'État et le pape souverain du petit État du Vatican.

L'Italie reconnaît que la religion catholique, apostolique et romaine est la seule religion de l'État.

L'Italie reconnaît au Saint-Siège la pleine propriété et juridiction souveraine, créant de cette façon la cité du Vatican qui sera toujours considérée comme un territoire neutre et inviolable.

Le Saint-Siège déclare définitivement résolue et terminée la question romaine[1] et reconnaît le royaume d'Italie, avec Rome comme capitale de l'État italien.

Les évêques, avant de prendre possession de leur diocèse, prêtent serment de fidélité au chef de l'État.

L'État italien, voulant redonner à l'institution du mariage, qui est la base de la famille, une dignité conforme aux traditions catholiques de son peuple, reconnaît au sacrement du mariage, réglé par le droit canonique, les effets civils.

L'Italie considère comme fondement de l'instruction publique l'enseignement de la doctrine chrétienne reçue de la tradition catholique.

1. Contentieux qui, depuis 1870, oppose le gouvernement italien au pape qui refuse de reconnaître l'annexion de Rome par le royaume d'Italie.

3 Le totalitarisme fasciste

A. Contrôler les esprits de la naissance au tombeau doc. 2

■ La vie culturelle est presque entièrement contrôlée et surveillée. Intellectuels et artistes doivent se soumettre ou s'exiler. Les fonctionnaires, les enseignants sont tenus de jurer fidélité au régime. **Une propagande envahissante à la radio, au cinéma, dans la presse ou dans la rue répète les slogans du régime.** Les studios de Cinecittà sont créés à Rome afin de développer le cinéma national. Très présente dans les actualités cinématographiques, la propagande se fait plus discrète dans les films de fiction, pour l'essentiel des films de divertissement. Si aucun domaine n'échappe à la censure, il n'existe pas d'art officiel dans le domaine des arts ou de la littérature. En 1932, une grande exposition célèbre le dixième anniversaire de la marche sur Rome ; l'histoire du fascisme y est présentée sous un jour mythique et héroïque.

■ La conquête de l'Éthiopie et la proclamation de l'empire, en 1936, sont l'occasion d'une intensification de la propagande. Les sanctions adoptées par la SDN à l'encontre de l'Italie fasciste n'ont pour résultat que de **cimenter davantage l'unité nationale**.

B. Forger « l'homme nouveau » doc. 1, 3, 4 et 5

■ Dès les années 1920, le projet de transformation des Italiens est au centre du programme du fascisme. En 1927, une revue fasciste définit ainsi l'Italien fasciste : « un homme digne, fort, courageux, actif, désintéressé, éclairé par le mythe de la grandeur italienne et défenseur de la mission italienne dans le monde ». À la fin des années 1930, Mussolini souhaite installer le régime dans la durée. La révolution culturelle du fascisme et la formation de « l'homme nouveau » deviennent des priorités. Plusieurs modèles se superposent dans la propagande au fil des années : combattant de la Grande Guerre, squadriste, citoyen-soldat. **Le Duce est présenté comme le modèle de « l'homme nouveau »**. Toutefois, des contre-modèles semblent aussi nécessaires. Ainsi, la propagande se déchaîne contre la figure du petit-bourgeois égoïste et malthusien. À partir de 1938, c'est le Juif qui incarne le contre-modèle de « l'homme nouveau ».

■ En effet, dans la deuxième moitié des années 1930, le régime s'engage sur la voie du racisme et de l'antisémitisme. **La conscience raciale doit être, selon le Duce, l'une des caractéristiques de « l'homme nouveau »**. La guerre d'Éthiopie donne lieu à un déferlement de propagande raciste, les Éthiopiens étant présentés comme appartenant à une race inférieure. Avec la guerre d'Éthiopie – qui l'isole des démocraties –, et la guerre civile espagnole, **l'Italie se rapproche de l'Allemagne** : un « axe Rome-Berlin » se forme en 1936. Les liens diplomatiques sont renforcés par une proximité idéologique de plus en plus grande. De sa propre initiative, l'Italie s'engage sur la voie de l'antisémitisme d'État. En 1938, le Grand Conseil du fascisme adopte une « Déclaration sur la race » suivie de décrets antisémites : interdictions professionnelles, confiscation des biens, interdiction des mariages mixtes.

C. Échec du projet de création d'un « homme fasciste »

■ À la fin des années 1930, on peut se demander dans quelle mesure le projet totalitaire a véritablement abouti. **La campagne antibourgeoise ne s'est accompagnée d'aucune mesure visant à modifier l'ordre social**. La politique scolaire, la politique religieuse, certaines campagnes idéologiques du régime (sur la famille notamment) ont plutôt renforcé les valeurs traditionnelles de la société italienne. En revanche, certaines initiatives comme la participation à la guerre d'Espagne ou la campagne antisémite n'ont pas suscité d'enthousiasme au sein de la population, sans provoquer cependant d'opposition véritable. Aussi, quand l'Italie entre en guerre aux côtés de l'Allemagne nazie en juin 1940, les difficultés de la vie quotidienne et les échecs militaires éloignent du régime une part croissante de la population.

1 « Déclaration sur la race »

Le Grand Conseil du fascisme, suite à la conquête de l'Empire, déclare l'actualité urgente des problèmes raciaux et la nécessité d'une conscience raciale. [...] Le problème juif n'est que l'aspect métropolitain d'un problème de caractère général.

Le Grand Conseil du fascisme déclare :

A. L'interdiction du mariage des Italiens et Italiennes avec des éléments appartenant aux races khamites[1], sémites et autres races non aryennes.

B. L'interdiction pour les fonctionnaires – personnel civil et militaire – de se marier avec des femmes étrangères quelle qu'en soit la race.

C. Le mariage d'Italiens et d'Italiennes avec des étrangers, y compris de race aryenne, devra être soumis à l'autorisation préalable du ministère de l'Intérieur.

D. Les mesures contre ceux qui attentent au prestige de la race dans les territoires de l'Empire seront renforcées.

Juifs et judaïsme

Le Grand Conseil du fascisme rappelle que le judaïsme mondial – surtout après l'abolition de la maçonnerie – a été l'instigateur de l'antifascisme dans tous les domaines [...].

Les autres Juifs

Les citoyens de race juive, sauf exceptions précisées par la loi, [...] ne pourront :
- être inscrits au Parti fasciste ;
- posséder ou diriger des entreprises de quelque nature que ce soit employant cent employés et plus ;
- posséder plus de cinquante hectares de terres ;
- prêter service militaire en temps de paix et de guerre.

L'exercice des professions sera l'objet de mesures ultérieures.

Déclaration votée par le Grand Conseil du fascisme, le 6 octobre 1938.

1. Khamite ou chamite : nom donné aux populations africaines (Éthiopiens et Libyens de l'Antiquité) issues, selon la Bible, de Cham, fils de Noé.

1. Présenter le document : auteur, date, contexte historique.
2. Comment les Juifs sont-ils présentés ?
3. Quelles sont les conséquences de ces décisions dans la vie quotidienne des Italiens ?
4. Quelles sont les conséquences pour les Italiens d'origine juive ?
5. Comment peut-on qualifier un tel texte ?

2 **L'exaltation de la conquête de l'Éthiopie.**
Il Mondo du 5 janvier 1936.

3 **« La défense de la race ».** Couverture du numéro 19 (5 août 1941) de la revue de propagande *La Difesa della Razza*.

1. **Quel est le sens du geste effectué par le bras armé d'un glaive (en bas à gauche) ?**
2. **Les deux personnages à droite sont des Juifs du Moyen Âge caricaturés. Quelle accusation antisémite ancienne est ici reprise ?**

4 L'enthousiasme populaire lors de la conquête d'Éthiopie

Le 5 mai 1936, les troupes italiennes entraient dans Addis-Abeba. Le 9 mai fut convoqué le Grand Conseil du fascisme. Une véritable marée humaine était amassée Piazza Venezia. Mussolini lut une motion dans laquelle l'Empire était proclamé et le roi désigné comme empereur. Puis on ouvrit les fenêtres du palais de Venise et Mussolini communiqua au peuple la nouvelle. C'était l'apogée d'une exaltation nationale dans lequel s'étaient fondus aspirations et dissentiments, espérances et tourments. Le peuple chanta ses hymnes, s'exalta jusqu'au délire, puis ensuite chacun rentra dans sa maison avec l'orgueil de celui qui a remporté une grande victoire.
Quand, dans la soirée du 9 mai, les fenêtres du palais de Venise se furent refermées, les chants tus et la foule dispersée, le Condottiere, assis tranquillement à sa table de travail, avait fière allure ; il ressemblait à ces capitaines des Républiques ou de l'Empire qui déposaient, aux pieds des consuls ou des empereurs, les armes du vaincu et leur propre épée, victorieuse.

T. Gianetti, ministre des Corporations de 1939 à 1943, *Mémoires de prison*, 1943-1944.

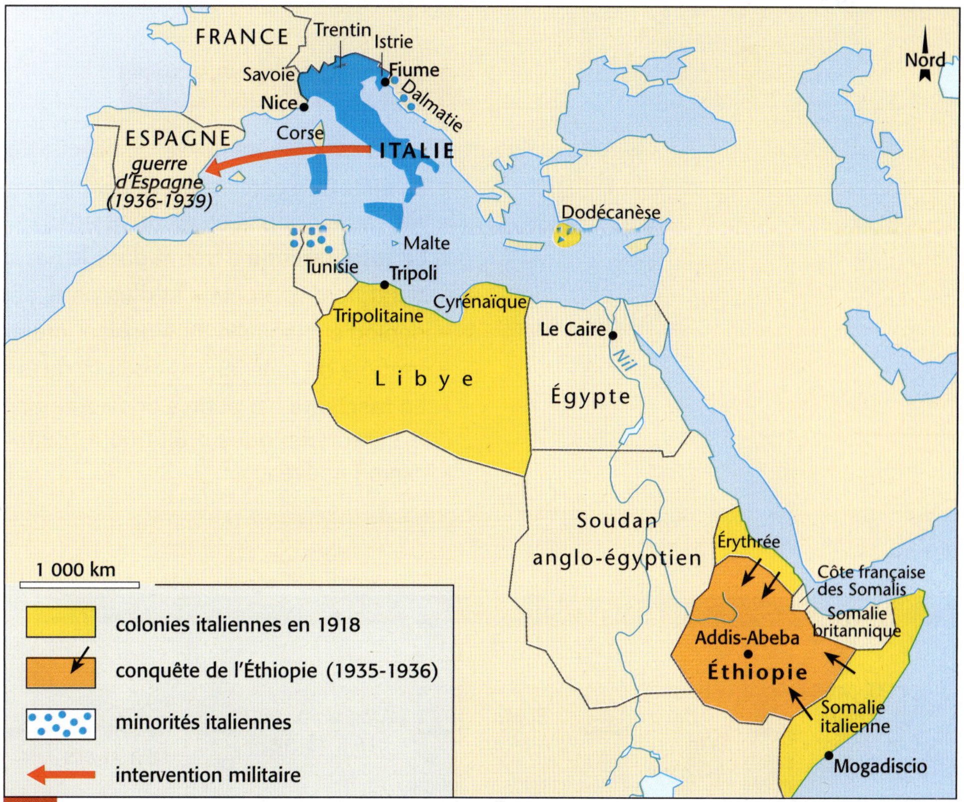

5 **Colonies italiennes, conquête de l'Éthiopie et guerre d'Espagne.**

Fiche de révision

Dates à retenir

- **Octobre 1922 :** marche sur Rome ; Mussolini, président du Conseil
- **1924 :** assassinat de Matteotti
- **1925-1926 :** lois fascitissimes en Italie
- **1935-1936 :** conquête de l'Éthiopie par l'Italie
- **1936 :** axe Rome-Berlin

Biographies

Benito Mussolini (1883-1945), dirigeant de l'Italie fasciste.
(Voir biographie complète p. 381)

Giacomo Matteotti (1885-1924), dirigeant socialiste italien, tué par des squadristes en 1924.
(Voir biographie complète p. 381)

L'essentiel

1. L'établissement de la dictature fasciste en Italie

- En 1919, l'Italie est minée par une crise économique, sociale et politique ; les classes moyennes craignent une révolution bolchevique. Mussolini, ancien socialiste, crée un parti national fasciste qui prétend rétablir l'ordre en Italie et organise une « marche sur Rome » en octobre 1922.
- Le 30 octobre 1922, le roi fait appel à Mussolini pour former un gouvernement.

2. Le régime fasciste

- À partir du milieu des années 1920, l'Italie passe sous le contrôle des fascistes :
– toute opposition est éliminée (assassinat du député socialiste Matteotti en 1924) ;
– en 1925-1926, les **lois fascistissimes** abolissent la démocratie ;
– Mussolini (le « **Duce** ») possède quasiment tous les pouvoirs ; le Parti national fasciste, devenu parti unique, est étroitement lié à l'État.
- L'Italie s'engage sur la voie de l'**autarcie** ; des grands travaux modernisent le pays.
- L'Italie est une dictature : culte du chef, parti unique, police politique.

3. Le totalitarisme fasciste

- Mais le fascisme n'est pas seulement une dictature ; Mussolini tente de faire évoluer l'Italie vers un régime totalitaire.
– Toute la population est encadrée par les organisations fascistes ;
– l'idéologie fasciste est imposée : volonté de transformer l'individu pour créer un homme nouveau fasciste ;
– contrôle des esprits par une propagande efficace.
- Jusqu'au milieu des années 1930, un certain consensus national règne autour du régime (enthousiasme lors de la conquête de l'Éthiopie).
- À partir du milieu des années 1930 : idéologie raciste qui devient aussi antisémite à partir de 1938. Rapprochement avec l'Allemagne (intervention en Espagne et formation de l'Axe Rome-Berlin).

Ne pas confondre

Dictature, totalitarisme et fascisme

➤ La **dictature** est l'exercice, par un homme ou un groupe d'hommes, d'un pouvoir sans limite, toute opposition étant interdite.

➤ Le **totalitarisme** a trouvé dans le nazisme et le stalinisme sa forme la plus accomplie :
– dictature d'un homme et d'un parti, absence de liberté ;
– idéologie à laquelle tous doivent croire et adhérer (nazisme, marxisme-léninisme) ;
– contrôle de tous les individus et de la société dans sa totalité.

➤ Le **fascisme** est parfois considéré comme un totalitarisme inachevé, mais il en garde des caractéristiques : dictature, culte du chef, parti unique, tentative de créer un « homme nouveau ».

Embrigadement de la jeunesse et encadrement des adultes dans l'Italie fasciste

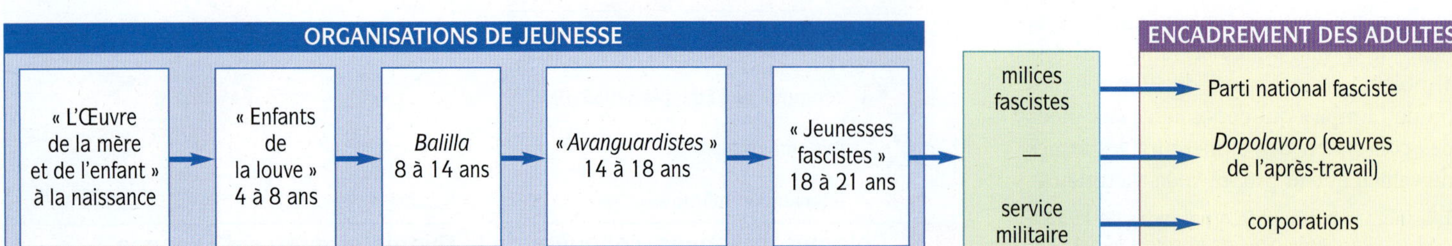

Comparaison de deux textes

1 Programme des Faisceaux italiens de combat, 6 juin 1919

Organisation créée par Mussolini en mars 1919, quelques mois avant des élections législatives.

NOUS VOULONS :

Pour le problème politique :
a. Suffrage universel avec scrutin de liste régional et représentation proportionnelle, droit de vote et éligibilité pour les femmes.
b. Droit de vote à dix-huit ans. [...]

Pour le problème social :
a. [...] la journée égale de huit heures de travail.
b. Le salaire minimum.
c. La participation des représentants des travailleurs au fonctionnement technique de l'industrie.

Pour le problème militaire :
a. Institution d'une milice nationale.
b. Nationalisation de toutes les industries d'armement.
c. Politique extérieure nationale qui mette en valeur [...] la nation italienne.

Pour le problème financier :
a. Un fort impôt extraordinaire à caractère progressif sur le capital, qui représente une authentique EXPROPRIATION PARTIELLE de toutes les richesses.
b. La confiscation de tous les biens des congrégations religieuses [...].
c. [...] La confiscation de 85 % des bénéfices de guerre.

2 Programme du Parti national fasciste, 27 décembre 1921

Après l'échec des Faisceaux italiens de combat aux élections de 1919, Mussolini crée le Parti national fasciste en novembre 1921 et publie un nouveau programme.

Le fascisme est constitué en parti politique pour renforcer sa discipline et préciser son credo. La nation n'est pas la simple somme des individus vivants, ni l'instrument des fins des partis, mais [...] la synthèse suprême de toutes les valeurs matérielles et spirituelles de la race.
[...] Les pouvoirs et les fonctions attribués actuellement au Parlement doivent être limités.
L'État est souverain : et cette souveraineté ne peut ni ne doit être entamée ou diminuée par l'Église.
Le Parti national fasciste (PNF) entend conférer une dignité absolue aux mœurs politiques. [...] Il aspire à l'honneur suprême d'être le gouvernement du pays. Le prestige de l'État national doit être restauré. [...]
L'Italie doit réaffirmer son droit à réaliser sa pleine unité historique et géographique, même là où elle ne l'a pas encore réalisée : elle doit remplir sa fonction de bastion de la civilisation latine en Méditerranée [...].
Le fascisme reconnaît la fonction sociale de la propriété privée qui est à la fois un droit et un devoir. [...]
Le PNF agit pour faire respecter en tous lieux et temps l'interdiction de la grève dans les services publics.

DOCUMENT D'ACCOMPAGNEMENT

Affiche pour l'Exposition de la révolution fasciste. Affiche de Testi, 1933.

Questions

1. Quels événements survenus en Europe dans les deux années qui précèdent la date du premier texte ont pu influencer la vie politique italienne et les revendications des Faisceaux italiens de combat ?
2. Rappeler qui est Mussolini en 1919.
3. Quels sont les objectifs politiques des fascistes en 1919 ? en 1921 ?
4. Comment le programme évolue-t-il dans le domaine politique ?
5. Comment le programme évolue-t-il sur le plan social ?
6. Quels aspects du programme présents dans les extraits du programme de 1919 ont disparu en 1921 ?
7. Quel élément nouveau apparaît et occupe une place importante dans le programme de 1921 ?
8. Le programme de 1921 est-il plus révolutionnaire ou plus conservateur que celui de 1919 ?
9. D'après le programme de 1921, qu'est-ce que le fascisme veut changer dans l'homme et dans la société ?
10. Quel programme contient déjà des aspects totalitaires ? Lesquels ?

L'étude d'un ensemble documentaire (6/10)

Sujet : Quelles sont les méthodes du fascisme ?

Première partie

1. Quelles formes peut revêtir la violence fasciste ? Contre qui s'exerce-t-elle (doc. 1 et 2) ?
2. Dégager, à partir des documents 1 et 5, les éléments d'un rituel fasciste.
3. Recenser les références au passé de l'Italie (doc. 3, 4 et 5).
4. Comment le régime met-il en valeur son action sociale (doc. 3) ?
5. D'après les documents 3, 4 et 5, décrire les relations entre Mussolini et le peuple italien ?

Deuxième partie

À partir des réponses aux questions et de vos connaissances, rédigez une réponse organisée à la question posée : quelles sont les méthodes du fascisme ?

DOCUMENT 1 Les souvenirs d'Italo Balbo[1]

J'entrai dans le fascisme de Ferrare en tant que chef militaire des *squadre*[2] pour violer la rouge campagne ferraraise, la plus intangible, là où les fascistes ne s'étaient pas encore aventurés. […] J'assumai pour ma part la tâche de porter la discipline, la hiérarchie, la responsabilité aux manipules[3] volants qui devaient briser la terreur rouge pour toujours, la tâche de les armer (il ne manquait pas sous mon commandement de fusils, de bombes et de mitraillettes) et de mettre au point une tactique d'assaut. […]

Réunions, serments, chansons, rites de guerre ;

encadrement minutieux ;

intuition des qualités singulières et des comportement spécifiques des individus ;

école du commandement ;

éducation au courage, mépris des batailles en paroles, exaltation de la violence comme moyen le plus rapide et définitif pour atteindre le but révolutionnaire.

Face à l'idéale conquête de l'État, aucune hypocrisie et aucun sentimentalisme : l'action rude et âpre, conduite à fond, quel qu'en soit le coût.

Italo Balbo, *Diario* (« Journal »), 1922, Mondadori, Milan, 1932.

1. Italo Balbo se rallie très tôt au fascisme et participe à la marche sur Rome. Il devient ministre de l'Aviation en 1929, puis gouverneur de la Libye en 1937. Il meurt en 1940.
2. *Squadre* : équipes d'hommes armés et vêtus de chemises noires qui mènent des actions violentes contre les adversaires du fascisme.
3. Manipules : subdivision de la légion romaine dans l'Antiquité.

DOCUMENT 2 Arrestation d'opposants au régime (1927).

DOCUMENT 3 Turin présentée dans un guide touristique

De la Piazza Castello, cœur de l'antique Turin et de la ville moderne, rayonnent de belles et larges artères. […] Toutes ces artères sont reliées à d'autres rues et à des avenues bordées de splendides immeubles. Leur réseau sillonne une zone de quartiers modernes, belles maisons bourgeoises, marchés, jardins, crèches, asiles, gymnases, écoles, bibliothèques, dispensaires. […] Au sud de la ville s'étendent aujourd'hui les établissements de la FIAT, orgueil et centre de la grande industrie sidérurgique et métallurgique, un des plus grands fiefs mondiaux de l'Automobile. […] La zone sud de la ville a vu surgir, comme par enchantement, toutes sortes d'hospices, et d'établissements didactiques et scientifiques. […] Au sud-ouest de la ville se dresse le tout moderne Stade Mussolini qui peut contenir 90 000 spectateurs.

Telle est la physionomie de la Turin fasciste, toute entière tendue vers un même effort : développer de plus en plus son prestige, son rang de grande et industrieuse ville sous le commandement du Duce qui, dans son historique discours de l'An X, lui manifesta une affection toute particulière : ville « chère à son cœur » et qui « est chère à tous les Italiens qui n'oublient pas… la solide et fidèle place forte de la Révolution où l'ardeur squadriste n'a jamais tracé de limite à l'esprit de sacrifice. »

Du haut de la Superga[1], les grandes Mânes de ses Rois la contemplent et, du haut du Colline de la Madelena, le phare de la Victoire, de cette victoire dont est issue la civilisation des Fasci couronnés des lauriers impériaux, projette sur elle l'éclat de sa lumière.

Turin, capitale du Piémont, publication de l'Agence nationale italienne du tourisme, 1936.

1. Superga : église du XVIIIe s. contenant les tombes de princes de la famille royale de Savoie.

DOCUMENT 4

Mussolini annonce au peuple italien la future création de l'Empire, le 13 octobre 1935.

Cette annonce est faite quelques jours après le début de la conquête de l'Éthiopie (3 octobre 1935). « Italie prolétaire et fasciste, Italie de Vittorio Veneto, et de la révolution, debout ! »

DOCUMENT 5 **Rassemblement du 11 décembre 1937**

Le peuple est convoqué sur toutes les places d'Italie. Rome, après deux jours d'attente, a son aspect des occasions solennelles, le climat des grands rassemblements. Dès le début de soirée, des colonnes se dirigent vers la place de Venise, au pied du monument à Victor-Emmanuel. Bien avant l'heure fixée, la foule a déjà envahi la grande place et s'entasse dans les rues adjacentes.

Plus que quelques minutes avant 22 heures. Le secrétaire du Parti, Son Excellence Achille Starace, apparaît au balcon et déclare : « Chemises noires, soyez silencieuses ! Le Grand Conseil délibère. » Aussitôt la multitude fait silence. L'attente est brève. Quelques minutes encore et les fenêtres du palais de Venise s'ouvrent. Et voilà les membres du Grand Conseil. Et voilà le Duce au balcon central.

Le secrétaire du Parti, dominant l'enthousiasme et l'émotion de la foule, communique la décision du Grand Conseil : « Chemises noires ! Le Grand Conseil a acclamé la proposition du Duce de quitter immédiatement la Société des Nations. » Une acclamation enthousiaste s'élève de la place comme pour signifier l'unisson absolu entre la volonté du Grand Conseil et celle du peuple. Puis le Duce fait signe qu'il va parler… »

Compte-rendu de l'agence de presse officielle italienne, décembre 1937.

Méthode

1 Avant de répondre aux questions, il faut…

- Analyser le sujet.
- Lire avec attention les documents : en préciser la nature, l'origine, le destinataire et le contexte.

2 Pour répondre aux questions

- Les questions de la première partie appellent des réponses courtes. Pour la question 1, par exemple, comparer la violence que peut organiser Balbo à la situation illustrée par le doc. 2 : par qui les prisonniers sont-ils encadrés ?
- La réponse à la question de la deuxième partie comporte :

– **une ou deux phrases d'introduction** : étudier les méthodes fascistes, c'est s'interroger sur leurs particularités et leur efficacité ;

– **un développement organisé** : plusieurs sous-parties.

1. Formes de violence et séduction ;
2. Un nationalisme exacerbé ;
3. L'action sociale et la mise en place d'une religion civile.

– **une ou deux phrases de conclusion**.

Au brouillon, pour la mise en ordre des réponses aux questions et des connaissances, on peut utiliser un tableau comme ci-dessous :

	Reprendre les informations données dans le dossier	Mobiliser ses connaissances
La violence	La violence fasciste peut prendre une forme extra-légale (doc. 1) ou légale (doc. 2).	Affaire Matteotti, police secrète (l'OVRA), déportation…
Un nationalisme exacerbé	Le régime exalte le passé romain (doc. 4).	Travaux dans la zone archéologique de Rome, cinéma (le film *Scipion l'Africain*, 1937)…
L'action sociale	Le régime dote le pays d'équipements collectifs (doc. 3).	L'œuvre du *Dopolavoro*.

Prépa BAC

CHAPITRE

15 L'Allemagne nazie

La défaite de 1918 précipite l'Allemagne dans les difficultés. Le nouveau régime est violemment combattu, à la fois par l'extrême gauche – les communistes – et par l'extrême droite – les nazis. À partir de 1924 le pays connaît un retour à une certaine prospérité. Mais, dès 1929, les nazis exploitent les difficultés économiques et sociales liées à la crise. En janvier 1933, leur chef, Hitler, arrive au pouvoir et met en place un État totalitaire, le IIIe Reich. En 1939, il lance l'Allemagne dans la guerre.

Comment Hitler est-il arrivé au pouvoir ?
Qu'est-ce que la dictature nazie ?

1 Hitler, une réponse à la crise…

« Notre dernier espoir, Hitler ».

Affiche nazie de 1932.

« Combien, avec une foi touchante, voient en lui l'aide, le sauveur, le rédempteur qui les arrachera à une détresse sans fond. Lui qui secourt le prince prussien, le savant, l'ecclésiastique, le paysan, l'ouvrier, le chômeur, qui les délivre du parti pour en faire un seul peuple. »
Louise Solmitz, institutrice de Hambourg, début des années 1930.

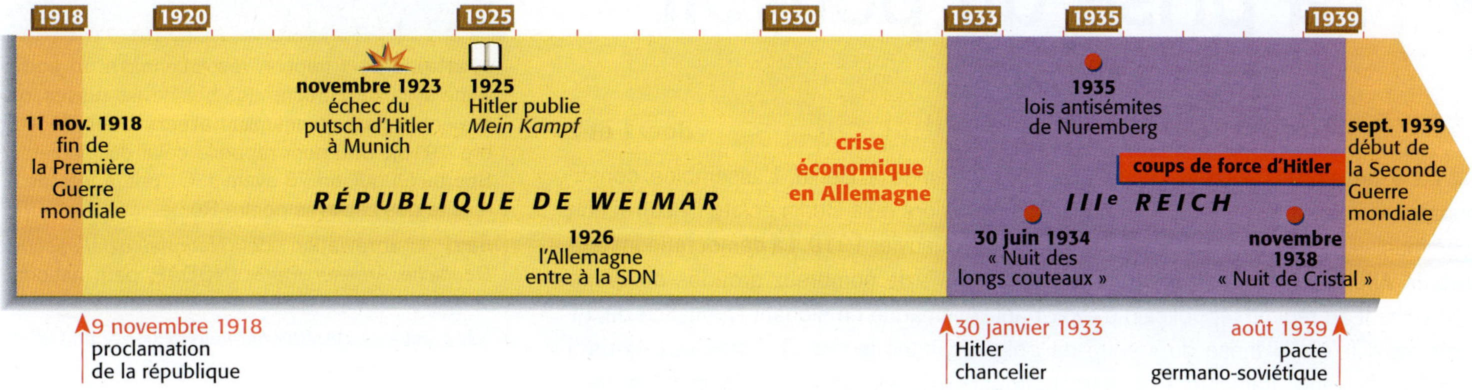

2 | ... qui mène à la dictature totalitaire.

Hitler, entouré de cadres du parti, monte à la tribune lors de la « fête de la moisson », le 30 septembre 1934.

« Les gens attendaient debout et chantaient la main tendue – on ne voit que des gens, des gens à perte de vue [...]. Il y a de l'électricité dans l'air, la tension monte. [...] Le chancelier du Reich peut arriver d'un moment à l'autre. »

J. Goebbels, 1932

1 La prise du pouvoir

A. Une Allemagne devenue républicaine **doc. 1 et 2**

■ Le 9 novembre 1918, la république est proclamée à Berlin. L'assemblée constituante, élue en janvier 1919, se réunit à Weimar, alors qu'à Berlin éclate l'insurrection communiste des **spartakistes**, écrasée du 5 au 12 janvier 1919. **La démocratie instaurée en Allemagne, connaît donc un début difficile** ; de nombreux groupes de droite reprochent au régime républicain d'avoir trahi l'Allemagne en signant l'armistice du 11 novembre (c'est la thèse du « coup de poignard dans le dos »). Parmi eux, le parti ouvrier allemand, transformé en **parti national-socialiste des travailleurs allemands (NSDAP)** par Adolf Hitler qui exploite l'hostilité au traité de Versailles et avance des revendications à la fois antidémocratiques, anticapitalistes et antisémites.

■ Aux difficultés politiques s'ajoutent le coût des réparations et les difficultés économiques accentués par l'occupation de la Ruhr en janvier 1923. Les communistes tentent un nouveau soulèvement, tandis qu'à Munich, le 9 novembre 1923, Hitler organise un putsch, qui échoue. **La prospérité revient mais seuls les socialistes et le centre catholique (le *Zentrum*) défendent le régime.**

B. Une république en crise **doc. 3 et 4**

■ **La crise économique touche l'Allemagne dès 1929** ; le nombre des chômeurs passe de 3 à 6 millions entre 1930 et 1932. Aux élections de 1930, communistes et **nazis** progressent : alors que le NSDAP était resté peu influent dans les années 1920, Hitler devient un personnage politique de premier plan. Dans la prison où il avait été enfermé à la suite du putsch raté de 1923, Hitler avait rédigé *Mein Kampf*, fixant ainsi l'idéologie nazie. Prenant Mussolini pour modèle, il tente de parvenir au pouvoir légalement. Dès sa libération en 1925, **Hitler structure le parti et crée une organisation paramilitaire, les SA**. Des campagnes électorales répétées, liées à la faiblesse du régime face à la crise, permettent au NSDAP de consolider ses bases. Une active propagande, menée par Goebbels, et l'entretien d'un climat de violence par les SA en font un parti de masse.

■ L'année 1932 est décisive. Malgré l'échec d'Hitler aux élections présidentielles en 1932, les nazis obtiennent 207 sièges en juillet mais reculent en novembre face aux communistes. **La peur du communisme renforce l'alliance du NSDAP avec la droite**, qui pense pouvoir aisément se débarrasser d'Hitler par la suite. Le 30 janvier 1933, le président Hindenburg désigne Hitler chancelier du Reich.

C. Hitler arrive au pouvoir **doc. 5 et 6**

■ À la tête d'un gouvernement de coalition ne comptant que trois ministres nazis sur onze, Hitler dissout le **Reichstag**. Malgré le climat de terreur toujours entretenu par les SA et l'interdiction du parti communiste, accusé d'avoir provoqué l'incendie du Reichstag, les nazis ne recueillent que 44 % des voix aux élections du 5 mars 1933. Quinze jours plus tard, avec l'appui de la droite et du centre, **Hitler obtient, du Reichstag, le vote des pleins pouvoirs.**

■ En quelques mois, les nazis occupent les postes clés du régime. Dès mars 1933, les opposants sont emprisonnés dans des **camps de concentration**, les autres partis et les syndicats sont interdits. Ainsi les nazis obtiennent-ils 92 % des voix en novembre 1933. Le discours anticapitaliste du NSDAP, incarné par Röhm et les SA, avait séduit beaucoup d'électeurs, souvent chômeurs. Mais une fois au pouvoir, Hitler juge ce discours trop révolutionnaire. Ayant besoin du soutien des milieux d'affaires et de l'armée, **Hitler et les SS éliminent à la fois les représentants de la droite classique et les chefs SA, le 30 juin 1934** : c'est la « Nuit des longs couteaux ». On compte plus de 1 000 morts. Le 2 août 1934, à la mort de Hindenburg, Hitler se fait proclamer *Reichsführer* (guide du peuple). La république est alors abolie par plébiscite.

VOCABULAIRE

spartakistes : fraction révolutionnaire du socialisme allemand, proche des bolcheviks russes, qui devient le parti communiste allemand (en décembre 1918). Son nom rappelle celui du gladiateur Spartacus qui, en 73 avant J.-C., prit la tête de la révolte des esclaves contre Rome.

nazi : abréviation de *Nationalsozialistischer Deutsche Arbeiter Partei* (NSDAP, parti national-socialiste des travailleurs allemands).

SA : initiales de *Sturmabteilung* (« section d'assaut »). Voir *Ne pas confondre* p. 282.

Reichstag : en allemand, « assemblée du peuple », nom de la Chambre des députés allemande.

camps de concentration : camps d'emprisonnement ouverts dès mars 1933 pour les opposants au régime (communistes, socialistes, opposants catholiques). Ils dépendent de l'Office central de la sécurité du Reich dirigé par Himmler.

SS : initiales de *Schutzstaffel* (« échelon de sécurité »). Voir *Ne pas confondre* p. 282.

1 **« Réveillez-vous ! et votez pour le bloc du peuple ».**

Affiche du parti nazi (1924).

Le texte de l'affiche indique notamment : « Pour la communauté du peuple de la Grande Allemagne ».

1. **Décrire l'affiche. Quelle est l'institution visée ?**
2. **Quel est le but recherché ? À quel article du doc. 2 peut-on le rapprocher ?**

2 Le programme du parti nazi en 1920

1. Constitution d'une grande Allemagne, réunissant tous les Allemands sur la base du droit des peuples à disposer d'eux-mêmes.

2. Égalité des droits du peuple allemand au regard des autres nations, abrogation des traités de Versailles et de Saint-Germain.

3. De la terre et des colonies pour nourrir notre peuple et résorber notre surpopulation.

4. Seuls les citoyens bénéficient des droits civiques. Pour être citoyen, il faut être de sang allemand, la confession importe peu. Aucun Juif ne peut donc être citoyen. […]

6. Droit de vote réservé aux seuls citoyens. […]

12. Confiscation de tous les bénéfices de guerre.

13. Nationalisation de toutes les entreprises appartenant aujourd'hui à des trusts. […]

15. Augmentation substantielle des pensions des retraités. […]

19. Qu'un droit public allemand soit substitué au droit romain, serviteur d'une conception matérialiste du monde. […]

21. L'État doit se préoccuper d'améliorer la santé publique par la protection de la mère et de l'enfant, l'interdiction du travail de l'enfant. […] Obligation légale de pratiquer le sport et la gymnastique.

22. Création d'une armée nationale. […]

25. Création d'un pouvoir central puissant.

1. **Quels articles se rapportent aux conséquences de la défaite ? Que réclament les nazis ?**
2. **Quels articles traduisent le projet d'une grande Allemagne ?**
3. **Analyser le raisonnement suivi dans l'article 4. À quoi mène-t-il ?**

3 Affrontements entre nazis et communistes.
« Ni nazis – ni communistes : pour le calme et l'ordre, votez *Zentrum*, liste 4 ». Tract du parti du Centre catholique (le *Zentrum*), lors des élections de juillet 1932.

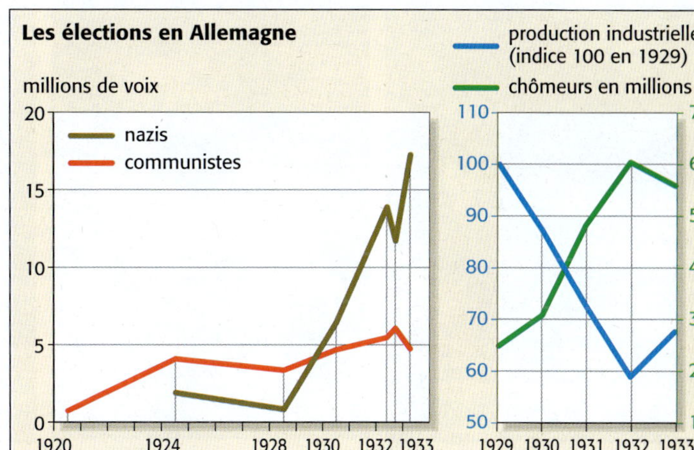

4 Élections et crise économique en Allemagne.

1. **Comment évoluent les résultats des nazis et des communistes ?**
2. **Comparer les résultats avec l'évolution de l'économie.**

5 La « révolution nationale-socialiste » selon Röhm, chef des SA, le 18 avril 1934

Les succès obtenus jusqu'à présent en Allemagne, la prise du pouvoir et l'élimination des supports idéologiques du marxisme, du libéralisme et du capitalisme responsables de l'évolution funeste des années d'après-guerre, qui ont été dépouillés de leur influence prépondérante sur l'État tout ce qui a été obtenu jusqu'à maintenant, n'est qu'un préalable, un tremplin pour atteindre les véritables buts du national-socialisme. Nous n'avons pas fait une révolution nationale, mais une révolution nationale-socialiste, et nous insistons particulièrement sur le mot « socialiste » ! Si ces éléments ajoutent le socialisme à leur nationalisme et s'ils le mettent en pratique, qu'ils continuent à marcher à nos côtés. Mais s'ils croient que, pour leur faire plaisir, nous abandonnerons quoi que ce soit de notre volonté résolument socialiste, ils se trompent lourdement ! […]
Le combattant en chemise brune a, depuis le premier jour, marché sur la route qui mène à la révolution. Et de cette route, il ne s'écartera pas d'une semelle, tant que ne sera pas atteint le but final auquel il aspire : l'homme national-socialiste dans l'État national-socialiste !

Discours de Röhm devant le corps diplomatique à Berlin.

1. **Quel est le but ultime de Röhm, d'après ce texte ?**
2. **Quels sont les ennemis à vaincre ? Certains le sont-ils déjà et comment ?**
3. **Quelle est la « réponse » d'Hitler à ce discours ? et pourquoi ?**

6 SA à Berlin le jour de la prise du pouvoir d'Hitler, le 30 janvier 1933.

Adolf Hitler

• Né en Autriche en 1889, après une jeunesse faite d'échecs, Adolf Hitler s'engage dans un régiment bavarois lors de la guerre de 14-18 et y trouve un épanouissement personnel. Démobilisé en 1918, il vit la défaite comme une humiliation et se rapproche des groupes extrémistes de droite. Il participe, en 1920, à la fondation du parti national-socialiste. En 1923, suivant l'exemple de Mussolini, il tente de prendre le pouvoir par la force, à Munich. C'est un échec qui le mène en prison où il rédige *Mein Kampf*. Dix ans plus tard, en janvier 1933, il arrive au pouvoir dans un climat de violence mais de façon légale. Il met en place un système totalitaire qui repose sur l'obéissance absolue au chef et fascine une majorité d'Allemands.

1 L'ascension d'Hitler.

a. Hitler orateur étudiant ses attitudes sous l'œil de son photographe Heinrich Hoffmann en 1927. Blessé durant la guerre, Hitler a vu dans l'armistice du 11 novembre 1918 une trahison provoquée par les civils et l'éclatement de la révolution à Berlin.

b. ... et chancelier en 1933.
Hindenburg et Hitler début 1933 Le maréchal Hindenburg (1847-1934), ancien chef de l'état-major allemand pendant la Première Guerre mondiale, a été élu président de la République en 1925, puis réélu en 1932.

2 Le *Führerprinzip*

La pensée ne vit que dans les masses. Il faut le reconnaître une fois pour toutes, et c'est bien évident. Si tout progrès humain représente une réalisation supérieure à la précédente, on comprend bien qu'il faut que quelqu'un l'ait initié. Or ce quelqu'un qui l'a initié est le porteur de la pensée et non pas la grande masse qui le suit. Bien sûr, cela peut être très dur. [...] Il est toujours dur de dire : « Il faut que quelqu'un commande, et il ne peut y en avoir plus qu'un ; celui qui commande ordonne et les autres doivent obéir. » [...]
C'est pourquoi notre État n'est en rien fondé, je tiens à le souligner, sur la consultation populaire, notre objectif est de convaincre le peuple de la nécessité de ce qui se fait. [...] Il faut toujours que quelqu'un assume la responsabilité d'une certaine décision. Et il ne peut toujours organiser des votes. Toute l'aberration de cette démocratie parlementaire n'apparaît jamais de manière plus flagrante que sur des faits très simples. [...] Regardons les petites choses de la vie. La maison qu'on construit, là-bas, faites-la donc construire sur un vote à la majorité, faites d'abord voter le plan, organisez une réunion entre les futurs habitants et les ouvriers et faites-leur discuter du plan. [...] Il est évidemment « bien plus facile » de gouverner un peuple de 68 millions de personnes. [...]
Le peuple est aujourd'hui plus heureux en Allemagne que partout ailleurs dans le monde. Il ne se sent dans l'insécurité que lorsqu'il n'a pas de chef. Dès l'instant où il est fermement dirigé, il est heureux ; car il sait très bien qu'il « ne comprend rien à tout ça ».

A. Hitler, discours du 29 avril 1937.

3 Hypnotiser son auditoire

Il parlait depuis le podium et il me faisait frissonner. Il suscitait en moi une vive émotion. Il était à la fois violent et fou. [...] Je n'aurais jamais pu croire qu'un tel dictateur aurait pu tuer six millions de Juifs. Personne ne pouvait pressentir ce qui allait se passer.

Marion Dönhoff (née en 1909), journaliste.

Hitler pouvait être d'une incroyable banalité dans ses propos, mais en même temps il possédait une redoutable capacité à hypnotiser son auditoire et ses adversaires. Lorsque je l'écoutais à la radio, il m'était bien difficile d'éprouver une quelconque résistance face à son discours. Il avait une étonnante capacité à projeter sa volonté et à hypnotiser les gens. Cela marchait vraiment, mais seulement lorsqu'il sentait le contact de la foule.

Sebastian Haffner (né en 1907), magistrat.

4 Les Jeunesses hitlériennes au stade de Nuremberg, le 3 septembre 1933.

5 La propagande par le discours dans *Mein Kampf*

L'âme de la masse n'est accessible qu'à tout ce qui est entier et fort.
De même que la femme est peu touchée par des raisonnements abstraits, qu'elle éprouve une indéfinissable aspiration sentimentale pour une attitude entière et qu'elle se soumet au fort tandis qu'elle domine le faible, la masse préfère le maître au suppliant, et se sent plus rassurée par une doctrine qui n'en admet aucune autre auprès d'elle, que par une libérale tolérance. [...]
La faculté d'assimilation de la grande masse n'est que très restreinte, son entendement petit, par contre son manque de mémoire est grand. Donc toute propagande efficace doit se limiter à des points fort peu nombreux, et les faire valoir à coups de formules stéréotypées aussi longtemps qu'il le faudra, pour que le dernier des auditeurs soit à même de saisir l'idée.
La grande masse d'un peuple ne se compose ni de professeurs ni de diplomates. Elle est peu accessible aux idées abstraites. Par contre, on l'empoignera plus facilement dans les domaines des sentiments et c'est là que se retrouvent les ressorts de ses réactions, soit positives, soit négatives.

A. Hitler, *Mein Kampf*, 1925.

6 Pourquoi Hitler ? Un historien analyse...

Il ne fut pas un simple « accident » dans le cours de l'histoire allemande. Sans les conditions uniques qui le portèrent au premier plan, Hitler n'aurait jamais rien été. [...] Privé de ces conditions, son style, sa forme de rhétorique seraient demeurés sans effet. C'est l'impact de la guerre, de la révolution et de l'humiliation nationale sur le peuple allemand, mais aussi la peur aiguë du bolchevisme dans de larges sections de la population qui donnèrent à Hitler un marchepied. Il sut exploiter la situation avec brio. Plus qu'aucun politicien de son temps, il fut le porte-parole des peurs, des ressentiments et des préjugés exceptionnellement intenses des gens ordinaires qui n'étaient pas attirés par les partis de gauche ni ancrés dans les partis du catholicisme politique. Et, plus qu'aucun autre politicien de son temps, il leur offrit la perspective d'une nouvelle société, meilleure [...]. Dans la séduction qu'exerçait Hitler, cette vision du futur allait de pair avec la dénonciation du passé. La perte totale de confiance dans un système étatique qui reposait sur un régime de partis et une bureaucratie discrédités avait poussé plus d'un tiers de la population à placer sa confiance et ses espoirs dans une politique de rédemption nationale. Le culte de la personnalité soigneusement orchestré autour de lui fit d'Hitler l'incarnation de ces espoirs.

Ian Kershaw, *Hitler*, t. I, 1998.

Questions

A Dégager les informations des documents

1. Quels principes sont mis en avant par Hitler (doc. 2) ?
2. Ces deux témoins sont-ils favorables ou hostiles à Hitler (doc. 3) ? Comment jugent-ils l'impact du discours d'Hitler (doc. 3) ?
3. Selon l'historien Ian Kershaw, l'arrivée au pouvoir d'Hitler était-elle inévitable ? Quelles explications en donne-t-il (doc. 6) ?

B Mettre en relation les documents

4. Quel est le rôle personnel joué par Hitler dans la montée du nazisme (doc. 1, 2, 4 et 6) ?
5. Comment expliquer la fascination qu'exerce Hitler sur la population (doc. 3, 4 et 6) ?
6. Quels sont les moyens utilisés pour asseoir son emprise sur la population (doc. 2, 3, 5 et 6) ?

C Rédiger

7. Rédiger un paragraphe expliquant le rôle tenu par Hitler dans la mise en place du totalitarisme nazi.

2 La dictature nazie : *Ein Volk, ein Reich, ein Führer*

Une fois tous ses adversaires éliminés, Hitler peut appliquer sa doctrine, exposée à la fois dans *Mein Kampf* et dans ses discours. Cette doctrine repose sur trois piliers.

A. *Ein Volk* : une communauté de race et de sang

doc. 3 et 4

Les idées développées depuis le XIXe s. par le Français Gobineau sur la « race aryenne » et par l'Anglais Houston Chamberlain sur **la supériorité de la « race germanique »**, sont à l'origine de la doctrine raciste d'Hitler. Les **Aryens** constitueraient la seule race pure, faite d'hommes grands, blonds, aux yeux bleus. Le **Volk** doit être préservé de tout élément « malsain » identifié par des scientifiques entièrement dévoués au régime. Tout Allemand porteur de maladie héréditaire doit être stérilisé de force : plus de 80 000 handicapés sont exterminés avant 1939.

Ayant établi une hiérarchie dans la pureté raciale, **les « races inférieures » sont dénoncées, et en premier lieu, les Juifs**. Ils représentent moins de 1 % de la population allemande, mais sont depuis longtemps victimes de l'antijudaïsme et de l'antisémitisme. « Bacilles dissolvants de l'humanité », ils risquent de « contaminer » les Aryens. Dès 1933, Goebbels lance une campagne de boycottage des magasins juifs. En 1935, les Allemands de confession juive perdent leur citoyenneté et leurs biens peuvent être confisqués. **Le 9 novembre 1938, au cours de la « nuit de Cristal », 280 synagogues sont incendiées et plus de 30 000 Juifs arrêtés**. Une contribution d'un milliard de Reichsmarks est exigée de la communauté juive. Seule une minorité peut choisir l'exil.

B. *Ein Reich* : un empire

doc. 5

Hitler reprend à son compte le programme du pangermanisme du XIXe s. et lui donne une connotation raciale. **Toutes les populations de langue et de sang allemands vivant en Europe doivent être rassemblées dans un seul État**. L'homme allemand doit devenir le maître du monde : il s'agit de fonder « un Reich pour 1 000 ans ». Par l'exaltation de la guerre, le « peuple supérieur » peut s'imposer dans sa lutte pour la vie ; il doit conquérir son ***Lebensraum*** (« espace vital ») aux dépens des « peuples inférieurs », tels que les Slaves, destinés à lui servir d'esclaves. La Russie, livrée aux « juifs et aux bolcheviks », est particulièrement visée. Quant à la France, « mortelle ennemie du peuple allemand », affaiblie par la démocratie et le métissage, elle doit être vaincue.

C. *Ein Führer* : un guide suprême

doc. 1, 2, 6 et 7

Dès 1934, Hitler supprime le cadre fédéral du Reich ; pour la seule fois de son histoire, l'Allemagne devient un État centralisé. Le ***Führer*** en est le chef suprême, incarnation du peuple et de la nation. Le salut « Heil Hitler ! » rappelle le lien « vital » entre chaque Allemand et son chef : **parti et État ne font plus qu'un**. En 1938, Hitler devient commandant en chef de l'armée. Ses fidèles sont placés aux postes clés : à Goering l'armée et l'économie, à Goebbels la propagande, tandis qu'Himmler dirige les SS et la **Gestapo**, police politique qui surveille, arrête et torture. Tout esprit critique est étouffé. Dès mars 1933, les premiers camps de concentration sont ouverts. Les défilés, les grandes parades annuelles dans le stade de Nuremberg et la propagande entretiennent la communion avec le chef.

Le système totalitaire et raciste défini dans *Mein Kampf* est mis en œuvre dès 1933, tout en tenant compte des circonstances. Hitler doit ménager ses soutiens (armée et industriels) et l'opinion publique qu'il peut choquer, notamment par l'extermination des handicapés. Mais, durant la Seconde Guerre mondiale, Juifs et Tsiganes subissent une extermination totale.

VOCABULAIRE

Aryens : populations indo-européennes parlant des langues voisines et installées en Europe, en Iran, en Inde au IIe millénaire av. J.-C. Les nazis considèrent que les Allemands sont des descendants des Aryens, opposés aux Sémites dont font partie les Juifs.

***Volk* :** mot allemand, difficilement traduisible, signifiant « le peuple » mais au sens de « nation » et sous-entendant l'idée de communauté par le sang.

***Lebensraum* :** en allemand, « espace vital » ; désigne, pour les nazis, tous les territoires indispensables à la vie et à l'expansion du peuple allemand.

***Führer* :** mot allemand signifiant « guide ».

Gestapo : police politique du Reich, abréviation de *Geheime Staatspolizei*.

1 Portrait officiel du Führer.

2 Personnes emprisonnées dans les camps de concentration.

1933 :	26 789
1934 :	7 000 à 8 000
1935 :	7 000 à 9 000
1936 :	5 000 à 8 000
1937 :	5 000 à 10 000
1938 (octobre) :	24 000
1938 (novembre) :	60 000
1939 :	20 000

3 L'idéologie raciste et son application.

a. **« Magasin juif ! Qui y achète sera photographié ».**
Affiche, avril 1933.

b. Lois de Nuremberg sur la protection du sang allemand (1935)
1. Les mariages entre Juifs et ressortissants allemands sont interdits.
2. Les relations entre Juifs et Allemands en dehors du mariage sont interdites.
3. Les Juifs n'ont pas le droit d'employer dans leur ménage des Allemandes de moins de 45 ans.
4. Il est interdit aux Juifs de hisser les couleurs nationales du Reich. Cependant, il leur est permis de montrer les couleurs juives.

c. Ordonnances de 1938
25 juillet : les installations de médecins juifs doivent cesser le 30 septembre 1938.
Octobre : les Juifs doivent faire tamponner la mention « J » sur leurs pièces d'identité.
12 novembre : contribution d'un milliard de Reichsmarks imposée aux Juifs.
18 novembre : il est interdit aux Juifs, à partir du 1er janvier 1939, de s'occuper de commerce, de transport, et d'exercer le métier d'artisan indépendant.

1. **De quelles discriminations professionnelles sont victimes les Juifs ?**
2. **Quelles discriminations concernent les droits individuels ?**

4 Le racisme nazi

La conception raciale ne croit nullement à l'égalité des races, mais reconnaît au contraire leur diversité et leur valeur plus ou moins élevée. Il est donc nécessaire de favoriser la victoire du meilleur et du plus fort, d'exiger la subordination des mauvais et des faibles.
Les Aryens ont été les seuls fondateurs d'une humanité supérieure, celle qui a créé la civilisation.
Une fraction restreinte, mais puissante, de la population mondiale a choisi le parasitisme. Feignant intelligemment de s'assimiler, elle cherche à s'établir parmi les peuples sédentaires, à priver ceux-ci du fruit de leur travail par des ruses mercantiles et à prendre elle-même le pouvoir. L'espèce la plus dangereuse de cette race est la juiverie.

A. Hitler, *Mein Kampf*, 1925.

5 Les objectifs extérieurs

Pour devenir une puissance mondiale, l'Allemagne a besoin de cette grandeur territoriale qui lui donnera l'importance nécessaire. Nous arrêtons l'éternelle marche des Germains vers le sud et vers l'ouest de l'Europe, nous jetons nos regards sur l'Est. [...]
Si nous parlons aujourd'hui de nouvelles terres en Europe, nous ne saurions penser d'abord qu'à la Russie et aux pays limitrophes qui en dépendent [...]. L'État gigantesque de l'Est est mûr pour l'effondrement. Et la fin de la domination juive en Russie sera aussi la fin de la Russie en tant qu'État. Nous avons été élus par le destin pour assister à une catastrophe qui sera la preuve la plus solide de la justesse des théories racistes au sujet des races humaines. [...]
L'ennemi mortel, l'ennemi impitoyable du peuple allemand est et reste la France. Car la contamination provoquée par l'afflux de sang nègre sur le Rhin, au cœur de l'Europe, répond aussi bien à la soif de vengeance de cet ennemi héréditaire de notre peuple qu'au froid calcul du Juif. Le Juif y voit le moyen de commencer le métissage du continent européen en infectant la race blanche avec du sang de basse humanité, de poser les fondations de sa propre domination.

A. Hitler, *Mein Kampf*, 1925.

6 Dirigeants nazis : Himmler, Heydrich et Goering.
Les hauts dignitaires de la SS conduits par Heinrich Himmler et Reinhard Heydrich souhaitent un bon anniversaire à Hermann Goering, 12 janvier 1937.

7 Le culte du chef. « Quelle chance d'avoir vécu cela ! », « Quand verrai-je le Führer ? »

Le IIIe Reich et la jeunesse : éducation ou dressage ?

• Le nazisme doit permettre de créer une nouvelle Allemagne dans une Europe jugée corrompue par la démocratie. Son idéologie débouche sur la vision d'une société composée d'hommes nouveaux vivant dans un monde désormais débarrassé de tous les éléments corrupteurs, démocrates, Juifs, communistes. Ce monde ne peut être conquis que par la force et la guerre. Pour y parvenir, Hitler et les nazis ont nécessairement placé la jeunesse au premier rang de leurs préoccupations. C'est par elle que doit s'établir le « Reich millénaire ».

1 La jeunesse embrigadée

Cette jeunesse doit apprendre uniquement à penser allemand et à agir en Allemand. Quand ces jeunes garçons et ces jeunes filles entrent dans nos organisations à l'âge de 10 ans, ils reçoivent et sentent un air frais, souvent pour la première fois ; quatre ans après, ils passent de la *Jungvolk* à la *Hitlerjugend* et nous les tenons encore pour quatre ans. Nous les prenons immédiatement dans le parti, dans le Front du travail, dans la SA ou dans la SS. Et si, après avoir passé là encore deux ans ou deux ans et demi, ils ne sont pas encore devenus de vrais nationaux-socialistes, alors nous les soumettrons au service du travail obligatoire [....] ainsi ils ne seront jamais plus libres pour toute leur vie.

Discours d'A. Hitler, 2 décembre 1938.

2 L'embrigadement de la jeunesse.
Deux SA emmènent leurs enfants à une réunion du parti, Berlin, 1934.

3 Effectifs des organisations de la jeunesse nazie.

À la veille de la guerre, le passage à la *Hitlerjugend* est obligatoire de 14 à 18 ans.

Années	Population totale des 10-18 ans	Membres des Jeunesses hitlériennes
1932		107 956
1933	7 529 000	2 300 000
1934	7 682 000	3 577 000
1935	8 172 000	3 900 000
1936	8 656 000	5 400 000
1937	9 060 000	5 800 000
1938	9 109 000	7 000 000
1939	8 870 000	8 700 000

4 Hitler et des membres de la Fédération des jeunes filles allemandes.

5 Un exercice d'arithmétique

Un aliéné coûte quotidiennement 4 Reichsmarks, un invalide 5,5 Reichsmarks, un criminel 3 Reichsmarks. Dans beaucoup de cas, un fonctionnaire ne touche que 4 Reichsmarks, un employé 3,65 Reichsmark, un apprenti 2 Reichsmarks. Faites un graphique avec ces chiffres.
D'après des estimations prudentes, il y a en Allemagne environ 300 000 aliénés et épileptiques dans les asiles. Calculez combien coûtent annuellement ces 300 000 aliénés et épileptiques.
Combien de prêts aux jeunes ménages à 1 000 Reichsmark pourrait-on faire si cet argent pouvait être économisé ?

Manuel scolaire nazi. Cité par A. Grosser, *Dix leçons sur le nazisme*, 1976.

6 L'éducation militaire des Jeunesses hitlériennes.

7 La formation à la guerre

a. Appartenir aux Jeunesse hitlériennes répondait à la logique de l'idéologie nazie. Des années après la guerre, j'ai compris que les jeux en plein air, la communion autour du feu, les défilés, les fanfares et les uniformes qui composaient notre univers n'avaient d'autre objectif que de nous préparer à la guerre. En 1945, alors que mon char venait d'être arrêté par les Alliés, je pensais que je devais encore mourir en héros pour Hitler.

Reinhard Appel (né en 1927), cité dans Guido Knopp, *Hitler*, 1998.

b. Caricature antinazie.
Caricature parue dans Kamerradschaft, *journal antinazi destiné à la jeunesse, édité à Bruxelles, en novembre 1937, et distribué clandestinement en Allemagne : un enfant arrêté par des SA.*

8 Des Allemands parlent

a. C'était terriblement impressionnant quand les SA défilaient. J'étais du côté des plus forts ; les Juifs, c'étaient les autres. Il n'y avait aucune contradiction entre notre faubourg ouvrier et la Jeunesse hitlérienne ; vous ne devez pas voir les choses comme s'il s'agissait d'une décision pour ou contre quelque chose ; il n'y avait rien d'autre et celui qui voulait devenir quelque chose y appartenait […]. L'uniforme de la Jeunesse hitlérienne était quelque chose de positif dans notre enfance. […]
J'avais été élevé à l'époque du national-socialisme, et j'ai vu le monde tel qu'on nous le montrait, tel qu'on nous le représentait à l'époque. Et soudain, lors de chute du Reich, plus rien n'avait de sens.

Gustav Köppke, né en 1929 dans la Ruhr, fils et petit-fils de mineurs communistes. En 1944, il s'engage dans la division SS Hitlerjugend. Cité dans Bartov Omer, *L'Armée d'Hitler*, Paris, 1999.

b. Tant que Hitler a été en vie, ce fut mon idole. Lorsqu'on nous a annoncé sa mort, le monde s'est effondré. Pour nous, les jeunes, Hitler incarnait l'idéalisme absolu. Avant la guerre, il bénéficiait d'une aura exceptionnelle. Je me souviens, par exemple, que lorsqu'il a serré la main de mon père, celui-ci s'est senti complètement irradié. […] La radio d'État et la presse du régime nous confortaient dans nos certitudes. Nous n'avions pas l'impression qu'il s'agissait de propagande. Nous croyions sincèrement que ce que nous entendions et lisions était la vérité. Nous ne nous posions pas de question, nous étions jeunes.

Témoignage de Anne-Marie Strasosky, née en 1927. Cité dans Guido Knopp, *Hitler*, Grancher, 1998.

Questions

A Dégager les informations des documents

1. Donner les étapes de l'embrigadement de la jeunesse (doc. 1) ?
2. Comment évolue le nombre des membres de la Jeunesse hitlérienne ? Quel rapport avec la population totale (doc. 3) ?
3. Quel aspect de l'idéologie nazie se dissimule derrière cet exercice (doc. 5) ?
4. Quels sentiments ces Allemands éprouvaient-ils à l'égard d'Hitler et du régime dans leur jeunesse (doc. 8) ?

B Mettre en relation les documents

5. Les jeunes Allemands peuvent-ils facilement échapper à l'embrigadement (doc. 1, 3, 7 et 8) ? Justifiez votre réponse.

C Rédiger

6. Quel est le but principal de l'éducation nazie ?

Les victimes du totalitarisme nazi

• On ne peut réduire le nazisme au seul caractère autoritaire de son régime politique. Son projet est bien plus vaste et répond à la définition du totalitarisme. Il s'agit en effet de façonner un homme nouveau qui surgirait, une fois vaincus les ennemis intérieurs et extérieurs du *Volk*. Les nazis s'assignent une tâche historique : « purifier » le sang allemand de tous les éléments définis comme corrupteurs. Hommes politiques, mais aussi scientifiques, désignent les victimes, et la guerre accélère leur élimination.

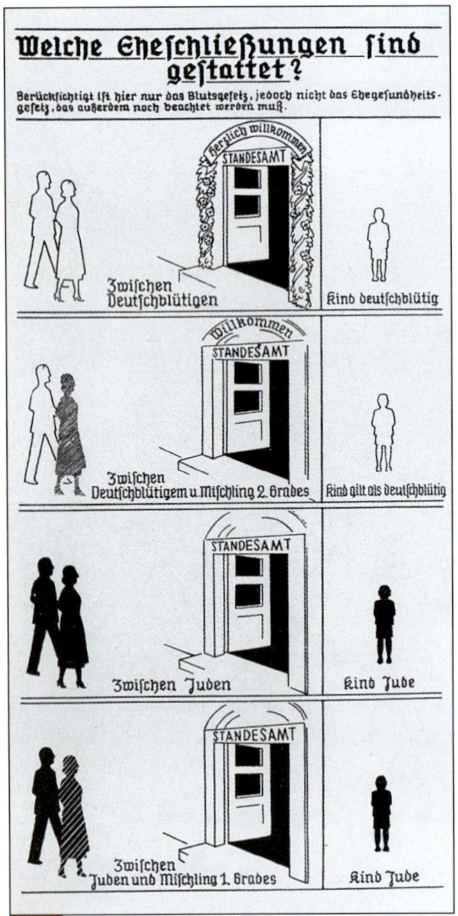

1 **Les lois de Nuremberg expliquées aux enfants par les nazis. « Quels sont les mariages autorisés ? »**

Ce dessin extrait d'un livre pour enfants met en scène un couple qui se rend à la mairie. Quatre situations sont évoquées :
– le couple est constitué de deux personnes de sang allemand : leur enfant est allemand ;
– le couple est constitué d'une femme de sang aux trois quarts allemand : l'enfant est alors considéré comme allemand ;
– le couple est constitué de deux personnes juives : l'enfant est juif ;
– le couple est constitué d'un juif et d'une demi-juive : l'enfant est juif.

2 **« L'effroyable héritage d'une alcoolique ».**

Dessin de propagande nazie, diffusé dans les écoles. Le texte indique comment, en 83 ans, une femme alcoolique a eu 894 descendants dont 40 ont dû être hébergés dans des hospices pour pauvres, 67 ont été des criminels récidivistes, 7 des meurtriers, 181 des prostituées, 142 des mendiants. En tout « 437 (environ 50 %) ont été des asociaux qui occasionnèrent des dépenses d'un montant de 5 millions de Reichsmarks ».

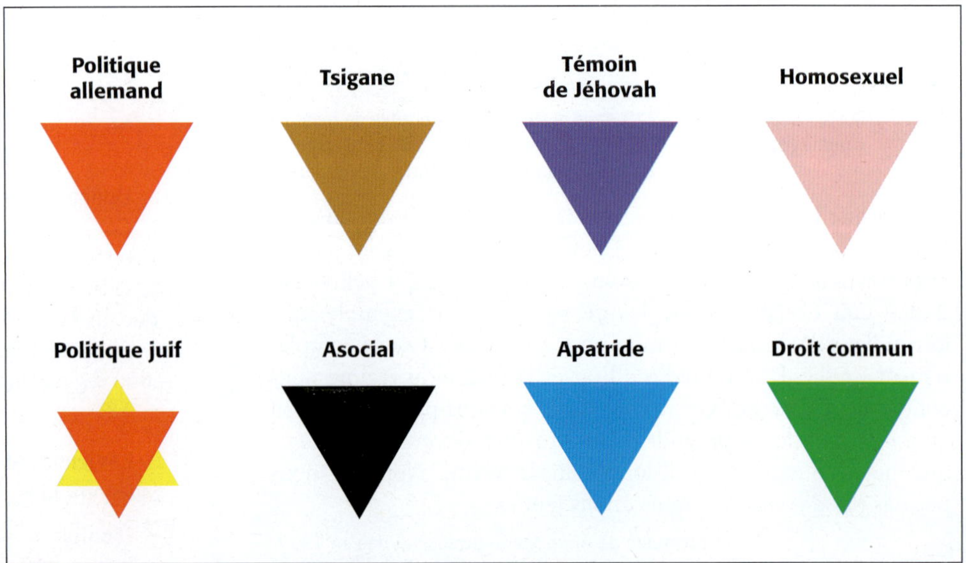

3 **Signes distinctifs des déportés dans les camps nazis.**

4 L'opération « Action T4 »

La guerre permit de mener à bien des entreprises qu'il avait fallu différer en temps de paix. Les nazis purent ainsi programmer sur une grande échelle l'euthanasie des malades mentaux. Elle reçut le nom de code « Action T4[1] » [...]

Dans une lettre antidatée du 1er septembre 1939, le Führer avait assuré l'impunité aux médecins, tous volontaires : l'intérêt national ne commandait-il pas de libérer des places dans les hôpitaux pour les soldats blessés ? Ils sélectionnaient, sur dossier, celles et ceux qu'ils envoyaient à la mort (en principe les schizophrènes, les épileptiques, les séniles et les paralytiques). [Les victimes étaient emmenées] dans un des quatre « instituts d'euthanasie » mis en service, où elles étaient gazées selon un processus qui variera peu jusqu'à la fin 1944 : les malades, qui étaient censés prendre un bain, étaient contraints de se déshabiller ; ils se retrouvaient dans une fausse salle de douche ; après fermeture des portes, ils étaient gazés et leurs cadavres étaient brûlés dans un crématorium.

Le secret qui entourait cette euthanasie sauvage finit par être percé et l'évêque de Münster [Mgr von Galen] la condamna publiquement ; si bien qu'il y fut mis fin le 24 août 1941. Elle avait coûté la vie à 70 273 adultes.

J.-P. Azéma, « Bilan d'une œuvre de destruction », *Les Collections de l'Histoire*, n° 18, janvier 2003.

1. La police criminelle est située au 4, Tiergartenstrasse à Berlin.

7 Septembre en Allemagne, la fête de la moisson.

Caricature de Ralph Soupault, dessinateur français, 1934.

5 Chronologie des mesures raciales et eugéniques

- **1933 :** lois eugéniques sur la stérilisation et contre les « criminels habituels dangereux » qui prévoit la castration et le traitement en établissements spécialisés de certains « asociaux ».
- **1935 :** interdiction des mariages entre « asociaux ».
- **1936-1937 :** création du « Centre de recherche en hygiène raciale et biologie de la population ».
- **1938 :** déportation de plus de 10 000 « asociaux ».
- **1940 :** les « asociaux » et leurs familles sont exclus de toute allocation d'État. L'avortement est ordonné dans les familles où « la naissance d'enfants supplémentaires est indésirable ».
- **1940-1941 :** « Action T4 » : 70 273 aliénés et handicapés sont gazés dans des centres d'euthanasie.
- **1941-1945 :** « euthanasie sauvage » des patients des hôpitaux psychiatriques.
- **1943 :** « Action Brandt » : les malades des asiles des régions bombardées sont « transférés » pour libérer des places pour les blessés.
- **1946 :** procès des médecins nazis à Nuremberg. La politique eugénique n'a pas été condamnée.

6 Civils et prisonniers exterminés par les nazis.

- 5,1 à 5,9 millions de personnes définies comme juives
- 3,7 millions de prisonniers soviétiques
- 1,1 million de détenus dans les camps de concentration
- 240 000 Tsiganes
- 200 000 victimes de l'euthanasie
- plus de 15 millions de victimes de la répression ou des conditions de vie dans les territoires occupés

Questions

A Retirer des informations des documents

1. Quel rapport y a-t-il entre le résultat du mariage, selon les nazis, et le décor de la porte de la mairie (doc. 1) ?
2. Quel message ce dessin cherche-t-il à faire passer (doc. 2) ?
3. Quel moyen est utilisé pour exterminer ceux qui sont envoyés à la mort (doc. 4) ?
4. Quels aspects de l'idéologie nazie sont mis en évidence par les chiffres (doc. 6) ?
5. Décrire la caricature (doc. 7). Comment le dessinateur illustre-t-il l'œuvre de mort des nazis ?
6. À cette date, les démocraties occidentales partagent-elles ce point de vue (doc. 7) ?

B Mettre en relations les documents

7. Quels documents se rapportent à la politique antisémite des nazis ?

C Rédiger

8. Quels aspects du totalitarisme nazi sont mis en évidence par les documents de ce dossier ?

3 Une Allemagne agressive

A. Une économie au service de l'Allemagne doc. 1

De 4 800 000 en 1933, le nombre de chômeurs est ramené à 119 000 en 1939. C'est le résultat d'une forte intervention de l'État dans l'économie, en vue de consolider le régime et de **réaliser son objectif de domination européenne**.

De 1933 à 1937, Schacht, le ministre de l'Économie, lance des grands travaux (autoroutes, défrichements, reboisements). À partir de 1936, violant le traité de Versailles, Goering dirige **le Plan de quatre ans qui a pour objectif le réarmement**. Tandis que la grande industrie profite des commandes de l'État (sidérurgie, chimie), l'Allemagne entre dans la voie de l'autarcie, ce qui l'oblige à fabriquer des produits de remplacement (les *ersatz*), comme le caoutchouc synthétique et l'essence. En 1939, l'Allemagne nazie est devenue la deuxième puissance industrielle du monde. Mais, si la lutte contre la crise passe pour une réussite, c'est au prix de l'écrasement du mouvement ouvrier : grèves et syndicats sont interdits, le Front du travail embrigade ouvriers et patrons dans le seul but de préparer la guerre.

B. Le démantèlement du traité de Versailles doc. 2

Hitler applique méthodiquement son programme de remise en cause du traité de Versailles exposé dans *Mein Kampf*. Dénonçant inlassablement le « Diktat de Versailles », il veut **rattacher au Reich toutes les populations de langue allemande et conquérir un « espace vital » à l'Est**. Dès 1933, il signe un pacte de non-agression avec la Pologne, jusque-là alliée de la France. En 1935, la Sarre retourne au Reich par référendum et Hitler rétablit le service militaire, créant la **Wehrmacht** et la **Luftwaffe**. L'appui à Franco dans la guerre civile espagnole permet d'expérimenter les hommes, et de rôder le matériel. En 1936, la Rhénanie est remilitarisée. La France et le Royaume-Uni protestent faiblement contre cette nouvelle violation de Versailles, alors que l'Italie et l'Allemagne se rapprochent en formant l'Axe Rome-Berlin.

Dès 1933, Hitler projette de **réaliser l'*Anschluss*, interdit par le traité de Versailles**. En février 1938, le chancelier autrichien Schuschnigg est contraint, sous la menace allemande, de confier le ministère de l'Intérieur à Seyss-Inquart, chef nazi autrichien, puis de démissionner. Devenu chancelier, Seyss-Inquart fait appel à l'armée allemande, qui entre en Autriche le 12 mars. En avril, un référendum donne un très large accord à l'*Anschluss*. Le Royaume-Uni se résigne et la France proteste mollement.

C. La marche à la guerre doc. 3, 4 et 5

Seule démocratie d'Europe centrale, la Tchécoslovaquie est l'enjeu suivant pour Hitler, qui multiplie les discours de **soutien à la minorité allemande des Sudètes**. En septembre 1938, il réclame leur annexion au Reich. La guerre est évitée de justesse par la conférence réunie à Munich les 29 et 30 septembre 1938. Face à Hitler et à Mussolini, l'Anglais Chamberlain et le Français Daladier abandonnent leur allié tchécoslovaque qui doit céder les Sudètes à l'Allemagne. Si les populations anglaise et française acclament Chamberlain et Daladier à leur retour, seule une minorité lucide voit venir la catastrophe et dénonce les « munichois ». Les démocraties se sont encore une fois déconsidérées. Le 15 mars 1939, **le reste de la Tchécoslovaquie disparaît**, démembrée en un protectorat de Bohême-Moravie sous contrôle allemand et une Slovaquie, État satellite de l'Allemagne.

Hitler revendique alors le territoire de Dantzig, ville libre peuplée en majorité d'Allemands. À la stupeur générale, le 23 août 1939, il signe un pacte de non-agression avec Staline. **Le 1er septembre 1939, la Pologne est envahie.** Le 3, le Royaume-Uni, puis la France, déclarent la guerre à l'Allemagne. La politique hitlérienne de remise en cause du traité de Versailles, et la faiblesse des démocraties, ont mené à la Seconde Guerre mondiale.

VOCABULAIRE

Wehrmacht : « force de défense » ; le mot désigne, de 1935 à 1945, l'ensemble des forces militaires allemandes, puis seulement l'armée de terre.

Luftwaffe : « arme aérienne » ; l'armée de l'air allemande à partir de 1935.

***Anschluss* :** « rattachement » ; mot désignant le rattachement de l'Autriche à l'Allemagne nazie.

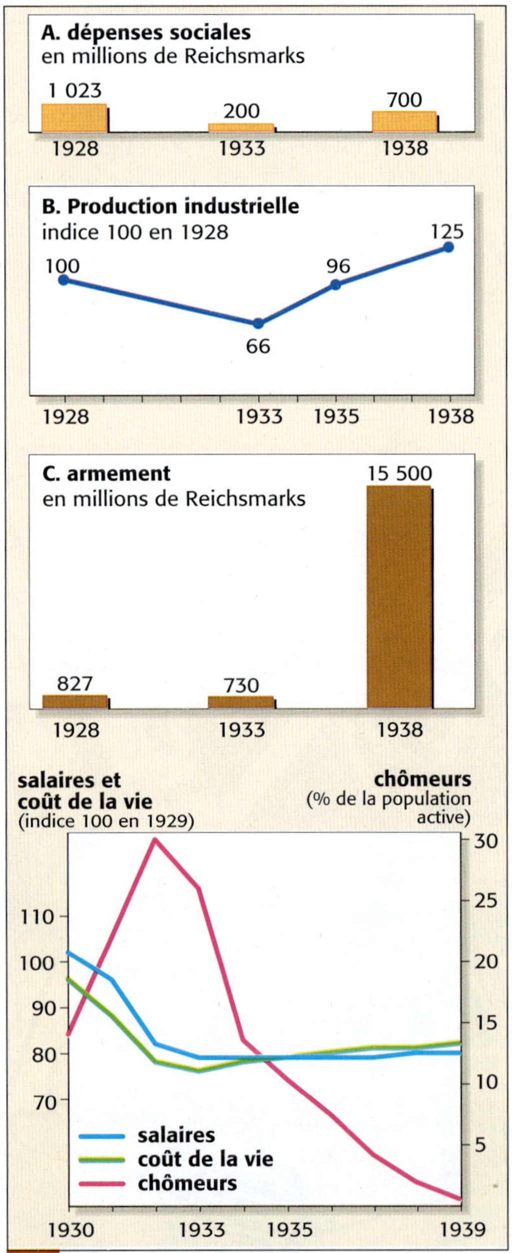

1 L'économie nazie.

1. Dans quel secteur l'État nazi investit-il le plus ?
2. Comparer les graphiques A et B avec la courbe du chômage. Pourquoi ce résultat ?

2 *L'Anschluss* : l'entrée des troupes allemandes à Vienne (mars 1938).

1. Décrire l'attitude de la population à l'égard des soldats allemands ?
2. Comment peut-on expliquer l'attitude des Viennois ?

3 Dantzig, ville libre revendiquée par l'Allemagne nazie.

4 **Les signataires des accords de Munich, septembre 1938.** « Ils ont eu le choix entre le déshonneur et la guerre, ils ont choisi le déshonneur. Et ils auront la guerre » (Churchill, octobre 1938).

5 Les coups de force d'Hitler.

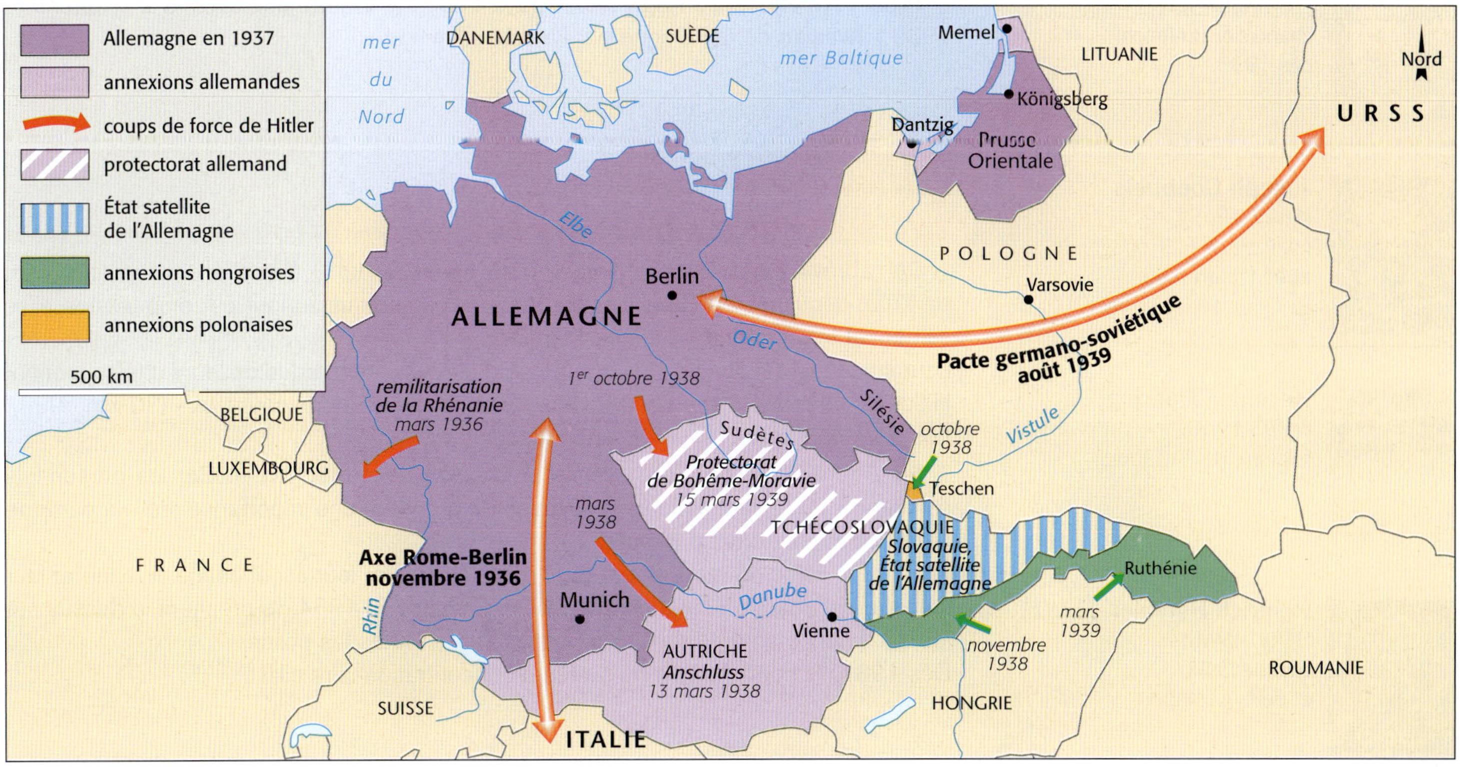

FICHE DE RÉVISION

DATES À RETENIR

- **30 janvier 1933 :** Hitler chancelier
- **Mars 1933 :** ouverture des premiers camps de concentration
- **1935 :** lois antisémites de Nuremberg
- **1938 :** accords de Munich, Hitler peut démembrer la Tchécoslovaquie
- **23 août 1939 :** signature du pacte germano-soviétique
- **1er septembre 1939 :** entrée en guerre contre la Pologne

L'ESSENTIEL

1. La prise du pouvoir par Hitler

- Dès sa mise en place (1918-1919), la jeune République de Weimar est menacée :
– par l'extrême gauche (**spartakistes**, communistes) ;
– par des organisations d'extrême droite comme le NSDAP (parti nazi).
- Hitler exploite le thème du *Diktat* de Versailles et profite de la crise économique pour entretenir un climat de terreur, grâce aux **SA**. Les **nazis** progressent aux élections et Hitler devient chancelier le 30 janvier 1933.

2. L'Allemagne nazie : une dictature totalitaire

- La dictature nazie :
– *Ein Volk* : affirmation de la supériorité **aryenne** ; politique antisémite (lois de Nuremberg, 1935) ; les Juifs, considérés comme une « race inférieure », sont d'abord mis à l'écart de la société, puis chassés d'Allemagne.
– *Ein Reich* : un empire ; l'Allemagne doit s'étendre à l'est et conquérir son « espace vital » (***Lebensraum***), au détriment des Slaves.
– *Ein Führer* : Hitler est le guide suprême ; grâce à la **Gestapo** et aux **camps de concentration**, il brise toute opposition.
- L'économie allemande est tournée vers le réarmement. Toute la population est embrigadée au service du régime. La jeunesse fait l'objet d'une attention particulière de la part des nazis.

3. L'Allemagne nazie : un État agressif

- Hitler dénonce le traité de Versailles et multiplie les coups de force. Il vise à réunir dans un même Grand Reich toutes les populations de langue, de culture et de tradition allemandes.

Principales étapes :
➤ réarmement de l'Allemagne (1936) ;
➤ ***Anschluss*** (rattachement de l'Autriche à l'Allemagne) en mars 1938 ;
➤ démembrement de la Tchécoslovaquie. Les démocraties réagissent faiblement : à Munich (septembre 1938), France et Royaume-Uni abandonnent la Tchécoslovaquie ;
- Hitler revendique Dantzig ; début de la Seconde Guerre mondiale le 1er septembre 1939 ; invasion de la Pologne par l'armée allemande.

BIOGRAPHIES

Adolf Hitler
(1889-1945),
chancelier du Reich dès 1933.
(Voir biographie complète p. 379)

Joseph Goebbels
(1897-1945),
ministre de la Propagande et de l'Information.
(Voir biographie complète p. 378)

Hermann Goering
(1893-1946),
ministre de l'Aviation.
(Voir biographie complète p. 378)

Heinrich Himmler
(1900-1945),
chef de la SS et de la Gestapo.
(Voir biographie complète p. 379)

NE PAS CONFONDRE

SA et SS

➤ **SA** : abréviation de *Sturmabteilung* (« section d'assaut »), formations paramilitaires du parti nazi depuis 1921. Conduites par Röhm et combattant surtout les communistes, elles sèment la terreur dans les années 1920.
Leur influence de plus en plus grande et le radicalisme marqué de leurs chefs amènent Hitler à se débarrasser de ceux-ci lors de la « Nuit des longs couteaux » (30 juin 1934). Les SA jouent dès lors un rôle secondaire.

➤ **SS** : abréviation de *Schutzstaffel* (« échelon de protection »). Gardes personnels d'Hitler en 1922, fanatiquement dévoués, ils prennent une importance réelle à partir de 1929, sous les ordres d'Himmler.
Ils forment l'élite du mouvement nazi, doivent prouver leur ascendance aryenne et leur mariage est soumis à l'autorisation de leurs chefs. En 1934, ils prennent le dessus sur les SA. Leurs membres sont placés à la tête de toutes les polices.
Dès 1933, ils sont chargés du système concentrationnaire nazi.

Étudier une caricature

Le Rire

N° 1035 — 26 Mai 1939. JOURNAL SATIRIQUE PARAISSANT LE VENDREDI 2 francs 25

LE MINOTAURE ALLEMAND

— Il a déjà dévoré trois petits pays et il n'arrête pas de dévorer la carte !

Dessin de BEN.

La une du journal *Le Rire*, 26 mai 1939 : « Le Minotaure allemand »

« Il a déjà dévoré trois petits pays et il n'arrête pas de dévorer la carte ! »

Caricature de Ben illustrant la première page du journal satirique *Le Rire*, 26 mai 1939.

Questions

1. Présenter et décrire le document.
2. Décrire le personnage au premier plan, appelé « Minotaure allemand ». Qu'est-ce que le Minotaure (observer l'arrière-plan et la vaisselle) ?
3. Quel personnage historique représente-t-il ici ?
4. Quels sont « les trois petits pays » dont parle la légende ? Que s'est-il passé et quand ?
5. Identifier les deux personnages du second plan ? Comment sont-ils représentés ? Cette attitude est-elle conforme à la réalité ?
6. Quel jeu de mots l'auteur de la caricature fait-il sur l'expression « dévorer la carte » ?
7. Quel rôle ont joué ces personnages en Europe, fin 1938 ? L'attitude du « Minotaure » respecte-t-elle les règles alors fixées ?
8. Quelle en est la conséquence ?
9. Expliquer l'appétit du « Minotaure ».
10. Rédiger un paragraphe mettant en relation la situation de 1939 avec l'attitude des trois personnages par le passé et les ambitions du « Minotaure ».

L'étude d'un ensemble documentaire (7/10)

Sujet : Comment une idéologie peut-elle séduire et contraindre une population ?

Première partie

1. Par quels moyens Hitler tente-t-il de séduire la population (doc. 1, 4 et 5) ?
2. Quels sentiments sont entretenus (doc. 3 et 4) ?
3. Les Allemands perçoivent-ils des aspects positifs à la politique menée par les nazis depuis 1933 ?
4. Quelle période de l'histoire allemande est évoquée dans les documents 4 et 5 ? Quel but recherche l'autre ?
5. Quel aspect de la politique nazie est mis en évidence par le doc. 3 ?

Deuxième partie

En vous fondant sur le travail préparatoire, sur les informations extraites et sur vos connaissances personnelles, rédigez une réponse organisée au sujet.

DOCUMENT 1

Radio et jeunesse allemande.

a. « Toute l'Allemagne écoute le Führer avec le récepteur populaire ». Publicité allemande pour un poste de radio, années 1930.

b. « La jeunesse sert le Führer », vers 1940.

« Alors que nous écoutions Hitler à la radio, mon père, un farouche opposant au régime, a dit à ma mère qu'elle devait éteindre le poste. Ma mère s'est exécutée aussitôt. J'ai raconté la chose à une amie et, lorsque je suis rentrée à la maison une heure plus tard, ma mère m'a dit que j'avais failli envoyer toute notre famille dans les camps de la mort. J'ai compris que nous étions désormais en danger puisque mon amie avait ébruité l'affaire. »
Témoignage de Ilse Hofmann (née en 1930).

DOCUMENT 2

Des anciens chômeurs en Allemagne.

D'anciens chômeurs écoutent un discours d'Hitler avant de reprendre le travail sur l'autoroute Munich-Salzbourg.
Le nombre de chômeurs évolue comme suit :

1932	5 603 000
1933	4 804 000
1935	2 151 000
1937	912 000
1939	119 000

Document 3 Le camp de concentration d'Oranienburg en 1933.

Document 4 Lettre de Goebbels à Hitler

Comme une étoile qui se lève, vous êtes apparu devant nos yeux émerveillés, vous avez accompli des miracles pour nous éclairer et, dans un monde de scepticisme et de désespoir, vous nous avez donné la foi. Vous vous dressiez au-dessus des masses, vibrant de foi et sûr de l'avenir, possédé par la volonté de libérer ces masses grâce à votre amour sans limite pour tous ceux qui croient au Nouveau Reich. Dès le premier jour, nous avons vu le spectacle d'un homme qui arrachait leur masque aux visages tordus par la cupidité, aux visages de parlementaires médiocres. [...]

En face du tribunal de Munich, vous avez grandi à nos yeux jusqu'à prendre les nobles proportions du Führer. Ce que vous avez dit, ce sont les plus belles paroles qu'on ait prononcées en Allemagne depuis Bismarck. Vous avez exprimé plus que notre souffrance. [...] Vous avez exprimé le besoin de toute une génération, confusément en quête d'hommes et de mission. Ce que vous avez dit constitue le catéchisme de la nouvelle croyance politique, née du désespoir d'un monde sans Dieu qui s'effondre. [...] Nous vous remercions. Un jour, l'Allemagne vous remerciera.

Lettre de Goebbels à Hitler au lendemain du procès des responsables du putsch raté de Munich, le 9 novembre 1923.

Document 5 Discours d'Hitler au Reichstag

Nous ne faisons pas partie de la Société des Nations parce que nous croyons qu'elle n'est pas une institution au service du droit, mais bien plutôt une organisation pour la défense de l'injustice du traité de Versailles. [...] Nous avons, il y a longtemps, quitté la SDN parce que conformément à son origine et à ses obligations, elle nous refusait le droit à l'égalité des armements et par suite à l'égalité de la sécurité.

Nous n'y reviendrons jamais plus parce que nous n'avons pas l'intention de nous laisser, en un point quelconque du monde, enchaîner sur la défense de l'injustice par la décision d'une majorité de la Société des Nations. [...]

Nous n'avons absolument pas l'intention, dans un cas grave, de laisser impliquer la nation allemande dans des conflits où elle ne serait pas intéressée elle-même. Nous ne sommes pas déterminés à intervenir en faveur des intérêts économiques ou territoriaux des autres sans qu'il y ait le moindre avantage pour l'Allemagne.

L'Allemagne est résolue à s'imposer des limites prudentes dans ses intérêts et ses revendications. Mais si, quelque part, des intérêts allemands devaient être sérieusement mis en jeu, nous ne nous attendrions pas à obtenir jamais d'une SDN un soutien tangible ; au contraire, nous supposons, a priori, que nous aurions à faire face nous-mêmes aux problèmes qui en découleraient. [...]

Enfin, nous n'avons pas à l'avenir l'intention de nous laisser prescrire par une quelconque organisation internationale une ligne de conduite.

A. Hitler, discours au Reichstag, 20 février 1938.

Méthode

A Aide à la réponse aux questions de la première partie ?

Question 1

Expliquer la réaction de la mère (légende du doc. 1).

Quelles sont les fonctions de Goebbels après 1933 ? Quelle perspective donne-t-il à l'Allemagne (doc. 4) ? Repérer le vocabulaire employé par Hitler (doc. 5) pour exprimer la fermeté de l'Allemagne.

Question 3

Comment a évolué la question du chômage en Allemagne ? Par quels moyens ?

Hitler a-t-il mieux réussi sur la question du chômage, évoquée par le doc. 2 que les autres pays ?

Question 4

Qui sont ces « parlementaires médiocres » (doc. 4) ?

Replacer le doc. 5 dans le contexte de l'année 1938.

Question 5

Quels groupes de la population allemande sont touchés par cette politique ? Comment ce système évolue-t-il par la suite ?

B Aide à la réponse à la question de la deuxième partie

Chercher trois thèmes autour desquels la réponse organisée peut être construite.

CHAPITRE

16 Le stalinisme

Dix ans après la révolution d'Octobre 1917, le nouvel homme fort du régime soviétique, Joseph Staline, décide de transformer profondément l'URSS et d'engager le pays sur la voie de la collectivisation forcée des campagnes et de l'industrialisation accélérée. Ces bouleversements, qui visent à « construire le socialisme dans un seul pays », s'accompagnent d'une formidable mobilisation de la société, d'un développement de la terreur, de l'imposition d'un système totalitaire, le stalinisme.

Comment l'URSS évolue-t-elle sous la dictature de Staline ?
Quelles sont les caractéristiques du totalitarisme stalinien ?

1 La façade du stalinisme...

Parade sportive des pionniers sur la place Rouge en juillet 1935.

« Qu'il dise au charbon de devenir blanc, il en sera comme le veut Staline. » *La Pravda*, 23 mai 1935.

1917 · 1920 · 1925 · 1930 · 1935 · 1940

Première Guerre mondiale

STALINISME

- **1917** Révolution russe
- **1918-1921** guerre civile
- **1921** début de la NEP
- **1924** mort de Lénine
- **1924-1927** lutte pour la succession de Lénine
- collectivisation et dékoulakisation
- **1932-1933** Grande famine
- **1934** Socialisme déclaré construit en URSS
- **1936-1938** procès de Moscou
- **août 1939** Pacte germano-soviétique

1917 Révolution russe

1922 naissance de l'URSS

1929 début de la collectivisation forcée des terres

2 … et ses coulisses.

Le bureau du IXe congrès du parti communiste en 1920.

« L'assassinat de Kirov servit à Staline et à ses familiers Molotov et Kaganovitch, de prétexte pour organiser la répression contre les hommes indésirables, contre des personnalités marquantes de notre État. »

Chélépine, membre du Présidium, au XXIIe congrès du parti communiste d'Union soviétique, octobre 1961.

1 La montée de Staline

A. La guerre civile (1918-1921) doc. 1, 3, 5 et 6

Quatre années durant, la Russie est déchirée par une terrible guerre civile, dont le pays sort très affaibli. Cette guerre oppose les « Rouges » – les bolcheviks – aux « Blancs » qui souhaitent un retour au régime tsariste. Après quelques succès, les armées blanches sont vaincues en 1920 par l'**Armée rouge**, commandée par Trotski. **Pour gagner une guerre totale dont dépend sa survie, mais aussi pour « passer directement au communisme » (Lénine), les bolcheviks prennent des mesures dictatoriales.** C'est le « communisme de guerre ». Toutes les entreprises, les banques sont nationalisées. Les produits sont rationnés, les salaires versés en nature, car la monnaie, totalement dépréciée, est appelée à disparaître. L'économie est militarisée : l'Armée rouge bénéficie de toutes les priorités ; les ouvriers, assimilés à des « soldats du travail », ne peuvent quitter leur usine.

Un obstacle majeur subsiste cependant : la résistance des paysans, qui refusent la conscription et les réquisitions de produits agricoles. En 1920-1921, **de grandes révoltes paysannes** en Ukraine et en Sibérie, secouent le pays. Pour les vaincre, les bolcheviks lancent de véritables opérations militaires, déportant les populations de villages entiers. Dévastées par la guerre et les réquisitions, les campagnes russes sont frappées par une **terrible famine qui fait cinq millions de victimes**. Dans les villes, la disette sévit, la production industrielle s'effondre. En mars 1921, les marins de la base navale de Kronstadt (près de Petrograd), qui avaient pris une part active à la révolution de 1917, se révoltent. Ils exigent la fin des réquisitions, la liberté d'expression pour tous les partis se réclamant du socialisme et des « soviets sans bolcheviks ». La révolte est violemment réprimée, mais les bolcheviks sont contraints de reculer.

B. La Nouvelle Politique économique (1921-1928) doc. 4

Au moment de la révolte de Kronstadt, le Xe congrès du parti communiste est réuni à Moscou. Dans l'urgence, il décide de remplacer les réquisitions par un impôt en nature. Cette mesure est suivie de la dénationalisation des petites entreprises et du commerce de détail. Ces changements inaugurent une « Nouvelle Politique économique ». Cette NEP permet au pays, comparé par Lénine en 1921 à « un homme à moitié mort sous les coups », de souffler.

L'économie se reconstruit, le commerce reprend, les paysans recommencent à manger à leur faim, les ouvriers jouissent d'une réelle protection sociale. Mais cette reconstruction évolue-t-elle vers le socialisme que les bolcheviks veulent toujours établir ?

C. Staline, homme fort du régime doc. 2 et 7

Nommé en avril 1922 secrétaire général du Comité central, Staline devient le nouvel homme fort du régime au moment où Lénine, gravement malade, est écarté du pouvoir. Entouré d'un clan de fidèles (Ordjonikidze, Molotov), de son poste de secrétaire général, **Staline contrôle toutes les nominations des cadres du parti**. Après la mort de Lénine le 21 janvier 1924, il parvient à se faire admettre comme le « meilleur disciple » de Lénine. Délaissant le rêve d'une révolution mondiale, il développe une idée simple, accessible à une majorité de militants peu formés politiquement : **la construction du socialisme « dans un seul pays »**, l'URSS.

En quelques années (1924-1929), Staline écarte du pouvoir les principaux dirigeants bolcheviques : Trotski (exilé en 1929, assassiné en 1940), Zinoviev, Kamenev, Boukharine. À la fin des années 1920, considérant que la NEP est dans l'impasse et qu'il faut accélérer la « marche vers le socialisme », Staline décide de changer radicalement de politique. Le 7 novembre 1929, il publie un article fondamental, « Le Grand Tournant », dans lequel il appelle à la **collectivisation massive de l'agriculture et à une industrialisation accélérée** dans le cadre du premier **plan quinquennal.**

VOCABULAIRE

Armée rouge : nom donné à l'armée soviétique, créée en 1918 par Trotski.

plan quinquennal : plan de développement économique impératif, décidé et contrôlé par l'État et échelonné sur cinq ans.

1 Répression de la révolte paysanne de Tambov (1921)

Pour déraciner définitivement les socialistes révolutionnaires et autres bandits, la Commission ordonne de fusiller sur place sans jugement les citoyens qui refusent de donner leur nom. Dans le cas où l'on trouverait des armes cachées, de fusiller sur place sans jugement l'aîné de la famille. La famille qui aura caché un bandit dans sa maison est passible d'arrestation et de déportation, ses biens sont confisqués, l'aîné de la famille est fusillé sans jugement.

Le président de la Commission, Antonov-Ovseenko, le commandant en chef des troupes, Toukhatchevski.

2 Le « testament de Lénine »

Notes dictées par Lénine alors qu'il est déjà très malade.

Les rapports entre Staline et Trotski constituent à mon sens le principal danger de scission du Parti [...]. Le camarade Staline, devenu secrétaire général, a concentré entre ses mains un pouvoir illimité, et je ne suis pas sûr qu'il puisse toujours s'en servir avec assez de circonspection. D'autre part, le camarade Trotski ne se fait pas remarquer seulement par des capacités éminentes. Il est peut-être l'homme le plus capable de l'actuel Comité central, mais il pèche par excès d'assurance et par un engouement exagéré pour le côté purement administratif des choses.

Lénine, 24 décembre 1922.

Staline est trop brutal, et ce défaut parfaitement tolérable dans notre milieu et dans les relations entre nous, communistes, ne l'est plus dans les fonctions de secrétaire général. Je propose donc aux camarades d'étudier un moyen pour démettre Staline de ce poste et pour nommer à sa place une autre personne qui n'aurait en toutes choses sur le camarade Staline qu'un seul avantage, celui d'être plus tolérant, plus loyal, plus poli, etc. Ces traits peuvent sembler n'être qu'un infime détail. Mais, à mon sens, pour nous préserver de la scission et en tenant compte de ce que j'ai écrit plus haut sur les rapports de Staline et de Trotski, ce n'est pas un détail, ou bien c'en est un qui peut prendre une importance décisive.

Lénine, 4 janvier 1923.

Affiche de propagande bolchevique de 1919. 3

« La cloche de notre révolution ne cesse de grandir. Ouvriers, paysans, travailleurs allons vers de nouvelles batailles et de nouvelles victoires. Tous contre la cavalerie blanche. Que le rouge s'installe. »

4 « La Nouvelle Politique économique et nos tâches »

Il existe encore certains restes du communisme de guerre, qui font obstacle à notre développement : les couches de paysans aisés et celles qui tendent à le devenir répugnent à l'accumulation. Il y a une situation où le paysan hésite à construire un toit de tôle, de peur qu'on le traite de koulak. S'il achète une machine, il s'arrangera pour que les communistes ne s'en rendent pas compte. Le paysan riche est mécontent parce que nous l'empêchons d'accumuler ; d'un autre côté, les paysans pauvres qui supportent les conséquences de la surpopulation due à la faible croissance industrielle protestent parce que nous empêchons leur promotion [...]. Nous devons dire ceci à tous les paysans : enrichissez-vous, accumulez, développez vos exploitations. Il n'y a que les imbéciles pour affirmer que la pauvreté doit toujours rester avec nous. À présent, nous devons mener une politique qui fasse disparaître la pauvreté.

N. Boukharine, 1924.

1. **Pourquoi Boukharine conseille-t-il aux paysans de s'enrichir ?**
2. **La politique préconisée par Boukharine a-t-elle été poursuivie dans les années 1930 ?**
3. **Pour quelles raisons ?**

5 **Victimes « blanches » de la guerre civile, à Kharkov (Ukraine) en 1918.**

6 **Lénine et Trotski en 1920.**

1. **Quelle est la situation politique de la Russie en 1920 ?**
2. **Quel rôle joue alors Trotski dans la Russie bolchevique ?**
3. **Quel sera son sort final ?**

Lénine et Staline en 1922. 7

2 Dictature et terreur

A. La collectivisation forcée des campagnes doc. 1, 2 et 3

Engagée à la fin de 1929, **la collectivisation forcée des campagnes s'apparente à une véritable guerre** déclarée par l'État soviétique à toute une nation de petits exploitants individuels. L'objectif de la collectivisation est de regrouper des exploitations agricoles individuelles dispersées en **kolkhozes** et en **sovkhozes** afin de prélever plus facilement une grande part de la production agricole aux prix – dérisoires – fixés par l'État. Elle s'accompagne d'une vaste opération répressive contre les **koulaks**, les paysans les plus entreprenants (les plus « exploiteurs », selon les bolcheviks). Environ deux millions d'entre eux sont déportés, avec leur famille.

En quatre ans (1930-1933), 80 % des exploitations paysannes sont collectivisées. Mais à quel prix ! La moitié du cheptel a été abattu par les paysans, qui ne voulaient pas le « donner » au kolkhoze. **Six millions de paysans sont morts de faim en 1933.** Obsédées par l'accomplissement du « plan de livraison » des céréales et des produits agricoles à l'État, les autorités ont, en effet, tout réquisitionné pour nourrir les villes, condamnant ainsi des millions de paysans à une mort certaine.

B. L'industrialisation doc. 2 et 4

Cette formidable régression contraste avec l'apparente modernisation du pays, conséquence de l'industrialisation accélérée. Largement financé par les prélèvements réalisés sur les paysans, le premier plan quinquennal est très ambitieux. Il prévoit une croissance industrielle de 135 % en cinq ans. L'industrialisation accélérée prend l'allure d'une mobilisation permanente de toutes les énergies. Chaque usine doit relever le défi du « plan quinquennal en quatre ans », en encourageant « l'émulation socialiste » entre brigades « d'ouvriers de choc » et de « **stakhanovistes** ».

Des centaines de grands chantiers sont mis en route, mais restent souvent inachevés, faute de main-d'œuvre qualifiée. Les détenus du Goulag constituent la main-d'œuvre de réalisations gigantesques comme le canal Baltique-mer Blanche. En 1933, le plan quinquennal est déclaré achevé. Le pari de l'industrialisation a été gagné, mais la population, dont le niveau de vie s'est considérablement dégradé, en a payé le prix fort.

C. La « Grande terreur » doc. 3 et 5

La mobilisation permanente de la société s'accompagne de nombreuses tensions. Les difficultés rencontrées dans la « construction du socialisme » sont imputées à des complots « contre-révolutionnaires ». L'assassinat, à Leningrad, le 1er décembre 1934, de Kirov, l'un des plus proches compagnons de Staline, est prétexte à un renforcement de la terreur et à un appel à la dénonciation des « ennemis masqués ».

Des grands **procès politiques de dirigeants bolcheviques s'étant opposés, dans les années 1920, à Staline** – Zinoviev, Kamenev, Boukharine – sont mis en scène en 1936-1938. Ces procès sont destinés à désigner des boucs émissaires et à démasquer le « complot », un thème largement exploité par la propagande stalinienne pour expliquer les difficultés de l'URSS. Ils donnent le signal d'une répression sans précédent (la « Grande terreur ») contre les cadres du régime et la première génération de bolcheviks, qui a connu Lénine et qui n'est pas prête à suivre aveuglément Staline.

La répression frappe aussi de simples citoyens, jugés « socialement nuisibles » : anciens koulaks, ex-fonctionnaires tsaristes, ex-nobles, membres du clergé. En 1937 et 1938, **près de 2 millions de personnes sont arrêtées, dont 700 000 sont exécutées.** Parallèlement, des dizaines de milliers de jeunes cadres – la génération qui dirigera l'URSS dans les années 1960-1980 – sont promus aux postes laissés vacants. En quelques années, l'économie et la société soviétiques ont été profondément bouleversées.

VOCABULAIRE

kolkhoze : voir *Ne pas confondre* p. 298.
sovkhoze : voir *Ne pas confondre* p. 298.
koulak : voir *Ne pas confondre* p. 298.
stakhanoviste : ouvrier qui produit plus que ce qu'imposent les normes.

1 La liquidation des koulaks en tant que classe (2 février 1930)

a. Une équipe de réquisition découvrant des céréales cachées par un paysan.

b. Les objectifs immédiats sont au nombre de deux :

1. Liquidation immédiate des koulaks contre-révolutionnaires, notamment des participants aux formations antisoviétiques. Ces koulaks de 1re catégorie doivent être immédiatement arrêtés et expédiés dans des camps de concentration. Les plus actifs seront fusillés. Les quotas de koulaks de 1re catégorie sont fixés comme suit : Ukraine – 15 000 ; Caucase du Nord et Daghestan : 6 à 8000 ; moyenne Volga : 3 à 4 000 ; région centrale des terres noires : 3 à 5000 […]. Soit au total 49 à 60 000 chefs de famille (membres des familles non compris).

2. Déportation massive (en premier lieu des régions de collectivisation totale et des régions frontières) des koulaks les plus aisés et de leurs familles vers des régions éloignées du nord de l'URSS, après confiscation de toute leur propriété. Les opérations de déportation doivent concerner en priorité les régions suivantes : Ukraine (30 à 35 000 familles), Caucase du Nord et Daghestan (20 000 familles environ), moyenne Volga (8 à 10 000 familles), région centrale des terres noires (10 à 15 000 familles), basse Volga (10 à 12 000 familles), Biélorussie (6 à 7 000 familles), Sibérie (25 000 familles), Oural (10 à 15 000 familles), Kazakhstan (10 à 15 000 familles).

Ordre opérationnel de l'OGPU (Direction principale d'État, la police politique soviétique de 1922 à 1934), 2 février 1930.

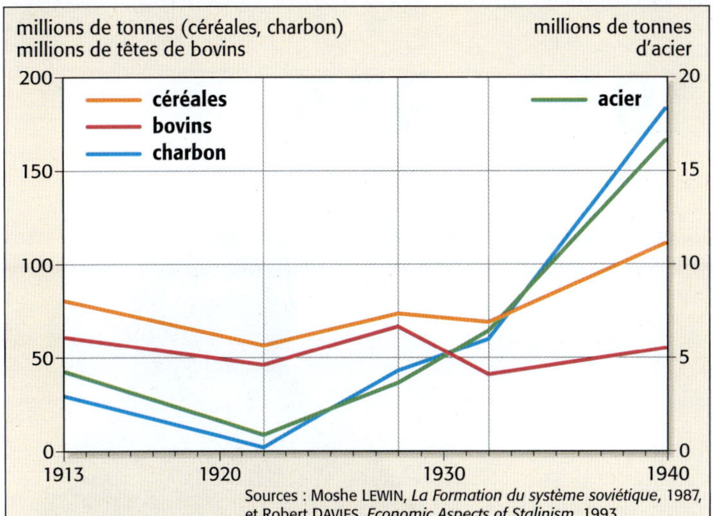

Sources : Moshe LEWIN, *La Formation du système soviétique*, 1987, et Robert DAVIES, *Economic Aspects of Stalinism*, 1993.

	1913	1922	1928	1932	1940
Électricité (milliards de kw/h)	1,9	0,4	5	13,5	48,3

2 **Productions agricoles et industrielles en URSS (1913-1940).**

1. Dans quels domaines les progrès sont-ils les plus spectaculaires ?
2. Dans quels domaines y a-t-il régression ? À quelle époque ? Pourquoi ?
3. Quelles sont les conséquences pour la population ?
4. Quelle explication est donnée par la propagande stalinienne ?

3 **La collectivation des terres, revue satirique soviétique *Krokodil*, 1930.** À gauche, un koulak, à droite un bourgeois. En légende : « un peu plus à droite serait mieux ».

4 Interrogatoire public lors du troisième procès de Moscou (mars 1938)

Le procureur Vychinski s'adresse au responsable des coopératives agricoles, un vieux bolchevik, accusé à tort de sabotages.

Le procureur Vychinski : Votre organisation tentait de susciter le mécontentement de la population. C'est bien à cela que vous tendiez ?

Zelenski, *responsable des coopérations agricoles* : C'est bien ce à quoi nous tendions.

Vychinski : Et le beurre que vous livriez, était-il toujours de bonne qualité, ou vous efforciez-vous de la faire de mauvaise qualité ?

Zelenski : Oui.

Vychinski : Y eut-il des cas où des membres de votre organisation mettaient du verre pilé dans le beurre ?

Zelenski : Il y eut des cas où l'on retrouva du verre pilé dans le beurre.

Vychinski : Non pas où l'on « retrouva », mais où l'on mit du verre pilé dans le beurre ! Vous saisissez la différence. Y eut-il de ces cas, oui ou non ?

Zelenski : Il y eut des cas où l'on mit du verre pilé dans le beurre.

Vychinski : Y eut-il des cas où vos coparticipants, criminels complices du complot criminel contre le pouvoir et le peuple soviétique répandirent des clous dans le beurre ?

Zelenski : Il y eut des cas.

1. Que reproche le procureur à Zelenski ?
2. Qu'y a-t-il d'absurde dans cette accusation ?
3. Quel objectif recherche le procureur ?

5 Le régime soviétique et l'Église

Dans le district de Serpoukhov, les responsables du club rural ont organisé un stand de tir dans la cour de l'église ; les icônes servaient de cible. Dans une des églises déjà fermées du district, les activistes locaux, après avoir découpé une des icônes de l'iconostase, y ont mis un portrait de Lénine. Ainsi Vladimir Illitch s'est-il retrouvé entouré de saints ! La population des villages environnants a organisé une manifestation, exigeant la réouverture de l'église et la punition des coupables [...].

Tous ces excès ont entraîné une nette dégradation de l'état d'esprit des masses paysannes à l'égard du pouvoir soviétique, ainsi qu'un renouveau du sentiment religieux, qui se traduit souvent par des manifestations antisoviétiques. Le plus souvent les manifestants réclament « l'ouverture de toutes les églises » et la « restitution des cloches ». Débutant sur une base religieuse, ces troubles dégénèrent en manifestations antisoviétiques, dirigées contre les organes du pouvoir soviétique en général.

Dans le district de Staro-Oskolski (province de Voronej), une foule de huit mille personnes, accourues au son du tocsin, a arrêté les opérations de descente des cloches [...]. Dans de nombreux villages se rassemblaient des foules (jusqu'à plusieurs milliers de personnes), portant des drapeaux noirs et criant « À bas les kolkhozes. Rendez-nous nos popes, donnez-leur du pain, un logement et exemptez-les d'impôts ». Des informations sur des désordres de ce type continuent à nous parvenir.

Rapport du Commissariat du peuple à l'Intérieur (équivalent du ministère de l'Intérieur), juin 1930.

La grande famine de 1932-1933

• Pour l'URSS, les années 1932 et 1933 sont terribles : dans ses meilleures terres agricoles comme l'Ukraine, sévit une famine qui fait six millions de victimes. Elle est la conséquence du nouveau système d'exploitation des campagnes, de type « militaro-féodal » selon Boukharine : supprimer les koulaks et les déporter, imposer par la force la collectivisation dans les kolkhozes, y prélever à des prix très faibles ou par la force une part maximale de la production agricole pour alimenter les villes et exporter des céréales pour vanter le régime à l'extérieur.

• On a aujourd'hui la certitude historique que cette catastrophe a été délibérément programmée par le régime de Staline. Aujourd'hui, l'Ukraine, indépendante depuis 1991, considère que cette gigantesque famine programmée mérite le nom de génocide.

1 Une femme de 28 ans, victime de la famine, 1932.

2 La famine dans un village

Strictement confidentiel. Au présidium du Comité exécutif central.
Les cas massifs de mort par famine continuent. Dans le village Oumanski, où nous nous trouvons, on a enregistré, d'après les données du médecin du village du 19 au 24 février 1933 quarante-cinq morts, dont trente-quatre de faim, sans aucune autre raison de mortalité ; parmi ces morts figuraient sept enfants.
Cette nuit (7 mars), dix-huit cadavres ont été amenés au cimetière ; tous étaient dans un état d'extrême maigreur ; il y avait deux cadavres d'enfants. [...] Je ne vous décris pas la mortalité considérable parmi les gens arrêtés, qui crèvent en masse.
D'après ce que je sais des mesures prises par le Parti et le gouvernement, [...] deux buts étaient poursuivis :
1. inciter au travail des kolkhoziens affamés ;
2. donner un minimum vital aux affamés, en aidant tous ceux qui étaient au stade du gonflement, en évitant autant que possible la mortalité parmi les actifs.
Les faits [...] montrent qu'il n'a pas été possible de concilier les deux buts.

Cité par N. Werth et G. Moullec, *Rapports secrets soviétiques*, Gallimard, 1994.

3 Témoignage du consul italien à Kharkov (Ukraine)

En plus des paysans qui affluent vers la ville parce qu'ils n'ont plus aucun espoir de survie à la campagne, il y a les enfants qu'on amène ici et qui sont ensuite abandonnés par les parents, lesquels s'en retournent au village pour y mourir. Ces derniers espèrent qu'en ville on prendra soin de leur progéniture. [...] On les recueille et on les transporte en camion à la gare de Severno Donetz. Il y a du personnel médical qui fait la « sélection ». Ceux qui ne sont pas encore enflés et offrent une chance de pouvoir se remettre sont dirigés vers des hangars, sur la paille où agonise une population de 8 000 âmes, composée essentiellement d'enfants. [...] Les personnes enflées sont transportées sur un train de marchandises et abandonnées à 50 km de la ville en sorte qu'elles meurent sans qu'on les voie. [...] À l'arrivée sur les lieux de déchargement, on creuse de grandes fosses et on enlève tous les morts des wagons. [...]
On ramasse à Kharkov chaque nuit près de 250 cadavres de personnes mortes de faim ou du typhus. On remarqua qu'un très grand nombre d'entre eux n'avait plus de foie : celui-ci paraissait avoir été retiré par une large entaille. La police finit par cueillir quelques-uns des mystérieux « amputeurs » qui avouèrent qu'avec cette viande ils confectionnaient la farce des pirozki (petits pâtés) qu'ils vendaient ensuite sur le marché du matin.

Sergio Gradenigo, consul italien à Kharkov, 1932.

4 Lettre de l'écrivain communiste Mikhaïl Cholokhov à Staline en 1933

En décembre dernier, le Comité régional du Parti a envoyé, pour « accélérer » la campagne de collecte, le camarade Ovtchinnikov [...] qui a pris les mesures suivantes : 1) prendre toutes les céréales disponibles, y compris les semences de la récolte future, 2) répartir les livraisons dues pour chaque kolkhoze à l'État par foyer.
Quand les réquisitions ont commencé, les paysans se sont mis à enterrer le blé.
Voici quelques méthodes employées pour obtenir les céréales cachées par les paysans :
– La méthode du froid. [...] On déshabille le kolkhozien et on le met « au froid », tout nu, dans un hangar. Souvent, on mettait les kolkhoziens « au froid » par brigades entières.
– La méthode du chaud. On forçait les kolkhoziens interrogés à s'allonger sur un poêle chauffé à blanc, puis on les « déchauffait » en les enfermant nus dans un hangar.

5 Victimes de la grande famine en Ukraine, 1932-1933.

6 « Un jardin en plein rendement » : des visiteurs occidentaux sourds et aveugles

Le radical de gauche Édouard Herriot, en voyage en URSS en 1933, voit en Ukraine « des jardins potagers de kolkhozes admirablement irrigués et cultivés ». « Voici, chargées de raisins, les vignes du plant français. Les récoltes décidément sont admirables ; on ne sait où loger les blés. J'ai traversé l'Ukraine. Eh bien ! je vous affirme que je l'ai vue tel un jardin en plein rendement. »

Cité par Nicolas Werth, « Comment Staline a affamé l'Ukraine », *L'Histoire*, mai 1995.

7 La grande famine de 1932-1933.

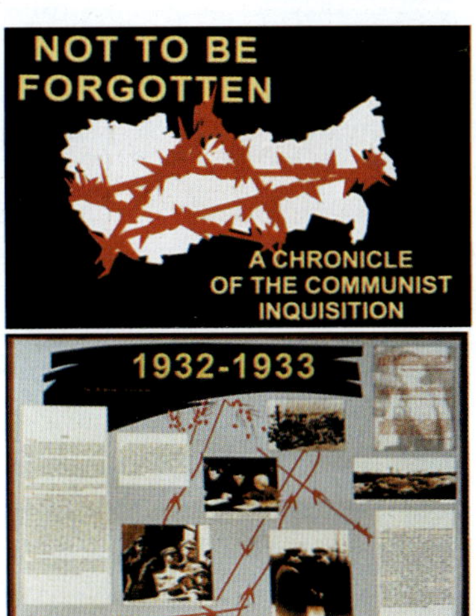

8 **La mémoire de la famine aujourd'hui.** Affiches, mémorial aux victimes de la famine de 1932-1933 (Kiev, avril 2006).

Questions

A Retirer des informations des documents

1. Quelle conséquence physique de la famine cette photographie révèle-t-elle (doc. 1) ?
2. À quel parti politique se rattache l'auteur de ce texte (doc. 2) ? D'après lui, qui est responsable ?
3. Dans quel but procède-t-on à une « sélection » (doc. 3) ? Que cherche à faire le régime lorsqu'il déporte les plus malades ?
4. Quelles sont les causes premières de la famine d'après ce texte (doc. 4) ?
5. Quelles régions sont surtout touchées par la famine (doc. 7) ?
6. Quelles explications peut-on donner à un tel aveuglement (doc. 6) ?

B Mettre en relation les documents

7. Quelle analyse commune retrouve-t-on dans les doc. 2, 3 et 4 ?
8. Comment procède le régime afin de cacher à l'extérieur et aux habitants des villes les échecs de sa politique (doc. 3 et 6) ?

C Rédiger

9. À partir de l'ensemble des documents, rédiger un paragraphe décrivant les causes et les conséquences de la grande famine.

3 La vraie nature du stalinisme

A. Le stalinisme, un « national-bolchevisme » doc. 1 et 3

■ **C'est dans les années 1930 que prend forme l'idéologie stalinienne**. Sur plusieurs points, Staline est bien, comme il le proclame lui-même, « **le meilleur disciple de Lénine** ». Il poursuit la rupture radicale avec le passé, entreprise par Lénine, met en œuvre un programme volontariste de transformation de la société et fait de la terreur un véritable mode de gouvernement. Sur certains points cependant, le stalinisme prend ses distances avec le léninisme :

– le **culte du chef**, du « Guide ». Rejetant le principe d'une direction collégiale, il impose sa dictature personnelle, le culte du « Chef des classes ouvrières du monde entier » ;

– le **culte d'un État fort**. Contrairement aux thèses marxistes-léninistes sur le « dépérissement de l'État », Staline renforce l'État : « les besoins de l'État doivent toujours être à la première place, les intérêts des individus doivent leur être subordonnés » écrit-il ;

– le **nationalisme russe** : loin de dénigrer « l'Empire russe, prison des peuples » (Lénine), Staline exalte, au contraire, le rôle civilisateur de la Russie, dont l'URSS est l'héritière. La propagande glorifie les « grands hommes » de l'histoire russe, dont Staline clôt la lignée : Alexandre Nevski, le tsar Pierre le Grand, le général Koutouzov qui contraignit Napoléon Ier à la retraite de Russie.

B. Le stalinisme, une modernisation doc. 4, 5 et 6

■ Les années 1930 sont marquées par **un mélange inédit de modernisation et de régression**. En 1941, l'URSS s'est dotée d'une industrie lourde puissante, d'une armée bien équipée. En dix ans, la production de charbon a été multipliée par quatre. L'industrialisation s'est accompagnée d'une urbanisation galopante et anarchique : des dizaines de villes-champignons ont poussé autour des grands chantiers du 1er Plan quinquennal. Les années 1930 sont aussi celles d'une véritable « révolution scolaire » : le nombre des élèves du secondaire est multiplié par 14.

■ Une politique ambitieuse de formation des adultes favorise **la promotion de millions de travailleurs manuels méritants** à des postes de cadre ou de fonctionnaire. Cette promotion individuelle alimente un certain consensus social fondé sur l'idée que, malgré les difficultés, le pays est en train de sortir de son arriération.

C. Le stalinisme, une régression doc. 2 et 7

■ Dans le même temps, les années 1930 sont des années de formidable régression économique, sociale et politique. **Le système des kolkhozes s'apparente, pour l'immense majorité des paysans, à un « nouveau servage »** : ils ont été dépossédés de leur terre, de leur vache et ne reçoivent qu'un salaire infime pour leur travail sur les champs collectifs. À la violence exercée contre eux, les paysans répondent en travaillant le moins possible sur une terre qui ne leur appartient plus. Les difficultés de l'agriculture collectivisée se répercutent sur le niveau de vie. La consommation de viande et de lait chute des deux tiers par rapport aux années de la NEP. La jeunesse est embrigadée dans des organisations liées au parti, comme les Pionniers ou les Jeunesses Communistes.

■ La régression sociale se traduit par une législation très dure réprimant sans pitié le moindre retard au travail ou le chapardage le plus insignifiant. La police politique prolifère, la peur s'installe, l'esprit est « vassalisé » (André Gide). Des millions de Soviétiques font l'expérience de l'exil, de la déportation, des camps, du travail forcé au Goulag. Des catégories entières de la population, jugées « déclassées », « socialement nuisibles » ou « appartenant au passé » sont persécutées : membres du clergé, anciens commerçants, « spécialistes bourgeois ». **Entre 1932 et 1941, le nombre des détenus est multiplié par six et atteint les deux millions**. C'est une société bouleversée et déstructurée qui affronte, en 1941, l'épreuve de la guerre.

1 « Notre armée et notre pays sont renforcés par la pensée de Staline ». Affiche, 1939.

2 Un ancien dirigeant du parti communiste parle

Ce document fut saisi par la Guépéou à l'été 1932.

Staline [...] affirme que nous sommes parvenus à des « succès » gigantesques « dans la construction socialiste ». En réalité, malgré la construction de dizaines de grandes usines et malgré l'existence de cent mille tracteurs à la campagne [...], nous avons sapé la force productive fondamentale de l'Union soviétique, la classe ouvrière elle-même et les masses laborieuses de la campagne : ils sont épuisés, ils travaillent à moitié affamés, ils sont sans chaussures ni vêtements [...].

Dans les campagnes, l'État prélève pour presque rien les céréales, la viande, la laine, les peaux, les poules, les œufs, etc., tout cela est expédié vers des villes affamées et exporté à vil prix. [...] À l'heure actuelle, les campagnes sont transformées en un vaste cimetière.

Texte de Rioutine, 1932.

1. **À la date de ce texte, que se passe-t-il en URSS ?**
2. **Quelle est l'opinion de l'auteur sur la « construction du socialisme » ?**

3 De la Tcheka au KGB

Les organes de répression en URSS

- **Tcheka** (Comité extraordinaire de lutte contre la contre-révolution, la spéculation, le sabotage), créée le 7 décembre 1917 et dirigée par Félix Dzerjinski.
- **OGPU** (Direction principale d'État) : nouveau nom donné à la Tcheka de 1922 à 1934, francisé en Guépéou.
- **NKVD** (Commissariat du peuple à l'Intérieur) : nouveau nom donné à l'OGPU à partir de 1934 et jusqu'en 1946.
- **MGB** (ministère de la Sécurité d'État).
- **KGB** (Comité à la sécurité d'État) : nouveau nom donné, après la mort de Staline, à la sécurité d'État. Dissous en 1991, le KGB est rebaptisé FSB (Service fédéral de la sécurité).

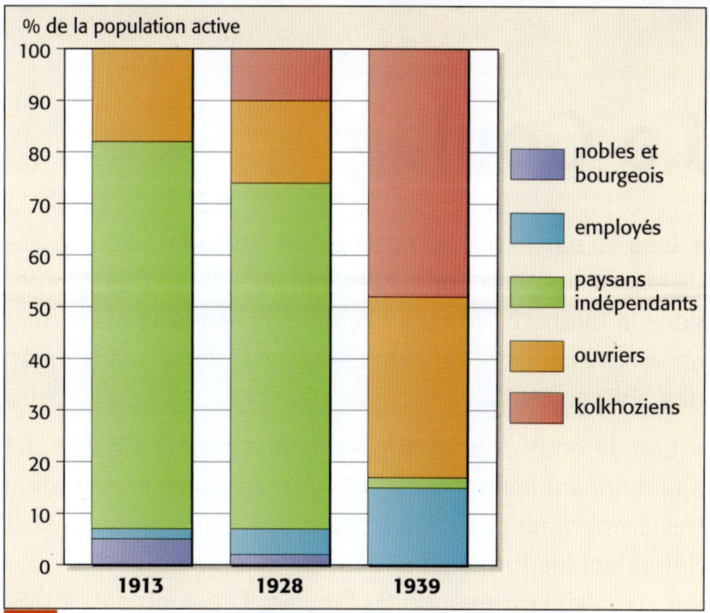

4 Les transformations de la société soviétique.

5 Un ingénieur russe et des ouvriers ouzbeks sur le chantier du Grand Canal de Fergana (Ouzbékistan). Photographie de propagande.

1. **Quels rapports sont ici mis en évidence entre le Russe et les Ouzbeks ?**
2. **Que cherche à montrer le régime à travers cette photographie ?**

6 « Qu'a donné la révolution d'Octobre aux travailleuses et aux travailleurs ? L'école pour tous, du travail, des bibliothèques ». Affiche soviétique, 1925.

7 La falsification de l'histoire.

a. Photo de 1919 : Lénine et, à droite, Trotski et Kamenev.

b. Photo identique, mais au temps du stalinisme.

Le Goulag

• Dès sa naissance, le régime communiste met en place un système de répression des opposants, envoyés dans des camps de concentration dans le Grand Nord ou en Sibérie. À l'époque stalinienne, le **Goulag** est un vaste ensemble de camps de travail forcé mis en place en URSS à la fin des années 1920.

• Les détenus des camps, les « **zeks** », victimes de lois très répressives sanctionnant le moindre petit vol, mais aussi toute critique du régime, travaillent dans des mines, creusent des canaux, construisent des routes, défrichent les forêts sibériennes. Au temps du stalinisme, un homme adulte sur six a fait l'expérience du Goulag. C'est, au début des années 1950, le plus vaste système de travail forcé au monde.

VOCABULAIRE

Goulag : abréviation de *Glavnoïe oupravlienïe laguierieï* (« Direction principale des camps »). Par extension le mot « goulag » désigne les camps de travail eux-mêmes.

zek : abréviation de *zaklioutchenni* : « prisonnier ».

1 Résolution du Conseil des commissaires du peuple sur l'organisation des camps de travail (11 juin 1929)

Le Conseil des commissaires du peuple décide :

1. Toutes les personnes condamnées à une peine de trois ans et plus et purgeant leur peine actuellement en prison seront transférées dans des camps de travail correctif, ceci afin de rembourser leur dette envers la société par un travail utile [...].
2. Pour l'accueil de ces condamnés, l'OGPU est chargé de mettre en place une série de camps de travail correctif, notamment dans les régions éloignées et inhospitalières du pays. Ces camps devront assurer la colonisation de ces régions et l'exploitation de leurs richesses naturelles, grâce au travail des détenus [...].
3. Toutes les personnes condamnées à une peine inférieure à trois ans resteront pour l'instant dans les établissements pénitentiaires dépendant du Commissariat du peuple à la Justice.

2 Détenus au travail, chantier du canal mer Blanche-mer Baltique.

3 Le système du Goulag.

4 Le Goulag dans les années 1930 et 1940.

5 L'impréparation des régions d'accueil des déportés

En Sibérie, les constructions temporaires n'étaient pas prêtes, si bien que les déportés ont dû passer l'hiver dans des huttes et des abris creusés dans la terre ;
Aucun plan d'installation définitive des déportés n'a été prévu ;
Lors de la déportation des koulaks, n'a pas été expédiée avec eux la quantité minimale de matériel agricole et de cheptel, ce qui rend très difficile toute réelle colonisation ;
Rien n'a été prévu, sur place, en matière d'approvisionnement et de santé (envoi de personnel médical et de médicaments) ;
Conclusions : Considérant que la politique de liquidation des koulaks en tant que classe nécessitera, de la part des organes de l'OGPU, de déporter, vers les régions vierges du nord de l'URSS, durant les trois ou quatre prochaines années, de nouvelles masses de koulaks, il est indispensable de s'occuper dès aujourd'hui de la préparation des régions d'accueil, afin de mener à bien, de manière organisée, cette grande tâche historique et d'éviter les erreurs commises au cours de la première phase de l'opération.

Rapport de l'OGPU, 16 mai 1930.

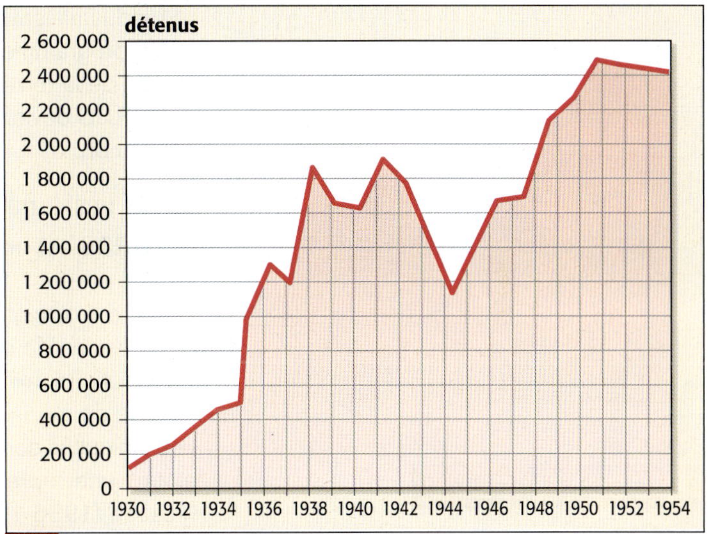

6 Détenus au Goulag.

7 Effets de l'impréparation des régions d'accueil

Sur l'île de Tazino, sur l'Ob, sont envoyés en 1933 six mille détenus. Rien n'est prévu pour leur accueil. Le 21 mai, trois officiers de santé découvrent 70 nouveaux cadavres et témoignent.

La farine, seul produit plus ou moins régulièrement acheminé, est mélangée avec divers ersatz, notamment de la sciure de souches d'arbre séchée et finement écrasée. C'est avec cette mixture que les déportés font leur pain. Un autre ersatz fréquemment utilisé [...] est l'écorce de bouleau. Nous avons noté que pour assouvir le plus rapidement possible leur faim, il arrive souvent que les déplacés ne prennent même pas le temps de cuire le pain, se contentant de consommer de la farine diluée avec de l'eau [...].
Sur cinq déportés le foie, le cœur, les poumons et des morceaux de chair tendre (seins, mollets) ont été découpés. De l'un des cadavres, la tête a été arrachée, de même que les organes génitaux masculins et une partie de la peau. Ces mutilations constituent autant d'indices forts d'actes de cannibalisme ; elles suggèrent en outre l'existence de graves psychopathologies. Des déportés nous ont amené d'eux-mêmes trois individus attrapés les mains ensanglantées et tenant des foies humains.

Rapport d'inspection dans la région de Narym (Sibérie occidentale), été 1932, dans Nicolas Werth, *L'Île aux cannibales*, Perrin, 2006.

Questions

A Retirer des informations des documents

1. Quelles sont les raisons invoquées par le gouvernement soviétique pour expliquer la mise en place d'un réseau de camps de travail (doc. 1) ? Dans quel contexte précis cette mesure est-elle prise ?
2. Dans quelles régions d'URSS se situaient la plupart des camps du Goulag (doc. 3) ? Quelle explication peut-on avancer ?
3. Rappeler ce qu'est l'OGPU (doc. 5). Qui est déporté ?
4. Expliquer, dans les conclusions du doc. 5, les expressions « liquidation des koulaks en tant que classe » et « grande tâche historique ».
5. Quelle est la tendance générale de la courbe (doc. 6) ? Comment expliquer la forte diminution du nombre de détenus au Goulag durant la guerre ?

B Mettre en relation les documents

6. À quelles difficultés se heurtent les autorités qui ont en charge la déportation (doc. 3, 5, 6 et 7) ?
7. Quelles ont été les conséquences des décisions prises en 1929 (doc. 1, 3, 6 et 7) ?

C Rédiger

8. Rédiger un paragraphe décrivant les conditions de vie et de travail des détenus du Goulag.

FICHE DE RÉVISION

DATES À RETENIR

- **1918-1921 :** guerre civile
- **1921 et 1932-1933 :** famines
- **1929-1930 :** début de la collectivisation forcée et de la liquidation des koulaks
- **1936-1938 :** « Grande terreur » : les procès de Moscou

BIOGRAPHIES

Staline, Joseph Vissarionovitch Djougachvili, dit (1879-1953), secrétaire général du PCUS de 1922 à 1953.
(Voir biographie complète p. 383)

Trotski, Lev Davidovitch Bronstein, dit (1879-1940), principal dirigeant bolchevique avec Lénine dès 1917, opposant à Staline et éliminé par lui en 1940.
(Voir biographie complète p. 383)

Nicolaï Ivanovitch Boukharine (1888-1938), dirigeant bolchevique éliminé par Staline en 1938.
(Voir biographie complète p. 376)

Viatcheslav Michaïlovitch Molotov (1890-1986), le plus proche collaborateur de Staline.
(Voir biographie complète p. 381)

L'ESSENTIEL

1. La montée de Staline

- Octobre 1917 : prise du pouvoir par les bolcheviks suivie d'une guerre civile (1918-1921) et d'une famine. Pause vers la marche au socialisme décidée par Lénine : la « Nouvelle Politique économique ».
- Fin des années 1920 : Staline écarte tous ses rivaux.

2. Dictature et terreur

- La collectivisation forcée des campagnes débute en 1929. Il s'agit d'une véritable guerre contre la majorité des paysans, hostile aux **kolkhozes**. Elle entraîne l'élimination des koulaks en tant que classe et une famine qui fait six millions de morts en 1932-1933.
- L'industrialisation, accélérée par les **plans quinquennaux** privilégie l'industrie lourde.
- Le programme volontariste de transformation de la société est mis en œuvre au moyen de la terreur, utilisée comme mode de gouvernement.
- L'URSS devient un grand pays industriel. Mais ce succès est payé au prix fort par la population.

3. La vraie nature du stalinisme

- L'URSS est une dictature dirigée par un homme et un parti unique, le parti communiste.
- Toute la société est contrôlée :

– répression de catégories entières de populations jugées « socialement nuisibles » ;
– exécutions, exil, déportation au Goulag pour des millions de Soviétiques, plusieurs millions de morts au Goulag.

Les difficultés sont attribuées aux « ennemis du régime » qui auraient organisé des complots ; une répression féroce s'abat sur ces personnes à l'occasion des procès de Moscou (1936-1938).

NE PAS CONFONDRE

Koulak et Goulag

➤ **Koulak** : paysan aisé qui tient les autres paysans plus pauvres sous sa dépendance, littéralement « sous son poing ». En réalité, sont qualifiés de koulaks non seulement les paysans aisés, fort peu nombreux, étant donné la pauvreté générale des campagnes russes, mais aussi tous ceux qui se sont opposés à la collectivisation forcée.

➤ **Goulag** : abréviation qui désigne la direction des camps de concentration soviétiques et, par extension, tous les camps soviétiques.

Parti bolchevique, parti communiste de l'Union soviétique (PCUS)

➤ **Parti bolchevique** : fondé par Lénine en 1903, parti révolutionnaire clandestin jusqu'en 1917. Après la prise du pouvoir par les bolcheviks en 1917, il change de nom et devient le parti communiste russe.

➤ Avec la fondation de l'Union des Républiques socialistes soviétiques en 1922, il devient le **parti communiste de l'Union soviétique** (PCUS).

Kolkhoze et sovkhoze

➤ **Kolkhoze** : ferme collective. Les kolkhoziens sont rémunérés au prorata du nombre de jours travaillés dans les champs collectifs. L'État fixe le prix d'achat, très faible, de la récolte, et détermine ainsi le montant, dérisoire, du salaire du kolkhozien.

➤ **Sovkhoze** : ferme d'État. Les sovkhoziens sont des ouvriers agricoles qui reçoivent un salaire fixe.

Les grands procès vus par le Parti communiste de l'Union soviétique (PCUS) et un caricaturiste anglais

Staline et ses collaborateurs en 1936.
Caricature anglaise de Schilling, 1936.

L'année 1937 apporta de nouvelles révélations sur les monstres de la bande boukharinienne et trotskiste. [...] Tous ces procès montrèrent que les boukhariniens et les trotskistes formaient depuis longtemps déjà une seule bande d'ennemis du peuple, sous les espèces du « bloc des droitiers et des trotskistes ».

Les procès établirent que ces rebuts du genre humain avaient, dès les premiers jours de la Révolution socialiste d'Octobre, tramé avec les ennemis du peuple Trotski, Zinoviev et Kamenev, un complot contre Lénine, contre le Parti, contre l'État soviétique. [...]

Les procès révélèrent que les monstres trotskistes et boukhariniens, sur l'ordre de leurs patrons des services d'espionnage bourgeois, s'étaient assignés pour but de détruire le Parti et l'État soviétique, de miner la défense du pays, de faciliter l'intervention militaire de l'étranger, de préparer la défaite de l'Armée rouge, de démembrer l'URSS [...], d'anéantir les conquêtes des ouvriers et des kolkhoziens, de restaurer l'esclavage capitaliste en URSS.

Ces piteux laquais des fascistes avaient oublié qu'il suffisait au peuple soviétique de remuer le doigt pour qu'il ne restât d'eux aucune trace !

Le tribunal soviétique condamna les monstres boukhariniens et trotskistes à être fusillés.

Le Commissariat du peuple de l'Intérieur exécuta le verdict.

Le peuple soviétique approuva l'écrasement de la bande boukharinienne et trotskiste et passa aux affaires courantes.

Et les affaires courantes consistaient à préparer les élections du Soviet suprême de l'URSS, et à y procéder sous des formes dûment organisées.

Manuel d'histoire du parti communiste de l'URSS, 1938.

Questions

1. Présenter les documents : auteurs et contexte historique. À qui s'adresse ce texte ?
2. Expliquer les expressions suivantes : « esclavage capitaliste », « laquais des fascistes ».
3. Expliquer l'expression « bandes boukhariniennes et trotskistes ». Pourquoi ces adjectifs ?
4. Comment boukhariniens et trotskistes sont-ils présentés et qualifiés par ce texte ? Pour quelles raisons ? Quelles actions leur sont reprochées ?
5. Que faut-il entendre par « faciliter l'intervention militaire de l'étranger » ? De quel étranger peut-il s'agir ici ?
6. Les reproches formulés sont-ils vraisemblables ? Pourquoi ?
7. Que faut-il entendre par « conquêtes des ouvriers et des kolkhoziens » ?
8. Décrire la caricature.
9. Que veut montrer l'auteur de la caricature à propos des procès de Moscou ?
10. Qu'y a-t-il de totalitaire dans cette présentation de l'histoire par le PCUS ?

Explication d'un document d'histoire (6/6)

Prépa BAC

Sujet : Une affiche de propagande soviétique de 1932.

DOCUMENT

« Sois sur tes gardes, l'Internationale capitaliste prépare une intervention contre l'URSS ».

Questions

1. Présenter le document : nature, auteur, contexte et destinataire.
2. Étudier la composition de l'affiche, les personnages et leur attitude, et présenter les procédés graphiques utilisés par l'auteur de l'affiche. Quel est l'objectif recherché par le texte de l'affiche ?
3. Quelle image de la société et de l'économie soviétiques ce document donne-t-il ?
4. Qui sont les ennemis de l'URSS ?
5. Quels éléments de l'idéologie stalinienne le document reflète-t-il ?

Méthode

1 Avant de répondre aux questions, il faut...

a. Examiner le document

b. Le replacer dans son contexte

– La situation intérieure de l'URSS ;
– le contexte international ;
– le slogan cite l'« Internationale capitaliste ». Se demander à quoi renvoie cette expression : cette Internationale existe-t-elle ? N'existe-t-il pas d'autres Internationales ?
Songer à la nature du document : une affiche de propagande ?

2 Aide aux questions

Question 3

Se demander ce qu'incarnent les personnages du groupe central. Que voit-on au second plan ? à l'arrière-plan ? Quels symboles peut-on y apercevoir ?
– la position des personnages par rapport à l'arrière-plan,
– la composition du document,
– le choix des couleurs et le dessin.

Question 4

Faire référence au contexte international mais aussi au contexte intérieur.

3 Proposition de réponse rédigée

Question 2

La composition et le choix de la couleur rouge mettent en valeur le groupe central, construit comme une pyramide qui peut évoquer la stabilité. Le dessin souligne la résolution qui anime les personnages (musculature développée, menton dressé, regard dirigé vers le lointain), prêts à défendre l'URSS. Les traits verticaux du décor accentuent le caractère imposant. Les « ennemis » sont caricaturés et représentés comme des ombres : leur entreprise est méprisable.
En présentant l'URSS comme encerclée par des adversaires prêts à intervenir, appuyés peut-être par des saboteurs en URSS même, le document cherche à mobiliser la population et à entretenir l'ardeur idéologique en faisant le silence sur le mécontentement lié aux difficultés de la vie quotidienne.

Sujet : Le Parti et son chef en URSS, du début des années 1920 au début de la Seconde Guerre mondiale.

DOCUMENT D'ACCOMPAGNEMENT

Staline au XVIe congrès du Parti communiste d'Union Soviétique.

Le XVIe congrès du PCUS s'est déroulé en juin-juillet 1930. Tableau de Guerassimov.

Méthode

1 Lire et analyser le sujet

Le Parti et son chef en URSS, du début des années 1920 au début de la Seconde Guerre mondiale.

Le thème : Le thème comporte deux mots-clés (le Parti, c'est-à-dire le parti communiste, et le chef, la personnalité dominante) et un mot de liaison.

L'espace : l'URSS, un État né d'une révolution.

La période : la conquête et l'exercice du pouvoir par Staline jusqu'en 1939.

2 Dégager la problématique

Le mot de liaison « et » est essentiel. S'interroger sur les relations qui peuvent exister entre le Parti et son chef. Sont-elles les mêmes à la mort de Lénine et à la veille de la Seconde Guerre mondiale ?
Qu'est-ce qui a pu modifier ces relations ?

3 Choisir et élaborer le plan

Le sujet est **évolutif** ; il appelle un **plan chronologique**.

– Rechercher des dates-charnières (1924 ? 1927 ? 1929 ? 1932 ? 1934 ? 1936 ?) et déterminer des périodes.
– Caractériser les relations entre le chef et le Parti pour chaque période.

4 Plan proposé

Première partie : jusqu'en 1929

– Héritage de Lénine : un parti révolutionnaire, un parti unique, un parti-État mais plusieurs dirigeants.
– Staline, Sécrétaire général du Parti, « meilleur disciple » de Lénine, bureaucratise le Parti et élimine ses rivaux.
– Il impose le « Grand Tournant ».

Deuxième partie : de 1929 à 1934

– Collectivisation forcée des campagnes
– industrialisation
– collectivisation et industrialisation menées avec l'appui des cadres du Parti.
Staline s'affirme face au parti.

Troisième partie : de 1934 à 1939

– Purges, procès, Grande Terreur éliminent les « membres historiques » du Parti.
– Culte de la personnalité.
– Un seul congrès, 1939.

Conclusion partielle : Staline exerce une dictature, le Parti est sous surveillance.

CHAPITRE

17 Les totalitarismes

Le totalitarisme apparaît au XXe s. et désigne un type de régime politique représenté par le fascisme, le nazisme et certains régimes communistes (le stalinisme en URSS, la Chine de Mao Zedong). Le fascisme, le national-socialisme et le communisme condamnent le libéralisme, l'individualisme et prétendent transformer radicalement la société pour créer un homme nouveau. Au-delà de ces points communs, d'importantes différences séparent le communisme de la famille fasciste (Italie et Allemagne). D'où le débat important qui a entouré l'usage de la notion de totalitarisme parmi les politologues et les historiens.

Dans quelle mesure fascisme, nazisme et stalinisme sont-ils des régimes totalitaires ?

1 Bras tendus...

Affiche allemande pour le plébiscite en faveur de l'*Anschluss*, 10 avril 1938.

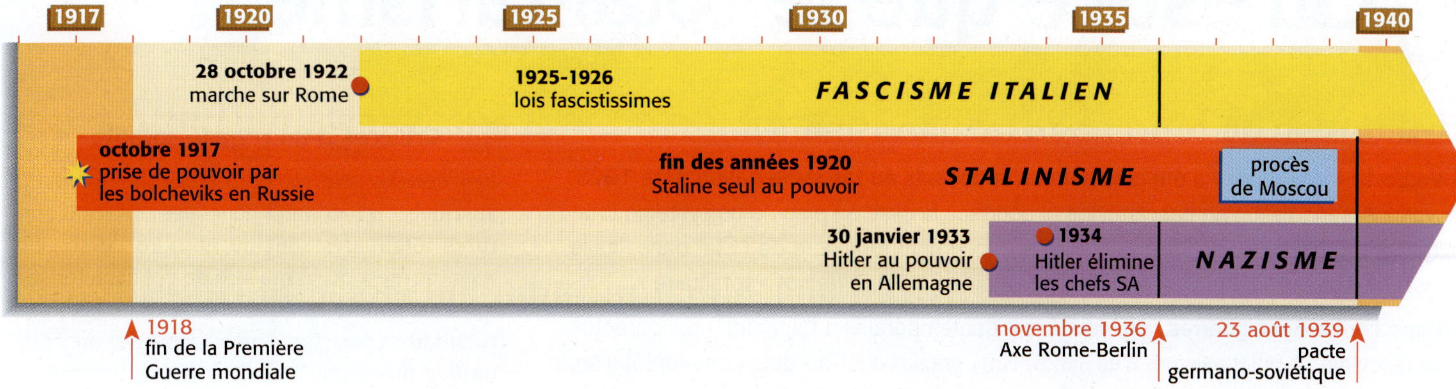

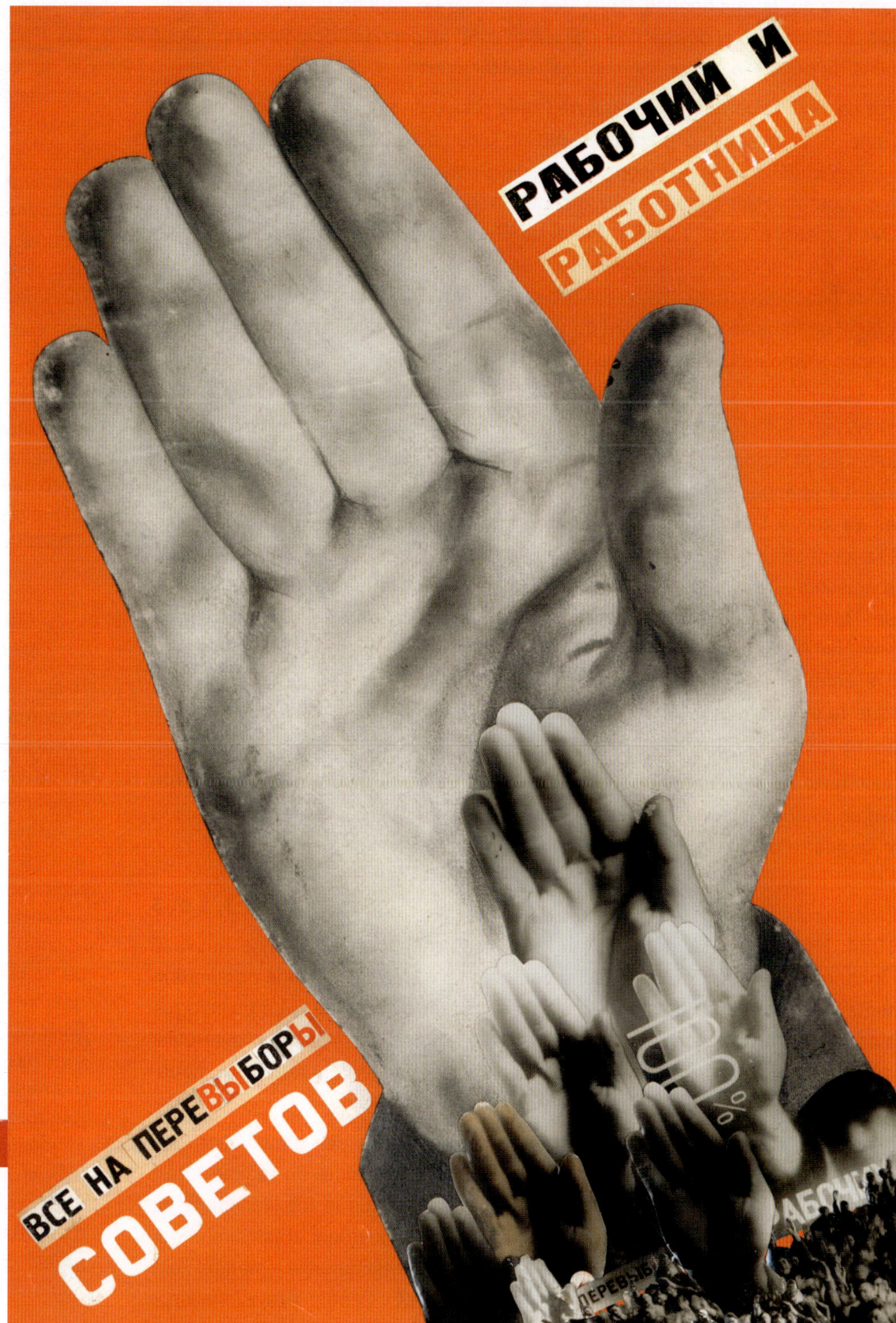

2 ... ou mains tendues.

Affiche soviétique, 1930
Gustav Kloutsis
(1895-1938).
« Ouvriers, ouvrières, participez tous aux élections soviétiques 100 %. »

1 Qu'est-ce que le totalitarisme ?

A. Diffusion du concept de totalitarisme

L'adjectif « totalitaire » a été créé par des opposants au fascisme italien. Dès 1923, Giovanni Amendola, un antifasciste libéral dénonce la mise en place d'un système totalitaire. Le catholique Luigi Sturzo critique la conception totalitaire de l'État dans l'Italie fasciste. À partir de 1925, les fascistes eux-mêmes utilisent le mot « totalitaire ».

Dans l'entre-deux-guerres, de nombreux contemporains observent des parentés entre fascisme et bolchevisme. Dès 1926, Nitti, ancien chef du gouvernement italien, souligne plusieurs points communs : l'usage de la violence et la suppression de la démocratie. Au cours des années 1930, des penseurs de gauche hostiles au bolchevisme puis au stalinisme et des catholiques, comparent fascisme et communisme. Deux encycliques du pape Pie XI condamnent les totalitarismes.

À partir de 1947, le contexte de la guerre froide donne un nouvel élan à la notion de totalitarisme, le communisme étant présenté en Occident comme un « fascisme de gauche ». Aux États-Unis, la philosophe d'origine allemande Hannah Arendt mène une réflexion comparative sur le nazisme et le communisme dans *Les Origines du totalitarisme*. Des romans, comme *1984* de l'écrivain George Orwell, popularisent l'idée de totalitarisme. En France, le philosophe Raymond Aron met l'accent sur l'importance des facteurs historiques dans l'avènement des régimes totalitaires. C'est surtout avec la publication en français de l'*Archipel du Goulag* du dissident soviétique Soljenitsyne que la France s'empare du concept dans les années 1980.

B. Le débat sur les origines

doc. 4, 5 et 6

Politologues et historiens se sont interrogés sur les origines communes des régimes totalitaires. **La philosophe Hannah Arendt y voit la synthèse de plusieurs idéologies apparues au XIXe s. : antisémitisme, impérialisme, colonialisme et racisme.** Certains mettent l'accent sur les bouleversements de la société consécutifs à l'industrialisation et à l'urbanisation. L'affaiblissement des liens sociaux traditionnels, comme la famille, provoque l'avènement d'une société de masses que rassemblent des idéologies (socialisme, nationalisme, fascisme). Les forces politiques fascistes ou communistes aspirent à entraîner les masses pour arriver au pouvoir. L'Israélien Jacob L. Talmon estime que **la culture des Lumières a légué un double héritage : le libéralisme et le totalitarisme** dont les précurseurs seraient Rousseau, Robespierre et Babeuf.

Les historiens ont mis l'accent sur le **rôle décisif de la Première Guerre mondiale** qui a bouleversé toutes les sociétés européennes. En ayant accoutumé les sociétés à la violence, la guerre provoque une « brutalisation » de la vie politique.

C. Critères et définitions

doc. 1, 2 et 3

En 1954, Hannah Arendt définit le totalitarisme comme un phénomène nouveau dont le fondement est l'idéologie et l'instrument principal la terreur : « **une domination permanente de tous les individus dans toutes les sphères de leur vie** ». Le politologue américain Carl Friedrich énumère plusieurs critères du régime totalitaire : la toute-puissance de l'idéologie, la domination du parti unique et du dictateur, la terreur, le monopole des médias et de la violence et la planification de l'économie.

Les historiens proposent des définitions empiriques, issues de l'observation des réalités historiques. Tous considèrent le national-socialisme comme un régime totalitaire. S'agissant du fascisme, il y a débat, certains estimant que le totalitarisme y fut inachevé tandis que d'autres y voient un régime authentiquement totalitaire. Pour l'URSS, deux écoles s'opposent : les partisans de l'école « totalitarienne » mettent l'accent sur la continuité du système, de Lénine à Gorbatchev ; l'école « révisionniste » insiste sur les tensions et les évolutions de la société plutôt que sur l'idéologie.

1 Critères d'un régime totalitaire

Les caractéristiques ou traits fondamentaux auxquels on reconnaît généralement les dictatures totalitaires sont au nombre de six. Le « syndrome » ou le modèle de ces caractéristiques qui sont liées entre elles dans la dictature totalitaire consiste en une idéologie, un parti unique dirigé par un seul homme, une police terroriste, le monopole des communications et celui des armes et une économie centralisée. [...] Ces six caractéristiques fondamentales qui constituent à notre sens le patron ou le modèle de la dictature totalitariste forment un faisceau de particularités imbriquées les unes dans les autres et qui se soutiennent réciproquement. Il ne faut donc ni les considérer séparément, ni en faire le point central de comparaison du genre : « César a développé une police secrète terroriste, il fut donc le premier dictateur totalitaire ».

Carl J. Friedrich, Zbigniew Brzezinski, *Totalitarian Dictatorship and Autocracy*, 1965.

1. Quelles caractéristiques citées par l'auteur retrouve-t-on dans le fascisme ?
2. Quelles caractéristiques citées par l'auteur retrouve-t-on dans le nazisme ?
3. Quelles caractéristiques citées par l'auteur retrouve-t-on dans le stalinisme ?

2 Questions soulevées par le concept de totalitarisme

Il se pose, à propos du totalitarisme, trois questions fondamentales :
– Jusqu'à quel point s'agit-il d'un phénomène historiquement singulier ou de la répétition de phénomènes historiques déjà connus ?
– Jusqu'à quel point le totalitarisme soviétique est-il ou non comparable à celui d'autres régimes, en particulier à celui du régime national-socialiste ?
– Jusqu'à quel point le régime de parti unique ou de planification totale est-il voué au totalitarisme ?
Il est des régimes autoritaires, au XXe s., qui ne sont pas des régimes de parti unique, et il est des régimes de parti unique qui ne deviennent pas totalitaires, qui ne développent pas une idéologie officielle, qui ne veulent pas modeler par leur idéologie toutes les activités. Il existe des régimes de parti unique où l'État n'absorbe pas la société et où l'idéologie ne prend pas cette extension démentielle que l'on a observée dans le régime soviétique.

R. Aron, *Démocratie et totalitarisme*, 1987.

3 Un historien italien définit le totalitarisme

Par totalitarisme, j'entends donc définir une expérience de domination politique, mise en œuvre par un mouvement révolutionnaire, organisée en un parti militairement discipliné, avec une conception intégriste de la politique, qui aspire au monopole du pouvoir et qui, après l'avoir conquis, par des voies légales ou extralégales, détruit ou transforme le régime préexistant et construit un État nouveau, fondé sur le régime de parti unique.
Cet État unique a pour objectif principal de réaliser la conquête de la société, c'est-à-dire la subordination et l'homogénéisation des gouvernés sur la base du principe du caractère intégralement politique de la vie, tant individuelle que collective, interprétée suivant les catégories, les mythes et les valeurs d'une idéologie de « retour à la vie ».
Une idéologie qui prend la forme d'une religion politique, avec pour ambition de façonner l'individu et les masses à travers une révolution anthropologique pour régénérer l'être humain et créer un homme nouveau, voué corps et âme à la réalisation de projets révolutionnaires et impérialistes du parti totalitaire dans le but de créer une civilisation nouvelle à caractère supranational.

Emilio Gentile, *Qu'est-ce que le fascisme, Histoire et interprétation*, trad. P.-E. Dauzat coll. « Folio Histoire » Gallimard, 2004.

1. **Quels « mouvements révolutionnaires » ou « partis militairement disciplinés » retrouve-t-on aux origines du fascisme, du nazisme et du stalinisme ?**
2. **Chercher des exemples de « religion politique » dans le fascisme, le nazisme et le stalinisme.**

4 « Fascisme constructeur et reconstructeur ».
Dessin de Mario Sironi, 1928.
Sur le pont : école *(scuole)*, hôpital *(ospedale)*, gare *(stazione)*.
Sous le pont : aqueducs, ponts, canaux, routes, voies ferrées.

1. **Quel est le symbole fasciste bien visible ici ?**
2. **Quel rôle l'auteur du dessin lui fait-il jouer dans la construction ?**
3. **Quelle idée générale se dégage de ce dessin ?**

5 Construire un monde nouveau. Affiche soviétique, 1924.

1. **Montrer que l'affiche peut illustrer la citation de Lénine : « Le socialisme, c'est les soviets plus l'électrification ».**
2. **Montrer qu'il s'agit d'une affiche de propagande.**

6 « Hitler construit : aide-le. Achète allemand ».
Affiche nationale-socialiste, 1934.

DOSSIER

Les pratiques des régimes totalitaires

- Dans les régimes totalitaires, l'**État de droit** est aboli. L'État utilise la violence comme moyen de gouvernement. De puissantes polices politiques traquent les opposants. Dans l'URSS de Staline et dans l'Allemagne nationale-socialiste, la répression prend un visage sanglant : exécutions sommaires ou mort lente dans des camps de concentration ou de travail. L'extermination programmée et industrielle de 5 à 6 millions de juifs en Allemagne constitue une singularité propre au national-socialisme.
- L'État et des partis uniques relayés par des organisations de masse encadrent la population. La propagande politique est envahissante. À travers les rituels collectifs (**autodafés** de livres en Allemagne, manifestations, commémorations, fêtes et exhibitions sportives) se développe une véritable **liturgie** politique. Les populations sont mobilisées dans le culte du chef et au service d'un projet politique totalitaire. L'ennemi commun doit mobiliser et souder la communauté.

VOCABULAIRE

État de droit : système politique dans lequel le droit, c'est-à-dire la Loi, est placé au-dessus de tous : la Loi prime la violence et le « droit » du plus fort.

Autodafé : « acte de foi » en portugais ; Dans l'Allemagne nazie, destruction par le feu d'ouvrages écrits par des auteurs rejetés par l'idéologie nationale-socialiste.

liturgie : ensemble des prières et des règles fixant le déroulement des actes dans une cérémonie religieuse.

1 Photomontage de John Heartfield (1891-1968), dénonçant la terreur nazie.

Au premier plan : Goebbels ; au second plan : un autodafé de livres ; à l'arrière-plan : le Reichstag.

2 Totalitarisme et religion de la politique

La sacralisation de la politique est à son apogée dans l'entre-deux-guerres, avec les nouveaux régimes totalitaires. C'est avec le totalitarisme, en effet, que les religions de la politique se développèrent dans toutes leurs facettes, idéologiques et institutionnelles. Les régimes totalitaires devinrent de nouvelles Églises, dédiées à la propagande de la foi dans la vérité absolue et indiscutable de leurs idéologies, à la persécution des infidèles et au culte d'entités humaines sacralisées. Ce fut avec le totalitarisme que le phénomène de sacralisation de la politique fut perçu et interprété comme un péril réel pour la survie des religions traditionnelles et le destin de l'humanité.

E. Gentile, *Les Religions de la politique*, Laterza, 2001, Trad. M.-A. Matard-Bonucci.

3 Le symbolisme et la propagande politique

On connaît le rôle considérable joué par la diffusion de la croix gammée dans l'ascension d'Hitler au pouvoir. En Italie, Mussolini a également pratiqué sur une vaste échelle la lutte des symboles [...]. Hitler et ses adeptes employaient un symbole très simple du point de vue graphique, la croix gammée. Précisément parce qu'elle était si aisément reproductible, elle fut reproduite à des millions d'exemplaires et servit de signal excitant, faisant naître dans les masses une certaine réaction nerveuse, qui nous est familière, maintenant que nous connaissons les expériences et les conclusions de Pavlov, concernant la création des réflexes conditionnés.

S. Tchakhotine, *Le Viol des foules par la propagande politique*, Gallimard, 1952.

4 Le mythe du chef

Le chef est, dans les régimes de type fasciste, une institution clé dans la mesure où il occupe une place doublement spécifique : son absolutisme est doctrinalement fondé et son pouvoir effectif dérive de la position stratégique que lui aménage une structure politique à plusieurs composantes. Le régime de type fasciste a la forme d'une quinconce : au centre le chef, aux quatre côtés, le parti, l'État, les élites, le peuple. Grâce à l'alliance avec les élites, à l'instrumentalisation du parti et de l'État, à l'existence d'une base populaire, le chef acquiert une autonomie croissante par rapport à chacun de ses appuis, exerçant vis-à-vis d'eux, grâce à une légitimité reconnue, un rôle de médiateur, d'intégrateur et de décideur.

P. Burrin, *Les Structures du pouvoir dans l'Italie fasciste et l'Allemagne nazie*, Hachette, 1999.

5 Les symboles des trois totalitarismes.

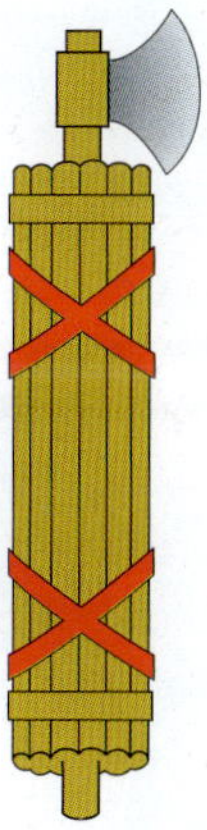

a. Faisceau de licteur.

Il s'inspire du faisceau de verges porté par le licteur (du latin *ligare* : « lier »), personnage qui précède les magistrats dans la Rome antique et écarte la foule devant eux. À la fin du XIXe s., le mot licteur désigne une union politique à caractère spontané et révolutionnaire. En 1921, les fascistes l'adoptent comme symbole, en référence au passé romain.

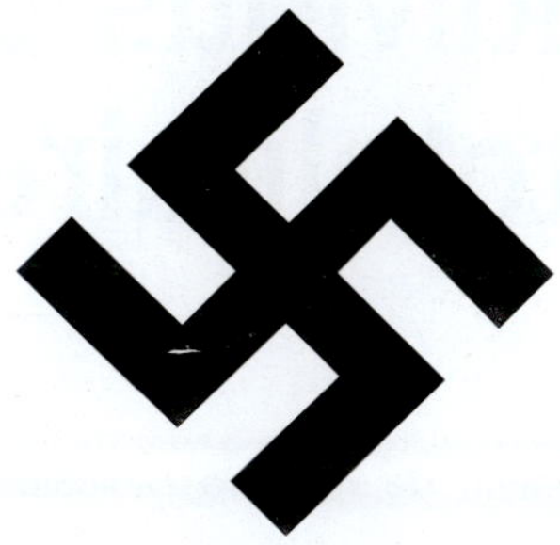

b. Croix gammée.

La svastika est un très ancien symbole solaire, présent dans de nombreuses civilisations. Il est adopté par Hitler à cause de sa forme, simple et frappante.

c. Faucille et marteau.

Ce symbole de l'union de la classe ouvrière et de la paysannerie apparaît très tôt dans les slogans et drapeaux communistes.

6 « Le camarade Lénine balayant le monde ».
Affiche soviétique de Victor Deni, 1920.

7 Élections à la chambre des députés en 1934.
Affiche approuvant la liste unique. Il y eut 96,5 % de votants et 99,84 % de « oui ».

Questions

A Dégager des informations des documents

1. Quel aspect de l'idéologie nazie l'auteur de ce montage photographique veut-il mettre en évidence (doc. 1) ?

2. Montrer que les totalitarismes ont une dimension religieuse (doc. 2).

3. Quel est le rôle des symboles dans la propagande (doc. 3 et 5) ?

4. Identifier les personnages balayés par Lénine (doc. 6).

5. Observer attentivement l'affiche (doc. 7) : qu'est-ce qui compose le buste de Mussolini ? Quel lien existe-t-il avec le mot *Si* (« oui »). Quelle idée l'affiche exprime-t-elle ?

B Mettre en relation les documents

6. Quels points communs aux trois régimes totalitaires les documents 2, 3, 4 et 5 mettent-ils en évidence ?

7. Quel est le sort réservé aux ennemis de l'idéologie totalitaire (doc. 1 et 6) ?

C Rédiger

8. Rédiger un paragraphe s'appuyant sur les documents de ce dossier, montrant que le totalitarisme combat les libertés et l'individu.

2 Masses et individus dans les régimes totalitaires

A. Répression et terreur

doc. 2

Une fois établis, les régimes totalitaires « nient de manière radicale la liberté humaine » écrit Hannah Arendt.
- En Italie, la dictature fasciste est instaurée par étapes entre 1923 et 1925.
- En Allemagne, dès 1933, les libertés sont supprimées.
- En Russie, la révolution puis la guerre civile mènent à la dictature.

Les partis des dictatures fascistes ont des bras armés : SA puis SS pour les nazis, Milice pour le Parti national fasciste italien. Les régimes mettent en place des polices politiques : Organisation de vigilance et de répression de l'antifascisme (OVRA) en Italie, Gestapo en Allemagne, OGPU en URSS. **Les ennemis du régimes sont traqués et emprisonnés** : opposants politiques, individus non conformes aux attentes du régime, ennemis de classe en URSS, juifs dans l'Allemagne nazie. Toutefois, le dispositif répressif n'a pas le même visage dans les trois régimes.

En Italie, les « ennemis » intérieurs sont emprisonnés, envoyés en relégation dans des îles ou les régions désolées du sud et enfermés, pendant la guerre, dans des camps d'internement. **En Allemagne**, un système concentrationnaire se met en place dès 1933. Les déportés des camps allemands de Dachau et Buchenwald sont soumis à des conditions de vie inhumaines, subissant la « mort lente » et l'anéantissement par le travail. À partir de 1942, l'Allemagne nazie crée des camps d'extermination dans la Pologne conquise où Juifs et Tsiganes sont gazés et mis à mort de manière industrielle. **En URSS**, dès l'origine, se met en place un vaste système de camps de travail, le Goulag.

B. Restructurer la société

doc. 3, 5 et 6

Dans les trois régimes, **des organisations dépendant du parti encadrent les individus pour tous les âges de la vie et tous les aspects de la vie sociale**. Elles concernent les enfants, la jeunesse, les étudiants, les femmes, les différentes catégories professionnelles.

L'encadrement de la jeunesse est considéré comme décisif car les nouvelles générations sont appelées à perpétuer la révolution totalitaire. Le travail comme les loisirs, la vie culturelle et familiale, relèvent des directives du régime. Cet encadrement de la société à tous les échelons doit permettre une véritable révolution « anthropologique » pour changer les caractères et les comportements.

C. Forger l'homme nouveau

doc. 1 et 4

L'idéal de l'homme nouveau est différent dans chacun des régimes, car il ne repose pas sur le même type d'idéologie. **Une utopie est à la base du communisme** : issus de certaines valeurs de 1789, socialisme et communisme veulent créer une société fraternelle et égalitaire. L'homme nouveau est à la fois un travailleur modèle et un combattant, mais la violence est considérée comme un moyen et non comme une fin.

Fascisme et national-socialisme partagent un anticommunisme virulent, un nationalisme exacerbé, l'exaltation de la force et de la violence, une volonté d'expansion territoriale. Ils privilégient des valeurs d'ordre et de hiérarchie. En revanche, l'importance initiale du racisme et de l'antisémitisme dans la doctrine nationale-socialiste constitue une spécificité. **En l'Allemagne, l'homme nouveau se caractérise surtout par son appartenance à la race aryenne.** Celle-ci fonde sa domination sur les autres peuples. En Italie, le critère de la race est secondaire jusqu'en 1938 : l'homme nouveau fasciste s'inspire du modèle du citoyen-soldat de l'Empire romain. Mussolini est présenté comme son modèle.

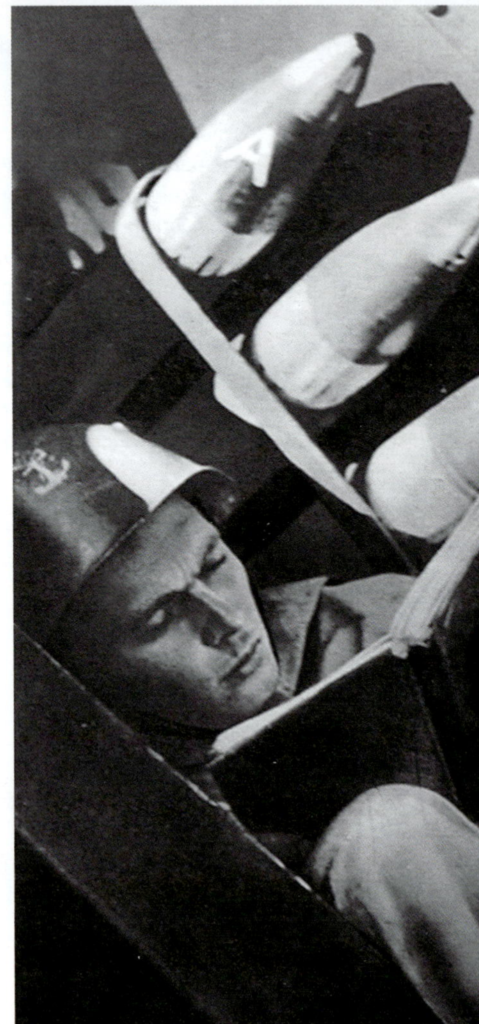

1 L'homme nouveau fasciste, 1937.

2 Rêver sous le IIIe Reich

Charlotte Beradt (1901-1986), opposante au régime nazi, a collecté 300 rêves de femmes et d'hommes ordinaires pour témoigner de la terreur que le régime nazi exerçait sur les esprits. Voici le rêve d'un juriste de l'administration communale, en 1934.

Vers huit heures du soir, comme tous les soirs, je téléphone à mon frère, mon seul confident et ami. Après avoir vanté, par précaution, à quel point Hitler agit comme il faut et combien la communauté du peuple s'en trouve bien, je dis : « Je n'ai plus de joie à rien. »
Au milieu de la nuit, on me téléphone. Une voix inexpressive me dit « Ici, le Service de surveillance des conversations téléphoniques » – et rien d'autre. Je sais aussitôt que mon crime est en rapport avec ce que j'ai dit à propos de la joie, je m'entends argumenter, prier et supplier qu'on me pardonne cette fois, que juste cette fois on ne me dénonce pas [...]. La voix reste absolument silencieuse et l'on raccroche en silence, me laissant dans les affres de l'incertitude.

3 L'homme-masse

Contrairement aux prédictions, les masses ne furent pas le produit de l'inégalité croissante des conditions, ni du développement de l'instruction générale, avec l'inévitable abaissement du niveau et la vulgarisation du contenu qu'il implique. [...] En fait, les masses se développèrent à partir des fragments d'une société hautement atomisée, dont la structure compétitive et la solitude individuelle qui en résulte n'étaient limitées que par l'appartenance à une classe. La principale caractéristique de l'homme de masse n'est pas la brutalité ou le retard mental, mais l'isolement et le manque de rapports sociaux normaux. Ces masses provenaient d'une société de classes criblée de fissures que cimentait le sentiment nationaliste : il n'est que naturel que, dans leur désarroi initial, elles aient penché vers un nationalisme particulièrement violent, auquel les chefs des masses ont cédé, contre leurs propres instincts et leurs propres objectifs, pour une raison purement démagogique.

Hannah Arendt, *Les Origines du totalitarisme*, 1re éd. en anglais, 1951, coll. « Points Histoire », Seuil, 1972.

1. **Quelles particularités de la société favorisent l'apparition de l'« homme de masse » ?**
2. **Quelle est l'origine du nationalisme violent ?**

4 Visage de l'homme nouveau nazi : un athlète filmé par Leni Riefensthal. Leni Riefensthal fut la cinéaste officielle du régime national-socialiste ; elle réalisa en particulier *Les Dieux du stade* lors des jeux Olympiques de Berlin en 1936.

5 Rome après Moscou : les totalitarismes vus par un reporter français, Émile Schreiber en 1932

L'État fasciste estime qu'il doit intervenir à tout moment pour faciliter et organiser la vie privée des citoyens. L'individu doit recevoir de l'État [outre l'instruction] les soins d'hygiène quand il est dans le premier âge, les soins médicaux s'il est souffrant, l'éducation sportive à tout âge et quel que soit son sexe – et enfin, toute nouvelle conception, les distractions mêmes, pendant ses heures de loisir ou de vacances. Car, en Italie comme en URSS, les employés et aussi les ouvriers bénéficient chaque année de quinze jours de vacances payées. [...] L'un des grands mérites de Mussolini est d'avoir compris qu'un régime d'autorité qui n'est basé ni sur une dictature du prolétariat, ni sur la volonté librement exprimée du peuple ne pouvait se maintenir, à notre époque, que s'il entreprenait lui-même les réformes sociales les plus avancées.

Émile Schreiber, *Rome après Moscou*, Plon, 1932.

1. **Quel rôle doit jouer l'État dans ces sociétés totalitaires ?**
2. **Quelle fonction remplissent les réformes sociales dans l'Italie fasciste, d'après l'auteur de ce texte ?**

6 Alexeï Stakhanov et les brigades stakhanovistes. Stakhanov est un mineur soviétique du bassin du Donbass, qui, le 31 août 1935, aurait pulvérisé les normes d'abattage de charbon (102 tonnes abattues en 8 heures de travail au lieu de 14 heures selon la norme officielle obligatoire). Ce soi-disant record est faux : Stakhanov était en fait aidé par toute une d'équipe. Le pouvoir soviétique exploita cet « exploit » et lança une vaste campagne productiviste : faire de Stakhanov un héros à imiter et promouvoir le « mouvement stakhanoviste ». Les ouvriers des brigades stakhanovistes reçoivent des primes et sont couverts d'honneurs. On sait aujourd'hui que ces stakhanovistes étaient souvent « passés à tabac » par les autres ouvriers qui ne voulaient pas dépasser les normes pour satisfaire le régime soviétique.

Art et propagande

- L'art est considéré dans les régimes totalitaires comme un moyen de propagande et de transformation de la société.
- En URSS, la révolution suscite d'abord un élan créatif. Des courants d'avant-garde veulent inventer une nouvelle esthétique pour une nouvelle société. Ils sont rapidement réprimés. Le poète Maïakovski se suicide en 1930. De nombreux artistes choisissent l'exil. En 1934, le régime se dote d'une doctrine officielle, le réalisme socialiste : l'art doit glorifier les réalisations soviétiques.
- En Allemagne, le régime national-socialiste condamne d'emblée toutes les innovations esthétiques de la période précédente considérées comme « art dégénéré ». L'art allemand se doit d'être figuratif et de représenter la beauté des paysages et de la race aryenne.
- En Italie, plusieurs tendances artistiques subsistent durant toute la période fasciste (futurisme, *Novecentismo* – « art du XXe s. », développé dans les années 1920 et 1930), le régime ne définit pas d'art officiel. Il subsiste une certaine liberté de création artistique.

1 Hitler et Mussolini.
Buste de Hitler par Arno Breker, sculpteur officiel du national-socialisme.

Tête de Mussolini. Sculpture en céramique peinte de Renato Bertelli, 1933.

2 Affiche nazie, 1935, « Enfants, que savez-vous du Führer ? »

3 Affiche soviétique, 1945, « Merci père Staline... »

4 ***Crucifixion*, par Emil Nolde.**

Œuvre présentée à l'exposition de « l'Art dégénéré » (1937) à Munich. Peintre allemand (1867-1956) impressionniste puis expressionniste, Nolde se consacre, à partir de 1909 à l'art religieux. L'exposition de l'Art dégénéré *(Entartete Kunst)* fut organisée par le régime nazi pour dénoncer les courants artistiques les plus novateurs du début du XXᵉ s. Parmi les artistes exposés, on relève les noms de Chagall, Klee, Kirchner, Kandinski.

5 Hitler parle d'art en 1935

Il faut que l'art soit aussi réellement l'annonciateur du noble et du beau, et qu'il soit, par là, porteur du naturel et du sain. En cas de réussite, alors aucun sacrifice n'aura été trop grand. [...] Celui qui veut excuser les tableaux et sculptures – pour prendre uniquement un exemple particulièrement grossier – de nos dadaïstes, cubistes et futuristes ou de nos prétentieux impressionnistes, en renvoyant au primitivisme dans la forme d'expression, celui-là n'a vraiment aucune idée de la fonction de l'art, qui n'est pas de rappeler à l'homme ses manifestations de dégénérescence, mais davantage de leur opposer ce qui est éternellement sain et beau.

Discours d'Hitler au congrès du parti nazi à Nuremberg en 1935.

6 ***Crucifixion* de Renato Guttuso (1912-1987), 1941.**

R. Guttuso appartient à l'école romaine au début des années 1930. À partir de 1935, il séjourne à Milan et se lie à des courants antifascistes et finira par adhérer au parti communiste. Sa *Crucifixion* est une œuvre représentative du courant milanais Corrente pour laquelle il reçoit un prix dans l'Italie fasciste.

Questions

A Retirer des informations des documents

1. Comparer les deux sculptures représentant Hitler et Mussolini (doc. 1).
2. Décrire les affiches nazie et soviétique (doc. 2 et 3).
3. Quels courants artistiques Hitler dénonce-t-il (doc. 5) ? Quel est son idéal artistique ?

B Mettre en relation les documents

4. Montrer que l'art italien demeure avant-gardiste (doc. 1 et 6).
5. Comparer le sort des deux tableaux *Crucifixion* (doc. 4 et 6).
6. L'attitude des régimes nazi et fasciste fut-elle la même en matière d'art (doc. 1, 4 et 5) ?
7. Comparer les doc. 2 et 3. Quels points communs relevez-vous? Quelle image la propagande veut-elle donner des deux dictateurs ?

C Rédiger

8. Indiquer les principales caractéristiques des esthétiques réaliste socialiste et national-socialiste.

FICHE DE RÉVISION

DATES À RETENIR

- **1917 :** révolution russe
- **1922 :** marche sur Rome ; Mussolini au pouvoir
- **1933 :** Hitler arrive au pouvoir en Allemagne
- **début des années 1930 :** le pouvoir en URSS est concentré entre les mains de Staline
- **1948 :** George Orwell écrit *1984*
- **1951 :** Hannah Arendt publie *Les Origines du totalitarisme*

L'ESSENTIEL

1. Qu'est-ce que le totalitarisme ?

- Les régimes totalitaires, fascisme, nazisme, stalinisme, sont des régimes nés de la guerre de 1914-1918, qui bouleverse les sociétés européennes.
- L'adjectif « totalitaire » a été créé par des opposants au fascisme italien. La philosophe Hannah Arendt voit dans le totalitarisme la synthèse de plusieurs idéologies : antisémitisme, impérialisme, colonialisme et racisme ; elle définit le totalitarisme comme « une domination permanente de tous les individus dans toutes les sphères de leur vie ».
- Après 1945, le roman *1984* de l'écrivain anglais George Orwell popularise l'idée de totalitarisme. En France, le philosophe Raymond Aron met l'accent sur l'importance de l'histoire pour expliquer la naissance des régimes totalitaires.

2. Les pratiques des régimes totalitaires

- L'État de droit est aboli.
- L'État gouverne par la violence : les ennemis du régimes sont arrêtés et emprisonnés dans des camps d'internement en Italie, de concentration en Allemagne et en URSS.
- Dans les trois régimes, des organisations dépendant de l'État ou d'un parti unique encadrent les individus à tous les âges de la vie et dans tous les aspects de la vie sociale, y compris les loisirs. Ces organisations concernent les enfants, la jeunesse, les étudiants, les travailleurs.
- La population est mobilisée dans des manifestations quasi-religieuses pour rendre un véritable culte au chef.
- L'idéologie dominante (fascisme, nazisme, communisme) est omniprésente. Italie fasciste, Allemagne nazie et Russie stalinienne nient la liberté humaine, condamnent le libéralisme, rejettent la démocratie et prétendent créer un homme nouveau.
- Ces régimes manifestent tous la volonté de transformer l'homme et la société en fonction de leur idéologie.

BIOGRAPHIES

Hannah Arendt (1906-1975), auteur de l'ouvrage *Les Origines du totalitarisme* (1951).
(Voir biographie complète p. 376)

George Orwell (1903-1950), romancier anglais.
(Voir biographie complète p. 382)

Raymond Aron (1905-1983), journaliste et politologue français.
(Voir biographie complète p. 376)

NE PAS CONFONDRE

Dictature, totalitarisme et fascisme

➤ **La dictature** est l'exercice, par un homme ou un groupe d'hommes, d'un pouvoir sans limite, toute opposition étant interdite.

➤ **Le totalitarisme** a trouvé dans le nazisme et le stalinisme sa forme la plus accomplie :
- dictature d'un homme et d'un parti, absence de liberté ;
- idéologie à laquelle tous doivent croire et adhérer (nazisme, marxisme-léninisme) ;
- contrôle de tous les individus et de la société dans sa totalité.

➤ **Le fascisme** est parfois considéré comme un totalitarisme inachevé, mais il en garde des caractéristiques : dictature, culte du chef, parti unique, tentative de créer un homme nouveau.

Organisations de jeunesse dans les régimes totalitaires.

Italie	Garçons	Filles
6-8 ans	Fils et filles de la Louve	
8-14 ans	*Balilla*	Petites italiennes
14-18 ans	Avant-gardistes	Jeunes Italiennes

Allemagne	Garçons	Filles
6-10 ans	*Pimpf* (apprentissage)	
10-14 ans	*Jungvolk* (jeune peuple)	*Jungmaedel* (jeune fille)
14-18 ans	*Hitlerjugend* (Jeunesse hitlérienne)	*Bund Deutscher Maedel* (Ligue des filles d'Allemagne)

URSS	Garçons	Filles
6-9 ans	Petits octobristes	
9-15 ans	Pionniers	
15-28 ans	Komsomols	

Composition (6/6)

Sujet : La répression dans l'Italie fasciste, l'Allemagne nazie et l'URSS stalinienne.

DOCUMENT 1 Détenus dans le camp de travail du canal mer Baltique-mer Blanche en 1932-1933.

DOCUMENT 2 Détenus dans le camp de concentration de Dachau en 1933.

DOCUMENT 3 Opposants au fascisme embarqués pour la déportation.

Méthode

1 Mobiliser ses connaissances

Des **ressemblances** apparaissent, par exemple l'usage d'une police politique,

On peut repérer aussi des **différences** : la répression s'exerce sur toute la société russe, alors qu'elle concerne certaines catégories en Italie fasciste et en Allemagne nazie.

D'autre part, « L'homme nouveau » n'a pas les mêmes caractéristiques dans les trois États.

	Objectifs	Moyens répressifs	Victimes
Italie fasciste	Exclure les opposants, former l'homme nouveau	OVRA	Socialistes, ...
Allemagne nazie	Assurer la pureté de la race ; former l'homme nouveau	Gestapo	Juifs, ...
URSS stalinienne	Former l'homme nouveau ; créer une société sans classe	NKVD	Koulaks, opposants politiques, ...

2 Choisir et élaborer le plan

Il s'agit ici d'une **comparaison** ; étudier **successivement** la répression dans les trois États serait une erreur grossière.

Deux possibilités : un plan **dialectique**

I. Les ressemblances
II. Les différences

Un plan **analytique et thématique** : **I.** Les objectifs
II. Les moyens
III. Les victimes

CHAPITRE

18 La Seconde Guerre mondiale

La Seconde Guerre mondiale commence le 1er septembre 1939 avec l'invasion de la Pologne par les troupes allemandes. Elle se termine six ans plus tard avec la capitulation du Japon, le 2 septembre 1945. On s'est battu sur tous les continents, dans les airs, sur mer et même sous les océans : c'est le conflit le plus total et le plus meurtrier de l'histoire mondiale.

Quelles sont les grandes phases de la Seconde Guerre mondiale ?

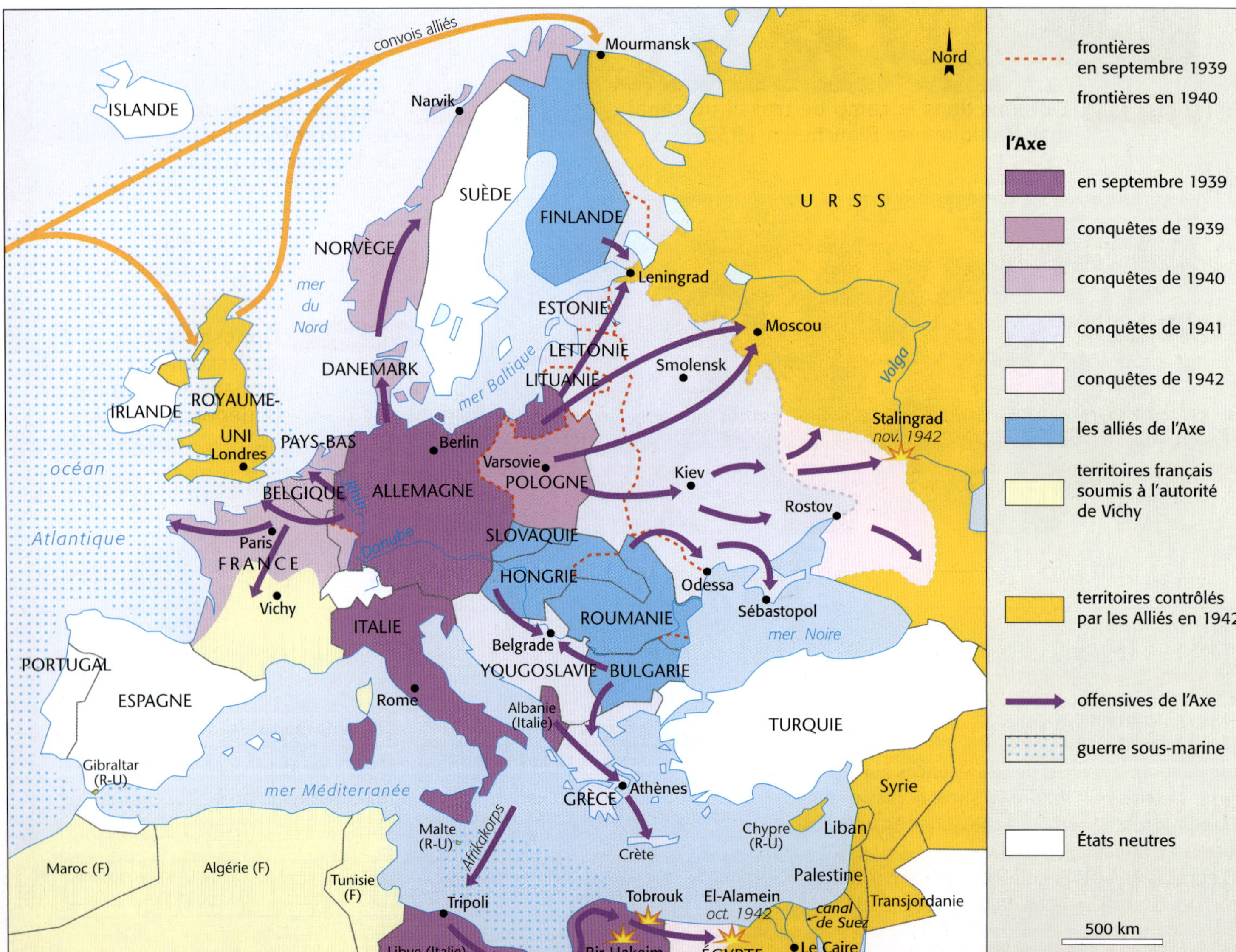

1 | Des victoires de l'Axe en Europe et en Afrique du Nord…

« Il faut être capable de se mouvoir plus vite qu'on ne l'a fait jusqu'à ce jour. […] Une des conditions essentielles de la victoire est le groupement des divisions blindées. Pour l'exécution de grandes opérations décisives, ce n'est pas la masse de l'infanterie, mais la masse des chars qui doit être amenée à pied d'œuvre. » Général Guderian, *Achtung ! Panzer*, 1937.

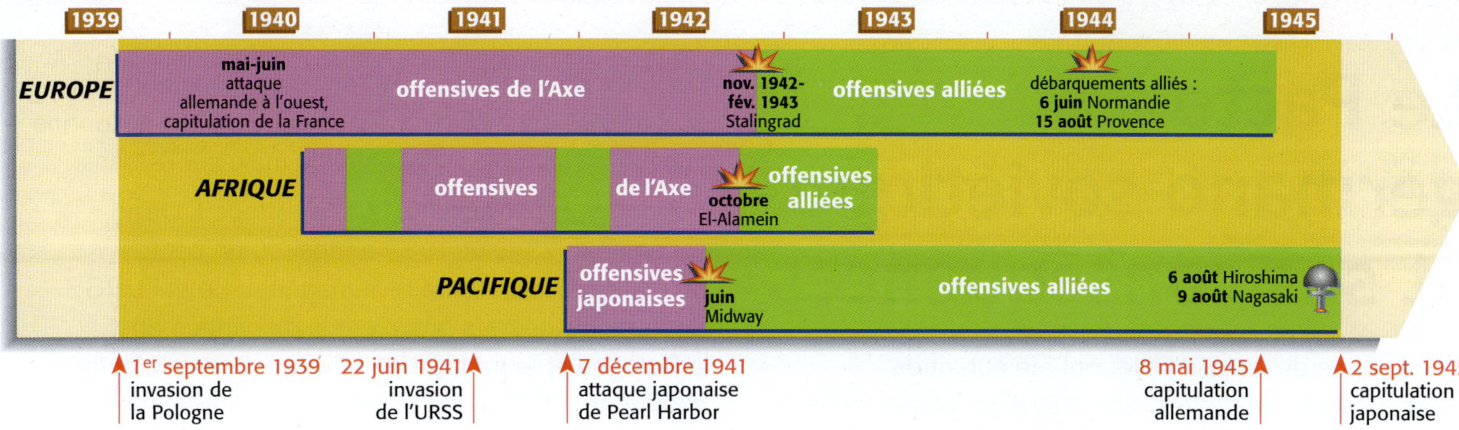

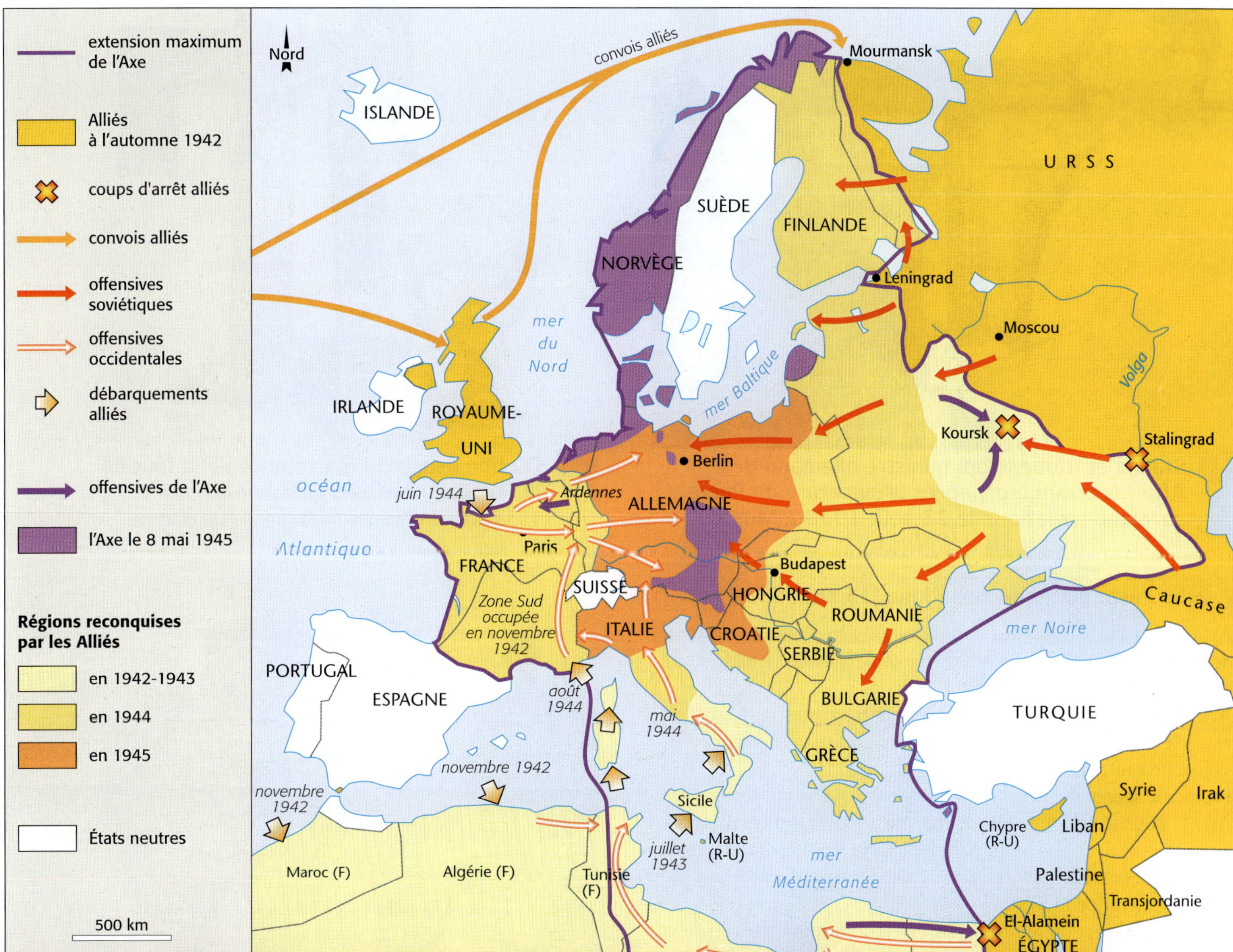

2 | … à la victoire finale des Alliés en Europe.

« Ce matin, sous le commandement du général Eisenhower, les forces navales alliées, soutenues par une aviation considérable, ont commencé à débarquer des armées alliées sur les côtes du nord de la France. » Message radiodiffusé du quartier général des forces alliées à destination du monde entier, le matin du débarquement de Normandie, 6 juin 1944, à 9 h 33.

Le Pacte germano-soviétique et ses conséquences

• Les coups de force d'Hitler ont été autant de violations du traité de Versailles ; ils n'ont pas entraîné pour autant de réaction significative de la France et du Royaume-Uni. Après Munich, en septembre 1938, ces deux pays ont laissé l'Allemagne démembrer leur seul allié solide à l'Est, la Tchécoslovaquie. La Hongrie annexe la Ruthénie ; l'Italie met la main sur l'Albanie.

• Alors qu'Hitler réclame la ville libre de Dantzig, est signé le 23 août 1939 à Moscou un pacte de non-agression entre l'Allemagne nazie et l'URSS. Des articles secrets prévoient la disparition de la Pologne et le partage de l'Europe orientale entre deux zones d'influence, allemande et soviétique. Hitler a désormais les mains libres pour régler le sort de la Pologne. La guerre éclate le 1er septembre 1939.

1 **Staline et Ribbentrop, ministre allemand des Affaires étrangères, après la signature du Pacte germano-soviétique le 23 août 1939 à Moscou.**

2 **Du bon usage du marteau et de la faucille : la Pologne crucifiée.** Caricature française de septembre 1939 avec, en légende : « Staline : – Un marteau ? Voilà ! ».

3 **Le Pacte germano-soviétique (23 août 1939)**

Article 1. Les deux parties contractantes s'engagent à s'abstenir de tout acte de violence, de toute manœuvre agressive et de toute attaque l'une contre l'autre. [...]

Art. 2. Au cas où l'une des parties contractantes se trouverait engagée dans une guerre avec une tierce puissance, l'autre s'engage à ne soutenir celle-ci d'aucune façon. [...]

Protocole secret

Art. 1. Pour le cas où se produirait une modification territoriale et politique dans les États baltes [...], la frontière nord de la Lituanie constituerait la limite des zones d'influence de l'Allemagne et de l'URSS.

Art. 2. Pour le cas où se produirait une modification territoriale et politique dans les régions appartenant à l'État polonais, la limite entre les zones d'influence de l'Allemagne et de l'URSS suivrait sensiblement la ligne des rivières Pissa, Narew, Vistule et San. [...]

Art 3. En ce qui concerne l'Europe du Sud-Est, on souligne, du côté soviétique, l'intérêt que l'on porte à la Bessarabie.

4 **Allemands et Soviétiques le 20 septembre 1939.** Cette rencontre amicale a lieu à la limite des zones d'occupation allemande et soviétique, après la double invasion de la Pologne, en septembre 1939.

5 Les conséquences territoriales du Pacte germano-soviétique.

Questions

A Retirer des informations des documents

1. Qu'y a-t-il de stupéfiant dans la signature d'un pacte entre l'Allemagne et l'URSS en 1939 (doc. 1) ?

2. Qui est le personnage juché sur l'échelle (doc. 2) ? Quels symboles sont détournés ? Qu'a voulu montrer l'auteur de la caricature ?

3. Que prévoit le Pacte germano-soviétique (doc. 3) ? Pourquoi certains articles sont-ils secrets ?

4. D'après ce que vous savez des débuts de la Première Guerre mondiale, expliquez en quoi le Pacte germano-soviétique et l'invasion de la Pologne servent les intérêts de l'Allemagne (doc. 5) ?

5. À quel problème la France et le Royaume-Uni vont-ils être confrontés après l'abandon de la Tchécoslovaquie et le succès des offensives allemandes en Pologne (doc. 5) ?

B Mettre en relation les documents

6. Quel sort est réservé à la Pologne (doc. 3 et 5) ?

7. Quel sort est réservé aux pays Baltes (doc. 3 et 5) ?

C Rédiger

8. Montrer que le Pacte germano-soviétique a remis en cause le traité de Versailles.

1 Les premières victoires allemandes

A. Les choix stratégiques doc. 1 et 2

■ Quand la guerre éclate, face à 85 millions d'Allemands, les Alliés (Pologne, France et Royaume-Uni) disposent de 128 millions d'habitants, de puissantes marines de guerre et de leurs empires coloniaux. Cependant, les apparences sont trompeuses : beaucoup de Français acceptent mal un nouveau conflit et le pays adopte une stratégie défensive. **À l'abri derrière la ligne Maginot, les généraux français veulent gagner du temps** et comptent sur les ressources de l'empire colonial pour l'emporter.

■ Enthousiasmée par les succès d'Hitler, la population allemande fait bloc derrière lui. Celui-ci sait que l'Allemagne manque de fer, de caoutchouc et de pétrole, et que sa situation sera de moins en moins favorable dans les années à venir. C'est pourquoi **les généraux allemands adoptent une stratégie offensive** rapide, le ***Blitzkrieg***, fondé sur l'utilisation combinée des blindés et de l'aviation.

B. Les succès du *Blitzkrieg* doc. 3

■ Le 1er septembre 1939, la Pologne est envahie sans déclaration de guerre. Les chars allemands enfoncent rapidement le front. Le 17 septembre, en application des accords secrets du Pacte germano-soviétique, les Soviétiques envahissent l'est du pays. La **Pologne est vaincue** ; elle disparaît en tant qu'État et ses élites sont massacrées à la fois par les Allemands et par les Soviétiques. Les Français et les Britanniques restent sur la défensive. Pendant huit mois, on ne se bat pas : c'est la « drôle de guerre ».

Les opérations militaires reprennent en avril 1940, lorsque Hitler envahit le Danemark et la Norvège afin de contrôler les exportations de fer suédois qui passent par le port norvégien de Narvik. **Le 10 mai 1940, les Allemands attaquent les Pays-Bas, la Belgique et la France**. Le front est percé à Sedan, les forces françaises et britanniques encerclées se replient sur Dunkerque, d'où elles sont en partie évacuées par la mer. Le 10 juin, l'Italie entre en guerre contre les Alliés. Partout, les troupes françaises battent en retraite et, le 14 juin, Paris est occupé par l'armée allemande. Un nouveau gouvernement demande l'armistice, le 17 juin. Celui-ci est signé le 22 juin. Vaincue en cinq semaines, **la France subit la plus lourde défaite militaire de son histoire**.

C. La guerre devient mondiale doc. 4, 5, 6 et 7

■ Le Royaume-Uni reste seul. Sous la direction énergique du Premier ministre Winston Churchill, réussissant à repousser les attaques aériennes allemandes lors de la bataille d'Angleterre, les Britanniques obligent Hitler à renoncer à son projet de débarquement en Angleterre. **La guerre se poursuit alors sur d'autres fronts** : les Italiens attaquent les Britanniques **en Égypte** et en Afrique de l'Est, puis **la Grèce**, alliée des Britanniques. Devant l'échec de ses offensives, Mussolini doit demander l'aide d'Hitler : les Allemands envahissent **la Yougoslavie**, puis la Grèce en avril 1941 et envoient l'**Afrikakorps en Libye**.

■ **En juin 1941, Hitler attaque l'URSS** qu'il espère vaincre en quelques mois. L'Armée rouge, affaiblie par les purges de Staline et mal équipée, recule : en décembre 1941, les troupes allemandes sont aux portes de Leningrad et de Moscou.

■ Du côté américain, l'opinion refuse tout engagement direct du pays. Cependant, la loi prêt-bail votée en mars 1941 permet de fournir du matériel de guerre au Royaume-Uni et à l'URSS. **En août 1941, Churchill et le président Roosevelt signent la charte de l'Atlantique** qui expose les raisons du combat contre l'Axe : les Alliés combattent au nom de la liberté des peuples et de la souveraineté des nations. Roosevelt ne souhaite pas aller plus loin, mais **le 7 décembre 1941 à Pearl Harbor**, l'aviation militaire japonaise détruit par surprise la plus grande partie de la flotte américaine du Pacifique. La guerre devient véritablement mondiale.

VOCABULAIRE

Blitzkrieg **(« guerre éclair » en allemand) :** stratégie militaire dans laquelle l'utilisation combinée des blindés et de l'aviation doit permettre de percer rapidement le front ennemi. Cette stratégie est défendue par le colonel de Gaulle en France, puis par le général Guderian en Allemagne.

Afrikakorps : corps expéditionnaire allemand combattant en Afrique du Nord entre 1941 et 1943.

1 ***Die Wehrmacht*****, journal de l'armée allemande, du 19 juin 1940.**

2 L'opinion du lieutenant Navarre, officier français du 2e Bureau de l'état-major, début mai 1940

Ni notre commandement à tous les échelons, ni nos états-majors ne connaissaient vraiment bien l'armée française. Ils ne voyaient pas le terrible handicap que donnaient à notre armée, par rapport à l'armée allemande, sa doctrine incertaine, son organisation pesante, son matériel en grande partie hérité de la dernière guerre et le fait qu'elle était à base de réservistes mal entraînés. Ils ne réalisaient pas non plus que le moral très médiocre de beaucoup de ceux-ci les rendait incapables d'encaisser les coups de boutoir des panzers et des stukas. Ils avaient toujours à l'esprit l'image du « poilu de Verdun ». Les innombrables défaillances individuelles, les paniques collectives, qui allaient marquer les combats sur la Meuse étaient pour eux inimaginables.

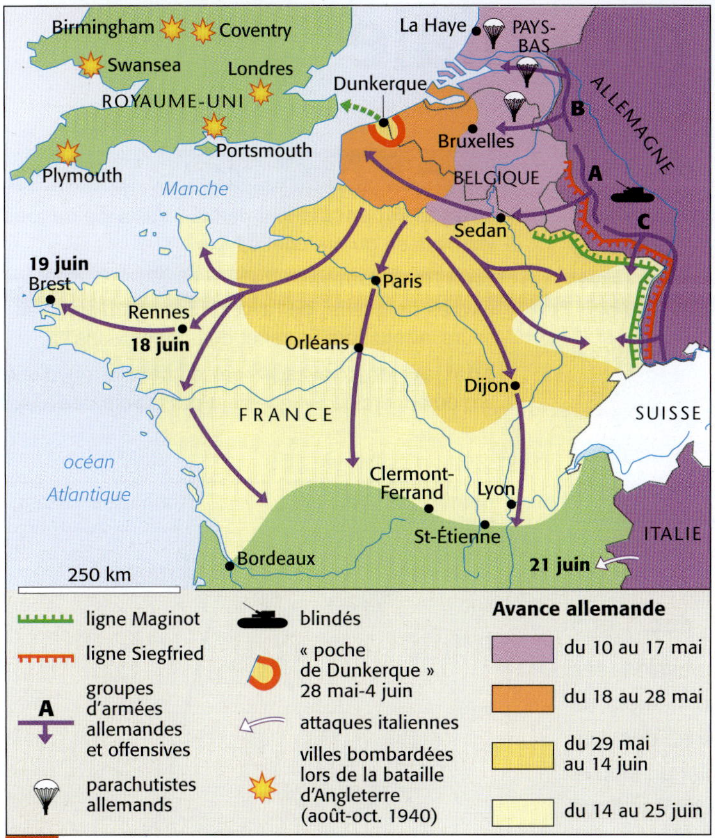

3 **La guerre à l'Ouest (1940).**

4 **Affiche de propagande pour la Royal Air Force. (1940)** « Jamais tant d'hommes auront dû leur salut à si peu » déclara Churchill pour leur rendre hommage.

5 La détermination britannique

Je n'ai rien à offrir que du sang, du labeur, des larmes et de la sueur. […] Nous avons devant nous de longs, de très longs mois de lutte et de souffrance. Vous me demandez quelle est notre politique ? Je vous réponds : faire la guerre, sur mer, sur terre et dans les airs, avec toute notre puissance et toute la force que Dieu peut nous donner ; faire la guerre contre une tyrannie monstrueuse, qui n'a jamais eu d'égale dans le sombre et lamentable catalogue des crimes humains.

Discours de Churchill, 13 mai 1940.

On ne nous verra ni faiblir ni faillir. Nous nous battrons en France, nous nous battrons sur les mers et les océans, nous nous battrons dans les airs, nous défendrons notre île, quoi qu'il puisse nous en coûter. Nous combattrons sur les plages, nous nous battrons dans les champs et dans les rues, nous ne nous rendrons jamais. Et même s'il arrivait que cette île fût réduite en esclavage, alors notre Empire au-delà des mers, armé et protégé par la flotte britannique, poursuivrait la lutte.

Discours de Churchill, 4 juin 1940.

1. Que promet Churchill aux Britanniques ?
2. Qu'est-ce qui montre sa détermination ?

6 **L'aviation allemande en Grèce, avril 1941.**

Attaque japonaise contre Pearl Harbor, le 7 décembre 1941. **7**

2 La guerre devient mondiale

A. Nouveaux succès de l'Axe

doc. 2 et 4

Si l'entrée en guerre des États-Unis étend les hostilités au monde entier, au début de 1942, les armées de l'Axe continuent d'additionner les victoires :
- **en URSS**, les troupes allemandes se heurtent à deux obstacles redoutables, l'hiver russe et l'immensité du pays. Arrêtées un moment devant Moscou en décembre 1941, elles reprennent néanmoins l'offensive au printemps 1942 et réussissent à atteindre à la fois le Caucase et la Volga à la hauteur de Stalingrad ;
- **en Afrique du Nord**, l'Afrikakorps pénètre en Égypte et menace le canal de Suez ;
- **dans le Pacifique**, les troupes japonaises s'emparent de tout le Sud-Est asiatique entre décembre 1941 et mars 1942 : les Philippines, les Indes néerlandaises, la Malaisie et Singapour tombent entre leurs mains. À l'été 1942, les Japonais sont aux portes de l'Inde et de l'Australie.

B. De nouveaux champs de bataille

doc. 1 et 5

Les offensives allemandes **dans le Caucase et en Afrique**, la progression des Japonais **en Birmanie**, menacent conjointement le Moyen-Orient et le fleuron de l'Empire britannique, l'Inde. La guerre s'étend également sur mer. La maîtrise des routes maritimes est vitale pour chacun des deux camps. Le Japon doit contrôler un empire essentiellement maritime, tandis que les Américains résistent dans **les îles du Pacifique** dont ils ont encore la maîtrise. C'est par **l'Atlantique** nord que le ravitaillement du Royaume-Uni et de l'URSS est assuré, mais les convois maritimes transportant matériel et troupes subissent les torpillages des sous-marins allemands.

Les Alliés (Américains, Britanniques, Soviétiques) se rencontrent à plusieurs reprises, notamment à Téhéran en novembre 1943, pour tenter de mettre au point une stratégie commune. Dès 1942, l'accord se fait sur la reddition sans condition des forces de l'Axe et sur la priorité à donner à la lutte contre l'Allemagne. **Les États-Unis**, qui fournissent du matériel militaire à tous leurs alliés, deviennent le **cœur industriel de la Grande Alliance**.

C. Le tournant de la guerre (fin 1942-début 1943)

doc. 3, 6 et 7

À partir du printemps 1942, l'élan des forces japonaises est brisé dans le Pacifique. En mai 1942, la **bataille aéronavale** de la mer de Corail écarte le risque d'une invasion de l'Australie ; en juin 1942, la flotte japonaise subit une nouvelle défaite à Midway. **L'île de Guadalcanal** reste américaine au prix de durs combats (août 1942-octobre 1943). En Afrique du Nord, les troupes du général britannique Montgomery **stoppent la progression de l'Afrikakorps à El-Alamein en octobre 1942**. Les forces de l'Axe doivent reculer. Un débarquement anglo-américain en Algérie et au Maroc en novembre 1942 fait basculer dans le camp allié l'Afrique du Nord française. Encerclées en Tunisie, les troupes de l'Axe cessent le combat en mai 1943.

Sur la Volga en Russie, les Allemands ne parviennent pas à s'emparer entièrement de **Stalingrad**. La ville, en raison de son nom, devient un symbole pour les deux camps. On se bat pour conquérir une usine, une maison voire un étage. En novembre 1942, une contre-offensive soviétique encercle les Allemands. Ravitaillés par un **pont aérien**, ils capitulent finalement le 31 janvier 1943. La Wehrmacht a perdu un million d'hommes. Cette première grande défaite allemande a un retentissement énorme et marque la fin du *Blitzkrieg* : l'Allemagne doit se préparer à une guerre longue.

Une meilleure organisation des convois dans l'Atlantique permet de repousser les attaques des sous-marins allemands. Dès le printemps 1943, les pertes navales des Alliés diminuent ; inversement, les Allemands ne peuvent remplacer leurs sous-marins coulés. Désormais, **les Alliés ont la maîtrise de l'Atlantique nord**.

VOCABULAIRE

Grande Alliance : nom donné à l'alliance de tous les pays en guerre contre l'Axe.

bataille aéronavale : bataille navale opposant des navires de guerre, de l'aviation (bombardiers, chasseurs, avions torpilleurs) et des porte-avions.

pont aérien : ravitaillement d'une ville ou d'une armée encerclée, uniquement par la voie des airs.

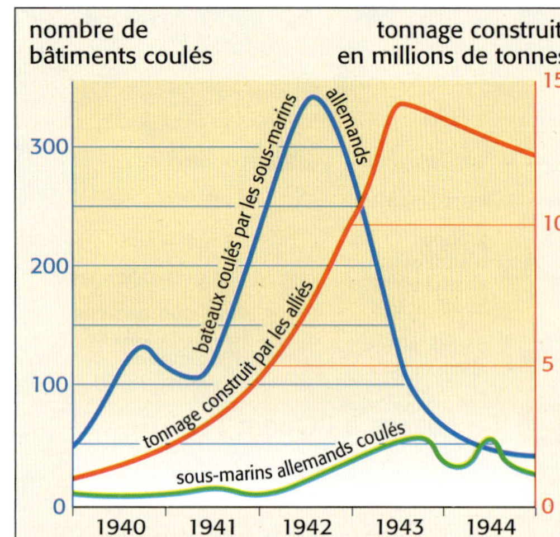

1 La bataille de l'Atlantique.

1. À quelle condition les Allemands peuvent-ils gagner cette bataille ?
2. Jusqu'à quel moment les Allemands peuvent-ils espérer l'emporter ?

2 Victoires japonaises dans le Pacifique. Affiche de 1943.

3 La bataille de Stalingrad

23 août. Au nord de Stalingrad, nos troupes ont atteint la Volga et se sont emparées d'une partie de la ville. Il ne reste aux Russes que deux issues : fuir au-delà de la Volga ou se rendre. L'interprète de notre régiment a interrogé un prisonnier. Celui-ci a déclaré que les Russes vont défendre Stalingrad jusqu'au dernier homme. [...]
11 septembre. Notre bataillon combat dans un faubourg de Stalingrad. On voit la Volga. Les canons et les mitrailleuses ennemis tirent de la ville en feu. Ces Russes sont des fanatiques.
13 septembre. Les Russes se battent avec un désespoir de bêtes féroces et ne se rendent pas : ils nous laissent approcher et nous arrosent de grenades.
18 septembre. Le combat se poursuit depuis trois jours à l'intérieur d'un silo à blé. Le chef de bataillon nous a dit : « Les commissaires politiques ont donné aux défenseurs de l'édifice l'ordre de résister jusqu'à la mort ». Si toutes les maisons de Stalingrad sont défendues de cette façon, aucun de nos soldats ne rentrera.
22 octobre. Notre régiment n'a pas réussi à pénétrer dans l'usine que nous attaquons depuis trois semaines. [...]
27 octobre. Nos troupes se sont enfin emparées de toute l'usine « Barricades », mais nous ne parvenons pas à atteindre la Volga. Les Russes ne sont pas des hommes mais des automates métalliques. [...]
10 novembre. [...] En Allemagne, on est convaincu que Stalingrad est complètement entre nos mains. Quelle terrible erreur ! S'ils pouvaient seulement voir ce que Stalingrad a fait de notre armée !
29 novembre. Nous sommes encerclés. [...]
14 décembre. Nous sommes tous torturés par la faim. Notre meilleur mets, ce sont les pommes de terre gelées, mais il n'est pas facile de les extraire de la terre durcie, sous les balles des Russes.
28 décembre. On a mangé tous les chevaux. Je suis prêt à manger de la viande de chat [...]. Les soldats sont devenus semblables à des cadavres ou à des fous, ils ne cherchent qu'un aliment quelconque à se mettre sous la dent. Ils ne se terrent plus devant les obus russes. On n'a plus la force de marcher, de se coucher. Qu'elle soit maudite, cette guerre !

Témoignage d'un soldat allemand (août 1942-décembre 1943).

1. Montrer l'extrême violence des combats.
2. Pourquoi la bataille de Stalingrad est-elle un symbole pour les deux camps ?
3. Pourquoi cette victoire est-elle si importante pour les Alliés ?

4 La capitulation de Singapour, base britannique, en février 1942. Très bien défendue face à une attaque venue de la mer, la ville était moins bien protégée du côté de la terre. Après avoir débarqué au nord, les Japonais se rendent maîtres en huit jours de la base navale et des réservoirs d'eau de la ville. La garnison britannique doit capituler : les Japonais font 80 000 prisonniers.

5 L'offensive allemande du printemps 1942 en Russie, en direction du Caucase.

6 Soldats soviétiques dans les ruines de Stalingrad.

7 La guerre du désert en 1942. Un tankiste allemand de l'Afrikakorps se rend à un soldat britannique.

La brutalisation de la guerre

• Pour les nazis, la guerre sur le front est différente de la guerre à l'Ouest : il s'agit d'une guerre raciale, point ultime d'un combat multi-séculaire. C'est une guerre d'extermination de la « juiverie » et des « sous-hommes » que sont les Slaves. Dans les parties de l'URSS occupées par les troupes allemandes dès l'été 1941, se déploie une violence génocidaire sans précédent : extermination massive des Juifs – hommes, femmes et enfants – par des « commandos spéciaux » ; extermination des prisonniers de guerre soviétiques réduits à la famine ; massacres de populations civiles.

• Sur le front est, les pertes militaires sont aussi incomparablement plus élevées que sur les autres fronts. Dans ce combat à mort, les états-majors des deux pays totalitaires en guerre ne ménagent pas leurs troupes. Mais c'est la population civile qui subit les plus fortes pertes : près de quinze millions de morts civils en URSS !

1 Le mépris des peuples slaves

La seule manière d'administrer la Pologne consistera à exploiter ce pays sans aucun ménagement, en lui prenant tous les produits alimentaires, les matières premières, les machines, les installations industrielles, etc. nécessaires à l'économie de guerre allemande, à s'assurer toutes les catégories de travailleurs nécessaires pour les envoyer en Allemagne, à réduire l'ensemble de l'économie polonaise au minimum absolument indispensable à la simple survie de la population, à fermer toutes les institutions culturelles, en particulier les écoles et les collèges techniques, afin d'empêcher la formation d'une nouvelle élite polonaise. La Pologne sera traitée comme une colonie; les Polonais deviendront les esclaves du Grand Reich allemand.

Hans Frank, *Gauleiter* (« gouverneur ») de Pologne, aux armes allemandes, en octobre 1939.

Le sang d'une Russe ou d'un Tchèque ne m'intéresse absolument pas. [...] Il m'est totalement indifférent de savoir si les autres nations vivent prospères ou crèvent de faim. Cela ne m'intéresse que dans la mesure où ces nations nous sont nécessaires comme esclaves de notre culture. Que 10 000 femmes russes tombent d'épuisement en creusant un fossé antichars, cela m'est totalement indifférent, pourvu que le fossé soit creusé.

Heinrich Himmler, chef de la SS, en 1943.

2 Instructions du haut commandement allemand sur la guerre à l'Est

a. Le système judéo-bolchevique doit être exterminé. Le soldat allemand qui entre en Russie doit connaître la nécessité et la valeur du sévère châtiment qui sera infligé à la juiverie [...]. La situation alimentaire de l'Allemagne exige que les troupes soient ravitaillées sur le territoire ennemi et qu'elles mettent à la disposition de la patrie les plus vastes stocks de ravitaillement qu'il se pourra. Dans les villes ennemies, une grande partie de la population devra avoir faim. Aucun témoignage déplacé d'humanité ne devra être donné aux prisonniers de guerre, ni à la population civile, à moins qu'ils ne soient au service de l'armée allemande.

Ordre du feld-maréchal von Manstein, en juin 1941.

b. La guerre contre la Russie est une partie essentielle du combat pour l'existence du peuple allemand. C'est le vieux combat des Germains contre les Slaves, la défense de la culture européenne contre l'invasion moscovito-asiatique, la défense contre le bolchevisme judaïque. Chaque situation de combat doit être menée avec une volonté de fer jusqu'à l'anéantissement total et sans pitié de l'ennemi. Il n'y a en particulier pas de merci pour les tenants du système russo-bolchevique.

Ordre du général d'armée Hoepner, en juillet 1941.

3 Le sort des prisonniers de guerre soviétiques

Nous étions stationnés à Rovno. Un matin, je fus éveillé par de lointains aboiements. J'appelai mon ordonnance : « Pandore, qu'est-ce qui gémit et glapit comme ça ? – Pas loin d'ici, dit-il, il y a un camp de prisonniers russes massés en plein air. Il doit y en avoir 80 000 environ. Ils gémissent parce qu'ils ont faim. »
J'allais voir. Derrière un réseau de barbelés, une foule de prisonniers s'étendait à l'infini. Il faisait moins 20° C et tous étaient parqués en plein air. Quelques-uns seulement pouvaient se tenir debout. Leur face était desséchée, leurs yeux profondément enfoncés dans les orbites. Il en mourait des centaines, peut-être des milliers par jour, et ceux qui avaient encore quelques forces les jetaient dans une grande fosse.

Témoignage du Docteur Sulyok, officier hongrois, *Deux nuits sans jour*, 1948.

4 Pertes militaires de l'Armée rouge (1941-1945).

a. Pertes moyennes par jour (pertes : tués, blessés et prisonniers).

Bataille de Moscou (1er octobre-5 décembre 1941)	8 730
Bataille de Stalingrad (19 novembre 1942-2 février 1943)	6 392
Bataille de Koursk (5-23 juillet 1943)	9 360
Bataille de Berlin (16 avril-8 mai 1945)	7 804

b. Pertes totales de l'Armée rouge (juin 1941-mai 1945).

Tués sur le champ de bataille	5 226 800
Morts des suites de leurs blessures dans les hôpitaux	1 102 800
Morts de maladie ou d'accidents ; fusillés par les tribunaux militaires	555 500
Disparus, morts en captivité après avoir été faits prisonniers	4 496 400
Total des pertes	11 381 500
Militaires revenus de déportation	1 836 000
Total des pertes	**9 545 500**

5 **Transport de prisonniers de guerre soviétiques, en octobre 1941.**

7 **Arrestation de civils par les Allemands en URSS.** Des civils soviétiques arrêtés par un commando de la police et de la SD, le service de renseignements et de contre-espionnage de la SS. Suspectés d'être des partisans, ils seront exécutés.
Photographie prise à Chisinau (Bessarabie soviétique), en juillet 1941.

8 **Cadavres de soldats allemands à Stalingrad, en février 1943.**

6 **Rapport du commando d'action 3 (*Einsatzkommando* ou « *EK* ») en Lituanie, en octobre 1941**

- Zagare, 2 octobre 1941 : 633 Juifs, 1 107 Juives, 496 enfants juifs .... 2 236 (Lorsqu'on a voulu mener les Juifs à l'exécution, il y a eu une révolte qui a été réprimée directement et 150 Juifs ont été fusillés sur le champ)
- Kaunas, 4 octobre 1941 : 315 Juifs, 712 Juives, 818 enfants juifs 1 845
- Kaunas, 29 octobre 1941 : 2 207 Juifs, 2 920 Juives, 4 273 enfants juifs (élimination des Juifs surperflus).. 9 400

Total pour le commando d'action 3, du 7 juillet au 29 novembre 1941
.... 99 804

Rapport adressé au Commissariat du Reich d'Ostland.

R. Rürup, *Der Krieg gegen die Sowjetunion, 1941-1945*, 1991, trad. H. Heising.

Questions

A Retirer des informations des documents

1. Comment se manifeste le mépris de Himmler pour les Slaves (doc. 1) ?
2. Quelles sont les instructions données concernant le sort des populations civiles (doc. 2) ? Comment sont qualifiés les Russes (doc. 2) ?
3. Quelle bataille a été globalement la plus meurtrière pour l'Armée Rouge (doc. 4) ? Quelles pertes de l'Armée rouge sont dues à des raisons non militaires (doc. 4) ? Expliquer pourquoi.
4. À quelle volonté nazie se rattache l'action des *Einsatzgruppen* (doc. 6) ?

B Mettre en relation les documents

5. Quels principes déterminent cette attitude face aux Slaves et aux Juifs (doc. 1 et 2) ?
6. Quel lien établir entre le sort des prisonniers russes et les instructions du haut commandement allemand (doc. 2, 4 et 5) ?
7. Montrer que la guerre a des aspects politiques et idéologiques sur le front est (doc. 1, 2, 4 et 6).

C Rédiger

8. Rédiger un paragraphe exposant les raisons de la brutalisation de la guerre sur le front est.

Une guerre totale

• En raison de l'intensité des combats et des bombardements massifs, la distinction entre l'arrière et le front disparaît. Les civils sont soumis à une intense propagande par le biais de l'affiche ou du cinéma : Hollywood réalise ainsi une série de films documentaires sous le titre « Pourquoi nous combattons ».

• La guerre a une dimension idéologique très marquée : les Allemands veulent abattre le communisme et conquérir un « espace vital » à l'Est, les Japonais veulent mettre en place une « sphère de coprospérité asiatique ». De leur côté, les Alliés combattent pour la liberté et la démocratie, même si ce mot n'a pas le même sens en Occident et en URSS.

• Tous les pays en guerre mobilisent leur population civile pour la production de guerre, qui atteint des niveaux inégalés. L'Allemagne pille les pays vaincus et emploie 14 millions de travailleurs étrangers (volontaires, travailleurs forcés, déportés). Du côté allié, les Américains deviennent l'« arsenal du monde libre ». Les scientifiques sont également mobilisés pour mettre au point des armes nouvelles : mines magnétiques, avions à réaction et fusées, côté allemand ; radars, bazookas et bombes atomiques du côté des Alliés.

1 La production de guerre des principaux belligérants.

	1940	1941	1942	1943	1944
Allemagne					
– acier (millions de t)	21,5	32	32	35	28
– avions de combat	10 200	12 400	15 400	24 800	37 950
– chars	2 200	5 120	9 400	19 900	27 300
– PNB (milliards de $)	53	54	56	61	61
– dépenses militaires (milliards de $)	19	25	32	40	40
États-Unis					
– acier (millions de t)	60	65	76	79	80
– avions de combat	2 140	19 400	47 700	86 000	95 000
– chars	345	4 000	25 000	29 500	17 600
– PNB (milliards de $)	100	115	129	142	152
– dépenses militaires (milliards de $)	2	10	31	56	65
URSS					
– acier (millions de t)	18	14	5	8	11
– avions de combat		3 950	25 450	34 900	40 300
– chars	2 800	4 750	24 700	24 000	29 000
– PNB (milliards de $)	87	80	57	63	76
– dépenses militaires (milliards de $)	10	15	21	24	27
Japon					
– acier (millions de t)		6,8	7,8	5,9	2
– PNB (milliards de $)	11	12	12	13	14
– dépenses militaires (milliards de $)	1,5	2	2,5	3	4

2 La propagande, nouvelle arme de guerre.
Affiche française en 1939-1940.

3 L'effort de guerre des Américains et des Soviétiques

Les vastes océans, dont on affirmait dans le temps qu'ils étaient capables de nous protéger contre les attaques, sont devenus des champs de bataille sans limites, sur lesquels l'ennemi nous défie à tout moment.
Nous devons tous comprendre ce fait précis, et y faire face : notre tâche aujourd'hui est de combattre en des points très éloignés et répartis sur toute la surface du globe.
Nous devons combattre à de telles distances parce que là se trouve l'ennemi. Jusqu'au jour où le flot montant de notre matériel nous donnera une supériorité décisive, nous devons continuer à frapper l'ennemi où et quand il nous est possible de le rencontrer, même si, pour quelque temps, il nous faut céder du terrain. Et chaque jour, nous infligeons à l'ennemi de lourdes pertes.

Discours radiodiffusé de F. D. Roosevelt, 6 janvier 1942.

Des forces productives gigantesques étaient jetées dans le conflit : des centaines de milliers d'entreprises, des centaines de millions de travailleurs fabriquaient avions, chars, mitrailleuses, fusils, pièces d'artillerie. Fortement réduite chez les principaux belligérants, la production des articles de consommation courante ne suffisait qu'avec peine à couvrir les besoins les plus élémentaires. Les maladies se multipliaient, la mortalité augmenta à l'arrière.
En 1939-1945, 110 millions d'hommes furent mobilisés dans l'armée et la Marine contre 70 millions en 1914-1918. Plus frappantes encore sont les données comparatives qui portent sur les armements. Pendant la Première Guerre mondiale, six pays – les États-Unis, la Grande-Bretagne, l'Allemagne, la France, l'Italie et la Russie – avaient construit 190 000 avions, plus de 9 000 chars, 140 000 canons environ, alors que de 1939 à 1945, les États-Unis, la Grande-Bretagne, l'Allemagne et l'URSS (1941-1943) fabriquèrent environ 653 000 avions, 287 000 chars, 1 041 000 canons. Et ces chiffres ne tiennent pas compte des améliorations purement techniques (puissance de feu, portée, etc.) apportées aux armements.

La Grande Guerre nationale de l'Union soviétique, Institut du marxisme-léninisme, Éditions du progrès, Moscou, 1974.

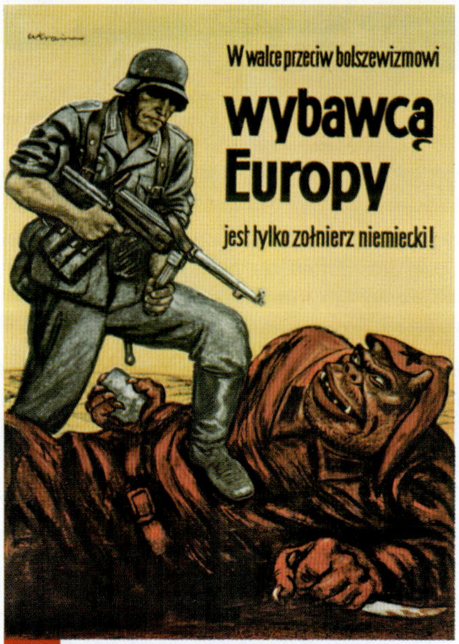

4 Affiche allemande placardée en Pologne à partir de 1942.
« Dans le combat contre le bolchevisme, seul le soldat allemand est le sauveur de l'Europe ! »

5 Affiche américaine, 1942.
« 85 millions d'Américains possèdent des bons de guerre. »

6 Une fusée V2.
Du côté allemand, l'effort de guerre s'appuie aussi sur la recherche de nouvelles armes, telles les fusées V1 et V2 et les premiers avions à réaction. Plus rapide que le son, la fusée V2 transporte une tonne d'explosifs à plus de 350 km/h.

7 Affiche soviétique de 1944.
« L'heure arrive où l'Armée rouge et les armées alliées briseront l'échine de la bête fasciste ».

Questions

A Retirer des informations des documents

1. Quel pays a réussi la plus forte mobilisation économique ? Quel est celui qui a rencontré le plus de difficulté ? Pourquoi (doc. 1) ?
2. Qu'a-t-on représenté en rouge (doc. 2) ? en noir ? Sur quoi s'appuie l'argument « nous sommes les plus forts » ? Qu'en est-il en réalité ?
3. Quels nouveaux aspects de la guerre sont mis en évidence par ces deux textes (doc. 3) ?
4. Décrire l'affiche. Montrer que le conflit mondial devient une guerre idéologique (doc. 4).
5. Quelle statue évoque la main tenant le flambeau (doc. 5) ? Quel effort est demandé aux Américains ?
6. Quel en sera le résultat, d'après l'affiche ?
7. Quelle nouveauté présente le V2 ? À quoi est-il destiné (doc. 6) ?
8. Quels sont les aspects de la propagande visibles sur cette affiche soviétique (doc. 7) ?

B Mettre en relation les documents

9. Quels moyens sont utilisés par les propagandes de guerre des différents pays (doc. 2, 3, 4, 5 et 7) ?

C Rédiger

10. À l'aide des exemples de ce dossier, définir l'expression « propagande de guerre ». Montrer que la Seconde Guerre mondiale est une guerre totale.

3 Les Alliés finalement victorieux

A. En Europe (1943-1945) doc. 1, 3, 5, 6 et 7

La Seconde Guerre mondiale met aux prises des millions d'hommes. À partir de 1943, des raids de **bombardements stratégiques** anglo-américains sont lancés presque quotidiennement sur l'Allemagne et les territoires qu'elle occupe. Bien plus encore qu'en 1940, le matériel est prépondérant : en juillet 1943, sur le front de l'Est, à Koursk, dans la plus grande bataille de blindés de toute la guerre, s'affrontent 2 millions d'hommes, 30 000 canons, 6 300 chars et 4 400 avions. Vaincus, les Allemands perdent définitivement l'initiative des combats sur le front russe. **En 1944, l'Armée rouge réussit à reconquérir l'Ukraine, les pays baltes et la Pologne** ; au sud-est de l'Europe, elle s'avance jusqu'aux Balkans.

En 1943, les Anglo-Américains et les forces de la France libre prennent pied en Europe. Un débarquement en Sicile en juillet provoque l'**effondrement du régime fasciste italien**. L'armée allemande envahit alors l'Italie, tandis que Mussolini reconstitue un régime fasciste dans le nord de l'Italie. La progression alliée est ralentie par de durs combats dans la péninsule italienne.

Le 6 juin 1944, l'opération Overlord permet de **débarquer sur les plages de Normandie** près de 100 000 hommes, essentiellement américains, britanniques et canadiens. Un second débarquement en Provence, le 15 août 1944, est mené par les Américains et les Français. Le 25 août 1944, les Français libres de la 2e division blindée du général Leclerc, avec l'aide de la Résistance et des Américains, libèrent Paris. Fin 1944, la France est presque entièrement libérée.

Malgré l'emploi d'armes nouvelles comme les fusées V1 puis V2 ou les premiers avions à réaction, l'Allemagne ne peut, à partir de février 1945, éviter l'invasion puis la défaite. Les Occidentaux et les Soviétiques font leur jonction sur l'Elbe en avril. Le nord de l'Italie est libéré, et Mussolini, capturé par des partisans, est exécuté le 28 avril 1945. Berlin est prise par l'Armée rouge, devant laquelle fuient les populations allemandes de l'est du Reich. Hitler se suicide le 30 avril. Le 7 mai 1945 à Reims, puis **le 8 mai 1945 à Berlin, l'Allemagne capitule** : la guerre en Europe est terminée.

B. En Asie (1944-1945) doc. 2 et 4

La guerre de matériel est également impressionnante dans le Pacifique. Les Américains mettent au point des **task-forces, forces opérationnelles regroupant porte-avions, navires de guerre classiques et navires de débarquement**. Là aussi, les moyens mis en œuvre sont énormes : en octobre 1944, au cours de la bataille du golfe de Leyte (Philippines) qui dure quatre jours, les Américains engagent contre les Japonais 32 porte-avions et plus de 190 autres navires.

Dans le Pacifique, la guerre est rendue difficile par les distances, le climat tropical et **la défense acharnée des Japonais**. Les îles japonaises Iwo Jima et Okinawa sont conquises au prix de lourdes pertes en février et en juin 1945. Les soldats nippons résistent pied à pied et se font tuer sur place, plutôt que d'abandonner leurs positions. Le Japon utilise une « arme » nouvelle, celle, à partir d'octobre 1944, des pilotes **kamikazes** qui précipitent leurs avions bourrés d'explosifs sur les navires américains.

La conquête des premières îles de l'archipel met désormais la plus grande partie du Japon à portée des bombardiers américains. Le pays subit des pilonnages massifs. Compte tenu de la cohésion du peuple japonais et de son attachement à l'empereur et aux principes nationaux, l'état-major américain estime que la conquête du pays pourrait coûter un million d'hommes. C'est pourquoi **deux bombes atomiques sont lancées sur Hiroshima et Nagasaki, les 6 et 9 août 1945**. Le même jour, l'URSS déclare la guerre au Japon. Ce dernier cesse alors le combat. **La capitulation du Japon est signée le 2 septembre 1945**. La Seconde Guerre mondiale est terminée.

VOCABULAIRE

bombardements stratégiques : bombardements par des flottes de bombardiers lourds (le B 17 américain, la « forteresse volante »).

kamikazes (« vent divin » en japonais) : pilotes-suicide japonais, volontaires ou réquisitionnés, qui viennent s'écraser avec des avions bourrés d'explosifs sur les navires américains. Le nom vient des typhons qui ont dispersé la flotte d'invasion mongole attaquant le Japon en 1281.

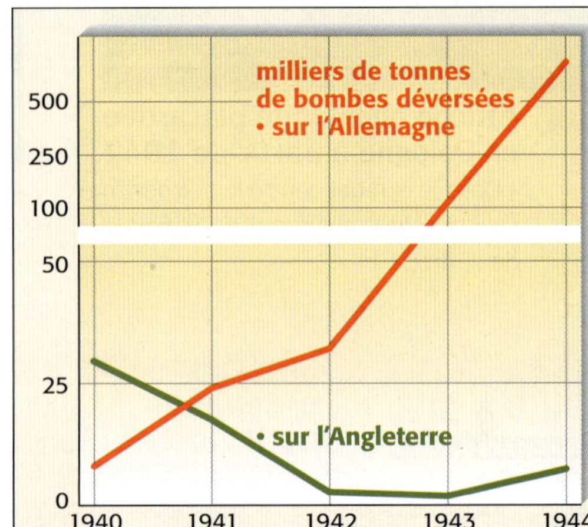

1 La guerre aérienne en Europe.

1. À quel événement correspondent les bombardements allemands de 1940 ?
2. À partir de quand les bombardements sur l'Allemagne sont-ils plus importants que ceux sur l'Angleterre ?
3. Comment expliquer l'augmentation en 1943 et 1944 ?

2 Un survivant d'Hiroshima raconte

Soudain un éclair aveuglant me fit sursauter, puis un second… nous restâmes figés sur place, jusqu'au moment où la maison devant nous se mit à vaciller et s'écroula presque à nos pieds. Je vis défiler devant moi des ombres humaines, semblables à une procession de fantômes. Certaines d'entre elles paraissaient en proie à une douleur indicible et avançaient, les bras écartés du corps, les avant-bras ballants. Ces silhouettes m'intriguèrent, jusqu'au moment où je compris qu'elles appartenaient à des gens atrocement brûlés qui voulaient éviter la friction douloureuse de leurs membres contre leurs flancs mis à vif… Des incendies jaillissaient de tous côtés, tandis qu'un vent d'ouragan attisait les flammes et les propageait d'un bâtiment à l'autre. Bientôt nous fûmes cernés par le feu…

D'après le récit de Michihiko Hachiya, 1945.

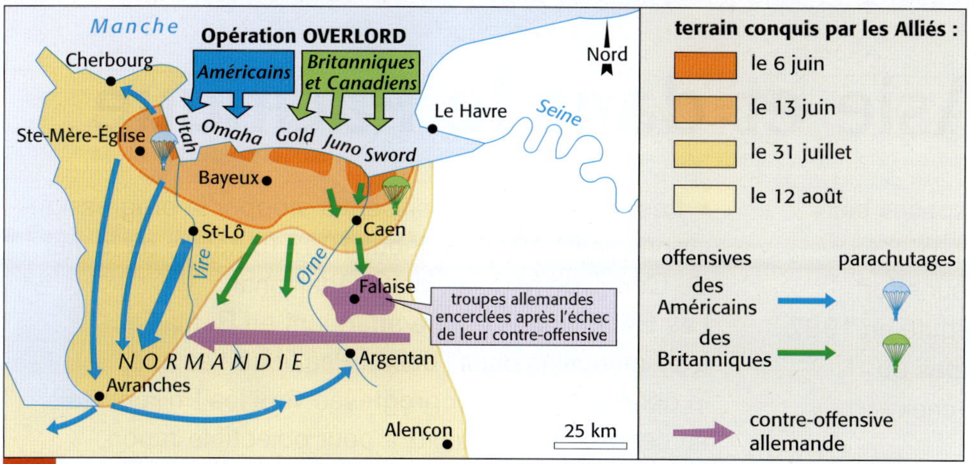

3 **Le débarquement allié et la bataille de Normandie (juin-juillet 1944).**

1. Quel est le but des parachutages ?
2. À quel moment de la bataille la progression des Alliés est-elle la plus lente ? Pourquoi ?

5 **Bombardement allié sur l'Allemagne.**

4 Un tournant de la guerre du Pacifique : Midway (juin 1942)

Le 4 juin, l'aube se leva sur une journée radieuse. À 5 h 34, une patrouille de Midway lança enfin le signal tant attendu qui annonçait l'arrivée des porte-avions nippons… À 6 h 30, l'attaque japonaise, puissante et brutale, se déclencha. Elle se heurta à une résistance farouche et il est probable qu'un tiers des assaillants furent détruits. Il y eut des dégâts considérables dans l'île et des pertes élevées, mais l'aérodrome demeura utilisable. On avait eu le temps de lancer une contre-attaque sur l'escadre japonaise. Mais celui-ci disposait d'une écrasante supériorité en avions de chasse […]. À 7 heures, l'*Enterprise* et le *Hornet* commencèrent à mettre en l'air tous leurs appareils pour les lancer à l'attaque […]. Les appareils américains n'achevèrent de regagner leurs porte-avions qu'après midi. Plus de soixante avaient été détruits, mais le résultat obtenu était considérable. Il ne restait plus qu'un seul porte-avions ennemi, le *Hiryu* fut repéré à 14 h 45 et moins d'une heure après, vingt-cinq bombardiers en piqué de l'*Enterprise* filaient vers lui à tire-d'aile. Ils l'atteignirent à 17 heures et quelques minutes plus tard le porte-avions japonais n'était plus qu'une épave en flammes […]. Avec lui disparaissait le dernier des quatre grands porte-avions japonais. L'ennemi avait perdu tous ses équipages aériens si magnifiquement entraînés, et il ne put jamais les remplacer.

Churchill, *Mémoires de guerre* (1948-1954).

6 **Berlin, avril 1945 : les derniers soldats de Hitler.**

7 **La victoire des Alliés.** Berlin, mai 1945

La guerre en Asie et dans le Pacifique

- En Asie, la guerre se déroule sur des espaces bien plus vastes qu'en Europe.
– Les Japonais font porter l'essentiel de leur effort militaire contre la Chine, où la guerre a débuté en 1937. Les Japonais combattent à la fois les troupes du gouvernement nationaliste de Tchang Kaï-chek et les communistes de Mao Zedong.
– Le succès de l'attaque surprise contre la flotte américaine à Pearl Harbor (7 décembre 1941) explique la rapidité de l'avance japonaise en Asie du Sud-Est et dans le Pacifique.

- Les Américains réussissent à stopper la progression japonaise fin 1942 et début 1943 (batailles de la mer de Corail, de Midway, de Guadalcanal). Les Britanniques contre-attaquent en Birmanie, les Américains dans l'océan Pacifique : au sud, le général MacArthur progresse vers les Philippines ; au centre, l'amiral Nimitz a pour objectif le Japon.

- Lorsque la guerre s'achève, les premières îles japonaises (Iwo Jima, Okinawa) sont conquises, mais les Japonais contrôlent encore de vastes territoires sur le continent asiatique.

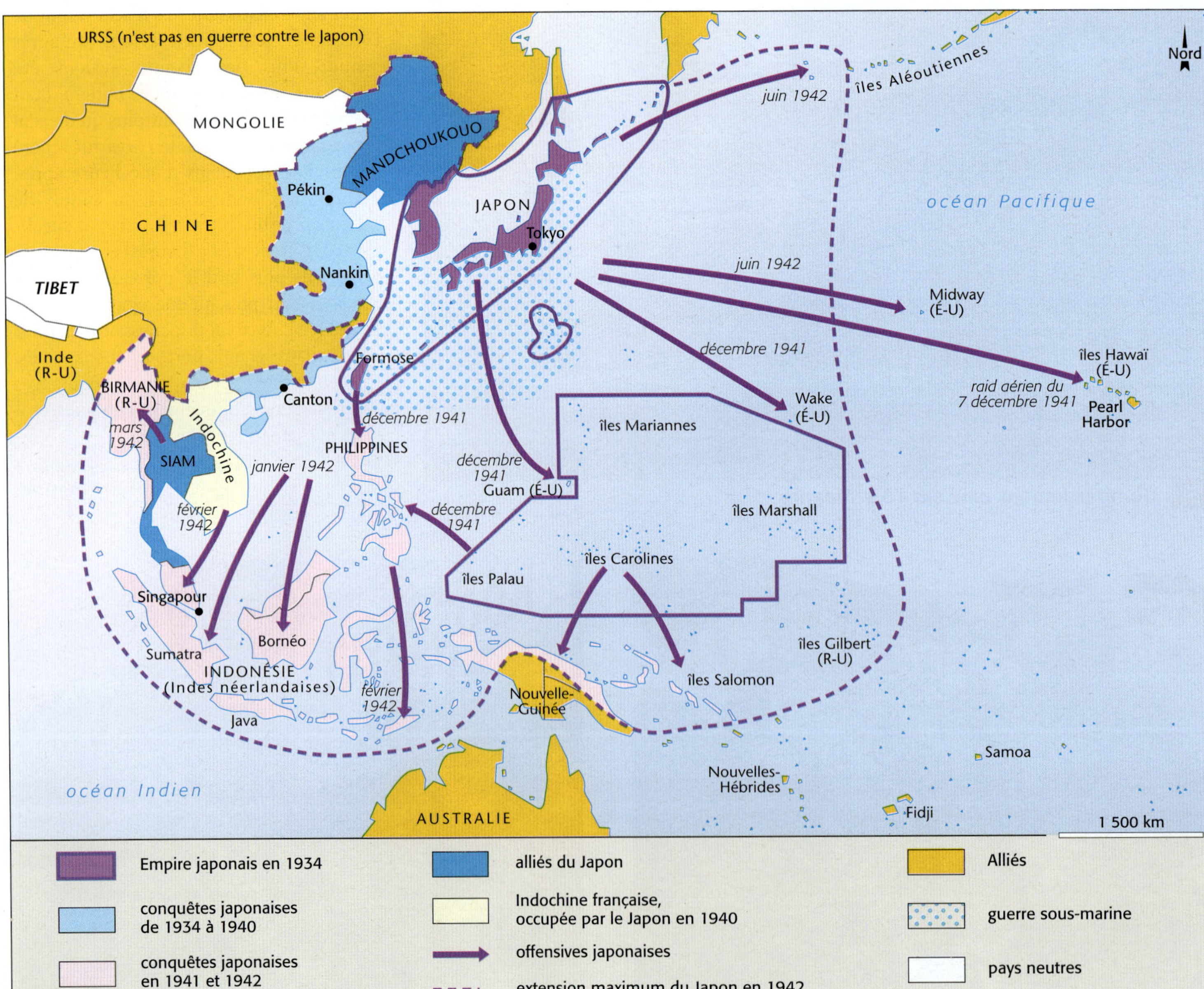

1 La guerre, de décembre 1941 au printemps 1942.

Questions

1. Contre qui le Japon est-il en guerre avant 1941 (carte 1) ?
2. Montrer l'audace du raid contre Pearl Harbor (carte 1).
3. Jusqu'à quelle date les offensives japonaises sont-elles victorieuses (carte 1) ?
4. Montrer que la marine et les porte-avions jouent un rôle essentiel dans la guerre dans le Pacifique (carte 3).
5. Quels territoires sont encore contrôlés par le Japon à la fin de la guerre (carte 3) ?

2 **Un débarquement américain : Okinawa (avril 1945).**

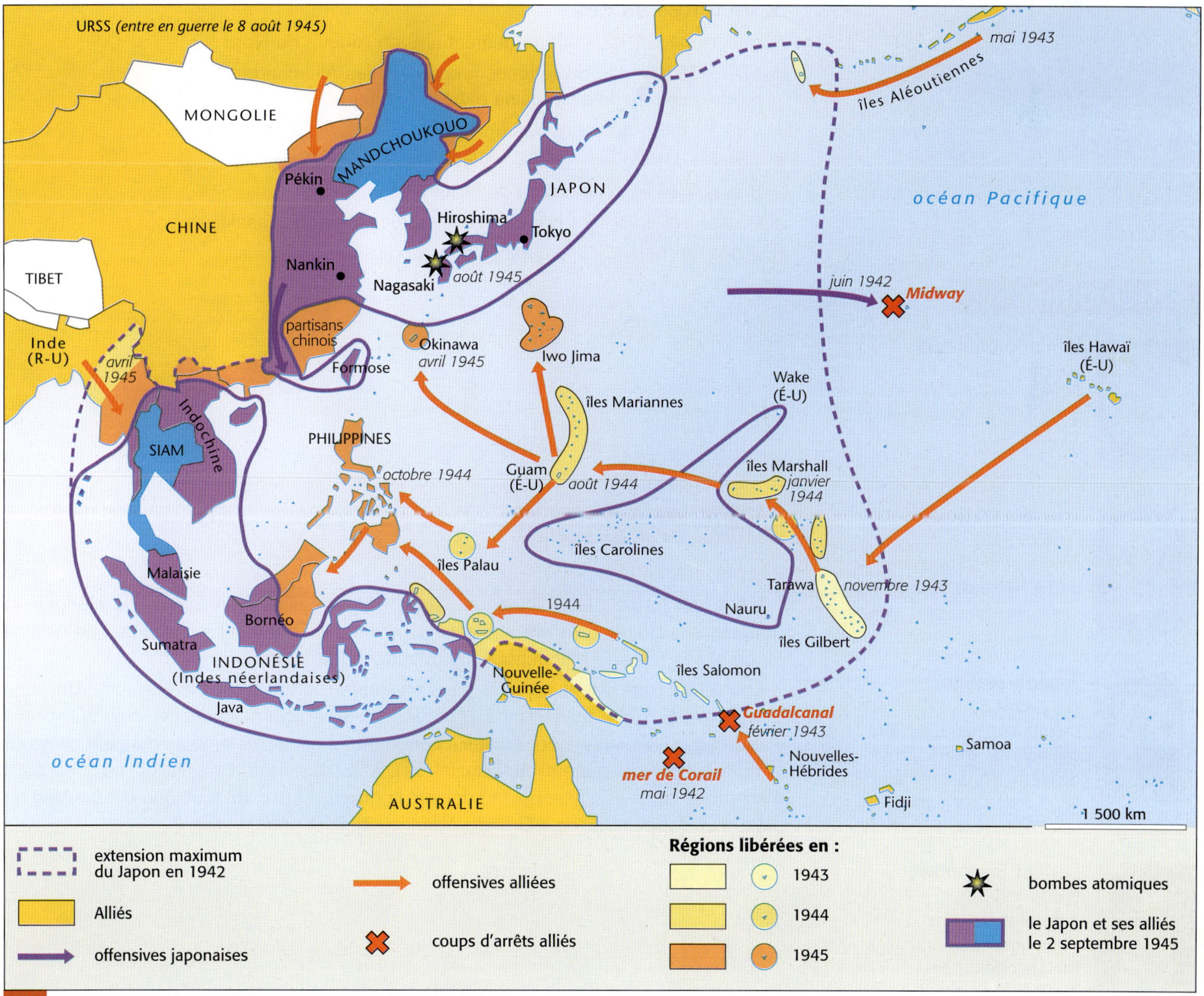

3 **La guerre, de fin 1942 à septembre 1945.**

FICHE DE RÉVISION

L'ESSENTIEL

1. Victoires allemandes et japonaises

- **septembre 1939 :** invasion de la Pologne, partage de la Pologne entre l'Allemagne nazie et l'URSS
- **mai 1940 :** invasion des Pays-Bas, de la Belgique et de la France
- **22 juin 1940 :** armistice en France
- **1941 :** invasion de la Yougoslavie et de la Grèce
- **juin 1941 :** invasion de l'URSS
- **décembre 1941 :** raid japonais contre Pearl Harbor
- **1941-printemps 1942 :** conquêtes allemandes en Russie et en Afrique du Nord ; conquêtes japonaises dans le Pacifique

2. Le tournant de la guerre

- **octobre 1942 :** El-Alamein
- **novembre 1942-février 1943 :** Stalingrad
- **1942-1943 :** mer de Corail, Midway, Guadalcanal

3. Victoires alliées

- **novembre 1942 :** débarquement allié en Afrique du Nord
- **1943-1944 :** les Soviétiques repoussent les Allemands ; progression anglo-américaine dans le Pacifique
- **1943 :** débarquement allié en Sicile
- **1944 :** débarquement allié en Normandie et en Provence
- **8 mai 1945 :** capitulation de l'Allemagne
- **6 et 9 août 1945 :** bombes A sur Hiroshima et Nagasaki
- **2 septembre 1945 :** capitulation japonaise

BIOGRAPHIES

Winston Churchill (1874-1965), Premier ministre du Royaume-Uni de mai 1940 à juillet 1945.
(Voir biographie complète p. 377)

Franklin D. Roosevelt (1882-1945), président des États-Unis de 1933 à avril 1945.
(Voir biographie complète p. 382)

Joseph Staline (1879-1953), secrétaire général du Parti communiste d'URSS, chef de l'Armée rouge pendant la Seconde Guerre mondiale.
(Voir biographie complète p. 383)

Dwight Eisenhower (1890-1963), général américain, commandant en chef du front occidental de 1943 à 1945.
(Voir biographie complète p. 377)

NE PAS CONFONDRE

L'Axe et les Alliés

➤ L'**Axe** est formé par l'Allemagne, l'Italie et leurs alliés : en Europe, la Hongrie, la Roumanie, la Bulgarie, la Slovaquie, la Roumanie, la Croatie et la Finlande ; en Asie, le Japon et ses alliés, le Mandchoukouo (Mandchourie) et le Siam.

➤ Les **Alliés** regroupent tous les pays en guerre contre l'Axe : le Royaume-Uni et le Commonwealth (le Canada, l'Inde, l'Australie…), les gouvernements des pays européens occupés par l'Allemagne et réfugiés à Londres (par exemple, le gouvernement belge ou la France libre du général de Gaulle) ; l'URSS, les États-Unis, la Chine ; les pays d'Amérique latine et d'Asie qui ont déclaré la guerre à l'Axe. En tout, une quarantaine de pays, d'où l'appelation de « Grande Alliance » qui est parfois utilisé.

La charte de l'Atlantique (14 août 1941)

Le président des États-Unis et le Premier ministre, M. Churchill, représentant du gouvernement de Sa Majesté, s'étant rencontrés, estiment devoir faire connaître certains principes communs de la politique nationale de leurs pays respectifs sur lesquels ils fondent leurs espoirs d'un avenir meilleur pour le monde :

1. Leurs pays ne recherchent aucun agrandissement territorial ou autre ;

2. Ils ne désirent voir aucun changement territorial qui ne soit conforme à la volonté librement exprimée des peuples intéressés ;

3. Ils respectent le droit de tous les peuples de choisir la forme de gouvernement sous laquelle ils veulent vivre ; ils souhaitent voir rétablir les droits souverains et le gouvernement autonome des nations qui en ont été dépouillées par la force ;

W. Churchill et F. D. Roosevelt sur le cuirassé britannique *H.M.S. Prince-of-Wales*, le 14 août 1941.

4. Ils s'efforceront, avec tout le respect dû à leurs obligations existantes, de favoriser l'accès de tous les États, petits ou grands, vainqueurs ou vaincus, et sur le pied de l'égalité des droits, au commerce et aux matières premières du monde nécessaires à leur prospérité ;

5. Ils souhaitent établir la collaboration la plus complète entre toutes les nations dans le domaine économique, afin d'assurer à toutes la sécurité en matière sociale ;

6. Après la destruction finale de la tyrannie nazie, ils espèrent voir rétablir une paix qui fournira à toutes les nations les moyens de vivre en sécurité dans leurs propres frontières et qui apportera aux habitants de tous les pays l'assurance de pouvoir vivre à l'abri de la crainte et du besoin ;

7. Une telle paix devra permettre à tous les hommes de franchir les mers et les océans sans encombre ;

8. Ils croient que toutes les nations du monde, pour des raisons réalistes aussi bien que spirituelles, devront en venir à renoncer à l'emploi de la force, étant donné qu'il ne pourra pas y avoir de paix durable si des armements continuent d'être utilisés sur terre, sur mer et dans les airs par des nations qui menacent ou peuvent menacer de se livrer à des agressions au delà de leurs frontières.
Ils sont convaincus que, en attendant l'établissement d'un système plus vaste et permanent de sécurité générale, le désarmement de telles nations est essentiel. Dans les mêmes intentions, ils aideront et encourageront toutes autres mesures pratiques susceptibles d'alléger, pour les peuples épris de paix, le fardeau écrasant des armements.

Franklin Delano Roosevelt et Winston Churchill, 14 août 1941.

Questions

1. Chercher dans un dictionnaire ce qu'est une charte. Pourquoi avoir employé ce mot ici ?
2. Quelle est la fonction des deux auteurs de ce document à la date de la signature ?
3. Quelle est, à la date du texte, la situation militaire du Royaume-Uni sur les différents fronts ?
4. Quelle est la situation des Etats-Unis, à la date du texte ?
5. Quelles sont les valeurs qui inspirent ce texte ?
6. Montrer qu'elles sont à l'opposé de celles que défendent les pays de l'Axe.
7. En quoi ce texte est-il important pour la poursuite de la guerre ?
8. Montrer que les deux pays veulent bâtir une société plus juste après le conflit.
9. Montrer qu'il s'agit également de transformer les relations internationales.
10. À quel autre texte la charte de l'Atlantique peut-elle faire penser ?

L'étude d'un ensemble documentaire (8/10)

Sujet : Les États-Unis dans la guerre, en 1941-1945 : comment préparer une victoire totale ?

Première partie

1. Dans quels domaines les Américains sont-ils appelés à se mobiliser (doc. 1 à 5) ?
2. Étudier l'image de la femme dans les documents 1 et 4.
3. Montrer que les documents 1 et 2 révèlent le caractère idéologique du conflit.
4. Dégager des documents 1 et 5 les raisons de l'optimisme affiché dans le document 2.
5. Comment fait-on percevoir aux Américains la dimension et les enjeux planétaires du conflit (doc. 1, 2 et 3) ?

Deuxième partie

À l'aide des réponses aux questions de la première partie et de vos connaissances personnelles, rédiger une réponse organisée à la question : comment les États-Unis, en guerre en 1941-1945, préparent-ils une victoire totale ?

DOCUMENT 1

Affiche appelant au recrutement d'ouvrières dans l'industrie d'armement.

« L'Amérique est fantastique parce que les Américains qui chérissent la liberté l'ont faite ainsi. Vous devez vouloir la liberté et travailler pour elle – vous battre pour elle – mourir pour elle. PRODUISEZ POUR LA VICTOIRE ! »

Affiche américaine, 1942.

DOCUMENT 2 Le rêve américain

Notre type de civilisation, l'*American way of life*, le rêve américain, tout cela est en jeu. Je ne peux me lancer ici dans une prophétie détaillée, le monde entier sera différent quand la guerre sera finie. La vie sera changée d'innombrables façons, mais je crois que la cause des hommes libres prévaudra, et que le rêve américain est si profondément enraciné dans le cœur américain qu'il survivra lui aussi, traduit peut-être dans une réalité plus grande que jamais. Il ne peut être perdu que par nous, par nous les Américains, et je ne crois pas que nous voulions l'oublier ou cesser de lutter pour le réaliser.

James Truslow Adams commentant son essai, « Le rêve américain », publié dans Whit Burnett, *This is my best*, 1942.

DOCUMENT 3 **Intensifier la production de guerre.**

Affiche américaine, 1944

Document 4

Ingrid Bergman et Humphrey Bogart sur le tournage de *Casablanca*, film américain réalisé par Michael Curtis, 1942.

Rick (Humphrey Bogart), un Américain installé au Maroc et résolu à ignorer la guerre, finit par entrer en action et abattre un officier allemand pour l'amour d'Ilse (Ingrid Bergman). Cette photographie représente Humphrey Bogart et Ingrid Bergman, sur le tournage du film, en train détudier une carte publiée dans la presse, montrant l'avancée des troupes alliées.

Document 5 **Usine de construction de bombardiers quadrimoteurs B24 « Liberator ».**

Le B24 a un rayon d'action de 2000 km, sa vitesse est de 300 km/h et sa capacité est de 5 tonnes de bombes. Ce bombardier a été fabriqué à 19 000 exemplaires, de 1939 à 1945. Son concurrent le plus proche, le Heinkel111 allemand, bimoteur, dont la vitesse est similaire et dont le rayon d'action atteint 1000 km, avec une capacité de 2 tonnes de bombes, a été fabriqué, entre 1935 à 1944, à 7 000 exemplaires.

CHAPITRE

19 La France dans la Seconde Guerre mondiale

En 1939, vingt et un ans après l'armistice qui mit fin à la « Der des der », la France entre dans le second conflit mondial. La IIIe République ne survit pas au désastre de la défaite. Le maréchal Pétain à Vichy et le général de Gaulle à Londres incarnent dès lors deux conceptions opposées de l'attitude à adopter face à l'Allemagne nazie.

Quelles sont les différentes attitudes des Français de 1939 à 1945 ?

1 De la France occupée...

Hitler au Trocadéro, le 28 juin 1940.

« Infiniment plus que leur nombre, ce sont les chars, les avions, la tactique des Allemands qui nous ont fait reculer [...]. L'espérance doit-elle disparaître ? La défaite est-elle définitive ? Non ! »
Ch. de Gaulle, le 18 juin 1940.

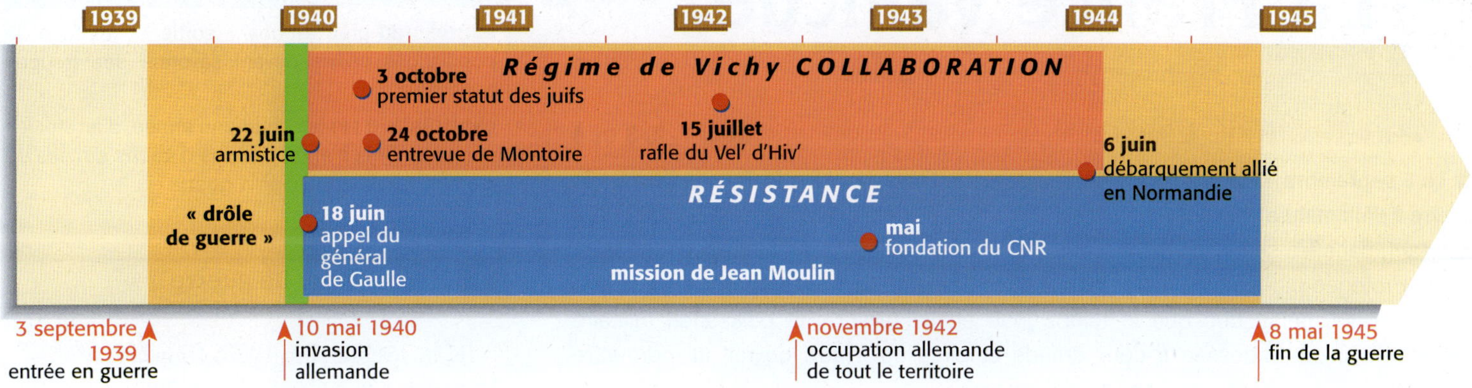

2 | ... à la France libérée.

Soldats américains et femmes françaises, fin août 1944.

« Paris ! Paris outragé, Paris brisé, Paris martyrisé mais Paris libéré par lui-même. » Ch. de Gaulle, le 25 août 1944.

1 La France vaincue

A. La « drôle de guerre » doc. 1, 2, 3 et 4

Le 3 septembre 1939, quelques heures après le Royaume-Uni, **la France déclare la guerre à l'Allemagne** et proclame qu'elle « assumera ses obligations envers la Pologne ». Pourtant, dans les semaines qui suivent, celle-ci est écrasée sans réelle réaction française. Protégée par les fortifications de la ligne Maginot, **la France applique sa stratégie défensive**, persuadée que le temps joue en sa faveur : la puissance militaire franco-britannique, adossée à deux grands empires coloniaux, devrait lui permettre d'assurer sa suprématie par rapport à l'Allemagne.

Cette période, qui dure jusqu'en mai 1940, a été qualifiée de « drôle de guerre » : le pays est en guerre, mais aucune opération militaire n'est menée sur le front franco-allemand. **La « drôle de guerre » répond sans doute aux aspirations d'une grande partie de la population.** Depuis le printemps 1939, celle-ci est favorable à l'adoption d'une attitude ferme face à Hitler et a accepté la déclaration de guerre. Cependant, elle garde à l'esprit le souvenir des offensives sanglantes de 1914-1918 et se trouve rassurée par une stratégie défensive. Une telle stratégie n'en a pas moins des effets néfastes sur la défense du pays : immobilisme militaire, ennui des soldats, démobilisation de l'opinion. C'est donc un pays qui hésite entre détermination et attentisme qui se trouve brutalement confronté à l'offensive des troupes allemandes.

B. La défaite doc. 6 et 7

Le 10 mai 1940, Hitler déclenche son offensive contre la France, attaquant à la fois, à travers les Pays-Bas et la Belgique, et dans les Ardennes, où la percée est réalisée en quelques heures. Les chars et les bombardiers allemands – les Stukas, dont le souvenir restera associé à ces journées de mai 1940 – jouent un rôle essentiel dans cette offensive-éclair. Les troupes françaises se battent avec courage – 92 000 tués en cinq semaines – mais refluent rapidement. Les divisions blindées nazies refoulent devant elles les unités françaises en retraite ainsi que des réfugiés : l'offensive allemande fait fuir des populations venues de Belgique et du nord de la France.

Cet **exode** prend bientôt des proportions spectaculaires ; au mois de juin, c'est tout le nord de la France qui est touché par ce mouvement, rendu dramatique par la désorganisation des transports et les bombardements de l'aviation allemande. **On estime à huit millions le nombre de personnes qui se sont ainsi retrouvées sur les routes françaises en ce printemps de débâcle.**

C. L'armistice doc. 5

Bientôt, devant l'ampleur du désastre, **un débat s'engage au sein du gouvernement**, dirigé par Paul Reynaud depuis le mois de mars 1940. Celui-ci est plutôt favorable à l'hypothèse d'une **capitulation**, qui n'engage que l'autorité militaire et permettrait de continuer la lutte depuis l'empire colonial. Mais certains ministres sont, au contraire, partisans d'un armistice : celui-ci, qui engage l'autorité politique du pays, entraînerait la cessation des hostilités entre la France et l'Allemagne.

Le maréchal Pétain, qui fait partie du gouvernement, est favorable à un tel armistice permettant d'interrompre une guerre qui lui paraît perdue. Cela épargnerait au pays, selon lui, de nouvelles souffrances. Le 16 juin, il succède à Paul Reynaud, démissionnaire. Dès le lendemain, il annonce à la radio qu'« il faut cesser le combat ».

L'armistice est signé le 22 juin à Rethondes, à l'endroit même de la signature de l'armistice par l'Allemagne, le 11 novembre 1918. Entre-temps, le 17 juin, le général de Gaulle, s'était envolé vers Londres, d'où il lance le lendemain un appel à continuer le combat. Face au désastre, **Charles de Gaulle et Philippe Pétain incarnent donc deux conceptions opposées de la France dans la guerre.**

VOCABULAIRE

exode : du grec *exodos*, « sortie » ; ici, fuite de populations civiles devant l'avance des troupes ennemies.

capitulation : le fait, pour une armée, d'arrêter les combats. Cela n'empêche pas d'autres armées du même État de continuer la guerre.

1 Déclaration de guerre de la France à l'Allemagne

Paris, le 3 septembre 1939, 10 h 20.
Hier soir, à la suite de la communication qui nous a été faite par le gouvernement britannique, le gouvernement français réuni en Conseil de cabinet a pris les décisions suivantes.
Vous vous présenterez aujourd'hui 3 septembre à midi à la Wilhelmstrasse[1] et vous demanderez la réponse du gouvernement allemand à la communication que vous lui avez remise le 1er septembre.
Si la réponse aux questions posées dans cette communication est négative, vous rappellerez la responsabilité évoquée à la charge de l'Allemagne au cours de votre dernière audience et vous notifierez au ministre des Affaires étrangères du Reich que le gouvernement français se trouve, du fait de la réponse allemande, dans l'obligation de remplir, à partir d'aujourd'hui 3 septembre à 17 heures après-midi, les engagements que la France a contractés envers la Pologne et qui sont connus du gouvernement allemand.

Georges Bonnet, ministre des Affaires étrangères, à l'ambassade de France à Berlin.

1. Wilhelmstrasse : rue de Berlin où se trouvait le ministère des Affaires étrangères du Reich.

1. **Présenter le document : date, auteur, contexte historique.**
2. **Quelles raisons l'auteur du texte invoque-t-il pour justifier la déclaration de guerre ?**
3. **Quel rôle joue le Royaume-Uni ?**

2 Deux témoignages

a. Quoi que l'on pense des causes profondes du désastre, la cause directe…fut l'incapacité du haut-commandement.

Marc Bloch, *L'Étrange Défaite*, écrit en 1940.

b. L'Armée française ne constituait qu'un vaste outil inefficace, incapable de réactions rapides et d'adaptations, absolument inapte à l'offensive. Nous récoltions là les conséquences logiques de vingt années d'erreur de doctrine aggravée par les neuf mois de sommeil qu'avait été pour nous la première période de la guerre.

Général Beauffre, *Le Drame de 40*, 1965

3 Affiche française de 1939.

1. Décrire et identifier les quatre personnages.
2. Justifier l'emplacement des militaires.
3. Quels éléments de l'affiche montrent la solidarité entre front et arrière ?
4. Comment est évoqué le souvenir de la Grande Guerre ?

4 L'exode de mai-juin 1940 dans le nord de la France.

1. Quel souvenir pèse sur les populations du nord en 1940 ?
2. Quelle impression laisse cette image ?

5 Prisonniers français en mai 1940.

6 39-40 vu par le général de Gaulle

Quand, en septembre 1939, le gouvernement français accepta d'entrer dans le conflit déjà commencé en Pologne, je n'eus pas le moindre doute qu'il le faisait avec l'illusion que, en dépit de l'état de guerre, on ne se battrait pas à fond.
[...] Dans tous les partis, dans la presse, dans les affaires, dans l'administration, dans les syndicats, des noyaux très influents étaient acquis à l'idée de faire cesser la guerre. Les renseignés affirmaient que tel était l'avis du maréchal Pétain. Il faut dire que certains milieux voulaient voir l'ennemi bien plutôt dans Staline que Hitler.

Général de Gaulle, *Mémoires de guerre*, 1954.

1. Expliquer « on ne se battrait pas à fond ».
2. Expliquer « l'ennemi, bien plutôt Staline que Hitler ».
3. Qui est responsable de la défaite selon de Gaulle ?

7 Discours du maréchal Pétain, (17 juin 1940)

Français ! À l'appel de Monsieur le président de la République, j'assume à partir d'aujourd'hui la direction du gouvernement de la France. Sûr de l'affection de notre admirable armée, qui lutte avec un héroïsme digne de ses longues traditions militaires contre un ennemi supérieur en nombre et en armes ; sûr de l'appui des anciens combattants que j'ai eu la fierté de commander, je fais à la France le don de ma personne pour atténuer son malheur.
En ces heures douloureuses, je pense aux malheureux réfugiés qui, dans un dénuement extrême, sillonnent nos routes. Je leur exprime ma compassion et ma sollicitude. C'est le cœur serré que je vous dis aujourd'hui qu'il faut cesser le combat.
Je me suis adressé cette nuit à l'adversaire, pour lui demander s'il est prêt à rechercher avec nous, entre soldats, après la lutte et dans l'honneur, les moyens de mettre un terme aux hostilités. Que tous les Français se groupent autour du gouvernement que je préside pendant ces dures épreuves et fassent taire leur angoisse pour n'écouter que leur foi dans le destin de la patrie.

1. Présenter l'auteur à la date du texte.
2. À quelle analyse de la situation Pétain se livre-t-il ?
3. Quelle décision prend-il ?

DOSSIER

La France coupée en deux

- Après plusieurs journées durant lesquelles s'opposent les partisans d'une capitulation et ceux d'un armistice, celui-ci est signé le 22 juin 1940. Ses conditions sont très dures et déterminent largement l'histoire de la France tout au long de la Seconde Guerre mondiale.
- Le pays, amputé de l'Alsace-Moselle, est désormais coupé en deux parties, dont la plus grande (et la plus riche) est occupée militairement par l'Allemagne. La ligne de démarcation sépare désormais une zone « libre » au sud, et une zone occupée par l'Allemagne, au nord. Si la France conserve sa flotte et le contrôle de son empire, son armée est fortement réduite. Les frais d'entretien de l'armée allemande d'occupation sont à sa charge.

1 Discours de Pétain, le 20 juin 1940

Français !
J'ai demandé à nos adversaires de mettre fin aux hostilités. [...]
J'ai pris cette décision, dure au cœur d'un soldat, parce que la situation militaire l'imposait. [...]
Dès le 13 juin, la demande d'armistice était inévitable. Cet échec vous a surpris. Vous souvenant de 1914 et de 1918, vous en cherchez les raisons : je vais vous les dire.
Le 1er mai 1917, nous avions encore 3 280 000 hommes aux armées, malgré trois ans de combats meurtriers. À la veille de la bataille actuelle, nous en avions 500 000 de moins. En mai 1918, nous avions 85 divisions britanniques ; en mai 1940, il n'y en avait que 10. En 1918, nous avions avec nous les 58 divisions italiennes et les 42 divisions américaines.
L'infériorité de notre matériel a été plus grande encore que celle de nos effectifs. L'aviation française a livré à un contre six ses combats.
Moins forts qu'il y a 22 ans, nous avions aussi moins d'amis. Trop peu d'enfants, trop peu d'armes, trop peu d'alliés, voilà les causes de notre défaite.
Le peuple français ne conteste pas ses échecs. Tous les peuples ont connu tour à tour des succès et des revers. C'est par la manière dont ils réagissent qu'ils se montreront faibles ou grands.
Nous tirerons la leçon des batailles perdues. Depuis la victoire, l'esprit de jouissance l'a emporté sur l'esprit de sacrifice. On a revendiqué plus qu'on n'a servi. On a voulu épargner l'effort ; on rencontre aujourd'hui le malheur.
J'ai été avec vous dans les jours glorieux. Chef du Gouvernement, je suis et je resterai avec vous dans les jours sombres. Soyez à mes côtés. Le combat reste le même. Il s'agit de la France, de son sol, de ses fils.

2 Lecture des clauses de l'armistice à Rethondes.
L'armistice de 1940 a été signé dans le wagon même où avait été signé l'armistice du 11 novembre 1918.

3 L'armistice du 22 juin 1940

ARTICLE PREMIER. – Le gouvernement français ordonne la cessation des hostilités contre le Reich allemand, sur le territoire français, comme sur ses possessions coloniales [...].
ART. 2. – Pour assurer les intérêts du Reich allemand, le territoire français situé au nord et à l'ouest de la ligne tracée sur la carte ci-annexée sera occupé par les troupes allemandes. [...]
ART. 3. – Dans les régions françaises occupées, le Reich allemand exerce tous les droits de la puissance occupante. Le gouvernement français s'engage à faciliter par tous les moyens l'exercice de ces droits ainsi que l'exécution avec le concours de l'administration française. Le gouvernement français invitera immédiatement toutes les autorités et tous les services administratifs français du territoire occupé à se conformer aux règlements des autorités militaires allemandes et à collaborer avec ces dernières d'une manière correcte.
ART. 19. – Le gouvernement français est tenu de livrer sur demande tous les ressortissants allemands désignés par le gouvernement du Reich et qui se trouvent en France.

4 Le refus de l'armistice, 14 juillet 1940.

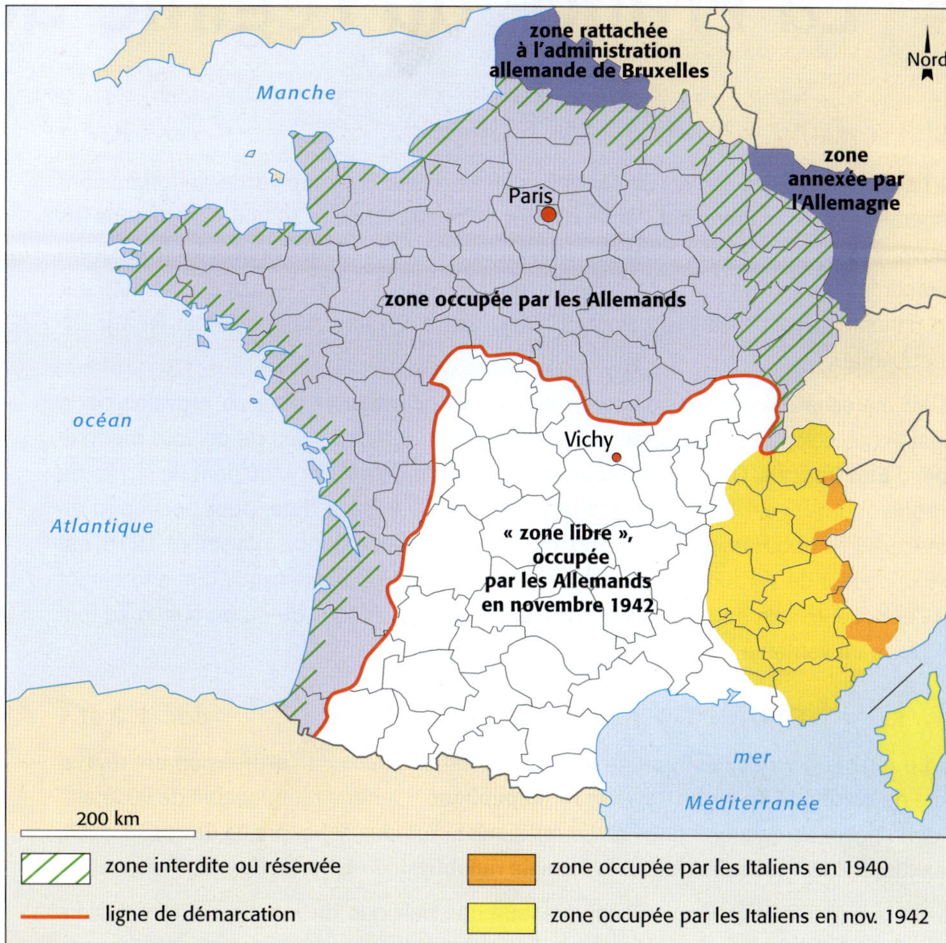

5 La France après l'armistice.

6 **Soldats allemands devant le château de Versailles.**

Une colonne motorisée allemande laisse passer un convoi d'artilerie ; sur la photo, un obusier de 105 mm de l'artillerie de campagne allemande , tiré par un attelage de chevaux.

Questions

A Dégager des informations des documents

1. Quelles sont les causes militaires de l'armistice selon Pétain (doc. 1) ?

2. Quelles sont les causes profondes de l'armistice selon Pétain (doc. 1) ?

3. Pour quelles raisons Hitler a-t-il exigé que l'armistice soit signé dans le même wagon qu'en 1918 (doc. 2) ?

4. Quelles sont les conséquences des articles 2 et 19 (doc. 3) ?

5. Pour quelle raison militaire Hitler a-t-il imposé l'occupation des territoires dénommés « zone interdite » (doc. 5) ?

6. Où est l'auteur de ce texte le 14 juillet 1940 (doc. 4) ? Sur quels arguments s'appuie-t-il pour refuser l'armistice ?

B Mettre en relation les documents

7. D'après les documents 3, 4 et 5, qui détient la réalité du pouvoir en « zone occupée » ?

C Rédiger

8. Montrer l'ampleur du désastre de mai 1940.

2 La France du régime de Vichy

A. La naissance de l'État français doc. 2

■ La IIIe République ne survit pas à la défaite. Dans le contexte de l'effondrement général du pays, **le maréchal Pétain obtient de l'Assemblée, le 10 juillet 1940, tous les pouvoirs** pour promulguer « une nouvelle Constitution de l'État français [...] qui devra garantir les droits du travail, de la famille, de la patrie ». Le vote massif de cet acte par les parlementaires – 569 voix pour, 80 voix contre, 20 abstentions – met fin à la IIIe République.

■ Le maréchal Pétain jouit d'une popularité considérable et peut se prévaloir de la légalité qui, selon lui, découle du vote du 10 juillet. Le régime issu de ce vote prend le nom d'**État français. On l'appelle couramment « régime de Vichy »**, du nom de la ville de la zone sud où il est installé à partir de juillet 1940. À cette date, pour beaucoup de Français, Philippe Pétain, né en 1856, maréchal de France depuis novembre 1918, est le « vainqueur de Verdun ». Il va, à nouveau, les protéger. Dans le climat d'effondrement de l'époque, Pétain apparaît donc comme un sauveur. Autour de sa personne se met en place un véritable culte.

B. La « Révolution nationale » doc. 1, 3 et 4

■ Le régime de Vichy entreprend la « Révolution nationale » : l'expression est révélatrice de la **volonté de rupture avec la IIIe République** – rendue responsable de la défaite – et du désir de régénérer une France qui aurait failli. Dans cet esprit, **la devise « Travail, Famille, Patrie » est substituée à la formule républicaine « Liberté, Égalité, Fraternité ».**

■ Dans le domaine politique, Vichy pratique une politique de réaction et d'exclusion. Réaction contre les partis politiques, les syndicats et, plus généralement, la démocratie – avec la mise en sommeil de la vie politique et des instances représentatives. Une « Charte du travail », promulguée en octobre 1941, interdit la grève et règle les rapports entre patrons et salariés par des « comités sociaux d'entreprise » chargés, en fait, des seuls aspects professionnels. En 1942, le procès de Riom poursuit en justice des hommes considérés par le régime de Vichy comme responsables du désastre de 1940, notamment Léon Blum, Édouard Daladier et le général Gamelin. Quant à l'exclusion, elle touche en tout premier lieu **les Juifs, frappés par deux statuts discriminatoires en octobre 1940 et juin 1941**. De l'exclusion à la persécution directe, le pas est franchi en 1942. C'est l'occupant, cette fois, qui prend l'initiative, mais Vichy, en participant aux rafles, notamment à celle du « Vel' d'Hiv » les 16 et 17 juillet 1942, se rend complice : 76 000 Juifs de France ont ainsi péri en déportation.

C. La politique de collaboration doc. 5

■ L'État français mène, **dès 1940, une politique de collaboration avec l'Allemagne nazie**. Le mot est utilisé par Pétain après sa rencontre avec Hitler lors de l'entrevue de Montoire, le 24 octobre 1940. Après la guerre, les défenseurs de Vichy soutiendront qu'une telle politique leur a été imposée par les circonstances. En revanche, beaucoup d'historiens – notamment l'Allemand E. Jäckel, puis l'Américain R. Paxton – ont interprété cette politique comme un choix délibéré de Pétain et de Laval. Le souhait de préserver une apparence de souveraineté et l'idée d'obtenir un traité de paix avantageux après la victoire définitive de l'Allemagne (à laquelle ils croient) les auraient poussés à des concessions de plus en plus nombreuses.

■ Cette collaboration a revêtu plusieurs aspects. Mais, **après novembre 1942, l'occupation totale du pays** – en réaction au débarquement allié en Afrique du Nord – enlève aux partisans de Vichy l'argument d'une souveraineté nationale préservée sur la zone sud. En outre, les atouts dont Vichy disposait jusqu'à cette date disparaissent : la flotte se saborde à Toulon, l'Afrique du Nord est occupée par les Alliés.

1 Discours de Pétain à la radio, 11 octobre 1940

La France a connu il y a quatre mois, l'une des plus grandes défaites de son histoire. [...]
C'est sur cet amas de ruines qu'il faut, aujourd'hui, reconstruire la France. L'ordre nouveau ne peut, en aucune manière, impliquer un retour, même déguisé, aux erreurs qui nous ont coûté si cher [...].
Le régime nouveau défendra, tout d'abord l'unité nationale, c'est-à-dire l'étroite union de la Métropole et de la France d'outre-mer. Il maintiendra les héritages de sa culture grecque et latine et leur rayonnement dans le monde. Il remettra en honneur le véritable nationalisme, celui qui, renonçant à se concentrer sur lui-même, se dépasse pour atteindre la collaboration nationale. Cette collaboration, la France est prête à la rechercher dans tous les domaines, avec tous ses voisins. [...]
Le régime nouveau ne reposera plus sur l'idée fausse de l'égalité naturelle des hommes, mais sur l'idée nécessaire de l'égalité des « chances » données à tous les Français de prouver leur aptitude à « servir ». Seuls le travail et le talent deviendront le fondement de la hiérarchie française. [...] Ainsi renaîtront les élites véritables que le régime passé a mis des années à détruire [...].
Les organisations professionnelles se limiteront au seul domaine professionnel. [...] Elles éviteront les conflits par l'interdiction des « lock-out » et des grèves. [...] Devant la faillite universelle de l'économie libérale, presque tous les peuples se sont engagés dans la voie d'une économie nouvelle. [...] L'économie doit être organisée et contrôlée. La coordination par l'État des activités privées doit la libérer de ses entraves actuelles, en la subordonnant à l'intérêt national. [...]
Cette reconstruction, c'est avec vous que je veux la faire. Bientôt, je vous demanderai de vous grouper pour qu'ensemble, réunis autour de moi, en communion avec les anciens combattants déjà formés en légion, vous meniez cette révolution jusqu'à son terme.

1. Présenter le texte : auteur, contexte.
2. À quelles « erreurs » Pétain fait-il allusion ?
3. Que faut-il entendre par « collaboration nationale » ? Sur quels principes politiques ce texte s'appuie-t-il ?
4. Quels principes politiques, quel régime, ce texte condamne-t-il ?
5. Sur quels principes économiques doit reposer la « révolution nationale » ?

2 **Affiche du régime de Vichy, 1942.**

1. Quels symboles du régime de Vichy retrouve-t-on sur cette affiche ?
2. Quelles valeurs, quels aspects de la France sont surtout mis en avant ?

3 **Affiche du secrétariat d'État à la Famille et à la Santé du régime de Vichy (1943).**

4 Le premier statut des Juifs, 3 octobre 1940

ARTICLE PREMIER. – Est regardé comme Juif, pour l'application de la présente loi, toute personne issue de trois grands-parents de race juive ou de deux grands-parents de même race, si son conjoint lui-même est juif.

ART. 2. – L'accès et l'exercice des fonctions publiques […] sont interdits aux Juifs.

ART. 4. – L'accès et l'exercice des professions libérales, des professions libres, des fonctions dévolues aux officiers ministériels et à tous les auxiliaires de la justice sont permis aux Juifs, à moins que des règlements d'administration publique n'aient fixé pour eux une proportion déterminée.

ART. 5. – Les Juifs ne pourront, sans condition ni réserve, exercer l'une quelconque des professions suivantes : directeurs, gérants, rédacteurs, […] entrepreneurs de presse, de films, de spectacle, de radiodiffusion […].

ART. 7 – Les fonctionnaires juifs visés à l'article 2 cesseront d'exercer leurs fonctions dans les deux mois qui suivront la promulgation de la présente loi.

Publié au *Journal officiel*.

5 **Serment des athlètes au maréchal Pétain, Parc des Princes, 1941.**

DOSSIER

La France des « collabos »

- La collaboration, engagée par Pétain lors de l'entrevue de Montoire, revêt plusieurs formes.

– économique : la France participe à la machine de guerre allemande, par la livraison de denrées agricoles et la fabrication de matériel militaire, ainsi que par la mise en place, à partir de 1943, du Service du travail obligatoire (STO) qui fournit à l'Allemagne de la main-d'œuvre

– militaire avec la **Milice**, qui aide les troupes allemandes dans la chasse aux résistants et aux Juifs.

– idéologique, dans le cas d'intellectuels attirés par le fascisme ou le nazisme.

- Par-delà cette diversité des formes, l'historien a proposé aussi une distinction entre « la collaboration », qui concerne les rapports d'État à État, et « le collaborationnisme », qui supposait aussi une adhésion ou, au moins, une proximité idéologique avec le nazisme.

VOCABULAIRE

Milice : organisation paramilitaire créée en janvier 1943.

1 L'entrevue de Montoire, 24 octobre 1940

Pétain et Hitler à Montoire

C'est dans l'honneur, et pour maintenir l'unité française, une unité de dix siècles, dans le cadre d'une activité constructive du nouvel ordre européen, que j'entre aujourd'hui dans la voie de la collaboration. Ainsi, dans un avenir prochain, pourrait être allégé le poids des souffrances de notre pays, amélioré le sort de nos prisonniers, atténuée la charge des frais d'occupation. Ainsi pourrait être assouplie la ligne de démarcation et facilités l'administration et le ravitaillement du territoire. […]
La France est tenue par des obligations nombreuses vis-à-vis du vainqueur. Du moins reste-t-elle souveraine. Cette souveraineté lui impose de défendre son sol, d'éteindre les divergences de l'opinion, de réduire les dissidences de ses colonies.
Cette politique est la mienne. Les ministres ne sont responsables que devant moi. C'est moi seul que l'histoire jugera. Je vous ai tenu jusqu'ici le langage d'un Père ; je vous tiens aujourd'hui le langage du chef.

Maréchal Pétain, message du 30 octobre 1940.

2 René Bousquet, chef de la police de Vichy, et la rafle du Vel' d'Hiv

René Bousquet et des officiers allemands à Vichy.

Les autorités allemandes ont décidé de transférer dans les territoires de l'Est les Juifs résidant dans la région parisienne et appartenant aux catégories suivantes : apatrides, Allemands, Autrichiens, Tchécoslovaques, Polonais, Russes, réfugiés sarrois.
Elles ont invité les autorités françaises à effectuer le rassemblement des Juifs appartenant à ces catégories dans des camps de la zone occupée d'où elles procèderont à leur transfert. […] Je vous prie de bien vouloir prendre toutes dispositions utiles à cet effet.

Instructions de René Bousquet, le 15 juillet 1942, la veille de la rafle du Vel' d'Hiv.

Les 16 et 17 juillet sont arrêtés par la police française 13 000 Français d'origine juive, dont 4 000 enfants, rassemblés au Vélodrome d'Hiver, puis à Drancy et Pithiviers.

3 La Résistance vue par le journal collaborationniste *Je suis partout*, 21 juillet 1941.

Hebdomadaire parisien, tribune d'écrivains et de journalistes d'extrême droite comme Lucien Rebatet, Robert Brasillach et Claude Jeantet, *Je suis partout* tire à 300 000 exemplaires en juillet 1944.

4 **Affiche de la Ligue française (novembre 1940), mouvement de collaboration très hostile aux Juifs et aux franc-maçons.**

5 **La collaboration vue par le caricaturiste soviétique Krukryniski (1942).**

De gauche à droite, Pétain, Darlan et Laval.

6 « La joie fasciste »

L'extravagance des adversaires du fascisme se trouve avant tout dans cette méconnaissance totale de la joie fasciste. Joie qu'on peut critiquer, joie qu'on peut même déclarer abominable et infernale, si cela vous chante, mais joie. Le jeune fasciste, appuyé sur sa race et sur sa nation, fier de son corps vigoureux, de son esprit lucide, méprisant des biens épais de ce monde, le jeune fasciste dans son camp, au milieu des camarades de la paix qui peuvent être les camarades de la guerre, le jeune fasciste qui chante, qui marche, qui travaille, qui rêve, il est tout d'abord un être joyeux. Avant de la juger [« la joie fasciste »], il faut d'abord savoir qu'elle existe, et que le sarcasme ne l'entamera pas. Je ne sais pas, si, comme l'a dit Mussolini, « le vingtième siècle sera le siècle du fascisme », mais je sais que rien n'empêchera la joie fasciste d'avoir été, et d'avoir tendu les esprits par le sentiment et par la raison.

Le fascisme [...] n'était pas l'imitation de l'étranger, et nos confrontements avec les fascismes étrangers ne faisaient que mieux nous convaincre des originalités nationales, donc de la nôtre. Mais le fascisme, c'est un esprit. C'est un esprit anticonformiste d'abord, antibourgeois, et l'irrespect y avait sa part. C'est un esprit opposé aux préjugés, à ceux de la classe comme à tout autre. C'est l'esprit même de l'amitié, dont nous aurions voulu qu'il s'élevât jusqu'à l'amitié nationale.

Robert Brasillach, *Notre avant-guerre*, Plon, 1941.

Questions

A Dégager des informations des documents

1. Quelle politique Pétain annonce-t-il à Montoire (doc. 1) ?

2. Comment Pétain la justifie-t-il ? Quelles peuvent être les conséquences de l'affirmation « C'est moi seul que l'histoire jugera » (doc. 1) ?

3. Qui est concerné par la directive signée par René Bousquet (doc. 2) ?

4. Comment les Juifs et les franc-maçons sont-ils caricaturés et identifiés (doc. 3 et 4) ? En quel lieu le dessinateur a-t-il situé la scène du doc. 4 ? Qu'a voulu souligner l'auteur de l'affiche en situant la scène à cet endroit ?

5. Quelle image de la collaboration ce dessin donne-t-il (doc. 5) ?

6. Rechercher qui est Brasillach (doc. 6). Expliquer la phrase « le jeune fasciste, appuyé sur sa race et sur sa nation ». Quels sont les aspects du fascisme glorifiés par Brasillach ?

7. Montrer que, pour Brasillach, le fascisme est un mouvement révolutionnaire (doc. 6).

B Mettre en relation les documents

8. Comparer les doc. 1 et 2. Quel lien peut-on établir entre ces deux faits ?

9. Quelles sont les raisons avancées par les partisans de la collaboration pour la justifier (doc. 1, 2 et 6) ?

C Rédiger

10. À partir des documents de ce dossier, illustrer les différences entre collaboration et collaborationnisme

Vivre et survivre sous l'Occupation

• Pour beaucoup de Français vivant sous l'occupation allemande, appelée familièrement l'« Occupation », la première préoccupation est de se nourrir. Dans la situation de pénurie créée par la désorganisation économique et le paiement à l'Allemagne des indemnités d'occupation, cette obligation n'est pas simple à remplir. Le rationnement favorise le développement du marché noir. Il faut donc se « débrouiller », tel est le terme alors utilisé, et que l'on retrouve dans l'expression « système D », alors en vogue.

• La vie quotidienne relève d'une économie de survie qui frappe durement les Français. La mortalité infantile augmente, et des carences dues aux difficultés d'approvisionnement frappent de nombreux adolescents.

1 Affiche de 1943.

2 Affiche de propagande en faveur du STO.

3 Les « interdits » de la *Propagandastaffel* (extraits)

2. Éviter de parler de l'Alsace-Lorraine.
7. Ne plus employer les termes d'Autriche, Pologne, Yougoslavie et Tchécoslovaquie. Il n'y a plus d'Autriche, mais une Marche de l'Est (Ostmark). Il n'y a plus de Pologne, mais un Gouvernement général. Il n'y a plus de Yougoslavie, mais la Serbie et la Croatie.
8. Ne rien dire au sujet des frais d'occupation.
11. Éviter de mettre en vedette tout ce qui a trait aux restrictions et aux sacrifices demandés à la population. [...]
17. Dans les avis de décès, ne pas mentionner que le défunt est mort en captivité. [...]
25. Ne pas parler des divergences de vue et des difficultés qui peuvent exister entre M. Laval et les autres groupes politiques (Doriot, etc.) [...].
38. Ne donner aucun chiffre total des ouvriers partant en Allemagne. De même, n'indiquer aucun chiffre, ni aucune qualité concernant les catégories de prisonniers libérés. [...]
40. Ne rien publier sur les arrestations d'anarchistes ou de communistes.
41. Ne rien publier sur les actes de sabotage ou les attentats divers.

Extrait de la note des services de la propagande allemande, 18 février 1943.

4 File d'attente devant un magasin d'alimentation.

5 Les difficultés du ravitaillement en France occupée

Les produits alimentaires sont soumis à un strict rationnement et il faut utiliser des tickets qui assurent, selon les catégories, entre 1 200 et 1 800 calories par jour.

Prix	officiel	au marché noir (avril-juin 1944)
Bœuf à rôtir (kg)	72 F	150 à 250 F
Lait (litre)	4,60 F	12 à 30 F
Beurre (kg)	78 F	450 à 600 F
Pommes de terre (kg)	3 à 5,70	22 à 30 F
Œufs (pièce)	3,60 F	8 à 10 F
Huile (litre)	50 F	1000 F
Charbon (50 kg)	46 F	500 à 1300 F

Rations alimentaires (février 1941)	Allemagne	France
Consommateur normal (en grammes)		
Pain (par jour)	340	300
Viande (par semaine)	500	360
Corps gras (par semaine)	270	100
Sucre (par mois)	1 200 à 1 500	500
Travailleurs		
Pain (par jour)	550	400
Viande (par semaine)	1 000	360
Corps gras : beurre ou margarine (par semaine)	400	100
Sucre (par mois)	1 200 à 1 500	500

6 Le moral des Français à l'automne 1941

À l'automne 1941, le moral en France est bien bas. Le ravitaillement est un problème de plus en plus insoluble. Si, par malheur, l'hiver est froid, les familles ne pourront pas se chauffer faute de combustible. Les vêtements d'avant-guerre sont à la limite de l'usure et comment les remplacer ? Pour nous, l'écoute de la BBC est souvent difficile ; on dirait que le brouillage allemand a fait de grands progrès. Il est même des soirs où l'on ne peut rien capter. Les nouvelles réconfortantes sont rares. La RAF a pu bombarder Berlin malgré la distance et la Luftwaffe. Elle pilonne assez régulièrement les villes du nord de l'Allemagne. Mais là-bas, à l'Est, les armées du Reich pénètrent toujours plus profondément en Russie. [...] Hitler vient de s'adresser au peuple allemand. Sûr de lui, il proclame : « Avant l'hiver, l'ennemi à l'Est sera anéanti. » J'ai bien du mal à conserver mon optimisme d'autant plus que ici et là, dans le tramway, chez les commerçants, en écoutant les conversations, on sent bien que pour 90 % des Français, cette guerre n'est pas leur guerre, que d'ailleurs, elle est perdue pour la Russie. Ce sera ensuite le tour de l'Angleterre. Ce qui compte, c'est manger, se vêtir, se chauffer...

Henri Frenay (fondateur du mouvement de résistance « Combat »), *La nuit finira*, Robert Laffont, 1973.

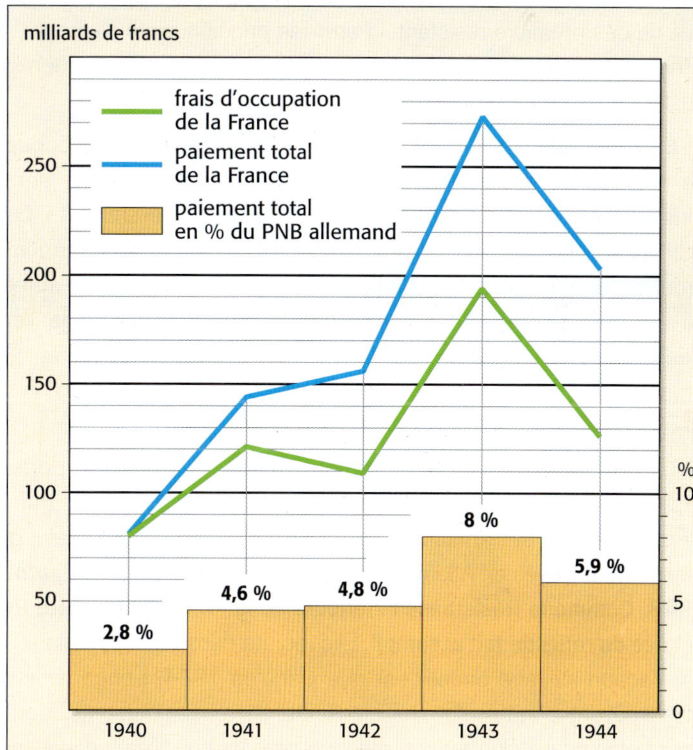

7 Le pillage économique de la France.

Questions

A Retirer des informations des documents

1. Que révèlent ces documents à propos de l'alimentation des Français durant la guerre (doc. 1 et 4) ?

2. Que représente l'ombre du personnage (doc. 2) ? Pourquoi les barbelés ? De quels prisonniers s'agit-il ? Quel lien cette affiche établit-elle entre les prisonniers et le STO ?

3. Que savez-vous des États et des territoires cités à l'article 7 (doc. 3) ? Pourquoi est-il interdit de les nommer (doc. 3) ?

4. Quels problèmes ces chiffres soulignent-ils (doc. 5) ?

5. Comment expliquer l'état d'esprit des Français (doc. 6) ?

6. Quelle est l'utilité, pour l'Allemagne, d'un tel pillage (doc. 7) ?

B Mettre en relation les documents

7. Quel lien peut-on établir entre les doc. 1, 4, 5 et 7 ?

C Rédiger

8. Rédiger un paragraphe décrivant les répercussions de l'Occupation sur la vie quotidienne.

3 La France résistante

A. Le refus initial

doc. 1 et 3

Le 18 juin 1940, l'appel du général de Gaulle à poursuivre le combat est entendu par peu de personnes lors de sa diffusion à la radio. Néanmoins, ce geste de refus marque les débuts de la France libre en Angleterre, avec, dans un premier temps, de très modestes effectifs : ainsi, à l'été 1940, ses troupes ne comptent que 7 000 hommes.

Sur le territoire français, également, **la Résistance intérieure apparaît bien faible à ses débuts**. Elle ne résulte d'abord que d'initiatives peu nombreuses et dispersées. En zone libre, quelques mouvements apparaissent en 1940-1941. Réaction de nationalisme blessé, cette première vague n'est pas toujours, au début, hostile au régime de Vichy. Mais la politique de collaboration menée par l'État français lui aliène la sympathie de ces premiers résistants. Parmi les principaux mouvements, on peut notamment citer la création en 1941 du réseau « Combat » et de « Libération Sud » puis, au début de 1942, du réseau « Franc-Tireur ».

En zone occupée, la présence allemande a suscité plus précocement l'organisation de la Résistance en **réseaux**. Mais, là encore, les débuts sont lents et difficiles. Plusieurs mouvements apparaissent en 1941, par exemple l'« Organisation civile et militaire » (OCM) et « Libération Nord ». Les communistes forment, en mai 1941, « le Front national », mouvement hostile à Vichy. C'est seulement après l'entrée en guerre de l'URSS, en juin 1941, que le parti communiste s'engage véritablement dans la Résistance.

B. Le combat de l'ombre

doc. 4, 5 et 6

La Résistance intérieure se renforce grâce à plusieurs apports successifs comme l'appui du parti communiste clandestin après juin 1941, qui crée l'organisation « Francs-Tireurs et Partisans français » (FTPF) en 1942, ou celui de travailleurs menacés d'être envoyés en Allemagne par le **Service du travail obligatoire** à partir de février 1943. **Comme la Résistance extérieure de la France libre, cette Résistance intérieure est née du refus du fait accompli.** Elle recrute dans tous les milieux et dans tous les partis. L'action militaire directe est rare jusqu'en 1944. L'engagement résistant prend le plus souvent d'autres formes : collecte de renseignements, contre-propagande par tracts et journaux clandestins, aide aux persécutés, filières d'évasion vers l'Espagne de résistants ou d'aviateurs alliés. Ces actions peuvent valoir à leurs auteurs le peloton d'exécution ou la déportation.

Entre-temps, le général de Gaulle a développé les forces de la France libre, avec le ralliement progressif d'une partie de l'empire colonial. Après le débarquement allié en Afrique du Nord, en novembre 1942, son centre de gravité passe à Alger, où est créé le Comité français de Libération nationale (CFLN) en 1943.

C. La France combattante

doc. 2 et 7

Pour consolider son influence, de Gaulle doit faire admettre son autorité à la Résistance intérieure et faire reconnaître son rôle de chef de la France combattante par les Alliés. Il n'obtient gain de cause que lentement et difficilement. À partir de l'été 1942, les rapports se précisent entre de Gaulle et la Résistance intérieure.

Des rapports plus étroits avec la Résistance intérieure supposent de la part de celle-ci une plus grande unité. Dans la clandestinité, le 27 mai 1943, se tient à Paris la première réunion du **Conseil national de Résistance (CNR)**, à l'initiative de l'envoyé du général de Gaulle, Jean Moulin. La motion adoptée réclame notamment la constitution à Alger d'un gouvernement unique dirigé par de Gaulle. Cette motion, adoptée à l'unanimité, vient renforcer celui-ci au moment où se développe, entre lui et le général Giraud, soutenu par Roosevelt, une concurrence pour le contrôle de la France libre.

VOCABULAIRE

réseau : organisation clandestine de résistance se livrant à des actes de sabotage, de contre-propagande ou de renseignement.

Service du travail obligatoire (STO) : service créé en France en 1943 sous la pression de l'Allemagne afin de lui fournir de la main-d'œuvre.

Conseil national de la Résistance (CNR) : fondé en 1943, il rassemble des représentants des mouvements de résistance, de partis politiques et de syndicats.

1 Affiche des Forces françaises libres.

2 Motion du Conseil national de la Résistance (27 mai 1943)

Le Conseil salue avec une vive satisfaction la décision prise par le général de Gaulle et le général Giraud, de se rencontrer très prochainement à Alger pour réaliser l'unité de toutes les forces françaises dressées contre l'ennemi de la Patrie et ses complices du dedans. [...] Elle entend que ce gouvernement soit confié au général de Gaulle qui fut l'âme de la Résistance aux jours sombres et qui n'a cessé depuis le 18 juin 1940 de préparer en pleine lucidité et en pleine indépendance la renaissance de la Patrie détruite, comme des libertés républicaines déchirées. Elle souhaite ardemment que le général Giraud, qui a préparé et assuré avec les Alliés la victoire en Afrique du Nord, prenne le commandement de l'armée française ressuscitée.

1. Quelle est la situation en Europe à la date du texte ?
2. Quelle est la place réservée au général de Gaulle ?

3 **De Gaulle à Londres, le 14 juillet 1940.**
Les troupes des Forces françaises libres comptent alors moins de 7 000 hommes.

4 **Une action de la Résistance.** Destruction d'un pont ferroviaire sur le canal de la Haute-Saône, le 8 juin 1944.

5 Ultimes pensées de résistants avant leur exécution

Ma chérie, pensez à moi comme à un vivant et non comme à un mort. Je vous ai donné tout ce que j'ai pu vous donner. Je suis sans crainte pour vous : un jour viendra où vous n'aurez plus besoin de moi ni de mes lettres ni de mon souvenir. Ce jour-là, vous m'aurez rejoint dans l'éternité, dans le vrai amour. Jusqu'à ce jour, ma présence spirituelle (la seule vraie) vous accompagnera partout.

Boris Vildé, membre du réseau du musée de l'Homme, fusillé le 23 février 1942.

À ma famille, à notre grand Parti, et aux Jeunesses communistes. Notre grand camarade Humblot Ignace est mort en cellule, sans soins, la colonne vertébrale brisée par des coups reçus parce qu'il ne voulait pas dénoncer ses camarades. N'oubliez jamais ce nom d'un brave.

Mes chers camarades, soyez certains que nous avons fait notre devoir et que nous n'en éprouvons aucun regret. Nous avons été les bons soldats du Parti et de la France. Que cet exemple ne soit pas inutile, car il faut que la France vive et que notre grand Parti fasse sa place dans un régime meilleur où le peuple qui travaille doit imposer sa volonté.
Nous partons avec la consolation de voir qu'Hitler n'a pas pu faire son offensive et que les vaillantes Armées rouges le tiennent en haleine, l'usant petit à petit.
Le triomphe est certain, le nazisme et le fascisme sont à la veille de mourir pour toujours.

Joseph Delobel, membre des Jeunesses communistes, fusillé à Arras le 16 juillet 1942.

1. Pourquoi ces résistants se sont-ils battus ?

2. Dans quel état d'esprit se trouvent-ils à la veille de leur mort ?

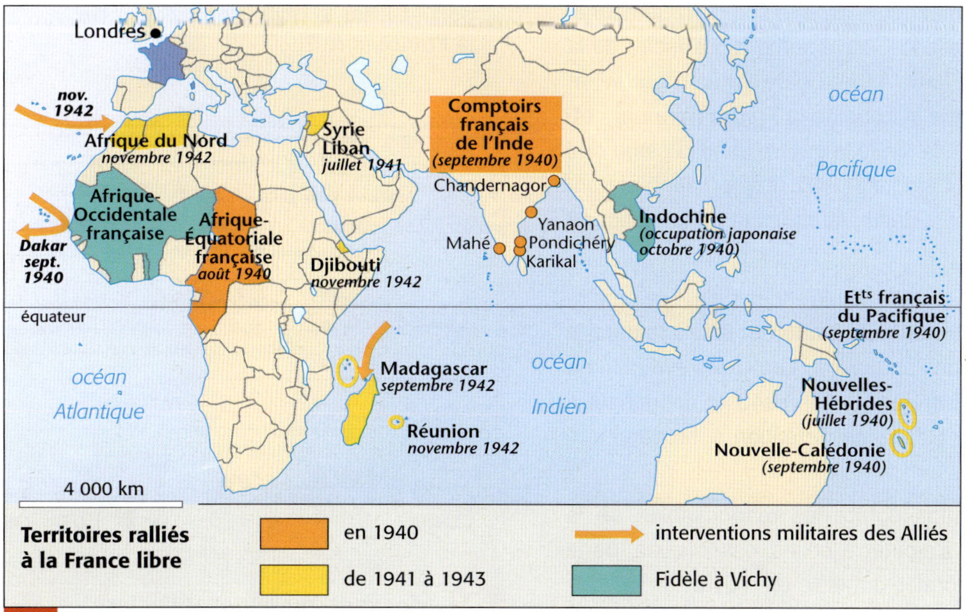

6 **Les territoires de l'empire colonial ralliés à la France libre.**

7 **Exécution de 24 maquisards à Lantilly,** Côte-d'Or, 25 mai 1944.

4 La France libérée

A. Préparer l'après-Vichy

■ **À l'automne 1943, de Gaulle est reconnu seul chef du Comité français de Libération nationale.** Le 3 juin 1944 est proclamée à Alger la naissance du Gouvernement provisoire de la République française, issu de ce Comité et présidé par le général de Gaulle. Il s'agit désormais de songer à la libération du territoire et aux conséquences qui s'ensuivront : le régime de Vichy ne peut pas survivre à la défaite de l'Allemagne et il faut dès maintenant penser à la reconstruction politique du pays. Est également mise en place une Assemblée consultative formée de membres désignés par les partis politiques présents à Alger.

B. Libérer le territoire

doc. 1, 2, 3, 5 et 6

■ Avec le **débarquement anglo-américain en Normandie**, le 6 juin 1944, commence la libération de la France. Pendant près de deux mois, l'issue des combats est incertaine en Normandie : seule la percée du front allemand à Avranches à la fin du mois de juillet permet une rapide avancée vers Paris.

■ Au mois d'août, les événements s'accélèrent ; le 15, **un second débarquement a lieu en Provence**. Les Allemands, qui risquent ainsi d'être pris dans une sorte de nasse dans le Sud-Ouest et le Centre, commencent à refluer vers le nord. À partir du 24, Paris est libéré par les troupes françaises de la Deuxième Division blindée du général Leclerc avec l'aide de résistants parisiens. La Résistance intérieure participe à la libération du territoire, par des renseignements, des sabotages et des actions de guérilla à partir des **maquis**. Le général Eisenhower a estimé l'apport de la Résistance française à l'équivalent de douze divisions, mais l'impact militaire de la Résistance reste difficile à évaluer avec précision.

■ L'armée allemande s'est livrée, par endroits, à de terribles représailles : ainsi, dans le Limousin, la population du village d'Oradour-sur-Glane est entièrement massacrée, le 10 juin 1944, par un détachement de la division SS Das Reich : 642 personnes y sont fusillées ou brûlées vives.

C. Être dans le camp des vainqueurs

doc. 4

■ Le régime de Vichy s'écroule dès le reflux de l'armée allemande : le maréchal Pétain est d'ailleurs contraint par les Allemands de les suivre dans leur débâcle et il se retrouve, aux côtés d'autres collaborateurs, à Sigmaringen, dans le sud de l'Allemagne. À la fin du mois d'août, le général de Gaulle installe le Gouvernement provisoire de la République française dans la capitale. La France libre, à cette date, l'a emporté sur le régime de Vichy. **Cet effondrement de Vichy et cette victoire de la France libre** permettent à la France de participer, en tant que nation, à la fin de la guerre dans le camp des Alliés et de figurer parmi les vainqueurs du Reich. Le 8 mai 1945, un représentant français, le général de Lattre de Tassigny, est présent à Berlin, au moment de la signature de la capitulation allemande.

■ Près de 600 000 Français ont péri durant la Seconde Guerre mondiale. Les cicatrices sont profondes car **la France a été divisée sur l'attitude à adopter face à la défaite et à l'occupation**. Commence alors la phase dite de l'**épuration**. Le procès symbole de cette période est celui du maréchal Pétain. Jugé en juillet-août 1945 et condamné à mort, sa peine est commuée par le général de Gaulle en détention à perpétuité. Il mourra en prison, à l'île d'Yeu, en 1951.

■ Après la Libération, la question des poursuites contre les responsables de la Révolution nationale et de la collaboration vient s'ajouter à celles, essentielles, de la reconstruction du pays à entreprendre et des réformes à mettre en œuvre.

VOCABULAIRE

maquis : zones difficiles d'accès (montagnes, marais, forêts) où se cachent les résistants. D'où le nom de « maquisards » donné aux résistants.

épuration : à la Libération, actions visant à écarter de la vie politique, à humilier, à emprisonner ou à exécuter tous ceux qui ont collaboré. On distingue une épuration « sauvage », difficile à chiffrer (de 7 500 à 10 000 morts) et l'épuration « légale » (jugements) : 120 000 condamnations, 1 500 exécutions.

1 « Paris libéré »

Pourquoi voulez-vous que nous dissimulions l'émotion qui nous étreint tous, hommes et femmes, qui sommes ici, chez nous, dans Paris debout pour se libérer et qui a su le faire de ses mains. Non ! Nous ne dissimulerons pas cette émotion profonde et sacrée. Il y a là des minutes qui dépassent chacune de nos pauvres vies.

Paris ! Paris outragé ! Paris brisé ! Paris martyrisé, mais Paris libéré, libéré par lui-même, libéré par son peuple avec le concours des armées de la France, avec l'appui et le concours de la France tout entière, de la France qui se bat, de la seule France, de la vraie France, de la France éternelle.

Eh bien ! Puisque l'ennemi qui tenait Paris a capitulé dans nos mains, la France rentre à Paris, chez elle. Elle y rentre sanglante, mais bien résolue. Elle y rentre, éclairée par l'immense leçon, mais plus certaine que jamais de ses devoirs et de ses droits...

Charles de Gaulle, *Mémoires de guerre*, Plon, 1950.

1. **Expliquer « Paris libéré par lui-même ».**
2. **En affirmant « la France rentre à Paris, chez elle », quel jugement implicite de Gaulle porte-t-il sur le régime de Vichy et sur la France libre ?**

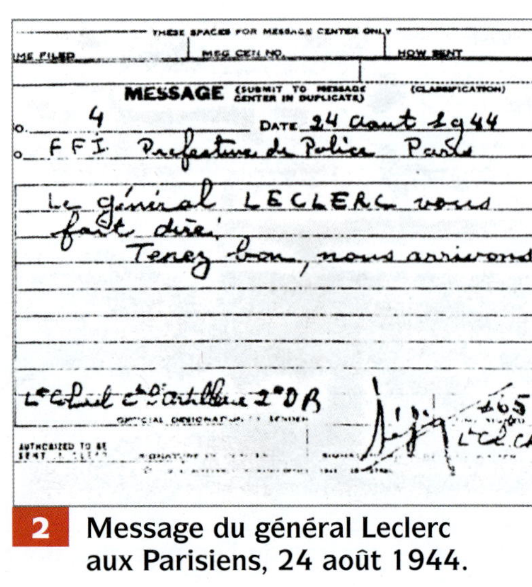
MESSAGE

4 DATE 24 août 1944

FFI Préfecture de Police Paris

Le général LECLERC vous fait dire : Tenez bon, nous arrivons

2 **Message du général Leclerc aux Parisiens, 24 août 1944.**

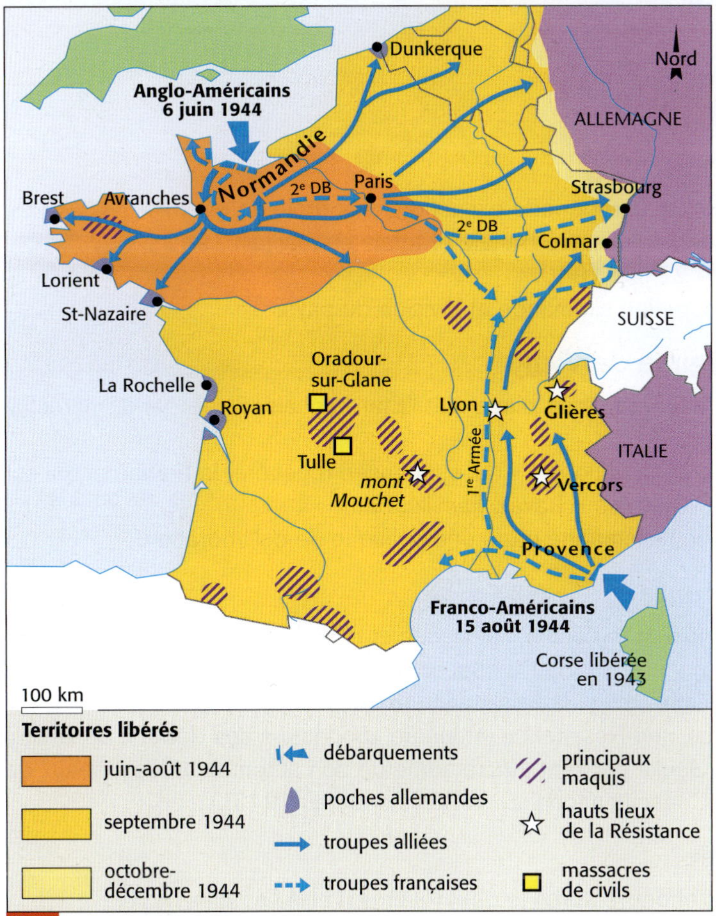

3 La libération de la France

1. Qui libère la France ?
2. Où et quand les Alliés débarquent-ils ?
3. Montrer que la situation de l'occupant allemand devient critique fin août 1944.
4. Expliquer la localisation des principaux maquis.

4 Affiche éditée par *L'Avant-Garde*, journal des Jeunesses communistes en août 1944.

Henri Rol-Tanguy et le colonel Fabien sont des chefs résistants communistes.

1. Qui libéra Paris ?
2. Quelle image de la libération de Paris cette affiche donne-t-elle ?

5 **L'épuration.** Une femmes tondue et son enfant né de père allemand conspués par la foule (Chartres, 18 août 1944).

6 Entrée de troupes alliées dans Paris, le 25 août 1944.

FICHE DE RÉVISION

DATES À RETENIR

- **10 mai 1940 :** invasion allemande
- **18 juin 1940 :** appel du général de Gaulle
- **22 juin 1940 :** armistice
- **3 octobre 1940 :** premier statut des Juifs
- **Novembre 1942 :** l'armée allemande occupe tout le territoire français
- **6 juin et 15 août 1944 :** débarquements alliés en Normandie et en Provence

BIOGRAPHIES

Jean Moulin
(1899-1943),
fondateur du Conseil national de la Résistance en 1943.
(Voir biographie complète p. 381)

Pierre Laval
(1883-1945),
vice-président du Conseil en 1940 et, à partir de 1942, principal artisan de la collaboration.
(Voir biographie complète p. 380)

Charles de Gaulle
(1890-1970),
chef de la France libre.
(Voir biographie complète p. 378)

Philippe Pétain
(1856-1951),
chef de l'État français de 1940 à 1944.
(Voir biographie complète p. 382)

L'ESSENTIEL

1. La France vaincue

- La guerre commence par une période d'inaction : « la drôle de guerre ».

– Elle est suivie d'une défaite militaire brutale et totale en mai-juin 1940 ;
– l'armistice est signé le 22 juin 1940.

- Conséquences : occupation allemande et division du pays.

2. La France du régime de Vichy

- La IIIe République s'effondre. À sa place naît l'État français, dirigé par le maréchal Pétain et installé à Vichy :

– il entreprend la « Révolution nationale » qui est censée régénérer la France et qui est symbolisée par la nouvelle devise « Travail, Famille, Patrie » ;
– le régime pratique avec l'Allemagne nazie une politique de collaboration.

3. La France résistante

- Mais des Français refusent la défaite, l'armistice et l'Occupation :

– réfugié à Londres, le général de Gaulle appelle, dès le 18 juin 1940, à poursuivre la lutte et dirige la France libre : c'est la Résistance extérieure ;
– sur le territoire national, une Résistance intérieure, modeste à ses débuts, apparaît ;
– progressivement, de Gaulle parvient à faire admettre son autorité sur les réseaux de résistants (création du Conseil national de la Résistance en 1943).

4. La France libérée

- Le régime de Vichy s'effondre après le débarquement allié en Normandie.
- La France est libérée par les Anglo-Américains, les forces de la France libre et le soutien de la Résistance intérieure ; épuration des collaborateurs.

En août 1944, la France libre l'a emporté sur la France de Vichy.

NE PAS CONFONDRE

Zone libre et France libre

➤ **Zone libre** : de l'armistice du 22 juin 1940 à novembre 1942, zone non occupée par les Allemands et située au sud de la France.

➤ **France libre** : les Forces françaises libres, civils, militaires, navires, colonies (AEF, Territoires français du Pacifique…) qui ont suivi le général de Gaulle.

Vichy et Paris

➤ **Vichy** : Selon l'armistice du 22 juillet 1940, un gouvernement officiellement souverain subsiste en zone libre ; il s'installe à Vichy ville thermale dont les nombreux établissements hôteliers favorisent l'installation des ministères.

➤ **Paris** : À Paris, l'armistice accorde aux Allemands « tous les droits de la puissance occupante ». Paris reste une capitale culturelle et semble être devenue une ville allemande (panneaux indicateurs en allemand, drapeaux nazis, bâtiments réquisitionnés).

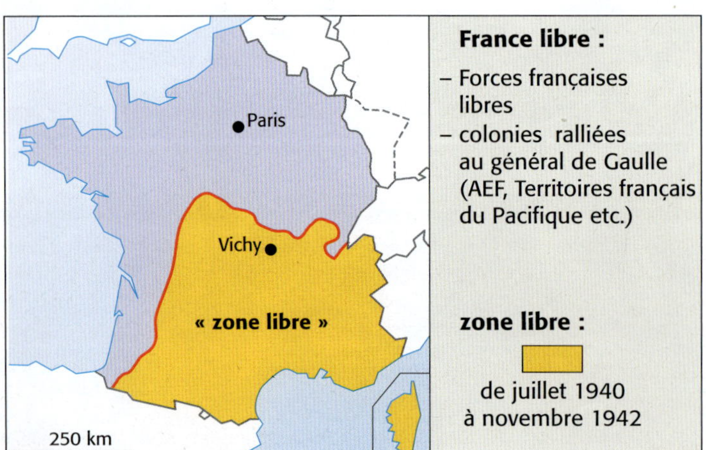

Zone libre et France libre.

FFL, FFI et FTPF

➤ **FFL** (Forces françaises libres) : à partir de l'été 1940, unités combattantes constituées par les volontaires ayant rejoint le général de Gaulle.

➤ **FFI** (Forces françaises de l'intérieur) : nom donné en 1944 aux forces militaires de la Résistance intérieure.

➤ **FTPF** (Francs-Tireurs et Partisans français) : Organisation résistante créée par le parti communiste français en 1942.

L'appel du 18 juin 1940

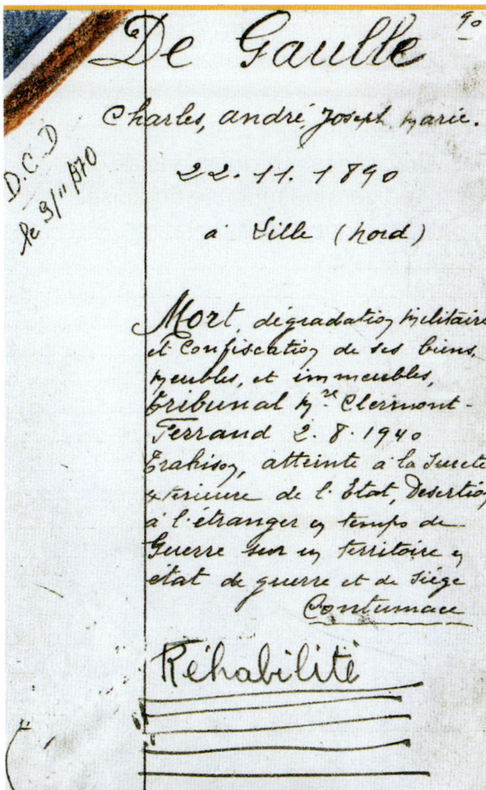

1 De Gaulle condamné à mort par un tribunal militaire de Vichy, le 2 août 1940.

APPEL DU 18 JUIN 1940

Les chefs qui, depuis de nombreuses années, sont à la tête des armées françaises, ont formé un gouvernement.

Ce gouvernement, alléguant la défaite de nos armées, s'est mis en rapport avec l'ennemi pour cesser le combat.

Certes, nous avons été, nous sommes, submergés par la force mécanique, terrestre et aérienne, de l'ennemi.

Infiniment plus que leur nombre, ce sont les chars, les avions, la tactique des Allemands qui nous font reculer. Ce sont les chars, les avions, la tactique des Allemands qui ont surpris nos chefs au point de les amener là où ils en sont aujourd'hui.

Mais le dernier mot est-il dit? L'espérance doit-elle disparaître? La défaite est-elle définitive? Non!

Croyez-moi, moi qui vous parle en connaissance de cause et vous dis que rien n'est perdu pour la France. Les mêmes moyens qui nous ont vaincus peuvent faire venir un jour la victoire.

Car la France n'est pas seule! Elle n'est pas seule! Elle n'est pas seule! Elle a un vaste Empire derrière elle. Elle peut faire bloc avec l'Empire Britannique qui tient la mer et continue la lutte. Elle peut, comme l'Angleterre, utiliser sans limites l'immense industrie des États-Unis.

Cette guerre n'est pas limitée au territoire malheureux de notre pays. Cette guerre n'est pas tranchée par la bataille de France. Cette guerre est une guerre mondiale. Toutes les fautes, tous les retards, toutes les souffrances, n'empêchent pas qu'il y a dans l'univers, tous les moyens nécessaires pour écraser un jour nos ennemis. Foudroyés aujourd'hui par la force mécanique, nous pourrons vaincre dans l'avenir par une force mécanique supérieure. Le destin du monde est là.

Moi, Général de Gaulle, actuellement à Londres, j'invite les officiers et les soldats français qui se trouvent en territoire britannique ou qui viendraient à s'y trouver, avec leur armes ou sans leurs armes, j'invite les ingénieurs et les ouvriers spécialistes des industries d'armement qui se trouvent en territoire britannique ou qui viendraient à s'y trouver, à se mettre en rapport avec moi.

Quoi qu'il arrive, la flamme de la résistance française ne doit pas s'éteindre et ne s'éteindra pas.

Demain, comme aujourd'hui, je parlerai à la Radio de Londres.

C. de Gaulle.

GÉNÉRAL DE GAULLE

2 L'appel du 18 juin 1940 du général de Gaulle.

3 **De Gaulle en 1944.** Affiche, 1944.

Questions

1. Présenter l'auteur à la date du texte.
2. Présenter le contexte historique.
3. À quelle analyse de la situation militaire le général de Gaulle se livre-t-il ?
4. Quelle conclusion en tire-t-il ?
5. Quelle différence peut-on relever entre cette analyse et ces conclusions, et l'analyse faite par le maréchal Pétain à la même époque (voir doc. 7 p. 337) ?
6. Quel est l'intérêt historique de ce texte ?

Prépa BAC

L'étude d'un ensemble documentaire (9/10)

Sujet : Qu'est-ce que la collaboration en France de 1940 à 1944 ?

Première partie

1. À quel grand discours fait allusion la légende du doc. 1 ? Comment sont représentés les résistants ?
2. À quel aspect de l'idéologie nazie les lois des 21 juin 1941, 22 juillet 1941 et 29 novembre 1941 correspondent-elles (doc. 2) ?
3. Quelle est l'idéologie politique défendue par l'auteur du texte 4 ? D'après cet extrait, par quels aspects de cette idéologie est-il attiré en particulier?
4. D'après les doc. 1 et 5, quels sont les ennemis de la France ?
5. Quels sont les aspects de la collaboration militaire évoqués dans ces documents ?

Deuxième partie

À l'aide de vos connaissances et des informations obtenues dans les réponses aux questions de la première partie, rédiger une réponse organisée à la question : qu'est-ce que la collaboration en France, de 1940 à 1944 ?

DOCUMENT 1

La Résistance vue par l'hebdomadaire *Je suis partout*, 9 juin 1944.

« Nous sommes ici par la volonté de l'Angleterre et nous n'en sortirons que par la force des soviets ! … »

DOCUMENT 2 **Lois de Vichy**

a. Loi du 21 juin 1941 réglant les conditions d'admission des étudiants juifs dans les établissements d'enseignement supérieur

Nous, Maréchal de France, chef de l'État français, le conseil des ministres entendu, décrétons :

Art. 1er : Le nombre des étudiants juifs admis à s'inscrire pour chaque année d'études d'une faculté, d'une école ou d'un institut d'enseignement supérieur, ne peut excéder 3 % des étudiants non juifs inscrits pour cette même année durant l'année scolaire précédente.

b. Loi du 22 juillet 1941 relative aux entreprises, biens et valeurs appartenant aux Juifs

Nous, Maréchal de France, chef de l'État français, le conseil des ministres entendu, décrétons :

Art. 1er : En vue d'éliminer toute influence juive dans l'économie nationale, le commissaire général aux questions juives peut nommer un administrateur provisoire à :

1. Toute entreprise industrielle, commerciale, immobilière ou artisanale ;
2. Tout immeuble, droit immobilier ou droit au bail quelconque ;
3. Tout bien meuble, valeur mobilière ou droit mobilier quelconque, lorsque ceux à qui ils appartiennent, ou qui les dirigent, ou certains d'entre eux sont juifs.

Toutefois, ces dispositions ne s'appliquent pas […] aux immeubles ou locaux servant à l'habitation personnelle des intéressés, de leurs ascendants ou descendants, ni aux meubles meublants qui garnissent lesdits immeubles ou locaux.

c. Loi du 29 novembre 1941 instituant une union générale des israélites de France

Nous, Maréchal de France, chef de l'État français,le conseil des ministres entendu, décrétons :

Art. 1er : Il est institué, auprès du commissaire général aux questions juives, une union générale des Israélites de France. Cette union a pour objet d'assurer la représentation des Juifs auprès des pouvoirs publics, notamment pour les questions d'assistance, de prévoyance et de reclassement social. Elle remplit les tâches qui lui sont confiées dans ce domaine par le Gouvernement.

Art. 2 : Tous les Juifs domiciliés ou résidant en France sont obligatoirement affiliés à l'union générale des israélites de France.

Toutes les associations juives existantes sont dissoutes, à l'exception des associations cultuelles israélites légalement constituées.

Art. 5 : Le conseil d'administration est placé sous le contrôle du commissaire général aux questions juives.

DOCUMENT 3 **Arrestation d'otages par la Milice en Haute-Savoie, 24 février 1942.**
La scène se déroule dans un village suspecté d'accueillir des résistants.

DOCUMENT 4 **L'idéal politique de Robert Brasillach**

Robert Brasillach (1909-1945), ancien élève de l'École Normale supérieure, écrivain français et brillant intellectuel des années 1930 est le rédacteur en chef de « Je suis partout » de 1937 à 1943.
Jugé à la Libération pour « intelligence avec l'ennemi », il est condamné à mort et fusillé le 6 février 1945 malgré une pétition en sa faveur signée par de nombreux intellectuels et adressée au général de Gaulle.

Ainsi se formait ce que nos adversaires appelaient le « fascisme » et que nous avions fini par nommer ainsi [...]. Et les éléments de notre fascisme à nous n'étaient pas difficiles à énumérer. Nous savions, à travers l'univers, ce qu'étaient tant de jeunes gens, qui, avec toutes les différences nationales, nous ressemblaient. Certains d'entre eux avaient souffert de la guerre, enfants, d'autres, de révolution dans leur pays, tous, de la crise. Ils savaient ce qu'est leur nation, son passé, ils voulaient croire à son avenir. Ils voyaient miroiter sans arrêt devant eux le scintillement impérial. Ils voulaient une nation pure, une race pure. Ils aimaient souvent à vivre ensemble, dans ces immenses réunions d'hommes, où les mouvements rythmés des armées et des foules semblent les pulsations d'un vaste cœur. Ils ne croyaient pas aux promesses du libéralisme, à l'égalité des hommes, à la volonté du peuple. Mais ils croyaient que du chercheur indépendant au chef d'industrie, au poète, au savant ou au manœuvre, une nation est une, exactement comme est une l'équipe sportive. Ils ne croyaient pas à la justice qui s'épanche dans les paroles, mais ils appelaient la justice qui règne par la force. Et ils savaient que de cette force pourra naître la joie.

Robert Brasillach, *Notre avant-guerre*, Plon 1941.

DOCUMENT 5 **Affiche de recrutement de la Légion des volontaires français contre le bolchevisme, 1942.**
La LVF est créée en juillet 1941 par des dirigeants collaborationnistes tel que l'ancien socialiste Marcel Déat et l'ancien communiste Jacques Doriot. Elle recrute des volontaires pour la guerre sur le front est. Ses effectifs sont restés modestes (jamais plus de 6 500 combattants).

CHAPITRE 20

L'Europe dominée et la politique nazie d'extermination

En 1942, le Reich hitlérien, à son apogée, s'étend sur une grande partie de l'Europe. Les nazis font régner l'« ordre nouveau » : régime totalitaire et terreur, pillage des ressources et réquisition des hommes, extermination des Juifs, des Tsiganes, des handicapés et de tous les opposants au régime. Ils s'appuient sur des collaborateurs et pourchassent tous ceux qui résistent à la réalisation de leur idéologie.

Entre collaboration et résistance, quels sont les choix des Européens vaincus ?
Comment s'organisent le système concentrationnaire nazi et la politique d'extermination des Juifs et des Tsiganes ?

1 | L'Europe des « surhommes »...

Dirigeants SS posant autour de leur chef, le *Reichsführer* Himmler.

« Toute la culture humaine, toutes les réalisations artistiques, scientifiques et techniques que nous connaissons sont à peu près exclusivement l'œuvre du génie aryen. » Hitler, *Mein Kampf*, 1925.

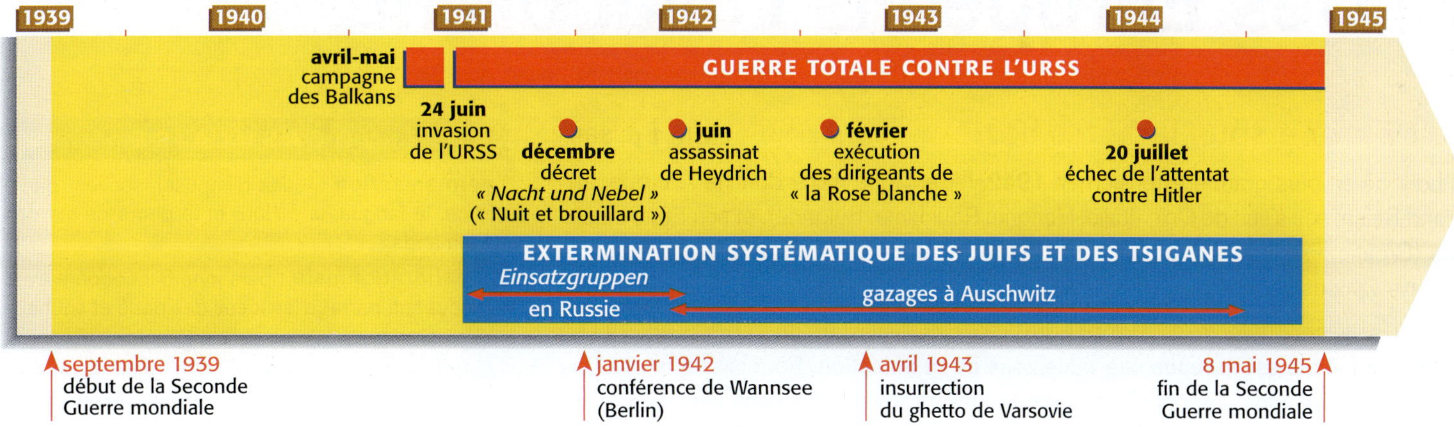

2 | ... et l'Europe des esclaves.

Des rescapés des camps de la mort, à leur libération, en 1945.

« Je n'ai tué personne, j'étais juste le directeur du programme d'extermination à Auschwitz. »

Propos de Rudolf Hoess, chef du camp d'extermination d'Auschwitz, au procès de Nuremberg (1945).

1 Des Européens collaborent

A. L'Europe sous la botte nazie

carte 1 p. 369

Lors de sa plus grande extension en 1942, l'Allemagne nazie domine l'Europe. Le Grand Reich, ses alliés de l'Axe (Italie, Hongrie, Roumanie, Bulgarie), et ses États satellites (Croatie, Finlande) contrôlent **toute l'Europe centrale et balkanique** et occupent les pays vaincus comme la Serbie et la Grèce.

Depuis la conquête de la Pologne en 1939 et l'invasion de l'URSS en 1941, **l'Europe orientale est devenue une vaste zone de colonisation**. Pour laisser la place à des colons allemands, les populations polonaises et soviétiques sont déportées vers l'Est ou assassinées. La guerre menée par les nazis a comme objectif de « liquider » ceux qu'ils nomment les « judéo-bolcheviques », de germaniser leurs territoires pour récupérer l'« espace vital » nécessaire aux « surhommes » du IIIe Reich.

En Europe de l'Ouest et du Nord-Ouest, les peuples vaincus sont traités en fonction d'une **hiérarchie raciale allant des Germains aux Slaves en passant par les Latins**. Certains comme les Luxembourgeois, les Néerlandais et les Scandinaves sont considérés comme assimilables. L'Alsace-Moselle, annexée de fait, se trouve dans la même situation et connaît une brutale **germanisation** ; ses hommes jeunes sont enrôlés de force dans la Wehrmacht et même dans les SS : on les appelle les « malgré-nous ».

B. Collaborationnistes et collaborateurs

doc. 1, 3, 4 et 5

Pour soumettre les récalcitrants et piller les pays soumis, **l'Allemagne compte sur la collaboration active d'une part de la population**. Elle revêt des formes multiples. Les plus fanatiques partisans de l'ordre nazi, les **collaborationnistes**, sont violemment anticommunistes et antisémites ; recrutés dans certains milieux de droite, ils collaborent, à l'instar de Léon Degrelle en Belgique ou de Quisling en Norvège, par conviction idéologique. Ils considèrent que les victoires allemandes sont la preuve du bien-fondé de la doctrine nazie. D'autres sont **collaborateurs** parce qu'ils croient la victoire de l'Allemagne inéluctable.

Des minorités nationales telles que les Baltes ou les Ukrainiens espèrent que l'Allemagne leur accordera l'indépendance comme cela s'est passé en Croatie ; les plus déterminés d'entre eux n'hésitent pas à s'enrôler dans les Waffen SS comme « volontaires contre le bolchevisme ». L'intérêt personnel et le désir d'enrichissement sont souvent les causes d'une collaboration économique : banquiers et industriels travaillent volontairement pour l'Allemagne ou rachètent à bas prix des entreprises **aryanisées**. D'autres individus, à une échelle plus modeste, profitent du marché noir.

C. Des hommes et des ressources pour le Reich

doc. 2

L'Allemagne pille systématiquement les ressources des pays occupés. Les prélèvements sont à la fois financiers (lourdes contributions exigées des vaincus), et économiques (réquisition de matières premières et de denrées alimentaires). La main-d'œuvre est aussi lourdement exploitée en raison de la déportation de nombreux travailleurs vers l'Allemagne pour remplacer la main-d'œuvre masculine allemande mobilisée par la Wehrmacht, surtout après l'échec du *Blitzkrieg* en 1942. C'est, au total, **12 à 14 millions d'Européens qui sont contraints au travail forcé** dans le Grand Reich.

Les prélèvements de biens – parfois le tiers de la production d'un pays – provoquent une pénurie dans tous les domaines et plus particulièrement dans l'alimentation. **Un rationnement est alors imposé**, organisé par des tickets qui n'assurent pas les besoins les plus élémentaires ; seuls les plus riches parviennent à trouver suffisamment de nourriture et de charbon au marché noir. Pour faire taire toute contestation, la presse est muselée et les libertés supprimées, la Gestapo fait régner la terreur, les SS multiplient les exécutions d'otages et font régner l'ordre nazi.

VOCABULAIRE

germanisation : le fait d'imposer, souvent par la force, la langue, la culture et le genre de vie des Allemands.

collaborationniste : personne qui coopère avec l'occupant, partage les idées des nazis et souhaite leur victoire.

collaborateur : personne qui coopère avec l'occupant allemand sans être nécessairement partisan de l'idéologie nazie.

aryaniser : confisquer une entreprise ou un commerce appartenant à un Juif et le donner ou le vendre à bas prix à un non-Juif ou à un « aryen ».

1 Paroles de collaborationniste : Anton Mussert

Anton Mussert est le fondateur, dès 1933, du parti national-socialiste néerlandais ; il est appelé « guide du peuple néerlandais » par Hitler.

« La mission, l'orgueil de la civilisation et le flambeau qui éclaire cet orgueil, c'est l'Allemagne qui les a repris, et les raisons d'espérer, c'est elle qui nous les apporte dans l'exemple de sa magnifique et multiple santé. Le national-socialisme a sauvé la personne [...]. C'est surtout un état d'esprit, un ensemble de réflexes, une manière héroïque de concevoir la volonté de grandeur et de pureté. Le fascisme a germé au-delà des frontières italiennes, et cette semence est aujourd'hui indépendante de celui qui l'a faite. Tous les peuples rénovés doivent à ce fascisme universel né à Rome la puissance de leur résurrection et de leur révolution. »

1. Comment la photographie montre-t-elle que les partisans d'Anton Mussert ont pris modèle sur les nazis ?
2. Quels sont les arguments développés par Anton Mussert pour faire adhérer au nazisme ?

2 **Le pillage de l'Europe.**

Affichette de propagande préfigurant ce que devra être la « politique économique » allemande dans les pays occupés.

1. Montrer que cette carte représente le pillage de l'Europe.
2. Où les Allemands pensent-ils trouver leurs matières premières et leurs sources d'énergie ? leurs denrées alimentaires ?

3 **Un État collaborateur : l'État croate ; un peuple occupé : le peuple serbe, après le démembrement de la Yougoslavie en 1941.**

4 **Affiche de propagande nazie en Norvège.**

« Avec la Waffen SS et la Légion nordique, contre l'ennemi commun… contre le bolchevisme ».

1. Décrire l'affiche : personnages et décor.
2. Par quels arguments veut-elle convaincre les Norvégiens d'entrer dans la Waffen SS ?

5 **La Légion des volontaires français contre le bolchevisme (26 juin 1942).**

1. À quoi voit-on qu'il s'agit de Français ?
2. À quoi voit-on qu'ils servent dans l'armée allemande ?

2 Des Européens résistent

A. Le refus de la défaite et du nazisme doc. 1

Toute l'Europe occupée connaît des mouvements de résistance nés du refus de la défaite et du nazisme. Des gouvernements légitimes, comme le gouvernement polonais, se réfugient au Royaume-Uni et organisent des forces armées régulières **qui combattent aux côtés des Alliés contre les forces de l'Axe : c'est la résistance extérieure**. Dans les pays occupés, la résistance intérieure prend la forme d'activités clandestines, déclarées illégales par les occupants. En Europe occidentale l'impulsion vient de Londres : c'est là que sont coordonnés les renseignements et les actions. La radio joue un rôle essentiel dans la guerre : la **BBC** permet de rester en contact avec les populations de l'Europe occupée. En Europe orientale, où la répression allemande est bien plus brutale, le rôle des communistes devient prépondérant après 1942 ; l'action est organisée depuis Moscou par les dirigeants des partis communistes des pays occupés qui y sont réfugiés.

Il existe également une résistance en Allemagne même, dirigée contre le régime hitlérien. Mais une répression impitoyable freine son développement, comme le montre l'exemple de « La Rose blanche », un réseau catholique organisé par des étudiants (Sophie et Hans Scholl) qui diffusent des tracts antinazis à partir de juin 1942 ; ils sont décapités en février 1943. **En Italie**, la résistance antifasciste, bien organisée, est capable d'organiser des grèves dans les villes du Nord.

B. Une lutte pour la liberté et la démocratie doc. 2, 3 et 4

Les résistants viennent de tous les horizons politiques et sociaux. Ils ont en commun la **défense de valeurs telles la liberté ou la démocratie**. Des républicains, défenseurs des droits de l'homme, des ouvriers voulant échapper au travail forcé, des communistes après la rupture du pacte germano-soviétique, rejoignent le maquis. Progressivement, ils s'organisent en réseaux dont le cloisonnement assure une certaine sécurité. En Europe orientale, des civils armés et bien organisés, forment des groupes de **partisans,** agissant à l'arrière du front. Ainsi, à la fin de 1943, en Biélorussie, 370 000 partisans immobilisent plusieurs divisions de la Wehrmacht.

Les lois de la clandestinité et de l'action secrète supposent du courage et nécessitent de prendre des risques : envoyer des renseignements militaires à Londres ou Moscou, mettre en place des filières d'évasion pour les prisonniers ou les aviateurs, imprimer et diffuser des tracts et des journaux de contre-propagande, saboter le matériel ennemi, organiser des attentats. L'efficacité de ces actions est cependant perturbée par de nombreuses divisions internes. Un **affrontement entre résistance communiste et résistance nationaliste** divise la Grèce et dégénère en une guerre civile qui se prolongera après 1945. De même, les résistants polonais se déchirent entre deux gouvernements, deux armées, deux mouvements de partisans : l'un, libéral, dirigé depuis Londres, l'autre communiste, obéissant à Moscou.

C. Des succès malgré une dure répression doc. 5

Les forces d'occupation traquent les résistants, qualifiés de « terroristes ». Les SS et la Gestapo pratiquent la torture, intimident les civils par des arrestations arbitraires, des pendaisons, des fusillades d'otages, des représailles telles que l'incendie de villages en Biélorussie et en Ukraine. Pour les aider dans ces basses besognes, les nazis créent des unités auxiliaires de prisonniers russes et ukrainiens volontaires.

Le décret *Nacht und Nebel* (« nuit et brouillard ») de décembre 1941 permet de faire disparaître, dans « la nuit et le brouillard » des camps de concentration, tous ceux qui sont soupçonnés de sympathie envers les résistants. La résistance à elle seule ne peut chasser l'occupant, mais elle contribue à la victoire alliée en retardant le mouvement des troupes allemandes, et même en remportant des **victoires militaires (Yougoslavie)**.

VOCABULAIRE

BBC : *British Broadcasting Corporation*, station de radio britannique. Elle joue un rôle considérable dans la guerre en tant qu'organe de propagande alliée vers l'Europe occupée et comme instrument de transmission des messages codés à destination des résistants.

partisans : aux XIXe et XXe s., civils en armes qui combattent derrière les lignes ennemies ; synonyme de « francs-tireurs ». Pendant la Seconde Guerre mondiale, les résistants communistes sont souvent appelés « partisans ».

1 « Le troisième Reich ? Non ! ».
Affiche du parti social-démocrate allemand (SPD), réalisée par P. H. Mar en 1932.

Malgré les arrestations, les déportations et les exécutions, la résistance au nazisme a bien existé en Allemagne ; en témoigne cette affiche prémonitoire du SPD, réalisée dès 1932. Même s'ils n'ont été qu'une minorité, des Allemands, hommes et femmes de toutes catégories politiques, sociales et religieuses, combattirent Hitler et connurent l'exil, les camps où beaucoup trouvèrent la mort. Si le groupe de « La Rose blanche » (Sophie et Hans Scholl) est actuellement le plus connu, il ne faudrait pas oublier des personnes comme le pasteur Niemöller, l'évêque de Münster August von Galen qui, le premier, dénonça l'euthanasie, le général Ludwig Beck et ceux qui organisèrent des attentats contre le Führer, Georg Elser (à la Bürgerbrau Keller de Munich, le 8 novembre 1939) et Claus von Stauffenberg (20 juillet 1944).

Die
BEFREIHUNG
NAHT!
Tausende von
Arbeiter
Verbluten
auf den
Schlachtfeldern-Hitler
ist ein Arbeitermörder !!!
Luxemburger
auch für deine
Befreihung
Kämft die
Sovget-Union!
KEHRET
Heim ins Reich
ihr NAZIS
ehe.. es
ZU SPÄT IST.

2 **Tract clandestin diffusé par le parti communiste luxembourgeois (1943).**

Traduction : « La libération approche !
Des milliers d'ouvriers périssent sur les champs de bataille
– Hitler assassine les ouvriers !!!
Luxembourgeois, l'Union soviétique combat aussi pour ta libération –
Vous les nazis, retournez dans votre Reich avant qu'il ne soit trop tard. »

4 **Affiche commémorant la résistance grecque depuis l'ultimatum italien du 28 octobre 1940.**

3 **Résistances communiste, nationaliste et monarchiste dans les Balkans**

En dépit des heurts regrettables qui se sont produits entre les partisans de Tito et ceux de Mihajlovic[1] en Yougoslavie, et entre les deux clans de la guérilla grecque, la situation dans les Balkans est difficile pour l'ennemi. Nous avons, nous Britanniques, environ 80 missions distinctes agissant avec les partisans et les bandes de patriotes de ces immenses régions montagneuses [...].
La lutte a pris un caractère extrêmement cruel et sanglant, avec représailles et exécutions d'otages par les Boches, mais l'ennemi subit de lourdes pertes [...].
Nous espérons mettre bientôt fin aux querelles des Grecs, mais le fossé entre les partisans de Tito et les Serbes de Mihajlovic est très profond.

Télégramme de Churchill au président Roosevelt, 23 octobre 1943.

1. En Yougoslavie, la résistance se divise entre les *tchetniks* nationalistes, monarchistes et anticommunistes de Mihajlovic, et les communistes de Tito qui se font la guerre, mais qui combattent chacun de leur côté les *oustachis*, collaborateurs fascistes, ultra-nationalistes croates d'Ante Pavelic.

1. **Quelle est la nature de ce document ?**
2. **Quelles sont les forces et les faiblesses de la résistance dans les Balkans ?**

5 **Un village martyr : Lidice (Tchécoslovaquie).**

En 1942, Reinhard Heydrich (portrait en haut à gauche), chef de l'Office central de sécurité du Reich, « protecteur du Reich » en Bohême-Moravie, est abattu à Prague par des résistants tchèques venus de Londres. En représailles, les SS s'attaquent à la population du bourg de Lidice (1483 habitants), soupçonnée d'avoir hébergé les coupables : tous les hommes sont fusillés sur la place du village, les femmes et les enfants déportés, et le village rasé.

1. **Chercher dans un dictionnaire des informations sur Heydrich.**
2. **Quel rôle joue Londres dans la résistance européenne ?**

DOSSIER

La tragédie des « malgré-nous »

• Selon la conception nazie du droit, les Alsaciens-Mosellans, les Luxembourgeois ainsi que les habitants de certaines régions germanophones de Belgique, Pologne et Tchécoslovaquie, sont considérés comme des *Volksdeutsche*, c'est-à-dire des éléments ayant vocation à devenir des citoyens du Reich.
En Alsace-Moselle, annexée de fait, cela se traduit par une germanisation et une nazification à outrance dont l'aboutissement est l'incorporation de force de quelque 130 000 citoyens français dans la Wehrmacht ou les Waffen SS. Les jeunes Alsaciens-Mosellans et Luxembourgeois avaient-ils le choix de s'opposer à leur destin tragique ?

1 **« Alsaciens, suivez cet exemple, engagez-vous ! » : une vaine campagne de recrutement.**
Les trois *Gauleiters* d'Alsace, de Moselle et du Luxembourg incitent les jeunes Alsaciens-Mosellans et Luxembourgeois à s'enrôler dans l'armée allemande. Cette campagne se solde par un échec total ; la riposte se fait en deux temps : d'abord le Service du travail obligatoire puis l'incorporation de force dans la Wehrmacht, voire dans les Waffen SS à partir de l'été 1942.

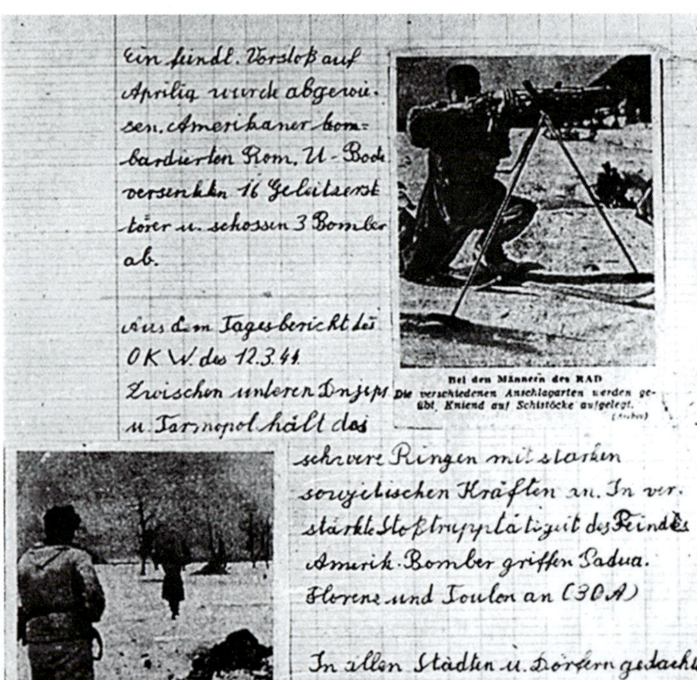

2 **L'endoctrinement dès le plus jeune âge : journal de guerre d'une écolière.** Dans le contexte de la tentative de germanisation et de nazification des provinces annexées de fait, chaque écolier est contraint, dès l'enseignement primaire, de tenir son *Kriegstagebuch* (« journal de guerre ») relatant au jour le jour les exploits des armées allemandes.

3 **La chasse aux réfractaires et déserteurs**

Dans les cas mentionnés [de trois incorporés de force qui ne se sont pas présentés au conseil de révision], il a été démontré que les parents n'avaient pas fait preuve d'autorité dans ce sens. Les parents de ces jeunes gens seront donc déportés sous peu dans *l'Altreich* pour acquérir à nouveau, dans un milieu de nationaux-socialistes, une attitude conforme à l'esprit national-socialiste.

Strassburger Neueste Nachrichten, journal alsacien aux mains des nazis, 4 septembre 1942

Nous ne pouvons admettre qu'un ramassis de lâches déserteurs souille la réputation de la Lorraine, qui est de vouloir, tout entière, accomplir courageusement son devoir. Pour la défense de la justice supérieure, le *Gauleiter* a refusé de protéger plus longtemps de sa main des marginaux tombés sous le coup de la loi militaire… Une série de déserteurs paient de leur vie ce crime contre la camaraderie au sein du peuple.

Metzer Zeitung am Abend, journal de Moselle, aux mains des nazis, 17 novembre 1943.

Alsaciens dans le camp de prisonniers de guerre de Tambov (URSS). **4**
Les conditions de vie atroces qui régnaient dans ce camp ont entraîné la mort de 10 000 « malgré-nous ».

5 Révolte, honte, culpabilité et crainte

De l'expérience que j'ai vécue pendant la guerre, je suis revenu avec un mélange complexe de révolte, de honte, de culpabilité et de crainte.
Sentiment de révolte, d'abord, parce que les Allemands nous ont incorporés de force sans fondement juridique. [...] La France nous a laissés tomber ; la commission d'armistice a fait quelques remarques, mais Vichy n'a rien dit.
Sentiment de honte parce que, quand j'étais gosse, et que j'allais me baigner dans le Rhin à douze ans, je lançais des cailloux vers l'autre rive en criant : « Sales boches ! ». Pour nous, c'était l'ennemi héréditaire. Porter l'uniforme de l'ennemi héréditaire, devoir combattre à ses côtés, je l'ai ressenti comme quelque chose de profondément honteux...
Sentiment de culpabilité, aussi. On m'a dit parfois que j'aurais pu refuser, me suicider. Cela m'a travaillé, je me suis posé la question. À 18 ans, on n'a pas tellement envie de mourir. [...] Mais si j'avais été à Oradour, aurais-je eu le courage, alors, de refuser d'obéir et donc d'accepter d'être fusillé ?
Enfin, sentiment de crainte. J'étais fonctionnaire. Et quand j'ai voulu passer le concours d'agrégation en médecine, on m'a dit : « On ne te prendra pas parce que tu es ancien incorporé de force ! Ça va te nuire ! » Finalement, je l'ai passé quand même...

Extrait du manuscrit du docteur Karli, ancien incorporé de force, devenu président de l'université Louis Pasteur de Strasbourg, membre de l'Académie des sciences.

7 Combien étaient-ils ? Estimations réalisées par les historiens.

Zones concernées	Incorporés de force (21 classes, nées de 1908 à 1928)	Tués ou disparus	Blessés et invalides
Bas-Rhin	64 000		
Haut-Rhin	36 000	40 000 *(pour les 3 départements)*	30 000 *(pour les 3 départements)*
Moselle	30 000		
Luxembourg	10 000	3 000	1 500

6 « Je tiens à vous annoncer la mort de mon frère »

Monsieur le Maréchal Pétain,
Je tiens à vous annoncer la mort de mon frère, tué sur le front de Russie sous l'uniforme boche qu'il abhorrait. Il est mort, comme sont déjà morts 3 600 au moins de nos camarades d'Alsace et de Lorraine. Ils sont morts parce qu'ils ont été livrés au mépris de toute justice, à la domination de l'Étranger. Et vous, Maréchal de France, vous êtes complice de ce forfait.
La protestation élevée par les députés des trois départements en 1871 à l'Assemblée nationale de Bordeaux[1] est restée la nôtre : nous avons été annexés au mépris de toute justice. [...]
Vous êtes entré dans l'Histoire avec le titre de vainqueur de Verdun. Vous y resterez avec le nom de Philippe le prostitué. Car vous avez prostitué votre gloire. Et vous n'avez d'autre excuse que votre sénilité.

Lettre d'un Français de Strasbourg, Alphonse Irjud, au maréchal Pétain, octobre 1943.

Questions

A Retirer des informations des documents

1. Quels sont les arguments utilisés pour convaincre la jeunesse alsacienne de s'engager dans l'armée allemande (doc. 1) ?
2. Pourquoi le pouvoir nazi fait-il tenir un journal de guerre par les écoliers (doc. 2) ?
3. Peut-on dire que les deux extraits de la presse régionale sont des articles d'« intoxication » de l'opinion (doc. 3) ? Expliquer la réponse.
4. Décrire cette scène du camp de Tambov (doc. 4).
5. Pourquoi le docteur Karli n'avait-il pas envie de parler de « sa » guerre après la libération (doc. 5) ?
6. Quels reproches l'auteur de la lettre fait-il à Pétain (doc. 6) ?

B Mettre en relation les documents

7. Quelles sont les différentes caractéristiques d'un régime totalitaire que ce dossier permet de dégager ?

C Rédiger

8. En un paragraphe argumenté, montrer quel fut le sort des jeunes gens d'Alsace, de Moselle et du Luxembourg incorporés de force dans la Wehrmacht.

3 La politique d'extermination

A. La « solution finale » doc. 1

Clairement exposée dans *Mein Kampf*, l'idéologie raciste nazie est mise en application en Allemagne, aux dépens des Juifs, des handicapés, des homosexuels et des Tsiganes, dès la prise du pouvoir par Hitler. Après 1939, son application est étendue aux territoires conquis.

C'est à l'égard des Juifs que les nazis se montrent les plus implacables. **Le 20 janvier 1942, la conférence de Wannsee** (banlieue de Berlin), présidée par Heydrich, **met au point la « solution finale de la question juive »**. Le rapport de cette réunion évalue le nombre de Juifs en Europe à 11 millions. Les SS et leur chef Himmler, sont chargés de les éliminer. En trois ans, une grande partie de ce programme est réalisée : 5,1 à 6 millions de Juifs européens sont envoyés à la mort. Quel nom donner à ce massacre sans précédent dans l'histoire ? Au procès de Nuremberg, on parle de **« génocide » : extermination de tout un peuple**. Les Anglo-Saxons ont repris du grec le terme d'holocauste qui désigne un sacrifice religieux où les victimes sont immolées par le feu. Certains historiens français s'accordent aujourd'hui sur le mot **Shoah**, qui signifie « catastrophe » en hébreu.

B. La logique de l'horreur doc. 2

Le génocide des Juifs s'intègre dans un processus de déshumanisation. Les nazis commencent par recenser les Juifs et leur imposent comme signe discriminatoire **le port d'une étoile jaune** à six branches, l'étoile de David. L'étape suivante est celle des restrictions, de l'aryanisation des entreprises, du pillage, des confiscations immobilières et financières, de la suppression des pensions et droits sociaux. Ces mesures s'accompagnent de l'interdiction d'exercer certaines professions (fonctionnaire, avocat, médecin), d'utiliser les services et de résider dans certains quartiers.

Progressivement, les Juifs sont enfermés dans des camps de travail ou des **ghettos**, où les conditions de vie sont déplorables et où règne la sous-alimentation. Pour les survivants commence la déportation vers les camps de la mort. Et pourtant, en avril 1943, le ghetto de Varsovie se révolte dans un ultime sursaut de désespoir.

C. L'univers concentrationnaire doc. 3, 4, 5 et 6

L'ultime étape est celle de la destruction massive. Des unités spéciales de SS se chargent des premiers massacres comme celui de Babi Yar (près de Kiev) en septembre 1941, où 33 371 hommes, femmes et enfants juifs sont assassinés en deux jours. Lors de l'avancée vers l'est, des unités spéciales, les ***Einsatzgruppen***, ont été formées ; au gré de l'avance militaire, elles exécutent des dirigeants communistes et des Juifs, parfois avec l'aide de groupes antisémites locaux : ukrainiens, lituaniens, biélorusses. Les victimes sont abattues par centaines devant des fosses creusées dans le sol, ou asphyxiées par le gaz d'échappement de camions. Mais tous ces moyens sont jugés insuffisants par les nazis : ils veulent accélérer l'élimination des Juifs et des Tsiganes. **Des camps d'extermination avec chambres à gaz sont créés** : Auschwitz-Birkenau, Chelmno, Lublin-Maïdanek, Belzec, Sobibor et Treblinka où sont anéantis la plupart des 450 000 survivants du ghetto de Varsovie.

Ces camps sont libérés au début de 1945. Les rescapés racontent l'enfer : l'arrivée dans des wagons à bestiaux, les familles séparées, le tri à l'arrivée entre ceux qui sont immédiatement gazés et ceux qui sont jugés provisoirement aptes au travail, les humiliations, les brutalités et les travaux forcés sous l'autorité d'un **kapo**, les expériences médicales, les ***Sonderkommandos*** et surtout la déshumanisation totale. En effet, les détenus ne sont plus considérés comme des hommes mais comme des « pièces » (*Stücken*) enregistrées par le tatouage dans leur chair d'un numéro matricule.

VOCABULAIRE

Shoah : ce mot s'applique au seul génocide du peuple juif perpétré par les nazis. Il évoque la volonté délibérée de faire disparaître un peuple et toute sa culture de façon à ce qu'il n'en reste aucune trace.

ghetto : quartier réservé aux Juifs.

***Einsatzgruppen* :** groupes d'intervention formés de policiers allemands et de SS, chargés d'exécuter les « ennemis » des nazis, c'est-à-dire principalement les Juifs et les cadres communistes dans les territoires conquis lors de l'invasion de l'URSS.

kapo : prisonnier de droit commun ou détenu d'origine allemande qui encadre les autres déportés dans les camps de concentration et qui, sous l'autorité des SS, a tous les droits sur ses codétenus.

***Sonderkommandos* :** petites unités spéciales, composées de déportés juifs contraints aux pires tâches (avant d'être eux-mêmes abattus) : raser les chevelures des morts, vider les chambres à gaz des cadavres, extraire les dents en or des victimes, acheminer les corps vers les fours.

1 La « solution finale »

Le 29 novembre 1941, Heydrich convoque la conférence de Wannsee qui se tient le 20 janvier 1942 sur la « solution finale de la question juive ». Un rapport en fut rédigé en trente exemplaires. Il cite parmi les possibilités de « solution » les fusillades et les camions à gaz. Ce n'est que plus tard que les chambres à gaz furent inventées. Ce rapport évalue le nombre de juifs à éliminer à 11 millions en comptant ceux des territoires « non encore occupés ». Il précise :

Au cours de la solution finale, les Juifs de l'Est devront être mobilisés pour le travail avec l'encadrement voulu. En grandes colonnes de travailleurs, séparés par sexe, les Juifs aptes au travail seront amenés à construire des routes dans ces territoires, ce qui sans doute permettra une diminution naturelle substantielle de leur nombre. Pour finir, il faudra appliquer un traitement approprié à la totalité de ceux qui resteront, car il s'agira évidemment des éléments les plus résistants, puisque issus d'une sélection naturelle, et qui seraient susceptibles d'être le germe d'une nouvelle souche juive, pour peu qu'on les laisse en liberté.

R. Heydrich, conférence interministérielle réunie le 20 janvier 1942 à Wannsee.

1. **Relever dans le texte les termes méprisants pour les Juifs.**
2. **En comparant avec les données statistiques du doc. 6, les nazis ont-ils atteint les objectifs de la conférence de Wannsee ?**

2 La liquidation du ghetto de Varsovie.
Les Juifs du ghetto de Varsovie se soulèvent le 19 avril 1943. Toute résistance a cessé le 16 mai. Les survivants sont abattus ou envoyés au camp d'extermination de Treblinka.

3 Les crimes des *Einsatzgruppen*.
Femmes et jeunes filles juives avant leur exécution par les *Einsatzgruppen*, à Liepaja (Lettonie), le 15 décembre 1941.

1. **Décrire la scène.**
2. **Pourquoi existe-t-il très peu de photographies de ce type d'exécution, pourtant fréquentes ?**

4 Ravensbrück, un camp de femmes

Ravensbrück fut le plus grand camp de concentration de femmes sur le territoire du Grand Reich. [...] Ravensbrück devint, en 1945, un camp d'extermination pourvu d'une chambre à gaz et d'un camp annexe dit « Uckermark » ou « Jugendlager », qui servit d'ultime lieu d'assassinat et de sélection pour la chambre à gaz.
Au fil des années, l'arrivée de plus en plus massive des convois venant de toute l'Europe occupée rendait la vie des détenues de plus en plus dure. C'est ainsi que, dans les baraques – il y en avait 35 réparties dans le camp –, l'entassement dans les « dortoirs » était hallucinant. Sur un espace large de 65 centimètres, trois, voire quatre femmes étaient installées sur des échafaudages de planches, en trois étages. La surpopulation atteindra son comble au cours de l'année 1944, puisque 70 000 numéros matricules furent attribués. [...]
Pendant les premières années, les nouveau-nés étaient noyés, ou étranglés devant leurs mères. Puis, à partir d'octobre 1944, ils étaient laissés en vie mais rien n'était prévu pour les aider à survivre, ils mouraient très rapidement car les mères étaient trop déficientes pour les allaiter. [...] On ne connaît que cinq survivants, dont trois Français, sur les 850 bébés nés au cours des six derniers mois du camp.

Témoignage de Jacqueline Fleury (matricule 57595) et Marie-Suzanne Binetruy (matricule 46888).

	Nombres de morts	Population juive en 1939	% de la population juive exterminée
Allemagne[1]	plus de 120 000	240 000	50 %
Autriche	plus de 50 000	60 000	83 %
Belgique	24 000	90 000	27 %
Bulgarie	0	50 000	0 %
Danemark	60	6 500	0,9 %
Estonie	2 000	4 500	44 %
Finlande	7	2 000	0,35 %
France	75 000	270 000	28 %
Grèce	60 000	74 000	81 %
Hongrie	plus de 180 000	400 000	45 %
Italie	9 000	50 000	18 %
Lettonie	70 000	95 000	74 %
Lituanie	jusqu'à 130 000	145 000	90 %
Luxembourg	moins de 1 000	3 000	33 %
Norvège	moins de 1 000	2 000	50 %
Pays-Bas	plus de 100 000	140 000	71 %
Pologne	jusqu'à 3 000 000	3 350 000	89,5 %
Roumanie	270 000	750 000	36 %
Tchécoslovaquie	260 000	315 000	82,5 %
URSS	plus de 700 000	3 020 000	23 %
Yougoslavie	60 000	75 000	80 %
TOTAL	**5 100 000**	**9 142 000**	**entre 56 et 64 %**

5 Bilan chiffré du génocide juif.
D'après R. Hilberg, *La Destruction des Juifs d'Europe*, 1988.

1. Dans le cas de l'Allemagne, parmi les 98 000 Juifs allemands qui ont émigré à partir de 1933 dans toute l'Europe, 75 000 sont morts. Ce sont donc environ 200 000 Juifs allemands qui furent les victimes des nazis.

6 Détenus au travail dans un camp de concentration.

Un camp de concentration sur le sol français actuel : Natzweiler-Struthof

• Le système concentrationnaire est un élément consubstantiel du système politique nazi. Dès mars 1933, les premiers camps sont ouverts en Allemagne. Ils sont d'abord destinés à l'emprisonnement des opposants allemands au nazisme. Par la suite, avec la guerre et l'extension du Reich, leur nombre et celui des détenus augmentent.

• Annexée par les nazis en juillet 1940, l'Alsace voit s'implanter un camp dans les Vosges, au lieu-dit « le Struthof ». Le camp de Natzweiler-Struthof (du nom de la commune sur lequel il est situé, Natzwiller en français) qui comprend des dizaines de ***kommandos*** est l'un des camps les plus durs du système nazi. Les premiers détenus y arrivent le 21 mai 1941.

VOCABULAIRE

kommandos **:** camps annexes dépendant d'un camp de concentration principal. Ils se multiplient à partir de 1942, à mesure que les détenus sont utilisés dans l'industrie de guerre allemande. La main-d'œuvre détenue est louée à des entreprises, par la SS. Natzweiler compte 70 *kommandos* extérieurs. Les principaux travaillent pour : Daimler-Benz, BMW, Messerschmitt, Siemens, AEG, mais aussi pour l'industrie pétrolière allemande.

1 Le camp de Natzweiler-Struthof en 1944.
Une double enceinte de barbelés électrifiés entoure les baraques des détenus, sur un sommet des Vosges.

2 Les détenus immatriculés à Natzweiler.

Effectifs	
1941	539
1942	1 465
1943	4 808
1944 (janvier-fin août)	24 065
sept. 1944-fin avril 1945	plus de 20 000
Principales nationalités représentées (en %)	
Polonais	35 %
Soviétiques	25 %
Français	14 %
(dont Alsaciens 0,44 % et Lorrains 1,58 %)	
Hongrois	9 %
Allemands	7,1 %
Italiens	4 %
Yougoslaves	1,8 %
Autres origines : Pays-Bas, Norvège, Lituanie, Luxembourg, Lettonie, Belgique, Estonie, Tchécoslovaquie, Grèce, Slovénie, Espagne, etc. Le nombre total des nationalités présentes est supérieur à 30.	4,1 %
Nature de la déportation	
politique	75 %
raciale (Juifs, Tsiganes)	13 %

Source : Steegmann (R.), *Struthof. Le KL-Natzweiler et ses kommandos*, La Nuée bleue, 2005.

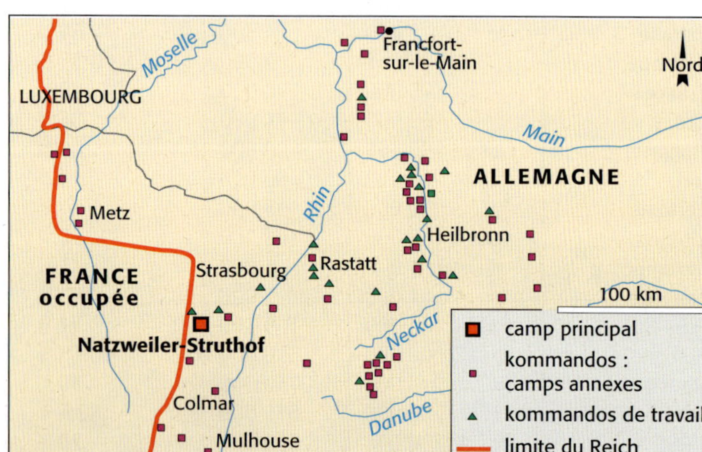

3 La nébuleuse concentrationnaire de Natzweiler-Struthof : le camp principal et ses *kommandos*.

4 La chambre à gaz

Je déclarais à ces femmes qu'elles devaient passer dans la chambre à désinfection et je leur cachais qu'elles devaient être asphyxiées. Assisté de quelques SS, je les fis complètement déshabiller et je les poussai dans la chambre à gaz, alors qu'elles étaient toutes nues.
Au moment où je fermais la porte, elles se mirent à hurler. J'introduisis, après avoir fermé la porte, une certaine quantité de sels dans un entonnoir placé au-dessus et à droite du regard. En même temps, je versai une certaine quantité d'eau qui, ainsi que les sels, tomba dans la chambre à gaz au bas du regard. [...] J'observai par le regard extérieur ce qui se passait à l'intérieur de la chambre.
Je constatai que ces femmes ont continué à respirer environ une demi-minute, puis elles tombèrent à terre. [...]
Je n'ai éprouvé aucune émotion en accomplissant ces actes, car j'avais reçu l'ordre d'exécuter de la façon dont je vous ai indiqué les 80 internés. J'ai d'ailleurs été élevé comme cela *[sic]*.

Déposition du commandant Josef Kramer (qui exécuta les 86 gazages, en août 1943) auprès de la Justice militaire française, 26 juillet 1945.

5 Le système concentrationnaire nazi.

7 L'appel à Natzweiler-Struthof. Dessin de Henri Gayot, détenu français à Natzweiler.

6 Les marches de Natzweiler

Être prisonnier à Natzweiler-Struthof revient à monter sans arrêt des marches, lesquelles sont particulièrement hautes. Sachant qu'au bout d'un certain temps les prisonniers n'ont plus suffisamment de force pour lever normalement les jambes, ils finissent bientôt par adopter une démarche curieuse : devant chaque marche, ils prennent leur élan, placent les mains sous un genou et le soulèvent, pour poser le pied sur la marche suivante. Après avoir posé l'autre pied, ils recommencent et ainsi de suite jusqu'au block.

Témoignages de K. Ottosen, médecin norvégien interné à Natzweiler, 1947.

8 La mortalité

Années	Durée de la détention				
	< à 3 mois	3 à 6 mois	6 à 12 mois	12 à 18 mois	> à 18 mois
1941	71,8 %	15,4 %	12,8 %		
1942	40,8 %	34,7 %	15,8 %	7,4 %	1,3 %
1943	58,4 %	26,3 %	14,5 %	0,5 %	0,3 %
1944-1945	50,3 %	30 %	16,13 %	2,7 %	0,5 %
% moyen	**54,1 %**	**27,2 %**	**15 %**	**3,2 %**	**0,5 %**

Questions

A Dégager les informations des documents

1. Comment évoluent les effectifs de Natzweiler (doc. 2) ?
2. Quelles sont les principales nationalités (doc. 2) ?
3. Combien y a-t-il de camps de concentration principaux (doc. 5) ?
4. Quel est le passage le plus important de la déposition du commandant (doc. 5) ? Expliquer.

B Mettre en relation les documents

5. Expliquer l'évolution des effectifs immatriculés (doc. 2, 3 et 8).
6. La population allemande pouvait-elle ignorer l'existence des camps de concentration (doc. 3 et 5) ?

C Rédiger

7. Rédiger un paragraphe expliquant, à travers l'exemple de Natzweiler, ce qu'est un camp de concentration.

Un camp d'extermination : Auschwitz

• Auschwitz est un ensemble de trois camps situés dans le sud de la Pologne :
– le camp d'Auschwitz 1, le *Stammlager* (« camp souche ») installé dès 1939 dans une ancienne caserne polonaise ;
– le camp d'Auschwitz 2-Birkenau, créé de toutes pièces en 1941, camp d'extermination, usine de la mort ;
– le camp d'Auschwitz 3-Buna-Monowitz, camp d'internement pour les déportés contraints aux travaux forcés à l'usine de caoutchouc de la firme IG Farben.

• Auschwitz est devenu le synonyme de la barbarie nazie, à la fois par la cruauté des traitements infligés à des êtres humains et par le nombre de victimes : un million de Juifs, 75 000 Polonais, 21 000 Tsiganes, 15 000 prisonniers de guerre soviétiques et 13 000 déportés d'autres pays y furent assassinés.

• Les nazis ont créé cinq autres camps d'extermination, tous situés en Pologne : Treblinka, Chelmno, Sobibor, Maïdanek, et Belzec.

1 Auschwitz-Birkenau.

a. **Dès l'arrivée, la sélection…**

b. **… puis, soit la mort immédiate par gazage et destruction des corps dans les fours crématoires…**

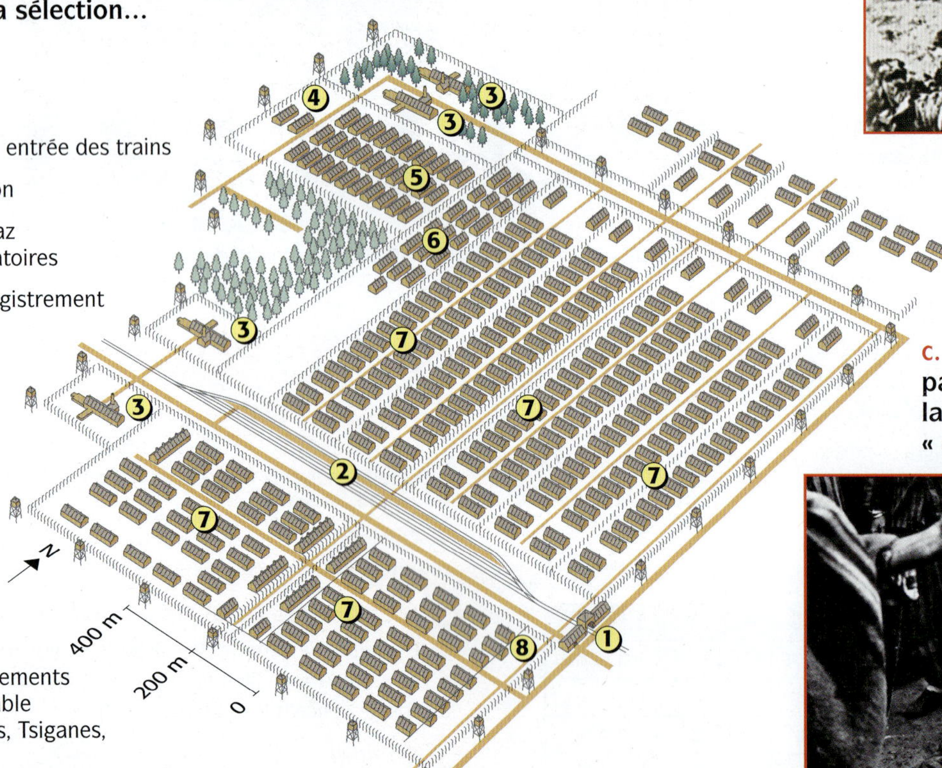

(1) Porte de la mort : entrée des trains
(2) rampe de sélection
(3) les chambres à gaz et les fours crématoires
(4) le « sauna » : enregistrement des déportés
(5) le « Canada » : tri et stockage des vêtements
(6) infirmerie
(7) différents baraquements avec un tri préalable (quartier des Juifs, Tsiganes, femmes, etc.)
(8) baraquement des expériences médicales

Source : Stéphane Bruchfeld et Paul A. Levine, *Dites-le à vos enfants*, Ramsay, 2000.

c. **… soit la mort lente par le travail, la faim, la torture ou les « expériences médicales ».**

2 Un souci d'efficacité

Le règlement de la question juive signifiait l'extermination totale de tous les Juifs d'Europe [...]. En juin 1941, je reçus l'ordre d'organiser l'extermination à Auschwitz. Je me rendis à Treblinka pour voir comment s'effectuaient les opérations d'extermination. Le commandant du camp me dit qu'il avait fait disparaître 80 000 détenus en six mois. Il utilisait l'oxyde de carbone. Cependant, ses méthodes ne me parurent pas très efficaces. [...] Mon choix se porta sur le zyklon B, acide prussique cristallisé, que nous laissions tomber dans la chambre de mort par une petite ouverture. Selon les conditions atmosphériques, il fallait compter de trois à quinze minutes pour que le gaz fît son effet. Nous savions que les gens étaient morts lorsqu'ils cessaient de crier. Ensuite nous attendions environ une demi-heure avant d'ouvrir les portes et d'enlever les corps. Une fois les corps sortis, nos commandos spéciaux leur retiraient bagues et alliances, ainsi que l'or des dents[1].

Nous construisîmes des chambres à gaz pouvant contenir 2 000 personnes à la fois, alors qu'à Treblinka, leurs dix chambres à gaz n'en contenaient chacune que 200. [...] Deux médecins SS étaient chargés d'examiner chaque nouvel arrivage de prisonniers. Les enfants en bas âge étaient invariablement exterminés, puisqu'ils étaient inaptes au travail.

Rudolf Hoess, commandant du camp d'Auschwitz.

1. Dix-sept tonnes d'or furent ainsi récupérées.

3 Femmes à Auschwitz en 1944.

4 Témoignage d'une déportée à Auschwitz

Notre groupement polonais, qui comptait environ 2 000 personnes, présentait l'image la plus bigarrée. Il y avait des mendiantes en haillons ramassées dans la rue, des Tsiganes en leurs robes colorées, des filles de joie d'une élégance voyante, des juives, des paysannes emmitouflées dans leurs châles, des dames élégantes. [...]. Les bureaux d'enregistrement où l'on inscrivait chaque détenue dans un fichier travaillaient jour et nuit. Les détenues les plus anciennes remplissaient les registres, sous la surveillance des SS. [...]

Toutes nues, nous nous assîmes devant des détenues chargées de nous tondre. [...] Et enfin, le dernier acte par lequel nous étions sacrées détenues du camp de concentration d'Oswiecim (Auschwitz), le numéro d'ordre qui devait remplacer dorénavant nos noms et prénoms, fut tatoué sur l'avant-bras de chacune de nous. [...]

Les Allemands nous avaient abaissées au-dessous du niveau d'un animal domestique et ils ont organisé tout l'appareil du camp de façon à nous exterminer, à nous tuer au physique et au moral. [...] Mais il n'existe pas de conditions qui puissent paralyser toute lutte contre l'abaissement de l'homme. [...] Nous saisir du gouvernail, mobiliser toutes les forces positives, nous opposer à l'abaissement moral, diriger notre pensée vers la lutte et l'affranchissement, tel était le commandement moral qui s'était irrésistiblement imposé à nous.

Pelagia Lewinska, résistante polonaise arrêtée en janvier 1943, *Vingt Mois à Auschwitz*, Nagel, 1966.

5 150 femmes à vendre

– Nous vous serions reconnaissants de bien vouloir mettre à notre disposition plusieurs femmes en vue d'expériences que nous avons l'intention d'effectuer avec un nouveau narcotique...

– Nous accusons réception de votre réponse. Le prix de 200 marks par femme nous paraît néanmoins exagéré. Nous n'offrons pas plus de 170 mks par tête. Nous avons besoin de 150 femmes.

– Nous avons reçu l'envoi de 150 femmes. Nous vous informerons du cours des expériences...

– Les expériences sont faites. Toutes les personnes sont mortes. Nous nous adresserons prochainement à vous pour un nouvel envoi.

Correspondance échangée par la firme Bayer avec le commandant du camp d'Auschwitz.

Questions

A Retirer des informations des documents

1. Quelles informations le plan et les photographies du doc. 1 donnent-ils sur les activités dans le camp de Birkenau ? Montrer comment le camp s'articule autour de la voie ferrée.

2. Comment Hoess a-t-il augmenté la « rentabilité » de son camp (doc. 2) ?

3. D'après les documents 3 et 4, comment se met en place le processus de déshumanisation des déportés ? Qu'est-ce qui permet à Pélagia Lewinska de survivre (doc. 4) ?

4. Quel type de relations entre la firme Bayer et le camp de concentration est décrit dans le doc. 5 ?

B Mettre en relation des documents

5. D'après l'ensemble des documents, quelles sont les différentes catégories de déportés qui peuplent le camp d'Auschwitz ?

6. À l'aide du dossier, montrer que la politique raciale des nazis aboutit bien à un génocide.

7. Montrer qu'Auschwitz est à la fois un camp de travail et un camp d'extermination.

C Rédiger

8. À l'aide de l'ensemble du dossier et des réponses aux questions, décrire le « fonctionnement » d'un camp de la mort.

FICHE DE RÉVISION

DATES À RETENIR

- **Novembre 1941 :** création des premières chambres à gaz
- **Juin 1941 à mai 1943 :** *Einsatzgruppen* en Russie
- **Janvier 1942 :** conférence de Wannsee, mise en place de la « solution finale de la question juive »
- **Mars 1942-janvier 1945 :** gazages de masse à Auschwitz
- **19 avril-16 mai 1943 :** insurrection du ghetto de Varsovie
- **Janvier à mai 1945 :** libération des camps

L'ESSENTIEL

1. Les Européens qui collaborent…

- En 1942, le Reich allemand atteint sa plus grande extension et impose sa domination à une grande partie de l'Europe ; politique d'**aryanisation**.
- À l'Est : conquête de l'espace vital, colonisation allemande, occupation particulièrement dure pour les populations polonaises et soviétiques refoulées vers l'est ;
- L'Allemagne pille systématiquement les ressources des pays occupés et compte sur les collaborateurs, ainsi que sur les gouvernements des États vassaux.

2. … et ceux qui résistent

- Résistance extérieure, à partir de Londres et de Moscou : gouvernements en exil et troupes régulières aux côtés des Alliés.
- Dans les pays soumis, résistance intérieure : actes individuels, formation de réseaux, de maquis, action de **partisans** (Pologne, Grèce, Yougoslavie).

Mais division des résistants entre communistes et non communistes (monarchistes en Grèce et Yougoslavie). Malgré la répression implacable et aveugle de la part des SS et de la Gestapo, les résistants réussissent à affaiblir les forces d'occupation et participent ainsi à la victoire finale.

3. La mise en œuvre de la politique d'extermination

Régime raciste, le national-socialisme décide en 1942 « la solution finale de la question juive » et prévoit l'extermination de 11 millions de Juifs en Europe d'abord rassemblés dans des **ghettos**.

- Déportation dans les camps de concentration des Slaves, des opposants au régime, des communistes ;
- action des ***Einsatzgruppen*** en arrière du front ;
- création des camps d'extermination pour la réalisation du génocide des Juifs et des Tsiganes.

BIOGRAPHIES

Heinrich Himmler (1900-1945), chef suprême des SS. *(Voir biographie complète p. 379)*

Josip Broz, dit Tito (1892-1980), chef de la résistance communiste yougoslave. *(Voir biographie complète p. 383)*

Primo Levi (1919-1987), résistant italien, rescapé d'Auschwitz, écrivain. *(Voir biographie complète p. 380)*

NE PAS CONFONDRE

Waffen SS et Wehrmacht

➤ **Waffen SS** : les Waffen SS sont des unités militaires composées de SS. En marge de la police et de l'armée régulière, elles forment les troupes d'élite du Reich. En 1945, elles comptent 600 000 hommes répartis en 38 divisions dont certaines intègrent également des volontaires étrangers.

➤ **Wehrmacht** : « force de défense », ce mot désigne, de 1935 à 1945, l'ensemble des forces armées régulières allemandes, puis seulement l'Armée de terre.

Camps de concentration et camps d'extermination

➤ Les **camps de concentration** sont destinés à l'internement des opposants ou des ennemis pendant une guerre. Les premiers camps de concentration apparaissent au début du XXe s. ; ils ont été créés en Afrique du Sud par les Britanniques pendant la guerre des Boers (1899-1902). Il en existe dans la plupart des dictatures et des régimes totalitaires (Allemagne nazie, URSS, Chine communiste, Cuba, Cambodge des Khmers rouges).

➤ Les **camps d'extermination** sont créés à partir de l'automne 1941 pour l'élimination systématique des déportés (en majorité Juifs et Tsiganes).

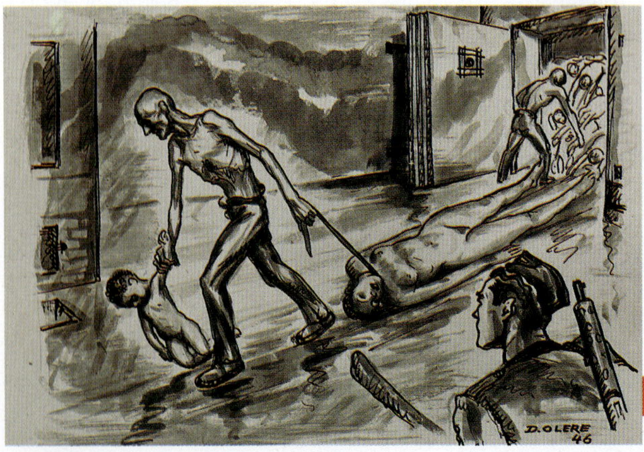

Ouverture de la chambre à gaz du camp d'extermination d'Auschwitz. Dessin de D. Olère, déporté à Auschwitz, 1946.

L'Europe sous le joug nazi

1 La domination nazie en 1942.

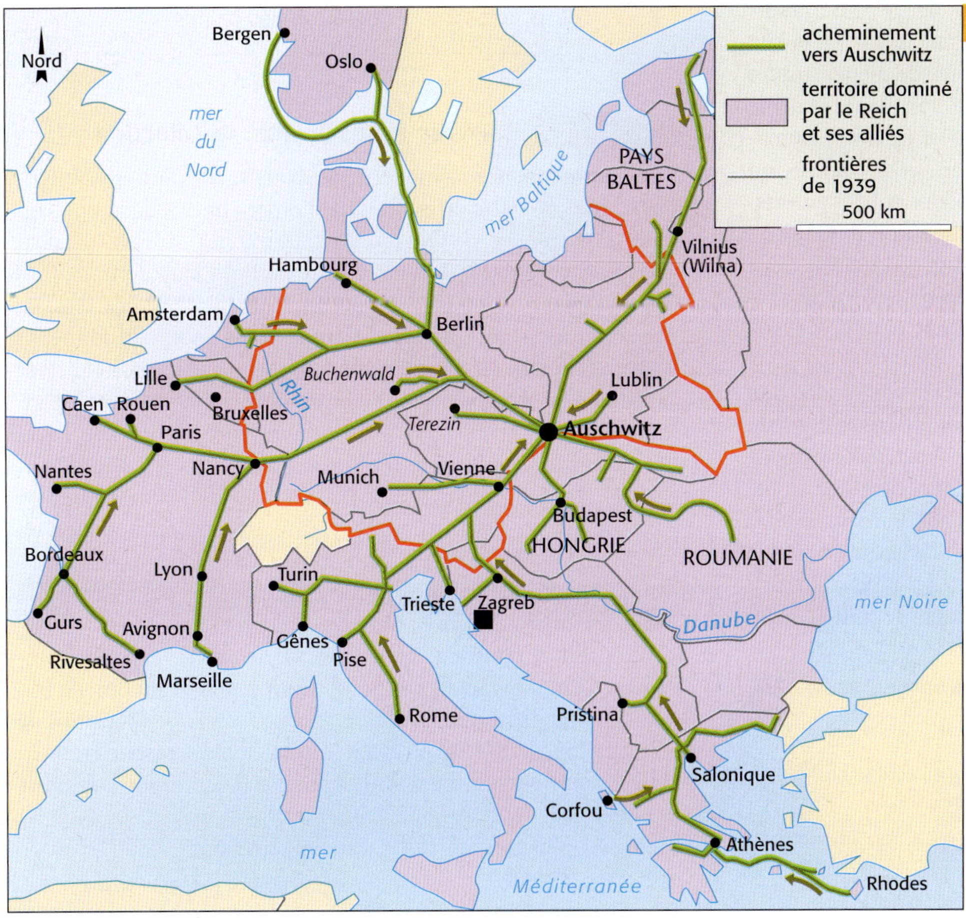

2 Convois pour Auschwitz.

Questions

1. Quels pays de l'Europe se trouvent directement ou indirectement sous le contrôle des nazis en 1942 ?
2. Quelles puissances européennes continuent la lutte contre l'Allemagne ?
3. Quels États ont disparu ? Que sont-ils devenus ?
4. Quelles frontières européennes ont été modifiées ?
5. Quel est le statut des territoires russes conquis ?
6. Quels sont les noms des camps d'extermination représentés sur la carte 1 ?
7. Quels moyens sont utilisés pour acheminer les déportés vers Auschwitz (doc. 2) ?
8. De quels pays européens proviennent les personnes déportées à Auschwitz (doc. 2) ?

L'étude d'un ensemble documentaire (10/10)

Sujet : Quelles sont les conséquences de l'idéologie nazie en Europe ?

Première partie

1. Quels sont les devoirs d'un État raciste selon Adolf Hitler (doc. 1) ?
2. Présenter, en utilisant vos connaissances, les moyens employés par les nazis pour embrigader la jeunesse ? Comment ce jeu participe-t-il à la manipulation des esprits ?
3. Pourquoi les convois de déportés arrivaient-ils généralement de nuit à Auschwitz ?
4. Quelle conception de la « race des seigneurs » apparaît dans le discours de Himmler (doc. 4) ? Quels sont les arguments du chef des SS pour justifier l'esclavage des « sous-hommes » ?
5. Montrer que les doc. 2, 3, 4 et 5 présentent des applications des idées présentées dans le doc. 1.

Deuxième partie

À l'aide des réponses, des informations extraites des documents et de ses connaissances, le candidat rédigera une réponse organisée au sujet : quelles ont été les conséquences de l'idéologie nazie en Europe ?

DOCUMENT 1 « Un idéal pour l'humanité », selon *Mein Kampf*

La conception raciste fait place à la valeur des différentes races de l'humanité. Elle ne croit nullement à leur égalité, mais reconnaît au contraire leur diversité et leur valeur plus ou moins élevée. Cette connaissance lui confère l'obligation [...] de favoriser la victoire du meilleur et du plus fort, d'exiger la subordination des mauvais et des faibles. Elle rend ainsi hommage au principe aristocratique de la nature et croit que cette loi s'applique au moindre des êtres vivants. [...]

Elle croit nécessaire de donner un idéal à l'humanité [...]. Mais elle ne peut reconnaître le droit d'existence à une éthique quelconque quand celle-ci présente un danger pour la survie de la race qui défend une éthique plus haute ; car dans un monde métissé et envahi par la descendance de nègres, toutes les conceptions humaines de beauté et de noblesse, de même que toutes les espérances en un avenir idéal de notre humanité, seraient perdues à jamais. La culture et la civilisation humaines sont sur ce continent indissolublement liées à l'existence de l'Aryen. L'Aryen est le Prométhée de l'humanité ; l'étincelle divine du génie a de tout temps jailli de son front lumineux. Sa disparition ou son amoindrissement feraient descendre sur cette terre les voiles sombres d'une époque de barbarie [...].

L'homme n'a qu'un devoir sacré [...], c'est de veiller à ce que son sang reste pur, pour que la conservation de ce qu'il y a de meilleur dans l'humanité rende possible un développement plus parfait de ces êtres privilégiés. Un État raciste doit donc, avant tout, faire sortir le mariage de l'abaissement où l'a plongé une continuelle adultération de la race et lui rendre la sainteté d'une institution, destinée à créer des êtres à l'image du Seigneur et non des monstres qui tiennent le milieu entre l'homme et le singe.

Adolf Hitler, *Mein Kampf*, éditions latines, 1925.

CHRONOLOGIE INDICATIVE

- **1925 :** parution de *Mein Kampf*
- **1935 :** lois antisémites de Nuremberg
- **15 septembre 1941 :** port obligatoire de l'étoile jaune
- **29 et 30 septembre 1941 :** massacre de Babi Yar (Ukraine)
- **20 janvier 1942 :** conférence de Wannsee
- **Juin 1941 à mai 1943 :** *Einsatzgruppen* en Russie
- **Mars 1942 à janvier 1945 :** gazages de masse à Auschwitz
- **19 avril-16 mai 1943 :** insurrection du ghetto de Varsovie
- **Janvier à mai 1945 :** libération des camps

DOCUMENT 2 L'arrivée à Auschwitz : la sélection

Et brusquement, ce fut le dénouement. La portière s'ouvrit avec fracas ; l'obscurité retentit d'ordres hurlés dans une langue étrangère [...]. Quelqu'un traduisit les ordres : il fallait descendre avec les bagages et les déposer le long du train. [...]

Une dizaine de SS, plantés sur leurs jambes écartées, se tenaient à distance, l'air indifférent. À un moment donné, ils s'approchèrent et sans élever la voix, le visage impassible, ils se mirent à interroger certains d'entre nous en les prenant à part, rapidement : « Quel âge ? En bonne santé ou malade ? » et selon la réponse, ils nous indiquaient deux directions différentes. [...]

En moins de deux minutes, je me trouvai faire partie du groupe des hommes valides. Ce qu'il advint des autres, femmes, enfants, vieillards, il nous fut impossible de le savoir : la nuit les engloutit, purement et simplement.

Aujourd'hui pourtant, nous savons que ce tri rapide et sommaire avait servi à juger si nous étions capables ou non de travailler utilement pour le Reich ; nous savons que les camps de Buna Monovitz et de Birkenau n'accueillirent respectivement que quatre-vingt-seize hommes et vingt-neuf femmes de notre convoi et que deux jours plus tard, il ne restait de tous les autres – plus de cinq cents – aucun survivant.

Primo Levi, *Si c'est un homme*, 1947.

DOCUMENT 3 **La propagande par l'image.**

a. Extrait d'un livre pour enfant publié à Nuremberg en 1942

Traduction de l'image de gauche :
L'Allemand est un homme fier
Qui sait travailler et combattre
Parce qu'il est si beau et vaillant
Le Juif le déteste depuis toujours.

Traduction de l'image de droite :
Là, c'est un Juif, cela se voit d'emblée,
Le plus grand gredin de tout le Reich !
Il croit être le plus beau
Et en réalité il est tellement laid.

b. Affiche antisémite dans la France occupée.

DOCUMENT 4 **« Des esclaves pour notre *Kultur* »**

Un membre de la SS doit être honnête, fidèle et bon camarade envers ses compatriotes, mais pas envers les représentants d'autres pays. Par exemple, le destin d'un Russe ou d'un Tchèque ne l'intéresse pas. Dans ces peuples, nous prendrons tout ce qui est de bon sang ; nous volerons même leurs enfants et nous les élèverons chez nous. Il nous est absolument indifférent de savoir dans quelles conditions ces peuples vivent, dans le bien-être ou dans la misère. Ce peuple nous intéresse seulement du point de vue de notre besoin d'esclaves pour le développement de notre *Kultur*. Que dix mille femmes russes crèvent d'épuisement en creusant un fossé antitanks ne m'intéresse qu'autant que le fossé sera prêt pour l'Allemagne. [...] C'est un crime contre notre propre sang que de se faire du souci pour eux et de leur apporter un idéal quelconque qui rendrait l'existence plus difficile à nos enfants et petits-enfants. Si quelqu'un vient me dire : « Je ne puis utiliser des femmes et des enfants à creuser des fossés antichars, c'est inhumain, ils vont en mourir », je dois répondre : « tu es un meurtrier de ton propre sang, car si la tranchée n'est pas finie, alors ce sont des soldats allemands qui vont mourir, ce sont des fils de mères allemandes, c'est notre propre sang ».

Discours d'Himmler, chef des SS, à Poznan (Pologne), le 4 octobre 1943.

DOCUMENT 5

Johann Trollmann, champion de boxe.

En mars 1933, le boxeur allemand Erich Seelig se voit retirer son titre de champion d'Allemagne, au motif qu'il est juif. Le titre est remis en jeu ; il oppose l'« Aryen » Adolf Witt au Tsigane Johann Trollmann qui est proclamé vainqueur. La presse nazie se déchaîne aussitôt… Pendant plusieurs années, le champion, lui aussi déchu de son titre, est humilié, traqué. Trois de ses frères sont envoyés en camp de concentration et lui-même connaît un sort identique à Neuengamme, où il est finalement abattu le 9 février 1943.
Les Tsiganes font en effet partie des « sous-hommes » à éliminer selon l'idéologie nazie. Ainsi, en une seule nuit, le 31 juillet 1944, 2 900 Tsiganes périssent dans les chambres à gaz de Birkenau.

A

abdication : acte par lequel un souverain renonce au pouvoir.

académisme : attachement aux traditions, à une vérité esthétique officielle, aux formes et aux règles définies par une école.

action : voir p. 28.

Afrikakorps : corps expéditionnaire allemand combattant en Afrique du Nord entre 1941 et 1943.

allégorie : expression d'une idée par une image, un personnage fictif, un tableau ; œuvre d'art représentant de manière réaliste une idée abstraite.

Alliés : pendant la Première Guerre mondiale, ensemble des pays qui appartenaient en 1914 à l'Entente (France, Royaume-Uni, Russie jusqu'en 1917) et de ceux qui rejoignent leur camp au cours du conflit, en particulier la Serbie, la Belgique, la Roumanie, la Chine, le Japon, l'Italie en 1915, puis les États-Unis et la Grèce en 1917.

amendement : modification apportée à un projet de loi ou à une Constitution.

amnistie : « pardon », « oubli », décision politique ou loi qui met fin à des poursuites judiciaires et efface les infractions à la loi.

anarchisme : idéologie qui a pour but de supprimer l'État et d'éliminer de la société tout pouvoir imposant des contraintes à l'individu.

***Anschluss* :** « rattachement » ; mot désignant le rattachement de l'Autriche à l'Allemagne nazie.

anticléricalisme : opposition systématique au clergé d'une Église.

antidreyfusards : personnes qui déplorent que soient attaquées la justice militaire et donc l'armée française. Pour les antidreyfusards, les valeurs à défendre en priorité sont la nation et l'armée française qui la protège.

antijudaïsme : voir p. 60.

antiparlementarisme : attitude d'opposition au Parlement et à son pouvoir.

antisémitisme : voir p. 60.

Armée rouge : nom donné à l'armée soviétique, créée en 1918 par Trotski.

armistice : arrêt momentané des combats.

art abstrait : voir p. 80.

aryaniser : confisquer une entreprise ou un commerce appartenant à un Juif et le donner ou le vendre à bas prix à un non-Juif ou à un « aryen ».

Aryens : populations indo-européennes parlant des langues voisines et installées en Europe, en Iran, en Inde au IIe millénaire av. J.-C. Les nazis considèrent que les Allemands sont des descendants des Aryens, opposés aux Sémites dont font partie les Juifs.

assimilation : voir p. 112.

ateliers nationaux : chantiers publics qui doivent donner du travail aux chômeurs contre un salaire. Rapidement jugés trop coûteux et peu efficaces, ils sont supprimés le 21 juin 1848.

autarcie : système économique par lequel un pays cherche à se suffire à lui-même.

autonome : se dit d'un territoire ou d'un peuple qui possède ses propres institutions internes, tout en dépendant d'un État dont ils font partie.

avant-garde : mouvement novateur dans le domaine intellectuel ou artistique.

B

banque de dépôt : banque où les particuliers déposent leur épargne ; elle accorde surtout des crédits à court terme (moins de cinq ans).

bataille aéronavale : bataille navale opposant des navires de guerre, de l'aviation (bombardiers, chasseurs, avions torpilleurs) et des porte-avions.

BBC : *British Broadcasting Corporation*, station de radio britannique. Elle joue un rôle considérable dans la guerre en tant qu'organe de propagande alliée vers l'Europe occupée et comme instrument de transmission des messages codés à destination des résistants.

Blitzkrieg (« guerre éclair » en allemand) **:** stratégie militaire dans laquelle l'utilisation combinée des blindés et de l'aviation doit permettre de percer rapidement le front ennemi. Cette stratégie est défendue par le colonel de Gaulle en France, puis par le général Guderian en Allemagne.

blocus : voir p. 208.

bolcheviks : en 1903, les dirigeants du parti social démocrate se divisent en minoritaires, les mencheviks, et en majoritaires, les bolcheviks. Sous la direction de Lénine, ces derniers sont favorables à un parti fortement centralisé utilisant tous les moyens, y compris l'action illégale, pour renverser le capitalisme. En mars 1918, le parti bolchevik prend le nom de parti communiste.

bombardements stratégiques : bombardements par des flottes de bombardiers lourds (le B 17 américain, la « forteresse volante »).

« bourrage de crâne » : expression inventée par les soldats de 1914 pour critiquer la propagande mensongère venue de l'arrière.

C

camp de concentration : voir p. 368.

camp d'extermination : voir p. 368.

capitalisme : voir p. 48.

capitulation : le fait, pour une armée, d'arrêter les combats. Cela n'empêche pas d'autres armées du même État de continuer la guerre.

cartel : entente entre industriels de la même branche (pétrole, acier) visant à éviter la concurrence.

charismatique : du grec *kharisma* : « grâce » ; qui sait séduire les foules.

classes creuses : classes d'âge aux effectifs peu nombreux en raison du petit nombre des naissances.

collaborateur : personne qui coopère avec l'occupant allemand sans être nécessairement partisan de l'idéologie nazie.

collaborationniste : personne qui coopère avec l'occupant, partage les idées des nazis et souhaite leur victoire.

colonie : voir p. 96.

colonisation : voir p. 96.

Commonwealth : association du Royaume-Uni et de ses dominions, créée en 1931.

communisme : voir p. 48.

communistes : voir p. 250.

concile : rassemblement général de la hiérarchie catholique (évêques, archevêques, cardinaux, pape).

concordat : traité conclu entre le pape et un État, il règle les relations de l'Église catholique avec cet État.

congrégations : associations de religieux ou de religieuses liés par des vœux. De nombreuses congrégations assurent une fonction d'enseignement.

Conseil national de la Résistance (CNR) : fondé en 1943, il rassemble des représentants des mouvements de résistance, de partis politiques et de syndicats.

constitution : voir p. 148.

conventions collectives : accords conclus entre les employeurs et les syndicats représentant les salariés sur les conditions et les horaires de travail, les garanties sociales et les salaires.

corporatisme : regroupement des patrons et des ouvriers d'un même métier réunis dans un même corps.

crise : en économie, période durant laquelle les prix, la production et la consommation peuvent s'effondrer rapidement et le chômage augmenter. Une crise succède généralement à une période de croissance.

cubisme : voir p. 80.

D

darwinisme social : interprétation dans un sens raciste de la théorie de l'évolution des espèces par le jeu de la sélection naturelle.

déchristianisation : voir p. 60.

démocratie libérale : régime politique dans lequel le pouvoir est exercé par le peuple, qui désigne librement ses représentants lors des élections, et où les pouvoirs sont séparés et s'exercent dans le cadre d'une Constitution.

dictature : voir p. 264.

dictature du prolétariat : période qui suit la révolution et durant laquelle tout le pouvoir doit appartenir au parti communiste afin d'empêcher la bourgeoisie de reconquérir le pouvoir.

***Diktat* :** terme par lequel certains Allemands désignent le traité de Versailles, pour montrer qu'il leur a été imposé (« dicté ») par les vainqueurs.

dirigisme : intervention de l'État dans l'économie.

dividende : voir p. 28.

dominion : voir p. 96.

dreyfusards : personnes convaincues de l'innocence de Dreyfus ; elles reprochent à la justice militaire d'avoir commis une erreur judiciaire ou d'avoir dissimulé la vérité. Les dreyfusards demandent la révision du procès.

***Duce* :** issu du latin *dux*, le mot duce signifie « chef » en italien. C'est le titre que prend Mussolini après 1925.

E

***Einsatzgruppen* :** groupes d'intervention formés de policiers allemands et de SS, chargés d'exécuter les « ennemis » des nazis, c'est-à-dire principalement les Juifs et les cadres communistes dans les territoires conquis lors de l'invasion de l'URSS.

encyclique : lettre envoyée par le pape à des évêques pour rappeler la position de l'Église sur une question d'actualité.

épuration : à la Libération, actions visant à écarter de la vie politique, à humilier, à emprisonner ou à exécuter tous ceux qui ont collaboré. On distingue une épuration « sauvage », difficile à chiffrer (de 7 500 à 10 000 morts) et l'épuration « légale » (jugements) : 120 000 condamnations, 1 500 exécutions.

état de siège : situation exceptionnelle où l'armée est chargée de maintenir l'ordre.

État-nation : État qui rassemble des personnes se reconnaissant toutes comme appartenant à une seule nation (voir p. 184).

exode : du grec *exodos*, « sortie » ; ici, fuite de populations civiles devant l'avance des troupes ennemies.

expressionnisme : voir p. 80.

F

fascisme : voir p. 264.

fauvisme : courant artistique du début du XXe s. caractérisé par l'utilisation de couleurs pures.

fondamentalisme : interprétation stricte et littérale des textes sacrés.

fordisme : voir p. 28.

France libre : voir p. 350.

Frères musulmans : mouvement islamiste créé au Caire en 1928 par Hassan al-Banna, favorable à la création d'États fondés sur la stricte observance des règles de l'islam.

front : zone de combat entre deux armées.

***Führer* :** mot allemand signifiant « guide ».

futurisme : mouvement littéraire et artistique créé par l'écrivain Marinetti en 1909, exaltant la vitesse, la machine et la vie moderne.

G

Gardes rouges : miliciens bolcheviks armés (ouvriers, soldats, marins essentiellement).

génocide : (du grec *genos*, « peuple », et du latin *occidere*, « tuer ») : volonté d'extermination systématique de tout un peuple.

germanisation : le fait d'imposer, souvent par la force, la langue, la culture et le genre de vie des Allemands.

Gestapo : police politique du Reich, abréviation de *Geheime Staatspolizei*.

ghetto : quartier réservé aux Juifs.

Goulag : abréviation de *Glavnoïe oupravlienïe laguierieï* (« Direction principale des camps »). Par extension le mot « goulag » désigne les camps de travail eux-mêmes.

gouvernement : voir p. 148.

Grande Alliance : nom donné à l'alliance de tous les pays en guerre contre l'Axe.

guerre de mouvement : voir p. 208.

guerre de position : voir p. 208.

guerre totale : mobilisation de toutes les forces d'un pays, militaires mais aussi économiques et psychologiques, dans le but de vaincre l'adversaire.

I

idéologie : ensemble des idées, des croyances et des doctrines propres à une société, à une catégorie sociale ou à une époque, visant à expliquer le monde.

impérialisme : voir p. 96.

impressionnisme : voir p. 80.

inflation : augmentation rapide de la masse monétaire qui provoque une hausse des prix. Ce phénomène trouve en partie son origine dans un déséquilibre entre l'offre et la demande globale de biens et de services disponibles sur le marché.

intégration : voir p. 112.

islamisme : volonté de certains musulmans de développer, au besoin par la force, un mode de vie et un pouvoir politique fondés sur une interprétation stricte de l'islam, en rejetant les modèles culturels extérieurs, en particulier l'influence occidentale.

K

kamikazes (« vent divin » en japonais) : pilotes-suicide japonais, volontaires ou réquisitionnés, qui viennent s'écraser avec des avions bourrés d'explosifs sur les navires américains. Le nom vient des typhons qui ont dispersé la flotte d'invasion mongole attaquant le Japon en 1281.

kapo : prisonnier de droit commun ou détenu d'origine allemande qui encadre les autres déportés dans les camps de concentration et qui, sous l'autorité des SS, a tous les droits sur ses codétenus.

kolkhoze : voir p. 298.

kommandos : camps annexes dépendant d'un camp de concentration principal.

koulak : voir p. 298.

krach : effondrement soudain et brutal de la valeur des actions des entreprises cotées en bourse.

L

laïcisation : évolution ou action visant à rejeter toute influence religieuse dans une société, dans l'enseignement public, dans l'administration et dans la vie politique.

laïcité : principe selon lequel toute influence religieuse et tout signe d'appartenance religieuse (par exemple, les vêtements) est interdit dans l'enseignement public, l'administration et l'exercice du pouvoir politique.

Lebensraum : en allemand, « espace vital » ; désigne, pour les nazis, tous les territoires indispensables à la vie et à l'expansion du peuple allemand.

légitimistes : voir p. 148.

libéralisme : voir p. 48.

libertés fondamentales : libertés politiques (droit de voter librement), de pensée (liberté religieuse, liberté de la presse) et d'association.

libre-échange : politique économique qui favorise les échanges commerciaux et la concurrence, notamment en abaissant ou en supprimant les droits de douane.

ligne Maginot : ligne de fortifications le long de la frontière franco-allemande construite de 1930 à 1934 sur l'initiative d'André Maginot, ministre de la Guerre.

ligues : dans les années 1930, groupes d'extrême droite violemment hostiles au régime parlementaire : Jeunesses patriotes, Solidarité française, Camelots du roi de l'Action française, francistes.

lois fascistissimes : ensemble de lois établissant en 1925-1926 la dictature en Italie : censure, suppression des partis politiques autres que le PNF, suppression de syndicats.

Luftwaffe : « arme aérienne » ; l'armée de l'air allemande à partir de 1935.

M

malthusianisme : volonté de freiner ou de stopper l'accroissement naturel d'une population.

mandat : voir *Ne pas confondre* p. 96.

maquis : zones difficiles d'accès (montagnes, marais, forêts) où se cachent les résistants. D'où le nom de « maquisards » donné aux résistants.

marxisme : voir p. 48.

médias : abréviation de *mass media*, mot d'origine latine et américaine ; ensemble des moyens de communication touchant une population importante (presse, radio, cinéma, télévision, affiche).

Milice : organisation paramilitaire créée en janvier 1943.

minorité nationale : partie de la population d'un pays dont la langue, la religion, les coutumes, diffèrent de celles de la majorité.

mutinerie : pour des militaires, refus d'obéir à un ordre.

N

nation : voir p. 184.

nazi : abréviation méprisante de *National-sozialistischer Deutsche Arbeiter Partei* (NSDAP, parti national-socialiste des travailleurs allemands).

O/P

orléanistes : voir *Ne pas confondre*, p. 148.

pacte de Locarno : accord signé par la France, le Royaume-Uni, l'Italie, la Belgique, l'Allemagne, la Pologne et la Tchécoslovaquie qui garantit l'inviolabilité des frontières occidentales de l'Allemagne.

paix blanche : paix sans annexion, sans vainqueur ni vaincu.

pangermanisme : doctrine qui vise à regrouper sous l'autorité de l'Allemagne les peuples d'origine germanique et de langue allemande.

panslavisme : doctrine qui vise à regrouper sous l'autorité de la Russie tous les peuples slaves.

partisans : aux XIXe et XXe s., civils en armes qui combattent derrière les lignes ennemies ; synonyme de « francs-tireurs ». Pendant la Seconde Guerre mondiale, les résistants communistes sont souvent appelés « partisans ».

paternalisme : relation entre patrons et ouvriers établissant entre les uns et les autres les mêmes rapports qu'entre un père et ses enfants.

plan quinquennal : plan de développement économique impératif, décidé et contrôlé par l'État et échelonné sur cinq ans.

plébiscite : voir p. 126.

pogrom : persécution violente contre une communauté juive.

poilus : surnom affectueux donné aux soldats français de 1914-1918, ainsi appelés parce qu'ils peuvent difficilement se raser.

pont aérien : ravitaillement d'une ville ou d'une armée encerclée, uniquement par la voie des airs.

préférence impériale : politique commerciale d'un État qui privilégie les échanges avec ses colonies.

productivité : rapport entre la production et ce qui est nécessaire pour l'obtenir (travail, investissements, matière première).

prolétariat : l'ensemble des ouvriers. Dans la Rome antique, le prolétaire était un citoyen pauvre qui ne possédait pour seule richesse que ses enfants.

protectionnisme : politique commerciale consistant à protéger la production intérieure d'un pays de la concurrence étrangère.

protectorat : voir p. 96.

Puissances centrales (ou Empires centraux) : ensemble formé par les deux grands empires d'Europe centrale (Allemagne, Autriche-Hongrie) et les deux pays qui rejoignent leur camp pendant le conflit (Bulgarie et Empire ottoman).

R

radicaux : voir p. 164.

ratification : approbation de ce qui a été fait ou promis. Ici, approbation par une Assemblée nationale d'un État des décisions prises par les représentants de ce même État.

référendum : voir p. 126.

régime : voir p. 148.

Reichstag : en allemand, « assemblée du peuple », nom de la Chambre des députés allemande.

rentier : personne vivant des revenus de ses terres ou de ses capitaux sans avoir besoin de travailler.

réparations : matières premières, biens, argent que l'Allemagne doit verser pour compenser les destructions dues à la guerre et dont elle est jugée responsable.

républicains : voir p. 164.

réseau : organisation clandestine de résistance se livrant à des actes de sabotage, de contre-propagande ou de renseignement.

Risorgimento : « résurrection » en italien. Nom du mouvement national italien, qui a pour but de réaliser l'unité de l'Italie.

S

SA : voir p. 282.

scientisme : idéologie de la fin du XIXe s. selon laquelle la science permettrait d'établir des vérités absolues.

sécularisation : recul de l'emprise des institutions et des symboles religieux dans la société.

sécurité collective : système qui confie à des instances internationales le règlement des conflits.

Service du travail obligatoire (STO) : service créé en France en 1943 sous la pression de l'Allemagne afin de lui fournir de la main-d'œuvre.

Shoah : ce mot s'applique au seul génocide du peuple juif perpétré par les nazis. Il évoque la volonté délibérée de faire disparaître un peuple et toute sa culture de façon à ce qu'il n'en reste aucune trace.

sionisme : nationalisme juif qui vise en particulier à édifier un État juif en Palestine (ou Sion).

socialisme : idéologie visant à transformer la société. Le mot recouvre plusieurs sens. **1.** Pour les marxistes, le socialisme est la première étape de la mise en place, si nécessaire par la révolution, d'une société communiste ; durant cette étape, le pouvoir appartient au seul parti communiste. **2.** Pour les non-marxistes, le socialisme associe à la pluralité des partis politiques l'intervention de l'État dans l'économie et la mise en place de réformes sociales par la loi.

socialistes : voir p. 250.

société par actions : société dont le capital est divisé en actions. Les bénéfices sont répartis entre les actionnaires, en proportion du nombre d'actions possédées.

***Sonderkommandos* :** petites unités spéciales, composées de déportés juifs contraints aux pires tâches (avant d'être eux-mêmes abattus) : raser les chevelures des morts, vider les chambres à gaz des cadavres, extraire les dents en or des victimes, acheminer les corps vers les fours.

soviet : en russe, « conseil ». Assemblée d'ouvriers, de soldats ou de paysans.

sovkhoze : voir *Ne pas confondre p. 298.*

spartakistes : fraction révolutionnaire du socialisme allemand, proche des bolcheviks russes, qui devient le parti communiste allemand (en décembre 1918). Son nom rappelle celui du gladiateur Spartacus qui, en 73 avant J.-C., prit la tête de la révolte des esclaves contre Rome.

spéculation : achat et vente de valeurs (action, or, devises, etc.) pour réaliser une plus-value (différence entre les prix d'achat et de vente) et non un dividende (part des bénéfices d'une entreprise).

squadristes : membres des squadre (« équipes ») d'hommes armés (fascistes recrutés parmi les anciens combattants ou les chômeurs). Vêtus de chemises noires, ils mènent des expéditions violentes contre leurs adversaires politiques.

SS : voir p. 282 et 368 *(Waffen SS).*

stakhanoviste : ouvrier qui produit plus que ce qu'imposent les normes.

stratégie : voir p. 208.

suffrage censitaire : voir p. 126.

suffrage universel : voir p. 126.

surréalisme : mouvement littéraire et artistique des années 1920. Il accorde une grande importance à l'écriture automatique et se définit comme un « automatisme psychique » par lequel on cherche à exprimer « le véritable processus de la pensée ».

syndicat : voir p. 164.

T

tactique : voir p. 208.

taylorisme : voir p. 28.

terres irrédentes : de l'italien *terra irredenta*, « terre non encore libérée » ; nom donné aux territoires autrichiens peuplés en partie d'Italiens et revendiqués par l'Italie (Trentin, Istrie, Dalmatie).

totalitarisme : voir p. 264.

traite : commerce d'esclaves organisé sur de longues distances.

transition démographique : passage d'un régime démographique ancien (natalité et mortalité élevées) à un régime moderne (natalité et mortalité réduites).

travail à la chaîne : voir p. 28.

Triple alliance : voir p. 184.

Triple entente : voir p. 184.

trust : regroupement d'entreprises tendant à détruire un monopole sur un secteur de l'économie.

U

ultimatum : note diplomatique par laquelle un État exige d'un autre État qu'il donne satisfaction à ses exigences, sous peine de déclaration de guerre.

Union sacrée : expression utilisée pour la première fois par le président de la République française Raymond Poincaré, le 4 août 1914. Elle désigne l'union de l'ensemble des forces politiques française dans le but de combattre l'Allemagne.

V

Vichy : voir p. 350.

***Volk* :** mot allemand, difficilement traduisible, signifiant « le peuple » mais au sens de « nation » et sous-entendant l'idée de communauté par le sang.

W

***Wehrmacht* :** voir p. 368

Z

zek : en russe, abréviation de *zakliouchenni* : « prisonnier ».

zone libre : voir p. 350.

Arendt, Hannah (1906-1975)

D'origine juive, née à Hanovre en 1906 , Hannah Arendt réalise de brillantes études de philosophie à l'université de Heidelberg, où elle suit l'enseignement de Karl Jaspers. En 1933, à l'arrivée d'Hitler au pouvoir, elle quitte l'Allemagne pour la France puis pour les Etats-Unis, où elle s'installe en 1941. Elle publie *Les Origines du totalitarisme*, étude en trois parties, *Sur l'antisémitisme*, *L'Impérialisme*, puis *Le système totalitaire* en 1951. Analysant parallèlement l'Allemagne nazie et la Russie stalinienne, elle établit une théorie du totalitarisme, mettant l'accent sur la transformation des classes en masses, sur la logique de destruction de la société et de l'individu.
Introduits en France dans les années 1950 avec l'appui de Raymond Aron, ses travaux sont peu diffusés en raison du poids et de l'influence du courant communiste, opposé à toute comparaison entre nazisme et communisme. La valeur de ses travaux n'est reconnue en France qu'à la fin du XXe s.

Aron, Raymond (1905-1983)

Ancien élève de l'École normale supérieure, il fonda la revue *Les Temps modernes* avec Jean-Paul Sartre. Professeur de philosophie en Lycée puis à l'Université, il rejoint Londres en 1940 et dirige le journal *La France libre*. Intellectuel engagé, il rejoint le RPF en 1947 et s'impose comme l'un des principaux penseurs de la droite française tout en conservant une grande indépendance d'esprit. Professeur à Sciences-Po et à l'ENA après la guerre, pendant une dizaine d'années, il se consacre ensuite à son œuvre d'écrivain et à une activité de journaliste. Son œuvre est importante dans le domaine de la philosophie de l'histoire et de l'analyse politique, en particulier pour sa réflexion sur le totalitarisme (*Démocratie et totalitarisme*, 1965). On lui doit également une théorie des relations internationales développée dans *Paix et guerre entre les nations* (1962).

Bismarck, Otto von (1815-1898)

Né dans une famille de la noblesse prussienne, Otto von Bismarck est profondément marqué par la religion protestante, sa fidélité au roi de Prusse et la certitude de la grandeur de son pays. Diplomate puis député au Landtag (Parlement) de Prusse, il représente la Prusse au congrès de Francfort lors des mouvements nationaux de 1848. Après leur échec, il revient de Francfort persuadé que l'unité allemande doit se faire par un pouvoir fort et non par les discussions des députés. En 1862, il devient chancelier (chef du gouvernement) de Prusse, et œuvre dès lors au renforcement de la puissance prussienne et à la construction de l'unité allemande au profit de la Prusse. Il réussit d'abord à écarter l'Autriche de l'unité allemande par plusieurs guerres (guerre des duchés en 1864, guerre de 1866), fonde la Confédération de l'Allemagne du Nord (1867), puis réalise l'unité allemande à l'issue de la guerre franco-prussienne de 1870-1871.
Devenu chancelier du Reich, il réussit à maintenir l'isolement de la France par trois systèmes d'alliances successifs (les « systèmes bismarckiens »).
Sur le plan intérieur, il consolide l'unité de l'Allemagne, luttant tout à la fois contre les minorités nationales (Polonais, Danois, Alsaciens-Lorrains) par la germanisation, et contre les catholiques par le *Kulturkampf* (le « combat pour la culture ») qui doit les détacher du pape. Il combat également les socialistes mais essaye de se concilier les ouvriers en faisant voter des lois sociales hardies (sécurité sociale, retraite). En 1890, âgé de 75 ans, en désaccord avec le nouvel et jeune empereur Guillaume II âgé de 28 ans, il démissionne et se retire sur ses terres.

Blum, Léon (1872-1950)

Né à Paris, issu de la bourgeoisie, ancien élève de l'École normale supérieure, Léon Blum entre au Conseil d'État en 1895. C'est l'influence de Jean Jaurès, notamment, qui le conduit au socialisme. Mais il n'embrasse réellement une carrière politique qu'en 1919, date à laquelle il devient député : il a alors 47 ans. L'année suivante, il s'oppose à l'adhésion de la SFIO à la IIIe Internationale : lors du congrès de Tours qui scinde en deux le mouvement ouvrier français, il est de ceux qui entendent préserver « la vieille maison », la SFIO. Son autorité morale sur le parti grandit tout au long des années 1920.
Après la victoire électorale des partis de gauche, il est président du Conseil, de juin 1936 à juin 1937, puis de mars à avril 1938, et sa mémoire reste associée à celle du Front populaire. Il est victime d'une campagne de dénigrement notamment en raison de ses origines juives. Arrêté après l'instauration du régime de Vichy, qui le traduit en justice lors du procès de Riom en 1942, en l'accusant d'avoir contribué à affaiblir le pays, il est déporté par les nazis l'année suivante. Il rentre en France en 1945. Pour son rôle au moment du Front populaire, il reste reste l'un des grands noms de la gauche française au XXe s.

Boukharine, Nicolaï Ivanovitch (1888-1938)

Membre du Parti ouvrier social démocrate de Russie dès l'âge de 18 ans, Boukharine rencontre Lénine en exil en 1912. Il rédige *L'Impérialisme et l'Économie mondiale*. De retour en Russie en 1917, il est l'un des principaux dirigeants du parti bolchevique et préside la IIIe Internationale. Considéré par Lénine comme le plus grand théoricien du parti, il est favorable à une marche par étapes vers le socialisme et refuse la collectivisation forcée des campagnes en 1929.
Bien qu'il ait soutenu Staline contre Trotski, il est écarté du pouvoir en 1930. Arrêté en 1936, il est jugé en 1938 au cours d'un des « procès de Moscou », condamné à mort et exécuté. Son attitude d'hostilité à la collectivisation forcée des terres lui a valu d'être réhabilité par Gorbatchev en 1988.

Boulanger, Georges (1834-1891)

Après une brillante et rapide carrière militaire, il devient en 1886 ministre de la Guerre. Très vite populaire, notamment en raison de sa fermeté face à l'Allemagne, il est surnommé par l'opinion le « général Revanche ». Bientôt se rassemble autour de lui un courant très hétérogène, depuis certains radicaux jusqu'aux monarchistes qui espèrent en faire l'instrument d'une restauration.
Boulanger, s'appuyant sur sa très grande popularité est élu à plusieurs élections législatives partielles. Après une victoire électorale à Paris, en janvier 1889, la foule le presse de marcher sur l'Elysée. Boulanger refuse, ce qui laisse aux républicains le temps de se ressaisir. Boulanger doit alors s'exiler en Belgique, où il se suicide deux ans plus tard. Les historiens considèrent que le « boulangisme » s'inscrit dans un courant nationaliste, autoritaire et antiparlementaire appelé à réapparaître à plusieurs reprises dans l'histoire française.

Cavour, Camille Benso, comte de (1810-1861)

Aristocrate piémontais, d'abord officier, Cavour se retire sur ses terres après 1831. Défenseur des idées libérales, il devient en 1847 directeur de la revue *Il Risorgimento* (« La Renaissance »), qui soutient les aspirations libérales et nationales en Italie. Élu député en 1849, il devient ministre de l'Agriculture du Piémont, puis ministre des Finances en 1850. En 1852, il est nommé chef du gouvernement et se lance activement dans la réalisation de l'unité italienne.

Il modernise le Piémont et le fait participer à la guerre de Crimée aux côtés de la France et du Royaume-Uni, afin de donner à son pays une stature internationale et de lui fournir des alliés contre l'Autriche. Cela lui permet en 1859 de se lancer dans une guerre contre l'Autriche avec l'alliance de la France. Ébranlé par la lourdeur de la tâche accomplie, Cavour meurt d'épuisement en juin 1861, peu après la proclamation du royaume d'Italie.

Churchill, Winston (1874-1965)

Plusieurs fois ministre entre 1906 et 1929, Churchill est élu député aux Communes comme conservateur, puis comme libéral, avant de rejoindre à nouveau les rangs conservateurs à partir de 1924. Dans les années 1930, il multiplie les avertissements face à la montée de la puissance de l'Allemagne nazie, mais est peu écouté, en particulier lorsqu'il condamne énergiquement les accords de Munich de septembre 1938 : « Entre le déshonneur et la guerre, vous avez choisi le déshonneur. Et vous aurez quand même la guerre. »

Il redevient ministre en 1939 (de nouveau ministre de la Marine, Premier lord de l'amirauté, comme en 1914). L'échec de l'expédition franco-britannique de Narvik (printemps 1940) ayant entraîné la démission du gouvernement britannique, il est nommé Premier ministre le 10 mai 1940, le jour de l'attaque allemande à l'Ouest. Il se révèle un véritable chef de guerre, fermement destiné à combattre jusqu'à la victoire finale. Churchill se rapproche des États-Unis et, après l'invasion de l'URSS, propose à Staline l'alliance britannique, sans jamais se départir de sa méfiance envers le communisme et l'URSS.

Les conservateurs ayant été battus lors des élections de 1945, il quitte le pouvoir. Il dénonce la menace communiste dans son « discours de Fulton » (mars 1946) et invente à cette occasion l'expression « rideau de fer ». À nouveau Premier ministre de 1951 à 1954, il se retire ensuite de la vie politique.

Clemenceau, Georges (1841-1929)

Médecin d'origine vendéenne, Georges Clemenceau devient, au début de la IIIe République, le principal chef des radicaux, alors dans l'opposition. Surnommé, en raison de ses qualités oratoires, le « tombeur de ministères », il est touché par le scandale de Panama et momentanément écarté de la vie parlementaire.

Il joue un rôle important durant l'affaire Dreyfus : c'est lui, notamment, qui choisit le titre de l'article de Zola « J'accuse » dans *L'Aurore*. En 1906, il devient président du Conseil et reste à ce poste près de trois ans. Surnommé par ses adversaires « le premier flic de France » – titre qu'il revendique –, il est très attaqué par les socialistes.

Pendant la Grande Guerre, son énergie et son patriotisme intransigeant font de lui, à l'automne 1917, l'homme de la situation : il redevient président du Conseil, avec pour programme « je fais la guerre », et mène le pays à la victoire. Très populaire, surnommé « le Tigre », il échoue pourtant, après la guerre, dans sa candidature à la présidence de la République, battu par Deschanel en 1920. Il se retire alors de la vie politique.

Eisenhower, Dwight David (1890-1963)

Originaire du Texas, Eisenhower fait une brillante carrière militaire à partir de 1915. Il sert notamment au Panama et aux Philippines (1935-1939). Général en 1941, il est envoyé à Londres en 1942 pour organiser le débarquement allié en Afrique du Nord (novembre 1942).

En 1943, il est nommé commandant en chef des armées alliées chargées de la libération de l'Europe. À ce titre, il organise les débarquements en Italie (1943) et en France (1944) et fait partie des principaux artisans de la victoire sur l'Allemagne nazie en 1944-1945. Il devient ensuite chef d'état-major de l'armée américaine, avant de prendre sa retraite. Rappelé au service actif en 1949, il obtient le commandement de l'OTAN en 1951. Candidat du parti républicain aux élections présidentielles, il est élu président des États-Unis en 1952 et réélu en 1956.

Ferry, Jules (1832-1893)

Né à Saint-Dié dans les Vosges, journaliste au *Temps*, Jules Ferry est élu député républicain de Paris en 1869. Sous le Second Empire, il fait partie des dirigeants de l'opposition républicaine. Le 4 septembre 1870, il est l'un de ceux qui entraînent le peuple à l'Hôtel de Ville pour proclamer la République ; il devient maire de Paris, qu'il doit fuir au début de la Commune. En 1873, il devient le chef de la gauche républicaine (républicains modérés).

Après la démission de Mac-Mahon, il incarne à la fois la victoire et l'œuvre des républicains « opportunistes » qui sont alors au gouvernement. Il est presque continuellement au pouvoir entre 1879 et 1885, comme ministre de l'Instruction (1879-1881, 1882 et 1883), comme président du Conseil (1880-1881 et 1883-1885) ou comme ministre des Affaires étrangères (1883-1885). Son nom est associé notamment aux lois de 1881 et 1882 établissant l'enseignement primaire gratuit, laïque et obligatoire, et aux lois instaurant les grandes libertés républicaines (1881 : liberté de réunion et liberté de la presse ; 1884 : liberté syndicale). Il est aussi le promoteur d'une politique coloniale offensive (protectorat sur la Tunisie en 1881, colonisation de Madagascar en 1883, occupation du Bas-Congo en 1884, conquête du Tonkin en 1884-1885). Il s'attire les critiques de ceux qui estiment qu'une telle expansion détourne la France de la reconquête de l'Alsace-Lorraine.

Renversé après l'incident de Lang-Son en 1885 (échec temporaire de la tentative de colonisation du nord du Tonkin), il est surnommé « le Tonkinois » et subit un réel discrédit auprès de l'opinion. Battu aux législatives de 1889, il entre en 1891 au Sénat, dont il devient le président. La fin de sa carrière politique, jusqu'à sa mort en 1893, n'a jamais retrouvé le rayonnement des années 1879-1885, durant lesquelles il fut la figure marquante d'une génération de républicains parfois colonialistes et conservateurs mais animés par l'idée de progrès.

Foch, Ferdinand (1851-1929)

Polytechnicien, artilleur, professeur à l'École de guerre, Foch participe à la bataille de la Marne, puis aux combats de Flandre et d'Artois. Devenu commandant en chef de l'ensemble des armées alliées sur le front français en mars 1918, il organise à partir de juillet l'offensive décisive qui va entraîner la défaite de l'Allemagne. Il est nommé maréchal de France en août 1918.

Gambetta, Léon (1838-1882)

Avocat, fils d'un émigré italien, Léon Gambetta est l'un des chefs de l'opposition républicaine au Second Empire. Membre du gouvernement de la Défense nationale après la proclamation de la République, il quitte en ballon Paris assiégé pour animer depuis la province la poursuite du combat.

En 1872, ce radical proclame, dans un discours, l'avènement des « couches nouvelles », sur lesquelles devra s'appuyer la jeune République. Après la crise du 16 mai, il déclare que Mac-Mahon doit « se soumettre ou se démettre ». Associé ainsi aux grands combats républicains, il est pourtant tenu à l'écart par les autres dirigeants auxquels il fait de l'ombre et qui se méfient de son ambition. Il ne sera président du Conseil que durant 67 jours, vite renversé par une coalition hétérogène. Jeune, il a encore l'avenir devant lui quand il meurt accidentellement en 1882. Son action est reconnue par des funérailles nationales.

Gandhi (1869-1948)

Né en Inde dans une famille aisée de marchands, Gandhi devient avocat après des études de droit à Londres. Il s'installe d'abord dans la colonie du Cap, où il défend les membres de la communauté indienne. Revenu en Inde en 1916, et bientôt surnommé le *Mahâtma* (« la Grande Âme ») par ses partisans, il milite contre les injustices sociales et contre la présence britannique, ce qui lui vaut d'être emprisonné à plusieurs reprises.

Plaçant son action autant sur le plan spirituel que sur le plan politique, il prône des méthodes de lutte originales, fondées sur la non-violence : il lance, avec le parti du Congrès, une campagne de désobéissance civile et de boycott des produits anglais. En même temps, il encourage l'artisanat indien, afin de réduire la misère des campagnes. Après la Seconde Guerre mondiale, Gandhi conduit l'Inde à l'indépendance, au milieu des troubles entre musulmans et hindous. Il est assassiné par un fanatique hindou le 30 janvier 1948.

Garibaldi, Giuseppe (1807-1882)

Né à Nice, Garibaldi est un républicain convaincu. Partisan de l'unité italienne, il participe activement aux combats de 1848-1849, notamment à Rome, où il défend l'éphémère République romaine. Lorsque le pape rétablit son pouvoir, il émigre en Amérique du Sud. Il revient au Piémont en 1859 et organise, avec l'aide de Cavour, l'expédition des « Mille » Chemises rouges ; il conquiert la Sicile puis la totalité du royaume de Naples. Il se rallie au roi du Piémont, permettant ainsi la formation du royaume d'Italie.

En 1862, il essaye de conquérir Rome et le Latium, restés aux mains du pape, mais se heurte aux troupes italiennes ; vaincu, il est fait prisonnier à Aspromonte. Cependant, son prestige lui vaut d'être amnistié par le roi d'Italie. Garibaldi part alors pour l'Amérique du Nord et le Royaume-Uni. À la tête de volontaires, il participe à la guerre de 1870-1871 au côté des Français, avant de se retirer dans l'île de Caprera, au nord de la Sardaigne, où il meurt en 1882.

Gaulle, Charles de (1890-1970)

Charles de Gaulle est né à Lille. Officier de carrière, il est plusieurs fois blessé et il est fait prisonnier lors de la Première Guerre mondiale. En 1922, il est admis à l'École supérieure de guerre, où il défend des théories stratégiques nouvelles sur l'utilisation de l'arme blindée dans une guerre de mouvement. Doté d'un réel talent d'écrivain, il publie *Au fil de l'épée* en 1932 et *Vers l'armée de métier* en 1934. Mais il n'est pas écouté par ses chefs et ses idées ne sont pas appliquées en France. En revanche, l'état-major allemand les applique et crée à cette époque les premières divisions de *Panzer*.

De Gaulle commande une division cuirassée en 1940 ; en mai-juin, il remporte un des rares succès français contre les Allemands. Nommé général, il est appelé au gouvernement par Paul Reynaud le 6 juin 1940. Le 17 juin, il est à Londres. Refusant la défaite et l'armistice, il lance le 18 juin son célèbre appel sur les ondes de la BBC et devient dès lors le chef de la France libre, malgré les Américains, favorables au général Giraud en 1943.

Chef du Gouvernement provisoire de la République française en 1944, il réorganise la France. En désaccord avec la plupart des partis politiques qui fondent la IVe République, il démissionne le 20 janvier 1946. Il crée le premier mouvement gaulliste en avril 1947, le Rassemblement du peuple français (RPF). Retiré à Colombey-les-Deux-Églises, il se tient à l'écart de la vie politique. C'est la « traversée du désert ».

De Gaulle revient au pouvoir à l'occasion de la crise de mai 1958 et devient président du Conseil le 1er juin. Il fait rédiger une nouvelle Constitution. Combattu par l'extrême droite, les communistes et les politiciens de gauche attachés à la IVe République, il fonde la Ve République en 1958. Il met fin à la guerre d'Algérie et suscite une opposition farouche de la part de l'extrême droite (17 attentats contre sa personne). Il fait introduire dans la Constitution l'élection du président de la République au suffrage universel en 1962.

Président de la République de 1958 à 1969, il mène une politique étrangère ambitieuse, fondée sur l'indépendance nationale. En décembre 1965, il est réélu Président. Les événements de mai 1968 l'affaiblissent ; il démissionne à la suite de l'échec de son référendum du 27 avril 1969. Il meurt le 9 novembre 1970.

Goebbels, Joseph (1897-1945)

Docteur en philologie, Goebbels est ministre de la Propagande et de l'Information à partir de 1933. Grand tribun, il utilise tous les moyens modernes (radio, cinéma) pour diffuser la propagande nazie et organise les manifestations de masse dans le but de façonner l'opinion. Il se suicide dans Berlin assiégé à la fin de la guerre.

Goering, Hermann (1893-1946)

As de l'aviation allemande pendant la Première Guerre mondiale, Goering est l'un des premiers adhérents du parti nazi. Président du Reichstag en 1932, il crée la police secrète d'État (la Gestapo) en 1933 et devient ministre de l'Aviation. En 1936, son plan pour quatre ans fait de lui l'organisateur de la préparation à la guerre. Il est le dauphin désigné d'Hitler. Condamné à mort par le tribunal de Nuremberg, il se suicide dans sa cellule en 1946.

■ Herzl, Theodor (1860-1904)

Journaliste et écrivain juif, Theodor Herzl est né en Hongrie. Correspondant à Paris d'un quotidien austro-hongrois, il découvre l'ampleur de l'antisémitisme français durant l'affaire Dreyfus (1894-1906). Dans son ouvrage *l'État juif, essai d'une solution moderne du problème juif* (1897), il montre que l'antisémitisme ne permet pas aux juifs de s'assimiler ou de s'intégrer aux nations européennes. Seul le nationalisme juif, le sionisme, et une solution politique, c'est-à-dire seule la création d'un État juif, leur permettront de vivre sans être persécutés. Herzl est le fondateur du sionisme politique. Son programme est réalisé en 1948 par la proclamation de l'État d'Israël.

■ Himmler, Heinrich (1900-1945)

Issu d'une famille bourgeoise, ancien éleveur de poulets, Himmler adhère au NSDAP dès 1923 et participe la même année au putsch de Munich. Profondément imprégné de l'idéologie raciale nazie, il devient, en 1929, chef des Sections de protection (SS) et, en 1934, chef de la Gestapo. Himmler terrorise les opposants tout au long de la guerre et coordonne le système concentrationnaire nazi. Arrêté par une patrouille anglaise au moment où il s'apprêtait à trahir son maître, il se suicide en prison.

■ Hindenburg, Paul von (1847-1934)

Issu d'une vieille famille militaire prussienne, Hindenburg est rappelé de la retraite en 1914, à 67 ans. Vainqueur de la bataille de Tannenberg, il devient généralissime de l'armée allemande en 1916. Il ne peut éviter la défaite de son pays. Mais il demeure très populaire en Allemagne. Affichant des idées conservatrices, il est élu président de la République en 1925. Réélu en 1932, il nomme Hitler chancelier en 1933.

■ Hitler, Adolf (1889-1945)

Né en Autriche, fils d'un fonctionnaire aux douanes, Adolf Hitler mène à Vienne une vie misérable d'artiste peintre après deux échecs à l'entrée aux Beaux-Arts. Autodidacte, il fréquente les soupes populaires et les asiles de nuit, mais conserve une mentalité de petit bourgeois, fier de son statut social et inquiet de la prolétarisation de sa classe. Le spectacle de Vienne qu'il estime cosmopolite et « décadente » l'amène à développer son antisémitisme, sa haine sociale et son idée de la supériorité de la nation allemande.

En août 1914, à Munich, il accueille la guerre avec enthousiasme et s'engage dans un régiment bavarois. Combattant avec bravoure, blessé et gazé en 1918, il obtient la Croix de fer, distinction rare pour un caporal. Indigné par l'armistice, il y voit une trahison provoquée par la révolution de novembre et par les sociaux-démocrates (le « coup de poignard dans le dos »).

En 1919, il occupe dans l'armée la fonction d' « officier de propagande », fonction qui a pour objet de combattre les communistes. La même année, il adhère au parti allemand des travailleurs, qu'il transforme en 1920 en National-sozialistischer Deutsche Arbeiter Partei (NSDAP), Parti national socialiste des travailleurs allemands ou parti nazi en abrégé. Il dote le parti d'une milice (les SA) et d'un emblème (la croix gammée). L'échec du putsch de Munich en 1923 le conduit en prison, où il rédige *Main Kampf*, qui détaille son programme.

Libéré en 1925, il tente une percée politique avec peu de succès. À partir de 1930, son programme, porté par son charisme personnel, fait de lui un élément essentiel du jeu politique. Naturalisé allemand en 1932, il échoue la même année aux élections présidentielles face à Hindenburg. Le 30 janvier 1933, ce dernier le nomme chancelier. En août 1934, il est Reichsführer (chancelier et président) et met en place la dictature nazie. En juin 1934, il fait exécuter les dirigeants nazis rivaux lors de la « nuit des Longs Couteaux ».

Il dirige l'Allemagne jusqu'à sa mort. Son nom reste associé au déclenchement de la Seconde Guerre mondiale et à l'extermination des juifs d'Europe. Il se suicide le 30 avril 1945.

■ Hô Chi Minh (vers 1890-1969)

Issu d'une famille de lettrés, Nguyen Tat Thanh s'installe en France en 1911. Il adopte alors le nom de Nguyen Ai Quoc (Nguyen le Patriote). Membre du parti communiste français dès 1920, il séjourne ensuite en URSS et en Chine, avant de fonder le parti communiste indochinois en 1930 et d'y lancer la lutte contre la colonisation française. Il rentre en 1941 en Indochine, où il crée le Vietminh (« Ligue pour l'indépendance du Vietnam »). En 1942, il prend le nom de Hô Chi Minh (« Celui qui éclaire »). Il proclame la République démocratique du Vietnam en septembre 1945 et dirige la lutte contre les Français jusqu'en 1954. Il dirige ensuite le Nord-Vietnam jusqu'à sa mort en 1969.

■ Jaurès, Jean (1859-1914)

Ancien élève de l'École normale supérieure, agrégé de philosophie, élu député « opportuniste » à 25 ans, Jean Jaurès se montre vite préoccupé par les questions sociales, et se rapproche des socialistes, à l'époque très divisés. Réélu comme député socialiste, il considère que la République est le prolongement du socialisme et non son adversaire, et il fait toujours campagne en ce sens. Surtout, il est l'un des artisans de l'unification des socialistes, qui aboutit à la naissance de la SFIO en 1905. L'année précédente, il avait crée le journal *L'Humanité*. Partisan de la recherche d'une conciliation dans les relations entre la France et l'Allemagne, et hostile à la loi portant à trois ans le service militaire, il est très attaqué par la droite. Le 31 juillet 1914, alors qu'il tente d'enrayer l'engrenage conduisant à la guerre, il est assassiné. En 1924, le Cartel des gauches décide le transfert au Panthéon des cendres de l'une des grandes figures du socialisme français.

■ Joffre, Joseph (1852-1931)

Polytechnicien, officier du génie, ce général est depuis 1911 chef d'état-major. Réputé pour son sang-froid, il réussit à rétablir la situation de l'armée française à la bataille de la Marne, en septembre 1914. Limogé en décembre 1916 à la suite de l'échec de l'offensive de la Somme, il est cependant immédiatement fait maréchal de France, dignité qui avait été attribuée pour la dernière fois à Mac Mahon en 1859.

■ Kemal, Mustapha (1881-1938)

Officier de l'armée turque et, au début du XXe s., l'un des fondateurs d'une société secrète voulant moderniser la Turquie, Mustapha Kemal Pacha participe à la guerre contre les Italiens (1911-1912), puis aux guerres balkaniques (1912-1913). Colonel en 1915, il est l'un de ceux qui repoussent victorieusement l'expédition alliée des Dardanelles (1915-1916). Devenu général, il combat en Arménie contre les Russes puis en Palestine contre les Britanniques (1917-1918). Éloigné par le sultan après la défaite ottomane de 1918, il prend la tête du mouvement nationaliste qui refuse le traité de Sèvres (1920). Par ses victoires contre les Arméniens, les Kurdes, les bolcheviques et les Grecs, Mustapha Kemal libère la Turquie et dépose le sultan (1922). Il signe le traité de Lausanne (1923) et proclame la république, dont il devient le premier président (octobre 1923), puis abolit le califat en 1924.
Profondément nationaliste, méfiant envers les forces religieuses, il fonde un État moderne et laïque tourné vers l'Occident (adoption de l'alphabet latin et du calendrier grégorien, unification des poids et mesures, émancipation de la femme et interdiction du port du voile islamique). En 1934, il oblige les Turcs à prendre un nom de famille, choisissant pour lui-même celui d'Atatürk (« Père des Turcs »).

■ Keynes, John Maynard (1883-1946)

Économiste britannique né à Cambridge ; l'économiste le plus influent du XXe siècle. Il se rend célèbre quand, délégué à la Conférence de la paix en 1919, il démissionne avec fracas pour protester contre les dures conditions imposées à l'Allemagne. Les difficultés économiques du monde de l'entre-deux-guerres, et plus particulièrement la grande dépression des années 1930, l'amènent à formuler de nouvelles théories économiques qui proposent des limites au libéralisme classique, auquel il reste néanmoins attaché. Dans le *Traité de la monnaie* (1931), et surtout dans *La Théorie générale de l'emploi, de l'intérêt et de la monnaie* (1936), il préconise une intervention de l'État pour assurer le plein emploi par une politique fiscale et monétaire favorisant la consommation. Devenu l'économiste officiel de la Grande-Bretagne (il est nommé gouverneur de la Banque d'Angleterre), il influence fortement le New Deal de Roosevelt et, peu avant sa mort, met au point les accords de Bretton Woods (1944) et la création du Fonds monétaire international (FMI).

■ Laval, Pierre (1883-1945)

Avocat, député socialiste de 1914 à 1919, Laval abandonne ensuite le parti socialiste et se situe politiquement à droite. Maire d'Aubervilliers de 1923 à 1944, il est plusieurs fois ministre et chef du gouvernement entre 1925 et 1936. Il mène une politique extérieure de rapprochement avec l'Italie et l'URSS.
Renversé en janvier 1936, Laval se montre très hostile à la IIIe République. La défaite de 1940 lui donne l'occasion de revenir sur le devant de la scène politique : en juillet 1940, il manœuvre habilement à Vichy pour obtenir des parlementaires le vote des pleins pouvoirs à Pétain. Vice-président du Conseil, de juillet à décembre 1940, il est remplacé à cette date par l'amiral Darlan ; les Allemands imposent son retour au pouvoir le 18 avril 1942. Il accentue la collaboration jusqu'à la fin de la guerre, déclarant souhaiter la victoire de l'Allemagne contre le bolchevisme. Condamné à mort, il est fusillé le 15 octobre 1945.

■ Lénine, Vladimir Illitch Oulianov, dit (1870-1924)

Fils de fonctionnaire, étudiant en droit, Lénine fonde en 1895 le premier groupe marxiste de Russie, avant d'être arrêté et déporté en Sibérie (1897-1900). En 1902, il publie *Que faire ?*, ouvrage dans lequel il prône la création d'un parti de révolutionnaires professionnels. Ses idées triomphent au congrès de 1903 du parti social-démocrate, où ses partisans deviennent majoritaires (d'où leur nom de « bolcheviks », mot signifiant « majoritaires » en russe). Après l'échec de la révolution de 1905, Lénine vit en exil, en France, en Autriche, puis en Suisse.
Après la révolution de février 1917, il rentre en Russie. Il arrive à Petrograd début avril et expose ses idées politiques dans les « thèses d'avril ».
D'abord obligé de s'enfuir de Petrograd après l'échec d'un premier soulèvement bolchevique en juillet 1917, il s'enfuit en Finlande, puis revient clandestinement à Petrograd. Après avoir organisé la révolution d'Octobre avec Trotski, il devient président du Conseil des commissaires du peuple et dirige alors la Russie. Il fonde en 1919 une IIIe Internationale communiste, le Komintern. Gravement malade, il doit se retirer de la vie politique en 1922, après avoir tenté vainement de mettre en garde le parti communiste contre les défauts de Staline. Il meurt en janvier 1924. Son corps embaumé est exposé dans un mausolée construit à Moscou sur la place Rouge.

■ Léon XIII (1810-1903, pape de 1878 à 1903)

Italien, Vincenzo Pecci est archevêque de Pérouse quand il est élu pape en 1878. Il préconise le rapprochement des catholiques français et de la République. Il marque son époque avec l'encyclique *Rerum novarum* de 1891, qui définit la doctrine sociale de l'Église. Il y dénonce les excès du capitalisme et se montre favorable à une intervention de l'État dans les questions économiques et sociales. Il préconise un rôle accru des associations professionnelles, héritières des corporations, dans la défense les travailleurs. Il contribue par toutes ces prises de position à redonner une place essentielle au catholicisme dans le monde.

■ Levi, Primo (1919-1987)

Chimiste italien, résistant, déporté et écrivain. Né à Turin dans une famille de petite bourgeoisie juive, il milite contre le fascisme ; arrêté par la milice fasciste, il est livré aux Allemands comme juif en février 1944. Déporté à Auschwitz en sa qualité de chimiste, il est contraint aux travaux forcés jusqu'à la libération des camps par les Russes en janvier 1945.
Après la guerre, il dirige une entreprise de chimie et mène parallèlement une carrière d'écrivain, dont l'œuvre reste imprégnée des souvenirs de déportation. Son ouvrage le plus connu, *Si c'est un homme*, publié peu de temps après la guerre, est à la fois une réflexion philosophique sur la survie dans

l'enfer des camps et un documentaire sur le fonctionnement des usines de la mort.

■ Mac-Mahon, Patrice de (1808-1893)

Né dans une famille d'origine irlandaise, militaire de carrière, légitimiste rallié à la monarchie de Juillet puis à l'Empire, Mac-Mahon se distingue pendant la guerre de Crimée puis à la bataille de Magenta contre les Autrichiens. Fait duc et maréchal par Napoléon III, couvert d'honneurs, il est fait prisonnier à Sedan.

Libéré, il conduit l'armée qui réprime la Commune. Resté en fait monarchiste, il est porté à la présidence de la République en 1873 par les partisans d'une restauration. Après la victoire des républicains aux élections législatives de 1876 et la crise découlant de l'intransigeance de Mac-Mahon (démission de Jules Simon, le 16 mai 1877, puis dissolution de la Chambre), le pays donne à nouveau la majorité aux républicains. Sa démission en janvier 1879 marque l'échec définitif des partisans de la monarchie.

■ Marx, Karl (1818-1883)

Karl Marx naît à Trèves en 1818. Son père est un avocat libéral. Étudiant en philosophie et en droit à Bonn et à Berlin, influencé par le philosophe Hegel, le jeune Marx devient journaliste puis rédacteur en chef d'un journal libéral de Cologne, *La Gazette rhénane*.

En 1843, il émigre à Paris où il rencontre des ouvriers socialistes et Proudhon. Expulsé de Paris en 1845, il se fixe à Bruxelles où il rédige en 1848 le Manifeste du parti communiste en collaboration avec son ami Friedrich Engels, un industriel allemand. Expulsé de Bruxelles en 1848, Marx s'établit à Londres l'année suivante. Avec l'aide financière d'Engels, il poursuit sa réflexion dans *Le Capital* et fonde l'Association internationale des travailleurs en 1864 (Ire Internationale). Affaiblie par l'opposition constante entre partisans de Marx et anarchistes fidèles à Proudhon, cette Ire Internationale est dissoute en 1876.

Après sa mort, une IIe Internationale est fondée en 1889 par Engels, étroitement contrôlée par des socialistes partisans des idées de Marx et Engels, bientôt appelés « marxistes ». Pour Marx, le moteur de l'histoire est la lutte des classes. Au XIXe s., la classe ouvrière, opprimée par la bourgeoisie, doit conquérir le pouvoir par la révolution, établir une dictature du prolétariat et remplacer le capitalisme par le socialisme puis le communisme. Pour y arriver, les ouvriers doivent s'unir dans des partis communistes et dans une Association internationale des travailleurs. Ses principales œuvres sont le *Manifeste du parti communiste* (1848), *Les Luttes des classes en France* (1850) et le *Capital* inachevé à sa mort et publié entre 1867 et 1894 par Engels.

■ Matteotti, Giacomo (1885-1924)

Homme politique italien, député du parti socialiste italien entre 1919 et 1924. En 1922, il devient secrétaire du nouveau Parti socialiste unitaire. Très engagé dans la lutte contre le fascisme, il prononce, le 30 mai 1924, un discours dénonçant les intimidations et les violences dont les fascistes se sont rendus coupables pendant les élections. Le 10 juin, il est enlevé et tué par des squadristes. Son corps est retrouvé le 16 août. La nouvelle de son assassinat provoque le réveil de l'opposition antifasciste pendant quelques mois puis le tournant « fascistissime » (le durcissement) de la dictature.

■ Molotov, Viatcheslav Mikhaïlovitch Skriabine dit (1890-1986)

Molotov est l'un des principaux dirigeants bolcheviques, membre du Comité central du parti communiste dès 1921, puis membre du Politburo en 1926. En 1930, très proche collaborateur de Staline, il est nommé président du Conseil des commissaires du peuple (Premier ministre). De 1939 à 1949, il occupe la fonction de ministre des Affaires étrangères de l'URSS. À ce titre, il négocie le Pacte germano-soviétique de 1939 et participe à toutes les grandes conférences internationales (Téhéran, Yalta, Potsdam).

■ Moulin, Jean (1899-1943)

Ancien préfet d'Eure-et-Loir, Jean Moulin rejoint la France libre à Londres. Fondateur du Conseil national de la Résistance en mai 1943, artisan de l'unification des mouvements de Résistance en France, il est arrêté par la Gestapo le 21 juin 1943, à Caluire. Torturé par Klaus Barbie – responsable à Lyon du SD (service de contre-espionnage de la SS dont dépend la Gestapo) – , il meurt sans avoir parlé, le 8 juillet 1943, lors de son transfert en Allemagne. Ses cendres reposent au Panthéon.

■ Mussolini, Benito (1883-1945)

Fils d'un forgeron et d'une institutrice, instituteur lui-même, Mussolini rejoint le Parti socialiste italien (PSI), puis doit s'exiler pour avoir refusé de faire son service militaire. En 1912, il devient l'un des principaux chefs du PSI et dirige son journal, *L'Avanti !* En octobre 1914, il se déclare favorable à l'entrée en guerre de l'Italie et fonde *Il Popolo d'Italia* qui fait campagne sur ce thème. Engagé dans les troupes italiennes, il est blessé au combat en 1917.

En créant les Faisceaux de combat en 1919, il tente de concilier socialisme révolutionnaire et nationalisme exacerbé. Président du Conseil de 1922 à 1943, il transforme, à partir de 1925, l'Italie en dictature, et fait de l'État italien un État totalitaire. Il sert de modèle à Hitler, puis à d'autres dictateurs, et lance l'Italie dans la guerre en 1940. En avril 1945, il est capturé par des résistants et exécuté.

■ Napoléon III, Louis-Napoléon Bonaparte dit (1808-1873)

Fils de Louis Bonaparte (roi de Hollande et frère de Napoléon Ier) et d'Hortense de Beauharnais (fille de Joséphine), le futur empereur est très tôt marqué par le souvenir du destin de son oncle. Après la mort de l'Aiglon – le fils de Napoléon Ier –, il devient l'héritier légitime du trône impérial et complote à plusieurs reprises pour tenter de prendre le pouvoir. Emprisonné au fort de Ham (Somme), il écrit plusieurs ouvrages, dont *L'Extinction du paupérisme* (1844). Il s'évade en Angleterre en 1846.

La révolution de 1848 permet son retour. Soutenu par le « parti de l'Ordre », il est élu président de la République. Après le coup d'État du 2 décembre 1851, le prince-président deviendra empereur l'année suivante. Après la chute du Second Empire, le souverain déchu vit en Angleterre jusqu'à sa mort en 1873.

■ Orwell, George (1903-1950)

Écrivain d'origine britannique (Orwell est le nom de plume de Eric Blair). Quelques années comme sergent dans la police impériale en Birmanie en font un adversaire résolu du colonialisme. Il occupe divers emplois mais la vraie passion d'Orwell est l'écriture : ses romans et nouvelles décrivent les réalités sociales des plus démunis des sociétés française et britannique. Pendant la guerre civile espagnole, il rejoint Barcelone et devint instructeur des milices du POUM (Parti ouvrier d'unification marxiste), parti communiste anti-stalinien. Blessé, il doit quitter l'Espagne clandestinement, le POUM étant pourchassé par le gouvernement républicain espagnol. Pendant la guerre, il reste attaché à ses idéaux révolutionnaires et travaille pour la BBC.

C'est en 1949 qu'il publie *1984*, le plus important de ses livres. Cette fiction se situe après une catastrophe nucléaire en Grande-Bretagne : Orwell imagine un régime totalitaire mêlant des aspects du nazisme et du stalinisme.

■ Pétain Philippe (1856-1951)

Né à Cauchy-la-Tour dans le Pas-de-Calais, formé à l'école militaire de Saint-Cyr, colonel en 1914, Pétain organise la défense de Verdun en 1916, puis est nommé commandant en chef des années françaises en mai 1917. Promu maréchal de France en 1918, il combat Abd el-Krim pendant la guerre du Rif au Maroc (1925). Ministre de la Guerre (1934), ambassadeur à Madrid, il exerce également une grande influence sur la stratégie militaire française dans l'entre-deux guerres, se montrant favorable à une guerre de position défensive.

Appelé par Paul Reynaud à la vice-présidence du Conseil, il lui succède le 16 juin 1940 et demande l'armistice. Ayant obtenu les pleins pouvoirs du Parlement réuni à Vichy le 10 juillet 1940, il fonde l'État français et s'engage dans une politique de collaboration avec les Allemands.

À la Libération, il est jugé et condamné à mort ; sa peine est commuée en détention à perpétuité par le général de Gaulle. Il meurt en 1951 et est enterré à l'île d'Yeu où il était emprisonné depuis 1945.

■ Pie XI (1857-1939, pape de 1922 à 1939)

L'Italien Achille Ratti, archevêque de Milan, est élu pape en 1922. Pape des missions, il met en place un clergé indigène (nombreuses ordinations d'évêques indiens et chinois). Il met fin à la « question romaine » en signant les accords du Latran (1929). Pendant son pontificat se pose la question de l'attitude de la papauté face aux nouvelles idéologies. Il condamne les « excès du fascisme » en 1931, le nazisme et le communisme en 1937.

■ Poincaré, Raymond (1860–1934)

Né en 1860 en Lorraine à Bar-le-Duc, Poincaré, avocat, mène une brillante carrière politique grâce à sa vive intelligence, sa grande mémoire, son esprit clair et une grande capacité de travail. Député de la Meuse, remarquable orateur, il est plusieurs fois ministre dans les années 1890. Il se classe parmi les républicains modérés, au centre droit. Président du Conseil de 1912 à 1913, élu président de la République en 1913, il invite les partis politiques français à pratiquer une « Union sacrée » dès les premiers jours de la Grande Guerre.

Après la guerre, il est président du Conseil entre 1922 et 1924. Partisan de la plus grande fermeté vis-à-vis de l'Allemagne, il fait occuper la Ruhr en 1923 pour obliger ce pays à payer les réparations. À nouveau président du Conseil en 1926 et ministre des finances, il rétablit la confiance, stabilise le franc à 1/5 de sa valeur de 1914 (le Franc Poincaré) et redresse la situation financière.

■ Rockefeller, John Davison (1839-1937)

Industriel américain, descendant d'une famille allemande. Ayant acquis une raffinerie de pétrole en 1865, il réussit, en une quinzaine d'années, à contrôler ou à éliminer ses concurrents et à faire de sa Standard Oil Company un immense trust qui, dans les années 1880, contrôle la plus grande partie de l'industrie pétrolière américaine. Condamné par la loi antitrust de 1887, il est contraint de dissoudre sa société en 1911, à la suite d'un jugement de la Cour suprême. Rockefeller est devenu le symbole de la réussite capitaliste aux États-Unis.

■ Roosevelt, Franklin Delano (1882-1945)

Membre du parti démocrate, sénateur en 1910, Roosevelt est victime de la poliomyélite en 1921. Il devient gouverneur de l'État de New York en 1929, puis président des États-Unis en 1932. Il lance la politique du New Deal pour sortir le pays de la crise de 1929. Il est réélu triomphalement en 1936, puis en 1940 et en 1944. Il signe avec Churchill la charte de l'Atlantique en août 1941. Après Pearl Harbor, il déclare la guerre au Japon et à l'Allemagne. Roosevelt dirige l'effort de guerre des États-Unis et rencontre à plusieurs reprises les autres dirigeants alliés, en particulier à Téhéran (nov.-déc. 1943) et à Yalta (fév. 1945). Il décide la fabrication de la bombe atomique et prépare l'Organisation des nations unies (ONU) destinée à arbitrer la vie internationale après la guerre. Il meurt le 12 avril 1945.

Schneider (dynastie)

■ 1. Eugène (1805-1875)

Né à Bidestroff en Moselle, dans la bourgeoisie aisée, Eugène Schneider commence sa carrière comme employé à la banque Seillière dans les Ardennes. De 1827 à 1837, il dirige les forges de Bazeilles. En 1837, il épouse Clémence Lemoine des Mares, de la famille Neuflize (banquiers et industriels), qui lui apporte une dot considérable. Il achète alors avec son frère Adolphe l'ancienne Fonderie royale du Creusot et en fait le grand centre métallurgique français du XIXe siècle. Il construit la première locomotive à vapeur française, invente l'« acier Schneider », fabrique les premiers blindages de la marine de guerre. Il poursuit parallèlement une brillante carrière politique : député en 1845, ministre du Commerce et de l'Indus-trie en 1851, président du Corps législatif de 1867 à 1870.

■ 2. Henri (1840-1898)

Fils d'Eugène, il devient gérant de l'entreprise à la mort de son père et développe la production d'armement. Député républicain de Saône-et-Loire, il se distingue par ses initiatives paternalistes mais combat avec vigueur toute intervention de l'État dans les questions économiques et sociales.

■ Staline, Joseph Vissarionovitch Djougatchvili dit (1879-1953)

Né à Gori (Géorgie) dans un milieu très modeste, Joseph Djougatchvili se destine tout d'abord à la prêtrise. Il est exclu du séminaire de Tiflis en 1899. Il entame à partir de 1901 une carrière de militant révolutionnaire local au Parti ouvrier social démocrate de Russie, futur parti bolchevique. Il rencontre Lénine en 1905 et devient dirigeant du Parti ouvrier social démocrate de Russie. De 1908 à 1913, il est plusieurs fois arrêté et déporté en Sibérie. C'est en 1913 qu'il prend le pseudonyme de Staline (« l'homme d'acier »). Libéré de son exil par la révolution de 1917, il devient alors l'un des dirigeants du parti bolchevique et occupe les postes de rédacteur à la *Pravda* (journal du parti), puis de commissaire aux nationalités. En 1922, il devient secrétaire général du parti communiste, poste qui lui permet de contrôler l'ensemble du parti.

En 1924, après la mort de Lénine, il élimine tous ses rivaux : Trotski, Kamenev, Zinoviev et Boukharine, d'abord politiquement en les chassant de la direction du Parti, puis physiquement en les faisant condamner et exécuter lors des procès de Moscou, ou assassiner (Trotski). À partir de 1929, il reste le seul maître de l'URSS et lance une politique d'industrialisation (plans quinquennaux) et de collectivisation forcée des terres qui provoque la mort de millions de paysans.

En 1939, il signe avec l'Allemagne nazie le Pacte germano-soviétique, qui lui permet d'annexer l'est de la Pologne (septembre 1939) puis les pays Baltes (1940). Surpris par l'attaque allemande de juin 1941, il finit par incarner la résistance russe à l'envahisseur. La victoire de l'URSS contre l'Allemagne nazie aux côtés des Alliés renforce son prestige international. Il peut, après 1945, imposer le régime communiste en Europe centrale et orientale. Staline est à l'origine de la conception d'« ennemi du peuple », qui rend possible l'utilisation de la répression contre quiconque n'est pas d'accord avec lui. Il meurt au pouvoir en 1953.

■ Thiers, Louis-Adolphe (1797-1877)

D'abord avocat, historien et journaliste, partisan d'une monarchie constitutionnelle, Thiers est président du Conseil sous la monarchie de Juillet. Après la chute de Louis-Philippe, il est l'un des dirigeants du « parti de l'Ordre » et contribue à faire élire Louis-Napoléon Bonaparte à la présidence de la République. Opposant à l'Empire, il est désigné en février 1871 « chef du pouvoir exécutif de la République française ».

Il dirige la répression de la Commune et, après le traité de Francfort, s'attache à obtenir rapidement l'évacuation du territoire français par les Allemands. Son ralliement à la République est pragmatique (« la République est le gouvernement qui nous divise le moins »). Les royalistes, de ce fait, parviennent à le pousser à la démission en 1873 au profit de Mac-Mahon. Il meurt le 8 septembre 1877, quelques mois après avoir été l'un des adversaires de ce dernier au moment de la crise du 16 mai. « Fusilleur de la Commune » pour les uns, « libérateur du territoire » pour les autres, Thiers a été un acteur principal de l'histoire politique française pendant près de quarante ans, à travers plusieurs régimes successifs.

■ Tito, Josip Broz dit (1892-1980)

D'origine croate, Tito participe à la guerre civile russe aux côtés des bolcheviks ; de retour dans son pays, il est l'un des fondateurs du parti communiste yougoslave dont il devient le secrétaire général en 1937. À partir de 1941, il organise la résistance à l'occupation de son pays par les nazis. Soutenu par Churchill, Tito combat à la fois les Allemands, leurs alliés croates et les résistants royalistes de Mihajlovic qu'il réussit à éliminer. Il libère Belgrade en octobre 1944 et fait de la Yougoslavie un État communiste, mais s'éloigne de l'URSS à partir de 1948.

■ Trotski, Lev Davidovitch Bronstein dit (1879-1940)

Trotski naît en Russie, dans une famille de la moyenne bourgeoisie juive. Il est attiré par les idées révolutionnaires lors de ses études de droit. D'abord proche des mencheviques, il devient le chef du soviet de Saint-Pétersbourg lors de la révolution de 1905. Il rallie les bolcheviques en juillet 1917, prépare avec Lénine le coup d'État d'octobre et devient commissaire aux Affaires étrangères puis à la Guerre, poste qui en fait le grand organisateur de l'Armée rouge.

En 1924, après la mort de Lénine, il s'oppose à Staline et est exclu du parti en 1927, puis d'URSS en 1929. Il continue à mener, de l'étranger, de vigoureuses campagnes contre le stalinisme, avant d'être assassiné à Mexico, en 1940, par un agent de Staline.

Trotski estimait que la IIIe Internationale fondée par Lénine, mais entièrement contrôlée par Staline à partir du début des années 1930, avait failli à son rôle de direction des mouvements révolutionnaires dans le monde. En 1936, il crée une IVe Internationale, mais tous les groupes d'extrême gauche se réclamant du trotskisme n'y adhèrent pas.

■ Wilson, Thomas Woodrow (1856-1924)

Fils de pasteur, avocat, puis professeur de sciences politiques à Princeton (1890), Wilson est gouverneur du New Jersey en 1911. Candidat des démocrates à l'élection présidentielle de 1912, il l'emporte grâce à la division de ses adversaires républicains.

S'il intervient sur le continent américain, à Haïti et au Mexique, Wilson espère maintenir les États-Unis en dehors de la Grande Guerre. Malgré la mort de passagers américains lors du torpillage du paquebot Lusitania (1915), il ne rompt pas les relations diplomatiques avec l'Allemagne. Réélu en 1916 sur un programme de maintien de la neutralité américaine, il fait quand même entrer les États Unis dans la guerre (avril 1917) en raison des attaques sous-marines menées par les Allemands.

Voulant assurer une paix juste, il propose en janvier 1918 son « Programme pour la paix du monde » en quatorze points, qui sert de base de négociations à la conférence de Versailles en 1919. Il s'efforce de faire prévaloir les principes de l'abolition de la diplomatie secrète, de l'arbitrage international des conflits, du rôle dominant d'une communauté internationale, et obtient de ses alliés européens, réticents, la création d'une Société des nations. Mais la création de la SDN fait craindre aux Américains d'être entraînés dans de futures guerres contre leur gré. Les États-Unis ne ratifient pas le traité de Versailles et refusent d'entrer à la SDN. Malade, Wilson se retire de la vie politique à la fin de son mandat. Il reçoit le prix Nobel de la paix en décembre 1920 et meurt quatre ans plus tard.

Crédits photographiques

1 p. 14 : Josse ; 2 p. 15 : Topical Press Agency/Getty Images ; 1 p. 16 : BPK/Dist. RMN ; 5 p. 17 : National Railway Museum/Science and Society Picture Library ; 2 p. 19 : Kharbine-Tapabor ; 5 p. 23 : Kharbine-Tapabor ; 6 p. 23 : Coll. Christophe L. ; 2 p. 24 : Josse ; 3 p. 25 : IM/Kharbine-Tapabor ; 4 p. 25 : Advertising Archive ; 2 p. 26 : Roger-Viollet/Ullstein Bild ; p. 28 : Keystone ; 1 p. 30 : G. Paris/Roger-Viollet ; 2 p. 30 : Keystone ; 1 p. 30 : The Art Archive/Écomusée de la communauté Le Creusot/Dagli-Orti ; 2 p. 33 : Rue des Archives ; 3 p. 35 : Tallandier/Rue des Archives ; 4 p. 35 : Jos le Doaré ; 6 p. 35 : Archives Charmet/Bridgeman ; 3 p. 37 : D. Busseuil ; 4 p. 37 : Photos12.com/Snark/Oasis ; 5 p. 39 : Rue des Archives ; 6 p. 39 : *L'Illustration* ; 7 p. 39 : FLC/© ADAGP Paris 2007 ; 3 p. 41 : Gesgon/CIRIP ; 1 p. 42 : Archives Charmet/Bridgeman ; 6 p. 43 : *L'Illustration* ; 1 p. 44 : Archives Charmet/Bridgeman ; 2 p. 45 : RMN/Bulloz ; 2 p. 45 : Archives Charmet/Bridgeman ; 4 p. 45 : Kharbine-Tapabor/© ADAGP Paris 2007 ; 1 p. 46 : Kharbine-Tapabor ; 4 p. 47 : Hervé Lewandowski/RMN ; haut p. 48 : AKG-images ; milieu haut p. 48 : IPS/USIS ; milieu bas p. 48 : Roger-Viollet ; bas p. 48 : Photothèque Hachette Livre ; p. 49 : G. Bossi/Coll. La Documentation photographique n° 6079 ; 1 p. 50 : Archives Charmet/Bridgeman ; 4 p. 51 : Photothèque Hachette Livre ; 1 p. 52 : Hervé Lewandowski/RMN ; 2 p. 53 : IM/Kharbine-Tapabor ; 2 p. 54 : Archives Charmet/Bridgeman ; 5 p. 55 : G. Clemente/Whitney Museum of Art, New York ; 3 p. 57 : Photos12.com/Ann Ronan Picture Library ; 4 p. 57 : Archives Charmet/Bridgeman ; 5 p. 57 : AKG-images ; 6 p. 57 : Archives Charmet/Bridgeman/© ADAGP Paris 2007 ; 3 p. 58 : Bibliothèque des arts décoratifs, Paris France/Archives Charmet/Bridgeman ; 4 p. 59 : Selva/Leemage ; haut p. 60 : Scala ; milieu p. 60 : Harlingue/Roger-Viollet ; bas p. 60 : Roger-Viollet ; gauche p. 61 : Jonas/Kharbine-Tapabor ; droite p. 61 : Dixmier/Kharbine-Tapabor ; p. 63 : Scala ; 1 p. 64 : Coll. Part/Bridgeman-Giraudon ; 2 p. 65 : Coll. Christophe L. ; 1 p. 66 : Josse ; 2 p. 66 : Josse ; 4 p. 67 : Josse/© ADAGP Paris 2007 ; 6 p. 67 : Bridgeman-Giraudon ; 1 p. 68 : Nasjonalgalleriet, Oslo, Norway/ The Bridgeman Art Library ©The Munch Museet – The Munch Ellingsen Group, Adagp, Paris, 2007 ; 2 p. 68 : Mary Evans/Keystone France ; 3 p. 69 : RMN/H. Lewandowski ; 5 p. 69 : AKG/Erich Lessing ; 6 p. 69 : F. Lambin/DR ; 7 p. 69 : Roger-Viollet ; 1 p. 70 : RMN ; 2 p. 70 : AKG-images ; 4 p. 71 : Rue des Archives/The Granger Collection/© ADAGP Paris 2007 ; 5 p. 71 : Kunstsammlung Nordrhein-Westfalen, Dusseldorf, Germany/ Peter Willi/ The Bridgeman Art Library © Adagp, Paris 2007 ; 2 p. 72 : Kharbine-Tapabor ; 4 p. 73 : © Galerie Ciné. Images ; 5 p. 73 : © Hergé/Moulinsart 2007 ; 6 p. 73 : Kharbine-Tapabor ; 7 p. 73 : Photo Don English/Hulton Archives/Getty Images ; 1g p. 74 : Films sans frontière ; 1d p. 74 : Coll. Christophe L. ; 3 p. 74 : Cinémathèque suisse ; 4g p. 75 : AKG-images ; 4d p. 75 : Coll. Christophe L. ; 5g p. 75 : Coll. Christophe L. ; 5d p. 75 : Films sans frontière ; 1 p. 76 : Richard S. Zeisler Collection, New York, USA/ The Bridgeman Art Library © Adagp, Paris, 2007 ; 3 p. 77 : Dagli-Orti/© ADAGP Paris 2007 ; 4 p. 77 : Coll. VAV/Kharbine-Tapabor ; 7 p. 77 : Cat's ; 1 p. 78 : San Francisco Museum of Modern Art/Albert Bender Collection ; 4 p. 79 : F. Resnais/Diff. Gallimard ; 1 p. 80 : Bridgeman-Giraudon/© ADAGP Paris 2007 ; 2 p. 80 : RCS Libri/ © ADAGP Paris 2007 ; 1 p. 81 : Bridgeman/National Gallery de Londres/© ADAGP Paris 2007 ; 2 p. 81 : H. Hinz/Artothek/© ADAGP Paris 2007 ; 3 p. 81 : L. Gauthier/Musée des Beaux-Arts de Bordeaux ; 4 p. 81 : Erich Lessing/AKG/© ADAGP Paris 2007 ; haut p. 82 : Bridgeman/© Succession Picasso 2007 ; bas p. 82 : Keystone ; 4 p. 87 : Archives Charmet/Bridgeman ; 5 p. 87 : Corbis/Ellis Island Museum ; 2 p. 88 : Archives Charmet/Bridgeman ; 3 p. 89 : Archives Charmet/Bridgeman ; 4 p. 89 : Bridgeman-Giraudon ; 2 p. 90 : Archives Charmet/Bridgeman ; 4 p. 91 : Hulton-Deutsch/Corbis ; 5 p. 93 : Josse/© ADAGP Paris 2007 ; 6 p. 93 : *L'Illustration* ; 2 p. 95 : Archives Charmet/Bridgeman ; 3 p. 95 : Archives Charmet/Bridgeman ; 5 p. 95 : Archives Charmet/Bridgeman ; haut p. 96 : Photothèque Hachette Livre ; milieu p. 96 : Keystone ; bas p. 96 : Albin-Guillot/Roger-Viollet ; 4 p. 99 : ACR ; 1 p. 100 : Bianchetti/Leemage ; 2 p. 101 : Armand Colin ; 1 p. 102 : Archives Charmet/Bridgeman ; 2 p. 103 : Leemage ; 4 p. 103 : Armand Colin ; 1 p. 104 : Musée de Nogent-sur-Marne ; 3 p. 104 : Musée de Nogent-sur-Marne ; 4 p. 105 : Musée de Nogent-sur-Marne ; 6 p. 105 : Musée de Nogent-sur-Marne ; 3 p. 107 : Archives Charmet/Bridgeman ; 1 p. 108 : G. Lambin/DR ; 2 p. 108 : ATP/Dist RMN/Danièle Adam ; 3 p. 109 : Josse ; 4 p. 109 : Anne Boiteux ; 5 p. 109 : C. Léandre/Archives Charmet/Bridgeman ; 5 p. 111 : Roger-Viollet ; 6 p. 111 : Photothèque Hachette Livre ; a p. 114 : MuCEM ATP/RMN ; b p. 114 : LL-Roger-Viollet ; 1 p. 116 : Archives Charmet/Bridgeman ; 2 p. 117 : RMN ; 2 p. 118 : MuCEM Photo RMN/© Gérard Blot ; 3 p. 119 : AKG-images ; 2 p. 121 : Rue des Archives ; 5 p. 121 : Bridgeman-Giraudon ; 1 p. 122 : Hervé Lewandowski/RMN ; 2 p. 122 : Bibliothèque de Cessole, Nice ; 5 p. 123 : Photo Ph. Jeanbor © Archives Bordas, Musée Carnavalet, Cabinet des Estampes ; 5 p. 125 : Musée des arts décoratifs, Paris/Archives Charmet/Bridgeman ; p. 126 : Photothèque Hachette Livre ; 1 p. 128 : Archives Charmet/Bridgeman ; 5 p. 128 : Bridgeman-Giraudon ; 1 p. 130 : Gesgon/CIRIP ; 2 p. 131 : Archives Charmet/Bridgeman ; 4 p. 133 : *L'Illustration*/Sygma ; 6 p. 133 : Archives Charmet/Bridgeman ; 1 p. 134 : Kharbine-Tapabor ; 2 p. 134 : © Bibliothèque nationale de France Estampes et photographie ; 3 p. 135 : Archives Archives Larousse ; 1 p. 136 : Archives Charmet/Bridgeman ; 2 p. 136 : J.-P. Rey/Coll. Jack Bourderie ; 4 p. 137 : Archives Charmet/Bridgeman ; 6 p. 137 : CIRIP/Gesgon ; 1 p. 138 : RMN / Bulloz ; 2a p. 138 : Musée de la Poste ; 2b p. 138 : Musée de la Poste ; 2c p. 138 : Musée de la Poste ; 3 p. 138 : J. Postel/Ville de Versailles ; 4 p. 139 : CIRIP/Gesgon ; 5 p. 139 : Archives Charmet/Bridgeman ; 6 p. 139 : CIRIP/Gesgon ; 3 p. 141 : Roger-Viollet ; 4 p. 141 : Archives Charmet/Bridgeman ; 5 p. 141 : Archiives Charmet/Bridgeman ; 2 p. 142 : Archives Charmet/Bridgeman/BNF ; 6 p. 143 : C. Lanning ; 7 p. 143 : Kharbine-Tapabor ; 3 p. 144 : Archives Charmet/Bridgeman/Bibliothèque des Arts décoratifs, Paris ; 4 p. 145 : Archives Charmet/Bridgeman ; 6 p. 145 : Archives Charmet/Bridgeman ; 2 p. 146 : Roger-Viollet ; 3 p. 146 : Archives Archives Larousse ; 4 p. 146 : Roger-Viollet ; 5 p. 147 : Photothèque Hachette Livre ; 6 p. 147 : Coll. part. / Archives Larousse ; 7 p. 147 : Roger-Viollet ; Haut p. 148 : Photothèque Hachette Livre ; Milieu haut p. 148 : Josse ; Milieu p. 148 : Roger-Viollet ; Milieu Bas p. 148 : Photothèque Hachette Livre ; Bas p. 148 : Photothèque Hachette Livre ; p. 149 : Musée de la ville de Paris ; p. 150 : Roger-Viollet/Musée de la ville de Paris ; 1 p. 152 : Archives Charmet/Bridgeman ; 2 p. 153 : Charmet-Bridgeman/Bibliothèque des Arts décoratifs, Paris/© ADAGP Paris 2007 ; 4 p. 155 : ArchivesCharmet/Bridgeman ; 6 p. 155 : Roger-Viollet ; 1 p. 156 : Goldner ; 7 p. 157 : Photothèque Hachette Livre ; 2 p. 159 : Kharbine-Tapabor ; 3 p. 159 : DR ; 4 p. 159 : Coll. Dixmier/Kharbine-Tapabor/© ADAGP Paris 2007 ; 2 p. 160 : Roger-Viollet ; 3 p. 160 : Francis G. Mayer/Corbis ; 4 p. 160 : Bridgeman-Giraudon/© ADAGP Paris 2007 ; 5 p. 161 : Roger-Viollet ; 7 p. 161 : Kharbine-Tapabor ; 3 p. 162 : O. Platon/ Archives Larousse/Dessinateur : André-René Charlet ; 4 p. 162 : Kharbine-Tapabor ; 6 p. 163 : CIRIP/Gesgon/Illustrateur : Paul Poncet ; Haut p. 164 : Photothèque Hachette Livre ; Milieu p. 164 : Photothèque Hachette Livre ; Bas p. 164 : Photothèque Hachette Livre ; p. 165 : Kharbine-Tapabor ; 1 p. 166 : J. Martineau ; 2 p. 167 : Roger-Viollet ; 1 p. 168 : DR ; 2 p. 169 : AKG-images ; 6 p. 173 : AKG-images ; 1 p. 174 : Harlingue/Roger-Viollet ; 3 p. 174 : BPK/Dist. RMN ; 4 p. 175 : Rue des Archives/ITAL ; 5 p. 175 : Photothèque Hachette Livre ; 6 p. 179 : Kharbine-Tapabor ; 3 p. 181 : Photothèque Hachette Livre ; 5 p. 181 : Roger-Viollet ; 1 p. 182 : The Art Archive ; haut p. 184 : Photothèque Hachette Livre ; milieu p. 184 : Photothèque Hachette Livre ; bas p. 184 : Photothèque Hachette Livre ; 1 p. 186 : Selva- Leemage ; 1 p. 188 : Keystone ; 2 p. 189 : Roger-Viollet ; 1 p. 190 : The Art Archive/Dagli-Orti ; 3g p. 191 : Roger-Viollet ; 3d p. 191 : Coll. Snark/Oasis ; 4 p. 193 : Kharbine-Tapabor ; 1 p. 194 : Musée d'histoire contemporaine- BDIC Photo sergent Royer ; 4 p. 195 : Rue des Archives ; 6 p. 195 : Hulton-Deutsch/Collection Corbis ; 3 p.196 : Hulton Archives/Getty ; 5 p. 197 : Huffschmitt/Sipa ; 6 p. 197 : Historial de la Grande Guerre, Péronne ; 1 p. 198 : Musée d'histoire contemporaine-BDIC/Archives Charmet/Bridgeman ; 3 p. 198 : *L'Illustration* ; 4 p. 199 : Musée d'histoire contemporaine-BDIC ; 7 p. 199 : Rue des Archives ; 2 p. 200 : Kharbine-Tapabor/Illustration : Auguste Leroux ; 3 p. 201 : Historial de la Grande Guerre, Péronne ; 4 p. 201 : ECPAD ; 6 p. 201 : Rue des Archives ; 1 p. 202 : Dessin de Forain/coll. Snark/Oasis/© ADAGP Paris 2007 ; 3 p. 202 : INRP/Musée national de l'éducation, Rouen ; 4 p. 202 : Kharbine-Tapabor ; 5 p. 203 : Roger-Viollet ; 6 p. 203 : Archives Charmet/L'Histoire ; 5g p. 205 : Gamma ; 5d p. 205 : Rue des Archives ; 1 p. 206 : Rue des Archives ; 3 p. 207 : © Service historique de la Défense ; 5 p. 207 : Kharbine-Tapabor ; 6 p. 207 : Josse ; tout en haut p. 208 : Photothèque Hachette Livre ; haut p. 208 : Henri Manut ; milieu haut p. 208 : Photothèque Hachette Livre ; milieu bas p. 208 : Photothèque Hachette Livre ; bas p. 208 : Photothèque Hachette Livre ; tout en bas p. 208 : Photothèque Hachette Livre ; haut p. 209 : BDIC/© ADAGP Paris 2007 ; bas p. 209 : Rue des Archives ; p. 210 : François Fabre ; 1 p. 212 : © Photo Stéphane Plasset / Musée Albert Kahn- Département des Hauts-de-Seine ; 2 p. 213 : The British Cartoon Archive, university of Kent/solosyndication.com ; 3 p. 215 : Josse ; 5a p. 215 : Coll. Snark/Oasis ; 5b p. 215 : SIPA/Snark ; 1 p. 218 : DR ; 3 p. 219 : L. Mercier/Roger-Viollet ; 5a p. 219 : DR ; 5b p. 219 : DR ; 7 p. 219 : Roger-Viollet ; 1 p. 220 : David King collection ; 6 p. 221 : Édimédia ; 1 p. 222 : W. Römer/Rue des Archives ; 3 p. 223 : The Picture Desk/Musée des deux Guerres mondiales/Dagli-Orti ; 4 p. 223 : Musée d'histoire contemporaine, BDIC ; 4 p. 225 : Tallandier ; 5 p. 223 : Tallandier ; 2 p. 226 : © ADAGP, Paris 2007 ; 3 p. 227 : Coll. La vie du rail/Diaporama ; 5 p. 227 : Photo12.com ; haut p. 230 : Photothèque Hachette Livre ; milieu p. 230 : APN/Hachette ; bas p. 230 : Roger-Viollet ; 3 p. 231 : Photo Pierre Roy © Association Laïque des Amis des Monuments pacifistes de Saint-Martin d'Estreaux et du département de la Loire (ALAMPSME-DL) ; 1 p. 232 : Dessin d'Abel Faivre (1865-1945) Kharbine Tapabor © Adagp, Paris 2007 ; 2 p. 233 : DR ; 1 p. 234 : Roger-Viollet ; 4 p. 234 : Tiercin ; 5 p. 235 : ERL/Sipa icono ; 6 p. 235 : Roger-Viollet ; 3 p. 237 : Kharbine-Tapabor ; 4 p. 237 : AKG-images ; 4 p. 239 : Dessin de Becan /DR/CIRIP/Gesgon ; 5 p. 239 : ©Bibliothèque Nationale, Paris, France/ Archives Charmet/ Bridgeman-Giraudon/ D.R. ; 6 p. 239 : DR/Illustration : Ralph Soupault ; 1 p. 240 : Kharbine-Tapabor ; 2 p. 240 : Keystone ; 6 p. 241 : Gesgon/CIRIP ; 7 p. 241 : Keystone ; 1 p. 242 : Archives Charmet/Bridgeman ; 3 p. 243 : © Rue des Archives/The Granger Collection NYC ; 5 p. 243 : Keystone ; 1 p. 244 : Roger-Viollet ; 2 p. 244 : Roger-Viollet ; 5 p. 245 : Roger-Viollet ; 6 p. 245 : Roger-Viollet ; 7 p. 245 : Roger-Viollet ; 5g p. 247 : Archives Charmet/Bridgeman/DR ; 5d p. 247 : Keystone ; 4 p. 249 : Kharbine-Tapabor/© ADAGP Paris 2007 ; 5a p. 249 : Kharbine-Tapabor ; 5b p. 249 : Coll. Privée/Photo Kharbine-Tapabor ; 6 p. 249 : Kharbine-Tapabor/© ADAGP 2007 ; p. 250 : Photothèque Hachette Livre ; 1 p. 251 : CIRIP/Gesgon ; 2 p. 251 : CIRIP/Gesgon ; 3 p. 251 : CIRIP/Gesgon/DR ; p. 253 : CIRIP/Gesgon ; 1 p. 254 : DR ; 2 p. 255 : Farabola/Leemage ; 1 p. 256 : Harlingue-Viollet ; 3 p. 257 : Harlingue-Viollet ; 4 p. 257 : Édimédia ; 5 p. 257 : Édimédia ; 1 p. 258 : Tallandier/Rue des Archives ; 5 p. 259 : DR ; 6 p. 259 : Costa/Leemage ; 3 p. 261 : DR ; 4 p. 261 : Fototeca Storica Nazionale ; 5 p. 261 : AKG/DR ; 2 p. 263 : Leemage ; 3 p. 263 : DR ; haut p. 264 : Roger-Viollet ; bas p. 264 : Roger-Viollet ; p. 265 : Foteca Leemage ; p. 266 : AISRP Fondo Agosti Turin ; 3 p. 267 : Leemage ; 1 p. 268 : photo12.com/Oasis ; 2 p. 269 : AKG-images ; 1 p. 270 : AKG-images ; 3 p. 271 : Historisches Archiv ; 6 p. 271 : Bundesarchiv ; 1a p. 272 : AKG-images ; 1b p. 272 : AKG-images ; 4 p. 273 : AKG-images ; 1 p. 274 : AKG-images ; 3 p. 275 : BPK/Dist. RMN ; 6 p. 275 : Ullstein Bild ; 7 p. 275 : DR ; 2 p. 276 : Keystone ; 4 p. 276 : AKG-images ; 6 p. 277 : AKG-images ; 7 p. 277 : Duke University, Rare Book, Manuscript, and Special Collections Library ; 1 p. 278 : Kharbine-Tapabor ; 2 p. 278 : BPK/Dist. RMN ; 7 p. 278 : Kharbine-Tapabor ; 2 p. 281 : Keystone ; 3 p. 281 : Archives Larousse ; 4 p. 281 : Keystone ; haut p. 282 : Roger-Viollet ; milieu haut p. 282 : Roger-Viollet ; milieu bas p. 282 : AKG-images ; bas p. 282 : AKG-images ; p. 283 : Kharbine-Tapabor ; 1 p. 284 : AKG-images ; 2 p. 284 : AKG-images ; 3 p. 284 : H. Hubmann/BPK/Dist. RMN ; 5 p. 285 : AKG-images ; 1 p. 286 : *L'Illustration* ; 2 p. 287 : Roger-Viollet ; 3 p. 289 : Photos12.com/Oasis ; 5 p. 289 : *L'Illustration* ; 6 p. 289 : Rue des Archives ; 7 p. 289 : Hulton Archives/Getty Images ; 1 p. 290 : Katamidze Slava ; 4 p. 290 : DR ; 1 p. 292 : BPK/Dist. RMN ; 5 p. 293 : BPK/Dist. RMN ; 8 p. 293 : DR ; 1 p. 294 : David King collection ; 5 p. 295 : Musée royal de l'armée et d'histoire militaire, Bruxelles ; 6 p. 295 : AKG ; 7a p. 295 : Roger Viollet ; 7b p. 295 : Photothèque Hachette Livre ; 2 p. 296 : David King collection ; 4a p. 297 : MNRK/Mark Grosset photographies ; 4b p. 297 : MNRK/Mark Grosset photographies ; haut p. 298 : Photothèque Hachette Livre ; milieu haut p. 298 : Roger-Viollet ; milieu bas p. 298 : Roger-Viollet ; bas p. 298 : Rue des Archives ; p. 299 : Photo12.com/Oasis ; p. 300 : Archives Charmet/Bridgeman ; p. 301 : Photo12.com/Oasis ; 1 p. 302 : Bundesarchiv, Coblence ; 2 p. 303 : Collection du musée national des Beaux-Arts de Lettonie/DR ; 4 p. 305 : DR/© ADAGP Paris 2007 ; 5 p. 305 : DR ; 6 p. 305 : Deutsches Historisches Museum, Berlin ; 1 p. 306 : Coll. IVAM, Barcelone/© The Heartfield Community of Heirs/© ADAGP Paris 2007 ; 6 p. 307 : DR ; 7 p. 307 : Costa/Leemage ; 1 p. 308 : DR ; 3 p. 309 : Gallimard ; 4 p. 309 : Leni Riefenstahl Produktion ; 6 p. 309 : Ria Novosti ; 1 haut p. 310 : Europaeische Kultur Stiftung, Berlin ; 1 bas p. 310 : Renato Bertelli/Museo di Arte moderna e contemporanea di Trento e Rovereto/ Archivio fotografico MART ; 2 p. 310 : DR ; 3 p. 310 : Sipa icono/ERL ; 4 p. 311 : © Stiftung Seebüll Ada und Emil Nolde ; 6 p. 311 : DR/© ADAGP Paris 2007 ; haut p. 312 : Rue des Archives ; milieu p. 312 : Rue des Archives ; bas p. 312 : Corbis ; 1 p. 313 : MNRK/Mark Grosset photographies ; 2 p. 313 : AKG ; 3 p. 313 : R. Dazy ; 1 p. 316 : Photo12.com ; 2 p. 316 : Kharbine-Tapabor/© ADAGP, Paris 2007 ; 4 p. 316 : AKG-images ; 1 p. 318 : Mémorial de Caen ; 4 p. 319 : Imperial War Museum/DR ; 6 p. 319 : Archives Larousse ; 7 p. 319 : DITE/USIS ; 2 p. 320 : Kharbine-Tapabor ; 4 p. 321 : L'Illustration ; 5 p. 321 : Bundesarchiv, Coblence ; 6 p. 321 : Archives Larousse ; 7 p. 321 : Hulton Archive/Getty Images ; 5 p. 323 : Freiburg Bundesarchiv Militärarchiv ; 7 p. 323 : H. Hubmann/BPK/Dist. RMN ; 8 p. 323 : AKG-images ; 2 p. 324 : CIRIP/Gesgon ; 4 p. 325 : BPK/Dist. RMN ; 5 p. 325 : Archives Larousse ; 6 p. 325 : W. Frentz/Ullstein ; 7 p. 325 : Mémorial de Caen ; 5 p. 327 : DITE/USIS ; 6 p. 327 : Keystone ; 7 p. 327 : DR ; 2 p. 329 : ECPAD/Archives de la Documentation française/DR ; haut p. 330 : Keystone ; milieu haut p. 330 : Keystone ; milieu bas p. 330 : Photothèque Hachette Livre ; bas p. 330 : DR ; p. 331 : DITE/USIS ; 1 p. 332 : The Granger collection/Rue des Archives ; 3 p. 332 : Musée des deux guerres mondiales-BDIC/Archives Larousse ; 4 p. 333 : Bettmann/Corbis ; 5 p. 333 : DITE/USIS ; 1 p. 334 : Keystone ; 2 p. 335 : Rue des Archives/AGIP ; 3 p. 337 : CIRIP/Gesgon ; 4 p. 337 : ECPAD ; 5 p. 337 : ECPAD ; 2 p. 338 : Roger-Viollet ; 5 p. 339 : Time Life Pictures/Getty Images ; 2 p. 341 : Keystone ; 3 p. 341 : Musée de la Résistance et de la déportation, Besançon ; 5 p. 341 : BNF/Archives Larousse ; 1 p. 342 : Keystone ; 2 p. 342 : Keystone ; 3 p. 342 : Archives Larousse ; 4 p. 343 : CIRIP/Gesgon ; 5 p. 343 : Alinari/Roger-Viollet ; 1 p. 344 : Musée de la résistance et de la déportation, Besançon/DR ; 2 p. 344 : Josse ; 4 p. 345 : R. Schall ; 1 p. 346 : Musée de l'Armée, Paris/RMN ; 3 p. 347 : AFP ; 4 p. 347 : © Service historique de la Défense ; 7 p. 347 : © Service historique de la Défense ; 2 p. 348 : © Service historique de la Défense ; 3 p. 349 : Dessin de Brantonne/DR ; 4 p. 349 : R. Capa/Magnum ; 6 p. 349 : LAPI/Roger-Viollet ; haut p. 350 : Keystone ; milieu haut p. 350 : DR ; milieu bas p. 350 : Keystone ; bas p. 350 : Photothèque Hachette Livre ; 1 p. 351 : DR ; 2 p. 351 : Musée Charles de Gaulle ; 3 p. 351 : Musée de la résistance et de la déportation, Besançon ; 1 p. 352 : Kharbine-Tapabor ; 3 p. 353 : Roger-Viollet ; 5 p. 353 : Musée d'histoire contemporaine-BDIC ; 1 p. 354 : AKG-images/Ullstein Bild ; 2 p. 355 : Keystone ; 1 p. 356 : Keystone ; 2 p. 357 : Musée d'histoire contemporaine-BDIC ; 4 p. 357 : AKG-images ; 5 p. 357 : Musée de la résistance et de la déportation, Besançon ; 1 p. 358 : AKG-images ; 2 p. 359 : Musée d'histoire de la ville de Luxembourg ; 4 p. 359 : Lake County Museum/Corbis ; 5bas p. 359 : Photo12.com/Keystone ; 5haut p. 359 : photo12.com/Hachedé ; 1 p. 360 : Reprographie du fond Checinski ©PHOTOPQR/L'ALSACE/D. Poirier ; 2 p. 360 : Rue des Archives ; 4 p. 361 : J. Thuet/Fédération des Anciens de Tambow ; 2 p. 363 : BPK/Dist. RMN ; 3 p. 363 : Akg-images / Ullstein bild/ Archiv Gerstenberg ; 6 p. 363 : CDJC/Mémorial de la Shoah ; 1 p. 364 : College Park (MD), National Archive/Coll. Lise Pommois ; 6 p. 365 : Coll. Jean Simon/Gayot ; 1a p. 366 : Yad Vashem/Jérusalem ; 1b p. 366 : FNDIRP ; 1c p. 366 : DITE/USIS ; 3 p. 367 : Musée d'Auschwitz ; haut p. 368 : AKG ; milieu p. 368 : Roger-Viollet ; milieu bas p. 368 : G. Giansanti/Sygma/Corbis ; bas p. 368 : Mémorial de la Shoah © Alexandre Olère ; 3a p. 371 : CDJC/Mémorial de la Shoah ; 3b p. 371 : Rue des Archives/The Granger Collection ; 5 p. 371 : H. Firzlaff/Satire Verlag, Hanovre ; gauche haut p. 376 : Rue des Archives ; gauche milieu p. 376 : Corbis ; gauche bas p. 376 : Photothèque Hachette Livre ; milieu p. 376 : Photothèque Hachette Livre ; droite haut p. 376 : Roger-Viollet ; droite bas p. 376 : Photothèque Hachette Livre ; gauche haut p. 377 : Photothèque Hachette Livre ; gauche bas p. 377 : Keystone ; milieu haut p. 377 : Photothèque Hachette Livre ; milieu bas p. 377 : DR ; droite p. 377 : Photothèque Hachette Livre ; gauche haut p. 378 : Henri Manut ; gauche milieu p. 378 : Photothèque Hachette Livre ; gauche bas p. 378 : Keystone ; milieu haut p. 378 : Photothèque Hachette Livre ; milieu bas p. 378 : Keystone ; droite milieu p. 378 : Roger-Viollet ; droite bas p. 378 : AKG-images ; gauche haut p. 379 : Roger-Viollet ; gauche milieu p. 379 : AKG ; gauche bas p. 379 : Photothèque Hachette Livre ; milieu p. 379 : Roger-Viollet ; droite haut p. 379 : Albin-Guillot/Roger-Viollet ; droite milieu p. 379 : Photothèque Hachette Livre ; droite bas p. 379 : Photothèque Hachette Livre ; gauche haut p. 380 : Roger-Viollet ; gauche bas p. 380 : Keystone ; milieu haut p. 380 : DR ; milieu bas p. 380 : APN/Hachette ; droite haut p. 380 : Scala ; droite bas p. 380 : G. Giansanti/Sygma/Corbis ; gauche haut p. 381 : Roger-Viollet ; gauche bas p. 381 : AKG-images ; milieu haut p. 381 : Roger-Viollet ; milieu p. 381 : Rue des Archives ; milieu bas p. 381 : Keystone ; droite haut p. 381 : Roger-Viollet ; droite bas p. 381 : Photothèque Hachette Livre ; gauche haut p. 382 : Rue des Archives ; gauche bas p. 382 : Photothèque Hachette Livre ; milieu haut p. 382 : Harlingue/Roger-Viollet ; milieu p. 382 : Photothèque Hachette Livre ; milieu bas p. 382 : IPS/USIS ; droite haut p. 382 : Keystone ; droite milieu p. 382 : Roger-Viollet ; droite bas p. 382 : Photothèque Hachette Livre ; gauche haut p. 383 : Photothèque Hachette Livre ; gauche bas p. 383 : Josse ; milieu p. 383 : Roger-Viollet ; milieu bas p. 383 : Roger-Viollet ; droite p. 383 : Photothèque Hachette Livre.

Œuvres de P. Picasso : 2 p. 70 : AKG-images/© Succession Picasso 2007 ; haut p. 82 : Bridgeman/© Succession Picasso 2007. Œuvre d'Hergé : 5 p. 73 : Tintin au pays des Soviets/© Hergé/Moulinsart 2007

DR : Droits Réservés.
Malgré nos recherches, nous n'avons pas retrouvé les auteurs ou les ayants-droit de ces documents afin d'obtenir les autorisations de reproduction ; les droits sont donc réservés.

Cartographie : Hachette Éducation, Terracarta, Hugues Piolet, Quadrature
Conception couverture : Graphir (Didier Thirion)
Conception maquette intérieure : Graphic Data (Brigitte Mougin)
Édition : Antoine Auger, Maud Fischer
Mise en pages : Graphic Data (Brigitte Mougin)

Préparation de copie : Les Quatre Coins Édition, Paris
Recherche iconographique : Nadine Gudimard, Josselin Deniau
Relecture pédagogique : Mme Caroline Preiss, professeur au Lycée Notre-Dame / Saint-Sigisbert (Nancy, 54)
Relecture typographique : Les Quatre Coins Éditions, Paris

PAPIER À BASE DE FIBRES CERTIFIÉES

hachette s'engage pour l'environnement en réduisant l'empreinte carbone de ses livres. Celle de cet exemplaire est de : 2100 g éq. CO_2
Rendez-vous sur www.hachette-durable.fr

Achevé d'imprimer en Espagne par Macrolibros - Dépôt légal : 09/2018 - Collection n° 24 - Édition 13 - 13/5483/6